JURISTEN

Ein biographisches Lexikon

JURISTEN

Ein biographisches Lexikon
Von der Antike
bis zum 20. Jahrhundert

Herausgegeben von
Michael Stolleis

Verlag C.H. Beck München

Die Deutsche Bibliothek – CIP-Einheitsaufnahme

Juristen : ein biographisches Lexikon ; von der Antike bis zum 20. Jahrhundert / hrsg. von Michael Stolleis. – München : Beck, 1995
ISBN 3-406-39330-6
NE: Stolleis, Michael [Hrsg.]

ISBN 3406393306

Satz: Fotosatz Otto Gutfreund GmbH, Darmstadt
Druck und Bindung: Freiburger Graphische Betriebe, Freiburg
Gedruckt auf säurefreiem,
aus chlorfrei gebleichtem Zellstoff hergestelltem Papier
Printed in Germany

Inhalt

Vorwort

Die Anregung des Verlages, nach dem Vorbild der Historiker und der Theologen ein «Juristenlexikon» zu erarbeiten, war verlockend, gab aber auch die Frage auf: Was ist ein Jurist, und seit wann und nach welchen Kriterien kann man von Juristen im Sinne einer Expertenschicht zur Lösung von Rechtsproblemen sprechen?

Offenkundig läßt sich das neuzeitliche eurozentrische Bild einer juristischen Fachelite nicht auf das alte China oder Israel, auch nicht auf das antike Rom, auf Byzanz oder auf das moderne Japan übertragen. Vielmehr müssen es der jeweiligen Rechtskultur angemessene Maßstäbe sein, nach denen bedeutende Richter, Rechtsanwälte, Gesetzgeber, Rechtslehrer und Rechtswissenschaftler ausgewählt werden. Die modernen Berufsbezeichnungen führen jedoch leicht auf den falschen Weg; denn den älteren oder den nichteuropäischen Kulturen fehlen oft die entsprechenden Worte. Sie trennen nicht scharf zwischen Priestern, Theologen und Rechtskundigen oder kennen den «Juristen» nur in der Rolle des «Ältesten» oder des «weisen Mannes», den die Parteien um Rat fragen. Ebenso unscharf ist die Grenze zum Inhaber politischer Macht. Dabei ist nicht nur an den rechtskundigen Herrscher zu denken, sondern auch daran, daß die verbindliche Entscheidung von Streitfragen auch Ausübung von Macht bedeutet, und zwar nicht nur im Einzelfall, sondern auch für die Zukunft, wenn die Entscheidung überliefert, kommentiert und als Richtschnur benutzt wird.

So unterschiedlich die Kulturen nach Himmelsrichtungen und Zeitstufen sein mögen, überall scheint es vergleichbare Entwicklungstendenzen zu geben: von der Mündlichkeit zur Schriftlichkeit, von der Einzelfallentscheidung zur Generalisierung (jedoch keineswegs immer zum geschriebenen Gesetzestext), von der umfassenden personalen Autorität eines einzelnen zur Autorität einer institutionell legitimierten Fachelite. Je komplexer die Lebenswelt wird, desto stärker wird auch die Tendenz zur Ausbildung von Sondersystemen der Streitentscheidung, desto komplexer werden auch die entsprechenden Regelwerke. Die Feststellung solcher Entwicklungstendenzen mag die Hoffnung wecken, man könne mit den Mitteln einer global vergleichenden Rechtsgeschichte bestimmte Universalien der

Rechtsentstehung und Rechtsdurchsetzung ermitteln. Diese Hoffnung ist mindestens verfrüht, wenn nicht ganz unrealistisch. Schon die innereuropäische vergleichende Rechtsgeschichte und die heutige Rechtsvergleichung sehen sich einer solchen Fülle wechselnder Einflußfaktoren gegenüber, daß die Behauptung, «hinter» allen Unterschieden seien «ewiggleiche Rechtsfiguren» verborgen, immer unsicherer erscheint, je mehr Details erforscht werden. Zudem ist die Suche nach solchen Universalien dem Verdacht ausgesetzt, sie unterlege der Vielfalt menschlicher Rechtsregeln philosophisch inspirierte «Idealtypen» oder interpretiere die Rechtsgeschichte nach Maßgabe von «Ideen» oder angeblich ehernen Gesetzen. Selbst wo sich die Suche nach der Wiederkehr von Rechtsfiguren auf die handfeste Beobachtung stützt, daß überall getauscht, gekauft, vermietet, verliehen oder vererbt werde und daß es dazu einen jahrhundertelang getesteten Formenvorrat gebe, wäre zu fragen, ob das vermeintliche Erkennen des Ewiggleichen der historischen Erkenntnis, wie ein konkretes Regelsystem wirklich funktionierte, nicht eher im Wege steht. Das gleiche gilt für die Frage nach den Akteuren, eben den «Juristen». Auch sie bilden kein einheitliches Ensemble von Experten, sondern sie sind als Individuen und als Gruppen in ihrer Ausbildung, in ihren Tätigkeiten und «Verdiensten» nur im Kontext der jeweiligen Rechtskultur zu verstehen. Die einen sind berühmt als weise Männer – «Juristinnen» sind bekanntlich bis zum 20. Jahrhundert äußerst selten –, die nichts hinterlassen außer dem Ruhm, verwickelte Fälle klug entschieden zu haben, die anderen haben Gutachten und gelehrte Traktate geschrieben. Theoretiker stehen neben Praktikern, Rhetoren neben Lehrern und Schriftstellern. Und alle werden im Deutschen, weil sie in irgendeiner Weise mit dem Regelsystem «Recht» zu tun haben, mit dem lateinischen Lehnwort «Juristen» bezeichnet.

So schwierig die Frage, wer als «Jurist» gelten könne, auf der theoretischen Ebene sein mag, so einfach war die Praxis der Auswahl bei der Vorbereitung dieses Lexikons. Die für die jeweilige Region oder Nation befragten Fachleute haben sich recht schnell auf Listen der in Frage kommenden Personen geeinigt. Nicht aufgenommen wurden allerdings Herrscher oder Politiker, mit deren Namen man Gesetzbücher oder wichtige Rechtsakte verbindet, außerdem – wenn auch mit Bedauern – Rechtshistoriker, die sich methodisch als Historiker, nicht als «Juristen» verstehen. Philosophen, die auch als Rechtsphilosophen wichtig waren, wurden nur in wenigen Fällen als Juristen angesehen.

Vorwort

Am Ende kam eine Namenliste zusammen, die nach der historischen und nationalen Verteilung in Längs- und Querschnitt den Ansprüchen auf Repräsentativität einigermaßen zu genügen schien. Daß sie viele Lücken aufweist, wird jedem einleuchten, der sich die Unmenge möglicher Namen vorstellt. Für Deutschland war eine überzeugende Vorauswahl durch das Buch von Gerd Kleinheyer und Jan Schröder getroffen. Für andere Länder war die Auswahl schwieriger, zumal gerade kleinere Nationen ihr Juristen-Pantheon gerne vollständig eingebracht hätten. Die Schwierigkeiten der Auswahl, etwa auch bei der Aufnahme einiger historisch folgenreicher «furchtbarer Juristen», die Ungleichheit der Artikel, die Übersetzungsprobleme und manches andere liegen nun hinter uns. Die Autoren waren überaus hilfsbereit und ertrugen notwendige Kürzungen mit Freundlichkeit, ohne damit die Verantwortung für die Angaben in den Texten aufzugeben. Für alles übrige hat der Herausgeber einzustehen. Die Hauptlast der Redaktionsarbeit trug Herr cand. phil. Ingmar K. Ahl. Ohne seine unermüdliche Aufmerksamkeit und Geduld hätte das Buch nicht entstehen können. Das gleiche gilt für Frau Siglinde Hustedt; sie hat alle Artikel bearbeitet und vor allem mit großer Geduld und Sorgfalt die Korrekturen nachgetragen. Beiden sei herzlich gedankt.

Frankfurt, 30. November 1994 *M. Stolleis*

Abkürzungen*

AA. VV.	Autores varii
ABGB	Allgemeines Bürgerliches Gesetzbuch (1811)
AcP	Archiv d. civilistischen Praxis, Heidelberg 1818 ff.
ADB	Allgemeine Deutsche Biographie, hrsg. v. der Historischen Commission der Bayerischen Akademie der Wissenschaften, Leipzig 1875–1912
AHDE	Annuario de historia del derecho espanol, Madrid 1924 ff.
AkKR	Archiv für katholisches Kirchenrecht, Mainz 1857 ff.
ALR	Allgemeines Landrecht für die preußischen Staaten (1794)
Am J Leg Hist	American Journal of legal history, Philadelphia 1957 ff.
ANRW II 15	I. Temporini/W. Hase (Hg.), Aufstieg und Niedergang der römischen Welt. Geschichte und Kultur Roms im Spiegel der neueren Forschung. Recht (Methoden, Schulen, einzelne Juristen), Berlin 1976
AöR	Archiv d. öffentlichen Rechts, Tübingen 1886 ff.
Appian, Bell. civ.	Appian, Bella civilia
Arch Soc Rom St Patria	Archivo della Societá romana di storia patria, Rom 1878 ff.
B	Buch/Bücher
B Nat Belg	Biographie nationale de Belgique, Brüssel 1866–1964
BBKl	Biographisch-bibliographisches Kirchenlexikon, hrsg. v. Fr. W. Bautz, Hamm 1970 ff.
BFDUC	Boletim da Faculdade de Direito (Universidade de Coimbra), Coimbra 1914 ff.
BGB	Bürgerliches Gesetzbuch (1900)
BGNR Leiden	M. Ahsmann/R. Feenstra, Bibliografie van hoogleraren in de rechten aan de Leidse Universiteit tot 1811, Amsterdam 1984
BGNR Utrecht	M. Ahsmann, Bibliografie van hoogleraren in de rechten aan de utrechtse Universiteit tot 1811, Amsterdam 1993

* Das Abkürzungsverzeichnis wurde auf der Grundlage von: O. Kistner/H. Becker, ITA. Internationale Titelabkürzungen. International Title Abbreviations, 5. Aufl. Osnabrück 1993 erstellt.

BIDR	Bolletino dell'Istituto di diritto romano ‹Vittorio Scialoja›, Mailand 1888 ff.
BMCL	Bulletin of medieval canon law, Berkeley/Cal. 1971 ff.
Buff LR	Buffalo Law Review, Buffalo/NY 1910 ff.
BWN	Biografisch Woordenboek van Nederland, s'Gravenhaage/Amsterdam 1979 ff.
BZ	Byzantinische Zeitschrift, München u. a. 1892 ff.
CIC	Corpus Iuris Civilis
CIL	Corpus Inscriptionum Latinarum, Berlin 1893 ff.
CLR	University of Chicago Law Review, Chicago 1933/34 ff.
CNRS	Centre national de la recherche scientifique
Coing	H. Coing (Hg.), Handbuch der Quellen und Literatur der neueren europäischen Privatrechtsgeschichte, München 1976–82
CTh	Codex Theodosianus
D	Druck
DBF	Dictionnaire de biographie française, Paris 1929 ff.
DBI	Dizionario Biografico degli Italiani, Rom 1960 ff.
DBL	Dansk biografisk leksikon, Kopenhagen 1933 ff.
DDC	Dictionnaire de droit canonique, hrsg. v. R. Naz, Paris 1935 ff.
DDP	Deutsche Demokratische Partei
DDR	Deutsche Demokratische Republik
Dekkers	R. D. Dekkers, Bibliotheca belgica iuridica, Een biografisch overzicht der rechtsgeleerdheit in de Nederlanden van de vroegste tijden af tot 1800, Brüssel 1951
DHP	J. Serrao (Hg.), Dicionário de História de Portugal dirigido par ..., Bd. 1–4, Lissabon 1971
Dict MA	Dictionary of the Middle Ages, hrsg. v. J. R. Strayer, New York 1982 ff.
Dig.	Digesten
Dio Cassius	Dio Cassius, Römische Geschichte
Diss.	Dissertation
DJZ	Deutsche Juristenzeitung, Berlin 1896 ff.
DNB	Dictionary of National Biography, New York/London 1885 ff.
DRiZ	Deutsche Richterzeitung, Berlin 1909 ff.
DRW	Deutsche Rechtswissenschaft, 1936 ff.
DSAB	Dictionary of South-African Biography
EI^1	Enzyklopaedie des Islam, 4 Bde. u. 1 Erg. Bd., 1. Aufl., Leiden/Leipzig 1913–34
EI^2	Enzyklopaedie des Islam, Bd. 1–2, 2. Aufl., Leiden 1960 ff.
EJJ	Encyclopädia Judaica, Jerusalem 1971/72
FS	Festschrift

GG	Grundgesetz (1949)
Grünhuts Z	Grünhuts Zeitschrift für d. Privat- und öffentliche Recht d. Gegenwart, Wien 1874ff.
HB Lex Sch	Historisch-Biographisches Lexikon der Schweiz, Neuenburg 1921ff.
HGB	Handelsgesetzbuch
Hist. Aug.	Historia Augusta
HRG	Handwörterbuch zur deutschen Rechtsgeschichte, hrsg. v. A. Erler/E. Kaufmann, Berlin 1964ff.
HTS	Historisk Tidsskrift, hrsg v. d. Svenska historiska föreningen, Stockholm 1881ff.
HZ	Historische Zeitschrift, München 1859ff.
ILO	International Labour Organization
Inst.	Institutionen
IPR	Internationales Privatrecht
IRMAE	Ius Romanorum medii aevi auspice Collegio antiqui Iuris studiis provehendis, Mailand 1961ff.
IVR	Internationale Vereinigung für Rechts- und Sozialphilosophie
JAS	Journal of Asian Studies, Ann Arbor/Mich. 1941ff.
JAZU	Jugoslowenska Akademija znanosti i umjetnosti, Zagreb/Beograd
JdT	Journal des Tribunaux, Brüssel 1881ff.
JFT	Tidsskrift utgiven af Juridiska Föreningen i Finland, Helsingfors 1864ff.
J Leg Hist	Journal of Legal History, London 1980ff.
JöB	Jahrbuch der österreichischen Byzantinistik, Wien 1969ff.
JöR	Jahrbuch d. öffentlichen Rechts d. Gegenwart, Tübingen 1907ff.
JR	Juridical Review, Edinburgh 1889ff.
Jug R medun Pravo	Jugoslowenskaja revija za medunarodno Pravo, Belgrad, 1954ff.
JuS	Juristische Schulung. Zeitschrift für Studium u. Ausbildung, München 1961ff.
JZ	Juristenzeitung, Tübingen 1945ff.
KJ	Kritische Justiz, Baden-Baden 1968ff.
Kleiner Pauly	Der kleine Pauly. Lexikon der Antike. Auf d. Grundlage v. Paulys Realenzyklopädie (RE), Stuttgart 1964–75
Kleinheyer/Schröder	Gerd Kleinheyer/Jan Schröder (Hg.), Deutsche Juristen aus fünf Jahrhunderten. Eine biografische Einführung i. d. Rechtswissenschaft, 3. Aufl., Heidelberg 1989
Krit V	Kritische Vierteljahresschrift für Gesetzgebung und Rechtswissenschaft, 1859–1944, 1986ff.
Lex Ma	Lexikon des Mittelalters, München 1980ff.

Lit.	Literatur
LLM	Master of Laws
LQR	The Law Quarterly Review, London 1885 ff.
LSE	London School of Economics and Political Science
Machado	D. Barbosa Machado, Bibliotheca lusitana historica, critica e cronologica, Lissabon 1741–52
Mansi	Giovanni Domenico Mansi, Sacrorum conciliorum nova et amplissima collectio, Bd. 1–31, Florenz/Venedig 1759–98 (ND Graz 1960–62)
MCL	Medieval Canon Law
MGH	Monumenta Germaniae historica, 1826 ff.
MIC	Monumenta iuris canonici, Vatikanstadt/New York 1965 ff.
Migne PG	J. P. Migne, Patrologiae cursus completus, Series Graeca, Paris 1857–66
Minn LR	Minnesota Law Review, Minneapolis/Minn. 1917 ff.
MJE	Magyar jogászegyleti értékezések, Budapest 1943–80
NBL	Norsk biografisk leksikon, hrsg. v. E. Bull, Oslo 1923 ff.
NBW	Nationaal Biografisch Woordenboek, hrsg. v. d. Koniklijke Vlaamse Academien van Belgie, Brüssel 1964 ff.
ND	Nachdruck
NDB	Neue Deutsche Biographie, hrsg. v. d. Historischen Kommission b. d. Bayerischen Akademie d. Wissenschaften, Berlin 1953 ff.
NDI	Novissimo Digesto Italiano, Turin 1957 ff.
NEP	Neue Ökonomische Politik
NFL	I. B. Halvorsen (Hg.), Norsk Forfatter-Lexicon 1814–80, Bd. 1–6, Oslo 1885–1908
NJW	Neue Juristische Wochenschrift, München u. a. 1947 ff.
NNBW	Nieuw Nederlandsch Biografisch Woordenboek, Leiden 1911–37 (ND Amsterdam 1974)
NSDAP	Nationalsozialistische Deutsche Arbeiterpartei
ÖBL	Österreichisches Biographisches Lexikon, Graz/Köln 1954 ff.
PSB	Polski slownik biograficzny, Krakau 1933 ff.
QuF	Quaderni Fiorentini per la storia del pensiero giuridico moderno, hrsg. v. P. Grossi, Florenz 1972 ff.
Rabels Z	Zeitschrift f. ausländisches u. internationales Privatrecht, Tübingen 1927 ff.
RB	Revue Bleue, s. RPL
RCJ	Revue critique de législation et de jurisprudence
RDIP	Revue critique de droit internationale privé, Paris 1905 ff.
RDP	Revue du droit publique et de la Science politique en France et à l'étranger, Paris 1894 ff.
RE	Paulys Realencyclopädie der classischen Altertumswissen-

	schaft, hrsg v. G. Wissowa u. a., Reihe 1, Stuttgart 1893–1963; Reihe 2, Stuttgart 1914–72; Suppl. Neue Bearbeitung, Stuttgart 1903–78
R Ens	Revue internationale de l'enseignement, Paris 1881 ff.
Rev Bourg	Revue Bourguignonne – Université de Dijon, Dijon 1891 ff.
Rev Crit Jur B	Revue critique de jurisprudence belge, Brüssel 1947 ff.
Rev Et Byz	Revue des études byzantines, Paris 1943 ff.
Rev Gen Pub	Revue générale de droit international public, Paris 1894 ff.
Rev Sav	Revue de Savoie, Chambéry 1941 ff.
RGLJ	Revista general de legislación y jurisprudencia, Madrid 1853 ff.
RHD	Revue historique du droit français et étranger, Paris 1855 ff.
RIDA	Revue internationale des droits de l'antiquité, 3. serie, Brüssel 1954 ff.
RIDC	Revue Internationale de droit comparé, Paris 1949 ff.
Riv dir proc	Rivista di diritto processuale, Padua 1946 ff.
Riv intern fil dir	Rivista internazionale di filosofia del diritto, Milano 1921 ff.
RJ	Rechtshistorisches Journal, hrsg. v. D. Simon, Frankfurt/Main 1982 ff.
RKG	Reichskammergericht
RLJ	Revista de legislacao e de jurisprudencia, Coimbra 1868 ff.
RPH	Revista portuguesa de historia, Coimbra 1940 ff.
RPHC	s. RPH
RPL	Revue (bleu) politique et littéraire, Paris 1863 ff.
RSDI	Revista di storia del diritto italiano, Mailand/Verona 1928 ff.
RSS	Revue du XVIème siècle, ed. p. Société des études rabelaisienne, Paris 1913 ff.
RTDC	Revue trimestrielle de Droit civil, Paris 1902 ff.
SBL	Svenskt Biografiskt Lexikon, Stockholm 1918 ff.
SEER	Slavonic and East European Review, London/Menasha/Wisc. 1922 ff.
SG	Studium Generale. Zeitschrift für d. Einheit d. Wissenschaften, Heidelberg 1947 ff.
Simpson	A. W. B. Simpson, Biographical Dictionary of the Common Law, London 1984
SMAD	Sowjetische Militäradministration
SPD	Sozialdemokratische Partei Deutschlands
Staatsdenker	M. Stolleis (Hg.), Staatsdenker im 17. u. 18. Jahrhundert. Reichspublizistik, Politik, Naturrecht, 3. Aufl., München 1995

Stanf LR	Stanford Law Review, Stanford/Cal. 1948 ff.
StGB	Strafgesetzbuch
Stintzing/ Landsberg	R. v. Stintzing/E. Landsberg, Geschichte der deutschen Rechtswissenschaft, München 1880–1910 (ND 1957/78)
StPO	Strafprozeßordnung
Streitbare Juristen	Kritische Justiz (Hg.), Streitbare Juristen, Baden-Baden 1988
Stud Sen	Studi Senesi nel circolo giuridico della R. Universitá, Siena 1884 ff.
SvJT	Svenskt juristtidning, Stockholm 1916 ff.
TR	Tidsskrift for Rettsvidenskap, Oslo 1888 ff.
TRb	Tidsskrift för rettsvidenskap, Oslo 1888 ff.
TRE	Theologische Realenzyklopädie, hrsg. v. G. Krause u. G. Müller, Berlin/New York 1976 ff.
TRG	Tijdschrift voor Rechtsgeschiedenis, Groningen, Brüssel, Haarlem 1918 ff.
VF	Voprosy filosofii, Moskau 1947 ff.
VfGH	Verfassungsgerichtshof
VGH	Volksgerichtshof
VMVOVR	Verslagen en mededelingen d. Vereeniging tot uitgaaf d. bronnen van het oud vaderlandsche recht, Utrecht 1879/84 ff.
vs	versus
Wisc LR	Wisconsin Law Review, Madison/Wisc. 1920 ff.
WPNR	Weekblad voor privaatrecht, notarisambt en registratie, s'Gravenhage u. a. 1839 ff.
WRV	Weimarer Reichsverfassung (1919)
WW	Werke
WZJ	Wissenschaftliche Zeitschrift d. Friedrich-Schiller-Universität Jena, Jena 1951 ff.
WZUHW	Wissenschaftliche Zeitschrift d. Universität Halle-Wittenberg, Halle/S. 1951 ff.
Yale L J	Yale Law Journal, New Haven 1891/92 ff.
ZGB	Zivilgesetzbuch
ZHF	Zeitschrift für historische Forschung, Berlin 1974 ff.
ZHR	Zeitschrift f. d. gesamte Handels- und Konkursrecht, 1858 ff.
ZgSTW	Zeitschrift f. d. gesamten Staatswissenschaften, Tübingen 1844
ZK	Zentralkomitee
ZPO	Zivilprozeßordnung
ZRG GA	Zeitschrift d. Savigny-Stiftung für Rechtsgeschichte. Germanistische Abteilung, Weimar 1880 ff.
ZRG KA	Zeitschrift d. Savigny-Stiftung für Rechtsgeschichte. Kanonistische Abteilung, Weimar 1911 ff.

ZRG RA	Zeitschrift d. Savigny-Stiftung für Rechtsgeschichte. Romanistische Abteilung, Weimar 1880 ff.
ZStW	Zeitschrift für d. gesamte Strafrechtswissenschaft, Berlin 1881 ff.

A

Abū Ḥanīfa (ca. 699–767) wurde in eine iranische Familie geboren, die ursprünglich aus Kabul stammte. Sein Großvater war bei den arabischen Eroberungszügen gefangengenommen und versklavt, dann jedoch in der neugegründeten irakischen Garnisonsstadt Kufa freigelassen worden. Abū Ḥanīfa galt als die herausragende Autorität seiner Zeit im Recht (Šarīʿa) und als Repräsentant der kufischen Rechtsschule, die sich später, nach seinem Tod, nach ihm benannte. Bis heute ist die ḥanafitische Rechtsschule die größte unter den vier bedeutenden Rechtsschulen (→Mālik, →Šāfiʿī, →Ibn Ḥanbal) des sunnitischen Islam. Ihr Geltungsbereich erstreckt sich vom Nahen Osten (Irak, Jordanien, Syrien, Libanon, Palästina) über die Türkei bis nach Afghanistan, Pakistan und Indien. Diese außerordentliche Verbreitung verdanken die Ḥanafiten der Protektion zweier wichtiger Herrscherhäuser: der Abbasiden (750–1258, Hauptstadt Baghdad) und der Osmanen (1281–1924, Hauptstadt Istanbul).

Eine solche Allianz von Recht und Politik war Abū Ḥanīfa selbst fremd. Als wohlhabender Seidenhändler wußte er sich immer vom Staatsdienst fernzuhalten. Der Legende nach hat er das ihm angebotene Richteramt abgelehnt und ist dafür im Gefängnis von Baghdad im Jahr 767 gestorben. Wahrscheinlicher ist es, daß er sich durch eine unliebsame politische Äußerung diskreditierte.

Abū Ḥanīfa selbst verfaßte keine Rechtswerke, jedoch wurde seine Lehre von seinen beiden wichtigsten Schülern, nämlich Abū Yūsuf (729–798) (*al-Āṯār*, hrsg. v. Abū l-Wafāʾ, Beirut o. J.) und Muḥammad ibn al-Ḥasan aš-Šaibānī (737–805) (*al-Āṯār*, hrsg. v. Abū l-Wafāʾ, Kairo 1936) gesammelt und kommentiert. Beide können neben Abū Ḥanīfa als die wichtigsten Köpfe der frühen Ḥanafīya gelten.

Abū Ḥanīfas Rechtslehre ist systematischer und mit einem höheren technischen Standard versehen als die seiner Zeitgenossen (→Mālik), seine Argumentation ist gründlicher und genauer. Er benutzte auf den Propheten zurückgeführte Aussagen und Taten («aḥādīṯ», Sg. «ḥadīṯ», in ihrer Gesamtheit später als «sunna» des Propheten bezeichnet) als Grundlage der Rechtsfindung, daneben den Analogieschluß («qiyās») und seine eigene Meinung («raʾy») und unterschied sich hierin wenig von →Mālik und der medinensischen Rechtsschule. Wie dieser war auch er nicht bereit, «aḥādīṯ» zu akzeptieren, wenn sie in ihrer Tradentenkette nur durch einen Überlieferer in jeder Generation bezeugt waren. Als diese «isolierten Traditionen» dann unter →Šāfiʿī sanktioniert wurden und sich allgemein durchsetzen konnten, brandmarkte man im nachhinein Abū Ḥanīfa als einen Vertreter des «ra'y», also als jemanden, der seine eigene Meinung den Prophetentraditionen vorgezogen habe. Im Gegensatz zu →Mālik ist das Konzept des Konsensus der Juristen («iǧmāʿ») in der frühen Ḥanafīya nicht lokal beschränkt, sondern umfaßt die gesamte islamische Region.

Da Abū Ḥanīfa nie in der Rechtsprechung tätig war, sind manche seiner Rechtsmeinungen abstrakt und wenig wirklichkeitsbezogen. Dies wurde von seinen beiden Schülern, Abū Yūsuf und Šaibānī (beide als Richter für das Abbasidenkalifat tätig), korrigiert. Sowohl Abū Yūsuf als auch Šaibānī rekurrierten daneben stärker als Abū Ḥanīfa auf Prophetentraditionen. Darüber hinaus ist Šaibānī als Begründer des islamischen Völkerrechts und großer Systematiker in die Geschichte der kufischen Rechtsschule (d. i. der späteren Ḥanafīya) eingegangen.

Trotz der fehlenden Praxisrelevanz wurde Abū Ḥanīfa zum Schöpfer der sog. «ḥiyal» (Pl. zu «ḥīla», wörtl. Tricks, Kniffe), mit deren Hilfe man Verbote des Rechts (also Koran und «sunna») umgehen konnte. Sie erhielten später vor allem im Handelsrecht ungeahnte Bedeutung. Als wichtigstes Beispiel kann die Umgehung des koranischen Zinsverbotes angeführt werden.

Lit.: J. Schacht, Abū Ḥanīfa, in: EI² 1, 123–125.

I. Schneider

Accursius (**um 1185–1263**), bäuerlicher Abkunft, studierte Zivilrecht unter →Azo in Bologna und lehrte ebendort seit etwa 1215. A. verfaßte Kommentare zu allen Teilen des Corpus iuris civilis einschließlich des Liber feudorum in Form von Glossenapparaten (→Irnerius), die zum Standard-Kommentar, zur *Glossa ordinaria*, des Zivilrechts wurden (unzählige Ausgaben, z. B. 1487–89, ND 1968–69; letzte Gesamtausgabe, humanistisch bearbeitet, 1627). In *Summae autenticarum* (gedruckt mit den Summen von Azo) und *feudorum* (irrtümlich Hugolinus (– nach 1232) zugeschrieben) stellte er die Novellen Justinians und das Lehnrecht dar. A. war als Berater und Gutachter in Rechtsangelegenheiten auch praktisch tätig und erwarb ein großes Vermögen. Drei seiner vier Söhne, Franciscus (1225–1293), Cervottus (um 1240–vor 1287) und Guilelmus (1246-

vor 1314), waren wie er lehrende und praktizierende Juristen: Franciscus, 1273–81 Ratgeber König Eduards I. von England, schrieb *Casus Digesti novi*, Guilelmus *Casus Codicis* und *Institutionum*.

A.' Kommentare bestehen aus fast 100 000 Glossen. Unrichtig ist die Ansicht, es handle sich um das Ergebnis bloßen Sammeleifers. Zwar knüpfte A. bei der Redaktion des Riesenwerks an vorhandene Glossenkommentare, vor allem seines Lehrers Azo, an und berücksichtigte auch die übrige juristische Literatur, doch handelt es sich zweifellos um eine selbständige juristische Leistung von gewaltigem Umfang. Das Werk lag kurz nach 1230 vollständig vor, einige Kommentare hat A. jedoch später überarbeitet. Die Glosse wurde seit der Mitte des 13. Jh.s mehr und mehr zum Ausgangspunkt jeder Auslegung des Corpus iuris in Unterricht, Theorie und Praxis. Mancherorts wurde sie gesetzlich als Rechtsquelle anerkannt. Ihr Ansehen ist wohl damit zu erklären, daß A. das ganze Zivilrecht, gemessen an den Bedürfnissen der Zeit, erschöpfend kommentiert und dabei, mehr als seine Vorgänger, die Probleme nicht nur aufgezeigt, sondern auch gelöst hat. Erst der Humanismus des 16. Jh.s hat die Glosse polemisch kritisiert: F. Rabelais, Gargantua und Pantagruel (dt. v. G. Regis, 1964, 164).

WW: Summae feudorum, hrsg. v. G. B. Palmieri, in: A. Gaudenzi, Bibliotheca iuridica Medii Aevi, 2, 1892, 181–194.

Lit.: F. C. v. Savigny, Geschichte des römischen Rechts im Mittelalter, 2. Aufl., 1834–51 (ND 1956), 5, 262–352; E. Genzmer, Zur Lebensgeschichte des A., in: FS L. Wenger, 2, 1945, 223–241; Atti del Convegno internazionale di Studi accursiani (Bologna 1963), 1968.

P. Weimar

Africanus (Sextus Caecilius A.; 2. Jh.). Römischer Jurist der Zeit des hochklassischen Rechts; gestorben wahrscheinlich um 169 oder 175 n. Chr. (Veröffentlichungsdatum der *Noctes Atticae*, in denen Gellius in 20,1 von A. in der Vergangenheitsform spricht). Über seine Herkunft aus der Provinz Africa lassen sich ebenfalls nur Vermutungen anstellen. A. war Schüler des großen Juristen →Julian, und in dieser Schülerrolle ist er in die Rechtsgeschichte eingegangen. Von seinen *Epistulae* (mindestens 20 libri) gibt es nur ein sicheres Zitat (Dig. 30,39 pr.). Seine *Quaestiones*, entstanden zwischen 130 und 161 n. Chr., sind eine Sammlung vorwiegend von Rechtsfällen ohne erkennbare Ordnung, die aus 9 libri besteht und auszugsweise in den *Digesten* überliefert ist. Das Werk gehört zur Literatur der *Proble-*

mata und war wahrscheinlich für den Rechtsunterricht bestimmt. Die einzelnen Stellen sind meist so gegliedert, daß nach Schilderung des Sachverhalts und Formulierung der Rechtsfrage die Antwort begründet und häufig mit weiteren Erläuterungen, Fallvarianten u. a. verbunden wird. Die *Quästiones* des A. stehen «in engstem Zusammenhang» (F. Schulz) mit dem Wirken seines Lehrers Julian. Häufig wird in ihnen Julian namentlich zitiert; bisweilen ist sehr wahrscheinlich, daß Verbformen wie «ait» und «respondit» auf ihn hinweisen. Da ferner die sprachliche und inhaltliche Qualität der *Quästiones* dem hohen Niveau Julians entspricht, wird angenommen, daß es sich weit überwiegend um Rechtsfälle handelt, die von Julian entschieden wurden. Andererseits gibt es darin auch Stellen, in denen offensichtlich A. selbst seine Meinung äußert (puto, existimabam u. ä.), und zwar auch kritisch zu Julian (Dig. 19,2,33). Demnach wird die Originalität dieses Juristen doch höher einzuschätzen sein, als das bisher geschehen ist.

Lit.: P. Jörs, Caecilius Africanus, in: RE 3, 1, 1897, 1192ff.; W. Kunkel, Herkunft und soziale Stellung der römischen Juristen, 2. Aufl., 1967, 172f.; F. Schulz, Gesch. d. römischen Rechtswissenschaft, 1961, 124f., 291f.; A. Wacke, in: ANRW 2, 15, 1976, 455ff.

H. H. Seiler

Afzelius, Ivar (1848–1921), studierte von 1867–75 an den Universitäten von Uppsala, Leipzig und Göttingen. Der 1877 Promovierte wurde 1879 Professor für Prozeßrecht in Uppsala und bereits 1880 Mitglied der Kommission zur Abfassung einer neuen Prozeßordnung. 1891–1902 war er Richter am Obersten Gerichtshof, 1898–1903 und 1905–15 Abgeordneter im Reichstag sowie 1913–15 Vorsitzender der ersten Kammer (Senat). Von 1902–09 wirkte er als Vorsitzender der permanenten Kommission zur Vorbereitung von Gesetzentwürfen; seit 1905 war er Mitglied des Ständigen Internationalen Schiedsgerichtshofs in Den Haag und schließlich 1910–18 Präsident des Hofgerichts (Svea).

A. gilt als Prototyp des idealistischen Juristen im liberalen Rechtsstaat, der aber stets die zeitgenössische, insbesondere deutsche Rechtsdogmatik und die traditionelle schwedische Rechtskultur zu verbinden suchte. Die kodifikatorische Arbeit A.s suchte die enge Anbindung an schwedische Rechtstraditionen, so in *Grunddragen av rättegångsförfarandet i tvistemål* (1882). Auf seine Arbeit in der

Kommission ging sein von diesem Geist geprägtes Grundstücksnutzungsrecht (1907) zurück.

Seine theoretische Ausbildung wurde besonders durch sein Leipziger Studium bei B. →Windscheid geprägt. In seiner Dissertation, *Om cession av fordringar enligt svensk rätt* (1877), implementierte er die in Deutschland erlernte dogmatische Methode. Später übersetzte er R. v. →Jherings *Kampf ums Recht* ins Schwedische. Enge wissenschaftliche Kontakte unterhielt er u. a. mit Adolf Wach und Georg Cohn. Seine Autorität trug wesentlich zur Rezeption der dogmatischen Methode in Schweden bei. Seine praktische Ausbildung erhielt er v. a. durch den Amtsrichter J. Richert, einen Neffen J. G. →Richerts, der ihm ein dezidiertes richterliches Berufsethos vermittelte.

A., Inhaber sämtlicher hoher schwedischer Juristenämter, war darüber hinaus auf den Nordischen Juristentagen Vorreiter einer gesamt-skandinavischen Gesetzgebungsarbeit, der insbesondere die Seegesetze zu verdanken sind.

Lit.: T. Hedberg, Minne av I. A. Inträdestal i Svenska Akademien den 20. Dec. 1922, 1923, in: Minnegestalter, 1927; K. Å. Modéer, Jherings Rechtsdenken als Herausforderung für die skandinavische Jurisprudenz, in: Rättshist. Studien 19, 1993, 91 ff.; W. Sjögren, I. A., Några ord till hans sjuttioårsdag, in: SvJT 1918, 241 ff.; J.-O. Sundell, Tysk påverkan på svensk civilrättsdoktrin 1870–1914, 117 ff.; SBL 1, 242 ff.

K. Å. Modéer

Agustín (Augustinus), Antonio (1516–1586),wurde in Saragossa geboren. Sein Vater gehörte als Vizekanzler von Aragon zu den Honoratioren dieses Königreiches. Durch das Studium der Rechtswissenschaft und der antiken Literatur in Alcala, Salamanca, Padua und v. a. Bologna erwarb er sich eine umfassende humanistische Bildung. Sein wichtigster Lehrer war →Alciat, der Begründer des juristischen Humanismus. Nach Beendigung seines Rechtsstudiums beschäftigte er sich in Florenz intensiv mit der Kollation der Digestenhandschrift «Florentina» und verschaffte sich damit die Grundlage für sein erstes Hauptwerk *Emendationum et opinionum libri IV* (1543), ein Meisterwerk humanistischer Textkritik auf dem Gebiet des römischen Rechts. In dieser Arbeit vertrat A. als erster die Ansicht, daß alle Handschriften der Digesten mittelbar oder unmittelbar auf die «Florentina» zurückgingen. Damit wurde die für das mittelalterliche römische Recht grundlegende Autorität des Vulgattextes der Pandekten erschüttert. Diese These A.s wurde im 16. Jh. besonders von →Cujas bezweifelt, hat sich aber auch in der neueren Forschung weitgehend durchgesetzt. Die heutige Standardausgabe von Theodor Mommsen legt im wesentlichen die «Florentina» zugrunde.

1544 wurde A. in Rom zum Auditor der Rota ernannt und begann damit eine Karriere im kirchlichen Dienst. Als päpstlicher Nuntius kam A. 1554/55 zur Hochzeit Marias der Katholischen mit Philipp II. nach England. Es folgte 1557 eine Gesandtschaft an den Hof Ferdinands I., die ihm Gelegenheit zu umfassenden Bibliotheksstudien in Deutschland gab. 1556 wurde er zum Bischof des unteritalienischen Alife ernannt. Aufgrund einer Nomination Philipps II. erhielt er 1561 das spanische Bistum Lerida und stieg 1576 zum Erzbischof von Tarragona auf. 1561–63 nahm er am Konzil von Trient teil.

A. schuf die Grundlage für die historische Erforschung der Quellen des kanonischen Rechts und gelangte auf diesem Gebiet aufgrund erstaunlicher Quellenkenntnis und bewundernswerter Kombinationsgabe vielfach zu heute noch gültigen Einsichten. Seine Hauptwerke sind:

1. Die *Antiquae Collectiones Decretalium* (1576) gelten als erste und bisher einzige selbständige Edition der ersten vier «Compilationes antiquae».

2. *De Emendatione Gratiani dialogorum libri duo* (1587) ist der Textkritik des Gratianischen Dekrets gewidmet, die in Dialogform abgehandelt wird. A. plante eine eigene Gratianausgabe und hatte deshalb die Beteiligung an der Kommission der «Correctores Romani» zur Edition des Dekrets trotz päpstlicher Aufforderung abgelehnt. Seine Erkenntnisse sind bis heute grundlegend für die Gratianforschung.

3. *Epitome iuris pontificii veteris*, 2 Bde. (1587/1611) stellt das ältere kanonische Recht vor Innozenz III. aufgrund umfassender Quellenkenntnis dar. Es ist der erste Versuch, die Institutionen des kanonischen Rechts historisch zu verstehen.

4. *De quibusdam veteris canonum ecclesiasticorum collectoribus iudicium ac censura* (1611), erschienen in Band II. der *Epitome*, aus dem Nachlaß ediert, ist der erste Versuch einer Geschichte der vorgratianischen Quellen des Kirchenrechts.

A. gehört zu den großen humanistischen Entdeckern in der Geschichte der Geisteswissenschaft, dessen Erkenntnisse auch nach vier Jahrhunderten teilweise noch nicht überholt sind. Man kann diesen überragenden Gelehrten durchaus in eine gewisse Parallele zu den zeitgenössischen Pionieren in den Naturwissenschaften setzen. Er gehört zu denjenigen Autoren, die es ermöglichen, vom 16. Jh. als dem Zeitalter der Begründung der Geschichtswissenschaft zu sprechen.

Lit.: F. Maaßen, Geschichte der Quellen und der Literatur des canonischen Rechts, 1870 (ND 1956), XX–XXXIV; J. F. v. Schulte, Die Geschichte der Quellen und Literatur des canonischen Rechts, 3, 1, 1880 (ND 1956), 723–728; A. Bernal Palacios, A. A. y su «Recollecta in iure canonico», in: Revista española de derecho canonico 45, 1988, 487–534.

P. Landau

Aḥmad Ǧawdat Paša (1822–1895) wurde in Nordbulgarien geboren, kam jedoch schon früh nach Istanbul, um seine Ausbildung fortzusetzen. Neben Recht studierte er moderne Mathematik, lernte Persisch und war auch Poet. 1844/45 wurde er zum Richter ernannt. Als im Jahr 1846 der Großwesir Muṣṭafā Rešīd Paša einen Gelehrten suchte, der gründliche Kenntnis des islamischen Rechtes (Šarīʿa) aufwies, um ihm bei der Gesetzgebung zur Seite zu stehen, fiel die Wahl auf Aḥmad. Dies war der Beginn seiner Karriere, und nun folgten verschiedene Ämter, u. a. mehrfach das des Justizministers. In den letzten Jahren seines Lebens zog er sich jedoch von der Öffentlichkeit zurück und starb 1895 nach kurzer Krankheit.

Seine Bedeutung für das islamische Recht liegt in der Redaktion der *Meǧelle*, eigentlich «ein Buch, das Weisheit enthält» (engl. Übers. durch W. E. Grigsby, *The Medjelle or Ottoman Civil Law*, London 1895), welche maßgeblich auf ihn zurückgeht. Der Name bezeichnet das Zivilgesetzbuch, wie es im Osmanischen Reich und für kurze Zeit auch in der Türkischen Republik bis 1926 galt. Der westliche Einfluß zeigt sich vor allem in der Einteilung in gezählte Bücher, Sektionen und Artikel, die denen europäischer Kodizes entspricht. Trotz gewisser Schwächen ist die *Meǧelle* von herausragender Bedeutung. Denn sie stellte den ersten Versuch eines islamischen Staates dar, Teile des Rechts auf der Grundlage der Šarīʿa, also des islamischen Rechts, zu kodifizieren und als Gesetz zu erlassen. Der Kodex basierte zwar auf der im Osmanischen Reich offiziellen Status besitzenden ḥanafitischen Rechtsschule (→ Abū Ḥanīfa), gab aber nicht immer die dort vorherrschenden Meinungen wieder. Vielmehr wurden nach dem Prinzip des sog. «taḫayyur» (wörtl. Bevorzugung) diejenigen Meinungen der Juristen eingearbeitet, die am ehesten an die Bedingungen der Zeit angepaßt erschienen. Manche solcher Meinungen gingen dabei sogar auf nichtḥanafitische Juristen zurück. Dieser Eklektizismus wurde später bei der Reform der Šarīʿa besonders wichtig, weil man damit glaubte, eine Modernisierung erreichen zu können. Da schließlich die *Meğelle* sowohl in den säkularen als auch in den Šarīʿa-Gerichtshöfen zur Grundlage der Rechtsprechung gemacht wurde, wurde erstmals die Anwendung des islamischen Rechts auch auf nichtmuslimische Untertanen des Staats (Juden und Christen) sanktioniert, die früher nur ihrem eigenen Recht unterstanden hatten. Von daher konnten nun auch Nichtmuslime als Zeugen zugelassen werden.

Sechzehn Bände der *Meğelle* wurden von 1869 bis 1876 herausgegeben und 1877 in Kraft gesetzt. Obwohl in der Türkei 1926 abgeschafft, blieb sie in Bosnien-Herzegovina nach 1878 erhalten, in Albanien bis 1928, in Zypern bis in die 60er Jahre des 20. Jh.s. Im Nahen Osten war sie zwar in Ägypten nie in Kraft, wohl aber im Libanon bis 1932, in Syrien bis 1949, im Irak bis 1953. Sie blieb die Basis des Zivilrechts in Israel, Jordanien und Kuwait. Viele ihrer Elemente lebten später weiter.

Lit.: H. Bowen, Aḥmad Djewdet Pasha, in: EI² 1, 284–286; C. V. Findley, Medjelle, in: EI² 6, 971–972; K. Dilger, Tendenzen zur Rechtsentwicklung, in: W. Ende/U. Steinbach, Der Islam, 2. Aufl. 1989, 170–197.

I. Schneider

Al-Fasi, Isaak (1013–1103), jüdischer Gesetzesgelehrter, lebte bis 1088 in Nordafrika, danach in Andalusien, und verfaßte unter dem Titel *Sefer ha-Halakhot* ein berühmt gewordenes Talmudkompendium in hebräisch-aramäischer Mischsprache. A. wählte jene Teile des babylonischen Talmuds aus, die zu seiner Zeit von praktischer Bedeutung waren, faßte die komplizierten Gesetzesdiskussionen seiner Vorlage in übersichtlicher Form zusammen und hob dabei das gültige Recht hervor. Rechtsfragen, die im Talmud kontrovers belassen wurden, entschied er eigenhändig und leistete damit einen wichtigen Beitrag zur Normierung des jüdischen Rechts. A. berücksichtigte in seinem Kompendium darüber hinaus die nachtalmudische Rechtsentwicklung bis zum 11. Jh. in der orientalisch-jüdischen Diaspora. In der mittelalterlichen Judenheit auch der europäischen Länder wurde sein Werk bereits im 12. Jh. allgemein anerkannt. Besonders geschätzt wurde es in Spanien und Südfrankreich, wo man etliche Superkommentare zu seinen Ausführungen verfaßte. Für die innerjüdische Rechtspflege ist u. a. die von ihm im *Sefer ha-Halakhot* entworfene Konkursordnung bedeutsam geworden, die bei Zwangsvollstreckungen ins Schuldnervermögen die kleineren Gläubiger gegenüber den größeren bevorzugt behandelte. Seine zumeist in arabischer Sprache geschriebenen und völlig verstreut überlieferten Rechtsgutachten stellen für die Rechts-, Wirtschafts- und Sozialgeschichte der jüdischen Minderheit in Nordafrika und Spanien eine außerordentlich wichtige Quelle dar.

WW: Hilkhot Rav Alfas, hrsg. v. N. Sachs, 1969.
Lit.: M. Elon, Ha-Mischpat ha-'ibri 2, 3. Aufl., 1988, 965 ff.; EJJ 2, 600 ff.

H.-G. v. Mutius

Alberdi, Juan Bautista (1810–1884), Staats- und Verfassungsrechtler aus San Miguel de Tucumán (Argentinien), liberaler Wegbereiter und Mentor der «Verfassung der argentinischen Nation» von 1853.

Hineingeboren in die Zeit der Unabhängigkeitsrevolution, bezog A. in den Folgekämpfen um die politische Gestaltung Argentiniens eindeutig Position auf seiten der vereinigten Provinzen gegen den Vormachtanspruch von Buenos Aires und das autoritäre Regime des Diktators Rosas. In seinem rechtsphilosophischen Grundwerk *Fragmento preliminar al estudio del derecho* (1837) und seinem staatstheoretischen Hauptwerk *Bases y puntos de partida para la organización política de la República Argentina* (1852) entwickelte er nach Prinzipien der Freiheit, Souveränität und des Föderalismus ein Projekt der politischen, wirtschaftlichen und rechtlichen Organisation der argentinischen Nation, das im *Soberano Congreso General Constituyente* von Santa Fé als «Argentinischer Dekalog» Anerkennung fand und zur Grundlage der *Constitución de la Nación Argentina* vom 1. Mai 1853 wurde. In den Nachfolgewerken *Sistema económico y rentístico de la Confederación Argentina, según su Constitución de 1853* (1854) und *Elementos del Derecho Público Provincial Argentino* entfaltete er das in der Verfassung normierte System der nationalen politischen Ökonomie, das auf der Basis der freien und in gegenseitiger Verantwortung wirtschaftenden Individuen und Provinzen Freiheit und Fortschritt, Prosperität und soziale Gerechtigkeit der Nation verbürgt. In *El proyecto de Código Civil para la República Argentina* (1869) kritisierte er → Vélez Sársfields Entwurf eines Zivilgesetzbuches als Verfehlung der liberalen Zielsetzungen der amerikanischen Revolution und der argentinischen Verfassung. Im

Essay *El crimen de la guerra* (1895) entwickelte A. die Vision eines aufgrund freiheitlicher Verfassungen, Friedensbereitschaft und gemeinsamer Wirtschaftsinteressen geeinten Lateinamerikas. Nicht zuletzt im Zusammenhang mit seinen amerikanistischen Schriften (z. B. *Sobre la conveniencia y objetos de un congreso general americano*, *La revolución en Sudamérica*) fand sein staats- und verfassungsrechtliches Werk amerikaweite Beachtung. A. gilt als einer der Hauptexponenten der politisch-rechtlichen und ökonomischen Gründungsideen des lateinamerikanischen Nationalstaats im 19. Jahrhundert.

WW: Obras Completas de J. B. A. Edición ordenada por el H. Congreso de la Nación, bajo la dirección de Manuel Bilbao y Arturo Reynal O'Connor, 1886–87; Escritos posthumos. Edición a cargo de Manuel Alberti, 1895–1901; Obras Selectas hrsg. v. J. V. Gonzáles, 1920.

Lit.: J. Mayer, El pensamiento vivo de A., 1984; O. A. Ghirardi, La Filosofía en A., 1993; H. Ciapuscio, El pensamiento filosófico-político de A., 1985; J. B. A., hrsg. v. A. Iturrieta u. E. García Román, 1988.

W. Paul

Alberto dos Reis, José (1875–1955). Der führende portugiesische Prozessualist des 20. Jh.s studierte 1892–98 Rechtswissenschaft in Coimbra, wo er auch 1899 promovierte und ab 1900 lehrte. 1904–45 unterrichtete A. R. dort Gerichtsorganisation und Zivilprozeßrecht. Doch weit darüber hinaus und ungeachtet aller politischen Wechsel kontrollierte er die schrittweise Modernisierung der portugiesischen Rechtsordnung insgesamt. A. R. war zwischen 1910 und 1955 Direktor und wichtigster Mitarbeiter der wohl einflußreichsten juristischen Zeitschrift Portugals, der «Revista de legislação e de jurisprudência». Abgesehen von seiner vielfältigen Advokatentätigkeit trugen hierzu auch seine zahlreichen öffentlichen Ämter bei: Vizerektor der Universität Coimbra, Dekan der dortigen juristischen Fakultät, 1934–45 Deputierter und Präsident der Assembleia Nacional. Auch daß er mit seinem Fakultätskollegen J. Ferreira Marnoco e Sousa aufgrund zweier Auslandsmissionen nach Italien und Frankreich entscheidend an der Reform des Rechtsunterrichts der Jahre um 1911 beteiligt gewesen war, hatte sein Ansehen frühzeitig gefestigt.

Neben zahllosen Artikeln, vornehmlich in seiner eigenen Zeitschrift und im «Boletim da Faculdade de Direito da Universidade de Coimbra», redigierte A. R. den *Código do processo civil* von 1939.

Bis 1953 sollte er diesen noch wiederholt umfassend und letztverbindlich kommentieren. A. R.s Ruf als Prozessualist gründete sich vor allem auf Vorlesungsnotizen, die bereits 1905 unter dem Titel *Organização judicial* veröffentlicht worden waren, und der zwei Jahre darauf publizierten Schrift *Proceso ordinário civil e comercial*. Mit ersteren wurde in die rechtswissenschaftliche Debatte über die funktionale Dezentrierung einer stets als Einheit zu begreifenden staatlichen Rechtspflege eingegriffen. Der zweite Titel steht zugleich für das immer wieder nachgerühmte Geschick – auf der Grundlage eines enzyklopädischen juristischen Wissens und methodisch sicher –, pragmatische Lösungen zu bevorzugen. Behilflich war dabei in steigendem Maß die italienische Prozeßrechtsdoktrin. Von der Tendenz her sollten als überholt erkannte Formalismen durch ein gleichermaßen sachlich bedingtes und gerichtlich gelenktes Verfahren ersetzt werden. Gefragt war ein neuer Justizjurist, der aus der Rekonstruktion von konfliktuellen Realitäten seine Kompetenz und gesellschaftliche Stelle zu beziehen hat.

Lit.: J. Beleza dos Santos/M. Andrade: Alberto dos Reis, in: BFDUC 21, 1945, 587–601; M. Alberto dos Reis Faria: Bibliografia do Doutor J. A. dos R., 1961; G. Braga da Cruz, A. in: Revista de legislação e de jurisprudência 1, 1975, 474–484.

J.-M. Scholz

Alciatus, Andreas (1492–1550), Sohn einer Kaufmannsfamilie aus Alzate bei Como, studierte zunächst Latein und Griechisch, bevor er sich ab 1507 in Pavia dem Rechtsstudium widmete. Nach einem Wechsel an die Universität Bologna 1514 promovierte A. 1516 in Ferrara, um anschließend in Mailand als Advokat tätig zu sein. 1518 wurde er an die Universität Avignon berufen, wo er mit einer Unterbrechung (1521 wegen der Pest) bis 1522 als Rechtslehrer wirkte. Aufgrund finanzieller Differenzen kehrte A. in seine Mailänder Kanzlei zurück, nahm aber 1527 in Avignon die Lehrtätigkeit wieder auf. Ein Ruf nach Bourges, der glänzend honoriert war, führte ihn 1529 an die dortige Universität, bis er schließlich 1533 an die Mailänder Universität in Pavia zurückkehrte. Einen Ruf nach Bologna – den ersten mußte er 1537 auf Druck des Mailänder Herzogs ablehnen – nahm er 1541 an, mußte jedoch aufgrund der kriegerischen Ereignisse noch im gleichen Jahr nach Ferrara ausweichen. Ab 1546 lehrte A. bis zu seinem Tode wiederum an der Universität Pavia.

Alciatus, Andreas

A. gilt als Begründer der humanistischen Jurisprudenz, die in Frankreich durch Guillaume →Budé initiiert und in Deutschland durch Ulrich →Zasius gefördert worden ist. Schon das Erstlingswerk des noch sehr jungen A. – *Annotationes in tres posteriores libros Codicis Iustiniani* (1515) –, in dem griechische Stellen aus den letzten drei Büchern des Codex Iustinianus erklärt werden, zeigte den neuen Grundansatz: profunde Kenntnisse der klassischen Sprachen und der antiken Kultur in Verbindung mit der Jurisprudenz. Das Werk, das den juristischen Anspruch auf die Interpretation des Corpus iuris civilis auch in philologischer Hinsicht begründete, war zu ungestüm gegen die wenige Jahre zuvor erschienenen Annotationen zu den Digesten von Budé und kam über eine schwache Signalwirkung nicht hinaus. In seiner Mailänder Zeit beschäftigte sich A. neben juristischen mit antiquarischen, philologischen, historischen – *Rerum patriae libri IV* (1625) – und epigraphischen Studien. Seinen Ruf an die Universität zu Avignon bereitete A. mit der Publikation eines Sammelbandes von kleineren, teils philologisch ausgerichteten textkritischen Schriften vor, den er, der stets mit Eifer und bisweilen mit Verschlagenheit die Vermarktung seines eigenen Ruhmes betrieb, mit dem schillernden Titel «Paradoxa» versah. Das Werk, das ihn mit einem Schlag in ganz Europa bekannt machte, *Paradoxa iuris civilis* (1518), demonstrierte erstmals eindrucksvoll die Überlegenheit A.s bei der Erklärung juristischer Texte mit philologischen Mitteln. Die Vorlesungen in Avignon, von denen einige in selbständigen Publikationen ediert worden sind – *De verborum obligationibus* (1519); *De praesumptionibus* (1538) –, erfuhren in den Lektionen des Wintersemesters 1520/21 zu dem Digestentitel *De verborum significatione* (Dig. 50.16.) ihren Höhepunkt. Seine hohe Anziehungskraft in Avignon muß jedoch insgesamt mehr seiner faszinierenden Persönlichkeit als Rechtslehrer als der Gründung einer neuen Rechtsschule zugeschrieben werden. Erst der Ruf an die Universität zu Bourges drängte A. in die Rolle eines Reformators der Jurisprudenz. Erasmus von Rotterdam in Basel, später Philipp Melanchthon in Wittenberg begründeten den hohen philologischen Anspruch, der vor allem an den protestantischen Universitäten Inhalt der Reformen wurde. Die Universität zu Bourges reformierte erstmals die rechtswissenschaftliche Fakultät auf der Grundlage dieser neuen Akzentuierung, gewann A. als Begründer der neuen Methode für einen dortigen Lehrstuhl und wurde für die meisten europäischen Universitäten beispielhaft in der Einrichtung einer neuen Rechtsschule (mos gallicus). A. verhielt sich jedoch wegen der Nähe zum Protestantismus und mit Blick auf die italienischen Universitäten zwiespältig. 1529 begann A. seine Vorlesungen in Bourges mit einem feierlichen Vortrag – *De quinque pedum praescriptione* (1529). Wenig später sah sich A. einer Revolte seiner Studenten ausgesetzt, die dem verheißungsvollen Reformator der Jurisprudenz den gewohnten, scholastisch ausgerichteten Vorlesungsstil (mos italicus) ankreideten. Auf Druck der Studenten änderte er seine Methode. Er publizierte nun endlich sein glänzend und elegant geschriebenes Hauptwerk *De verborum significatione* (1530) und seine in Bourges gehaltenen Vorlesungen zum Codex Iustinianus – die *Commentarii ad rescripta principum* (1530). Mit der Verpflichtung nach Italien verebbte die Produktivität A.s, der seine Werke nur noch geringfügig verbesserte und ergänzte. Nunmehr wurde der Büchermarkt ein Spiegelbild des Interesses an A. Viele Neuauflagen, unzählige Nachdrucke vielfach im Raubdruck, nicht autorisierte Editionen von Vorlesungsmitschriften und sogar ein fälschlicherweise ihm zugeschriebenes Werk, *Iudiciarii processus compendium* (1536), verdeutlichten, daß A. europaweit ohne konfessionelle Grenzen hoch geschätzt wurde und wohl kaum eine juristische Bibliothek ohne seine Werke auskam.

A. war zugleich ein gesuchter Rechtsgutachter, der für seine Konsilien einen immer höheren Preis forderte und deren Edition er zeitlebens mit dem Hinweis der Parteilichkeit derartiger Gutachten verhinderte – *Responsa iuris* (1561). In der Folgezeit löste sein Verhalten Ende des 16. Jh.s eine Debatte über den Dissens von Katheder- und Konsiliarjurisprudenz aus, eine Kontroverse, die in der Auseinandersetzung zwischen Rechtspraxis und Rechtslehre bis heute ihre Fortsetzung fand. A. gründete mit seinen 1531 in Augsburg erstmals edierten *Emblemata* (1542, ND 1991), einem von A. stets vermehrten Sammelband von einzelnen Bilderrätseln mit unterlegten Versen aus dem antiken Bildungsgut, eine ganze Literaturgattung.

WW: Opera omnia, 1547 u. ö.; Contra vitam monasticam ad Bernardum Mattium epistola, 1695.

Lit.: DBI, 2, 1960, 69–77; H. E. Troje, Humanistische Jurisprudenz, 1993, 215–231; J. Otto, A. A. und die klandestine Ehe, Diss. Frankfurt, 1987.

J. Otto

Alexander de Tartagnis (um 1424–1477), studierte 1438–45 in Bologna, auch bei →Paulus de Castro. 1446 war er ebendort Beisitzer des Conservatore della Giustizia. Seit 1451 lehrte A., meist in Bologna, dazwischen in Ferrara (1457–61) und in Padua (1467–70). →Jason de Mayno, Bartholomaeus Socinus (1436–1507) und der umstrittene Ludovico Bolognini (1446–1508) waren seine Schüler. Die aus A.s Vorlesungen hervorgegangenen *Commentaria* zu den Digesten und zum Codex Iustinianus (D. 1507) erläutern, wie es dem Stil der 2. Hälfte des 15. Jh.s entspricht, nur einzelne ausgewählte Stellen. Dasselbe gilt für die Vorlesungen über die Digesten, die ein Schüler A.s mitgeschrieben hat und die unter dem Titel *A. Tartagni ad frequentiores ff. (Digestorum) titulos* 1595 herausgegeben wurden. A. verfaßte auch Zusätze, *Apostillae*, zu den Kommentaren von →Bartolus und →Baldus und viele Gutachten. Obwohl er, wie er selbst berichtet, aus Menschlichkeit in Kriminalsachen keine Gutachten zum Nachteil des Angeklagten abgab, sind in der gedruckten Sammlung nicht weniger als 1281 Gutachten vereinigt.

Lit.: F. C. v. Savigny, Geschichte des römischen Rechts im Mittelalter, 2. Aufl., 1834–51 (ND 1956), 6, 312–319; A. Sabattani, De vita et operibus A. T. de Imola, 1972 (auch in: Stud Sen 83, 1971, 172–291).

P. Weimar

Alonso Martínez, Manuel (1827–1891), gilt als Hauptredaktor des spanischen Código civil von 1888/89. Nach Rechts- und Philosophiestudium an der Universität Burgos erfolgte 1848 die Aufnahme in das dortige Anwaltskolleg. Mit der erstmaligen Wahl in die Cortes begann 1854 eine rasche politische Karriere, während der er die Ämter eines Entwicklungsministers (1855), des Gouverneurs von Madrid (1856), des Finanzministers (1863), und dreimal (1874, 1881–83, 1885–88) das Amt des Justizministers bekleidete. Als Mitglied seit 1875 und Präsident ab 1878 der zivilrechtlichen Sektion der Kodifikationskommission trieb A. M. die Kodifizierung des gesamtspanischen Privatrechts wesentlich voran.

A. M. war überzeugt, daß nur sozialer Friede ökonomischen Aufschwung garantieren könne. Daher trat er für die Rechtsvereinheitlichung in Spanien ein. Anders als sein Vorgänger →García Goyena, dessen Vorlage von 1851 er sich bediente, wollte A. M. aber nicht Vereinheitlichung um jeden Preis, sondern nur dort, wo dies eindeutig gesamtgesellschaftliche Vorteile brächte. So wurde die Problematik der regionalen Sonderrechte von ihm dadurch gelöst, daß besondere landwirtschaftliche und industrielle Strukturen akzeptiert und den Vertretern Kataloniens, Aragons etc. Mitspracherechte bei der

Kodifikation eingeräumt wurden, wie A. M. es in *El Código civil en sus relaciones con las legislaciones forales* (1885/86) beschrieb.

Diese rechtspolitische Entscheidung führte nicht nur zu einem modus vivendi zwischen Gesamtkodifikation und sog. Foralrechten, sie bewahrte zudem davor, die in den foralrechtlichen Normen abweichend geregelten Institutionen der Familie und des Eigentums zu uniformieren und damit beispielsweise den katalanischen Einwänden auf das Projekt von García Goyena in bezug auf emphyteutische Landvergaben zuvorzukommen. Auf diese Art konnte A. M. auch erreichen, daß ausgesprochene Gegner einer gesamtspanischen Kodifikation, wie der Katalane →Duran y Bas, an der Ausarbeitung teilnahmen. Folglich stellt der Código civil von 1888/89 ein Gesetzbuch des nationalen Ausgleichs dar. Er war für Kastilien verbindlich. In den anderen Provinzen galt er nur insofern, als seine Vorschriften nicht dem Familien-, Vertrags- und Erbrecht der jeweiligen Region entgegenstanden. Daraus resultiert die Notwendigkeit, für jede Provinz eine Rechtsquellenlehre zu formulieren. Bei Abweichungen des Código civil von lokalem Recht galt dieser nur subsidiär. Eine zweite rechtspolitische Entscheidung mit weitreichenden Folgen betraf die Eheschließung; hier kam es formal zur Vermittlung kirchlicher und liberaler Standpunkte.

Lit.: J.-M. Scholz, in: Coing, 3, 1, 473–479, 513–568; J. F. Lasso Gaite, El Ministerio de Justicia, 138–141.

F. Ross

Althusius, Johannes (1557/63–1638), wurde in gehobenem bäuerlichem Milieu bei Berleburg im nassauisch-wittgensteinischen Grenzgebiet geboren. Ab 1577 studierte er in Marburg und Köln, dann in Genf und Basel, wo er mit Calvinismus und Humanismus in Kontakt kam. 1586 publizierte A. *De Arte Iurisprudentiae Romanae libri duo*, ein Lehrbuch des römischen Rechts (1617 überarbeitet als *Dicaelogicae libri tres totum et universum ius, qui utimur, methodice complectentes*). Im selben Jahr erhielt er ein erstes Lehramt, 1588 dann eine Professur an der reformierten Hohen Schule in Herborn/Nassau. 1603 erschien sein Hauptwerk, die *Politica methodice digesta atque exemplis sacris et profanis illustrata*. Im darauffolgenden Jahr wurde A. Syndikus der Hafen- und Handelsstadt Emden.

Das in der *Politica* entwickelte Staatsmodell verschmilzt aristotelisch-ciceronische Gesellschaftstheorie, Staatsräsonlehre und calvinistische Theologie, wobei stets die Reichsverfassung den impliziten Bezugspunkt darstellt. Grundlage des Gemeinwesens bildet nach A. die natürliche Bestimmung des Menschen zur Gesellschaft, deren Bestehen durch die gemeinsame christliche Ethik (Dekalog) gesichert wird. Das Gemeinwesen ist in mehreren Stufen organisiert: Private Gemeinschaften (Familie, Hausgenossenschaft, Zunft) schließen sich zu höheren, öffentlichen Verbänden (Gemeinde, Provinz, Staat) zusammen. Zu ihrer Führung bedürfen diese korporativen Lebensverbände notwendig des herrschaftlichen Elements, durch die Unterteilung in Obrigkeit und Untertanen entsteht ein gegliederter politischer Körper. Jeder öffentliche Verband wird daher von einem Amtsträger (Bürgermeister, Fürst, Kaiser), dem ein beratendes und beschließendes Gremium als Vertretung der jeweiligen Lebensgemeinschaft zur Seite steht (Senat, Landstände, Kurfürstenkolleg), geleitet. Legitimiert werden diese Träger der öffentlichen Gewalt zum einen durch die Zustimmung der Beherrschten – die nicht notwendigerweise durch Wahl erfolgt – und zum anderen durch Erfüllung ihrer Aufgaben. Diese bestimmt A. als Verwirklichung des Gemeinwohls und Aufrechterhaltung der Gesetze, die die konkrete Ausformung des göttlichen, geoffenbarten Rechts darstellen. Die zur Ausführung dieser Aufgaben benötigten Herrschaftsrechte entnimmt er der zeitgenössischen Staatsräsonlehre. Im Gegensatz zu →Bodins Souveränitätslehre bleibt jedoch bei A. die öffentliche Gewalt prinzipiell unveräußerlicher Besitz des organisch gegliederten Gemeinwesens. Daraus ergibt sich das Widerstandsrecht gegenüber Amtsträgern, die gegen ihre Pflichten verstoßen. Dieses steht allerdings nicht dem einzelnen Untertan, sondern nur den jeweils untergeordneten Amtsträgern zu.

A.' Versuch der Begründung einer politischen Wissenschaft im alten Reich stieß, abgesehen von gewissen Nachwirkungen in der Reichsstaatslehre, auf keinen großen Widerhall. Wegen der Befürwortung des Widerstandsrechts seit dem späteren 17. Jh. als «Monarchomach» etikettiert, fiel er bald dem Vergessen anheim. Erst mit der Wiederentdeckung durch Otto v. →Gierke 1880 hat A.' Staatslehre eine Spätblüte erfahren, zunächst in der Rechtsgeschichte und nach dem II. Weltkrieg auch in der Politikwissenschaft. Die dabei nicht immer vermiedene aktualisierende Verzeichnung und Überschätzung des Werks wird jedoch zunehmend durch die Rückverlagerung des A. in den zeitgenössischen Kontext überwunden.

Lit.: U. Behnen, Herrscherbild und Herrschaftstechnik bei A., in: ZHF 11, 1984, 412–472; P. J. Winters, J. A., in: Staatsdenker, 29–51; G. Dahm/

W. Krawietz/D. Wyduckel (Hg.), Politische Theorie des J. A., 1988 (dazu H. Dreitzel, Neues über A., in: Ius commune 16, 1989, 275–302).

U. Speck

Amari, Emerico (1810–1870), entstammt der Aristokratie Siziliens, verficht aber liberale Ideen. 1841 Berufung auf den Lehrstuhl für Strafrecht an der Universität Palermo. 1848 politische Tätigkeit; A. bietet im Auftrag des sizilianischen Parlaments die Krone Siziliens dem Herzog von Genua an. Kurze Zeit später Flucht nach Genua, wo er den Lehrstuhl für Verfassungsrecht übernimmt. 1860 Berufung nach Florenz an das «Istituto di Studii Superiori pratici e di perfezionamento» auf einen Lehrstuhl für Philosophie der Geschichte. 1860 Rückkehr nach Sizilien. A. verweigert die Übernahme von Ämtern im neuen, von Piemont bestimmten italienischen Einheitsstaat. Grabmal mit Sitzstatue in der Kirche San Domenico in Palermo.

A. begann als Strafrechtler. Sein Interesse galt der Kriminalstatistik. Hier ergaben sich Parallelen zu Arbeiten →Mittermaiers (*Italienische Zustände*, 1844, Neuausgabe v. Jayme, 1988). Er versuchte, die Fakten im Sinne der Fortschrittsidee zu deuten. Dies führte dazu, daß A. sich der Rechtsvergleichung zuwandte. Seine *Kritik der Wissenschaft der vergleichenden Gesetzgebung* (1857) ist sein ideenreiches Hauptwerk. Ausgangspunkt war die Philosophie Vicos, insbesondere der Gedanke, daß die von den Menschen aufgestellten Gesetze Gemeinsamkeiten aufweisen. Er lehnte allerdings Vicos Gedanken zur zyklischen Bewegung der Menschheit («corso», «ricorso») ab und vertrat die Idee des Fortschritts. Die Rechtsvergleichung erhielt die Aufgabe, das «sozial Beste» wissenschaftlich zu ermitteln und zugleich die Fortschrittsidee zu bestätigen. Das zunächst als grundlegend empfundene Werk (Mittermaier, Del Vecchio, Croce) geriet im 20. Jh. zunehmend in Vergessenheit und wurde erst jüngst wiederbelebt.

WW: Degli elementi che costituiscono la scienza del diritto penale. Tentativo di una teoria del progresso, 1843; Critica di una scienza delle legislazioni comparate, 1857, Neuausgabe, hrsg. v. V. Frosini, 1969; Del concetto generale e dei sommi principii della filosofia della storia, 1860. Ein großer Teil der Werke von A. ist unveröffentlicht; die Manuskripte befinden sich in der Biblioteca Comunale in Palermo.

Lit.: K. J. A. Mittermaier, Die Wissenschaft der vergleichenden Gesetzgebung, in: Heidelberger Jahrbücher der Literatur 1858, 31 ff.; Maggiore Perni,

Di E. A. e delle sue opere, in: Per E. A., L'Accademia palermitana nella solenne tornata del 18 dicembre 1870, 1871, 1 ff.; K. Werner, E. A. in seinem Verhältnis zu G. B. Vico, in: Sitzungsberichte der Philosophisch-Historischen Classe der Kaiserlichen Akademie der Wissenschaften, 96, 1880, 1–3, 5 ff.; Di Carlo, E. A., 1948; DBI 2, 634 ff.; E. Jayme, E. A. (1810–1870) und die Begründung der Rechtsvergleichung als Wissenschaft, in: FS Firsching, 1985, 143 ff.; Ders., E. A. – il diritto comparato come scienza, in: Annali della Facoltà di giurisprudenza di Genova 1988, 22, 1988–89, 557 ff.; ders., E. A. (1810–1870). Diritto comparato e teoria del progresso, in: Rivista di diritto civile 35, 1989, 1, 103 ff.; ders., Rechtsvergleichung und Fortschrittsidee, in: F. Schwind (Hg.), Österreichs Stellung heute in Europarecht, IPR und Rechtsvergleichung, 1989, 175 ff.

E. Jayme

Ames, James Barr (1846–1910), Professor an der Harvard University ab 1873, seit 1895 auch Dekan, war einer der bedeutendsten amerikanischen Rechtswissenschaftler und -lehrer seiner Zeit. A. hatte selber in Harvard studiert und wurde direkt nach seinem Studium zum Professor berufen. Er ist damit einer der ersten amerikanischen Professoren mit einer ausschließlich wissenschaftlichen Laufbahn, der sich also nicht zunächst als Praktiker hervorgetan hatte und die Lehrtätigkeit auch nicht nur neben der weiteren Tätigkeit als Rechtsanwalt oder Richter betrieb. A.s Bedeutung liegt vor allem darin, daß er wesentlich zur Reformierung des Rechtsunterrichts an den amerikanischen Universitäten beigetragen hat. Es ist hauptsächlich sein Verdienst, daß sich die von seinem Lehrer und späteren Kollegen →Langdell entwickelte neue und bis heute allgemein übliche Unterrichtsmethode, die den Rechtsunterricht auf dem Studium von Gerichtsentscheidungen aufbaut, durchgesetzt hat. A. hat diese Methode in Harvard allgemein eingeführt, vor allem aber hat er für eine Reihe von Rechtsgebieten *Case Books*, spezielle Entscheidungssammlungen, die auch an anderen Universitäten als Grundlage für diesen Unterricht dienten, herausgegeben. Die grundlegende Idee war, daß sich aus den einzelnen Entscheidungen ein logisches System von Rechtsprinzipien herausarbeiten ließe und es Ziel des Unterrichts sei, ein Verständnis für diese Prinzipien zu vermitteln, statt bloß mechanisches Wissen zu lehren.

A. war ein begeisterter Lehrer und soll einen außerordentlichen Einfluß auf seine Studenten ausgeübt haben. Unter seiner Führung wurde das allgemeine Ausbildungsniveau in Harvard erheblich verbessert. Neben den *Case Books* hat A. eine Reihe von Aufsätzen, u. a. zu rechtshistorischen Themen, verfaßt. Diese sind nach seinem Tode in einem Sammelband herausgegeben worden: *Lectures on Legal History and Miscellaneous Essays* (1913).

M. J. Flessner

Andrassy, Juraj (1896–1977), aus einer bekannten kroatischen Juristenfamilie stammend, schloß sein Jurastudium 1919 in Zagreb mit der Promotion ab und trat in den Verwaltungsdienst ein. Nach weiterem Studium, insbesondere des Völkerrechts 1922/23 in Paris, lehrte A. 1928–37 als o. Professor in Zagreb, wo er den Unterricht des Völkerrechts u. a. durch die Einführung eines Postdiplomstudiums maßgeblich förderte. A. gründete dort das Institut für Völkerrecht und internationale Beziehungen. 1937 und 1951 hielt er Vorlesungen an der Völkerrechts-Akademie in Den Haag. Seit 1952 gehörte er dem «Institut de droit international» an, dessen Präsident er 1969–71 war. Ferner arbeitete er für das jugoslawische Außenministerium zu vielen Rechtsfragen, u. a. der Vorbereitung der Friedenskonferenz 1947, zum sog. «Eisernen Tor» der Donau sowie zu Seerechtsfragen in der Adria. Seine Beiträge zu internationalen Organisationen, Kriegs- und nachbarrechtlichen Fragen, zur friedlichen Konfliktklärung zeichneten sich durch Berücksichtigung der politischen und wirtschaftlichen Verhältnisse, der hinter den Normen stehenden Interessen als bestimmendem Umfeld des Völkerrechts aus.

A.s Schrifttum umfaßt über 600 Titel. Der ersten größeren Arbeit, *Kritische Überblicke über die Theorie der Volkssouveränität* (1927), folgte 1931 eine ebenfalls kroatisch geschriebene Arbeit zum Völkerbund, 1939 eine Studie zum kroatischen Versuch der Kodifikation des Völkerrechts im 19. Jh. – *Leben und Werk Alfonso Domin Petruševečkis* – sowie 1948 seine *Internationale Gerichtsbarkeit. Verfassung und Verfahren.* Sein umfassendstes Werk, *Völkerrecht*, 1949 als kroatischsprachiges Lehrbuch entstanden, wurde bis zu seiner zehnten Auflage 1990 zu einem vollständigen und höchsten Kriterien genügenden System des Völkerrechts weiterentwickelt, an dem Generationen jugoslawischer Juristen ausgebildet wurden. A. führte die jugoslawische Völkerrechtswissenschaft zu internationaler Anerkennung.

Anschütz, Gerhard

Lit.: V. Ibler (Hg.), Mélanges offerts á J. A., 1968; Ders., J. A. The man and his work u. B. Bakotić, En souvenir de J. A., in: Jug R medun Pravo 26, 1979, 311 ff.

Z. Pokrovac

Anschütz, Gerhard (1867–1948). Seine exponierte Stellung in der Weimarer Staatsrechtswissenschaft verdankte A., anders als H. →Heller, R. →Smend und C. →Schmitt, nicht staats- und verfassungstheoretischen Entwürfen und auch keiner rechtstheoretisch fundierten Staatsrechtslehre, wie H. →Kelsen, sondern dogmatischen Arbeiten zum geltenden Öffentlichen Recht. Ihm gelingt der klassische Kommentar zur Weimarer Reichsverfassung, eines der wenigen Werke, das in der Weimarer Zeit vierzehn Auflagen erreicht, und er ediert zusammen mit R. Thoma das zweibändige *Handbuch des Deutschen Staatsrechts*, eine einzigartige Enzyklopädie, die Beiträge einer Vielzahl von Fachgelehrten versammelt. Zur wissenschaftlichen Autorität war A. bereits im Kaiserreich aufgestiegen; die Berufungen nach Tübingen (1899), Heidelberg (1900), Berlin (1908) und die wunschgemäße Rückkehr nach Heidelberg (1916) dokumentieren dies eindrucksvoll. Während die Dissertation *Kritische Studien zur Lehre vom Rechtssatz und formellen Gesetz* (1891) noch ganz im Bann der juristischen Methode von C. F. →Gerber und P. →Laband stand, ist schon die Studie zu den *Theorien über den Begriff der gesetzgebenden Gewalt* (2. Aufl., 1901) stark gesetzespositivistisch orientiert. Der strikte, aber durchaus historisch-genetisch unterlegte Gesetzespositivismus kennzeichnet fortan das Œuvre. Entsprechend wirft er R. Smend vor, Recht und Politik zu vermischen, soweit dieser die Verfassung auf der Folie seines integrationistischen Ansatzes interpretiert, und rügt bei E. Kaufmann naturrechtliches Denken, wenn dieser den Gesetzgeber an den Gleichheitssatz binden möchte, obwohl dies nicht explizit in der Verfassung steht. Kelsens rechtstheoretische Prämissen und Konstruktionen bleiben A. suspekt; auf ihrer Basis gefundene rechtsdogmatische Ergebnisse zweifelt er von einem historischen Standpunkt aus an. Für die materiellen Grenzen jeder Verfassungsänderung, die C. Schmitt durch seinen Verfassungsbegriff gezogen sieht, fehlt es A. an einem Anhalt im Gesetz. Weil sein Gesetzespositivismus dem Verfassungsrecht enge Grenzen setzt, beginnt für A. rasch das Feld der Verfassungspolitik, dem er sich zeitlebens ebenfalls intensiv gewidmet hat. So votiert er gegen den Föderalismus in der Hoffnung, durch einen unitarischen Staatsaufbau das Problem der übermächtigen Stellung Preußens im Reich lösen zu können.

Noch im Kaiserreich entwickelt sich A. zu einem überzeugten Demokraten, und in verfassungspolitischen Schriften fordert er während des I. Weltkrieges die Abschaffung des Dreiklassenwahlrechts in Preußen sowie die Einführung des parlamentarischen Regierungssystems im Reich. Deswegen verwundert es nicht, daß A. 1919 am Entstehungsprozeß der demokratischen Reichsverfassung durch Schriften und beratende Gespräche in Weimar beteiligt ist. Entsprechend leidenschaftlich identifiziert er sich mit der Weimarer Reichsverfassung, kommentiert sie, verteidigt sie und läßt sich sofort nach der «Machtergreifung» mit der Begründung emeritieren, er könne das nationalsozialistische Staatsrecht wegen fehlender «innerlicher Verbundenheit» (Emeritierungsgesuch v. 31. 3. 1933) nicht lehren. A. lebt während der Zeit des Nationalsozialismus zurückgezogen in Heidelberg und verfaßt seine Lebenserinnerungen. Er stirbt 1948 an den Folgen eines Verkehrsunfalls.

WW: Die Verfassungs-Urkunde für den Preußischen Staat, 1. Bd., 1912; Georg Meyer, Lehrbuch des Deutschen Staatsrechts, 7. Aufl., 1919; Drei Leitgedanken der Weimarer Reichsverfassung, 1923; Handbuch des Deutschen Staatsrechts, hrsg. v. G. Anschütz/R. Thoma, 2 Bde., 1930–32; Die Verfassung des Deutschen Reichs, 14. Aufl., 1933.

Lit.: E. Forsthoff, G. A., in: Der Staat 6, 1967, 139–150; E.-W. Böckenförde, G. A., in: Semper Apertus. Sechshundert Jahre Ruprecht-Karls-Universität Heidelberg 1386–1986, 3, 1986, 167–175; W. Pauly, Zu Leben und Werk von G. A., in: Ders. (Hg.), G. A., Aus meinem Leben, 1993, XI–XLIV.

W. *Pauly*

Antonius de Butrio (1338–1408), studierte in seiner Heimatstadt Bologna bei Petrus Ancharano und wurde dort 1384 im Zivilrecht, 1387 in der Kanonistik promoviert. Von der Stadtkommune Bologna gefördert, lehrte er, mit Unterbrechungen an anderen Universitäten, hier fast bis an sein Lebensende, wobei er außerordentlichen Erfolg hatte; zu seinen Schülern zählte u. a. Francesco →Zabarella. 1407 verhandelte A. im Auftrag des Papstes, Gregors XII., über die Aufhebung des Schismas. Zahlreiche von A. verfaßte Gutachten belegen die Wertschätzung der Zeitgenossen.

Seine umfangreichen Kommentare zum *Liber Extra* und *Liber Sextus* verarbeiteten das vorhandene juristische Wissen der Zeit, sind aber gleichzeitig auf praktische Bedürfnisse abgestellt. Durch die häufige Wiedergabe von Formularen und zahlreichen Fällen geben sie tiefe Einblicke in das damalige Rechtsleben.

Lit.: DBI 3, 1961, 540–543; DDC 1, 1630–1631.

J. Müller

Anzilotti, Dionisio (1869–1950), ist eng mit der Geschichte des Ständigen Internationalen Gerichtshofs verknüpft. Als Generalsekretär des vom Völkerbundrat zur Erarbeitung eines Gerichtsstatuts eingesetzten Juristenausschusses hatte er 1920 maßgeblichen Anteil an der Gestaltung dieser internationalen Streitentscheidungsinstanz, der er als ordentliches Mitglied von der ersten Wahl 1921 bis zum Rücktritt der verbliebenen Richter im Januar 1946 angehörte. Einen gewissen Ruhm erlangte A., 1928–30 Präsident des Gerichts, als er im Wimbledon-Fall (1923) seine Unabhängigkeit unter Beweis stellte, indem er in der nicht einstimmig gefällten Entscheidung mit einer «dissenting opinion» gegen die auch von der italienischen Regierung eingebrachte Klage stimmte – ein in der Geschichte dieses Gerichts einmaliger (und auch sonst bei internationaler Streitentscheidung äußerst seltener) Fall des Abstimmungsverhaltens eines sog. «nationalen Richters».

Nach dem Jurastudium in Pisa hatte sich A. zunächst dem internationalen Privatrecht zugewandt, das er 1892–1902 am Istituto di scienze sociali «Cesare Alfieri» in Florenz lehrte. Es folgten a. o. Professuren für Völkerrecht in Palermo (1902/03) und Bologna (seit 1903), bevor er, 1906 zum ordentlichen Professor ernannt, 1911 den Lehrstuhl für Völkerrecht in Rom übernahm, den er bis 1937 innehatte. Auch wenn sich A., v. a. in der «Rivista di diritto internazionale», die er zusammen mit A. Ricci Busatti 1906 gegründet hatte und die er zwanzig Jahre leitete, vielfältig zu Einzelfragen des internationalen Rechts äußerte, galt sein Interesse den grundlegenden Problemen: Seine anfangs gegen die →Mancini-Schule vertretene Konzeption eines eigenständigen, den nationalen Rechten übergeordneten internationalen Privatrechts gab er allerdings später auf (*Corso di diritto internazionale privato*, 1925). Durch seine völkerrechtlichen Studien, insbesondere *Teoria generale della responsabilità dello Stato nel diritto internazionale* (1902) und *Il diritto internazionale nei giudizi interni* (1905), wurde er jedoch zu einem der Hauptvertreter der von H. Triepel begründeten dualistischen Richtung. Sein 1928 in 3. Aufl. erschienener *Corso di diritto internazio-*

nale. Vol. I: Introduzione e teorie generali, in mehrere Sprachen übersetzt (dt. 1929), zeugt vom bleibenden Einfluß des Richters und Gelehrten, dessen *Opere* 1956–64 in 4 Bänden von der Società Italiana per l'Organizzazione Internazionale veröffentlicht wurden.

Lit.: P. Ziccardi, Note sull'opera scientifica di Dionisio Anzilotti, in: Comunicazioni e studi dell'Istituto di diritto internazionale dell'università di Milano 3, 1950, 7–42; T. Perassi, D. A., in: Rivista di diritto internazionale 36, 1953, 5–21.

K.-H. Lingens

Armenopulos (Harmenopulos), Konstantinos (14. Jh.), war Richter von Thessaloniki und Inhaber höchster Richterwürden des spätbyzantinischen Reiches. 1345 kompilierte er ein Gesetzeshandbuch in sechs Büchern, *Procheiron nomon* oder *Hexabiblos*, in dem er «das Schönste und das Notwendigste» aus einem außerordentlich weiten Kreis sowohl gängiger als auch ausgefallener byzantinischer Rechtssammlungen in origineller Gliederung zusammenstellte; als Anhang fügte er eine Überarbeitung des *Nomos Georgikos*, einer älteren Sammlung bauernrechtlicher Vorschriften, hinzu. Darüber hinaus verfaßte er u. a. eine ebenfalls systematisch in sechs Abschnitte gegliederte Kurzfassung der Kanones, einen Katalog der Häresien sowie kleinere theologische Schriften, mit denen er in den dogmatischen und kirchenpolitischen Auseinandersetzungen seiner Zeit Position bezog. Trotz des ausdrücklich beanspruchten praktischen Zwecks seines Gesetzeshandbuchs kann A., der auch zwei syntaktische Lexika abfaßte, als prominentester Vertreter einer Thessalonizenser «Schule» gelten, welche die Rechtstexte auch mit antiquarischem Interesse und philologischen Methoden traktierte. Seine *Hexabiblos*, die zusammen mit ihrem Anhang und den kanonistischen bzw. antihäretischen Sammlungen das letzte «private» byzantinische Gesetzescorpus im Umfang eines stattlichen Handschriftenbandes darstellt, fand in der Osmanenzeit auf dem Balkan weite Verbreitung und wurde 1828 in Griechenland zum provisorischen Zivilgesetzbuch bestimmt. Die erste Druckausgabe erschien bereits 1540 in Paris.

WW: Const. Harmenopuli Manuale legum sive Hexabiblos, hrsg. v. G. E. Heimbach, 1851 (ND 1969); kanonistische Schriften, in: Migne PG 150, 9–168.

Arosema, Justo

Lit.: K. Pitsakēs, Konstantinou Armenopoulou Procheiron Nomōn ē Hexabiblos, 1971; M. Th. Fögen, Die Scholien zur Hexabiblos im Codex vetustissimus Vaticanus Ottobonianus gr. 440, in: Fontes Minores 4, 1981, 256–345.

L. Burgmann

Arosema, Justo (1817–1896). Panamesischer Romanist, Verfassungsrechtler und universeller Kodifikationsjurist in der Republik Neugranada (Kolumbien), Begründer der Eigenstaatlichkeit Panamas. Nach einem Studium an der Universidad Central de Bogotá und der Universidad de Magdalena y el Istmo wurde A. Rechtsprofessor im Colegio de Panamá und Sekretär in der Regierung des kurzlebigen Estado Libre del Istmo (1840–41) im kolumbianischen Staatsverband Neugranada (1821 unabhängig). Ab 1850 panamesischer Abgeordneter im Congreso de la Nueva Granada, ab 1853 auch Senador por el Istmo de Panamá, bringt A. zahlreiche von ihm selbst verfaßte Gesetzgebungsentwürfe ein, u. a. *Proyectos de Código de Minería, de Código Penal, de Código Judicial, de Código de Comercio, de Código Civil, de Código Administrativo*. Durch beharrliche parlamentarische Aktivität erreicht A., daß sein 1853 eingebrachter Verfassungsänderungsantrag – *Acto Reformatorio de la Constitución de 1843* – vom Parlament in Bogotá angenommen und durch den *Acto Adicional a la Constitución* vom 27. 2. 1855 der selbständige Estado Federal de Panamá auf dem Istmus errichtet wurde. Die sog. *Proyectos Arosema* bilden in der Folgezeit die Grundlage der staatlichen Gesetzgebung in Panamá und Kolumbien. Desiderat bleibt der originelle, von A. nach Iustinianischem Vorbild entworfene *Código Civil*, denn das panamesische Zivilgesetzbuch von 1860 und der kolumbianische *Código Civil* von 1872 folgen dem *Código Andrés →Bello*. A. wurde in Europa durch seine *Estudios Constitucionales sobre los Gobiernos de América Latina* (2. Aufl., 1878) bekannt. Sein umfassendes Entwurfswerk und sein Eintreten für eine rechtseinheitlich integrierte «Liga Américana» machen A. zum Klassiker der lateinamerikanischen Kodifikationsjurisprudenz.

WW: El Estado Federal de Panamá, 1853, ND, in: Panamá y nuestra América. Introducción, Selección y Notas de Ricaurte Soler, 1981; La Cuestión Americana, 1856; Estudios sobre la Idea de una Liga Americana, 1864; Constituciones Políticas de América Meridional, 1870.

Lit.: R. Soler, Pensamiento Panameño y Concepción de la Nacionalidad durante el Siglo 19, 1971, 13 ff.; O. Méndez Pereira, J. A., 2. Aufl., 1970; C. H. Cuestas, Romanismo y Latinoamericanismo en J. A., in: Revista do Direito Comparado 7, 12, 1992, 63 ff.

W. Paul

Arumaeus, Dominikus (1579–1637), wurde in Westfriesland geboren und studierte in Franeker, Oxford, Rostock und Jena Rechtswissenschaft. In Jena wurde er Professor, mehrfach Rektor der Universität, Beisitzer am Schöffenstuhl und weimarischer Rat. A. ist berühmt geworden als einer der Begründer der neuen Disziplin des öffentlichen Rechts. Er ließ über Themen der Reichsverfassung disputieren und sammelte die Arbeiten seiner Schüler sowie seine eigenen in fünf umfangreichen Bänden *Discursus academici de iure publico* (1615–23).

Die dort erörterten Themen werden nach der Maxime behandelt, für das Staatsrecht des Reiches und der Territorien sei nicht mehr das römische Recht, sondern seien die spezifisch öffentlich-rechtlichen Rechtsquellen (Reichsgrundgesetze, Wahlkapitulationen, Reichsabschiede, Friedensverträge, territoriale Quellen) maßgebend. Dieses Material wird methodisch mit dem Instrumentarium des gemeinen (römischen) Rechts erschlossen und geordnet. A. vertritt dabei eine mittlere, den Reichsständen freundliche Linie. Er betrachtet das Reich als eine ständisch moderierte Monarchie. Seine Positionen sind gleichweit von der Propagierung eines kaiserlichen Absolutismus wie von der These Jean →Bodins entfernt, das Reich sei eine Aristokratie. Auch ein Rekurs auf die Volkssouveränität scheidet bei ihm aus.

Daß die Initiative für diesen wissenschaftlichen Neuansatz von Jena ausging, hängt mit A.' Herkunft aus Westeuropa und den dadurch vermittelten Einflüssen des niederländischen Humanismus und Neostoizismus zusammen. Nicht zufällig bildet Jena auch eine Station im Leben von Justus Lipsius. Gleichzeitig muß beachtet werden, daß in der krisenhaften Zeit um 1600 lutherische Territorien Anlaß hatten, sich bei der Analyse der Reichsverfassung methodisch neu zu orientieren, um ungünstige Ergebnisse für die Reichsstände zu vermeiden, die dem römischen Recht entnommen werden konnten.

WW: Exercitationes Iustiniani ad Institutiones, 1607; Tractatus methodicus de mora, 1608; Decisionum et Sententiarum libri 2, 1612; Disputationes ad praecipuas Pandectarum et Codicis leges, 1613 u. ö.; Discursus academici de iure publico, 5 Bde., 1615–1623; Discursus academici ad Auream Bullam, 1617; Commentarius iuridico-historico-politicus de comitiis Romano-Germanici Imperii, 1630.

Lit.: F. H. Schubert, Die deutschen Reichstage in der Staatslehre der frühen Neuzeit, 1966; R. Hoke, Die Reichsstaatsrechtslehre des Johannes Limnaeus, 1968; M. Stolleis, Geschichte des öffentlichen Rechts in Deutschland, 1, 1988.

M. Stolleis

Asser, Tobias Michael Carel (1838–1913). Das jüdische Geschlecht A. entwickelte sich im Laufe des 19. Jh.s in den Niederlanden zu einer berühmten Juristenfamilie. Nach dem Studium am Athenaeum Illustre zu Amsterdam und einer Promotion zu Leiden (1860) erhielt A. eine Stelle als Rechtsanwalt in der Kanzlei der Familie in seiner Heimatstadt Amsterdam. Schon 1862 wurde er Professor am dortigen Athenaeum. Als dieses Institut 1877 den Rang einer Universität erwarb, wurde er ao. Professor für Handelsrecht, internationales Privatrecht und Zivilprozeßrecht.

1873 veröffentlichte A. seine *Schets van het Nederlandsch Handelsrecht*, die →Molengraaff 1917 in 13. Auflage bearbeitete. A. behandelt aus der Perspektive des Praktikers das ganze Gebiet des Handelsrechts. Was das internationale Privatrecht anbelangt, verdient sein Einsatz für ein Gesetzbuch auf Weltebene erwähnt zu werden. Dieser Ansatz zur Vereinheitlichung des internationalen Privatrechts brachte ihm eine bedeutende Rolle bei den Haager Konferenzen ein, die hauptsächlich dieser Problematik gewidmet waren. 1880 veröffentlichte er *Schets van het Internationaal Privaatrecht*, worin die Lösung konkreter Rechtsfragen an erster Stelle stand. Zusammen mit Gustave Rolin-Jaequemyns (1835–1902) und John Westlake (1828–1913) gründete er 1869 die «Revue de droit international et de législation compareé» und errichtete 1873 das «Institut de Droit International». A. war angesehenes Mitglied der «International Law Association».

Von der niederländischen Regierung wurde A. regelmäßig beauftragt, als deren diplomatischer Vertreter zu fungieren, und führte seine Missionen meistens mit großem Erfolg aus. Schließlich wurde er 1893 Mitglied des Staatsrats. Er beteiligte sich an der Errichtung des internationalen ständigen Schiedsgerichtshof in Den Haag. Wegen seines Einsatzes für die Haager Friedenskonferenzen 1899 und 1907 erhielt er im Jahre 1911 den Friedensnobelpreis.

WW: Nachlaß im Algemeen Rijksarchief 's-Gravenhage.
Lit.: BWN 2, 15–17: P.C. Kop, in: Zestig juristen, 1987, 225–230. J.W. Westenberg, T.M.C.A. (1838–1913), in: J.C.H. Blom u.a. (Hg.), Een brandpunt van geleerdheid in de hoofdstad. De Universiteit van Amsterdam rond 1900 in vijftien portretten, 1992, 53–76.

C.J.H. Jansen

Asso y del Río, Ignacio Jordán Claudio de (1742–1804/14). Der spanische Jurist, Naturforscher und Philologe besuchte die Adelsakademie in Barcelona und schloß sein Grundstudium an der Universität Cervera/Katalonien mit dem «bachiller en artes» ab. Er studierte ferner 1760–64 Rechtswissenschaft an der Universität Zaragoza, promovierte dort 1764 in kanonischem Recht und begann seine Universitätskarriere als Zivilrechtsrepetitor. Später wurde A. R. in Madrid vom obersten Kastilienrat beauftragt, die Vergabe von Lehrstühlen des öffentlichen Rechts an den Reales Estudios de San Isidro zu examinieren. Er bereiste jahrelang Europa und war zeitweilig Generalkonsul in Dünkirchen, Amsterdam und Bordeaux.

A.R. arbeitete zusammen mit M. Manuel y Rodríguez, einem Bibliothekar von San Isidro, die *Instituciones del Derecho civil de Castilla* (1771) aus, ein das gesamte kastilische Privatrecht umfassendes Institutionenlehrbuch. Dieses Werk entsprach den schon lange vorher begonnenen Versuchen, sich in Spanien vom ius commune zu emanzipieren. War noch 1713 der Plan gescheitert, das römische Recht gänzlich aus den Lehrplänen der Universitäten zu verdrängen und sich damit einzig dem kastilischen Recht zuzuwenden, führte eine Anordnung 1741 dazu, daß neben dem römischen Recht nun auch das «derecho español» an den Universitäten gelehrt wurde, und zwar in der für den usus modernus typischen, vergleichenden Art. Abgesehen davon galt nunmehr auch das «derecho español», welches dem kastilischen Recht entlehnt worden war, als gemeines Recht. Demgegenüber nahm das römische Recht die Funktion einer allgemeinen Rechtstheorie ein. Wie Frankreich und das Heilige Römische Reich hatte Spanien damit zwei gemeine Rechte.

In der Tradition französischer und deutscher Institutionalisten, die sich der nationalen Rechte angenommen hatten, folgerte A.R. in seinem Lehrbuch die Prinzipien des «derecho español» aus gesatztem Recht; Rechtsprechung wurde nicht berücksichtigt. Hierbei verwendete er die *Siete Partidas* in der Ausgabe von →López de Tovar, die *Nueva Recopilación* von 1567 und die lokalen Rechte. Unter

Ablehnung der Statutentheorie belegte er bei der Erklärung einzelner Institutionen die Quellen nicht mehr mit römischen, sondern ausschließlich mit spanischen Rechtszitaten, was die traditionelle spanische Naturalisierung des römischen Rechts erleichtert hat. Trotz des formalen Verzichts auf das römische Recht ist dieses System in seinen Begriffen und in seiner Gliederung nach →Tribonian tendenziell noch römisch-rechtlich; die konzeptionelle Arbeit selbst wird jedoch nur noch mit Hilfe von spanischen Autoren bewerkstelligt. Hiermit steht A. R. in der gesamteuropäischen Entwicklung des 17. und 18. Jh.s, bei der es darum ging, entgegen dem ius commune eine selbständige Wissenschaft vom Recht des absoluten Fürstenstaates zu etablieren, also die Nationalisierung des Rechts voranzutreiben. A. R.s von der spanischen Krone favorisiertes Lehrbuch war daher 1802–24 an den Universitäten Pflichtlektüre zum derecho español.

Lit.: K. Luig, Institutionenlehrbücher des 17. u. 18. Jh.s, in: Ius Commune 3, 1970, 64–97; C. Mora, Vida y obra de Don I. de A., 1972; B. Clavero, La disputa del método en las postrimerías de una sociedad, in: AHDE 1978, 307–334.

F. Ross

Athanasios (6. Jh.) aus Emesa (heute: Homs, drittgrößte Stadt Syriens) gehört zu jener ersten Generation byzantinischer Juristen, die die in der Regierungszeit von Justinian (527–565) sukzessive hergestellte Kodifikation des gesamten geltenden Rechts (bestehend aus den Institutionen, den Digesten, dem Codex und den Novellen) abgeschlossen vorfanden und zu verwalten hatten. A. hat Rechtsunterricht erteilt, er war als Rhetor und Advokat forensisch tätig und hat ein für Praktiker geschriebenes Orientierungswerk zu den justinianischen Novellen hinterlassen. Dieses Werk, das sog. *Novellensyntagma*, ist uns in der 2. Auflage, angefertigt zwischen 572 und 577, erhalten geblieben. Das «Syntagma» wird von der rechtshistorischen Forschung häufig geringgeschätzt, weil es keine über die Novellen hinausgehenden materiellrechtlichen Informationen enthält. Es dokumentiert aber nicht nur die großen Schwierigkeiten, die die Rechtspraxis mit dem voluminösen, unübersichtlichen und weitgehend lateinisch verfaßten Rechtserbe Justinians hatte, sondern ist auch ein eindrucksvoller Beleg für die Ordnungs- und Systematisierungsbemühungen der Jurisprudenz des ausgehenden 6. Jh. s. Anders als die zahlreichen in jener Zeit entstehenden Epitomierungen und

Auszüge verschiedenster Art will A. die Novellen nicht ersetzen, sondern ihre Benutzung erleichtern. Die von ihm zugrunde gelegte Ordnung des Stoffes in 22 Titeln und seine für die Zeit und die Buchkultur äußerst originelle Technik der Verweisung auf verwandte Regeln durch fußnotenartig angehängte Parallelstellen (Paratitla) heben das «Syntagma» aus dem Kreis der Rechtsliteratur der Zeit heraus. Wegen seiner praktischen Brauchbarkeit erfreute sich das Buch großer Beliebtheit. Diese ging in dem Maße zurück, in dem die Novellen aus der Praxis verschwanden – ein Prozeß, der im 7. Jh. ablief – und stattdessen nur noch das Regelwerk referierende Auszüge als Ersatz kursierten. Bei den mit der makedonischen Dynastie (861–1056) verbundenen Anstrengungen zur Wiedergewinnung des justinianischen Rechts spielt A. nur noch eine marginale Rolle.

WW: Das Novellensyntagma des Athanasios von Emesa, hrsg. v. D. Simon/ Sp. Troianos, 1989 (mit Verzeichnis der Sekundärliteratur) = Forschungen zur byzantinischen Rechtsgeschichte, 16.

D. Simon

Attaleiotes (Attaleiates), Michael (– nach 1079), aus bescheidenen provinzialen Verhältnissen stammend, machte in Konstantinopel Karriere und erwarb ein großes Vermögen, das er testamentarisch zwei von ihm gegründeten kirchlichen Einrichtungen vermachte; die an Umfang und biographischen Informationen reiche und äußerst detaillierte Anordnungen treffende Stiftungsurkunde *(Diataxis)* von 1077 ist im Original erhalten. Auch als Richter tätig, verfaßte A. 1073/74 auf Anordnung des Kaisers Michael VII. Dukas ein knappes Rechtskompendium in ursprünglich wahrscheinlich 35 Titeln, in dem er meist wörtliche Exzerpte aus der seinerzeit geltenden Kodifikation, den «Basiliken», zusammenstellte. Von der Legalfolge weicht er vor allem am Anfang ab, wo er auf das Institutionensystem der Personen, Sachen, Obligationen und Aktionen zurückgreift, in das er die «allerhöchste Dreieinigkeit» etwas unvermittelt als Titel 3 einschiebt. Im *Prooimion* erzählt er die römisch(-byzantinisch)e Gesetzgebungsgeschichte. Umgekehrt widmet er in seinem Geschichtswerk *(Historia)*, in dem er die Jahre 1034–79 als Zeitzeuge beschreibt, dem Rechtswesen außergewöhnliches Augenmerk und referiert insbesondere ausführlich die Gesetze seines Gönners Nikephoros III. Botaneites, an deren Zustandekommen er möglicherweise beteiligt war.

WW: Michaēl anthypatou kai kritou tou Attaleiōtou Poiēma Nomikon, hrsg. v. L. Sgoutas, Themis 8, 1861, 47–155 (ND in: I. und P. Zepos, Ius Graecoromanum 7, 1962, 409–497, sowie in: K.E. Zachariae von Lingenthal, Kleine Schriften 1, 1973, 356–464); Michaelis Attaliotae Historia, hrsg. v. I. Bekker, 1853; P. Gautier, La Diataxis de Michel Attaliate, in: Rev Et Byz 39, 1981, 5–143 (mit Lit.).

L. Burgmann

Aubert, Ludvig Maribo Benjamin (1838–1896), cand. jur. 1860, Richtergehilfe in Nord-Gudbrandsdal 1861–62, Universitätsstipendiat 1863, Lektor 1864, Professor ab 1866, Justizminister April–Juni 1884, Studienaufenthalte in Paris 1863 und München 1872.

A. hatte starke historische Interessen. Seine Tätigkeit als junger Richter in traditionsreichen Hochlanddörfern veranlaßte ihn zu historischen Studien über das Sachenrecht, speziell auf dem Lande. Als Professor vertrat er das Schuldrecht und das moderne Handelsrecht. Aber auch hier suchte er mit offenem Blick für internationalen Rechtsvergleich historische Zusammenhänge.

Drei von A.s rechtshistorischen Arbeiten seien hier hervorgehoben: *Kontraktpantets historiske Udvikling især i dansk og norsk Ret* (Die historische Entwicklung des Vertragspfands insbesondere im dänischen und norwegischen Recht, 1872); *De norske Retskilder* (Die norwegischen Rechtsquellen), auch unter dem Titel *Den norske Privatrets almindelige Del* (Allgemeiner Teil des norwegischen Privatrechts), und *Grundbøgernes (Skjøde- og Panteprotokollernes) Historie i Norge, Danmark og tildels Tyskland* (Geschichte der Grundbücher – der Auflassungs- und Pfändungsprotokolle – in Norwegen, Dänemark und Teilen Deutschlands, mit deutscher Zusammenfassung, 1892). Diesem Werk folgte *Det norske Thinglysnings- og Registreringsvæsen* (Das norwegische Grundbuch- und Registerwesen), auch unter dem Titel *Obligasjonsrettens specielle Del III* (Besonderer Teil des Schuldrechts, 1894). Sein wichtigstes schuldrechtliches Werk ist *Den nordiske Vexelret* (Das nordische Wechselrecht, 1880), das 1892 als Teil II in seinem *Obligasjonsrettens specielle Del* wiederaufgelegt wurde. Sein nicht mehr verwirklichter Plan war es, selbst ein vollständiges Schuldrechtslehrbuch zu schreiben, nachdem er seit 1866 verantwortlich für die Aktualisierung und Vertiefung von *Den norske Obligasjonsret* (3. Aufl. 1879) seines Vorgängers Fr. Hallager war.

A. beteiligte sich von einem gemäßigt konservativen Standpunkt aus eifrig an den zeitgenössischen kulturellen und wissenschaftlichen Debatten. Nachhaltigen Schaden erlitt er jedoch durch die konservative Niederlage in den politischen Wirren 1880–84, nicht zuletzt durch seine Beteiligung als Justizminister am unglücklichen «Aprilministerium» im Frühjahr 1884.

Lit: NFL 1, 1881; NBL 1, 1923.

G. Sandvik

Aubry, Charles (1803–1883), lehrte 1833–71 an der Juristischen Fakultät in Straßburg und war dann 1872–78 Rat am Kassationsgerichtshof. Er hat zusammen mit Frédéric Charles Rau nur ein einziges Werk publiziert, das ihn allerdings berühmt gemacht hat: den *Cours de droit civil francais*, der zunächst als einfache Übersetzung von Karl-Salomon →Zachariäs *Handbuch des französischen Civilrechts* begann, sich aber dann davon befreite und ein eigenständiges Werk wurde.

1838 übersetzten A. und Rau die 4. Auflage von 1837 jenes Handbuchs von Zachariä, der ein großer Bewunderer des Code civil war und ihn nach deutscher pandektistischer Methode dargestellt hatte. Die dabei verfolgte Ordnung war von der des Gesetzbuches ganz unabhängig. Dadurch erreichte es eine logische Geschlossenheit, die den älteren, am Text orientierten Kommentaren fehlte. Im Laufe der Übersetzung lösten sich die Übersetzer von ihrem Vorbild. Das drückte sich auch im Titel, *Cours de droit civil francais, traduit de l'allemand* (1839–46) aus; von der 3. Auflage an (1856–58) schrieben sie *d'après l'ouvrage de Ch.-S. Zachariä*, um dann in der 5. Auflage (1897–1922) *d'après la méthode de Zachariä* zu schreiben.

Das Werk von A. und Rau ist die erste systematische Synthese des französischen Zivilrechts. Über den Code civil hinausgehend, entwickelten sie etwa die Dogmatik des Gesamtguts, des gemeinsamen Eigentums, der Vindikation und des Erbherausgabeanspruchs, außerdem Theorien des Beweisrechts und der zwingenden Kraft des Rechtspruchs, die man im Code vergeblich gesucht hat.

Indem sie die Ordnung des Code civil verließen, um eine rationale Ordnung des Zivilrechts zu schaffen, haben beide eine wirkliche und dauerhafte Revolution bewirkt. Die Lebensdauer ihres Werkes zeigt sich daran, daß das Werk noch 1964–73 in einer 7. unvollendeten Auflage erschien.

Austin, John

Lit.: Ch. Beudant/E. Gaudemet, Inauguration d'un monument à la mémoire de A. et R., 1923; E. Gaudemet, A. et R., in: RTDC 22, 1923, 65–100; J. Le Courtois, Le Conseiller Ch. A., in: La France judiciaire 7, 1882/83, 559–563.

O. Motte

Austin, John (1790–1859), trat mit sechzehn Jahren in die Armee ein, bevor er 1812 am Inner Temple in London eine juristische Ausbildung begann. Er wurde 1818 als Anwalt zugelassen und praktizierte für die nächsten sieben Jahre ohne großen Erfolg. Während dieser Zeit machte er die Bekanntschaft von James und John Stuart Mill und geriet so in den Kreis der Utilitaristen um Jeremy →Bentham. 1826 wurde er auf den Lehrstuhl des Professors of Jurisprudence an der auf Anregung Benthams hin gegründeten University of London berufen. A. beschloß, sich gründlich vorzubereiten, und verbrachte zwei Jahre in Deutschland, wo er in Heidelberg und Bonn römisches Recht hörte, sich mit der deutschen Rechtsliteratur vertraut machte und →Savigny, →Thibaut und Niebuhr kennenlernte. Er kehrte 1828 nach England zurück und begann seine Vorlesungen am University College mit hohen Erwartungen. Während seine ersten Vorlesungen zwar bei vielen bedeutenden Juristen Resonanz fanden, gelang es ihm aber nicht, eine nennenswerte Zahl von Studenten anzuziehen, da die Rechtsphilosophie nicht als anerkannter Zweig des juristischen Studiums galt. 1832 veröffentlichte er *The Province of Jurisprudence Determined*, welche eine komprimierte Zusammenfassung seiner Vorlesungen darstellte, aber keine weitere Beachtung fand, so daß A. noch im gleichen Jahr seinen Lehrstuhl aufgab. 1833 wurde er von Lord Brougham zum Mitglied der ersten Kommission zur Reform des Strafrechts ernannt, trat aber enttäuscht von der Langsamkeit der Reform schon bald zurück. Seine 1834 auf Ersuchen der Anwaltsvereinigung im Inner Temple gehaltenen Vorlesungen zur Rechtsphilosophie und Rechtstheorie wurden wegen Ausbleibens von Zuhörern bald wieder abgesetzt. 1836 wurde er auf Betreiben seiner Freunde zu einem der Kommissare zur Untersuchung von Regierung und Verwaltung der Insel Malta ernannt und erstellte ein Reformwerk, das als eines der gelungensten gesetzgeberischen Experimente der Zeit bezeichnet werden kann. Nach seiner Rückkehr aus Malta 1841 erkrankt, verbrachte er die folgenden Jahre zunächst in Deutschland, danach 1844–48 in Paris. Von der Revolution aus Frankreich vertrieben, kehrte er nach England zurück und zog sich nach Surrey zurück.

A.s Leben, das von einer ununterbrochenen Reihe von Enttäuschungen und Fehlschlägen gekennzeichnet war, steht in ironischem Kontrast zu seinem postumen Ruhm. Während seine Schriften zu seinen Lebzeiten nur wenig Beachtung fanden, hatten die Vorlesungen Sir Henry → Maines, welcher die Bedeutung von A.s Analyse der Rechtsbegriffe für seine Arbeiten hervorgehoben hatte, ein ungeahntes Interesse an A.s Werk zur Folge. Seine Witwe besorgte daraufhin 1861 eine neue Auflage von *The Province of Jurisprudence Determined* und veröffentlichte zwei Jahre später auch seine Vorlesungen als *Lectures on Jurisprudence; or the Philosophy of Positive Law*. Grundlage von A.s Rechtstheorie, mit der er die von der Naturrechtsdoktrin verwischte Unterscheidung zwischen Recht und Moral zu verdeutlichen beabsichtigte, war die bereits in *The Province* herausgearbeitete Definition des Rechts als einer Form des Befehls. Befehle sind nach A. der Ausdruck eines Willens, daß ein anderer eine bestimmte Handlung tun oder unterlassen soll, welche von einer Drohung mit Strafe im Fall des Nichtbefolgens, der Sanktion, begleitet werden. Befehle seien dann richtigerweise als Recht zu bezeichnen, wenn sie allgemein und von dem Souverän aufgestellt worden seien, also der Person oder den Personen, welchen die Masse der Gesellschaft gewohnheitsmäßig Gehorsam zolle und welche anderen keinen derartigen Gehorsam schulden. Dadurch könne das positive Recht sowohl von den als göttliches Recht bezeichneten grundlegenden Prinzipien der Moral als auch von den von Menschen geschaffenen und nicht von einem Souverän abgeleiteten Verhaltensregeln der positiven Moral unterschieden werden. Diese in *The Province* angestellten Erörterungen bildeten nach A.s Vorstellung eine Vorstudie zu einer allgemeinen Rechtslehre, deren Aufgabe die Darstellung und Analyse der allgemeinen Grundbegriffe sein sollte, welche die Struktur aller Rechtssysteme prägen. Durch seine rechtspositivistisch geprägten Schriften übte A. einen nachhaltigen Einfluß auf die angloamerikanische, deutsche und österreichische Rechtslehre aus. Als Begründer der englischen «Analytical Jurisprudence», die mit ihrer Analyse der Rechtsbegriffe der bis heute vorherrschende Ansatz der angloamerikanischen Rechtstheorie geblieben ist, wurde A. zum einflußreichsten englischen Rechtsdenker neben Bentham.

Lit.: J. S. Mill, Autobiography, 1873; A. Lewis, The Bentham Newsletter 2, 1979, 19–23; W. L. Morison, J. A., 1982.

K. Lerch

Averani (Averanus), Giuseppe (1662–1738). Der Sohn eines Mathematikers studierte Artes und Jura in Pisa, wo er 1684 zum Doktor der Rechte promoviert wurde. 1685 wurde er dort Professor der Institutionen, nachdem er einen Ruf auf den Lehrstuhl für Mathematik in Bologna abgelehnt hatte, und rückte 1687 zum Ordinarius für Zivilrecht auf, ein Amt, das er bis zu seinem Tode behielt. Er wurde zu einem der berühmtesten Rechtslehrer seiner Zeit, dem zuzuhören auch Prinzen auf ihrer Kavalierstour (z. B. der kursächsische Thronfolger und Sohn Augusts des Starken) nicht versäumten. Zu seinen Schülern gehörten einige bedeutende Staatsmänner und Philosophen der italienischen Aufklärung, wie P. Neri, B. Tanucci, A. Tavanti und G. G. De Soria. Über seiner juristischen Lehr- und Studientätigkeit vernachlässigte er seine mathematischen und physikalischen Forschungen nicht, deren Ergebnisse von der Fachwelt, u. a. durch Newton, beifällig aufgenommen wurden. Er wurde ferner Auditor der florentinischen Rota und war Mitglied der Accademia della Crusca in Florenz und der Royal Academy of Science in London.

A. gehört, mit den Neapolitanern Aulisio (1649–1712) und →Gravina (1664–1718), zu den Begründern der neuhumanistischen Richtung, die sich seit dem ausgehenden 17. Jh. von Neapel aus über Italien ausbreitet, in der ersten Hälfte des folgenden auch Spanien erreicht (→Mayans y Siscar) und im 18. Jh. von Italien aus das übrige Europa mit kritischen, oft bis heute maßgeblich gebliebenen Werkausgaben humanistischer Klassiker wie →Agustín, →Connan, →Le Conte, →Cujas, →Doneau und →Duaren versorgt hat. Das Verdienst A.s ist es, das juristische Studium in Pisa in humanistischem Sinne reformiert, für die oberitalienischen Universitäten (vor allem Padua, Pavia, Turin) vorbildlich gemacht und im Großherzogtum Toscana die geistigen Voraussetzungen geschaffen zu haben, auf denen dann die Staatsmänner der Aufklärung in der zweiten Hälfte des 18. Jh. s ihr Reformwerk haben errichten können. Das Hauptwerk des A. sind seine vor allem an Cujas anknüpfenden *Interpretationes iuris civilis*. Sie enthalten Exegesen zu ausgewählten Digestenfragmenten. Die ersten beiden Bücher erschienen durch Vermittlung von →Brenkman, der A. bei seinem Studienaufenthalt in Florenz kennengelernt hatte, als *Interpretationum iuris libri duo* (1713 u. ö.), die drei folgenden posthum (1740/46), das Gesamtwerk als *Institutionum iuris civilis libri quinque* (1751 u. ö.). Unter den sonstigen juristischen Schriften des Autors sind eine an →Grotius anknüpfende *Disputatio de iure belli ac pacis* (1703) zu erwähnen und die Verteidigungsschrift *De libertate Civitatis Florentiae eiusque dominii* (1721).

Lit.: DBI 4, 658 f.

E. Holthöfer

Aytta, Wigle van (Viglius Zuichemus ab Aytta; 1507–1577), geboren in Barrahuis (nahe Leeuwarden), studierte 1522 in Löwen Artes und Jura, 1526 in Dôle; 1529 Promotion in Valence; dann in Bourges Schüler und Mitarbeiter von →Alciat; 1531 in Padua, dort 1532–33 Professor der Institutionen, 1534 Offizial des Bischofs von Münster, 1535 Beisitzer am Reichskammergericht in Speyer, 1537 Professor der Rechte in Ingolstadt, 1542 Mitglied des Geheimen Rates in Brüssel, seitdem viele hohe Stellungen in der niederländischen Regierung sowie als Diplomat.

In der Rechtswissenschaft wurde er v. a. bekannt als erster Herausgeber des Theophilus: *Institutiones iuris civilis in Graecam linguam per Theophilum antecessorem olim traductae* (1534 u. ö.; lat. von Jacobus Curtius, 1536). Seine Paduaner Vorlesungen zu Inst. 2, 10–19 (testamentarisches Erbrecht) wurden auch 1534 zum ersten Mal als *Commentaria in decem titulos Institutionum iuris civilis* herausgegeben; ihre Bedeutung liegt v. a. in der Verwertung von neuen byzantinischen Rechtsquellen. Von seinen Vorlesungen in Ingolstadt wurde nur ein Teil posthum als *Praelectiones in titulum Pandectarum de rebus creditis et ad titulum Codicis de edicto D. Hadriani tollendo* (1582 u. ö.) herausgegeben; eine vollständigere handschriftliche Überlieferung befindet sich in der Königlichen Bibliothek in Brüssel. In diesen Vorlesungen zeigt er sich nicht nur als Humanist; er schätzt auch die Glossatoren und →Bartolus. In der großen Sammlung von A'.s Papieren in der UB Göttingen befinden sich auch einige kleine staatsrechtliche Abhandlungen wie z. B. *De juribus imperii circa Burgundicum circulum* (auch diese in den *Dissertationes historico-pragmaticae quinque*, um 1781) sowie auch einige 1543 und 1544 erschienene staatsrechtliche Pamphlete.

WW: Dekkers, 7 (unvollständig).

Lit.: NNBW 2, 46–52; NBW, 8, 837–855; Stintzing/Landsberg 1, 220–228; R. Dekkers, Het humanisme en de rechtswetenschap in de Nederlanden, 1938, 37–96; B. H. D. Hermesdorf, W. v. A. v. Z., hoogleraar en rechtsgeleerd schrijver, 1949; R. Feenstra, Het stadrecht van Maastricht, in: VMVOVR 11, 3, 1958, 519–534; F. Postma, V. v. A. als humanist en diplomaat 1507–1549, 1983; P.L. Nève, V.v.A. als Berichterstatter über das Reichskammergericht (1535–1537), in: W. Sellert (Hg.), Rechtsbehelfe, Beweis und Stellung des Richters im Spätmittelalter, 1985, 35–53; T.J. Veen, in: Zestig juristen, 1987, 104–109; Matheeussen, Theophilina Lovaniensia, in: TRG 46, 1978, 117–129.

R. Feenstra

Azcárate, Gumersindo de (1840–1917). Der spanische Politiker, Soziologe, Staats- und Verwaltungsrechtler erhielt nach einem Rechtsstudium in Oviedo 1864 eine Dozentenstelle an der Universität Madrid, wo er 1868 auf den Lehrstuhl für Rechtsvergleichung berufen wurde. Von da ab vertrat er auch seine Geburtsstadt León im spanischen Parlament (Cortes). Mitte der siebziger Jahre schied A. aus dem staatlichen Universitätsdienst aus, um zunächst an der 1876 gegründeten liberalen Institución Libre de Enseñanza zu lehren. 1904 wurde ihm die Direktion des Instituto de Reformas Sociales übertragen.

A. zählt zu den herausragendsten juristischen Repräsentanten des sog. spanischen Krausismo, einer kritischen Bewegung des letzten Drittels des 19. Jh.s, die die Verwissenschaftlichung des Staats- und öffentlichen Rechts auf der idealistischen Philosophie K. Chr. F. Krauses aufbaute. Seine Reformvorschläge traten sowohl gegen die überkommene staatliche Organisation an als auch gegen einen exzessiven Zentralismus: *El self government y la monarquía doctrinaria* (1877); *Estudios filosóficos y políticos* (1875). Neben einer autonomen Orts- und Provinzialverwaltung kennt A.s Ordnungskonzept neue kollektive Organisationen, die sich der sozialen Frage annehmen und insoweit staatliche Tätigkeit erübrigen sollten. Grundsätzlich trat er für die Auflösung eines allzu einpolig strukturierten bürokratischen Apparats ein. Alle Bereiche, die dem Staat risikolos entzogen werden können, seien dem freien, individuellen oder sozialen Handeln zu überantworten. Ausgangspunkt war die krausistische These von der Autonomie und Fürsorgefunktion des Staates. Gemeinden und Provinzen wachse danach von Natur aus Selbständigkeit zu, indem sie als natürliche territoriale Gebilde über Generationen hinweg – ähnlich einer Familie – durch ständige Kommunikation und gemeinsame Interessen eine Einheit bilden würden (Principio de unidad): *Municipalismo y regionalismo* (Neuaufl. 1979). Davon ausgehend befaßte sich A. detailliert mit den rechtlichen Bedingungen, unter denen sich Kommunen konstituieren und später zu

Drittinstanzen in Beziehung treten. Ihm ging es um die Interventionsmöglichkeiten des Zentralstaates und die politische Partizipation der Gemeinden.

Ab seinem *El régimen parlamentario en la práctica* (1885) zählt A. darüber hinaus zu den Theoretikern der parlamentarischen Regierungsform. Grundlage hierfür war ein komparatistischer Ansatz. Zahlreiche Besprechungen ausländischer, namentlich englischer Publikationen hatten ihn an einer internationalen Diskussion über ein modernes Staatsrecht teilnehmen lassen. Seine Darstellung der englischen Verfassung *La constitución inglesa y la política del continente* (1878) ist ein weiteres Zeichen für ein sich allmählich öffnendes Spanien.

Lit.: P. de Azcárate, G. de A., Estudio biográfico documental, 1969; J.-M. Scholz, Legitimationspraktiken krausistischer Dezentralisierungspolitik, in: Ius Commune 12, 1984, 117–163; Bibliographie, in: Fundación F. Ebert (Hg.), Reivindicación de Krause, 1982, 126–127.

M. Dlugosch

Azo (–1220), studierte Zivilrecht in Bologna unter Johannes Bassianus und lehrte daselbst, spätestens seit 1190. Die Legisten →Accursius, Bernardus Dorna (–1272) und Roffredus de Epiphaniis (–nach 1243), der Feudist Jacobus de Ardizone und die Kanonisten Goffredus de Trano (-1245) und →Johannes Teutonicus waren seine Schüler. A. war als Berater und Gutachter in öffentlichen und privaten Angelegenheiten auch praktisch tätig. Seine Hauptwerke sind Glossenapparate (→Irnerius) zu allen Teilen des Corpus iuris (nur wenige Einzelglossen gedruckt), die wichtigste Quelle der «Glossa ordinaria» von Accursius, sowie *Summae Codicis*, *Institutionum* und *Digestorum*, die in zweiter Fassung zum Standard-Handbuch des gemeinen Zivilrechts wurden (etwa 35 Ausgaben zwischen 1481 und 1610, z. B. Pavia 1506, ND 1966). A. schrieb einen Kommentar zum Digesten-Titel *De regulis iuris* (Dig. 50,17) und Distinktionen (beides ungedruckt) sowie *Brocardica* (→Pilius, D. 1568, ND 1967) und *Quaestiones*. A.s Codex-Vorlesung hat sein Schüler Alexander de Sancto Egidio mitgeschrieben und ausgearbeitet: *Ad singulas leges ... Codicis Commentarius* (1577, ND 1966).

WW: Quaestiones, hrsg. v. E. Landsberg, 1888.
Lit.: F.C. v. Savigny, Geschichte des römischen Rechts im Mittelalter,

2. Aufl., 1834–51 (ND 1956), 5, 1–44; P. Weimar, Zur Entstehung der A.schen Digestensumme, Satura R. Feenstra, 1985, 371–392; A. Belloni, Le questioni civilistiche del secolo XII, 1989, 31 ff., 89 ff., 125 ff.

P. Weimar

B

Babington, Sir William (–1455), entstammte einem alten Adelsgeschlecht aus Northumberland. 1414 wurde er zum King's attorney ernannt und in den Kreis von Beratern und Anwälten aufgenommen, die die Krone in Prozessen vor allen zentralen Gerichten vertraten, eine einflußreiche und zugleich lukrative Stellung. Ein Jahr später trug man ihm den Rang eines Serjeant-at-law an; damit war er Mitglied einer Gilde von Eliteanwälten, zu der während ihres etwa 600jährigen Bestehens weniger als 1000 Personen gehörten. Die Mitgliedschaft war Ausdruck einer beruflichen Qualifikation und zugleich eine öffentliche Auszeichnung. Sie berechtigte den jeweiligen Anwalt dazu, vor dem Court of the Common Pleas zu plädieren, jenem Gericht, das sich mit Rechtsstreitigkeiten zwischen Privaten beschäftigte, welche die Belange der Krone nicht berührten. Es war zugleich der Ort, an dem das spezifisch englische Common Law hauptsächlich entstand. Die Einführung in das Amt war jedoch mit einer teuren Zeremonie verbunden, und mit dem Erstarken anderer Königsgerichte, vor denen auch Anwälte niederen Standes plädieren durften, verlor das Amt seinen wirtschaftlichen Reiz. B. lehnte daher diesen aufwendigen, aber weniger einträglichen Titel zunächst ab und nahm ihn erst auf ausdrücklichen Befehl des Parlaments 1417 an. Dem folgte ein schneller Aufstieg durch verschiedene Staatsämter. 1419 wurde er zum Chief baron of the exchequer ernannt. Das Schatzamt hatte seit dem Ende des 12. Jh.s eine eigene Jurisdiktion, hauptsächlich auf dem Gebiet des Steuer- und Abgabenrechts, entwickelt. B. wurde nunmehr dessen oberster Richter. Ein Jahr später erfolgte seine Berufung zum Justice of the common bench. Von 1423 bis zu seiner Pensionierung 1436 bekleidete er das Amt eines Chief justice of the common bench.

Lit.: DNB 2, 315.

R.-P. Sossna

Bachofen, Johann Jakob (1815–1887). Nach zwei Semestern an der Universität Basel studierte B. in Berlin und Göttingen Philologie, Geschichte und Jurisprudenz. Von der historischen Rechtsschule erhielt B. wichtige Anregungen für sein späteres Werk; im Gegensatz zu →Savigny betrachtete er die Rechtsgeschichte jedoch als Teil der

Altertumsgeschichte ohne Verbindung zur Rechtsdogmatik. Auf seine Promotion 1839 in Basel folgten ausgedehnte Studienreisen nach Frankreich und England. 1841 wurde er zum Professor für römisches Recht an der Universität seiner Vaterstadt Basel ernannt. B. gehörte dort dem Kriminalgericht an und war Mitglied des Großen Rats. Schon 1845 legte er Professur und politisches Mandat nieder und widmete sich ganz seinen Studien. 1848 veröffentlichte B. in Bonn sein Werk *Ausgewählte Lehren des römischen Civilrechts.* Reisen nach Italien, Griechenland, Kleinasien und Spanien, auf denen B. bedeutende archäologische Sammlungen anlegte, beeinflußten seinen wissenschaftlichen Werdegang. Er rückte von seinem ursprünglichen Forschungsgebiet, dem römischen Recht, ab und wandte sich den Erscheinungen des Mutterrechts und der Gräbersymbolik zu. Seine Hauptwerke *Versuch über die Gräbersymbolik der Alten* (1859) und *Das Mutterrecht* (1861) trafen jedoch bei seinen Zeitgenossen auf Unverständnis und Ablehnung. Erst später wurden die Verdienste B.s auf dem Gebiet der rechtsvergleichenden Forschung, der Ethnologie und der Archäologie anerkannt.

Lit.: A. Bäumler, B., Selbstbiographie und Antrittsrede über das Naturrecht, 1927; B. Müllenbach, J. J. B. als Rechtshistoriker, in: ZRG GA 105, 1988, 17ff.; K. Meuli, B.s Leben, in: J. J. B. Gesammelte Werke, 3, Basel, 1948, 1001ff.

S. Schilter Gander

Bacon, Francis (1561–1626). Der jüngste Sohn des Lordsiegelbewahrers Sir Nicholas B. studierte am Trinity College in Cambridge und erhielt danach in London in Gray's Inn eine juristische Ausbildung. Nach seiner 1583 erfolgten Zulassung als Anwalt erwarb er 1584 einen Sitz im Parlament und machte sich schon bald im Unterhaus einen Namen. B. trat mehrfach in Hochverratsverfahren als Ankläger für die Krone auf, wurde aber dennoch in keines der bedeutenden Staatsämter berufen, da er sich durch einen an Königin Elizabeth gerichteten Appell zu mehr Toleranz in religiösen Fragen ihren Unmut zugezogen hatte. Erst nach der Thronbesteigung James I. gelang ihm in Fortführung der Tradition seiner Familie eine Karriere im Dienst des Königshauses. 1603 vom König zum Ritter geschlagen, wurde er 1607 Kronanwalt (Solicitor General) und enger Berater des Königs. Nach seiner 1613 erfolgten Berufung zum Justizminister (Attorney General) geriet er wiederholt in Konflikt mit Sir

Edward →Coke, dem Chief Justice of Common Pleas. Nachdem er diesen auch durch eine Beförderung zur King's Bench nicht zum Einlenken bewegen konnte, kam es 1616 wegen seiner Weigerung, den Vorrang der königlichen Prärogative vor dem Common Law anzuerkennen, zur offenen Auseinandersetzung, welche B. mit Cokes Entlassung zu seinen Gunsten entscheiden konnte. Er folgte daraufhin 1617 Lord Ellesmere als Lordsiegelbewahrer nach und wurde schließlich 1618 zum Lordkanzler und Baron Verulam ernannt. Seine weitgespannten Pläne zur Reform von Universität und Wissenschaft konnte er jedoch nicht mehr verwirklichen. Nachdem er 1621 zum Viscount St. Albans ernannt worden war, wurde er noch im gleichen Jahr wegen des Verdachts der Korruption vom König aller öffentlichen Ämter enthoben und danach vom Hofe verbannt.

Nach seinem Sturz entfaltete B., der auch während seiner juristischen und politischen Karriere seine philosophischen Ambitionen nicht vernachlässigt hatte, eine erfolgreiche publizistisch-literarische Tätigkeit. Nachdem er bereits 1597 seine *Essays* veröffentlicht hatte, auf die die philosophischen Schriften *Advancement of Learning* (1605) und *Novum Organon* (1620) gefolgt waren, verfaßte er nun neben der historischen Studie *History of Henry the Seventh* (1622) mehrere juristische Schriften, zu deren wichtigsten *De Augmentis* und *Maxims of the Law*, beide veröffentlicht als *The Elements of the Common Lawes of England* (1630), sowie die in Gray's Inn gehaltene Vorlesung *The Learned Reading of Francis Bacon on the Statute of Uses* (1642) zählen. Als einer der wenigen Juristen seiner Zeit mit wissenschaftlichem Zugang zum Recht bemühte er sich um einen hohen Grad an Klarheit und Abstraktion. B. schrieb der Wissenschaft vor, sie dürfe nur von Einzelerfahrungen ausgehend zu allgemeineren Sätzen gelangen, und begründete in seinem wissenschaftlichen Werk die Notwendigkeit einer rational geplanten Empirie gegen deduktiv orientierte Methoden, die den Zufall bei der Vermehrung der wissenschaftlichen Erkenntnisse ausschalten sollte. Diese Erkenntnisse sollten der Herrschaft über die Natur dienen, aber auch die Möglichkeit eröffnen, die Bedürfnisse der Menschen kollisionsfrei zu befriedigen und damit den politischen Frieden zu sichern. Sein Programm, die englische späthumanistische Scholastik sowohl methodisch als auch konzeptionell zu erneuern, führte zu seinerzeit vielbeachteten Fortschritten auf den Gebieten der Ethik, Politik und Geschichte.

Lit.: J. Spedding, Life and Times of F. B., 1878; J. Nichol, F. B., his Life and Philosophy, 1888–89; F. H. Anderson, F. B.: His career and his thought, 1962; B. Vickers (Hg.), Essential Articles for the study of F. B., 1968; J. Weinberger, Science, Faith and Politics, 1986; W. Krohn, F. B., 1988.

K. Lerch

Baldus de Ubaldis (1327–1400), entstammte einem begüterten, adligen Peruginer Geschlecht. Sein Vater war Professor der Medizin. Seine Brüder Angelus und Petrus wurden wie er Rechtslehrer. Angelus (1328–1404) hat Kommentare zum Corpus iuris civilis (D. 1579–80) und Gutachten hinterlassen. Auch mehrere Nachfahren der drei Brüder waren bekannte Juristen.

B. studierte in Perugia Zivilrecht, besonders bei →Bartolus de Saxoferrato, sowie kanonisches Recht bei Federicus de Petrucciis. Von 1347 bis zu seinem Tode lehrte er, v. a. Zivilrecht, in Perugia und, seit 1390, in Pavia, wo er auch starb (Grabmal in der Universität), dazwischen in Pisa (1357–58), Florenz (1358–64) sowie Padua (1376–79). Unter seinen Schülern waren sein Bruder Angelus, →Paulus de Castro, die Kanonisten Petrus de Ancharano (–1416) und Pierre-Roger de Beaufort, der spätere Papst Gregor XI. (–1378). Aus dem Unterricht des B. sind umfangreiche, aber zum Teil lückenhafte Kommentare zu den Digesten und zum Codex Iustinianus einschließlich der «Tres libri» (D. 1615–16) sowie zu den ersten drei Büchern der Dekretalen Papst Gregors IX., des sog. Liber Extra, und zum Liber feudorum (D. 1580) hervorgegangen. B. schrieb mehrere Traktate und einen Glossenapparat zum Frieden von Konstanz von 1183, der mit diesem in die glossierten Ausgaben des Corpus iuris civilis (→Accursius) aufgenommen wurde, und bearbeitete das *Speculum iudiciale* von →Guilelmus Durantis.

Als Gesandter und als Rechtsberater der Zünfte nahm B. am öffentlichen Leben seiner Vaterstadt teil. Nach Ausbruch des Schismas sprach er sich 1378 und nochmals – auf Ersuchen des Papstes – 1380 gutachtlich für die Gültigkeit der Wahl Urbans VI. aus. Von seiner umfangreichen Gutachterpraxis, durch die er ein großes Vermögen erwarb, zeugen mehr als 2500 Consilien (D. 1575, ND 1969). B. ist neben seinem Lehrer Bartolus wohl der berühmteste der italienischen Kommentatoren. Durch gründliche, bisweilen breite Untersuchungen, die seine philosophische Neigung erkennen lassen, hat er auf den verschiedensten Gebieten Wichtiges zur Weiterentwicklung des Rechts geleistet.

Lit.: F. C. v. Savigny, Geschichte des römischen Rechts im Mittelalter, 2. Aufl., 1834–51 (ND 1956), 6, 208–258; N. Horn, Aequitas in den Lehren des B., 1968; H. Lange, Die Consilien des B., 1974; C. Danusso, Ricerche sulla «Lectura feudorum» di B., 1991.

P. Weimar

Balsamon, Theodoros (– nach 1195), wurde nach einer «juristischen» Karriere im konstantinopolitanischen Klerus in den siebziger Jahren des 12. Jh.s von Kaiser Manuel I. Komnenos und Patriarch Michael III. mit der Revision des *Nomokanon in 14 Titeln* beauftragt. Als autoritative Rechtssammlung der orthodoxen Kirche war dieser im 6. Jh. entstandene Nomokanon zwar um die Canones der späteren ökumenischen Synoden ergänzt, aber nicht offiziell überarbeitet worden; insbesondere waren die in ihm enthaltenen «Nomoi», d. h. die kirchenrechtlichen Bestimmungen aus der justinianischen Kodifikation, von der um die Wende vom 9. zum 10. Jh. erfolgten «Reinigung der alten Gesetze» unberührt geblieben, die in einer griechischsprachigen Rekodifikation des Corpus Iuris Civilis, den sogenannten Basiliken, gegipfelt hatte. B. sollte die Fortgeltung der Nomoi an den Basiliken überprüfen, die Zitate darauf umstellen und die neuere kaiserliche Gesetzgebung nachtragen. Hinsichtlich der Canones sollte er unklare Stellen und «scheinbare Widersprüche» interpretieren. Diese Aufgaben erledigte er in einem fortlaufenden Kommentar, bei dem er sich für die Canones weitgehend auf die Exegesen seines Zeitgenossen Johannes Zonaras stützte und an dem er wohl bis zum Ende seines Lebens immer wieder Änderungen und Zusätze angebracht hat. Daneben verfaßte B., der 1185 zum Patriarchen von Antiocheia geweiht wurde, seinen Aufenthalt aber in Konstantinopel behielt, mehrere Synodalakte, Antworten auf Rechtsfragen auswärtiger Hierarchen sowie gutachtenähnliche Abhandlungen, die nicht selten von persönlichen Statusinteressen diktiert waren. Überliefert sind außerdem zahlreiche Epigramme und Briefe. Die Wirkung von B.s Nomokanonkommentar war heftig, im byzantinisch-orthodoxen Bereich aber – nicht zuletzt aufgrund der politischen Entwicklung – kurzlebig. Westliches Interesse bezeugen zahlreiche für den dortigen Markt hergestellte Abschriften des 16. Jh.s sowie frühe Übersetzungen und Drucke.

WW: Die kanonistischen Werke sind abgedruckt bei G. A. Rhallēs/M. Potlēs, Syntagma tōn theiōn kai hierōn kanonōn 1–5, 1852–55 (ND 1966) sowie bei Migne PG 119 und 137–138.

Lit.: G. P. Stevens, De Th. B., 1969; D. Simon, B. zum Gewohnheitsrecht, in: Scholia (FS. D. Holwerda) 1985, 119–133; N. Oikonomides (Hg.), Byzantium in the 12th century, 1991.

L. Burgmann

Bao Zheng (999–1062). Nach Ablegung der höchsten Beamtenprüfung durchlief B. eine bis in den Rang eines Staatssekretärs führende Ämterlaufbahn. Im Rahmen seiner Amtstätigkeit erhob er gegen eine Anzahl von Personen – zumeist Beamte, darunter auch Günstlinge des Kaisers – Anklage wegen Bereicherungsdelikten und anderer Dienstvergehen. Ferner setzte er als Richter durch, daß Kläger unter Umgehung des vorgeschriebenen Schriftweges persönlich ihr Anliegen vortragen konnten. Die historische Person des B. wurde zum Vorbild des weisen und mit kriminalistischem Gespür begabten Richters Bao der chinesischen Bühnen- und Novellenliteratur der späteren Kaiserzeit (14.–19. Jh.). Unter den zahlreichen von der Figur des B. angeregten Bühnenstoffen ist im Westen vor allem der «Kreidekreis» bekannt, der zuerst in einem chinesischen Singspiel des 14. Jh.s zur Darstellung gebracht und vielfach (u. a. von Brecht) neu bearbeitet wurde. Auch in den Kriminalgeschichten der späten Ming-Zeit (16./17. Jh.) wurde der Richter B. zur beliebten Figur und zum Symbol des aufrechten, zum Wohl der Bevölkerung gegen Korruption und Amtsmißbrauch vorgehenden konfuzianischen Beamten und Richters.

Lit.: B. Schmoller, Bao Zheng (999–1062) als Beamter und Staatsmann, 1982; G. A. Hayden, Crime and Punishment in Medieval Chinese Drama. Three Judge Pao Plays, 1978; W. Bauer, The Tradition of the ‹Criminal Cases of Master Pao› (Lung-t'u kung-an), in: Oriens 23/24, 1974, 433–449; W. Bauer, Die Leiche im Strom. Die seltsamen Kriminalfälle des Meister Bao, 1992.

A. Mittag

Barassi, Ludovico (1873–1956), kam aus einer Familie von Notaren und Rechtsgelehrten. 1895 legte er an der Universität Pavia mit einer Doktorarbeit, die 1898 als *Teoria della ratifica del contratto annullabile* erschien, sein juristisches Examen ab. 1898/99 vertiefte B. sein Studium in Deutschland, insbesondere an der Universität Berlin, wo er mit Gelehrten wie Pernice, →Dernburg, →Kohler und →Gierke in Kontakt kam.

Nachdem der junge Jurist 1899 eine Privatdozentur erhalten hatte, wurde er schon im Januar 1900 ao. Professor für Zivilrecht an der Universität Perugia. Es folgte ein Ruf an die Universität von Genua, wo er 14 Jahre lang lehrte.

Einige Artikel zwischen 1899 und 1900, deren Thema die rechtliche Behandlung von Arbeitsunfällen war, v.a. aber *Il contratto di lavoro nel diritto civile italiano* (1901 u.ö.), standen am Anfang seiner arbeitsrechtlichen Studien, die für die italienische Arbeitsrechtslehre des 20. Jh.s richtungsweisend wurden und ihm den Ruf als «Vater» dieser Disziplin einbrachten.

B. betonte die technisch-dogmatische Trennung zwischen den Individualbeziehungen und den «sozialen und kollektiven Phänomene[n]» im Arbeitsrecht und bestimmte den Standort ersterer, in deutlicher Anlehnung an das römische Recht, innerhalb des zivilrechtlichen Systems. Zur gleichen Zeit arbeitete der Gelehrte (1907) an einer italienischen Übersetzung des Werkes *Handbuch des französischen Zivilrechts* von →Zachariae. Dann schrieb er gemeinsam mit Pietro Bonfante die bedeutenden einleitenden Bemerkungen zu der von Bensa und →Fadda besorgten Übersetzung der Pandekten von →Windscheid.

1924 erschien das Handbuch *Istituzioni di diritto civile*, an dem sich Studentengenerationen zivilrechtlich bilden sollten. Es wurde kurz nach der Einführung des Zivilgesetzbuches von 1942 wiederaufgelegt.

1917 verließ B. Genua und folgte einem Ruf auf den Lehrstuhl für Zivilrecht an der Universität Pavia und wechselte dann 1924, nach Aufforderung durch Gemelli, an die neugegründete Università cattolica del S. Cuore in Mailand, wo er bis zum Ende seiner Laufbahn blieb.

Die in den zwanziger Jahren beginnende faschistische Gesetzgebung in Italien begründete eine korporative Arbeitsordnung, die der Rechtswissenschaftler in seinen Studien als neues und umfangreiches Material aufnahm. In zahlreichen Veröffentlichungen erarbeitete er die wissenschaftliche Systematisierung der neuen Arbeitsrechtsordnung; insbesondere zu nennen ist hier das Werk *Diritto sindacale e corporativo* (1933) und das in drei Bänden 1935 vorgelegte *Il diritto del lavoro*.

1928 vertrat der Arbeitsrechtler als Fachmann die italienische Regierung auf der internationalen Konferenz der Arbeit in Genf.

Des weiteren nahm er als Mitglied der Kommission für die Reform des Zivilgesetzbuches den gesetzgeberischen Auftrag wahr, indem er den vorbereitenden Entwurf des Buches *Über Sachen und dingliche Rechte* redigierte.

Während des Krieges trat B. in den Ruhestand. Sein Hauptwerk wurde auch in den folgenden Jahren immer wieder neu aufgelegt. Noch 1954 gingen die beiden Bände der *Previdenza sociale e lavoro subordinato* in Druck.

Lit.: Scritti giuridici in onore di L. B., 1943; V. Carullà (Hg.), Studi in memoria di L. B., 1966.

C. Vano

Barbeyrac, Jean de (1674–1744), französischer Theologe und Rechtsphilosoph, war 1697–1710 Professor für alte Sprachen am «Collège des Réfugiés» in Berlin, seit 1711 für Geschichte und Naturrecht an der Akademie Lausanne, seit 1717 für öffentliches Recht und Privatrecht in Groningen sowie ab 1713 Mitglied der Königlichen Societät der Wissenschaften, der späteren Preußischen Akademie der Wissenschaften.

Der eigenständige Denker kartesianischer Prägung gründete seinen Weltruhm auf Übersetzungen →Pufendorfs (*Le Droit de la Nature et des Gens*, 1706; *Les Devoirs de l'Homme et du Citoyen*, 1707), →Grotius', Cumberlands und weiterer Naturrechtsdenker ins Französische. Diesen fügte er umfassende und hervorragende Einleitungen und Kommentierungen bei, welche auch den späteren lateinischen Editionen beigegeben wurden. Mit diesen Werken verhalf B. dem naturrechtlichen Gedankengut auf europäischer Ebene zum Durchbruch.

Lit.: Ph. Meylan, J. B. et les débuts de l'enseignement du droit dans l'Ancienne Académie de Lausanne, 1937; S. Othmer, Berlin und die Verbreitung des Naturrechts in Europa, 1970; H. Thieme, Das Naturrecht und die europäische Privatrechtsgeschichte, 2. Aufl., 1954.

J. P. Arquint

Barbosa, Pedro (1530/35–1606), gilt als der Vertreter des jüngeren ius commune und des usus modernus in Portugal. B. lehrte 1557–64 an der juristischen Fakultät in Coimbra und wurde mit den höchsten Staatsämtern betraut, z. B. mit richterlichen Funktionen als Desembargador de aggravos der Casa de Suplicação, als Mitglied der Inquisition oder beim Desembargo do Paço. Als Chanceler mor do Reino stand ihm mit der amtlichen Ausfertigung von höchstrichterlichen Entscheidungen und gesetzesähnlichen Erlassen zugleich deren rechtliche Überprüfung zu. Daneben war er als Gutachter tätig, etwa als es Ende der siebziger Jahre des 16. Jh.s im Gefolge der Schlacht von Alcácer-Quibir um die Nachfolge des portugiesischen Königs Sebastião ging.

B.s zahlreiche Traktate auf dem Gebiet des Ehe-, Erb- und Prozeßrechts sind methodisch den Abhandlungen zuzurechnen, die von der Quellenexegese zur Sachdarstellung übergehen. Die thematischen Ausgangspunkte wurden dabei den gemeinrechtlichen Rechtsbüchern entnommen, so für einen Traktat über testamentarische Verfügungen – *Commentarius [Tractatus] ad tit. Dig. de legatis*. Als Gesamtausgaben stehen zur Verfügung: *Opera omnia* (1–6, 1737); *Opera postuma* (1737).

Lit.: Machado, 3, 560–562; N. Antonio, Bibliotheca hispana nova sive hispanorum scriptorum qui ab anno MD. ad 1684. floruere notitia, 2, 1788, 174; N. Espinosa Gomes da Silva, Um «Concelho de P. B. sobre a successão do Reino antes de el Rey Dom Sebastião partir para Africa», in: Revista da Faculdade de Direito da Universidade de Lisboa 23, 1972.

J.-M. Scholz

Barbosa, Rui (1849–1923). Brasilianischer Verfassungsjurist, Regierungsberater und Politiker, Anwalt und Publizist, maßgeblicher Gestalter der republikanischen Staatsverfassung Brasiliens. Nach einem Studium an den Rechtsfakultäten von Recife und São Paulo betätigte sich B. ab 1870 als politischer Journalist («Diario de Bahia», «Diario de Noticias») und profilierte sich als Vordenker eines liberalen Wandels Brasiliens im Sinne einer «Republikanisierung der Monarchie» und der «Föderalisierung des Staates». Obwohl im letzten Jahr der Monarchie zum Minister für Finanzen und Justiz berufen, trat B. nach dem Militärputsch am 15. 11. 1889 als Mitglied der provisorischen Regierung des Marschalls Fonseca auf und verfaßte das revolutionäre Dekret Nr. 1, durch das die Monarchie abgeschafft und Brasilien zur Föderativen Republik erklärt wurde. Der von ihm in substantiellen Teilen nach US-amerikanischem Vorbild redigierte Verfassungsentwurf der provisorischen Regierung wurde von der Verfassunggebenden Versammlung am 24. 2. 1891 als «Constituição da República dos Estados Unidos do Brasil» verkündet.

Das umfangreiche schriftliche Werk spiegelt das öffentliche Wirken des streitbaren Juristen, glanzvollen Redners und einflußreichen Politikers. In *Estado de Sitio* (1892) kritisierte B. die Anmaßung des ersten Präsidenten der Republik, Fonseca, der bereits drei Monate nach Amtsantritt das Parlament auflöste und den Ausnahmezustand ausrief. *Os Atos Inconstitucionais* (1893) belegen den Versuch des Anwalts B., vor dem Supremo Tribunal den Habeas-corpus-Schutz für 47 Verfolgte des Präsidenten-Diktators Floriano Peixoto zu erwirken. In *Réplica às Defesas da Redação do Código Civil* (1903) eröffnete B. als Vorsitzender der Senatskommission einen zwei Jahrzehnte währenden parlamentarischen Streit über stilistische Mängel des von Clóvis →Bevilaqua verfaßten Entwurfs eines nationalen Zivilgesetzbuches. Auf der zweiten Haager Friedenskonferenz 1907 verfocht B. als Leiter der brasilianischen Delegation mit Erfolg die These von der völkerrechtlichen Gleichberechtigung der kleinen und der großen Nationen. In *Contra o Militarismo* (1910) bekämpfte der zivile Präsidentschaftskandidat B. die Vormachtstellung der Militärs in der Republik. In den *Comentários à Constituição Brasileira* verteidigte der Verfassungsjurist B. die konstitutionellen Freiheitsgarantien der Bürger angesichts einer «republikanischen Realität oligarchischer Tyrannis».

B. gilt im öffentlichen Bewußtsein Brasiliens als personifizierte Verfassungsgeschichte der Ersten Republik und als Klassiker des liberalen Konstitutionalismus.

WW: Obras Completas, ed. pela Imprensa Nacional e Fundação Casa de R. B., 1980ff.

Lit.: J. Mangabeira, B., o Estadista da República, 1943; P. Bonavides, R. B.: Pensador Político, Advogado e Constitucionalista, in: Revista da Faculdade de Direito da Universidade Federal do Ceará, 30, 1, 1989, 1–15; D. Ribeiro, Aos Trancos e Barrancos. Como o Brasil deu no que deu, 1985, 58, 171–173, 198, 362–65, 810; A. Buzaid, R. B. processualista civil e outros estudos, 1989.

W. Paul

Baron de Kerlouan (Baro), Eguinaire François (1495–1550). Aus bretonischem Adel stammend, widmete er sich dem Rechtsstudium in Poitiers, Paris, Orléans und, wohl bei →Alciat, in Bourges, lehrte seit 1538 römisches Recht in Angers und, spätestens seit 1542, in Bourges, hier als Kollege von →Duaren, mit welchem er in einen Gelehrtenstreit verwickelt wurde.

B. gehört – nach dem Gründer →Budé – zusammen mit dem Italiener Alciat und den Franzosen →Connan, Duaren und Coras zu den Wegbereitern der humanistischen Rechtswissenschaft in Frankreich. Literarisch hat er sich vor allem durch die kritische Exegese der gemeinrechtlichen Rechtsbücher, hier des Corpus iuris civilis und der Libri feudorum, verdient gemacht. Als erster nimmt er im Rahmen seiner Kommentare auch auf das «ius gallicum» Bezug, die damals noch spärliche königliche Gesetzgebung, v. a. aber das heimische Gewohnheits- und Statutarrecht. Zu seinen Kommentarwerken, die alle aus seinem letzten Lebensjahrzehnt in Bourges stammen, gehören die *Institutionum civilium... libri quattuor, bipartito commentario... illustrati* (1546 u. ö.) sowie zwei Digestenkommentare. Der erste, der unter dem Titel *Ad Digestorum seu Pandectarum... perpetui Commentarii* 1548 erschien, beschränkt sich auf die Erläuterung der ersten vier Bücher und behandelt diese, wie schon der Institutionenkommentar, Fragment für Fragment. Der zweite, die *Ad Digesta seu Pandectas Manualium libri septem* (posthum 1556 u. ö.), umfaßt die gesamten Digesten, gibt aber nur summarisch den Inhalt ganzer Titel wieder – ein Literaturtyp, der zu den Neuschöpfungen des Humanismus gehört und wofür bald die Bezeichnung «Paratitla» gebräuchlich wurde. Vorausgegangen waren monographische Arbeiten zu einzelnen Digestentiteln (zuerst *De dividuis et individuis stipulationibus*, 1538). Als letzte zu Lebzeiten des Autors veröffentlichte Arbeit erschien sein Feudalrechtskommentar *Methodus ad Obertum Ortensium de beneficiis* (1549 u. ö.). Der Traktat *De nobilitate libri tres* wurde erst in der Gesamtausgabe veröffentlicht. Diese erschien durch François →Baudouin (1562 u. ö.).

Lit.: V. Piano Mortari, Razionalismo e filologia nella metodologia di B. e di Duareno, in: Labeo 15, 1969, 7ff.; DBF 5, 520; E. Durtelle de Saint Saveur, E. B. et l'Ecole des Bourges avant Cujas, in: Travaux juridiques et économiques de l'Université de Rennes 15, 1936, 69–114.

E. Holthöfer

Barreto, Tobias (1839–1889), brasilianischer Kultur- und Rechtsphilosoph, Strafrechtler, Schriftsteller, Begründer der «Schule von Recife». Der in Campos, einem Zufluchtsort von Negersklaven, in der Provinz Sergipe geborene, aus der Familie eines Gerichtsschreibers stammende B. lernte im Selbststudium Latein, Deutsch und

Russisch, schlug sich als Lateinlehrer durch, studierte ab 1863 an der «Faculdade de Direito do Recife», wurde Anwalt, Gemeindevertreter und Gemeindehilfsrichter von Escada in Pernambuco, dem Land von «Casa Grande e Senzala» (Gilberto Freyre), betrieb Kleinzeitungen wie «Um Signal dos Tempos» (1874/75), «Deutscher Kämpfer: Literarisches und politisches Zeitungsblatt für die Ausbreitung des Deutschtums im Norden Brasiliens» (1875), «A Igualdade» (1878) und «Estudos Alemães: Revista Mensal de Philosophia, Direito, Litteratura e Critica» (1880/81). 1883 gewann er den öffentlichen Wettbewerb um den rechtsphilosophischen Lehrstuhl der Rechtsfakultät von Recife, von wo aus er die akademische Jugend mit seinem Aufruf zur kulturellen Erneuerung Brasiliens in seinen Bann zog und mit seinem «culturalismo jurídico», der Idee einer nationalen Erziehung zum Recht und Entwicklung humanistischer Rechtskultur, das Denken der intellektuellen Politiker- und Juristengeneration der kommenden Republik prägte. In seinen *Estudos de Filosofia* und *Estudos de Direito* entwickelte B. auf der Grundlage eines eigenwillig und selektiv assimilierten «Germanismo» (→Kant, E. Haeckel, E. von Hartmann, Hermann Post und Rudolph von →Jhering) das Ideal eines auf kulturelle Entwicklung angelegten «Naturgesetzes des Rechts», mit dem er das scholastische Naturrecht und die von ihm ausgehende statische Rechtsauffassung und Gesellschaftsordnung bekämpfte und sich für ein republikanisches Brasilien der Freiheit und sozialen Gerechtigkeit samt Abschaffung der Sklaverei einsetzte. In seinen *Ideias sobre o chamado Fundamento do Direito de Punir* und *Menores e Loucos em Direito Criminal* kritisierte er die Ungerechtigkeit in der herrschenden Straftheorie und -praxis. Der kämpferische und wahrheitssuchende Juristenphilosoph, der heute als Begründer der nationalen Rechtskultur Brasiliens gilt, starb, seines Amtes enthoben, in Armut. Sein Geburtsort Campos im Bundesstaat Sergipe heißt heute Tobias Barreto.

WW: Obras Completas. Edição Oficial do Estado de Sergipe, 1925–26; Obras Completas, 1978; Monografias em Alemão. Edição Comemorativa. Introduçao por Vamireh Chacon. Ministério de Cultura, 1990.

Lit.: M. Reale, Horizontes do Direito e da História, 2. Aufl., 1977, 225 ff.; A. Paim, A Filosofia da Escola do Recife, 1981; N. Saldanha, A Escola do Recife, 2. Aufl., 1985; M. G. Losano, La Scuola di Recife e l'Influenza Tedesca sul Diritto Brasiliano, in: G. Tarello (Hg.), Materiali per una Storia della Cultura Giuridica, 4, 1974, 323–415.

W. Paul

Bartolus de Saxoferrato (1313/14–1357). Aus einfachen Verhältnissen stammend, begann B. 14jährig mit dem Studium des Zivilrechts in Perugia bei →Cinus de Sighibuldis. Seit Herbst 1333 studierte er in Bologna, wo er v.a. Jacobus Buttrigarius (1274–1347) und Rainerius de Arisendis (–1358) hörte und 1334 als 20jähriger den Doktorgrad erwarb. Nach praktischer Tätigkeit, u.a. als Assessor der Podestà in Todi, in Cagli bei Perugia und in Pisa, lehrte B. Zivilrecht, und zwar seit 1339 in Pisa und von 1342 bis zu seinem Tod in Perugia. Dort war →Baldus de Ubaldis sein Schüler. Anläßlich einer Gesandtschaft der Stadt Perugia zu Kaiser Karl IV. (1355) erwirkte B. das Recht, seine Studenten für volljährig zu erklären und die außerehelich geborenen zu legitimieren – einer der frühesten Belege für das entstehende Hofpfalzgrafenamt.

B. fühlte sich zeitlebens den Franziskanern eng verbunden. Tyrannis, Krieg und Repressalien lehnte er ab. Aus dem Unterricht des B. sind umfassende Kommentare zu den Digesten und dem Codex Iustinianus einschließlich der Tres libri sowie Repetitiones und Disputationes (Quaestiones) hervorgegangen. B. schrieb eine ganze Reihe wichtiger Monographien (tractatus), auf dem Gebiet des Staatsrechts: *De tyrannia*, *De repressaliis*, *De insigniis et armis*, *De bannitis*, *De Guelphis et Ghibellinis*, *De regimine civitatis*, und des Privatrechts: *De fluminibus* oder *Tyberiadis* (über das Grundeigentum bei Flußläufen), *De alimentis*, *Liber minoricarum decisionum* (über die Erbfähigkeit der Franziskanermönche), *Testimoniorum* oder *De testibus*, und verfaßte einen Glossenapparat zu den Gesetzen Kaiser Heinrichs VII. von 1313 gegen Majestätsverbrechen, der mit diesen in die glossierten Druckausgaben des Corpus iuris aufgenommen wurde. Von seiner umfangreichen Gutachterpraxis zeugen fast 400 Consilien. Andere Schriften sind von zweifelhafter Echtheit oder unecht – z.B. der ab 1561 in die Werkausgaben aufgenommene Institutionenkommentar von →Jacobus de Ravanis und der sog. Satansprozeß. Zweifelhaft ist auch die Echtheit der *Lectura Autentici.* Auszüge anderer Juristen aus Schriften des B. wurden als «Casus summarii» oder «breves» sowie als «Distinctiones», «Singularia» und «Contrarietates Bartoli» veröffentlicht und dokumentieren, von ihrem Eigenwert abgesehen, dessen hohes Ansehen bei Fachgenossen. Das meiste liegt in zahlreichen Einzel- und Werkausgaben – z.B. *Omnia quae extant opera* (1590) – gedruckt vor.

B. hatte schon zu Lebzeiten großes Ansehen genossen. Seit dem 15. Jh. wurden seine Schriften neben der Glosse des →Accursius zu Standardwerken der Rechtswissenschaft: Wenn sich eine positive

Regelung nicht finden ließ, galt es in der Praxis als das beste, der Lehre des B. zu folgen; vereinzelt hat man das auch gesetzlich vorgeschrieben. Bis ins 18. Jh. hinein wurde an vielen Universitäten, z.T. aufgrund statutarischer Vorschrift, das Zivilrecht «nach Bartolus» gelesen. Andererseits machten Humanismus und Aufklärung bei ihrer Kritik an der mittelalterlichen Rechtswissenschaft und dem späteren Mos Italicus besonders B. als deren Protagonisten zum Ziel ihrer Angriffe.

B. war einer der bedeutendsten Vertreter der scholastischen Rechtswissenschaft. Mit seinen Schriften, die sich durch Klarheit und Prägnanz auszeichnen, hat er auf vielen Gebieten Hervorragendes zur Weiterentwicklung des Rechts geleistet. Eine neue Methode hat er, entgegen einer oft wiederholten Behauptung, nicht angewandt. Wohl aber vermochte er dem Recht eine große humane Dimension zu geben.

Lit.: F.C. v. Savigny, Geschichte des römischen Rechts im Mittelalter, 2. Aufl., 1834–51 (ND 1956), 6, 137–184; B. da S., Studi e documenti per il VI centenario, 1962; DBI 6, 640–669; P. Weimar, B. de S., in: Die Großen der Weltgeschichte, 4, 1973, 64–67.

P. Weimar

Baudouin (Balduinus), François (1520–1573). In Arras als Sohn eines Fiskaladvokaten geboren, besuchte er die Klosterschule von St. Vaast sowie ab 1534 das Collegium trilingue der Universität Löwen. Er studierte dort Rechtswissenschaft bei →Mudaeus, der die humanistische Unterrichtsmethode eingeführt hatte. Wohl mit dem Grad eines Baccalaureus verließ er 1542 diese Universität, nachdem er sein Universitätsstudium 1539 durch einen Aufenthalt in Paris unterbrochen, hier →DuMoulin, Baif und →Budé kennengelernt hatte und ersterem als Assistent behilflich gewesen war. Er ließ sich zunächst als Advokat in seiner Vaterstadt nieder, wo er aber anscheinend nicht praktiziert, sondern seine wissenschaftlichen Studien fortgesetzt hat. Der Ketzerei verdächtigt, wurde er 1545 aus der Stadt verbannt. Bevor er 1548 einem Ruf an die Universität Bourges folgte, lehrte er zeitweilig, zugleich mit →Hotman, in Paris, arbeitete als Lektor bei Gryphius in Lyon und nahm in Straßburg Kontakt mit Bucer, in Genf mit Calvin auf, mit dem ihn eine kurze Freundschaft verband, die sich jedoch später – aus dessen Enttäuschung über B.s kompromißbereites Verhalten – in eine erbitterte Feindschaft verwandelte. In Bourges, seit dem Wirken →Alciats die europäische Hochburg des humanistischen Rechtsstudiums, erwarb er 1549 den Doktorgrad, wurde nun Ordinarius und Kollege von →Baron und, nach dessen Tod, von →Duaren. Tätlichkeiten seiner Anhänger gegen die Partei des zu seinem Rivalen gewordenen Duaren nötigten ihn, 1555 einen Ruf an das Straßburger Gymnasium anzunehmen, von wo er im folgenden Jahr an die Universität Heidelberg überwechselte. Dort erreichte seine Gelehrtenlaufbahn ihren Höhepunkt, seine bedeutendsten Werke stammen aus dieser Zeit. Gleichwohl trieben ihn politischer Ehrgeiz und religiöses Engagement, seine Gelehrtentätigkeit zu beenden und sich nach Frankreich zu begeben. Hier wollte er die nach dem Tode Franz' II. sich abzeichnende Gelegenheit, an einer Versöhnung der katholischen und der reformierten Partei mitzuwirken, wahrnehmen, erwies sich jedoch als wenig erfolgreich. Das Colloquium von Poissy von 1561, das die theologische und politische Grundlage für eine Konkordanz schaffen sollte und wofür er selbst ein Programm ausgearbeitet hatte, scheiterte. Die Aussichten, in den Niederlanden, wo er nach seiner förmlichen Rückkehr zum alten Glauben rehabilitiert worden war und wo er die Bekanntschaft Wilhelms von Oranien und anderer Führer der niederländischen Opposition gemacht hatte, in versöhnendem Sinne im konfessionellen und politischen Zwist zwischen der Partei des Königs und den Kräften des Landes zu wirken, zerrannen wegen der Intransigenz der zentralen Instanzen. Auch seine Versuche, wieder in die Professorenlaufbahn einzutreten, standen unter unglücklichem Stern. Zunächst wirkte er wieder als Privatdozent in Paris. 1563 machte man ihm Hoffnungen auf einen Ruf an die neugegründete Universität in Douai, wo er zwar seine Lehrtätigkeit aufnahm, aber vergeblich auf die Bestallung warten mußte. So folgte er 1566 einem Ruf nach Besançon, das sich gerade zur Gründung einer neuen Universität anschickte. Die Zukunft dieser Neugründung erschien jedoch ungewiß. Aus solcher Unsicherheit befreite ihn 1569 ein Ruf an die Universität Angers. Seine wissenschaftliche Schöpferkraft war jedoch nun erlahmt, auch hatte er den Anschluß an den Stand seiner Wissenschaft inzwischen verloren. Die Wahl seines Patrons, des Herzogs Heinrich von Anjou, zum König von Polen im Mai 1573 schien ihm stattdessen neue Horizonte für eine staatsmännische Karriere zu eröffnen. Er war bereit, im folgenden Jahr dem neuen König nach Krakau zu folgen, erlag jedoch im Herbst in Paris einem plötzlichen Fieber.

B., ein unter seinen Zeitgenossen als Jurist und als Staatsmann in gleichem Maße ernst und von den Mächtigen seiner Zeit gern in Anspruch genommener Mann, ein Mann freilich auch, dessen Charakter wegen seiner als unzuverlässig eingeschätzten Haltung in Glaubensfragen nicht unumstritten war, ist vielleicht die farbigste Gestalt unter den großen Humanisten-Juristen Frankreichs gewesen. Das vorzeitige, schon 1560 eingetretene Ende seiner literarischen Tätigkeit rückt ihn, obwohl wie →Le Conte, →Cujas, →Hotman, →Doneau und Brisson der mittleren Humanistengeneration angehörig, werkgeschichtlich in die Nähe der Älteren →Baron, →Connan, →Duaren und Coras. Wie seine Zeitgenossen →Hotman und Brisson ist er ein Repräsentant der antiquarischen Richtung. Sein historisches Verdienst ist es, als erster die Fassade der justinianischen Kompilation durchstoßen und neben der legalakzessorischen und der systematischen die palingenetische Darstellungsmethode begründet zu haben. Sein erstes derartiges Werk ist eine Kommentierung aller von Konstantin stammenden Codexfragmente, mit dem Titel *Constantinus magnus, sive de Constantini Imperatoris legibus ecclesiasticis et civilibus Commentaria* (1556 u. ö.). Mit dem *Scaevola seu de jurisprudentia Muciana* (1558 u. ö.) folgt ein entsprechender Versuch an den Digestenfragmenten des Liber horon und schließlich eine ähnliche Arbeit zu den Konstitutionen Justinians als *Justinianus sive de iure novo Commentaria* (1560 u. ö.). Diesen palingenetischen Kommentaren gingen andere antiquarische Schriften voraus, so wie sein Erstlingswerk *Justiniani Leges De re rustica* (1542 u. ö.), der Zwölftafelgesetzkommentar *Libri duo ad Leges Romuli Regis Romani Legum XII Tabularum* (1550 u. ö.), *Cato, sive Commentarius ad Regulam Catoniam* (1555 u. ö.), oder traten später hinzu wie die Kommentare *Ad leges de iure civili Voconiam Falcidiam, Iuliam Poppaeam, Rhodiam, Aquiliam* (1559 u. ö.). Unter seinen sonstigen Werken sind hervorzuheben ein großer legalakzessorischer Institutionenkommentar *Justiniani Institutionum seu Elementorum libri quattuor* (1545 u. ö.), die dogmatische Analyse ausgewählter Digestentitel als *Commentarii De pignoribus et hypothecis* (etc.) (1557 u. ö.) und das Unterrichtsprogramm *Juris civilis Schola Argentinensis* (1555). Die Gesamtausgabe seiner Werke verdanken wir →Heineccius, der sie als Teil I seiner *Jurisprudentia Romana et Attica* herausgab (1738), die Leipziger und Hallenser Neuausgaben seiner palingenetischen und antiquarischen Schriften Gundling (1727–1729).

Lit.: M. Turchetti, Concordanza o tolleranza. F. B. (1520–1573) e i «moyenneurs», 1984; M. Erbe, F. B. (1520–1573). Biographie eines Humanisten,

1978; H.E. Troje, «Peccatum Triboniani». Zur Dialektik der «interpretatio duplex» bei F.B., in: SDHI 36, 1970, 341–358.

E. Holthöfer

Beaumanoir, Philippe de (um **1247–1296**). Als nachgeborener Sohn des Dichters und Amtmanns (bailli) des Gâtinais, Philippe de Rémi, konnte B. seinem Vater nicht als Inhaber des Lehens von Beaumanoir nachfolgen, vielmehr mußte er sich mit dem Erbe der kleinen Herrschaft Rémi begnügen. Sein juristisches Studium in Orléans und vielleicht auch in Bologna machte es ihm aber dennoch möglich, später wichtige Ämter in der Verwaltung des Kronbesitzes zu erlangen. Nach und nach wurde er Amtmann von Clermont in der Grafschaft Beauvaisis (1279–83), die Ludwig der Heilige seinem Sohn Robert als Apanage übertragen hatte, später (1284–87) Seneschall von Poitou (mit Limousin) und der Saintonge (1287–88), womit er in den Kreis der Inhaber hoher Verwaltungsämter des Königreichs eintrat, und danach Amtmann des Vermandois (1289–91), einer der bedeutendsten Krondomänen. Schließlich wurde er Amtmann der Touraine (1291–92) und zuletzt Amtmann von Senlis (1292–96). In der Saintonge konnte er auch seine diplomatischen Fähigkeiten unter Beweis stellen bei der Auseinandersetzung mit dem Seneschall des Königs von England, der 1286 die Herrschaft über einen Teil dieses Gebiets erlangte.

B.s Verwaltungserfahrungen sind eingegangen in das erste Kapitel seiner 1283 vollendeten *Coutumes de Beauvaisis*. Darin beschreibt er das Idealbild eines königlichen Amtmanns, seine charakterlichen Qualitäten wie die fachlichen Voraussetzungen für sein Amt. Dieses Werk, Ausdruck einer Epoche des Übergangs, ist nicht eine einfache Aufzeichnung des Gewohnheitsrechts, sondern ein wirkliches Rechtslehrbuch, in dem der Einfluß des römischen, aber auch des kanonischen Rechts, das B. vertraut war, deutlich wird. B. erweist sich als Verteidiger der alten Ordnung, der Coutumes, soweit sie den sozialen Frieden sichert, aber auch als Vertreter seiner Zeit, der nicht mehr in alten Formen verharren möchte, was ihn u. a. dazu führt, die *Coutume de Beauvaisis* mit der *Coutume de Paris* zu verschmelzen und so ein neues überregionales Gewohnheitsrecht auf der Grundlage des «gemeinen Nutzens» und der Vernunft zu formulieren. Diese Ambivalenz kommt auch auf anderen Gebieten zum Ausdruck, z.B. wenn er die Obergewalt des Grundherrn über seine Vasallen anerkennt, zugleich aber dessen Unterordnung unter die Herrschaft des Königs, oder wenn er der Gerichtsgewalt (dem gemeinen Recht) den Vorrang gegenüber dem Kampf mit der Waffe (dem subsidiären Recht) einräumt, auch wenn er den Rückgriff auf den gerichtlichen Zweikampf nicht ausschließt. Allerdings läßt er ihn nur für Streitfälle von geringer Bedeutung (bewegliche Habe, Erbstreitigkeiten) gelten. Trotz der Qualität seines Werkes hatte er bei den Praktikern weniger Erfolg als andere Juristen, und die Gerichtsentscheidungen beziehen sich nur selten auf ihn. Erst im 17. Jh. wurde sein Werk zum ersten Mal gedruckt.

WW: Coutumes de Beauvaisis 1–2, hrsg. v. A. Salmon, 1899/1900 (ND 1970), 3, Commentaire historique... hrsg. v. G. Hubrecht, 1974.
Lit.: H. L. Bordier, Ph. de Rémi, sire de B. 1246–1296, 1869 (ND 1980); P. van Wetter, Le droit romain et B., Mélanges Fitting 2, 1907–1908 (ND 1971); G. Hubrecht, Le droit canonique dans B., Mélanges Andrieu-Guitrancourt 1972; Ph. Bonnet-Laborderie (Hg.), Actes du colloque international Ph. de B. et les coutumes de Beauvaisis 1283–1983. Aspects de la vie au XIIIe siècle: Histoire, droit, littérature, 1983.

L. Montazel

Beccaria, Cesare, Marchese (1738–1794), wurde bekannt durch sein 1794 erschienenes Buch *Dei delitti e delle pen*e (Von Verbrechen und Strafen), das ab 1765 in die europäischen Hauptsprachen übersetzt wurde. Seine für die damalige Zeit bahnbrechenden strafrechtlichen Grundsätze sicherten dem Werk eine unerwartete Verbreitung und eine starke Nachwirkung. Bis ins 20. Jh. wurde es bei parlamentarischen oder wissenschaftlichen Debatten um die Abschaffung der Todesstrafe immer wieder zitiert. B. forderte das Willkürverbot für die Strafverfolgungsorgane, die Durchsetzung des Grundsatzes «nulla poena sine lege», die Öffentlichkeit der Gerichtsverhandlungen, die Berücksichtigung von kriminalpolitischen Nützlichkeitserwägungen gegenüber dem Strafzweck der Vergeltung und v. a. die Abschaffung der Folter sowie den Ersatz der Todesstrafe, außer bei Hochverrat, durch lebenslängliche, öffentlich vollzogene Zwangsarbeit. Er forderte schließlich, daß man dem Verbrechen durch bessere Aufklärung der Bürger, durch weltanschauliche Toleranz, durch Bildung und Erziehung vorzubeugen versuche. Auf Rat von Kaunitz berief Maria Theresia 1769 B. auf eine Professur für Nationalökonomie an die Mailänder «Scuole Palatine», die B. nur zwei Jahre lang ausübte. In dieser Zeit schrieb er seine erst posthum 1804 erschienene Schrift *Elementi di economia politica*. J. Schumpeter stellte B. als Nationalökonom neben Adam →Smith. 1771 trat B. in den Verwaltungs- und Justizdienst der habsburgischen Lombardei ein. Bis zu seinem Tode bemühte er sich um die Schaffung einer aufgeklärten, rationalen Verwaltung, um Strafrechtsreformen, um Förderung von Landwirtschaft und Gewerbe, wodurch der Lebensstandard der Bevölkerung verbessert werden sollte, und – in persönlichem Einsatz – um die Beilegung von sozialen Konflikten. Zu all diesen Fragen fertigte er Denkschriften für die Wiener Zentralregierung mit sehr konkreten Vorschlägen an. Bereits auf die Strafrechtsreformen Josephs II. in seinen Erblanden und auf diejenigen, die dessen Bruder Leopold im Großherzogtum Toscana durchführte, übte B. einen maßgeblichen Einfluß aus.

WW: Opere, hrsg. v. S. Romagnoli, 1958; Edizione Nazionale delle opere di C. B., diretta da L. Firpo e G. Francioni, 1984 ff. (noch nicht vollständig); F. Venturi (Hg.), Dei delitti e delle pene (mit Briefen und internationaler Wirkungsgeschichte), 1989; Über Verbrechen und Strafen, hrsg. u. übersetzt v. W. Alff, 1988.

Lit.: G. Deimling (Hg.), C. B., Die Anfänge moderner Strafrechtspflege in Europa, 1989; H. Schüler-Springorum, C. B. und der Strafprozeß, in: KritV 74, 1991, 123 ff.; E. Weis, C. B. (1738–1794) – Mailänder Aufklärer und Anreger der Strafrechtsreformen in Europa, in: Bayer. Akademie der Wissenschaften, Phil.-hist. Klasse, Sitzungsberichte 1992, 5.

E. Weis

Bell, George Joseph (1770–1843), in beschränkten Verhältnissen aufgewachsen, war über weite Strecken Autodidakt. Nach dem unregelmäßigen Besuch einiger Vorlesungen an der Universität von Edinburgh wurde er 1791 als Advokat zugelassen. In der Folgezeit widmete er sich dem systematischen Studium des schottischen Handelsrechts, das sich in einem sehr lückenhaften Zustand befand. Seine Werke, die diese Thematik erstmalig zum Gegenstand einer wissenschaftlichen Abhandlung machten, erwarben sich schon zu seinen Lebzeiten ein hohes Ansehen in Praxis und Lehre. Bereits seine erste Abhandlung, *Law of Bankruptcy in Scotland* (1800–04), später überarbeitet als *Commentaries on the Laws of Scotland and the Principles of Mercantile Jurisprudence* (1810 u. ö.), erregte Aufsehen. 1822 wurde er auf Betreiben von Sir Walter Scott einstimmig zum Professor für schottisches Recht in Edinburgh gewählt. Er behielt diesen Lehrstuhl bis zu seinem Tode. 1823 wurde er Mitglied einer Kommission, die sich mit Prozeßrecht generell und speziell mit der Berufung zum House of Lords beschäftigte. Er verfaßte den Kommissionsbericht, der zur Grundlage des «Scottish Judicature Act» von 1825 wurde. Mit den *Principles of the Law of Scotland* (1829 u. ö.) beschloß B. die mit →Stair begonnene Reihe der schottischen Institutionalisten. Es folgten seine *Illustrations from Adjudged Cases of the Principles of the Law of Scotland* (1836–38); *Commentaries on the Recent Statutes relative to Diligence or Execution* (1840) und *Inquiries into the Contract of Sale of Goods and Merchandise* (1844). Ab 1833 war er Vorsitzender einer königlichen Kommission zur Reform des schottischen Rechts. Ihre Arbeit resultierte in der «Scotch Bankruptcy Act» von 1839.

Lit.: Simpson, 42; DNB 4, 158–159.

R.-P. Sossna

Bellarmino, Roberto (1542–1621), Neffe Papst Marcellus' II., erhielt seine Ausbildung am Jesuitenkolleg von Montepulciano. 1560 trat er in den Orden ein und wechselte dann nach Rom, wo er Philosophie studierte. 1563 lehrte er an der philosophischen Fakultät des Kollegs von Florenz und ab 1564 an der von Mondovì. 1567 begab er sich dann zur Vertiefung seiner theologischen Studien nach Padua, 1569 wechselte er nach Löwen, wo er einen Lehrauftrag erhielt mit der Aufgabe, Vorlesungen und Predigten für die Studenten zu halten. Als Prediger erlangte er sofort einen sehr guten Ruf. Die Kurse, die er leitete, spiegelten die heftigen theologischen Auseinandersetzungen, die in der Universität stattfanden, wider.

Im Mittelpunkt der Betrachtungen B.s standen Thomas von Aquin und die Kirchenväter. Daneben beschäftigte er sich mit der protestantischen Glaubenslehre mit dem Ziel, sie zu widerlegen.

Wegen der Wirkung seiner Arbeiten wurde er 1576 auf den Lehrstuhl «Controversiarum» des römischen Kollegs berufen. Er blieb dort bis 1585 und sammelte Material für sein Hauptwerk. Die zwischen den Jesuiten aufkommenden Auseinandersetzungen über die «ratio studiorum» und seine Absicht, nun eigene Schriften zu veröffentlichen, veranlaßten ihn, seine Lehrtätigkeit aufzugeben. Ab 1586 begann er die *Controversiae* in Druck zu geben. Das Werk zählt zu den Hauptschriften der katholischen Gegenreformation und sollte eine Darstellung aller juristisch-theologischen Themen der Universalkirche liefern und einen dogmatischen Bezugspunkt bis zum Zweiten vatikanischen Konzil herstellen.

Ab 1588 war B., mit kurzer Unterbrechung, geistlicher Leiter der Schüler des römischen Kollegs, zu dessen Rektor er 1592 ernannt wurde. Ab 1591 war er Mitglied der päpstlichen Kommission für die umstrittene Revision der *Vulgata*. Der Gelehrte bekleidete die höchsten Ämter in der Kurie und stand an der Schwelle zum Pontifikat, wie auch Baronio, mit dem ihn eine enge Freundschaft verband und mit dem er in Kirchen- und Glaubensfragen übereinstimmte. Von 1594–97 bekleidete er das Amt des Provinzials der neapolitanischen Jesuiten, 1599 war er Kardinal und 1602–05 Erzbischof von Capua. 1923 wurde er selig-, 1930 heiliggesprochen und 1931 zum Kirchenvater erklärt.

Seine Schriften sind in den sieben Bänden der *Opera omnia*, 1821–29, zusammengefaßt; zwischen 1942 und 1969 erschienen die elf Bände der *Opera oratoria postuma*.

Lit.: J. Brodrick, The Life and Work of Blessed R. F. Cardinal B., 1928; R. De Maio, A. Borromeo/L. Gulia/G. Lutz/A. Mazzacane (Hg.), B. e la Controriforma, 1990.

A. Mazzacane

Bello, Andrés (1781–1865), venezolanisch-chilenischer Humanist und Universaljurist, Diplomat und Schriftsteller, Gründer der Universität von Chile (1842), Schöpfer des chilenischen Zivilgesetzbuches von 1855, Wegbereiter des lateinamerikanischen Modernitätsstils im Bildungs- und Rechtswesen. Als Mitglied einer Delegation der Regierungsjunta der Provinzen Venezuelas unter der Leitung Simon Bolivars gelangt B. 1810 nach London, absolviert ein umfassendes Staats- und Rechtsstudium und vertritt als Sekretär der chilenischen und später der kolumbianischen Gesandtschaft die Interessen der jungen südamerikanischen Republiken am englischen Hof. Ab 1829 ist er in Chile als Berater und Beauftragter der Regierung für Gesetzgebung, Bildung und internationale Schiedsgerichtsbarkeit tätig. In seinem amerikaweit verbreiteten Grundwerk *Principios de Derecho de Gentes* (1832) revidiert B. den Führungsanspruch des zeitgenössischen, von den europäischen Großmächten geprägten Völkerrechts durch Betonung der Eigenständigkeit und Spezifik der Gemeinschaft der amerikanischen Nationen («solidaridad americana»). Ab 1833 entsteht in jahrelanger publizistischer Vorarbeit (in «El Araucano») das überragende Kodifikationswerk, das als «Código Civil de la República de Chile» 1855 Gesetz wird und von vielen Staaten Lateinamerikas ganz oder teilweise übernommen wird. Entwickelt auf der Grundlage des mit den altspanischen Gesetzen tradierten römischen Rechts, europäischer Gesetzbücher und der rationalen Kodifikationsidee →Benthams gilt der «Código Bello» als erste grundlegende und originelle Privatrechtskodifikation Lateinamerikas. Das juristische Lehrwerk von B. – *Derecho Internacional*; *Derecho Romano* – vermittelte für den lateinamerikanischen Gebrauch begriffliche und systematische Grundlagen der europäischen Jurisprudenz; das philologische Werk – *Gramática de la lengua castellana al uso de los americanos*; *Filosofía del entendimiento*; *Temas de crítica literaria* – die sprachlichen und wissenschaftlichen Grundlagen des spanischen Geistes. Mit der Universitätsgründung in Chile verwirklicht B. die Idee der lateinamerikanischen Juristenuniversität, in der die «abogados» durch logische Schulung am römischen Recht und durch universalwissenschaftliche Bildung auf ihre politische Führungsrolle in der res publica latinoamericana vorbereitet werden. Die im frühen 19. Jh. mit der Staatsgründung einsetzende Lateinamerikanisierung der romano-europäischen Rechts- und Bildungskultur findet in B. ihren wichtigsten Wegbereiter.

WW: Obras Completas, hrsg. v. P. Ramirez. 2. Aufl., 1930–35; Obras Completas. Ministério de Educación de Venezuela. Caracas: La Casa de A. B., 1956; Antología General. Selección de Oscar Sambrano Urdaneta, 1981.
Lit.: E. Vaisse, Bibliografia de don A. B., in: G. Feliú, Estudios sobre A. B., 1966; A. G. Brito, A. B. Codificador, 1982; J. Samtleben, A. B., in: Rabels Zeitschrift 1982, 2, 421 ff.; A. B. y el Derecho latinoamericano, Caracas: La Casa de A. B., 1987; D. Nelle, Entstehung und Ausstrahlungswirkung des chilenischen Zivilgesetzbuches von A. B., 1988; H.-A. Steger, Weltzivilisation und Regionalkultur. Die Bedeutung des Römischen Rechts für die lateinamerikanische Universität im 19. und 20. Jh., 1989, 493 ff.

W. Paul

Bellot, Pierre François (1776–1836), 1814–36 Vorsteher des Genfer «Bureau des hypothèques», Mitglied des Genfer Kantonsparlamentes seit dessen Gründung von 1814 bis zu seinem Tod, war zunächst ab 1819 Honorarprofessor für Zivil- und Handelsrecht, seit 1823 Professor für Zivilrecht, Zivilprozeß- und Handelsrecht in Genf und ab 1833 Dekan der dortigen Fakultät als Nachfolger von Pellegrino →Rossi. Aus dem Kleinbürgertum stammend, vertrat B. liberales Gedankengut. Als ständiger Rechtsberater der Regierung und sachverständiger Berichterstatter in allen Gesetzgebungsfragen war B.

Redaktor und wichtigster Mitarbeiter am Genfer Zivilgesetzbuch, Schöpfer des Genfer Prozeßrechts sowie dessen Kommentator. Zusammen mit Rossi trieb B. 1819 die Reform des Genfer Rechtsstudiums voran. Trotz dauernder Aktivität und asketischer Lebensführung hat B. nur wenig publiziert, u. a. das *Exposé des motifs de la loi sur la procédure civile pour le Canton de Genève* (1821) und den Artikel *Du mariage consideré sous le rapport du pouvoir auquel il appartient d'en règler les formes et les conditions* (1823) in den «Annales de Législation et d'Economie politique», deren Mitarbeiter er war. Er lebte in der forensischen Tätigkeit, als Vorsteher des «Bureau des hypothèques», als Professor und Parlamentarier. B.s Bedeutung gründet in seinem Wirken als Gesetzesredaktor und Rechtspolitiker im Parlament, wo er unzählige Referate zu rechtlichen Themen hielt.

Lit.: HB Lex Sch 2, 92; F. Elsener, Die Schweizer Rechtsschulen vom 16. bis zum 19. Jh., 1975, 446ff.; W. E. Rappard in: H. Schulthess (Hg.), Schweizer Juristen der letzten hundert Jahre, 1945, 59–106.

A. von Moos

Benedikt XIV. **(Prospero Lambertini; 1694–1758)**, sowohl als päpstlicher Gesetzgeber als auch als kanonistischer Gelehrter herausragend, in Bologna geboren, erwarb den juristischen und theologischen Doktorgrad und trat in den Dienst der Kurie, wo er 1718 Sekretär der Konzilskongregation wurde, der damals wichtigsten römischen Behörde für die Rechtsfortbildung im kanonischen Recht. 1728 erlangte B. die Kardinalswürde und wurde 1731 zum Erzbischof von Bologna ernannt. Sein hohes Ansehen führte 1740 zur einstimmigen Wahl zum Papst.

B.s Pontifikat war durch die Auseinandersetzung mit den absolutistisch regierten Staaten und den Ideen der Aufklärung bestimmt. Streitigkeiten mit Neapel wurden durch ein Konkordat 1741 beigelegt; auch mit Spanien schloß er 1753 ein neues Konkordat, das das Recht zur Besetzung aller kirchlichen Benefizien dem König überließ. Mit dem zur Großmacht aufsteigenden Preußen fand B. zu einer Verständigung, die besonders die Interessen der schlesischen Katholiken wahrte; dabei erkannte er den bisher nach päpstlicher Ansicht nicht rechtswirksamen Königstitel Friedrichs d. Großen an. B. war ein Realpolitiker mit großer Friedensliebe, der auch bei entschiedenen Gegnern der Kirche wie Voltaire hohes Ansehen genoß.

B. war auch ein bedeutender Gesetzgeber, der als erster Papst der Neuzeit seine Gesetzgebungsakte in einem authentischen «Bullarium» sammelte, das er nach mittelalterlicher Tradition durch Versendung an die Universität von Bologna promulgierte. Diesem ersten Band wurden später drei weitere durch private Sammler hinzugefügt. Sein «Bullarium» blieb als Gesetzessammlung singulär, da die Kurie erst 1904 zur Veröffentlichung eines authentischen Gesetzblattes überging. Die Gesetze des Papstes waren auch stilistisch ungewöhnlich, da sie die Gesetzgebungsmaterie theoretisch und historisch erörterten. Sein am weitesten zukunftsweisendes Gesetz betraf die gemischten Ehen der Katholiken, die in den Niederlanden aufgrund der Deklaration «Matrimonia quae» nicht mehr der tridentinischen Formpflicht unterlagen. Eine verhängnisvolle Entscheidung für die christliche Mission traf B., indem er für China und Indien die Berücksichtigung einheimischer Traditionen im kirchlichen Ritus verbot.

Bereits vor der Wahl zum Papst verfolgte B. die Idee einer authentischen Sammlung der Entscheidungen der von ihm 1718–28 geleiteten Konzilskongregation. Diese hatte das Recht authentischer Auslegung der Gesetzgebung des Konzils von Trient und in diesem Rahmen auch Funktionen eines Gerichts – sie verdrängte insofern praktisch die Rota als höchsten Gerichtshof. Der *Thesaurus Resolutionum S. Congregationis Concilii*, dessen erste Bände 1739 erschienen, sammelt die Entscheidungen seit 1718 und wurde bis 1908 mit insgesamt 167 Bänden fortgesetzt. B. hat damit die erste offizielle Entscheidungssammlung der römischen Kurie begründet.

Als Kanonist ist B. bedeutsam wegen des zuerst 1748 erschienenen Werks *De synodo dioecesana*, in dem er das gesamte Kirchenrecht darstellte, insofern es Gegenstand einer Diözesansynode werden konnte. Hier wird das geltende Recht jeweils als Ergebnis der historischen Entwicklung behandelt, wobei B. auch protestantische Autoren zitiert. Das hohe wissenschaftliche Niveau dieses Werks macht B. zum ersten Vertreter einer geschichtlichen Rechtswissenschaft in der Kanonistik (Schulte).

Lit.: J. F. v. Schulte, Die Geschichte der Quellen und der Literatur des canonischen Rechts, 3, 1, 1880 (ND 1956), 503–510; TRE 5, 531–533; R. Haynes, Philosopher King. The Humanist Pope B. XIV., 1970.

P. Landau

Benjamin, Hilde (1902–1989), spielte als Juristin und Politikerin, linientreu den Prinzipien stalinistischer Rechtspolitik folgend, eine herausragende Rolle beim Aufbau des Rechtssystems der DDR. 1921 begann sie das Studium der Rechtswissenschaft, wurde 1927 KPD-Mitglied und arbeitete von 1928–33 als Rechtsanwältin für die «Rote Hilfe». Mit Beginn der nationalsozialistischen Herrschaft traf sie das Berufsverbot. Ihr Ehemann, der jüdische Arzt Georg Benjamin, wurde im Konzentrationslager Mauthausen ermordet. 1945–47 war sie Staatsanwältin in Berlin, dann Personalreferentin in der Zentralverwaltung für die Justiz in der Sowjetischen Besatzungszone. Dort war sie maßgeblich an der Einführung des Systems der Volksrichter und Volksstaatsanwälte beteiligt; 1949–67 war sie Mitglied der Volkskammer, 1949–53 Vizepräsidentin des Obersten Gerichtshofes. Bei der Leitung politischer Prozesse wurde sie durch ihre rigorose Verhandlungsführung zu Lasten der Angeklagten und durch die Schärfe der Urteile bekannt. Bei der Aburteilung von Beteiligten am Aufstand des 17. Juni 1953 hatte sie in einem parteiinternen «Operativstab» die organistorische Führung inne. Von 1953–67 war sie Justizministerin und Vorsitzende zahlreicher Gesetzgebungskommissionen, insbesondere zur Reform des Familien- und Strafrechts, und seit 1954 Mitglied des ZK der SED. 1967 erhielt sie einen Lehrstuhl für Geschichte der Rechtspflege an der Akademie in Potsdam-Babelsberg. In dieser Funktion war sie Herausgeberin der von einem Autorenkollektiv verfaßten zweibändigen *Geschichte der Rechtspflege der DDR* (1968/1974).

Lit.: H. Rottleuthner, Steuerung der Justiz in der DDR, 1994, 535 f., 649.

U. Falk

Bentham, Jeremy (1748–1832), Sohn eines wohlhabenden Anwalts, besuchte Westminster School und studierte am Queen's College in Oxford, wo er →Blackstones Vorlesungen besuchte. 1763 trat er in Lincoln's Inn ein und erhielt dort eine juristische Ausbildung. Als Anwalt war er indes wenig erfolgreich und entwickelte bereits frühzeitig eine kritische Einstellung zum geltenden Recht. 1776 veröffentlichte er das *Fragment on Government, or a Comment on the Commentaries*, in dem er Blackstones mangelnde Bereitschaft zu einer Reform des Rechts scharf kritisierte und die vorherrschenden Ansichten zu Politik und Rechtslehre angriff. Das Werk, das den philosophischen Radikalismus einleitete, wurde schnell bekannt und hatte zur Folge, daß B. von Lord Shelburne in die aristokratische Gesellschaft eingeführt wurde. Als dessen Gast arbeitete er in den folgenden Jahren an mehreren Schriften, die er aber zunächst alle nicht veröffentlichte. 1785–88 besuchte er Rußland und verfaßte dort sein erstes ökonomisches Essay *Defence of Usury* (1787), in welchem er sich als Anhänger Adam →Smiths zeigte, indem er für eine Aufhebung der Wuchergesetze und eine Freigabe des Zinssatzes eintrat. Nach seiner Rückkehr nach England strebte er zunächst eine Karriere im Parlament an, scheiterte aber und beschloß daraufhin, gesichert durch das Vermögen seines Vaters zu privatisieren und sich ausschließlich mit der Wissenschaft der Gesetzgebung zu beschäftigen. 1789 erschien schließlich sein Hauptwerk, *The Introduction to the Principles of Morals and Legislation*, in dem er auf der Grundlage eines von Hutcheson übernommenen ethischen Prinzips das System des Utilitarismus begründete, nach dem eine Handlung dann richtig und ein Gesetz dann gerecht sei, wenn es das größte Glück der größten Zahl von Personen befördere. Handele es sich um ein Gesetz, dann müßten die Interessen aller einzelnen Mitglieder der Gesellschaft in Rechnung gestellt werden. B. wurde mit der *Introduction* zum Urheber einer der einflußreichsten rechtsphilosophischen Schulen der Neuzeit und binnen kurzer Zeit zu einer Berühmtheit. Er unterhielt Korrespondenzen mit vielen der führenden Persönlichkeiten Europas und Amerikas und wurde 1792 französischer Ehrenbürger. Sein Ziel war es, eine Kodifikation des Rechts seines eigenen oder eines anderen Landes durchzuführen. Daneben bemühte er sich zeitlebens um eine Reform des Gefängniswesens, äußerte in vielen Briefen und Traktaten, vor allem aber in seiner Schrift *Principles of Penal Law* eine Vielzahl von Ideen, welche in modernen Strafrechtsreformen wieder aufgegriffen wurden, und bemühte sich mehr als zwanzig Jahre lang, die Regierung zur Errichtung des in seinem *Panopticon* (1787) vorgesehenen Modellgefängnisses zu bewegen. Seine Mühen waren indes vergebens, und er verlor jegliches Vertrauen in die Reformbereitschaft von Politikern und Beamten. Von Haus aus ein Konservativer, machte seine Erfahrung einen Demokraten aus ihm. 1817 erschien der Traktat *A Catechism on Parliamentary Reform*, in dem er für jährliche Wahlen, gleich große Wahlbezirke, eine erweiterte Wählerschaft und geheime Abstimmung eintrat. Er verfaßte eine Reihe von Entwürfen zu einer Reform des Wahlrechts, die 1818 ins House of Commons eingebracht wurden. Ein Band seines *Constitutional Code*, dessen Fertigstellung er nicht mehr erlebte, wurde 1830 veröffentlicht und hatte bedeutenden Einfluß auf die große Wahlreform von 1832. Bereits 1823 hatte er sich an der Gründung des «Westminster Review» beteiligt, um die Prinzipien des philosophischen Radikalismus zu verbreiten. Er versammelte eine Gruppe von Freunden und Schülern wie James und John Stuart Mill, John und Sarah →Austin und John Bowring um sich, welche einige seiner Werke überarbeiteten und bisweilen faktisch neu schrieben; so wurde das fünfbändige Werk *The Rationale of Judicial Evidence* (1827) von John Stuart Mill und das *Book of Fallacies* (1824) von Peregrine Bingham ausgearbeitet. Als grundlegend erwies sich auch die Hilfe des schweizerischen Schriftstellers Etienne Dumont, der einige seiner Werke übersetzte, wie etwa die bereits 1811 in Frankreich veröffentlichte Schrift *Théorie des peines et des récompenses*, welche später in England als *The Rationale of Reward* (1825) und *The Rationale of Punishment* (1830) erschien.

B. hinterließ eine gewaltige Menge an Manuskriptmaterial, so daß ein Großteil seiner Arbeiten bis vor kurzem weder adäquat ediert noch gedruckt vorlag. Sein Werk umfaßt die Rechtstheorie und Rechtsphilosophie, Ethik, Logik und zu einem geringeren Umfang auch Ökonomie. B. hatte mit seinen Schriften immensen Einfluß auf die allgemeine Rechtslehre und gab die grundlegenden Anstöße zu →Austins «Analytical Jurisprudence». Dabei war er weniger Philosoph als Kritiker des Rechts und der politischen und rechtlichen Institutionen. Seine Arbeiten hatten großen praktischen Einfluß auf die spätere Gesetzgebung und gaben bedeutende Anstöße zur Kodifikation und Reform des englischen Rechts. Er beeinflußte v. a. das Beweisrecht und das Strafrecht, so daß spätere Reformer wie →Brougham, Romilly, Horner und Mackintosh lediglich seine Vorschläge umsetzten.

Lit.: L. Stephen, The English Utilitarians, 1900; D. Baumgardt, B. and the ethics of today, 1952; M. Mack, J. B.: An Odyssey of Ideas, 1962; G. Postema, B. and the Common Law Tradition, 1986; P. Schofield, J. B. and Nineteenth-Century English Jurisprudence, in: JLegHist 12, 1991, 58–88.

K. Lerch

Bernardus Papiensis (vor 1150–1213), geboren in Pavia, studierte in Bologna unter Gandulphus und Johannes Faventinus und lehrte zunächst selbst in Bologna, bevor er 1187 zum Propst von Pavia ernannt wurde. 1191 wurde er Bischof von Faenza und schließlich 1198 von Pavia.

B. gehörte zu den literarisch fruchtbarsten Kanonisten am Ende des 12. Jh. s. Er verfaßte zunächst zwei Monographien zu zentralen Gebieten des kanonischen Rechts, die *Summa de matrimonio* (1173/79) und die *Summa de electione* (1177/79). Er war der erste Kanonist, der eine Abhandlung über das Wahlrecht verfaßte. B. erfaßte auch als erster das neue Dekretalenrecht der Päpste systematisch. Drei Sammlungen gehen auf ihn zurück, die *Collectio Parisiensis II* (1177/78), die *Collectio Lipsiensis* (1185) und schließlich das von ihm mit Autorenangabe veröffentlichte *Breviarium extravagantium*, später als *Compilatio I* (1188/90) bezeichnet. Die letzte Dekretalensammlung mit einer Aufteilung in fünf Büchern wurde zum Muster für alle späteren Gesetzessammlungen des kanonischen Rechts und erlangte wie ein Gesetzbuch europäische Verbreitung. Zum *Breviarium* verfaßte B. eine *Summa titulorum* (vor 1198), die das erste Hauptwerk der Dekretalistik war. Außer der *Summa* sind von ihm zahlreiche Glossen überliefert. Sein letztes Werk waren *Casus* zum Dekret → Gratians.

Als Kanonist entwickelt B. juristischen Scharfsinn etwa bei Bestimmung des Dispensbegriffs und bei der Analyse des Rechts eines Klerikers am Benefizium. Bemerkenswert sind seine Bezugnahmen auf alttestamentliches Recht, das als eine nicht mehr aktuelle Rechtsordnung rechtsvergleichend kommentiert wird. Mit B. gewinnt das kanonische Recht den Charakter einer sich ständig erneuernden Rechtsordnung, deren jeweils neuester Stand auf den Universitäten gelehrt wurde.

WW: Breviarium extravagantium, in: A. Friedberg, Quinque Compilationes antiquae, 1882 (ND 1956), 1–65; Bernardi Papiensis Summa decretalium, hrsg. v. E. A. T. Laspeyres, 1860 (ND 1956).

Lit.: DDC 2, 787–789; P. Landau, Alttestamentliches Recht in der «Compilatio Prima» und sein Einfluß auf das kanonische Recht, in: Studia Gratiana 20, 1976, 112–134; ders., Die Entstehung der systematischen Dekretalensammlungen und die europäische Kanonistik des 12. Jh.s, in: ZRG KA 65, 1979, 120–148.

P. Landau

Beseler, Georg (1809–1888), studierte in Kiel und München Rechtswissenschaft und geriet nach seinem Staatsexamen 1831 in die politischen Differenzen um die Unabhängigkeit Schleswigs und Holsteins von der dänischen Krone. 1833 begann er deshalb eine akademische Karriere in Göttingen und Heidelberg. Kurze Zeit war er Professor in Basel, ab 1837 dann in Rostock und 1842 in Greifswald. 1859–87 lehrte er in Berlin. Als führender «Germanist» und nationalliberaler «politischer Professor» spielte B. von Anfang an besonders bei der Formulierung der Grundrechte eine wichtige Rolle: 1848/49 in der Paulskirchenversammlung sowie 1850 im Erfurter Parlament, 1874–81 im Reichstag und 1875–87 im preußischen Herrenhaus. Wissenschaftsgeschichtlich ist B. als liberaler und nationaler Antipode von →Savigny bedeutend. In seinem Buch *Volksrecht und Juristenrecht* (1843) setzte er sich emphatisch für das «Volksrecht» ein, vertiefte damit einerseits die Spaltung zwischen Romanisten und Germanisten, gab aber auch in *Die Lehre von den Erbverträgen* (3 Bde, 1835–40) und in *System des gemeinen deutschen Privatrechts* (3 Bde, 1847–55) Anstöße für eine stärkere Beachtung der nationalen und als Gewohnheitsrecht tradierten Rechtsquellen. Die bei seinem wichtigsten geistigen Schüler →Gierke gipfelnde Denkrichtung des Genossenschaftsrechts und das neue Stichwort eines Sozialrechts nehmen bei B. ihren Ursprung. Intensiv wirkte er auch rechtspolitisch, vor allem bei der Liberalisierung des Straf- und Zivilprozesses und bei der Schaffung des preußischen Strafgesetzbuches von 1851.

Lit.: B. R. Kern, G. B. Leben und Werk, 1982; Kleinheyer/Schröder, 32ff.

M. Stolleis

Besold, Christoph (1577–1638), stammte aus einer lutherischen Tübinger Juristenfamilie, wurde 1610 dort Professor und mehrfach Rektor der Universität. 1636 wechselte er, inzwischen zum Katholizismus konvertiert, an die Universität Ingolstadt, wo er schon 1638 starb.

B. war praxisnaher Jurist und Gutachter (*Thesaurus practicus*, 1629 u.ö.; *Consiliorum Tubingensium sive illustrium juris responsorum et consultationum Pars I–IV*, 1628, 3. Aufl. *Pars I–VI*, 1659–61), dessen Lebensschicksal vor allem mit dem Rechtsstreit um den württembergischen Klosterbesitz verbunden war. Seine Bedeutung besteht aber v.a. in seinen Beiträgen zur politischen Theorie, zum neuen Fach des öffentlichen Rechts mit Beiträgen zur «doppelten Souveränität» (maiestas realis und personalis), zum Bundesstaat und zu den Staatenverbindungen. B. weist auch interessante Querverbindungen zum mystischen und utopischen Denken seiner Zeit auf.

WW: Politicorum libri 2, 1618, 1620; Synopsis politicae doctrinae, 1623; Delibata juris, 1627–32.
Lit.: Kleinheyer/Schröder, 33–35; H. Lange, Ius commune und Statutarrecht in Ch. B.s Consilia Tubingensia (FS F. A. Kaser 1976, 637–655).

M. Stolleis

Betti, Emilio (1890–1968), italienischer Jurist und Philosoph. Geboren in Camerino, machte B. sein juristisches und philosophisches Examen in Parma 1911 (*Vertragsschluß und Pflichten zum Vertragsschluß bei den klassischen Juristen*, 1913) und in Bologna (*La crisi della repubblica e la genesi del principato in Roma*, 2. Aufl. a cura di G. Crifò, 1982), wurde dann 1915 Privatdozent und 1917 Professor für römisches Recht in Camerino.

B. lehrte außerdem Zivilprozeßrecht, Zivilrecht und Völkerrecht in Macerata, Messina, Parma, Florenz, Mailand und in Rom bis zur Emeritierung, außerdem als Gastprofessor an verschiedenen europäischen und außereuropäischen Universitäten, an denen er mehrfach die Ehrendoktorwürde erhielt. Geprägt durch die Schule von G. Segrè, M. Wlassak, J. Partsch (als seine Lehrer gelten aber auch E. Zitelmann, P. Bonfante, O. Lenel, G. Chiovenda), verband B. das juristische Studium mit einer profunden historisch-philologischen und philosophischen Kultur. Von daher rühren das Bedürfnis nach Strenge und die historisch begründeten Prämissen seines Werkes: die innere Einheit des Rechts, seine nicht auf das Formale begrenzte Logik, Kritik am Gesetzespositivismus und Normativismus, die Überwindung der Unterscheidung zwischen materiellem und prozessualem Recht sowie der traditionellen pandektistischen Konstruktionen. Daraus folgte sein fundamentaler Vorschlag von 1928 zur Verknüpfung von Dogmatik und Geschichte, verbunden mit einer konkreten Demonstration der Vorzüge seiner Methode an Arbeiten über Privatautonomie und gesellschaftliches Zusammenwirken, über die ökonomisch-soziale Funktion und soziale Angemessenheit des Rechts sowie über den Zusammenhang zwischen Norm und Handlung. Exegese, Vergleichung und theoretische Reflexion, erhellt von einer konstanten philosophischen Fragestellung, führten ihn zu weiteren Ergebnissen beim Thema der «Interpretation». Die Entstehung seiner allgemeinen Theorie der Auslegung, nachvollziehbar im (unveröffentlichten) Tagebuch sowie in autobiographischen Notizen (1953), zeigt eine dialektische Synthese modernen spekulativen und ethischen Denkens. Er verband damit Studien zur Erkenntnislehre des Werturteils und zum Wesen seiner Umsetzung, bei der Wiedergewinnung der großen hermeneutischen und linguistischen Tradition, verbunden mit einer intensiven Diskussion des juristischen Denkens (→Kelsen, Merkl, →Heck, Brütt, Stammler, →Romano u. a.). B. zeigte so nicht nur in seinem eigenen Werk die Kontinuität des Zusammenhangs zwischen historisch-dogmatischer und exegetischer Tätigkeit, sondern er schuf auch auf dem innersten Feld der Rechtswissenschaft ein geschärftes Bewußtsein für hermeneutische Probleme.

WW: La struttura dell' obbligazione romana e il problema della sua genesi, 1919 u. ö.; Il concetto dell'obbligazione costruito dal punto di vista dell'azione, 1920; Trattato dei limiti soggettivi della cosa giudicata in dir. rom., 1922; Diritto processuale civile italiano, 1932 u. ö.; Diritto romano: parte generale, 1935; Istituzioni di diritto romano 1, 1942, 2, 1960–62; Teoria generale del negozio giuridico, 1943 u. ö.; Interpretazione della legge e degli atti giuridici, 1949 u. ö.; Teoria generale delle obbligazioni, 1–4, 1953–55; Zur Grundlegung einer allgemeinen Auslegungslehre, 1954 u. ö.; Teoria generale dell'interpretazione, 1955, 2. Aufl., 1990; (dt. Allgemeine Auslegungslehre, 1967); Problematica del diritto internazionale, 1956; Die Hermeneutik als allgemeine Methodik der Geisteswissenschaften, 1962 u. ö.; Diritto Metodo Ermeneutica. Scritti scelti a c. di G. Crifò, 1991.
Lit.: AA. VV., Studi in onore di E. B. 1–5, 1962; G. Crifò, in: BIDR 70, 1967, 293–320; AA. VV., E. B. e la scienza giuridica del Novecento, QuF 7, 1978; Costituzione romana e crisi della repubblica a c. di G. Crifò, 1986; E. B. e l'interpretazione a c. di V. Rizzo, 1991; L'ereneutica giuridica di E. B. a c. di V. Frosini e F. Riccobono, 1994.

G. Crifò

Bevilaqua, Clóvis (1859–1944), brasilianischer Zivilrechtsgelehrter der kulturalistischen Schultradition von Recife, Lehrbuchautor, Verfasser des Entwurfs und des ersten Lehrkommentars des brasilianischen Zivilgesetzbuches von 1916. Der Professor für Zivilrecht und vergleichende Gesetzgebung in der «Faculdade de Direito do Recife» verfaßte 1899 im Auftrag der Ersten Republik Brasiliens (1891 konstituiert) den *Projecto de Código* Civil. Sein Entwurf («Projeto primitivo»), der am «Esboço» von →Teixeira de Freitas und an Vorarbeiten zum deutschen BGB orientiert ist, fand wegen hinhaltender Formalkritik des Senators Rui →Barbosa erst mit fünfzehnjähriger Verspätung in abgewandelter und stilistisch überarbeiteter Form die Zustimmung beider Kammern des Nationalkongresses. Dem am 1. 1. 1916 in Kraft getretenen Zivilgesetzbuch der Vereinigten Staaten von Brasilien widmete B. ein sechsbändiges Kommentarwerk. Sein *Código Civil dos Estados Unidos do Brasil Commentado* (1916–24 u. ö.) stellte die zivilistische Doktrin Brasiliens durch betonte Assimilierung deutschen pandektenwissenschaftlichen und positivrechtlichen Denkens auf eine neue Grundlage. Mit den «Observações», die B. durch ein reiches historisch-literarisches Quellenmaterial belegt hat, erhielt der «Código Civil» seinen ersten wissenschaftlichen Kommentar, der sich auf die Realitäten des Landes bezog. Die reflektierte, von der Idee der kulturellen Entwicklung des brasilianischen Rechts durchdrungene Jurisprudenz von B. gilt als Gründerwerk der brasilianischen Zivilrechtswissenschaft.

WW: Vigilias literarias. Philosophia Positiva no Brazil, 1884; Estudos de Direito e Economia Política, 1889; Legislação Comparada, 1893; Direito das Obrigações, 1896 u. ö.; Direito de Familia, 1896; Direito das Coisas, 1896 u. ö.; Direito das Sucessões, 1896 u. ö.; Juristas Philosophos, 1897; Esboços e Fragmentos de Philosophia e Literatura, 1899; Actos dos Trabalhos da Comissão, 1901; Em Defesa do Código Civil, 1906; Teoria Geral do Direito Civil, 1916; Direito Internacional Privado. Principios Elementares, 1916; Linhas e Perfis Jurídicos, 1930.
Lit.: A. Nogueira, O Pensamento Filosófico de C. B., 1959; F. Pontes de Miranda, Einleitung, in: K. Heinsheimer (Hg.), Die Zivilgesetze der Gegenwart, 3, 1928, XIX ff.; V. Chacon, Da Escola de Recife ao Código Civil, 1969.

W. Paul

Binding, Karl (1841–1920), einer der herausragenden deutschen Strafrechtswissenschaftler des 19. Jh.s, entstammte einer angesehenen Frankfurter Juristenfamilie. Er studierte 1860–63 an der Universität Göttingen; 1863 promovierte und 1864 habilitierte er über den römischen Strafprozeß. B. war von 1865–1913 Professor für Straf-, Strafprozeß- und Staatsrecht an den Universitäten Heidelberg, Basel, Freiburg, Straßburg und Leipzig und wirkte nicht nur als akademischer Lehrer, sondern auch als Richter und in der Universitätsverwaltung.

B. gilt als Vertreter eines auf liberalen Grundideen basierenden Vergeltungsstrafrechts. In den um die Jahrhundertwende zum Teil erbittert geführten straftheoretischen Debatten («Schulenstreit») verteidigte B. auf seiten der «Klassiker» das Vergeltungsstrafrecht gegen moderne, auf soziologisch-utilitaristischen Tendenzen beruhenden Präventionstheorien.

B.s wissenschaftliche Hauptwerke – *Die Normen und ihre Übertretung* (Bd. I–IV, 1872–1918), *Grundriß und Lehrbuch des Gemeinen Deutschen Strafrechts* (1878–1905), *Handbuch des Deutschen Strafrechts* (1885), *Grundriß des Gemeinen Deutschen Strafprozeßrechts* (1881) – weisen B. allerdings weniger als liberalen Strafrechtstheoretiker denn als recht formalen Dogmatiker aus. Seine wissenschaftliche Überzeugung stützte sich auf eher konservativ-autoritäres Gedankengut. B.s Hauptleistung bestand in der Entwicklung einer vielbeachteten Normentheorie. Danach geht der positiven, geschriebenen Rechtsregel eine Sozialnorm voran. Der Verbrecher mißachtet die Befehlswirkung dieser Norm und wird durch Bestrafung unter die Macht des Staates gebeugt. Die Anerkennung einer überpositiven Rechtsnorm und eines materiellen Rechtsgutsbegriffes, dessen metaphysische Deutung B. allerdings ablehnte, sowie die Zulassung der Analogie im Strafrecht relativieren auch die Einschätzung, B. habe eine rein positivistische Haltung eingenommen.

Weitere Veröffentlichungen erfolgten auf strafprozessualem, geschichtlichem und staatsrechtlichem Gebiet. Während des I. Weltkrieges meldete sich B. als politisierender Professor mit von emphatischem Nationalgefühl getragenen Beiträgen zu aktuellen staatsrechtlich-politischen Themen zu Wort. Kurz vor seinem Tode verfaßte B., zusammen mit dem Freiburger Psychiater A. Hoche, eine Schrift über die Freigabe der Vernichtung lebensunwerten Lebens, die auch der rassehygienisch motivierten Vernichtungsideologie des späteren Nationalsozialismus Argumente lieferte.

Lit.: A. Kaufmann, Lebendiges und Totes in B.s Normentheorie, 1954; H. J. Kaganiec, K. B.s Wirken für den Rechtsstaat, 1950; G. Radbruch, Elegantiae juris criminalis, 1938.

D. Westphalen

Blackstone, Sir William (1723–1780), besuchte Charterhouse School, studierte am Pembroke College in Oxford und begann 1741 seine juristische Ausbildung im Middle Temple in London. 1744 wurde er zum Fellow von All Souls in Oxford gewählt und erlangte dort auch im Jahr darauf das Bakkalaureat. 1746 als Anwalt zugelassen, versuchte er sich mehrere Jahre in der anwaltlichen Praxis, wandte sich aber 1753 wieder gänzlich dem akademischen Leben in Oxford zu. Er wurde vom Kronanwalt →Murray für den 1752 vakant gewordenen Lehrstuhl des Regius Professor of Civil Law vorgeschlagen, aber nicht ernannt, da er dem Duke of Newcastle nicht bereitwillig genug politische Unterstützung gewährt hatte. Murray riet ihm daraufhin, in Oxford Vorlesungen zum englischen Recht zu halten. B. lehrte daraufhin von 1753–58 in Oxford und hielt derart die ersten an einer englischen Universität gehaltenen Vorlesungen zu diesem Thema. Hiermit hatte er nicht nur großen Erfolg, sondern er regte außerdem den Juristen Charles Viner dazu an, einen Lehrstuhl für englisches Recht zu gründen, dessen erster Inhaber 1758 B. wurde. Bis 1766 hielt er in Oxford Vorlesungen zum englischen Recht, die Grundlage seiner *Commentaries* wurden und dazu führten, daß sein Name schnell bekannt wurde. 1761 wurde er zum Vorstand von New Inn Hall in Oxford berufen, zog ins Parlament ein und wurde vom König zum King's Counsel ernannt, 1763 folgte die Ernennung zum Kronanwalt der Königin (Solicitor General to the Queen). 1766 gab er seinen Lehrstuhl auf, um sich voll dem Königsdienst zu widmen. Nachdem es ihm indes nicht gelang, sich im Parlament einen Namen zu machen, nahm er 1766 eine Ernennung zum Richter an der King's Bench an, von der er im gleichen Jahr zum Court of Common Pleas wechselte, dem er bis zu seinem Tod angehörte.

B.s Bedeutung liegt vor allem in seinen juristischen Schriften begründet. Zu diesen zählen v. a. sein *Essay on Collateral Consanguinity* (1750), die als Synopse seiner früheren Vorlesungen gedachte *Analysis of the Laws of England* (1754), die zu verfassungsrechtlichen Fragen Stellung nehmende lehnsrechtliche Studie *Considerations on Copyholders* (1758) sowie seine rechtsgeschichtlich wie verfassungsrechtlich bedeutende Edition von Königsprivilegien *The Great Charter and Charter of the Forest* (1759). Daneben veröffentlichte er die *Reports of Decided Cases* (1781), eine von ihm erstellte Sammlung von Gerichtsentscheidungen. Als sein Hauptwerk gelten indes unbestritten die vier Bände umfassenden *Commentaries on the Laws of England* (1765–70), die eine Einführung in und einen Überblick über das englische Recht geben sollten. Die auf den Arbeiten →Finchs, →Hales und →Woods aufbauenden *Commentaries* folgen einem modifizierten Institutionenschema und behandeln in vier Büchern das Recht der Personen, das Recht der Sachen, private und öffentliche Delikte. Wenngleich B. auch das öffentliche Recht, das Kirchenrecht und die Gerichtsverfassung eher knapp behandelte, deckte das Werk immerhin doch das gesamte englische Recht ab. Es bot die bis dahin beste historische Darstellung des englischen Rechts und hatte als erste einheitliche Beschreibung des Rechts als eines geschlossenen Systems beträchtlichen Einfluß auf die weitere Entwicklung des Common Law. Es wurde zwar wegen seiner unkritischen Hinnahme des bestehenden Rechts stark angegriffen und bildete so für →Bentham und →Austin den Ansatzpunkt zur Ausarbeitung der englischen analytischen Rechtstheorie und Rechtsphilosophie, erfreute sich aber dessenungeachtet bei Juristen wie auch bei der gebildeten Gesellschaft im allgemeinen sofortiger Beliebtheit, so daß allein bis zu B.s Tod neun Auflagen erschienen. Weitere fünfzehn Auflagen folgten bis 1848, als schließlich von Serjeant Stephen eine an das veränderte Recht angepaßte, aber weiterhin auf B.s Arbeiten gegründete Ausgabe der *Commentaries* aufgelegt wurde. Noch heute gelten sie in England zusammen mit den Werken Ranulf de →Glanvilles, Henry de →Bractons, →Littletons und →Cokes als «Books of Authority». Gleichermaßen von Bedeutung waren die *Commentaries* in den Vereinigten Staaten, wo sie für viele Jahre als die wesentliche Quelle des Common Law galten und unter anderem →Kents *Commentaries on American Law* inspirierten.

Lit.: D. A. Lockmiller, Sir W. B., 1938; L. C. Warden, The Life of B., 1938; W. S. Holdsworth, History of English Law, 12, 1938, 702–737; D. Kennedy, The Structure of B.s Commentaries, in: Buff LR, 28, 1979, 205–382.

K. Lerch

Bluntschli, Johann Kaspar (1808–1881), war seit 1836 Professor der Rechte in Zürich, seit 1848 in München und seit 1861 in Heidelberg. Nach dem Erscheinen von B.s *Staats- und Rechtsgeschichte der Stadt und Landschaft Zürich* (1838/39) übernahm er die von F. L. v. →Keller begonnene Arbeit am Zürcher Privatgesetzbuch, das 1854 in Kraft trat und nicht zuletzt wegen seiner verständlichen Sprache zu den besten gesetzgeberischen Leistungen des 19. Jh.s gezählt wird. In der für das Verständnis des modernen deutschen Bundesstaates zentralen *Allgemeinen Staatslehre* (1851/52) legte B. seine ursprüngliche Abneigung gegen das Naturrecht ab und verband dieses mit der historischen Schau. Als Entwurf für eine zu schaffende Völkerrechtskodifikation betrachtete B. sein 1862 erschienenes Werk *Das moderne Völkerrecht der zivilisierten Staaten als Rechtsbuch dargestellt.*

WW: Denkwürdiges aus meinem Leben, 1884.
Lit: H. Fritzsche, J. C. B., in: H. Schulthess (Hg.): Schweizer Juristen der

letzten hundert Jahre, 1945, 135 ff.; S. D. Schmidt, Die allgemeine Staatslehre J. C. B. s., Diss. München 1968; J. Vontobel, Die liberal-konservative organische Rechts- und Staatsrechtslehre J. C. B.s, Diss. Zürich 1956.

J. P. Arquint

Bodin, Jean (1529/30–1596). Der Sohn eines wohlhabenden Kaufmanns in Angers wurde bei den Karmelitern erzogen, studierte von 1545–47 Philosophie in Paris und ab 1548 Jura im renommierten Toulouse, wo er anschließend lehrte. 1561 wurde B. Advokat am Pariser «Parlement», dem obersten Gerichtshof. Nebenher betraute ihn der König mit staatlichen Missionen. 1566 erschien sein *Methodus ad facilem historiarum cognitionem*, eine umfangreiche vergleichende Rechtsgeschichte. B.s Hauptwerk, die vielfach aufgelegten *Les Six Livres de la République*, erschien erstmals 1576 und machte ihn schlagartig berühmt. 1578 publizierte er die *Juris universi distributio*, ein Versuch, mittels eines Vergleichs des gesamten bekannten Rechts ein universales Rechtssystem zu begründen. In seiner publizistisch erfolgreichen *De le démonomanie des sorciers* (1580) engagierte sich B. für die strafrechtliche Verfolgung der Hexerei, die er als Angriff der bösen Mächte auf die göttliche Ordnung verstand.

Mit seiner «Republik» versuchte B., die Zerrüttung der französischen Monarchie durch Bürgerkriege und ihre Schwächung durch Mischverfassungstheorie und monarchomachische Widerstandslehre mittels einer theoretischen Neufundierung des Staates zu überwinden. Aus dem Vergleich aller bekannten Verfassungen entwickelte er eine anti-utopische, empirische Staatslehre. B.s «Republik» ruht auf aristotelischer Grundlage: Die Gesellschaft entspricht der Natur des Menschen. Ihren Grundbaustein bildet der private Bereich des «Hauses», der Herrschaftsbereich des Hausvaters. Als Bürger (citoyen) ist dieser zugleich Glied der politischen Gemeinschaft (cité), in der die öffentlichen Angelegenheiten beraten werden. Dieses Polis-Modell wird jedoch vom monarchischen Charakter der «Republik» überformt: Nicht die Bürgerschaft, sondern der Souverän beherrscht die öffentliche Sphäre. Ausgehend vom «imperium» des römischen Rechts entwickelt B. einen präzisen Souveränitätsbegriff, der zur juristischen Basis moderner Staatlichkeit wird. Hauptmerkmal der Souveränität ist das Gesetzgebungsrecht. Über das positive Recht gesetzt, wird der Monarch zum Gesetzgeber und damit zum aktiven Gestalter des Gemeinwesens. Das Gesetzgebungsrecht schließt alle anderen Rechte ein, so die Entscheidung über Krieg und Frieden, die Ernennung der höchsten Beamten, die höchste Gerichtsbarkeit und das Begnadigungsrecht.

Die Souveränität wird nicht vom Volk delegiert und unterliegt somit nicht dessen Kontrolle. Sie ist von Gott gegeben, dem der Souverän als sein irdischer Stellvertreter allein verantwortlich ist. Aktiver Widerstand gegen den Souverän ist nicht möglich; nur Verweigerung des Gehorsams oder Flucht, wenn das «Gesetz Gottes oder das Naturrecht» verletzt werden.

Dennoch ist die Souveränität nicht willkürlich und schrankenlos. Machiavellis Versuch, die Politik von der Ethik zu lösen, lehnt B. ausdrücklich ab. Geleitet von einer platonischen Harmonievorstellung sieht er die irdische in die göttliche Ordnung eingebunden. Die vom souveränen Gott gegebenen Naturgesetze binden den Herrscher – eine Schranke, die allerdings wenig konkretisiert wird. Nur das Eigentumsrecht wird als Naturrecht hervorgehoben; der gerechte Herrscher muß, um nicht Tyrann zu werden, das Eigentum der Untertanen respektieren. Deshalb umschließt die Souveränität das Besteuerungsrecht nicht, hier ist der Herrscher auf die Zustimmung der Stände angewiesen. Beschränkt ist die Souveränität zudem durch vom Herrscher eingegangene Verträge mit Untertanen und anderen Souveränen, zu deren Einhaltung er verpflichtet ist. Eine weitere Schranke bilden schließlich die wenig konkretisierten «Fundamentalgesetze».

B.s Staatsideal ist die «königliche» bzw. «legale» Monarchie. Nur die Monarchie ist eigentlich souverän, da Souveränität nur einem einzigen zukommen kann. Anders als die «despotische» und die «tyrannische» Monarchie respektiert die königliche Monarchie Freiheit und Eigentum der Untertanen einerseits, die göttlich-natürliche Ordnung als Norm des Staates andererseits. Im korporativ gegliederten, hierarchisch aufgebauten Organismus der königlichen Monarchie entsteht ein harmonisches, gerechtes Staatsleben im Einklang mit der kosmischen Ordnung.

Inwieweit B. als theoretischer Begründer des Absolutismus gelten kann, ist umstritten. Zum einen trug sein Souveränitätsbegriff zur Lösung der frühneuzeitlichen Fürstenmacht aus herkömmlichen Beschränkungen bei. Zum anderen aber widerspricht der Aufbau der «Republik» dem Absolutismus: In B.s aristotelisch aufgebautem, korporativ und ständisch gegliedertem Staat ist kaum Platz für eine zentrale, bürokratische Staatsgewalt, deren Finanzierung zudem von den Ständen abhängig gemacht wird.

Böckelmann, Johann Friedrich

Lit.: H. Denzer (Hg.), J. B. Verhandlungen der internationalen Bodin-Tagung in München, 1973; J. B., Actes du colloque interdisciplinaire d'Angers, 24 au 27 mai 1984. 1985; S. Goyard-Fabre, J. B. et le droit de la république, 1989.

U. Speck

Böckelmann, Johann Friedrich (1632–1681), gebürtig aus Steinfurt, studierte ebendort ab 1651 am Gymnasium Arnoldinum bei Werner Pagenstecher, ab 1656 in Heidelberg, wo er 1659 promovierte. Kurz vorher war er an dieser Universität zum «Professor Institutionum» ernannt worden; 1661 wurde er «Professor Pandectarum» und 1665 «Primarius». Er war zunächst Beisitzer, dann 1664 Vizepräsident des Hofgerichts. Zugleich war er Rat und Gesandter des Kurfürsten in Heidelberg. 1670 nahm er einen Ruf nach Leiden an. Obwohl er nicht lange dozierte, war sein Unterricht dort von großer Bedeutung – auch für andere niederländische Universitäten –, da er eine neue Lehrmethode einführte, die er schon in Heidelberg angewandt hatte, den «Methodus compendiaria». Die Vorlesungen wurden nicht mehr an den Text der verschiedenen Teile des Corpus iuris civilis angelehnt, sondern basierten auf Kurzlehrbüchern, Auszügen aus den einzelnen Teilen des Corpus iuris. 1679 veröffentlichte B. sein *Compendium Institutionum*, das oft nachgedruckt und bis ins 19. Jh. benutzt worden ist. Viel weniger Erfolg hatten seine *Commentarii in Digesta*, 1678 bis zum 19. Buch und 1694 bis zum 27. Buch.

Auch die meisten seiner sonstigen Schriften stehen in Zusammenhang mit seinem Unterricht, namentlich die Dissertationensammlungen: *Collegium actionum* (1661); *Exercitationes ad Pandectas* (1664); *Collegium Pandectarum* (1668). Daneben sind auch posthum zwei seiner Vorlesungshandschriften veröffentlicht worden. C. →van Eck publizierte den *Tractatus de differentiis juris civilis, canonici et hodierni* (1694) und A. A. Pagenstecher die *Synopsis juris publici imperii Romano-Germanici* (1698). In Sachen des pfälzischen Wildfangrechts verfaßte er im Auftrag des Kurfürsten den Traktat *Justitia causae Palatinae* (1666), das mehrere Auflagen erreichte und ins Deutsche übersetzt worden ist. An der Leidener Universität besteht noch ein «Legatum Böckelmannianum», aus dem jährlich ein Betrag an einen Leidener Jura-Studenten ausbezahlt wird.

WW: BGNR Leiden, Nr. 9–53; BGNR Utrecht, 33–35.
Lit.: NNBW 3, 125; ADB 3, 24–25; R. Feenstra, J. F. B., in: Bestuurders en Geleerden (FS J. J. Woltjer), 1985, 137–150.

M. Ahsmann

Böhmer, Justus Henning (1674–1749), geboren in Hannover, studierte Jura in Jena und war dann zunächst als Advokat und Hofmeister des Grafen von Waldeck tätig. Er wurde 1699 juristischer Lizentiat in Halle und begann dort eine Dozententätigkeit. Als Professor in Halle seit 1701 machte B. eine glanzvolle Karriere an der damals führenden deutschen Universität, was schließlich 1743 zu seiner Ernennung zum Ordinarius der juristischen Fakultät und zum Kanzler des Herzogtums Magdeburg führte.

B.s Bedeutung als Jurist beruht zunächst auf seinem zivilrechtlichen Werk, das ihn zu einem Hauptvertreter des «usus modernus pandectarum» in der Nachfolge Samuel → Stryks machte. Seine *Introductio in ius digestorum* (1704 u. ö.) ist das beste Lehrbuch des römischen Rechts im 18. Jh. Seine Hauptleistungen liegen jedoch im Kirchenrecht, wo er das evangelische Kirchenrecht auf der Grundlage des kanonischen Rechts als erster systematisch bearbeitete. Sein Hauptwerk ist das fünfbändige *Ius ecclesiasticum protestantium* (1714–37). 1747 publizierte er eine neue Ausgabe des «Corpus iuris canonici». Als Kanonist vertritt B. die Ideen des staatsfreundlichen Territorialismus, ist aber darüber hinaus deutlich vom Pietismus (Spener) beeinflußt. Über Glaubenssätze sollte der Staat nicht bestimmen dürfen, aber z. B. das Eherecht umfassend regeln können. B.s Ideen beeinflußten die preußische Gesetzgebung des ALR (→ Svarez) im Kirchenrecht. Aufgrund des rechtshistorischen Niveaus seiner Werke war B. vielleicht der bedeutendste deutsche Rechtsgelehrte des 18. Jh. s.

Lit.: H. Liermann, J. H. B., in: ZRG KA 35, 1948, 390–399; W. Rütten, Das zivilrechtliche Werk J. H. B.s, 1981; P. Landau, Kanonistischer Pietismus bei J. H. B., in: Vom mittelalterlichen Recht zur neuzeitlichen Rechtswissenschaft (= Rechts- und staatswissenschaftliche Veröffentlichungen d. Görresgesellschaft NF 72), 1994, 317–333.

P. Landau

Bogišić, Baltazar (1834–1908), der nach seinem Abitur 1859 in Venedig ein Jura-, Philosophie-, Geschichts- und Philologiestudium in Wien, Berlin, Paris, München, Gießen und Heidelberg absolvierte, promovierte 1862 in Gießen zum Dr. phil. und 1864 in Wien zum Dr. iur. Seine um 1865 begonnene Erforschung der südslawischen Rechtsgewohnheiten mündete in seine 1866 in kroatisch erschienene Arbeit *Von der Wichtigkeit des Sammelns der Volksrechtsgewohnheiten der Slawen.* Seine an 4000 Adressen versandte, 352 Fragen enthaltende *Anweisung zur Beschreibung der im Volke lebenden Rechtsgewohnheiten* (1866) stand am Anfang B.s lebenslanger empirischer, rechtsethnologischer bzw. soziologischer Forschung. Das in Kroatien, Slowenien, Serbien, Bosnien, Thrakien und der Herzegowina so gesammelte Volksrecht veröffentlichte er 1874, mit einer Einführung versehen, als *Das in den Antworten aus den verschiedenen Teilen des slawischen Südens enthaltene Material.*

1869 übernahm er einen Lehrstuhl für slawische Rechtsgeschichte in Odessa. Sein 1870 erfolgter Vorschlag, die systematische Erforschung des slawischen Rechts als Grundlage für ein zukünftiges Kodifizieren zu sehen, trug ihm die Mitarbeit am bürgerlichen Gesetzbuch Montenegros ein, das 1888 als «Allgemeines Vermögensgesetzbuch für das Fürstentum Montenegro» in Kraft trat. Als Ergebnis seiner slawophilen Ideen bildete es die Krönung seiner kodifikatorischen Arbeit. Mit seiner erstmaligen Ausgrenzung des Familien- und Erbrechts aus dem Vermögensrecht fand es große Aufmerksamkeit und wurde in zahlreiche europäische Sprachen (dt. 1893) übersetzt. Über die der Kodifikation zugrundeliegende originelle Methodik reflektierte B. 1886 in *A propos du Code civil du Monténégro. Quelques mots sur les principes et la méthode suivis dans la codification du droit civil au Monténégro*...

1893–99 war er montenegrinischer Justizminister. Seine rechtshistorischen Forschungen zu den Familiengenossenschaften mündeten 1884 in *De la forme dite Inokosna de la famille rurale chez les Serbes et les Croates*. Ferner schrieb er mehrere Abhandlungen zur kroatoserbischen juristischen Terminologie, u. a. 1876 *Fachtermini in Gesetzen.* 1904 erschien seine kritische Ausgabe der Statuten Dubrovniks von 1272 in den *Monumenta historici-iuridica Slavorum Meridionalium.*

Lit.: J. Danilović, «Predgovor», in: Klasici jugoslovenskog prava, 2, 1986, 5ff.; I. Strohal, Dr. V. B., in: Ljetopis JAZU 23, 1908/09, 80ff.; W. Zimmermann, V. B. (1834–1908) – ein Beitrag zur südslawischen Geistes- und Rechtsgeschichte im 19. Jh., 1962.

Z. Pokrovac

Boissonade de Fontarabie, Gustave Emile (1825–1910), Romanist und Zivilrechtler, neben →Roesler der verdienstvollste juristische Berater in der Modernisierungsphase des japanischen Rechtssystems. Er lehrte nach seiner Agrégation (1864) römisches Recht in Grenoble, 1867 Agrégé in Paris (vgl. seine Untersuchung zum Pflichtteil *Histoire de la réserve héréditaire*, 1873, die ebenso wie seine anderen Arbeiten – von der «Ecole de l'exégèse» abweichend – breite historische, rechtsvergleichende und nationalökonomische Perspektiven enthält). 1873 kam er – nicht ohne missionarisches Bewußtsein – nach Japan. Dort beriet er die Regierung in verschiedensten juristisch-institutionellen sowie diplomatischen Fragen (Abschaffung der Folter, Revision der ungleichen Verträge usw.), lehrte im Institut des Justizministeriums und an Privathochschulen französisches Recht im Sinne seiner gemäßigten Naturrechtslehre, was zur Etablierung der französischen Schule in Japan beitrug. Seine Hauptaufgabe, der Entwurf der Gesetzbücher, setzte beim Strafrecht an: das sog. alte StGB (kyû-keihô) und die StPO (chizaihô) von 1880 nach französischem Muster (vgl. *Projet de code pénal pour l'Empire du Japon, accompagné d'un commentaire* und *Projet de code de procédure criminelle*...) lösten das chinesisch gefärbte Strafsystem endgültig ab. Darauf entwarf er trotz des Klimawechsels zugunsten des deutschen Rechts (→Inoue) ein BGB (das sog. alte od. B.-BGB), das sich an den Code civil und den italienischen Codice von 1865 anlehnte, aber auch nicht wenig originelle Ideen enthielt (modifiziertes Institutionensystem mit je einem eigenen Buch für Sicherheitsleistung und Beweis, Miete/Pacht als dingliches Recht usw.). Das B.-BGB, das 1890 verkündet wurde und 1893 in Kraft treten sollte, wurde jedoch einer heftigen Kritik vor allem seitens der englischrechtlich ausgebildeten, bzw. nationalistisch gesinnten Juristen ausgesetzt (sog. Kodifikationsstreit). Es wurde, ohne in Kraft zu treten, einer gründlichen Umarbeitung durch eine aus Japanern zusammengesetzte Gesetzgebungskommission (N.→Hozumi, →Tomii, →Ume) überantwortet, die unter starker Heranziehung der deutschen Entwürfe das geltende, auf das Pandektensystem umgestellte japanische BGB schuf. Obwohl B. darüber zutiefst enttäuscht 1895 nach Frankreich zurückkehrte, sind im japanischen BGB zahlreiche Spuren des B.-BGB erhalten geblieben, so daß sein *Projet de code civil pour l'Empire du Japon, accompagné d'un commentaire* (Neuaufl. 1890/91) noch heute mehr als bloß historisches Interesse beansprucht.

Bracton (Bratton/Bretton), Henry de

Lit.: Y. Ôkubo, Nihon-kindaihô no chichi B., 1977; Ders., B., in: T. Ushiomi/N. Toshitani (Hg.), Nihon no hôgakusha, 1975, 27–54; J. Carbonnier u. a., B. et la réception du droit français au Japon, in: RIDC 43, 1991, 327–424.

A. Wani

Bracton (Bratton/Bretton), Henry de (1210–1268), erhielt eine eingehende Ausbildung unter der Anleitung von Raleigh, trat in den geistlichen Stand und begann eine Laufbahn im Staatsdienst. Bis 1239 war er wahrscheinlich ein untergeordneter Mitarbeiter am Gericht Coram rege, einem ortsgebundenen Königsgericht mit Sitz in London, das sich als King's Bench – unabhängig von der persönlichen Anwesenheit des Königs – mit Strafsachen und mit solchen Zivilsachen beschäftigte, an denen die Krone selbst nicht beteiligt war. Man nimmt an, daß er für Raleigh arbeitete, solange dieser dort Richter war. Als Raleigh 1239 Bischof wurde, blieb B. weiterhin sein Mitarbeiter und erhielt dafür 1245 Pfründen in Exeter und Sussex. Im selben Jahr wirkte er als Justice in eyre in Mittelengland. Seine Aufgabe bestand darin, im Auftrage des Königs auf genau festgelegten Routen das Land zu bereisen und an bestimmten Orten Gerichtstage abzuhalten, auf denen private und strafrechtliche Verfahren durchgeführt und zugleich allgemeine administrative Aufgaben erledigt wurden. 1247 wurde er Richter am Gericht Coram rege, der späteren King's Bench, wo er Nachfolger von William of York war. Bis 1257 blieb B. – abgesehen von einer Unterbrechung (1251–53) – hauptamtlicher Richter. Nach seiner Pensionierung war er in juristischen Kommissionen tätig. 1264 wurde er Kanzler der Kathedrale von Exeter.

B.s Werke *De Rerum Divisione* und *De acquirendo Rerum Dominio* stellen akademische Abhandlungen dar, wie sie für einen universitären Lehrbetrieb jener Zeit typisch sind. Auch deshalb wurden ihm in späterer Zeit – nicht näher belegbare – Verbindungen zu Oxford nachgesagt. Vor allem aber wird B.s Name allgemein mit dem umfangreichen Werk *De Legibus et Consuetudinibus Angliae* assoziiert. Seine Urheberschaft steht indes nicht fest. Nach neueren Forschungen wurde das Werk möglicherweise bereits zu einem früheren Zeitpunkt von einem anderen Autor (vielleicht Raleigh oder York) verfaßt und von B. zwischen 1230 und 1250 lediglich überarbeitet. Die Abhandlung war der erste Versuch, das gesamte englische Recht systematisch und in einer für die praktische Rechtsanwendung geeigneten Weise darzustellen. Das Werk hatte vermutlich eine weitere Verbreitung als jede andere juristische Handschrift. Mitte des 16. Jh.s wurde sie gedruckt und bis zum heutigen Tag zweimal neu ediert und auch übersetzt (T. Twiss 1878 und G. E. Woodbine 1915–42, übersetzt von S. E. Thorne). Das Verhältnis B.s zum römisch-gemeinen «civil» und «canon law» war Gegenstand wissenschaftlicher Dispute. Überwiegend geht man davon aus, daß B. nicht gezielt englisches Recht romanisiert hat, sondern vielmehr die Ergebnisse aus den Urteilen kirchlicher Gerichte systematisieren wollte, die bereits zu etablierten Regeln des englischen Rechts geworden waren. Trotz der großen Verbreitung der Abhandlung blieb ihre Wirkung auf die Gerichtspraxis hinter der Intention des Verfassers zurück. Ihren größten Einfluß entfaltete sie in der Rechtslehre des 16. und 17. Jh. s.

Lit.: Simpson, 69 f.; DNB 6, 144–147; W. S. Holdsworth, A History of English Law, 2, 232 f.

R.-P. Sossna

Brandeis, Louis Dembitz (1856–1941), verband in seiner Person eine ganze Reihe von Karrieren. Er war nicht nur ein erfolgreicher Anwalt, der sich durch sein soziales Engagement einen Ruf als «People's Attorney» machte, sondern auch Publizist und Reformer, tat sich außerdem in der amerikanischen Zionistenbewegung und als Berater von Präsident Wilson bei der «New Freedom»-Gesetzgebung hervor und wurde schließlich ein angesehener Richter am U. S. Supreme Court.

Nach Abschluß seines Studiums an der Harvard Law School 1878 begann B. als Rechtsanwalt zu praktizieren. Überzeugt, daß ein Jurist, der sich nicht auch mit Wirtschaft, Soziologie und Politik befaßt, sehr leicht zu einem Feind der Gesellschaft werden könne, nahm er jede Gelegenheit war, tiefer in die an ihn herangetragenen Fälle einzudringen, als es eine rein juristische Behandlung der Probleme erforderte. B. warnte davor, die juristische Argumentation nur auf abstrakte Prinzipien und logische Schlußfolgerungen zu stützen, da die dadurch versuchte Trennung von Recht und Leben zur Folge habe, daß das Recht hinter den sozialen und wirtschaftlichen Entwicklungen zurückbleibt. Stattdessen legte er großen Wert auf eine gründliche Analyse der Fakten eines jeden Falles, um anhand von umfangreichen empirischen Daten die Kosten und Vorzüge verschiedener juristischer Wege offenlegen zu können. Diese Methode wandte er auch erfolgreich an, als er 1907/08 im Fall «Muller vs Oregon» vor dem U. S. Supreme Court für die Verfassungsmäßigkeit eines Gesetzes, das eine Beschränkung der Arbeitszeit von Frauen vorsah, eintrat. Zum ersten Mal in der Geschichte des Supreme Court basierte die Argumentation eines Anwaltes hier nicht auf Präzedenzfällen, sondern auf ökonomischen und sozialen Fakten, auf empirischen Untersuchungen. B.' Vorgehensweise wurde als bahnbrechend und revolutionär angesehen, und sein Erfolg gilt als Meilenstein in der amerikanischen Verfassungsrechtsprechung.

1916 wurde B. trotz erbitterten Widerstandes eines einflußreichen Teils der Wirtschaft sowie konservativer Politiker und Juristen, die ihn wegen seines reformerischen Eifers und seines Eintretens für die Rechte von Individuen gegenüber Großunternehmen als zu radikal ablehnten, von Präsident Wilson zum Richter am U. S. Supreme Court berufen, dem er bis 1939 angehörte. Als Richter war B. ständig bemüht zu verhindern, daß die Verfassung dazu benutzt wurde, juristische Entscheidungen zu rechtfertigen, die keine Stütze in der Wirklichkeit des modernen Lebens finden konnten. Das führte dazu, daß er, besonders wenn es um die Verfassungsmäßigkeit von Gesetzen ging, die wirtschaftliche Reformen vorsahen, oft nicht im Einklang mit der eher konservativen Mehrheit des Gerichts stand. In seinem Bestreben, den Fortschritt zu einer besseren Gesellschaft voranzutreiben und die freiheitliche Demokratie gegen die Gefahren eines zu starken Industrialismus zu schützen, neigte B. gelegentlich dazu, eher als Anwalt für ein bestimmtes Gesetz zu erscheinen denn als Richter, von dem man eine größere Zurückhaltung erwartete. Nichtsdestoweniger wurde sein Verdienst, die strikte Trennung von Recht und Leben, die im industrialisierten Amerika zu lebensfernen und unbefriedigenden Ergebnissen geführt hatte, überwunden zu haben, jedenfalls in den späteren Jahren seiner Karriere, allgemein anerkannt.

Lit.: A. T. Mason, B., A Free Man's Life, 4. Aufl., 1956; S. J. Konefsky, The Legacy of Holmes and B., 1956.

B. Schäfer

Brant, Sebastian (1457–1521), Humanist und Jurist, studierte in Basel, wechselte später an die juristische Fakultät, wo er nach der Promotion 1489 eine Professur erhielt, die er jedoch 1499 aufgab. Ab 1500 war er in Straßburg als Rechtskonsulent tätig, übte ab 1503 das Stadtschreiberamt aus, nachdem er 1502 als Beisitzer zum Reichskammergericht berufen worden war.

B., der während seiner Baseler Zeit Mitbegründer des oberrheinischen Humanistenkreises und Korrektor dort ansässiger Druckereien war, erlangte literarischen Ruhm durch seine satirische Schrift *Das Narrenschiff* (1494), dem vielleicht größten Bucherfolg des 16. Jh. s. Zu Beginn seiner Baseler Professur edierte B. die *Expositiones omnium titulorum iuris civilis et canonici* (1490), eine Einführungsschrift zum juristischen Studium. Das Werk erläutert das Corpus iuris civilis und gibt Einführungen in die Rechtsbücher. Die einzelnen Titel werden in der Legalordnung knapp vorgestellt. Nur noch tabellarisch sind die päpstlichen Gesetzeswerke angehängt. Für die Rechtspraxis bestimmt war der *Richterlich Clagspiegel*, den B. erstmals 1516 herausgab und der von einem unbekannten Stadtschreiber aus Schwäbisch-Hall um 1425 verfaßt worden war. B. sah den Klagspiegel als zweiten Teil des «Layenspiegels» an, verfaßt von Ulrich Tengler, den er mit einer Vorrede versehen 1509 edierte. Inhaltlich ist das zivil- und strafrechtliche Klagesystem auf der Grundlage des römisch-kanonischen Prozesses dargestellt, ergänzt somit den materiell-rechtlich ausgerichteten «Layenspiegel», dem noch ein Abschnitt über die Personen vorangestellt ist. Die Frage der wissenschaftlichen Einordnung ist umstritten. Sicher ist, daß die beiden Werke v. a. an die bei Gericht tätigen Laien, weltlichen Richter, Beisitzer, Urteilssprecher etc. gerichtet waren. Der Ausbildungsstand an Universität und in der Rechtspraxis der Zeit wird in der Forschung kontrovers beurteilt; vermutlich spiegeln die Schriften B.s den damaligen Stand wider.

WW: Flugblätter, hrsg. v. P. Heitz, 1915; Varia Carmina, 1498; Margarita Decretalium, 1493; Pannormia Ivonis, 1499.

Lit.: Kleinheyer/Schröder 50–52; H. Coing, Römisches Recht in Deutschland (= IRMAE V 6), 1964, 206 f.; R. Stintzing, Geschichte d. populären Literatur, 45 ff., 337–407, 411–447; W. Trusen, Anfänge d. gelehrten Rechts in Deutschland, 1962, 127–134.

J. Otto

Brenkman, Henrik (1681–1736), geboren in Rotterdam, 1699 Studium in Leiden als Schüler von →Noodt, 1705 Promotion *(Disp. de legum inscriptionibus)*, Rechtsanwalt in Den Haag, widmete sich jedoch vor allem Studien zur Textgeschichte des Corpus iuris civilis: *De eurematicis diatriba* (1706); *Pandectae juris civilis auctoribus* *suis et libris restituti, Speciminis loco P. Alfenus Varus* (1709). Außer mit Noodt stand er mit →Bynkershoek in ständigem Kontakt. 1709–13 machte er eine Italienreise, hauptsächlich zwecks Untersuchung der Florentiner Handschrift der Digesten. Nach seiner Rückkehr ließ er sich als Privatgelehrter nahe Rotterdam nieder; 1719 siedelte er nach Culemborg über, wo er ehrenamtlich Rat am Gerichtshof wurde. Als erstes Produkt seiner Vorbereitungen zu einer neuen Digestenausgabe erschien 1722 seine *Historia Pandectarum*, ein Werk, das v. a. der Florentiner Handschrift gewidmet und noch heute von Bedeutung ist. Die weitere Arbeit an der Digestenausgabe wurde durch seine schlechte Gesundheit gehemmt; er vollendete sie nicht. 1736 beging er Selbstmord. Seine Papiere zu den Digesten vermachte er seinem Gönner Bynkershoek; nach dessen Tod (1743) wurden sie von dem Göttinger Professor G. Chr. Gebauer (1690–1773) gekauft, und seit 1773 sind sie in der Universitäts-Bibliothek Göttingen. Viele von B.s Notizen sind von Gebauer für seine Digestenausgabe benutzt worden, die 1776 posthum von G. A. Spangenberg veröffentlicht wurde; diese Ausgabe gibt jedoch kein vollständiges Bild von B.s Leistungen, die auch nach der editio maior der Digesten von Mommsen ihre Bedeutung noch nicht verloren haben.

Lit.: NNBW 1, 460–462; B. H. Stolte, H. B., Jurist and Classicist, 1981; K. F. Röhle, in: ZRG RA 1983, 735–746; B. H. Stolte, in: Zestig juristen, 1987, 150–154.

R. Feenstra

Bronchorst, Everard (1554–1628), aus Deventer gebürtig, studierte 1569–77 in Köln, danach in Marburg, Erfurt und Wittenberg (1578). An diesen Universitäten gab er auch Privatunterricht in den Institutionen, zu *De regulis iuris* und zum Feudalrecht. Nachdem er 1579 in Basel den Doktorgrad erworben und ein Jahr bzw. zwei Jahre in Wittenberg und Erfurt doziert hatte, kehrte er an seinen Geburtsort Deventer zurück und wurde dort 1586 Bürgermeister. 1587 wurde er in Leiden Nachfolger von H. →Doneau. 1621 wurde er emeritiert. Sein Ruhm als Dozent reichte weit über die Grenzen Leidens hinaus. Er hat die Leidener juristische Fakultät wesentlich geprägt. Mehrere seiner Schüler wurden dort Professoren, und seine wichtigsten Schriften wurden während des ganzen 17. Jh.s im Unterricht benutzt. Über seinen Unterricht sind wir gut informiert durch die von ihm 1587 gehaltene *Oratio de studio juris recte instituendo*, durch sein Tagebuch für die Jahre 1591–1627 (D. 1898) und eine große Anzahl von Kollegheften. Er hat in Leiden – nach deutschem Vorbild – das Disputieren in collegia eingeführt. Eine Schrift von B., die bei Disputationen ihren Nutzen erwies, war sein *Enantiophanon centuriae* (1595–1602), in dem er die wichtigsten Kontroversen aus den Digesten und anderen Quellen kurz zusammengefaßt hatte. Aus zahllosen Neuauflagen bis 1695 sowie aus den mannigfachen Zitaten in Disputationen geht hervor, daß das Werk intensiv verwendet wurde. Auch seine sonstigen Publikationen hängen engstens mit seinem Unterricht zusammen. Sein *Methodus feudorum* (1613, Neuauflage von C. →Regneri ab Oosterga, 1652) war ein Vorlesungstext, den er schon in Wittenberg gehalten hatte. Aus seiner Marburger Zeit stammt der Kommentar auf den Titel *De regulis iuris* der Digesten, der 1607/08 ohne sein Wissen herausgegeben wurde. Die ausführlichere Form, in der ihn B. selber 1624 veröffentlichte, erwies sich als sehr erfolgreich und fand 18 weitere Ausgaben. Noch im 19. Jh. erschienen eine englische Übersetzung in Kalkutta und zwei spanische in Nicaragua und Mexico.

WW: BGNR Leiden, Nr. 54–108; Nachlaß in der Provinciale Bibliotheek Friesland/Leeuwarden.

Lit.: NNBW 1, 472–473; R. Feenstra/C. J. D. Waal, Seventeenth-century Leyden law Professors, 1975, 18–24 u. 47–52; M. Ahsmann, Collegia en colleges, Diss. Leiden, 1990, 90–134.

M. Ahsmann

Brougham, Henry Peter Baron B. and Vaux (1778–1868), entstammte einer Familie von Bauern und Viehhändlern aus Westmorland. Bereits als Student zeigte sich B. als auffällige Persönlichkeit, die sich durch eine ungewöhnliche Bandbreite von Kenntnissen und Interessen auszeichnete. 1792 erfolgte ein Studium der Mathematik und Physik in Edinburgh, seit 1795 dann der Rechtswissenschaft. 1800 wurde er als Advokat zugelassen und betätigte sich vorübergehend als Rechtsberater und gerichtlicher Beistand für mittellose Straftäter. 1802 schloß B. sich einer kleinen Gruppe von Personen an, die den «Edinburgh Review» herausgeben wollte. Für diesen verfaßte er in der Folgezeit Artikel über ein denkbar weitgefächertes Spektrum von Themen. 1803 erschien die Arbeit *Colonial Policy of European Nations*, in der er den Sklavenhandel kritisierte, jedoch keine große Resonanz erzielte. Im selben Jahr wurde er als Mitglied im Lincoln's Inn zugelassen. 1804 verließ B. Edinburgh und ließ sich nach einem Aufenthalt auf dem Kontinent in London nieder, wo er sich dem linken Flügel der liberalen Whigs anschloß, deren Ursprünge in Schottland lagen. In den folgenden Jahren wurde er – mit Unterbrechungen – mehrere Male ins Parlament gewählt und wuchs bald in die Rolle eines Oppositionsführers. Seit 1810 setzte er sich für ein verbessertes Schulwesen ein, das alle Bürger erfassen sollte. Auch bei der Gründung der Universität von London (1825–28) spielte er eine führende Rolle. Zugleich war er Berater der Prinzessin von Wales. Trotz allem ist B. vorrangig als Rechtsreformer bekannt. Er kritisierte vor allem das Nebeneinander der königlichen Gerichte (King's Bench, Common Pleas, Chancery und Court of the Exchequer). Als B. 1830 zum Lord Chancellor ernannt wurde, schien das der Auftakt zu weitreichenden Reformen zu sein. Den hohen Erwartungen an B.s Amtsführung konnten aber seine tatsächlichen Errungenschaften jedoch letztlich nicht ganz gerecht werden. Seine Bedeutung für die britische Jurisprudenz beruht darauf, daß er fast ein halbes Jahrhundert lang die juristische Reformdiskussion seines Landes gefördert hat.

Lit.: Simpson, 80ff.; DNB 2, 448ff.; J.H. Baker, Introduction to English Legal History, 60.

R.-P. Sossna

Brugi, Biagio (1855–1934), wurde als Nachkomme einer alten Juristenfamilie geboren. Bei Filippo Serafini, dessen Schüler er war, legte er 1875 sein Examen ab. 1877–78 besuchte er einen Fortbildungskursus an der Universität Berlin. Die Ausbildung in Deutschland, bereichert durch den Unterricht der letzten großen Vertreter der historischen Schule, sollte wegweisend für seine wissenschaftliche Entwicklung werden. Zurück in Italien erhielt er 1879 einen Lehrauftrag für die Institutionen des römischen Rechts in Urbino als Nachfolger von Lando Landucci. Die lange und intensive Tätigkeit als Dozent für die romanistischen Disziplinen, die enzyklopädische Einführung in die Rechtswissenschaften und die Institutionen des Zivilrechts brachten ihn nach Catania (1882–84), Padua (1885–1917) und zuletzt nach Pisa (1918–30).

Seine ersten wissenschaftlichen Arbeiten veröffentlichte B. zwischen 1879 und 1883. In den Werken *Fausti aurei del diritto ro-*

mano. Studi preliminari (1879) und *I romanisti della scuola storica e la sociologia contemporanea* (1883) sind die Hauptthemen seiner umfangreichen wissenschaftlichen Produktion, und in ihnen sind die originellsten Aspekte seines Denkens vorweggenommen. Der Autor unterstreicht in diesen Schriften die Aktualität des römischen Rechts für das Studium der geltenden Rechtsordnung.

Zur selben Zeit setzte B. sich dafür ein, die Notwendigkeit von Kenntnissen der Politik- und Sozialwissenschaften bei der Analyse der Rechtsentwicklung herauszustellen. Darauf aufbauend lieferte er eine neuartige Interpretation der historischen Schule.

Dieses Thema griff er in dem gelungenen, in fünf Auflagen erschienenen Handbuch *Introduzione enciclopedica alle scienze giuridiche e sociali* (1891) auf. Er bediente sich dabei der bereits überkommenen Literaturgattung der juristischen Enzyklopädie und verbesserte so eine Studienmethode, die den Studenten die Beziehungen zwischen dem Rechtsstoff und den Sozialwissenschaften vermitteln sollte.

Indem B. die Postulate der historischen Schule mit der praktischen Philosophie in Verbindung brachte, überdachte er, Bezug nehmend auf die veränderten Bedingungen des gesellschaftlichen Lebens, die Geschichte der Rechtsinstitute.

Die letzten Jahre seiner wissenschaftlichen Arbeit widmete der Gelehrte dem Studium der Rechtsgeschichte. Die Ergebnisse dieser Arbeit sind teilweise in *Per la storia della giurisprudenza e delle Università italiane, Saggi* (1915) und *Nuovi Saggi* (1921) versammelt. Der Jurist war Mitglied der Accademia dei Lincei und des Istituto veneto sowie anderer nationaler und ausländischer Akademien. Politisch aktiv, war er Mitglied zahlreicher Regierungskommissionen; 1928 wurde er zum Senator ernannt.

Lit.: DBI 14, 491–493; G. Marino, Positivismo e giurisprudenza. B. B. alla congiunzione di scuola storica e filosofia positiva, 1986; L. Capogrossi Colognesi, F. Grelle, G. Marino, L. Labruna, in: Index. Quaderni camerti di studi romanistici 16, 1988, 271 ff.

St. Torre

Brusiin, Otto (1906–1973), stammt aus einer vermögenden mittelfinnischen Gutsbesitzerfamilie. 1924 ließ er sich an der Universität Helsinki immatrikulieren. 1938 entstand seine rechtsphilosophische Doktorarbeit *Tuomarin harkinta normin puuttuessa* (Das Ermessen des Richters bei Mangel der Norm). Teils wegen der Eigenständigkeit seiner Ideen, teils wegen der politischen Lage im Lande fand das Werk keine positive Aufnahme, und erst nach vielen Anstrengungen wurde B. 1949 Dozent für Allgemeine Rechtslehre. Im selben Jahr wurde *Über die Objektivität der Rechtsprechung* und zwei Jahre später *Über das juristische Denken* gedruckt. Die beiden Werke wurden in zahlreichen Ländern beachtet und z. B. ins Spanische übersetzt.

1955 wurde B. zum Assistenzprofessor an der Universität Helsinki und 1961 zum Professor für Allgemeine Rechtslehre an der Universität Turku ernannt. Danach – infolge seines Unterrichtsgebiets – lag der Schwerpunkt seiner Arbeit in der Rechtsgeschichte und im römischen Recht.

B. war bekannt als mitreißender Lehrer und Gesprächspartner, der seinen Schülern und Kollegen Kenntnisse ebensogut über die internationalen Ideenströmungen der Rechtstheorie wie über das Rechtsleben der Antike vermittelte. Gleichzeitig unterhielt er weitreichende Beziehungen zu Kollegen im Ausland, zum Beispiel in Argentinien, Italien und Deutschland. 1957 wurde er zum ersten Vizepräsidenten der Internationalen Vereinigung für Rechts- und Sozialphilosophie (IVR) ernannt, und viele Jahre lang gehörte er zur Redaktionskommission des «Archivs für Rechts- und Sozialphilosophie».

Im Denken B.s finden sich die Einflüsse der modernen philosophischen Anthropologie wieder. Charakteristisch für ihn ist auch die soziologische Betrachtungsweise des Rechts, die Auffassung von der Rechtswissenschaft als Sozialwissenschaft. Ihm war der Fall oder die Norm immer ein Teil des Ganzen bzw. der Gesellschaft und die Tätigkeit des Richters eine Fortsetzung der vom Gesetzgeber begonnenen Ordnungsleistung.

Lit.: U. Kangas, Einführung in das Rechtsdenken, in: O. B., Der Mensch und sein Recht. Ausgewählte rechtstheoretische Schriften, 1990, 9–55; K. Makkonen, O. B. – forskare, universitätslärare, humanist, in: JFT 1975, 8–17.

P. Letto-Vanamo

Budé (Budaeus), Guillaume (1467/68–1540). Der bedeutendste französische Humanist seiner Generation studierte 1483–86 die Rechte in Orleans. Obwohl die Studien den Schwerpunkt seines Lebens bildeten, stand er als Sekretär, Requettenmeister und Oberaufseher der Kaufmannschaft von Paris in Diensten Karls VIII., Ludwigs XII. und Franz' I. B. wirkte bei der Gründung der Institutionen mit, aus denen die Bibliothèque Nationale und das Collège de France erwuchsen.

Zu Lebzeiten B.s entwickelte sich die Kenntnis alter Sprachen zur notwendigen Grundlage humanistischer Bildung. B. förderte insbesondere die griechische Sprache. 1503 erschien seine Übersetzung von Plutarchs *De placitis decretisque philosophorum naturalibus* als erste von einem Franzosen verfaßte Übersetzung aus dem Griechischen. Wie die später von B. veröffentlichten Übersetzungen stammte sie aus Plutarchs *Moralia*. Ausschlaggebend für die Anerkennung des Griechischen waren B.s *Commentarii linguae graecae* (1529).

B.s zuerst 1508 in Paris erschienenen *Annotationes in Pandectas* entfalteten ebensolche Bedeutung für die lateinische Sprache. Sie eröffneten den französischen Angriff auf die mittelalterliche Jurisprudenz und stellen das erste Beispiel des mos gallicus dar. B. betrachtete die Digesten Justinians eher aus der Perspektive eines Humanisten als aus der eines Juristen. Ihm ging es vor allem um die Wiederherstellung des Originaltexts und dessen genaues Verständnis in seinem historischen Kontext. Er wandte sich gegen Mißverständnisse und falsche Interpretationen durch Glossatoren und Postglossatoren. B. hob den Charakter des Corpus iuris als inhomogene Kompilation hervor. Entgegen der mittelalterlichen Annahme biete es kein auf die zeitgenössische Gesellschaft anwendbares Gesetzessystem. Den juristischen Berufsstand beschuldigte er, Gesetze nicht anzuwenden, um Gleichheit und Gerechtigkeit zu erzielen, sondern um die eigenen Texte zu verkaufen. 1527 folgten die *Annotationes posteriores*. Seine *Forensia* blieben unvollendet.

In *De asse* (1515) analysierte B. klassische ökonomische Daten, um den genauen Wert alter Münzen und Maße zu ermitteln. Das Werk B.s zeichnete sich durch einige Besonderheiten aus; sein Einfluß verwischte z. B. die der aequitas von Aristoteles und Thomas von Aquin zugeschriebene Bedeutung. Dies mag dazu beigetragen haben, daß die *Opera omnia* B.s von 1557 praktisch keine weiteren Editionen und Übersetzungen erlebten.

Lit.: L. Delaruelle, Répertoire analytique et chronologique de la Correspondance de G. B., 1969; Ders., G. B., les Origines, les Débuts, les Idées Maitresses, 1970; D. Osler, B. and Roman Law, in: Ius Commune 13, 1985,

195–212; R. Rebitté, G. B., Restaurateur des Études Greques en France, 1969.

P. Nagel

Buis, Paulus (ca. 1570–1617), geboren in Zwolle, studierte seit 1593 Jura in Franeker, danach in Köln, wo er Juni 1597 im Collegium iuridicum disputierte, und erwarb im Juli 1597 in Basel das Lizentiat. In seinem Geburtsort Zwolle war er nacheinander Subrektor, Advokat und seit 1608 als Bürgermeister tätig. Als B. 1610 in Franeker zum «Professor Pandectarum» ernannt wurde, hatte er schon zahlreiche Arbeiten veröffentlicht. So war 1604 sein *Subtilitatum iuris libri septem* erschienen und 1608–14 sein Hauptwerk *Commentarius brevis in Pandectas cum differentiis iuris canonici et consuetudinum Germaniae, Galliae et Belgicae ad usum huius seculi compositus* (verschiedene ND).

Von Bedeutung sind dessen Auffassungen über das römische und das einheimische Recht, denn B. meinte, daß im Prinzip das Gewohnheitsrecht das gemeine römische Recht verdrängen könne. B. war damit der erste Niederländer, der den sog. usus modernus zum Studienobjekt machte und der eine allgemeine Staatsrechtslehre entwarf und diese zum Fundament seines Unterrichts machte. Erst in den letzten Jahrzehnten des 17. Jh.s setzte sich das Staatsrecht im niederländischen juristischen Unterricht durch. 1613 veröffentlichte B. auf Wunsch seiner Studenten eine kurze, aber bündige systematische Abhandlung über das Staatsrecht der Vereinten Provinzen, *De republica libri tres* (verschiedene ND), und fügte dieser Abhandlung 17 Disputationen über diesen Stoff hinzu – *Illustrium disquisitionum politicarum liber*. Die Disputationen geben gewöhnlich, bald kürzer, bald ausführlicher, die Meinung der Abhandlung wieder. 1615 – zwei Jahre vor seinem plötzlichen Tod – veröffentlichte er noch einen Band Disputationen über die Institutionen, der übrigens keinen so großen Erfolg hatte wie der seines engsten Kollegen Timaeus Faber.

WW: Dekkers, 31.
Lit.: NNBW 1, 511–512; M. Ahsmann, De juridische faculteit te Franeker, in: TRG 54, 1986, 39–49.

M. Ahsmann

Burlamaqui, Jean-Jacques (1694–1748), studierte Philosophie und Jurisprudenz, unternahm Bildungsreisen nach England, in die Niederlande, wo er in Groningen Schüler von →Barbeyrac war. 1723 wurde er Professor an der Akademie von Genf. Die Klarheit und Prägnanz seiner Vorlesungen machten ihn bald über Genf hinaus bekannt. Es fanden sich Angehörige des deutschen und englischen Adels unter seinen Studenten. 1735 übernahm er für ein Jahr das Amt des Prinzenerziehers am Hof zu Kassel. Als Förderer der Kunst legte er eine bedeutende Sammlung von Gemälden und Stichen an. Ab 1737 gehörte er dem Staatsrat, dem «Petit Conseil» der Republik Genf an. 1740 erfolgte aus gesundheitlichen Gründen sein Rücktritt als Professor der Akademie. In den letzten Lebensjahren verfaßte B. zahlreiche rechtsphilosophische Schriften. 1747 veröffentlichte er sein Hauptwerk, die *Principes du Droit naturel*; posthum erst wurden die *Principes du Droit politique* und die *Eléments du Droit naturel* herausgegeben.

B. zeichnete sich v.a. durch die Vermittlung des klassischen, christlichen Naturrechts in knapper, präziser und sprachlich eleganter Form aus. Seine Werke wurden bald in andere Sprachen übersetzt, und in englischer Fassung dienten sie in Cambridge und anderen englischen Universitäten lange als Vorlesungsgrundlage. Sein bedeutendster Schüler war Jean-Jacques Rousseau.

Lit.: B. Gagnebin, B. et le droit naturel, Thèse Genève, 1944; F. Elsener, Die Schweizer Rechtsschulen vom 16. bis zum 19. Jh., 1975; HB Lex Sch 1, 456.

S. Schilter Gander

Bynkershoek, Cornelis van (1673–1743), geboren in Middelburg, 1689 Theologie-Studium in Franeker, ab 1691 Jura-Studium, 1694 Promotion, Rechtsanwalt in Den Haag, 1704 Gerichtsrat am Obersten Gerichtshof von Holland und Seeland (Hoge Raad), 1724 bis zu seinem Tod dessen Präsident.

Seine internationale Bekanntheit verdankte er an erster Stelle seinen völkerrechtlichen Schriften: *De dominio maris dissertatio* (1703); *De foro legatorum tam in causa civili quam criminali liber singularis* (1721); *Quaestionum juris publici libri duo* (1737, engl. 1923, 1946 und 1930). In der erstgenannten Schrift findet sich seine berühmte These, daß der Landesherr Eigentümer des Meeres vor seiner Küste sei, soweit er es mit Waffen beherrschen könne. Er veröffentlichte auch maßgebende Schriften zum römischen Recht:

Bynkershoek, Cornelis van

Observationum juris Romani libri IV (1710); V–VIII (1733) und kleinere Werke in den *Opuscula varii argumenti* (1719). Seine Schriften zum geltenden Recht wurden erst posthum von seinem Schwiegersohn Willem Pauw (1712–87) veröffentlicht: *Quaestionum juris privati libri quatuor* (1744, ND 1969, engl. Bücher I–II, 1987). Viel wichtiger auf diesem Gebiet für die heutigen Rechtshistoriker sind seine erst 1926–62 von →Meijers und anderen herausgegebenen *Observationes tumultuariae*. Es handelt dabei sich um – lateinisch verfaßte – tägliche Notizen über die 1704–43 im Hoge Raad behandelten Streitsachen, wobei er sowohl seine eigene Meinung als auch diejenige seiner Kollegen ausführlich erwähnt und dadurch Einsicht in die Motivierung der Entscheidungen verschafft. Diese sind von seinem Schwiegersohn Pauw bis 1787 fortgesetzt worden (hrsg. 1964–72). B. war als Schiedsrichter und Gutachter auch in anderen niederländischen Provinzen tätig.

WW: Bibliogr. in Star Numan (siehe Lit.); dazu noch Notae selectae ad Pandectarum libr. 12 tit. 1–35 tit. 2, hrsg. v. P. van Warmelo, in: Acta iuridica 1978, 225–277.

Lit.: NNBW 1, 533–536; A. Krikke/S. Faber, in: Zestig juristen, 1987, 141–149; O. W. Star Numan, C. v. B., Zijn leven en zijne geschriften, 1869; M. S. van Oosten, Systematisch Compendium der Observationes tumultuariae van C. v. B., 1962.

R. Feenstra

C

Cabedo, Jorge de (–1602), ranghoher portugiesischer Rechtspraktiker zur Zeit des jüngeren Gemeinen Rechts (port.: praxismo, bartolismo). Er wurde in eine berühmte Juristenfamilie hineingeboren, studierte und erwarb den kanonistischen Doktorgrad an der Universität Coimbra. Später wurden ihm höchste Staatsämter anvertraut, zunächst an der Casa de Suplicação, wo er 1583 als Desembargador dos aggravos einen richterähnlichen Posten einnahm und 1597 den Vorsitz führte, danach am Desembargo do Paço, dem obersten Gerichts- und Verwaltungsorgan. Zeitweilig oblag ihm als Chanceler mor do Reino die formale und inhaltliche Prüfung der höchstrichterlichen Sentenzen und gesetzesgleichen Anordnungen sowie deren offizielle Ausfertigung. Er stand auch dem königlichen Archiv, dem Torre do Tombo, vor und vertrat Portugal am Hof in Madrid.

C. gehörte zu den Redaktoren einer unter dem spanischen König Philipp III. 1603 promulgierten portugiesischen Gesetzessammlung, die endgültig erst 1867 außer Kraft gesetzt werden sollte. Derart autorisiert, veröffentlichte er unmittelbar darauf einen diesbezüglichen Kommentar – *Errata da nova Recopilacam das leis e ordenações deste Reyno de Portugal com algunas outras advertencias*. Den zeitgenösssischen Juristen in- und außerhalb Portugals war aber v. a. seine Sammlung von Arresta wichtig – *Practicarum oberservationes sive decisionum Supremi Senatus Regni Lusitaniae* (1602–04), die bis 1734 mehrfach aufgelegt wurde –, wortwörtlich wiedergegebene oder resümierte, juristisch stets detailliert aufbereitete Judikate der Casa de Suplicação. Hierbei lehnte sich C. erklärtermaßen an die Decisiones der Rota Romana in den Ausgaben etwa eines Guy du Papes und Aegidius de Bellamera an. Gemessen an C.s «Oberservationes» besaßen unter den portugiesischen Juristen des Ancien Régime nur noch die «Decisiones» von A. de → Gama und B. → Febos von 1578 bzw. 1619 die gleiche Aussagekraft.

Lit.: Machado, 794–795; J.-M. Scholz, Literaturgeschichtliche und vergleichende Anmerkungen zur portugiesischen Rechtsprechung im Ancien Régime, in: RPH 14, 1974, 137–159. J.-M. Scholz, in: Coing, 2, 2, 290 u. 1324ff.

J.-M. Scholz

Calamandrei, Piero (1889–1956). Sein juristisches Studium absolvierte er in Pisa unter Carlo Lessona. Anschließend begab er sich nach Rom, um bei G. Chiovenda seine Kenntnisse im Zivilprozeßrecht zu vertiefen. Der neue Lehrer beeindruckte ihn nachhaltig und begeisterte ihn für sein Projekt der wissenschaftlichen Erneuerung der Disziplin. 1915 erhielt C. eine Professur für Zivilprozeßrecht an der Universität Messina.

Bei Ausbruch des I. Weltkrieges meldete er sich als Freiwilliger und wechselte nach dessen Ende an die Universität Modena, wo er seine wissenschaftliche Arbeit wiederaufnahm.

Sein Erfolg zeigte sich sowohl auf dogmatischem als auch auf rechtshistorischem Gebiet. Mit den beiden Bänden von *La cassazione civile* (1920) lieferte er einen wichtigen Beitrag zur Überwindung des überkommenen italienischen Systems der fünf regionalen Kassationsgerichtshöfe. Damit befand er sich auf dem von Chiovenda vorgezeichneten Weg, an die Stelle des Gesetzbuches von 1865 ein liberales, deutlich an staatsrechtlichen Prinzipien orientiertes System zu setzen. In dieselbe Zeit fiel seine Annäherung an die Politik und die Beteiligung an der Gründung des florentinischen Kulturvereins.

Seine theoretischen Studien über den Prozeß verband C. mit der Auseinandersetzung mit Problemen der anwaltschaftlichen Berufsorganisation und der juristischen Ausbildung an den Universitäten: 1921 veröffentlichte er *Troppi avvocati* und zwei Jahre später, in Zusammenarbeit mit G. Pasquali, *L'Università di domani*.

Gegen Mussolini nahm der Rechtsgelehrte eine sehr kritische Position ein. So unterzeichnete er etwa das Manifest antifaschistischer Intellektueller von Benedetto Croce, trat der Vereinigung «Italia libera» bei und hielt enge Kontakte zu der florentinischen Gruppe «Non mollare!». Mit Verfestigung des Regimes war er jedoch gezwungen, sich auf die Ausübung seines Anwaltsberufs und die Lehrtätigkeit an der Universität Florenz zu beschränken, an die er, im Zuge seiner Mitarbeit bei ihrer Gründung, 1924 gekommen war.

Seit 1930 hatte C. begonnen, seine zahlreichen juristischen Schriften in *Studi sul processo civile* zusammenzufassen. Auch nahm er wieder stärkeren Anteil an kulturellen und literarischen Angelegenheiten, auch an solchen nichtjuristischer Art.

1924 gründete er die Zeitschrift «Rivista di diritto processuale civile»; 1926, zusammen mit E. Finzi, S. Lessona und G. Paoli, «Il Foro toscano» und 1932 die von ihm bis 1942 geleitete Reihe der «Studi sul processo civile». 1945 rief er die Zeitschrift «Il Ponte» ins Leben.

Weiter beteiligte sich C. an den kodifikatorischen Reformarbeiten; sein Beitrag zum neuen Zivilprozeßgesetzbuch von 1942 war bemerkenswert. 1942 trat er auch der Bewegung «Giustizia e Libertà» bei, und 1944 gehörte er zu den Gründern der «Partito d'Azione».

Nach dem Fall des faschistischen Regimes, am 26. Juli 1943, wurde er von den Alliierten zum Rektor der Universität Florenz ernannt.

Er wurde in die verfassunggebende Versammlung gewählt und gelangte auf der Liste des Wahlbündnisses «Unità Socialista» 1948 in das Parlament. Hier setzte er sich erfolgreich gegen das Mehrheitswahlsystem ein.

Lit.: A. Galante Garrone, C., 1987; P. Barile (Hg.), P. C. Ventidue saggi su un grande maestro, 1990; Accademia Nazionale dei Lincei, Giornata lincea in ricordo di P. C. (Rom, 20. 3. 1992), 1993; C. Cordiè, Bibliografia degli scritti di P. C., 1993.

P. Calvino

Calonius, Matthias (1738–1817), der berühmteste finnische Rechtswissenschaftler aller Zeiten, wurde als Sohn eines Hilfsgeistlichen in dem kleinen Dorf Saarijärvi in Mittelfinnland geboren. Nach dem Schulbesuch ließ er sich an der Akademie Turku (Åbo Akademi, gegründet 1640) immatrikulieren. Weil es ihm an einflußreichen Verwandten wie an eigenem Vermögen fehlte, konnte er nie einen akademischen Grad erwerben. Trotzdem wurde er zuerst zum «Amanuensis», dann zum Dozenten, zum Sekretär der Universität und zum assistierenden Professor der Philosophischen Fakultät und 1773 zum einzigen Ordinarius der juristischen Fakultät der Akademie ernannt. Diesen Lehrstuhl hat er bis zu seinem Tode behalten. Daneben war er als Mitglied des Obersten Gerichtshofes in Stockholm und, nach der Abtretung Finnlands an Rußland 1809, als Prokurator (Justizkanzler) beim Senat des Großfürstentums Finnland tätig.

C. veröffentlichte in zeitüblicher Weise alle seine Werke als kurze Dissertationen, die oft die Grenzen verschiedener Disziplinen überschritten; so wurden in seinen ersten Dissertationen volkswirtschaftliche und historische Themen behandelt. Von den 1770er Jahren an widmete er sich jedoch nur der Rechtswissenschaft. Seine bekannteste Dissertation *De prisco in patria servorum jure* behandelt das altschwedische Sklavenrecht und ist nach seinem Tode in deutscher und schwedischer Übersetzung erschienen.

Cambacérès, Jean-Jacques-Régis de

Die Bedeutung C.' basiert vor allem auf seinen Vorlesungen zum Zivilrecht. Die umfassende Darstellung, die den Studenten schon im 19. Jh. durch Kollegnachschriften bekannt war, wurde 1908 unter dem Titel *Praelectiones in Jurisprudentiam Civilem* herausgegeben. Die nach dem II. Weltkrieg erschienene finnische Übersetzung der Vorlesungen gehört noch heute zu den wichtigsten Werken der finnischen Rechtsgeschichte.

C. war ein typischer Repräsentant des späten Naturrechts, für den das Naturrecht v. a. eine transportive Rechtfertigung des bestehenden Rechts war. In kultureller Hinsicht verstand er sich als Finne und hat selbst u. a. eine verbesserte finnische Übersetzung des schwedischen Reichsgesetzbuches von 1734 herausgegeben.

Lit.: J. Björne, M. C. och Olof Rabenius, in: JFT 1986, 303–332; R. A. Wrede, M. C., 1917.

P. Letto-Vanamo

Cambacérès, Jean-Jacques-Régis de (1753–1824). Als Sohn des Bürgermeisters von Montpellier war er zunächst Advokat in seiner Heimatstadt. 1774 folgte er seinem Vater als Rat der Rechnungs-, Unterstützungs- und Finanzkammer von Montpellier.

Seine politische Karriere begann mit der Revolution. Er wurde 1789 als stellvertretender Abgeordneter des Adels für den Gerichtsbezirk (sénéchaussée) Montpellier gewählt, ohne allerdings als Abgeordneter zum Zuge zu kommen. Als Gründer der «Gesellschaft der Freunde der Verfassung und der Freiheit» wurde er 1790 zum Gemeindevertreter (procureur syndic) des Distrikts Montpellier und 1791 zum Präsidenten des Kriminalgerichts des Départements Herault gewählt. Seit 1792 war er Mitglied des Konvents. Dort hielt er sich klug zur politischen Mitte. Er entwickelte hier seine Fähigkeit zur Gesetzgebungsarbeit. 1793 legte er seinen ersten Entwurf für einen Code civil vor und verfaßte Abhandlungen über die Einrichtung eines Geschworenengerichts in Zivilsachen und zur Rechtsstellung des unehelichen Kindes. 1794 – inzwischen war er Mitglied, später Präsident des Wohlfahrtsausschusses geworden – unterbreitete er dem Staatsrat einen zweiten Entwurf für einen Code civil, mit dem er allerdings keinen größeren Erfolg hatte. Vom Directoire politisch kaltgestellt, saß er 1796/97 im Rat der Fünfhundert und machte nun nochmals den auch jetzt wieder vergeblichen Versuch, sein Projekt eines Code civil durchzubringen. 1797 eröffnete er ein

Anwaltsbüro. Zahlreiche seiner Denkschriften und Gutachten ließ er drucken. 1799 wurde er Justizminister und Zweiter Konsul. Er spielte die Rolle eines politischen Förderers von Bonaparte, dem er den Weg zum Konsulat auf Lebenszeit ebnete.

Auf der von ihm selbst vorgeschlagenen Liste der Mitglieder der Kommission zur Vorbereitung eines «Code civil des français» wurde er nicht mitaufgeführt. Trotzdem ist er mit Recht als einer der hauptsächlichen Autoren des Code civil anzusehen. Das gilt einerseits deshalb, weil sich die Kommission bei ihren Beratungen auf die drei früheren Entwürfe von C. stützte, andererseits wegen seiner aktiven Teilnahme an der Diskussion des Gesetzbuchs im Conseil d'Etat, dessen Sitzungen er in Abwesenheit des Ersten Konsuls leitete. Seit 1804 hat er auch an der Diskussion des Staatsrats über die Kriminalkodizes teilgenommen.

Nach 1804 befestigte C. seinen Einfluß als Erzkanzler. Er übernahm zwar die auf ihn übertragenen Vollmachten während der Abwesenheit des Kaisers, doch lehnte er 1813 die Regentschaft ab, die er dann aber praktisch trotzdem geführt hat. Widerwillig war er während der Herrschaft der «Hundert Tage» nach Napoleons Rückkehr von Elba Justizminister. Danach zog er sich ganz vom politischen Leben zurück. Aufgrund des Gesetzes vom Januar 1816 als «rückfälliger Königsmörder» verurteilt, ging er bis 1818 ins Exil nach Brüssel.

Lit.: J. Thiry, J.-J.-R. de C., 1935; Fr. Papillard, C., 1961; Voizard, Un grand juriste au service de l'État, in: Revue des deux mondes 1, 1964.

L. Montazel

Capitant, Henri (1865–1937), wurde 1891 Professor an der Rechtsfakultät in Grenoble und kam 1908 nach Paris. Er begann mit einer *Introduction à l'étude du droit civil* (1898 u. ö.), dann mit einem *Cours de législation industrielle* (1912), den er in zweiter Auflage mit Paul Cuche umarbeitete und als *Précis de législation industrielle* (1927 u. ö.) herausbrachte.

Wichtig ist v.a. der dreibändige *Cours élémentaire de droit civil français* (1914–16 u. ö., mit Ambroise Colin), vervollständigt durch *Questions de droit civil* (1933) und durch *Grands arrêts de la jurisprudence civile* (1934 u. ö.). C. war zwar nicht von besonderer Originalität, arbeitete aber in didaktischer Absicht aus, was im *Traité* von →Planiol skizziert war. Wie dort wird die Rechtsprechung als

Rechtsquelle angesehen, aber C. billigt auch der Kritik an der Gesetzgebung eine bedeutende Rolle zu. Kraft seiner pädagogischen Qualitäten wurde das Werk ein Klassiker der Juristenausbildung.

C. vertrat ein Ideal der Einheit von Rechtslehre, Rechtsprechung und Gesetzgebung. Seine Beiträge zur Rechtsprechung finden sich in Anmerkungen im «Recueil périodique et critique de jurisprudence», die Beiträge zur Gesetzgebung in den Veröffentlichungen der «Société d'études législatives».

Als erklärter Konservativer war er entschieden gegen tagesbedingte Neuerungen, obwohl er nicht die Notwendigkeit einer evolutionären Veränderung des Rechts verkannte. Neuerungen bedrohten in seinen Augen v. a. die individuelle Freiheit, deren Schutz das Recht bewirken sollte. Ebenso war er überzeugt, das französische Recht repräsentiere den höchsten Grad der Rechtskultur. Er gründete deshalb auch die «Association des juristes de langue française», die nach seinem Tod den Namen einer «Association Henri Capitant pour la culture juridique française» annahm.

Lit.: R. Demogue, H. C., in: RTDC 36, 1937, 727–760; G. Ripert, H. C., in: RCJ NS 57, 1937, 607-I–IX; R. Wakatsuki u. a., Hommage à la mémoire du professeur H. C., 1937.

O. Motte

Cardozo, Benjamin Nathan (1870–1938), praktizierte nach Abschluß seines Studiums an der Columbia Law School 1891 als Rechtsanwalt in New York, bis er 1913 zum Richter am New York Supreme Court gewählt wurde. Schon einen Monat später erfolgte seine zeitweilige Ernennung zum Richter am New York Court of Appeals, dem höchsten Gericht des Staates, dem C. ab 1917 fest angehörte, ab 1926 als Chief Judge. 1932 berief ihn Präsident Hoover zum Richter am U.S. Supreme Court, wo C. bis zu seinem Tod tätig war.

C.s juristische Leistungen liegen zum großen Teil auf dem Gebiet des Common Law, das er in seiner Zeit am New York Court of Appeals dem sozialen und wirtschaftlichen Wandel anpaßte, wobei er aber ständig bemüht war zu zeigen, daß die von ihm vorgenommenen Veränderungen mit den bestehenden Prinzipien des Common Law, ausgelegt im Lichte der neuen Situation, in Einklang standen. Während C. damit einerseits das schöpferische Element der richterlichen Tätigkeit hervorhob, indem er darauf hinwies, daß ein zu starres Festhalten an Präzedenzfällen zu unbefriedigenden Ergebnissen führen kann, betonte er doch andererseits die Notwendigkeit, im Interesse der Rechtssicherheit die bestehenden Prinzipien im Grundsatz nicht aufzugeben.

Diese Haltung resultierte aus C.s Verständnis von der Funktion des Richters, das er in einer außergewöhnlich erfolgreichen Vortragsreihe darlegte, die 1921 unter dem Titel *The Nature of the Judicial Process* veröffentlicht wurde, und in zwei weiteren Vortragsreihen, *The Growth of the Law* (1924) und *The Paradoxes of Legal Science* (1928), näher ausführte. C. schlug darin eine Reihe von Methoden vor, die es in ihrer Kombination ermöglichen sollten, zwischen den gegensätzlichen Bedürfnissen nach Stabilität und Fortschritt die Balance zu halten: die Methode der Philosophie oder der Logik, die der Geschichte, der Tradition und der Soziologie. Die Anziehungskraft von C.s Konzeption lag besonders darin, daß sie einen Kompromiß anbot zwischen der überkommenen Vorstellung, daß das Recht niemals von Richtern geschaffen, sondern von ihnen nur ausgesprochen werde, und der von manchen «Realisten» vertretenen radikalen Gegenauffassung, daß Recht ausschließlich von Richtern bestimmt werde.

Seine Vorstellungen von der Rolle des Richters leiteten C. auch in seiner Tätigkeit am U.S. Supreme Court, bei der er sich durch seine außergewöhnliche Rechtskenntnis, die literarische Qualität seiner «opinions» sowie durch seine liberale Haltung in sozialen und wirtschaftlichen Fragen und im Bereich der Meinungsfreiheit hervortat.

Lit.: B. H. Levy, C. and Frontiers of Legal Thinking, 1938; A. L. Kaufmann, B. C., in: L. Friedman/F. L. Israel (Hg.), The Justices of the United States Supreme Court, 3, 1969, 2285 ff.; G. E. White, The American Judicial Tradition, 1976, 251 ff.

B. Schäfer

Carpzov, Benedikt (1595–1666), stammte aus einer Gelehrtenfamilie, studierte in Jena, Leipzig und Wittenberg, wo auch seine Promotion erfolgte. 1620 wurde er in den Leipziger Schöppenstuhl berufen, übte später zusätzlich an verschiedenen sächsischen Obergerichten Richtertätigkeit aus und nahm endlich 1644 auch einen Lehrstuhl an der Leipziger Universität an. Die Berufung 1653 in den Geheimen Rat des Kurfürsten nach Dresden war mit der Aufgabe aller Ämter verbunden. Nach seiner Rückkehr 1661 nach Leipzig war C. bis zu seinem Tode als Beisitzer am dortigen Schöppenstuhl tätig.

C. machte die Rechtsprechung der sächsischen Obergerichte zur Grundlage seiner wissenschaftlichen Werke. Aus der gewaltigen Masse der Urteilsbücher destillierte er die präjudiziellen Linien, zog das Gemeine Recht als wissenschaftliche Orientierung heran und formulierte in kurzen, komprimierten und übersichtlichen Kommentaren die herrschende Meinung der sächsischen Obergerichte. Das erste Werk, sein berühmtestes, die *Practica nova Imperialis Saxonica rerum criminalium* (1635), stellte eine erste, systematische Gesamtdarstellung des peinlichen Rechts dar und begründete eine eigenständige deutsche Strafrechtswissenschaft. Im Zivilrecht wurde die ebenfalls kasuistisch bestimmte Kommentierung erstmals einem Gesetzbuch zugrunde gelegt. Die *Iurisprudentia Romano Saxonica secundum ordinem Constitutionum D.Augusti Electoris Saxoniae* (1638) war eine auf die Rechtspraxis zugeschnittene, klare und übersichtliche, in der Systematik der kursächsischen Konstitutionen angelegte Kommentierung. Duktus und inhaltliche Gestaltung, die er von →Favre übernommen hatte, wirkten auf viele Entscheidungssammlungen anderer Obergerichte vorbildhaft. C. führte die sächsische Rechtsprechung zum bestimmenden deutschen Rechtskreis, wenn auch die Editionen seiner Werke weitgehend auf Sachsen beschränkt blieben.

Auf kirchenrechtlichem Gebiet folgte die *Iurisprudentia ecclesiastica seu consistorialis* (1649), der ebenfalls eine reiche Kasuistik zugrunde gelegt wurde, die allerdings auf den protestantischen Raum beschränkt blieb und schließlich durch das Werk von J. H. →Böhmer ihre Ablösung fand.

WW: Commentarius in legem regiam Germanorum, 1623; Peinlicher sächsischer Inquisitions- und Achtsprozeß 1638; Responsa juris electoralia, 1642; Decisiones illustres Saxonicae, 1646–54; Volumen disputationum, 1651; Processus iuris in foro Saxonico, 1657.
Lit.: Kleinheyer/Schröder, 53–57.

J. Otto

Carrara, Francesco (1805–1888), studierte Rechtswissenschaft in Pisa und erwarb dort 1827 den Dr. jur. Dann war er Anwalt in Florenz und Lucca, v. a. für Strafrecht. Schon bald engagierte er sich für die Reform des Straf- und Strafprozeßrechts sowie für die Abschaffung der Todesstrafe. Auf diesem Feld wurde er einer der wichtigsten europäischen Reformer. Er entfaltete viele rechtspolitische

Aktivitäten und beeinflußte auch die in Florenz erscheinende Zeitschrift «La Nazione». In- und ausländische Kontakte bildeten sich, u. a. zu →Pisanelli, Conforti, →Mancini, →Mittermaier, Rolin, Lucas und Weber.

Der politische Werdegang dieses Strafrechtlers war geradlinig und konsequent. Nachdem er kurz an einer Vereinigung junger Leute in Lucca 1831 teilgenommen hatte, die sich an Mazzini orientierte, näherte er sich gemäßigteren liberalen Gruppierungen. 1847 wirkte er in Lucca bei der Vertreibung des Fürstenhauses und dem Anschluß Luccas an die Toscana mit.

Ende 1848 erhielt er den Lehrstuhl für Strafrecht an der Universität Lucca, 1859 den entsprechenden in Pisa. In diesem Jahr begann auch der Druck seines Hauptwerkes *Programma del corso di diritto criminale* (1859–70), das insgesamt sieben Auflagen erlebte, die letzte in zehn Bänden, von denen drei dem allgemeinen, sieben dem besonderen Teil des Strafrechts gewidmet waren. Das Werk lieferte mit seiner Zusammenfassung des strafrechtlichen Denkens seit →Beccaria die Essenz dessen, was die klassische italienische Schule des Strafrechts genannt wurde. Es fand auch im Ausland große Resonanz. Daneben entstand eine lange Reihe von Abhandlungen, zusammengefaßt in den *Opuscoli di diritto criminale* (1867 u. ö.).

Nach der Einigung Italiens wurde C. dreimal ins Parlament gewählt: 1863, 1865, 1867. 1866 begann er die Arbeit in der Kommission für die Redaktion des Strafgesetzbuches des Königreichs Italien, in welcher Pisanelli den Vorsitz hatte und in der ihm selbst eine bedeutende Rolle zufiel. 1876 wurde er erneut in die Kommission berufen, der nun Mancini vorsaß. Seine Theorien hatten entscheidenden Einfluß auf die Schlußredaktion des «Codice Zanardelli», die 1889 abgeschlossen wurde. Unterdessen war er 1878 zum Senator für den Bereich «illustrazioni della patria» ernannt worden. Er starb in Lucca; seine Bibliothek vermachte er der Universität Pisa. Ein bedeutender Nachlaß von Handschriften und Korrespondenz befindet sich in Lucca.

Lit.: DBI 20, 10–15; F. C. nel primo centenario della morte, Atti del Convegno Internazionale (Lucca-Pisa 1988), 1991.

A. Mazzacane

Casaregi, Giuseppe Lorenzo Maria (1670–1737). Seine erste Ausbildung erhielt er an der Jesuitenschule in Genua. 1686–91 studierte er Rechtswissenschaft an der Universität Pisa. 1691 promovierte er am Rechtsanwaltskolleg und wurde dort als Mitglied aufgenommen. Noch im selben Jahr verfaßte er die *Elucubrationes ac resolutiones*, die 1697 veröffentlicht wurden.

Bis Ende 1717 widmete C. sich als Anwalt der Rechtsberatung. Sein guter Ruf überschritt die Grenzen der Republik.

1717 wurde er vom Großherzogtum Toskana zur Teilnahme an der Rota von Siena berufen. Nach zwei Monaten wechselte er zu der bedeutenderen Rota von Florenz. Unterdessen hatte der Rechtsgelehrte mit der Niederschrift seines Hauptwerkes, der *Discursus legales de commercio*, begonnen. In der Tradition der Ratssammlungen waren in diesem Werk Rechtsfälle gesammelt, die für die Praxis von Nutzen sein sollten, jedoch ohne jeden systematischen Anspruch zusammengestellt waren. Die ersten fünfzig wurden 1707 gedruckt, die folgenden dann 1719 und 1729. Auch erschienen sie in seinem Gesamtwerk, den *Opera omnia*, die 1740 von seinem Bruder und G. F. Brandi herausgegeben wurden.

C. erhielt, v. a. wegen seiner Forschungsergebnisse im Bereich des Wechsel- und Versicherungsrechts, des Indossaments und des Seehandels, große Resonanz aus den Reihen des europäischen ius mercatorum.

In italienischer Sprache legte C. *Il Consolato del mare* (1719) und *Il Cambista istruito* (1723) vor. Seine veröffentlichten Schriften gingen mehrmals erneut in den Druck, die unveröffentlichten fanden in die posthum herausgegebene Werkausgabe Eingang.

Lit.: L. Goldschmidt, Die Werke C.s, in: ZHR, 1861; DBI, 21, 177ff.

A. Mazzacane

Cassius Longinus (1. Jh.), einflußreicher römischer Jurist; stammte aus alter senatorischer Familie und war Urenkel des →Servius sowie Enkel des Cäsarmörders Cassius. C. bekleidete die Prätur (Dig. 4, 6, 26, 7), war im Jahre 30 Ersatzkonsul (consul suffectus; CIL X, 1233) und 40–41 Prokonsul der Provinz Asia (Dio Cassius 59, 29, 3).

C. ist Schüler des →Sabinus (Dig. 4, 8, 19, 2) gewesen und Schulhaupt der nach Sabinus und C. bezeichneten Rechtsschule der Sabinianer oder Cassianer. Das Hauptwerk des C. sind seine *libri (commentarii) iuris civilis* in mindestens 10 Büchern (Dig. 7, 1, 70 pr.), die jedoch nur aus Schriften späterer Juristen bekannt sind. →Javolen hat Auszüge aus diesem Werk für seine Schrift *ex Cassio* verwendet.

Lit.: P. Jörs, Cassius (Nr. 60), in: RE III, 1736ff.; P. Krüger, Geschichte der Quellen und Litteratur des Römischen Rechts, 2. Aufl. 1912, 168f.; W. Kunkel, Herkunft und soziale Stellung der römischen Juristen, 2. Aufl., 1967, 130f.

B. Kupisch

Castán Tobeñas, José (1889–1969), spanischer Rechtslehrer und Präsident des Tribunal Supremo, gilt in Spanien als führender Jurist der Jahre im Anschluß an den Bürgerkrieg 1936–39.

Nach Beendigung eines Jurastudiums an der Universität Zaragoza 1911 legte C. 1912 seine Dissertation *La crisis del matrimonio* an der Madrider Zentraluniversität vor. Schon hierfür erhielt er mehrere Auszeichnungen, so vom Consejo de Instrucción Pública und von der Real Academía de Ciencias Morales y Políticas. 1914–33, bis zu seiner Ernennung zum Richter am Tribunal Supremo, lehrte C. Zivilrecht an den Universitäten Zaragoza ab 1912, Madrid ab 1915, Murcia ab 1918, Barcelona ab 1919 und Valencia ab 1921.

Im Bürgerkrieg wurde C. 1936 aus seinem Richteramt entlassen. Dafür vertraute ihm 1939 das Franco-Regime einen juristischen Lehrstuhl an der Universität Zaragoza an; 1940, mit der Reorganisation des Tribunal Supremo beauftragt, wurde er erneut an dieses Gericht berufen; zusätzlich übernahm C. 1941 die Herausgabe der wichtigsten spanischen Juristenzeitschrift, der «Revista general de legislación y jurisprudencia». Als 1945, mit dem Tod von F. →Clemente de Diego, das Präsidentenamt am Tribunal Supremo zu besetzen war, trat C. dessen Nachfolge an. Er sollte diesen Posten bis 1967 einnehmen. Aufgrund seiner Ernennung zum Präsidenten der Comisión general de codificación 1950 wurde er in der Folge auch noch zu zahlreichen Gesetzesreformen herangezogen, hauptsächlich zur Aktualisierung des spanischen Zivilrechts. So ging es 1958 um eine neue juristische Konzeption familienrechtlicher Beziehungen, 1959–67 um die Reorganisation der regionalen Sonderrechte und danach um fixe Interpretationsregeln für den Código civil, die sog. «Bases del título preliminar».

C. prägte mit seinem Werk, aber auch kraft seiner Persönlichkeit, die spanische Gesetzgebung, Rechtsprechung und Dogmatik der Nachkriegsära. Neben rechtsvergleichenden und rechtssoziologischen Studien arbeitete C. juristisch v. a. über rechtsphilosophische Themen, Methodenfragen und zivilrechtliche Gegenstände. Im Prinzip sollten sich seiner Meinung nach Systematik und praktische Orientierung nicht ausschließen. Entsprechend hoch ist auch sein Stellenwert anzusetzen. Sein Name wird bis heute mit dem spanischen Zivilrecht identifiziert. C.s mehrfach aufgelegte Hauptschriften avancierten zur studentischen Pflichtlektüre: *Derecho civil español común y foral* (1922 u. ö.); *Derecho civil* (3. Aufl., 1941/42).

Nachdem bereits in den ersten Nachkriegsjahren Clemente de Diego unter Berufung auf Thomas von Aquin und Francisco →Suárez für Spanien ein neoscholastisches Naturrecht begründet hatte, paßte auch C. unter diesen Prämissen eine sich langsam formierende franquistische Rechtsordnung den Umständen an. Niederschlag fand eine solche Umpolung in Abhandlungen wie *En torno al Derecho natural* (1940), *La noción del Derecho a través de los sistemas filosófico-jurídicos tradicionales y modernos* (1940) oder in seinen Eröffnungsreden zu Beginn einer neuen Gerichtssaison, vornehmlich in *La idea de la justicia en la tradición filosófica del mundo occidental y en el pensamiento jurídico* (1946). Bei Betonung moralischer, vor allem christlicher Werte und der Wiederaufnahme klassischer Gerechtigkeitsideale entwarf C. speziell für eine sich neuorganisierende Justiz ein rechtspolitisches Konzept: *La idea de equidad y su relación con otras ideas morales y jurídicas afines. Discurso de apertura de tribunales* (1950).

Gegenüber allem Formalismus erblickte C. in einer humanistisch orientierten Naturrechtsdoktrin die ideale Basis für eine grundlegende Kritik und Erneuerung der Rechtsordnung. In dieser hätten sich metaphysische und ethische Elemente mit historischen und sozialen zu vereinen. Rechtspositivismus war ihm verpönt. Angeraten wurden fallbezogene Lösungen, bei denen die Härte des Gesetzes ausgeglichen wurde: *Humanismo y Derecho*, in: RGLJ (211/1961, 419–470, 547–594); *Teoría de aplicación e investigación del Derecho* (1947). C. betonte insbesondere die soziale Funktion des Rechts: *Lo social y sus perspectivas actuales. Discurso de apertura de tribunales* (1965); *La idea de la justicia social. Discurso de apertura de tribunales* (1966). Diskursökonomisch steht Richterrecht obenan: Dem Richter fällt die Aufgabe zu, Normierungsrückstände dadurch auszugleichen, daß er das geltende Recht der neuen Situation angleicht. Dadurch wird Recht vermenschlicht. Justiz hatte dafür aber autonom zu sein.

Lit.: L. Valladares Lanza, Las ideas jurídicas de C., 1976; A. Hernández Gil, Don J. C. T., 1989; E. M. Palomar Maldonado (Hg.), El pensamiento jurídico de C. T., 1991.

M. Dlugosch

Celsus filius (P. Iuventius Celsus T. Aufidius Hoenius Severianus; 2. Jh.), gilt neben →Julian als der bedeutendste römische Jurist der hochklassischen Zeit, deren Kennzeichen die meisterhafte Kunst der sachgerechten Entscheidung des Einzelfalles ist. Er war Sohn und Schüler des Juristen Iuventius Celsus (→Celsus pater).

C. ist 106/107 n. Chr. Prätor (Plinius, 6, 5, 4), 129 zum zweitenmal Konsul (Dig. 1, 2, 2, 53; Dig. 5, 3, 20, 6; vgl. CIL VI, 527) gewesen und war zeitweise auch Mitglied im consilium des Kaisers Hadrian (117–138). Er gehörte zu den letzten Schulhäuptern der prokulianischen Rechtsschule (→Proculus, →Sabinus).

Sein Hauptwerk sind die vornehmlich kasuistisch angelegten 39 *libri digestorum*. Sie lassen eine temperamentvolle und eigenwillige Persönlichkeit mit einer Neigung zu sprichwortartigen Formulierungen erkennen. So etwa stammt die berühmte Definition: «Ius est ars boni et aequi» (Das Recht ist die Kunst des Guten und Gerechten) von C. (Dig. 1, 1, 1 pr.). Den Juristen aller Zeiten hat er ins Stammbuch geschrieben (Dig. 1, 3, 17): «Scire leges non hoc est verba earum tenere, sed vim ac potestatem» (Gesetze kennen heißt nicht, ihre Worte kennen, sondern ihren Sinn und ihren Zweck); ferner (Dig. 1, 3, 24): «Incivile est nisi tota lege perspecta una aliqua particula eius proposita iudicare vel respondere» (Es ist unjuristisch, ohne Berücksichtigung des Gesetzes im Ganzen nach irgendeinem Brokken des Gesetzes ein Urteil zu sprechen oder ein Gutachten zu erteilen). Auch § 306 BGB geht auf ein Dictum des C. zurück (Dig. 50, 17, 185): «Impossibilium nulla obligatio est» (Die Verpflichtung zu Unmöglichem ist nichtig). Auf die Gesetzgebung hat C. durch das (erbrechtliche) Senatusconsultum Iuventianum (129 n. Chr.) eingewirkt (Dig. 5, 3, 20, 6), in dem u. a. eine Privilegierung des gutgläubigen Bereicherungsschuldners geregelt ist (§ 818 III BGB).

Lit.: H. Hausmaninger, Publius Iuventius Celsus: Persönlichkeit und juristische Argumentation, in: ANRW II 15, 1976, 382ff.; P. Krüger, Geschichte der Quellen und Litteratur des römischen Rechts, 2. Aufl., 1912, 180ff.; W. Kunkel, Herkunft und soziale Stellung der römischen Juristen, 2. Aufl., 1967, 146f.

B. Kupisch

Celsus pater (Iuventius Celsus; 1. Jh.), römischer Jurist; war Lehrer seines bedeutenderen Sohnes P. Iuventius Celsus (→Celsus filius) und wird von diesem gelegentlich zitiert (Dig. 12, 4, 3, 7).

C. ist Schulhaupt der Prokulianer (→Proculus, →Sabinus) gewesen. Im Jahre 94 hat ein Iuventius Celsus an der Verschwörung gegen den Kaiser Domitian (81–96) teilgenommen (Dio Cassius 67, 13); möglicherweise handelt es sich dabei aber nicht um C., sondern um seinen Sohn. Ob C. juristische Schriften verfaßt hat, läßt sich gleichfalls nicht entscheiden.

Lit.: E. Groag, «Iuventius» (Nr. 12), in: RE X 2, 1363; W. Kunkel, Herkunft und soziale Stellung der römischen Juristen, 2. Aufl., 1967, 137f.; L. Wenger, Die Quellen des Römischen Rechts, 1953, 500.

B. Kupisch

Changsun Wuji (Tang-Zeit, gest. 659), war ein Schwager des zweiten Tang-Herrschers Taizong und einer der mächtigsten Männer seiner Zeit. Die Leistung C.s ist wie bei den meisten Rechtskodifikatoren der chinesischen Kaiserzeit nicht so sehr in seinem individuellen Beitrag zur Rechtsentwicklung zu sehen, sondern vielmehr in der Organisation und Durchsetzung eines auf bereits bestehenden Rechtsvorschriften aufbauenden neuen Kodex. Unter seinem Einfluß entstand der älteste vollständig erhaltene chinesische Rechtskodex *Lüshu*, das in späterer Zeit sog. *(Gu) Tanglü shuyi*, an dem sich in den folgenden Jahrhunderten die weitere Rechtskodifikation Chinas, aber auch die benachbarter Länder wie Annam und Japan, orientierte. Ein Zeichen zunehmender Rationalisierung war der Umstand, daß der Kodex der vorhergehenden Sui-Dynastie von 583 nur noch ein Drittel bzw. ein Fünftel des Umfangs der Kodizes der Nördlichen Zhou von 564 bzw. der Dynastie Liang von 503 hatte. Diese Kodizes, bei denen es sich im wesentlichen um die Aufführung strafrechtlicher Bestimmungen handelte, bauten ihrerseits auf dem Kodex der Cao-Wei bzw. dem diesem folgenden Kodex der Jin von 268 (→Zhang Fei) auf. Die erste Fassung des *Tanglü shuyi* von 624 wurde im Jahre 627 und dann nochmals 637 revidiert und 653 mit einem Kommentar versehen. Der Kodex besteht, einer bereits seit langem bestehenden Anordnungsform folgend, aus zwei Hauptteilen, aus Allgemeinen Vorschriften in 57 Artikeln und Speziellen Vorschriften in 502 Artikeln.

Das in der Tang-Zeit kodifizierte Recht umfaßte neben dem Strafkodex (lü) außerdem noch Statuten (ling), dazu ergänzende Regeln (ge) und Vorschriften zu speziellen Rechtsgebieten (shi). Während ein Teil der ling überliefert ist, sind von ge und shi nur Bruchstücke erhalten. Als ein Sonderfall kann das Militärstrafrecht gelten.

Lit.: W. Johnson, The T'ang Code, 1., General Principles, 1979; K. Bünger, Quellen zur Rechtsgeschichte der T'ang-Zeit, 1946; H. Franke, Zum Militärstrafrecht im chinesischen Mittelalter, 1970.

H. Schmidt-Glintzer

Chomatian, Demetrios (13. Jh.), war 1216–36 Erzbischof von Ochrid. Ochrid – am Ochridsee (heute: im Grenzgebiet von Albanien und Makedonien) gelegen – war Mittelpunkt eines gleichnamigen Bistums des Reiches von Epiros, welches seinerseits von etwa 1210–64 eines jener griechischen Herrschaftsgebilde war, die im Anschluß an die Eroberung und Aufteilung des byzantinischen Staates durch die Kreuzfahrer (1204) entstanden. Der Erzbischof verfügte über eine im Eigenstudium aus der hauptstädtischen Rechtsliteratur gewonnene sehr gute Kenntnis der byzantinischen Gesetze und eine umfassende juristische Bildung, die er in seiner geistlichen und weltlichen Praxis als Richter, Schiedsmann, Beichtvater und Berater des Herrscherhauses extensiv einsetzte.

Als richtende Instanz ist er charakteristisch für eine Zeit, in der sich die justizielle Macht vom Kaiser weg auf das Episkopat verlagert, wo Delegation von der Zentralinstanz nicht aufgrund von Kraft, die sich nicht verschwenden will, sondern aus Schwäche, die der Hilfe nicht entbehren kann, geschieht. Strukturell bereitet sich hier bereits jener Zustand vor, den später die orthodoxe Justiz in einem nichtorthodoxen Staat (= Griechenland unter der Turkokratie) präsentiert. Als juristischer Praktiker ist er einer der letzten, die die durch die makedonische Rechtsrenaissance wiedererworbenen Kenntnisse des justinianischen Rechts in voller Breite besitzen und anwenden.

Ch. hat ein Aktencorpus von rund 150 Stücken hinterlassen. In ihm sind neben Briefen und Bußbescheiden eine große Zahl von Gutachten und Urteilen erhalten, die es erlauben, ein ziemlich genaues Bild von der Justizorganisation, von den Gerechtigkeitsmaßstäben sowie der politischen und juridischen Argumentation des Juristen Ch. zu gewinnen.

Čičerin, Boris Nikolaevič

Lit.: D. Simon, Byzantinische Provinzialjustiz, in: BZ 79, 1986, 310–343; D. Simon, Die Bußbescheide des Erzbischofs Ch. v. O., in: JöB 37, 1987, 235–275.

D. Simon

Čičerin, Boris Nikolaevič (1828–1904), seit 1858 Professor für Staatsrecht und Rechtsphilosophie an der Universität Moskau, gilt als einer der Begründer des politischen Konstitutionalismus in Rußland. Č. war der wesentliche Theoretiker der «Staatsschule», die im Staat die Hauptantriebskraft des historischen Prozesses in Rußland erblickte.

In *Erfahrungen aus der Geschichte des russischen Rechts* (1858) wies Č. als erster auf die Bedeutung der individualrechtlichen Elemente der alten Rus für die staatliche Ordnung hin und begründete theoretisch die Notwendigkeit der Aufhebung der Leibeigenschaft und der Einführung demokratischer Reformen.

In *Eigentum und Staat* (1882/1883) untersuchte er vor dem Hintergrund der russischen Sozialordnung das Verhältnis von Eigentum und Staat.

Ausgehend von der Hegelschen Konzeption von bürgerlicher Gesellschaft und Staat, behandelte Č. die Wechselbeziehung zwischen beiden, wobei er den Kampf um die staatliche Einheit als wechselseitiges Element eines Systems begriff. Analog dazu interpretierte er das Verhältnis von privatem und öffentlichem Recht. Im Zentrum seiner Aufmerksamkeit standen Fragen der autokratischen Gewalt, der Rechtsposition der Stände und ihrer Rolle im politischen System, der Prärogativen der Gesetzgebung und der Gesetzlichkeit der Verwaltungsakte sowie des Zusammenhangs zwischen Rechten und Pflichten des Individuums. Seinem aus drei Teilen bestehenden grundlegenden Werk *Kurs der Staatswissenschaften* (*Allgemeines Staatsrecht*, 1894; *Die Wissenschaft von der Gesellschaft – Die Soziologie*, 1896; *Politik*, 1898) lag diese Idee der Wechselbeziehung zwischen Recht, Politik und Gesellschaft zugrunde.

Seine Auffassung vom Wesen der russischen Staatlichkeit – *Über die Volksvertretung* (1866) und *Die Verfassungsfrage in Rußland* (1906) – bildete die theoretische Grundlage des Kampfes der liberalen Bewegung für eine Ablösung der autokratischen Ordnung durch eine konstitutionelle Monarchie. Diese basierte auf einer stufenweisen Formierung der bürgerlichen Gesellschaft mittels einer Reform von oben und der Begrenzung der monarchischen Gewalt durch eine Volksvertretung.

Lit.: P. I. Novgorodcev, B. N. Č., 1905; V. D. Zor'kin, Č., 1984; A. N. Meduschewskij, Hegel i Gosudarstvennaja Škola russkoj istoriografii, in: VF, 1988, 3, 103–115; G. M. Hamburg, B. C. and early russian liberalism, 1992.

A. N. Meduschewskij

Cicero, Marcus Tullius (106–43 v. Chr.), Staatsmann der ausgehenden römischen Republik und bedeutendster Gerichtsredner sowie politischer Schriftsteller der Römer überhaupt, war kein professioneller Jurist, aber ein genauer Kenner des zeitgenössischen positiven Rechts und seiner Entwicklung und zugleich ein folgenreicher Vermittler griechischen Rechtsdenkens an die eigene Zeit und spätere Zeiten. Mit der gründlichen Kenntnis des positiven Rechts entsprach C. einer zentralen Forderung des Ideals des philosophisch gebildeten Redners, das er sich als Schüler des Philon von Larissa, des in Rom lehrenden Hauptes der skeptischen Akademie (Brutus 89, 306), zu eigen gemacht hatte (daher sein [Brutus 3,12]: «fateor me oratorem ... ex Academiae spatiis extitisse») und für das er sich in seinen von dieser Unterweisung abhängenden rhetorischen Schriften stets mit Nachdruck einsetzte, von seinem Jugendwerk *De inventione* bis zu dem Werk der Reife *De oratore*.

Erworben hat C. seine guten Rechtskenntnisse dadurch, daß er auch Schüler professioneller Juristen war, nämlich der letzten Vertreter der vorklassischen Jurisprudenz Mucius augur und dessen Neffen in der Seitenlinie Mucius pontifex (→Mucius Scaevola), teils durch die Unterweisung in der (auf das positive römische Recht übertragenen) Rechtstheorie der skeptischen Akademie (*Partitiones oratoriae* 37, 129–131), die durch seinen Alters- und Studiengenossen →Servius Sulpicius in seiner Generation die Herrschaft antreten sollte. C. hat die Durchsetzung des neuen Systems und die darin liegende Leistung seines Freundes immer wieder gepriesen (z. B. Brutus 41, 152/153; *De legibus* I 5, 17) und über die Neubegründung des Rechts auch eine eigene Programmschrift *De iure civili in artem redigendo* verfaßt, deren Titel (der Text ist verloren) in der späteren europäischen Rechtsgeschichte seit dem Humanismus viel zitiert wurde.

Da die skeptische Akademie die Pflichten eines Gerichtsredners und Anwalts nach dem Interesse der Partei bestimmte, hatte und nutzte C. die Freiheit, wenn die Sache seines Mandanten es verlangte, auch mit den Kategorien des älteren Systems zu argumentieren; so berief er sich in der Rede *Pro Caecina* in einer Auslegungsfrage gegen die Wortlautgeltung des neuen auf die Sinngeltungslehre des alten Systems. Aus diesem Blickwinkel ist auch C.'s vielbeachtete Schrift *Topica ad Trebatium* zu verstehen, deren durchweg juristische Beispiele (der Adressat war Jurist) neben dem neuen immer wieder auch dem alten System entnommen sind und daher neben Servius auch Mucius pontifex nennen.

Als Staatsmann hat C. in seinem Konsulat (63 v. Chr.) die Notstandstheorie des neuen Systems (eine förmlich festgestellte Bedrohung des Staates durch gewaltsamen Umsturz erlaubt eine energische Beseitigung der Gefahr durch ebenfalls gewaltsame, nicht rechtsförmliche Mittel) gegen Catilina und dessen Anhänger angewendet und zahlreiche Hinrichtungen ohne Prozeß und Urteil veranlaßt. Clodius, ein radikaler Volkstribun der popularen Partei, welcher die Rechtmäßigkeit des regelmäßig durch SC Ultimum auszulösenden Notstandsrechts nie anerkannt hatte, trieb ihn darauf durch ein die Unzulässigkeit von Notstandstötungen einschärfendes Gesetz ins Exil (58 v. Chr.); schon im nächsten Jahr wurde C. zurückgerufen. Seitdem versuchte C. von einer Position der Mitte aus Einfluß zu gewinnen, hatte damit aber in den sich immer stärker militarisierenden Machtkämpfen seiner Zeit nur begrenzten Erfolg und starb am Ende eines gewaltsamen Todes, als Opfer eines vorübergehenden Zweckbündnisses zwischen Antonius und Octavian, dem späteren Augustus.

In den großen Verfassungs-, Staats- und Moralschriften seiner letzten Jahre (*De legibus*, *De re publica*, *De officiis*) war C. bemüht, gestützt auf die Lehren des eklektischen Akademikers Antiochos von Askalon (Antiochos rezipierte die stoische Naturrechtslehre in das System der Akademie und verwandelte sie in Sozialethik), dem positiven römischen Recht eine rechtsethische Grundlage zu geben. Die Gedanken dieser Schriften haben für das bald nach C.s Tod beginnende Prinzipat eine große, im einzelnen schwer abschätzbare Bedeutung gewonnen. Die Schrift *De officiis* wurde zu einem der wichtigsten Vermittler antiken Naturrechtsdenkens an die Neuzeit.

Lit.: RE 2, 13, «Tullius» 29: ‹Als Politiker› M. Gelzer, 827–1091; ‹Rhetorische Schriften›, W. Kroll, 1091–1103; ‹Philosophische Schriften›, K. Philippson, 1104–1192; ‹Briefe, Fragmente›, K. Büchner, 1192–1274; O. Behrends, Fraus legis. Zum Gegensatz von Wortlaut- und Sinngeltung in der römischen

Gesetzesinterpretation, 1982; M. Fuhrmann, C. und die römische Republik. Eine Biographie, 3. Aufl., 1990.

O. Behrends

Cinus de Sighibuldis (**Cino da Pistoia**; **1270–1336/37**), entstammte einem der vornehmsten Geschlechter Pistoias. Sein Vater Francesco war Notar und zeitweise Syndikus der Bürgerschaft. C. studierte Zivilrecht in Bologna unter →Dinus Mugellanus und bei Franciscus, dem Sohn des →Accursius. Daß er auch in Frankreich studiert habe, ist unbewiesen. Obwohl er das Privatexamen bestanden hatte, kehrte er 1300/01 heim, ohne den Doktorgrad erlangt zu haben. Dunkel ist, ob C. sich in die Parteienkämpfe in seiner Vaterstadt verstrickte und ins Exil ging. Jedenfalls setzte er politisch große Hoffnung auf Heinrich VII. und schloß sich ihm an: 1310–13 war er Assessor bei dessen Gefolgsmann Ludwig von Savoyen, der zum Senator von Rom gewählt worden war. Nach dem Tod des Kaisers publizierte C. 1314 einen Kommentar zum Codex Iustinianus (D. 1578, ND 1964) und wurde im selben Jahr in Bologna zum Doktor promoviert. Er war als Rechtsberater in Pistoia, Siena, Florenz und Bologna sowie, 1320–21, als Assessor des päpstlichen Rektors der Mark Ancona in Macerata und Camerino tätig. Seine kaiserfreundliche Haltung wich einer entschiedenen Parteinahme für das Papsttum. Später lehrte er Zivilrecht in Siena (1321–23 und 1324–26), in Perugia, wo →Bartolus de Saxoferrato sein Schüler war (1326–30 und 1332–33), in Neapel (1330–31) und zuletzt in Bologna (1333–34). Dazwischen weilte er in Florenz (1323–24, 1332) und erhielt dort das Bürgerrecht. 1334 kehrte C. nach Pistoia zurück, wurde zum Gonfaloniere (Oberhaupt des Stadtregiments) gewählt, trat das Amt aber nicht an. C. hat die Lehren und Schriften der französischen Kommentatoren (→Jacobus de Ravanis; →Petrus de Bellapertica) in Italien bekannt gemacht.

C. gilt als einer der bedeutendsten Dichter des Dolce stil nuovo; Liebe und Frauenlob waren die beherrschenden Themen. Petrarca hat an ihn angeknüpft und Boccaccio ihn gelegentlich nachgeahmt. Berühmt sind seine Freundschaften: mit Dante Alighieri, dem er sich durch seinen politischen Gesinnungswandel zuletzt entfremdete; mit dem großen Kanonisten →Johannes Andreae, seinem Studienfreund; und die späte literarische Freundschaft mit Francesco Petrarca (1304–1374).

WW: Poeti del Dolce stil nuovo, hrsg. v. M. Marti, 1969, 423–923.
Lit.: F. C. v. Savigny, Geschichte des römischen Rechts im Mittelalter, 2. Aufl., 1834–51 (ND 1956), 6, 71–97; V. Libertini, C. da P., 1974; G. Astuti, C. da P. e la giurisprudenza del suo tempo, in: Atti dei Convegni Lincei 18, 1976, 137ff.

P. Weimar

Claro (Clarus), Giulio (1525–1575). Als Patriziersohn begann er schon 1536 das Rechtsstudium in Pavia, wo damals auch →Alciat zu den Rechtslehrern gehörte, und wurde 1550 Doktor der Rechte. In seine Vaterstadt Alessandria zurückgekehrt, eröffnete er eine Konsulentenpraxis, widmete sich aber zugleich rechtswissenschaftlichen Studien. 1556 wurde er von Philipp II. zum Mitglied des Mailänder Senats ernannt, 1560/61 war er königlicher Prätor in Cremona, 1563 wurde er Präsident des Magistrato straordinario delle entrate in Mailand und schließlich 1565 als Regens an das Consejo d'Italia nach Madrid berufen.

C. hat zusammen mit seinem Zeitgenossen →Deciani und dem um eine Generation jüngeren Prosper →Farinacci dem gemeinen Strafrecht der Neuzeit die theoretischen Grundlagen gelegt, die es bis zu seiner Infragestellung durch die Rechtskritik der Aufklärung (→Beccaria, →Lombroso, →Feuerbach) und seiner Ersetzung durch die nationalen Gesetzbücher im 19. Jh. getragen haben.

Sein Schlüsselwerk ist das etwa gleichzeitig mit dem *Tractatus criminalis* von Decianus entstandene fünfte Buch seiner *Sententiae receptae*. Diese waren zunächst als Rechtsenzyklopädie gedacht, die – wie später ähnliche Werke, etwa von Stephanus Daoyz (1550/70–1619) oder Augustinus Barbosa (1590–1649) – die gesamte bisherige Lehrtradition lexikographisch zusammenfassen und damit die Funktion übernehmen, die die gemeinrechtlichen Kommentare der Spätbartolisten wie →Jason de Maino und →Decio gehabt hatten, wurden aber bei der Ausführung des Plans zu dem anspruchsvolleren Versuch einer aus sieben Büchern bestehenden systematischen Gesamtdarstellung des geltenden Rechts. In noch größerem Maße als bei →Connan und auch →Doneau blieb das Werk allerdings Fragment. In ihm werden aus der Masse der gelehrten Überlieferung nur noch die relevant gebliebenen Kontroversen behandelt, auch die Ergebnisse der humanistischen Rechtswissenschaft berücksichtigt und v. a. nun die zeitgenössische kasuistische Literatur ausgewertet und das Ganze zu einer Synthese gebracht. Das dem Strafrecht gewidmete fünfte Buch zeichnet sich, noch mehr als die vorigen, durch die Originalität eigener Gedanken, die Stringenz der stofflichen Gliederung (in der, wie bei Deciano, bereits ein allgemeiner Teil des Strafrechts erscheint) und die Verwertung praktischer Erkenntnisse aus. Es erschien zuerst als *Liber V. Sententiarum* (1568), später zusammen mit den schon früher in Einzelausgaben seit 1558 herausgekommenen Fragmenten des dritten und vierten Buchs, in denen vom Feudalrecht, Emphyteuse, Testament und Schenkung gehandelt wird (*Tractatus quattuor*, 1570), und nach seinem Tode als *Julii Clari Opera omnia* (zuletzt 1737).

Lit.: DBI 26, 141ff.; C. G. P. Massetto, La prassi giuridica lombarda nell' opera di G. C. (1525–1575), in: Confluences des droits savants et des pratiques juridiques. Actes du Colloque de Montpellier 1977, 1979, 491ff.; E. v. Möller, J. C. aus Alessandria, der Kriminalist des 16. Jh. s., der Rat Philipps II. 1525–1575, 1911 (ND 1977).

E. Holthöfer

Clemente de Diego y Gutiérrez, Felipe (1866–1945), spanischer Rechtswissenschaftler und Präsident des obersten spanischen Gerichts, war einer der rechtspolitisch bedeutendsten Persönlichkeiten für den Aufbau eines neuen Staates und seiner Justiz nach dem spanischen Bürgerkrieg. C. D. gab bereits 1881 Unterricht am «Colegio Ciceroniano» in Madrid in den Fächern Psychologie, Logik und Ethik; daneben studierte er bis 1884 an der Madrider Universität Rechtswissenschaft und Philosophie. Zwischen 1897 und 1899 unterrichtete er römisches Recht an der Universität Santiago de Compostela. Nachdem C. D. an den Universitäten Valladolid und Barcelona Zivilrecht gelehrt hatte, besaß er 1906–36 den gleichen Lehrstuhl in Madrid. 1913 war C. D. Mitbegründer der «Revista de Derecho privado», später die wichtigste privatrechtliche Zeitschrift Spaniens. 1938 wurde er zunächst zum Präsidenten eines provisorischen Tribunal Supremo der nationalen Zone ernannt; nach der Besetzung Madrids durch franquistische Truppen nahm er am dortigem Tribunal Supremo diesen Posten ein; er sollte ihn bis zu seinem Tod innehaben.

C. D. ist der sog. Escuela del pensamiento jurídico español zuzuordnen, die mittelalterliches wie neoscholastisches Gedankengut in der Tradition von Thomas von Aquin bzw. Francisco →Suárez wiederaufgriff und sich zugleich in zeitgenössische Diskussionszusammenhänge stellte. Insbesondere suchte man sich mit der Historischen Rechtsschule zwischen F. C. v. →Savigny und O. v. →Gierke auseinanderzusetzen. In seinem sechsbändigen, mehrfach aufgelegten Hauptwerk *Curso elemental de Derecho civil español común y foral* (1920–23), der wichtigsten zivilrechtlichen Darstellung nach Erlaß des «Código Civil», verband C. D. geschichtliche Elemente mit der aktuellen Rechtsentwicklung. Das römische Recht hatte Vorbild zu sein. Nachweise dafür führte C. D. in seiner *Introducción al estudio de las Instituciones del Derecho Romano* (1900). Hierbei wiederum galt das besondere Augenmerk den spanischen Juristen des siglo de oro, etwa E. A. de Nebrija, J. F. Ramos del Manzaño und A. Pichardo Vinuesa. Besondere Anerkennung erlangte er mit seiner Schrift *Transmisión de las obligaciones* (1912), in der er die historisch-systematische Entwicklung des Vertragskonzepts darstellte.

Darüber hinaus widmete sich C. D. rechtsphilosophischen und methodologischen Studien. Recht war für ihn vor allem moralische Disziplin. Ausgehend von einem humanistisch-naturrechtlichen Konzept auf der Basis klassischer, insbesondere christlicher Gerechtigkeitsideale setzte er sich in den Nachkriegsjahren für ein neues Bewußtsein in der Justiz ein. Ihr sollte Naturrecht zum Maßstab werden, freilich ohne daß die Grenzen des positiven Rechts tangiert würden. Ein rationalistisches Naturrecht hingegen lehnte er ab, da es das göttliche Fundament der Rechtsordnung außer acht lasse. In seiner Eröffnungsrede zu Beginn der ersten Gerichtssaison des neuen Regimes machte er eine formalistische Normanwendung für die Krise der Rechtsordnung verantwortlich: *El método en las decisiones judiciales, Discurso de apertura de tribunales* (1939). Juristische Technik hatte für ihn nur instrumentalen Wert. Das Gesetz und seine Durchsetzung dürfe nicht von der Ethik getrennt werden. Insoweit sei eine gerechte juristische Normanwendung offenzuhalten. Ganz in diesem Sinne setzte sich C. D. in seinen «Discursos de apertura» für eine neutrale und unabhängige Justiz ein: Sie war ihm Grundvoraussetzung allen Rechtsstaates.

Lit.: Revista de derecho privado 29, 1945, 605–631 (Band zu Ehren v. C. D.); M. C. Rovira Flórez de Quiñones, La filosofía jurídica de F. C. de D. y G., 1970; A. Hernández Gil, Juristas españoles de nuestro tiempo, 1973, 49–59.

M. Dlugosch

Cocceji, Heinrich von (1644–1719), der nach einem juristischen Studium in Leiden und Oxford →Pufendorfs Heidelberger Lehrstuhl für Natur- und Völkerrecht sowie einen für Lehnsrecht und Pandektistik erhielt, genoß als Universitätsrektor, kurfürstlicher Staatsrat und Beisitzer am Revisionsgericht hohes Ansehen. Durch die Zerstörung der Kurpfalz 1688 im Pfälzischen Erbfolgekrieg vertrieben, übernahm er nach kurzer Lehrtätigkeit in Utrecht 1690 eine Professur an der kurbrandenburgischen Universität Frankfurt/Oder, wo er – geadelt und zum Staatsrat ernannt – bis zu seinem Tode hauptsächlich als Völker- und Naturrechtslehrer wirkte. Seine Kommentierung von →Grotius trug wesentlich zur Etablierung des Völkerrechts als Universitätsfach bei.

Mit seiner 1695 erschienenen Schrift *Juris publici prudentia* gilt C. darüber hinaus als einer der schulbildenden Autoren einer systematischen, ganz im Sinne H. →Conrings auf den historischen Traditionen des Reiches aufbauenden Lehre des öffentlichen Rechts in Deutschland.

Lit: M. Stolleis, Geschichte des öffentlichen Rechts, 1, 1988, 244f. u. ö.; H. P. Schneider, Leibniz und C., in: H. Thieme (Hg.), Humanismus und Naturrecht in Berlin-Brandenburg-Preußen, 1979, 90ff.

I. K. Ahl

Cocceji, Samuel von (1679–1755), gilt als eine der herausragenden Persönlichkeiten der preußischen Justizpolitik des 18. Jh. s. Nach einem juristischen Studium in Frankfurt/Oder u. a. bei seinem Vater Heinrich von →C. und einer anschließenden Bildungsreise durch Westeuropa und Italien lehrte C. ab 1702 an seinem Studienort. 1704 trat er jedoch in den preußischen Justiz- und Verwaltungsdienst ein. Unter Friedrich Wilhelm I. wurde C. mit der Reorganisation des preußischen Justizwesens betraut. In diesem Zusammenhang stand seine Ernennung 1731 zum Präsidenten des Oberappellationsgerichts sowie 1738 zum Justizminister. Sein Eintreten für eine umfassende Rechtsreform blieb jedoch unter der Kritik der preußischen Juristenschaft in Ansätzen stecken. Erst unter Friedrich dem Großen gelang C. – nun seit 1747 als Großkanzler quasi wieder Justizminister – zumindest die institutionelle Reform des Prozeßwesens. Indem die Rechtsprechung den Rechtsfakultäten entzogen und allein den Rechtspflegeorganen zugeordnet wurde, die, in einem Instanzenzug organisiert, unter staatliche Aufsicht gestellt wurden, und zudem eine feste Richterbesoldung eingeführt wurde, versuchte C.s Reform, die Ausbildung einer nur dem Gesetz verpflichteten Richterschaft voranzutreiben. Seine Reform der Juristenausbildung – die Einführung des um zwei Staatsexamina organisierten Referendardienstes – führte zur entscheidenden Hebung des Ausbildungsniveaus der Richter und Verwaltungsjuristen, einer Grundlage für den Ausbau der Staatlichkeit wie des Rechtsstaates in Preußen überhaupt. Die Umsetzung der Idee, daß diese Justizreform von einer umfassenden gemeinverständlichen Kodifikation auf römisch-rechtlicher Grundlage unter Berücksichtigung gemeinrechtlicher Traditionen begleitet werden müsse, scheiterte jedoch erneut. Dem Ideal eines «ius certum» verpflichtet, sollte diese dazu dienen, die richterliche Persönlichkeit weitestgehend einzuengen und die Kommentierung des Gesetzes unter autoritativem Bezug auf die Rechtslehre zu unterbinden. Sein «Corpus iuris Fridericiani», in seinem Universalitätsanspruch ein Produkt der älteren systematisch-deduktiven Naturrechtslehre, vorgelegt ab 1749, blieb ein Torso.

Lit.: M. Springer, Die C.sche Justizreform, 1914; Kleinheyer/Schröder, 61 ff.; H. Thieme (Hg.), Humanismus und Naturrecht in Berlin-Brandenburg-Preußen, 1979; H. Weill, Frederick the Great and S. v. C., 1961.

I. K. Ahl

Coke, Sir Edward (1552–1634), Sohn eines Landadeligen aus Norfolk, studierte am Trinity College in Cambridge und besuchte zunächst Clifford's Inn und dann den Inner Temple in London. Nach seiner Zulassung als Anwalt 1578 gelang ihm dank der Protektion Burghleys ein rascher Aufstieg in öffentlichen Ämtern. 1592 wurde er Kronanwalt (Solicitor General) und Sprecher des Unterhauses; 1594 wurde er zum Justizminister (Attorney General) ernannt und vertrat energisch die Interessen der Krone und ihre Prärogativen. Er leitete viele der großen Hochverratsverfahren dieser Zeit, klagte den Earl of Essex und den Earl of Southampton (1600–01), Sir Walter Raleigh (1603) und die Verschwörer des Gunpowder Plot (1605) an. Als er 1606 zum Chief Justice of the Common Pleas ernannt wurde, geriet er indes wegen der von ihm vertretenen Auffassung vom Vorrang der Jurisdiktion des Common Law auch dem Monarchen gegenüber in Gegensatz zur Krone. Er wurde daraufhin schon bald zum Inbegriff des Common Law und der bedeutendste Opponent der königlichen Prärogative. 1613 wurde er auf Veranlassung →Bacons auf die vakant gewordene Stelle des Chief Justice of the King's Bench versetzt, in der Hoffnung, er werde, durch die Beförderung beschwichtigt, wieder für die Rechte der Krone eintreten. C. gab indes nicht nach und führte noch als Mitglied des Kronrats eine heftige Auseinandersetzung mit Lord Ellesmere um die Zuständigkeit des Court of Chancery, der erst durch das Eingreifen James I. zugunsten der Chancery entschieden wurde. Nachdem C. zuletzt auch das Recht des Königs angezweifelt hatte, in schwebende Verfahren einzugreifen, sofern königliche Interessen berührt waren, wurde er 1616 aus allen Ämtern entlassen. 1620 gelang ihm indes die Rückkehr in die Politik. Er trat fortan als Führer der Opposition im Unterhaus auf und brachte eine Allianz zwischen dem Parlament und dem Common Law gegen die königliche Prärogative zustande. Schon bald setzte er sich an die Spitze des zunehmend wachsenden Widerstands gegen den König und seine Politik und wurde dank seiner großen Erfahrung in Staatsangelegenheiten zum einflußreichsten Mitglied des Parlaments. Obwohl ihn der König 1623 für neun Monate im Tower einkerkern ließ, setzte C. seine oppositionellen Bemühungen fort. Noch im Parlament von 1628 beteiligte er sich maßgeblich an der Erstellung der Petition of Rights und wandte sich in mehreren Reden gegen das persönliche Regiment Charles I.

Bereits während seiner Zeit als Kronanwalt hatte C. damit begonnen, das Material für seine Arbeiten zusammenzutragen. Die wichtigsten seiner frühen Werke sind die für Praktiker bestimmte Sammlung von Anträgen *A Booke of Entries* (1614) und seine in elf Teilen erschienenen *Reports* (1600–15), eine Entscheidungssammlung, in der C. aber auch verschiedene Rechtsgebiete summarisch zusammenfaßte und bisweilen auch eine Urteilsbesprechung zum Anlaß nahm, in einen Diskurs über das Recht einzutreten. Die von C. zusammengetragenen Entscheidungen bildeten erstmals eine umfassende Sammlung des von Fall zu Fall fortgebildeten Common Law sowohl im Bereich des Zivilrechts wie des Strafrechts. Das bedeutendste Werk C.s sind aber seine *Institutes*, mit denen er das erste Lehrbuch des modernen Common Law verfaßte. Das erste dieser vier Bücher, *The First Part of the Institutes of the Laws of England, or a Commentary upon Littleton* (1628), enthält eine Ausgabe von →Littletons *Tenures* sowie deren Übersetzung und einen ausführlichen Kommentar, *The Second Part of the Institutes* (1641) einen Kommentar zur Magna Charta und anderen mittelalterlichen Gesetzen, *The Third Part of the Institutes* (1641) beschäftigt sich mit dem Strafrecht, während *The Fourth Part of the Institutes* (1641) eine

Darstellung der verschiedenen Gerichtsbarkeiten Englands enthält. Das als *Coke on Littleton* berühmt gewordene erste Buch ist C.s Lebenswerk und stellt faktisch eine Enzyklopädie des Rechts dar, während die anderen drei Teile den Vorrang von Parlament und Common Law im Staate rechtfertigen und eine der Grundlagen des modernen englischen Verfassungsrechts wurden. Während die spätere Kritik die historischen Ungenauigkeiten und die Schwäche der inhaltlichen Gliederung und Unterteilung der «Institutes» hervorgehoben hat, lag ihre Bedeutung bereits darin begründet, daß seit der Zeit →Bractons niemand mehr eine umfassende Darstellung des englischen Rechts versucht hatte. C. bewies in den «Institutes» seine genaue Kenntnis der mittelalterlichen Rechtsbücher und Gerichtsentscheidungen, indem er positive Rechtsregeln aus den «dicta» der Year Books ableitete, die mittelalterliche Rechtsliteratur und die Year Books in Einklang mit den Reports und der neueren Literatur brachte und dabei gleichzeitig die Entwicklungen in den außerhalb des Common Law liegenden Rechtsgebieten der Admiralty und Chancery einarbeitete, wodurch er die Kontinuität der Entwicklung des Common Law in einer Zeit des Umbruchs sicherte. Sein Werk wurde binnen weniger Jahre zu einem der wenigen Books of Authority und führte dazu, daß der Gebrauch der auf Law French abgefaßten Year Books völlig aus der Übung kam und an ihrer Stelle nur noch C.s *Reports* und *Institutes* benutzt wurden. C. hatte derart einen einzigartigen Einfluß auf die Gestalt und Entwicklung des modernen englischen Rechts und gilt daher mit Recht als einer der bedeutendsten englischen Juristen.

Lit.: C. W. Johnson, Life of Sir E. C., 1837; C. D. Bowen, The Lion and the Throne, 1957; S. E. Thorne, Sir E. C., 1952.

K. Lerch

Connan (Connanus), François (1508–1551). Als Sohn eines Maître des Comptes in Paris geboren, studierte er die Humaniora am dortigen Collège du Cardinal Lemoine, wo er durch Jacobus Spifama eine gründliche Ausbildung in der aristotelischen Philosophie erfuhr. Er begann darauf das Rechtsstudium in Orléans als Schüler des Bartolisten Petrus Stella (de L'Etoile), wechselte aber um 1529 nach Bourges über, wo →Alciat die neue, humanistische Lehrmethode eingeführt und eine wachsende Zahl begeisterter Schüler um sich versammelt hatte, darunter auch Calvin. 1533 oder etwas später wurde C. graduiert und ließ sich in Paris als Parlamentsadvokat nieder. 1539 zum Maître clerc des comptes ernannt, womit die Mitgliedschaft im Grand Conseil du Roi verbunden war, avancierte er 1544 zum Maître des Requêtes de l'Hôtel und rückte dadurch in das Conseil privé des Königs auf. Im selben Jahr wurde ihm, zusammen mit Charles Duplessis, auch die Intendanz der Steuereinnahmen in den Provinzen Languedoc und Lyonnais übertragen.

C. war, wie später Brisson und →Favre, ein in den Mußestunden der Wissenschaft huldigender Praktiker. Er nahm als erster jene Aufgabe in Angriff, die die Humanisten ihrer Wissenschaft als eine der wichtigsten gestellt hatten, nämlich die historisch zufällige Legalordnung durch ein kunstgerechtes System zu ersetzen («ius in artem redigere»). Die Frucht dieser Arbeit sind die in den vierziger Jahren entstandenen, erst posthum erschienenen, unvollendet gebliebenen *Commentariorum iuris civilis libri X* (1553 u. ö., darunter 1557 mit Additionen von →Hotman). Wie später bei →Doneau beruht der wissenschaftliche Wert seiner Kommentare allerdings mehr auf den rechtsdogmatischen Entdeckungen, zu denen ihn die Lösung von der Legalordnung geführt hat – bei C. insbesondere die Umdeutung der actio zu einem rechtserheblichen Verhalten und damit die Entdekkung des Begriffs der Willenserklärung –, als in seinem Systementwurf. Dieser bleibt, mehr noch als bei Doneau, hybrid, leidet v. a. unter der mißlungenen Synthese aristotelisch-naturrechtlicher Prämissen mit dem positiven, historischen römischen Recht. C. versteht seine Kommentare als Gesamtdarstellung des damals geltenden Rechts, bezieht also, wenn auch nur sporadisch, das kanonische und das heimische Recht mit ein.

Lit.: H. E. Troje, in: Coing, 2, 1, 1977, 774 f.; Ch. Bergfeld, F. C. (1508–1551), ein Systematiker des römischen Rechts, 1968; V. Piano Mortari, La sistematica come ideale umanistica dell'opera di F. C., in: La storia del diritto nel quadro delle scienze storiche, 1966, 521 ff.

E. Holthöfer

Conring, Hermann (1606–1681), wurde in Ostfriesland in einer (heute noch existierenden) Theologen- und Juristenfamilie geboren, studierte in Helmstedt und Leiden Medizin und Politik, erhielt zunächst einen Lehrstuhl für Naturphilosophie, dann je eine Professur für Medizin und Politik in Helmstedt. Er lehrte dort ab 1636 bis zu seinem Tode medizinische, politische, historische und juristische

Themen, führte eine europaweite Gelehrtenkorrespondenz und war geschätzter Rechtsgutachter und Berater, u. a. seines bibliophilen Landesherrn Herzog August von Braunschweig-Wolfenbüttel.

Als Mediziner und Politologe ist C. Vertreter eines für experimentell gewonnene neue Erkenntnisse offenen Aristotelismus. Von der Richtigkeit der Theorie William Harveys über den Blutkreislauf überzeugte er sich durch Vivisektionen. In der politischen Theorie blieb er Gegner einer amoralischen Staatsräsondoktrin und entfaltete eine von Sitte und Religion gebundene Glückseligkeitslehre. Seine Vorlesungen zur Staatenkunde machten ihn zu einem der Begründer der Statistik. Theologisch gehörte C. zu der auf konfessionellen Ausgleich zielenden irenischen Richtung des Helmstedter Luthertums. Als Jurist, der er allerdings formell nie war, propagierte er einen territorialstaatlichen (nicht kaiserlichen) Absolutismus. Seine Rechtsgutachten gaben ihm Gelegenheit, wesentliche Beiträge zur kritischen Verwendung von Urkunden zu liefern. Für die deutsche Rechtsgeschichte ist er berühmt geworden als Verfasser von *De origine iuris germanici* (1643; dt. 1994). In diesem Werk, dem Gründungsbuch der deutschen Rechtsgeschichte, widerlegt er die sog. lotharische Legende, derzufolge Kaiser Lothar III. von Supplinburg die Geltung des (antiken) römischen Rechts im Reich angeordnet habe. C. weist erstmals nach, daß die Aufnahme des römischen Rechts (Rezeption) sich nach und nach durch die Praxis vollzogen habe. C. ist – neben dem überragenden Philosophen Leibniz – einer der Polyhistoren des 17. Jh.s, ein Vielwisser, kritischer Kopf und methodisch arbeitender Gelehrter, der vielfältige Anregungen gab und insbesondere die Rechtsgeschichte in den Rang einer historisch-kritischen Disziplin erhob.

WW: Opera, 7 Bde., hrsg. v. J. W. Goebel, 1730 (ND 1970–73). Die Werkausgabe ist unvollständig.
Lit.: Kleinheyer/Schröder, 62–64; M. Stolleis (Hg.), H. C. Beiträge zu Leben und Werk, 1983 (Werkverzeichnis).

M. Stolleis

Cooley, Thomas McIntyre (1824–1898), amerikanischer Jurist, hat auf verschiedenen juristischen Tätigkeitsfeldern nachhaltig gewirkt, seine größte Bedeutung aber als Autor verfassungsrechtlicher Arbeiten erlangt. C. war seit 1846 als Rechtsanwalt tätig. Bekannt wurde er aber erst, als er 1857 damit beauftragt wurde, die Gesetze des

Staates Michigan in einer Gesetzessammlung herauszubringen und ein Jahr später außerdem zum offiziellen «Reporter» des obersten Gerichts von Michigan bestellt wurde (1858–65), der die Entscheidungen des Gerichts zu veröffentlichen hatte. 1859 wurde er als Professor, später auch Dekan, an die Rechtsfakultät der University of Michigan, Ann Arbor, berufen, der er bis 1884 angehörte. 1885 nahm er eine Professur für amerikanische Geschichte an. 1864–85 war C. außerdem Richter am obersten Gericht von Michigan und 1887–91 der erste Präsident der Interstate Commerce Commission, einer Bundesbehörde, die u. a. das beständig an Bedeutung gewinnende Eisenbahnwesen kontrollieren sollte.

1868 erschien C.s wichtigstes Werk *A Treatise on the Constitutional Limitations which Rest upon the Legislative Powers of the States of the American Union*, in dem er darstellt, daß die Befugnis des Staates, in private Rechte einzugreifen, durch die Verfassung begrenzt wird. Er wurde damit zum Vorreiter einer konservativen Strömung gegen die zunehmende staatliche Regulierung der Wirtschaft, und seine Meinung wurde in vielen Fällen von den Gerichten übernommen. Kritiker haben ihm vorgeworfen, eine Rechtsideologie für den Kapitalismus geliefert zu haben. Zu seinen weiteren Werken gehören u. a. *The General Principles of Constitutional Law in the United States* (1880), *A Treatise on the Law of Torts* (1879), eine Bearbeitung von →Blackstones *Commentaries on the Laws of England* (1871) und eine Bearbeitung von →Storys *Commentaries on the Constitution of the United States* (1873).

Lit.: H.B. Hutchins, Th. M. C., in: W.D. Lewis (Hg.), Great American Lawyers, 7, 1909, 431–491; C. E. Jacobs, Law Writers and the Courts, 1954; A. Jones, Th. C. and the Interstate Commerce Commission, Political Science Q., 81, 1966, 602; Ders., Th. M. C. and the Michigan Supreme Court, in: Am J Leg Hist 10, 1966, 97.

M. J. Flessner

Coquille (Conchyleus), Guy (1523–1603). Als Sohn eines adligen Salzrichters (Grenetier) geboren, studierte er seit 1532 die Humaniora am Collège de Navarre in Paris und zog 1539 nach Padua, um sich dem Rechtsstudium zu widmen, und hörte dort die Zivilrechtsvorlesungen von Marianus Socinus junior (1482–1556). Vom Lehrbetrieb enttäuscht, verließ er jedoch die dortige Universität und begab sich nach Frankreich zurück. Hier trat er zunächst als Sekretär in den Dienst seines Onkels Guillaume Bourgoing, eines Rats am Parlament von Nevers, und setzte nach drei Jahren sein Studium in Orléans fort, wo er Schüler →DuMoulins wurde. 1550 begann er in Paris als Advokat zu praktizieren, kehrte aber schon 1553 in seine Vaterstadt Decize zurück und ließ sich schließlich 1559 als Parlamentsadvokat in Nevers nieder. 1560 repräsentierte er den Dritten Stand seiner Provinz bei der Versammlung der Generalstände in Orléans, 1576 und 1588 in Blois. 1568–71 war er erster Schöffe der Stadt, seit 1571 Procureur fiscal des Herzogs von Nevers.

Die verschiedenen, von C. hinterlassenen Schriften sind sämtlich erst nach seinem Tode veröffentlicht worden. Ihre jeweilige Entstehungszeit ist unsicher, doch scheinen die Arbeiten zum «droit français commun» denen zum Provinzialrecht von Nivernais vorauszugehen. Am originellsten und interessantesten sind die *Institutions au droit des François, ou Nouvelle Conférence des Coutumes de France, réduite en épitomé selon les titres du droit* (1607 u.ö.). Sie tragen einem damals neuen, zuerst in Frankreich, im 17. Jh. auch sonst in Europa aufkommenden Bedürfnis Rechnung, das gesamte innerhalb eines Landes anwendbare Recht ohne Rücksicht auf seine Provenienz geschlossen darzustellen. Hierzu boten sich zwei verschiedene Modelle an. Man konnte entweder, von der subsidiären Geltung des gemeinen Rechts ausgehend, dieses der Darstellung zugrunde legen und die partikularrechtlichen Abweichungen jeweils an den sachlich einschlägigen Stellen hinzufügen. Dies Verfahren bot sich v. a. dort an, wo das römische Recht über das nur schwach ausgebildete Partikularrecht dominierte, in Frankreich also für den Bereich des «droit écrit» des Südens, war aber universell verwendbar. Das früheste Beispiel dieser Art stammt von →Baron, später haben Jean Imbert (*1522), Philibert Bugnyon (–1590), Antoine Mornac (1554–1619/20) und Bernard Automne (1587–1666) derartige oder ähnliche Werke geschrieben. Im Geltungsraum des «droit coutumier» des Nordens dagegen, wo mit Ausnahme des Obligationenrechts fast alle Rechtsgebiete vom Partikularrecht erfaßt waren, konnte man stattdessen versuchen, dessen Lücken in Analogie zu benachbarten «coutumes» oder durch Extrapolation allgemeiner gewohnheitsrechtlicher Grundsätze zu schließen und auf diese Weise zu einem «droit commun français» zu gelangen. Dies ist der Weg, den – zusammen mit Louis Le Caron, Antoine →Loisel (beide 1536–1617) und Pierre de L'Hommeau (um 1600) – C. gegangen ist, wobei er, anders als Loisel, das droit coutumier nach dem Vorbild der justinianischen Institutionen, wenn auch nach eigenem System, lehrbuchartig dargestellt hat. Unter den anderen Werken C.s sind die vielleicht als sein frühestes Werk entstandenen *Questions et responses sur les Coutumes de France* (1611 u. ö.), die wohl aus dem ausgehenden 16. Jh. stammenden *Coutumes du Pays et duché de Nivernais, avec les annotations et commentaires de...* (1605 u. ö.) und die *Histoire du pays et duché de Nivernais* (1612 u. ö.) zu erwähnen, ferner einige kleinere kirchenrechtliche und staatsrechtliche Schriften, in denen C. absolutistische und gallikanische Positionen vertritt. Einige von diesen sind erstmals als *Œuvres postumes, excellens et curieux* 1650 erschienen. Die «Institutes», «Questions» und die «Coutumes» sind als *Œuvres de M. Guy Coquille* 1646 und zusammen mit den Institutes von Loisel, später das Gesamtwerk unter demselben Titeleingang (1665 u. ö.) veröffentlicht worden.

Lit.: DBF 9, 581 f.; DDC 4, 601 ff.; J. de Maumigny, Étude sur G. C., publiciste et jurisconsulte, 1910 (ND 1971).

E. Holthöfer

Corbin, Arthur Linton (1874–1967), Professor an der Yale University, war neben →Williston der führende amerikanische Vertragsrechtswissenschaftler. C. studierte Rechtswissenschaften in Yale, war kurzfristig (1899–1903) in Colorado als Rechtsanwalt tätig und wurde 1904 als Professor nach Yale berufen (bis 1943). Er hat erheblich dazu beigetragen, daß Yale sich als eine der führenden amerikanischen Rechtsfakultäten etablieren konnte. Sein Hauptwerk, *Corbin on Contracts, A Comprehensive Treatise on the Working Rules of Contract Law* (1950), mit bis heute fortlaufenden Ergänzungsbänden, ist eine monumentale Darstellung des Vertragsrechts. Es ist das modernere Gegenstück zu Willistons *The Law of Contracts* und wurde zum maßgeblichen Werk über das Vertragsrecht. Zu C.s weiteren Arbeiten zählen u. a. *Cases on the Law of Contracts* (1921 u. ö.) und eine Bearbeitung von Anson, *Principles of the Law of Contract* (1919 u. ö.). Eine Auswahl seiner Aufsätze ist in einem Sammelband *Selected Readings on Contracts* veröffentlicht. C. hat unter Williston als Berater an dem *Restatement of Contracts* (1932), einer systematischen Darstellung des in den Einzelstaaten geltenden Richterrechts, mitgearbeitet.

C. wandte sich gegen die ältere begrifflich-logische Jurisprudenz; er stand der realistisch-funktionalen Richtung nahe. Nach seinem Rechtsverständnis ist Recht Teil der gesellschaftlichen Entwicklung und deshalb ständiger Veränderung unterworfen.

Lit.: F. Kessler, A. L. C., in: Yale LJ 78, 1969, 517–524; T. W. Swan u. a., Professor A. L. C., Creator of the Present-Day Yale Law School, in: Yale LJ 74, 1964, 207–216.

M. J. Flessner

Correia Teles, José Homem (1780–1849). Dieser praxisorientierte Systematiker einer portugiesischen Gesamtrechtsordnung studierte 1795–1800 kanonisches Rechts in Coimbra. Nach der Advokatenlehre bei seinem Vater übernahm er verschiedene Richterposten, zunächst ab 1803 in der Provinz, dann 1821–24 in Lissabon. Zur selben Zeit wurden ihm mehrfach administrative Missionen anvertraut. Neben einer erfolgreichen Anwaltstätigkeit war er zwischen 1820 und 1847 wiederholt Abgeordneter im portugiesischen Parlament. In dieser Funktion gehörte er einer Kommission an, die 1827/28 den Entwurf für einen Código civil auslobte.

Seine Schriften reflektieren und schreiben die Kodifikationsarbeiten des ausgehenden 18. Jh.s fort: eine juristische Hermeneutik in der Tradition von →Domat – *Theoria da interpretação das leis* (1815) – und sein Kommentar zur «Lei da Boa Razão» von 1769, eine 1824 veröffentlichte Interpretation dieser grundlegenden Neuordnung des Rechtsquellenkanons. Sein ab 1826 konzipiertes dreibändiges Hauptwerk erschien erstmals 1835 unter dem Titel *Digesto portuguez, ou tractado dos direitos ou obrigações civis, accommodado as leis e costumes de nação portugueza para servir de subsidio ao Novo Codigo Civil.* Hierin wurde wiederum auf ausländische Gesetzeswerke – ALR, Code civil – zurückgegriffen, insbesondere aber die heimische Rechtsordnung als ein homogenes Regelwerk vorgestellt, das von letzten normativen Prinzipien auszugehen hat. Daneben verfaßte C. T. eine Reihe von Praktikerhandbüchern, etwa zum Zivilprozeß oder für Notare. Schließlich machte er durch eine Pothier-Übersetzung auf sich aufmerksam.

Lit.: V. S. de Faria Blanc, Elogio histórico do Doutor J. H. C. T., 1849; J.-M. Scholz, in: Coing, 2, 2, 303 f. u. 3, 1, 722 ff.

J.-M. Scholz

Costa Martínez, Joaquín (1846–1911), spanischer Jurist, Soziologe und Philosoph, beendete sein Rechts- und Philosophiestudium 1873 an der Universität Huesca, indem er in beiden Fächern den Doktorgrad erwarb. Ein Jahr später erhielt C. eine Dozentur für Rechtsvergleichung an der Universität Madrid. 1875–78 wurde er mit dem Amt eines Abogado del Estado für die Provinzen Guipúzcoa, Guadalajara und Huesca betraut, einem hohen Verwaltungsposten. 1884 ernannte man ihn zum Mitglied einer die Rechtsvergleichung forcierenden Kommission, der Comisión de Legislación Extranjera. Ab 1890 lehrte er an der unabhängigen, in Opposition zur Amtsuniversität stehenden Madrider Institución Libre de Enseñanza.

C. ist der krausistischen Bewegung des letzten Drittels des 19. Jh.s zuzurechnen, der es u. a. um die Verwissenschaftlichung des Staats- und öffentlichen Rechts ging. Hatte er sich anfangs dem Studium der juristischen Ethik und Themen einer allgemeinen Rechtswissenschaft zugewandt (*La vida de Derecho*, 1876; *Estudios jurídicos y políticos*, 1884), widmete sich C. später vornehmlich öffentlich-rechtlichen Fragen. Er griff hierfür politische Ideen des spanischen 16. und 17. Jh.s auf. Zudem wurde er stark von der deutschen Philosophie, vornehmlich von →Hegel, Schelling und eben K. Chr. F. Krause beeinflußt. Wie sein Lehrer F. →Giner de los Rios setzte sich C. für ein dezentralisierendes staatliches Ordnungskonzept mit autonomen Lokalverwaltungen und einer neuen verwaltungsrechtlichen Struktur ein.

C. sind zahlreiche Spezialarbeiten zum Gewohnheitsrecht zu verdanken, wobei lokale Feldstudien im Zentrum standen: *Del derecho consuetudiario del Alto Aragón* (1880); *Derecho municipal consuetudinario de España* (1885). Bekannt wurde er aber v. a. durch seine Staats- und Gesellschaftskritik, die sich mit der durch die Verfassung statuierten Fiktion nicht zufrieden gab: *Oligarquía y caciquismo* (1901/02). Aus seiner empirisch abgesicherten Perspektive war der restaurative Staat der Jahre nach 1875 politisch gesehen tatsächlich eher als willkürliches Klientelsystem persönlicher Abhängigkeiten verfaßt.

Lit.: M. Moya, in: Jurisconsultos españoles, I, 237–243; G. J. G Cheyne, A bibliographical study of writings of J. C., 1972; E. Fernández Clemente, Estudios sobre J. C., 1988.

M. Dlugosch

Couture, Eduardo J. (1904–1956), uruguayischer Prozeßrechtswissenschaftler. Seit 1931 lehrt C. als Professor für Zivilprozeßrecht an der Rechts- und Sozialwissenschaftlichen Fakultät der Universität von Montevideo, ist lange Zeit deren Dekan und findet als Redaktor der «Revista de Derecho, Jurisprudencia y Administración» sowie vor allem als Verfasser eines rechtstheoretisch fundierten und rechtsvergleichend modernisierten prozessualistischen Lehr- und Studienwerks amerikaweite Anerkennung. Seine *Fundamentos de Derecho Procesal Civil* (1942 u. ö.) machen die Verfassungsgarantien des Individuums und die Prinzipien der Gerechtigkeit zum Angelpunkt des Prozeßrechts und bringen die gemeinsame Grundsatzstruktur der lateinamerikanischen Prozeßordnungen zur systematischen Darstellung. Die «Fundamentos» bilden zusammen mit den umfangreichen *Estudios de Derecho Procesal Civil* (1948–50) das verbreitetste Grundlagenwerk der modernen lateinamerikanischen Prozeßrechtslehre.

WW: Introducción al estudio del proceso civil, 1949 u. ö.
Lit.: P. Calamandrei, E. J. C., in: Riv dir proc 11, 1956, 245 ff.; Estudios Jurídicos en memoria de E. J. C., Facultad de Derecho y Ciencias Sociales de la Universidad de Montevideo, 1957; R. Treves, E. J. C., in: Riv intern fil dir 34, 1957, 468 ff; E. C. Tacconi, Evocación del Dr. E. J. C., 1976.

W. Paul

Covarubias (Covarruvias) y Leyva, Diego de (1512–1577), häufig als spanischer →Bartolus oder bedeutendster spanischer Jurist überhaupt bezeichnet, studierte Sprachen und Jurisprudenz und wurde bereits mit 21 Jahren Professor für kanonisches Recht an der Universität Salamanca. Er war an der Reformierung dieser Universität beteiligt, nahm 1561 als Berater Philipps II. am Konzil von Trient teil, wo er mit dem späteren Papst Gregor XIII. die Dekrete «De reformatione» verfaßte, wurde 1565 zum Bischof von Segovia und 1574 zum Präsidenten des Staatsrates ernannt. Seine vielen kirchenrechtlichen Schriften erschienen als *Opera omnia canonica* erstmals 1573.

C. befaßte sich mit der Interpretation der Dekretalen und ging hierbei u. a. ausführlich auf staats- und völkerrechtliche Themen, aber auch auf Fragen der Ersitzung, der Verjährung, der Erbfolge und der Restitution ein. Wirkungsgeschichtlich von erheblicher Bedeutung waren seine Aussagen zu strafrechtlichen Themen. So finden sich in Zusammenhang mit der Problematik der Irregularität von Klerikern aufgrund von Tötungsdelikten Ausführungen zu allgemeinen Lehren des Strafrechts – *In Clementis Quinti Constitutionem: Si furiosus, rubrica de homicidio, Relectio* (1560). Vor allem für seine Lehre vom «dolus indirectus» wurde er in der gemeinrechtlichen Tradition immer wieder zitiert.

Wegen seiner enormen Gelehrsamkeit, seiner vielen antiken, auch griechischen Zitate und auch wegen seiner numismatischen Forschungen wird er mitunter in die Nähe des juristischen Humanismus gerückt.

Lit.: F. Merzbacher, Azpilcueta und C. Zur Gewaltendoktrin der spanischen Kanonistik im goldenen Zeitalter, in: ZRG KA 46, 1960, 317ff.; V. Perena, D. de C., Maestro de Derecho International, 1957.

K. Seelmann

Cowell, John (1554–1611), begann seine Ausbildung in Eton, später studierte er am King's College in Cambridge Civil Law, also das rezipierte römische Recht. 1584 wurde er Mitglied im Doctors' Common in London, einer den Inns of Court vergleichbaren Institution für Juristen des Civil Law, den sog. Civilians. 1594 erhielt er einen Lehrstuhl als Regius Professor for Civil Law in Cambridge. 1608 wurde C. zusätzlich zum Generalvikar des Erzbischofs von Canterbury ernannt. C.s Karriere als Civilian fand mit der Veröffentlichung seines extrem royalistischen Buches *The Interpreter* (1607) ein jähes Ende. In diesem Wörterbuch der juristischen Begriffe vertrat er die Ansicht, die englische Monarchie sei eine absolute Monarchie und es sei nur der Güte des Königs zu verdanken, daß er auf seine Befugnisse verzichte und so dem Parlament die Möglichkeit einräume, an der Gesetzgebung mitzuwirken. Diese Ansichten fanden den erbitterten Widerstand des House of Commons. Das Buch wurde schließlich verboten und 1610 vom Henker öffentlich verbrannt. Dadurch als Gelehrter desavouiert, gab C. 1611 seine Professur auf und verstarb kurz darauf. Trotz der scharfen Kritik durch Parlament und König an C.s absolutistischer Haltung wurden andere seiner in *The Interpreter* veröffentlichten Definitionen berühmt und lange Zeit angewandt. So erfuhr sein Buch bis 1727 sieben Auflagen und galt als Standardlexikon. In dem Werk *Institutiones Iuris Anglicani ad methodum et seriem institutionum Imperialium compositae et digestae* (1605) stellte C. das englische Recht nach dem Aufbau der Institutionen des Justinian dar. Den englischen Juristen blieb das römische Recht jedoch fremd, und C. hatte, wie schon → Bracton vor ihm, keinen Erfolg mit einer solchen Darstellung des Common Law.

Lit.: DNB 12, 375 ff.; Simpson, 132 f.; W. S. Holdsworth, A History of English Law, 5, 20 ff.; D. R. Coquillétte, The Civilian Writers of Doctor's Common, 79 ff.

Ch. Köckler-Beuser

Cras, Hendrik Constantijn (1739–1820). Nach einem Jurastudium in seiner Heimatstadt Leiden (Promotion 1769) hatte C. fast fünfzig Jahre eine Lehrtätigkeit für sämtliche juristische Fächer am Athenaeum Illustre zu Amsterdam wahrgenommen. Dort besaß er 1771 den Lehrstuhl für das ius civile und das ius hodiernum, 1775 auch für das allgemeine Staatsrecht. 1790 wurde seine Lehrtätigkeit um das Natur- und Völkerrecht erweitert. Nachdem er 1806 das ius civile von J. M. →Kemper (1776–1824) übernommen hatte, erhielt C. 1809 einen Lehrauftrag für französisches Privatrecht. Außer seiner Professur hatte er vermutlich seit 1784 auch das Amt eines Stadtbibliothekars inne.

Die wissenschaftliche Tätigkeit von C. spiegelte den Niedergang des römischen Rechts in der Praxis wider. Noch 1776 befürwortete er überzeugt die Anwendung des römischen Rechts als subsidiarisches. 1790 zeigt er sich in *Oratio de dicto Ciceronis: non opinione, sed natura jus constitutum esse* unter dem Einfluß des Naturrechts als gemäßigter Gegner des römischen Rechts. Zu Ende des 18. Jh.s hatte er den Kodifikationsgedanken als einen Ausweg aus der Rechtsungewißheit erkannt und wurde zum prinzipiellen Gegner des römischen Rechts. Das Naturrecht hatte ihn ganz in seinen Bann gezogen; infolgedessen veröffentlichte er weitläufige Erörterungen über Freiheit und Gleichheit, verlor sich aber – als aufgeklärter Gelehrter – in Moralprinzipien und politisch-ethischen Reflektionen.

Seine besondere Bekanntheit verdankte C. seinen Aktivitäten in einer 1798 eingesetzten Kommission zum Entwurf nationaler Gesetzbücher. Er nahm dabei die Führungsrolle – besonders für das Privatrecht – ein. Kennzeichnend und unvermindert modern ist seine – naturrechtlich inspirierte – Vorliebe für allgemeine Grundprinzipien, sowohl in einem allgemeinen Teil wie auch für die einzelnen Gebiete des Rechts. Der von der Kommission 1804 veröffentlichte Teil der Gesetzbücher mutet dogmatisch an und hat nie Gesetzeskraft erhalten.

WW: J. M. Kemper (Hg.), Nagelaten verhandelingen en redevoeringen van Mr. H. C. C., 1–2, 182;, Nachlaß im Archiv J. M. Kemper im Algemeen Rijksarchief's-Gravenhage.

Lit.: NNBW 2, 347–350; P. C. Kop, in: Zestig juristen, 1987, 190–195.

C. J. H. Jansen

Csemegi, Károly (1826–1899). Wie bei vielen Zeitgenossen begann Cs. Karriere in der Komitatsverwaltung. Nach dem Zusammenbruch des ungarischen Freiheitskampfes 1849 arbeitete er als Anwalt auf dem Land und publizierte zu aktuellen rechtspolitischen Themen, so zum staatsrechtlichen Verhältnis Ungarns zu Österreich – *A jogvesztés elmélete és az államjog* (Zu den «verspielten» staatsrechtlichen Positionen Ungarns gegenüber Österreich, 1862).

Nach dem österreichisch-ungarischen Ausgleich 1867 wurde Cs. erst Ministerialrat, dann Staatssekretär im neu errichteten ungarischen Justizministerium. In diesen Positionen beeinflußte er wesentliche Veränderungen der Justizverfassung und des Strafrechts, so die erstmalige gesetzliche Verankerung der richterlichen Unabhängigkeit und die Trennung von Justiz und Verwaltung. Weiterhin hat Cs. die innerstaatliche Umsetzung der völkerrechtlichen Rechtshilfe durch Ungarn vorbereitet.

V. a. aber wurde die lang erstrebte Kodifizierung des Strafrechts unter der Mitwirkung von Cs. durchgeführt; er verfaßte die Entwürfe des späteren StGB und der StPO. Sein *Az 1878 évi büntetőtörvénykönyv tervezete és a büntetőeljárás két tervezete indokolással* (Der Entwurf des StGB von 1878 und die zwei Entwürfe der StPO mit Motiven) berücksichtigte ausführlich die neueren Tendenzen der europäischen Strafrechtswissenschaft. Die von ihm verfaßten Grundprinzipien des modernen Strafprozesses, *A magyar bűnvádi eljárás indokai* (Die Motive des ungarischen Strafverfahrens, 1882), wurden bereits vor dem Inkrafttreten der StPO 1900 von der Rechtsprechung angewandt, denn schon vor dem Abschluß der Arbeiten an der StPO war Cs. zum Vorsitzenden Richter am Obersten Gerichtshof ernannt worden. Außerdem betrieb Cs. die Gründung des ungarischen Juristenvereins (1878), der alsbald eine wichtige Position als rechtspolitisches Forum erlangte.

Lit.: Cs. K. emlékezete, in: Magyar Jogászegyleti Értekezések, 19, 1, 1899; Cs. mint kodifikátor és törvényhozó, in: Jogtudományi Közlöny, 13–15, 1899; H. Hajnal, Cs. K. élete és működése, 1943.

K. Gönczi

Cujas (Cujacius), Jacques

Cueva, Mario de la (1901–1981), mexikanischer Arbeitsrechtler und Staatsphilosoph. Nach einem Studium an der Escuela Nacional de Jurisprudencia de la Universidad de México sowie an den Fakultäten für Philosophie und Rechtswissenschaft der Humboldt-Universität Berlin (1932/33) lehrte C. Rechts- und Staatsphilosophie, Verfassungsrecht und v.a. Arbeitsrecht an der Rechtsfakultät der Universidad Nacional Autónoma de México (UNAM), wurde Direktor des Instituto de Investigaciones Jurídicas und Rektor der UNAM (1940–42), Dekan der Rechtsfakultät (1951–54) und Präsident der Junta Federal de Conciliación y Arbitraje (1947). Sein wissenschaftliches Werk ist vom Geist der mexikanischen Revolution geprägt. *Derecho Mexicano del Trabajo* (1938) entwirft auf der Grundlage der Deklaration der sozialen Rechte der Bauern und Arbeiter in der Mexikanischen Revolutionsverfassung von 1917 (Art. 123) und des Ley Federal del Trabajo von 1931 das System des mexikanischen Arbeitsrechts als eines speziellen Arbeitsvertragsrechtes, das nicht nach bürgerlich-rechtlichen Grundsätzen geregelt ist, sondern Ziele des Arbeiterschutzes und der sozialen Grundsicherung verfolgt. Das Folgewerk *El Nuevo Derecho Mexicano del Trabajo* (1972) schreibt den klassenspezifischen Ansatz fort und systematisiert die arbeitsrechtliche Reformentwicklung Mexikos bis zum neuen Arbeitsgesetzbuch von 1970, an der C. als Rechtsberater maßgeblich beteiligt war. Das Alterswerk *El Ideal del Estado* (1975) reflektiert das mexikanische Staatswesen im Lichte des Modernisierungsdiskurses der deutschen Staatsrechtslehre der Weimarer Zeit unter Betonung der sozialen Funktion des souveränen Staates. Das von der sozialen Rechtsidee durchdrungene Mexikanische Arbeitsrecht von C. gilt in ganz Lateinamerika als klassisches Lehrwerk.

Lit.: H. Fix-Zamudio, La Ciencia del Derecho en el último siglo: México, in: M. Rotondi (Hg.), Inchieste di Diritto Comparato, 6, 1976, 467ff.; Cincuenta aniversario del Instituto de Investigaciones Jurídicas 1940–90, Universidad Nacional de México, E 49, 1990, 95ff.

W. Paul

Cujas (Cujacius), Jacques (1522–1590), studierte in Toulouse, wo er von 1547–54 Rechtslehrer war. Nach der Berufung nach Cahors nahm er 1555 einen Lehrstuhl an der Universität Bourges an, den er mit einigen Unterbrechungen (1557–59 und 1567–75 in Valence und 1566–67 in Turin) bis zu seinem Tod behielt.

Cujas (Cujacius), Jacques

C. kann im Kreise der europäischen, v. a. französischen Juristen als die überragende Gestalt angesehen werden. Unter seinem maßgebenden Einfluß wurde die humanistische Rechtswissenschaft für zwei Jahrhunderte führend in Europa. Seine Editionen – *J.Pauli receptae sententiae* (1559); *Institutiones Justiniani* (1585) –, seine Exegesen und Theorien beherrschten die zivilistische Praxis. Seinen Ruf als überragender Exeget des klassischen römischen Rechts begründete C. mit einer Reihe von Einzelstudien, so mit dem Kommentar zu Afrikanus' neun Quaestionenbüchern, *Tractatus ad Africanum* (1570–73), oder dem Sammelband textkritischer Arbeiten *Observationum et emendationum libri XXVIII* (1556–95). Einen besonders gedankenreichen Beitrag zum ordo iuris leistete C. mit seinen *Paratitla in libros digestorum* (1570 u. ö.), in denen der ordo digestorum als gegliederte Ordnung von Klagen und Rechtsbehelfen aufgeschlüsselt wird.

C. war unter den humanistisch orientierten Juristen auch als Gräzist der bedeutendste, hat am meisten für die Rekonstruktion der «Graeca in Pandectis», der griechischen Codexkonstitutionen und griechischen Novellen und verschiedener byzantinischer Rechtsbücher und für deren Verständnis geleistet.

WW: Notae in Ulpiani Titulos 29, 1554; Commentarius in tres posteriores libros Codicis, 1562; Paratitla in libros novem Codicis, 1579; Opera, 1573; (Gesamtwerk 1–10, erstmals 1658 u. ö.).

Lit.: E. Spangenberg, J. C. und seine Zeitgenossen, 1822 (ND 1967); L. Faletti, J. C., in: DDC 4, 847–861; H. E. Troje, Graeca leguntur, 1971, 108 ff.

J. Otto

D

D'Andrea, Francesco (1625–1698). Aufgrund wirtschaftlicher Schwierigkeiten der Familie, die gleichwohl den patrizischen Status beanspruchte, verlief die Kindheit D'A.s nicht glücklich.

1641 erhielt er den Doktorgrad und widmete sich sodann dem Rechtsanwaltsberuf. Auch begann der junge Jurist die Accademia degli Oziosi im Hause des Fürsten Colonna zu besuchen, in der man Themen der neuen Wissenschaft, die im Gegensatz zum herrschenden Scholastizismus stand, diskutierte.

Zum Fiskalanwalt in Chieti ernannt, verbrachte D'A. die bewegte Periode der Revolte von Masaniello (1647–48) in den Abruzzen. 1648 kehrte er nach Neapel zurück und in einen Kreis von Intellektuellen, der sich für die Verbreitung des Denkens von Descartes und der atomistischen Philosophie einsetzte.

Die große Pest von 1656 veranlaßte ihn erneut, der Hauptstadt den Rücken zu kehren. 1663 war er jedoch wieder unter den wichtigsten Vertretern der neapolitanischen Accademia degli Investiganti zu finden, für die die Offenheit gegenüber europäischem Gedankengut und die experimentelle und historische Ausrichtung der wissenschaftlichen Forschung charakteristisch waren.

Der Einsatz des Rechtsgelehrten für die Philosophie der «Modernen» wird durch zahlreiche Handschriften bezeugt, welche in Süditalien zirkulierten und dessen Teilnahme an den lebhaften kulturellen Debatten in Europa am Ende des 17. Jh.s begünstigten.

Durch seine weitreichende intellektuelle Erfahrung stand er dem spanischen Verfassungssystem, das auch Neapel betraf, und dem System des späten ius commune allgemein kritisch gegenüber. Auch deshalb stellte D'A. seinen luziden Systemuntersuchungen Reflexionen über die juristischen Berufe und ein konstantes politisches Engagement zur Seite.

1666 schrieb der Jurist im Auftrag des Vizekönigs Pedro de Aragón die *Dissertatio de successione Ducatus Brabantiae*, die im folgenden Jahr in italienisch unter dem Titel *Risposta al Trattato delle ragioni della Regina Christianissima sopra il Ducato di Brabante* veröffentlicht wurde.

In diesem Text widerlegte er mittels präziser historischer Untersuchung und Überlegungen zur Lehre des → Grotius und der modernen Naturrechtsphilosophie die französischen Forderungen.

Weitere Schriften zu juristischen und politischen Themen schlossen sich aus der Zusammenarbeit mit dem Vizekönig und den politischen Gruppierungen Neapels an.

1685 verfaßte er die Verteidigungsschrift *Apologia in difesa degli atomisti*. Er erhielt Besuche von Mabillon und Burnet, was auf seine Anerkennung durch einen Teil des gelehrten Europas, sein internationales Ansehen und die Bedeutung der Wissenschaftler seines Kreises hinweist. 1688 wurde er zum Richter am Tribunal der Vicaria, 1689 zum Berater des Heiligen Königlichen Rates und im Jahr darauf zum Steueranwalt der Camera della Sommaria, des obersten königlichen Gerichts für Fiskalsachen, ernannt. Ab diesem Zeitpunkt tauchte in den Schriften des Gelehrten ein Themenkomplex auf, in dem die genaue Analyse der institutionellen und politischen Wirklichkeit des Vizekönigreichs Form annahm und in dem auch präzise Beobachtungen des wirtschaftlichen Lebens erfaßt wurden.

1693 wurde er in der Sommaria ersetzt und widmete sich nun intensiver seinen kulturellen Interessen, die der neuen Wissenschaft und der historisch-kritischen Methode in der Rechtswissenschaft galten.

Zwischen 1695 und 1697 arbeitete er an einem philosophischen Text, der *Risposta a favore del sig. Lionardo di Capoa contro le lettere apologetiche del P. De Benedictis gesuita*, den er in den folgenden Jahren verschiedentlich umarbeitete.

1696 vollendete er die *Avvertimenti ai nipoti*. Dieser Text, der gleichzeitig eine Art Vermächtnis und Autobiographie darstellt, beinhaltet ein Bildungs- und Verhaltensmodell für den gesamten Juristenstand. In der Anwaltstätigkeit sah er hier tatsächlich das beste Rechtsstudium und den «Königsweg», um Reichtum und Macht zu erwerben.

Lit.: DBI 32, 529–536; F. D'A., Avvertimenti ai nipoti, a cura e con introduzione di S. Ascione, pref. di R. Ajello, 1990.

A. Mazzacane

D'Argentré (Argentraeus), Bertrand (1519–1590). Aus amtsadligem Hause stammend, widmete er sich dem Rechtsstudium an der Universität Bourges, die seit →Alciat zur Hochburg der humanistischen Rechtswissenschaft geworden war und →Baron und →Duaren zu ihren Lehrern zählte. D'A. verließ diese als Doctor utriusque iuris und wurde 1547 als Nachfolger seines Vaters Seneschall von Rennes und 1551 Präsident des dortigen, von Heinrich II. geschaffenen Präsidialgerichts, Ämtern, an denen er trotz des späteren Angebots Karls IX., als Maître des requêtes in die Hauptstadt zu wechseln, festhielt. 1575 wurde er Mitglied der Kommission zur Reformation der alten «Coutume de Bretagne» und erhielt dadurch maßgeblichen Anteil an der Gestaltung der 1580 verkündeten Neufassung. In den das Frankreich des späteren 16. Jh.s erschütternden Glaubenskämpfen schloß er sich als Anhänger des alten Glaubens der Liga an, die für ihn nach dem Übertritt Heinrichs III. zum Protestantismus zugleich zum Bollwerk gegen frühabsolutistische Tendenzen des Königtums wurde. Die Besetzung der Stadt Rennes durch königliche Truppen 1589 zwang ihn, die Stadt zu verlassen und auf Schloß Tizié Zuflucht zu suchen, wo er verstarb.

Auch seine wissenschaftlichen Arbeiten widmete er zunächst ganz dem Recht und der Geschichte seiner Heimatprovinz: Diese erschienen sukzessiv seit 1568, zuerst als *Commentaires sur les quatre premiers livres de l'ancienne coutume*, und wurden nach seinem Tode von seinem Sohn gesammelt 1613 als *Commentarii in patrias Britonum leges seu consuetudines* herausgegeben. Die Kommentare D'A.s zu den Coutumes der Bretagne gehören, zusammen mit den etwas früheren Werken von Chasseneuz zu denen Burgunds und →DuMoulins zur «Coutume de Paris» und dem etwa gleichzeitigen von Choppin zu den Coutumes von Anjou, zu den bedeutendsten ihrer Gattung. Wie diese haben sie gemeineuropäische Verbreitung gefunden. Sein besonderes wissenschaftliches Verdienst besteht in der Fortentwicklung der von →Bartolus begründeten Statutentheorie, die in der durch D'A. gewonnenen Gestalt Schule gemacht und über die Niederländer bis in das 19. Jh. hinein gewirkt hat. Sie hat damit die Grundlage gelegt, auf der →Savigny und →Story die moderne Statutenlehre formuliert haben. In seinem rechtspolitischen Vorverständnis steht D'A. in einem auffallenden Gegensatz zu DuMoulin. Während dieser das Partikularrecht zugunsten des gemeinen Rechts restriktiv auslegte und in der Feudalordnung eine bloße Übergangserscheinung auf dem Wege zu dem auf einer höheren Entwicklungsstufe stehenden absoluten Fürstenstaat sah, war für D'A. das Lehnswesen unentbehrliche Voraussetzung für eine stabile politische Ordnung und zugleich Garant für ständische Freiheit und Landesautonomie und daher von bleibendem Wert. Dessen Rechtsgrundlage, das droit coutumier, versuchte er dementsprechend zu stärken und den Einfluß des römischen Rechts zurückzudrängen.

Lit.: P.V. Cadiou, B. D'A., Pamphléthaire de l'histoire de Bretagne et doctrinaire des Statuts. Thèse Rennes 1974; J. Barbey, Le sort des systèmes de l'A., in: RHD 4e série 19/20, 1940/41, 397ff.; DBF 3, 1939, 572ff.; M. de Kerdanet, Vie d'A., 1820.

E. Holthöfer

Dadine D'Auteserre (Dadinus Alteserra), Antoine (1602–1682), Rechtsgelehrter, wurde in Cahors geboren. Er erwarb sich durch seine hervorragenden Kenntnisse sowohl auf dem Gebiet des Zivil- als auch des Kirchenrechts einen besonderen Ruf. 1644 erhielt er einen Lehrstuhl an der Universität von Toulouse und wurde durch das Vertrauen des Klerus geehrt, der ihm für sein Engagement bei der Verteidigung der «iurisdictionen ecclesiasticam» eine Pension aussetzte.

Schon vor dem Antritt seiner Professur bewies D. mit seinen Werken *Lex Romana* (1641) und *De ducibus et comitibus provincialibus Galliae* (1643) sein Können. Sein Hauptwerk war das zweimal, 1659 und 1679, gedruckte und wiederaufgelegte *De fictionibus iuris*, das er G. de Lamoignon widmete. D.s im Streit für die Kirche verfaßte Widerlegung von Charles Fevrets *De abusu* wurde nicht vor 1778 veröffentlicht.

WW: Opera omnia, 11 Bde., 1770–80.
Lit.: DBF 9, 1968f.; G.L. Michaud, Biographie universelle, 19, 498f.

P. Nagel

Dalloz, Désiré (1795–1869). Nach praktischen Erfahrungen im Anwaltsberuf wurde D. 1814 Mitarbeiter am «Journal des audiences de la cour de cassation et des cours d'appel». Seit 1816 stand D. an der Spitze dieses «Journal», das seit 1824 unter dem Titel «Jurisprudence générale du royaume. Recueil périodique et critique» erschien. 1817 wurde D. in die Liste der Anwälte am Cour royale in Paris aufgenommen. Seine Plädoyers wurden in juristischen Zeitschriften («Moniteur», «Gazette des tribunaux») veröffentlicht. Nachdem er 1823–36 als Anwalt am Kassationshof und an den königlichen Obergerichten tätig gewesen war, ließ er sich zum Abgeordneten des Département Jura wählen (1837–48). Dabei erwies er sich als beharrlicher Parteigänger des Hauses Orléans. Er leistete damals nützliche Beiträge zur Diskussion verschiedener Gesetze, etwa zur Kinderarbeit in Fabriken.

Seine bedeutendste Leistung besteht jedoch in der Beförderung dessen, was er die «Entscheidungskunst» (science des arrêts) genannt hat: Unter dem Einfluß des Positivismus wollte er der Rechtsprechung einen wissenschaftlichen Charakter geben. Zu diesem Zweck gab er das *Répertoire de jurisprudence générale du royaume ou Répertoire de législation, doctrine et jurisprudence moderne* heraus. Die Entscheidungen sind darin nach Materien geordnet in alphabetischer Reihenfolge angeführt. Sie werden miteinander verglichen, erörtert und sogar kritisiert. Gleichzeitig werden die Gesetzgebung und die einschlägige Lehrmeinung erwähnt.

Die besondere Originalität dieses Repertoriums, das 1832 abgeschlossen wurde, besteht darin, daß es als eine Folge einzelner Abhandlungen angelegt ist. In Form einer Zusammenfassung wurde das «Répertoire» von D.' Bruder Armand D. in Gestalt des 1835 abgeschlossenen *Dictionnaire général et raisonné de législation, de doctrine et jurisprudence* erneut herausgegeben.

1845 begann D. mit der Herausgabe eines großen verbesserten und erweiterten Repertoriums, dem *Répertoire méthodique et alphabétique de législation, de doctrine et de jurisprudence*, das von 1845–70 erschien. Es enthält einen bemerkenswerten Abschnitt über die Gesetzgebung des benachbarten Auslands. Der erste Band ist erst nach D.' Tod unter dem Titel *Essai général sur l'histoire du droit français* erschienen. Die Erinnerung an D. lebt bis in unsere Tage in dem berühmten Verlagshaus fort, das seinen Namen trägt und einen beherrschenden Platz auf dem Gebiet der Rechtswissenschaft einnimmt. Es gibt u. a. eine fortlaufende Sammlung von Entscheidungen, Literatur und Gesetzgebung zum geltenden Recht heraus, die man kurz «den Dalloz» nennt.

Lit.: E. Meynial, Les recueils d'arrêts et les arrêtistes, in: Code civil 1804–1904. Livre du Centenaire, 1, 1904, 175–204; F. Papillard, D.D. (1795–1869), 1964.

L. Montazel

Damhouder, Joos de (1507–1581), geboren in Brügge, Jura-Studium 1524 in Löwen und 1528 in Orléans, 1531 oder 1532 Lizentiat, 1533 Doktor, 1532 Rechtsanwalt in Brügge, 1537 Pensionär, 1550 Gerichtsschreiber für Kriminalsachen der Stadt Brügge, 1552 Rat und Kommissar der Finanzen in Brüssel. Aus seiner Tätigkeit als Stadtpensionär stammt sein *Patrocinium pupillorum, minorum at-*

que prodigum (1544 u. ö.), aus der als Gerichtsschreiber seine *Praxis rerum criminalium* (1554 u. ö.). Letzteres Werk ist nur zum Teil eine Originalleistung, der Kern ist eine lateinische Übersetzung eines um 1516 auf niederländisch geschriebenen Traktats Philipp →Wielants, *Practijcke criminele*, der bis 1871 unveröffentlicht blieb; D. hat nur einen ausführlichen juristischen Kommentar hinzugefügt. Es erschien unter D.s Namen auch eine niederländische Fassung: *Practycke ende handbouck in criminele zaeken* (1555, ND 1981); diese war nicht, wie D. es darstellte, eine Übersetzung der lat. *Praxis*, sondern fast völlig ein Plagiat von Wielants *Practijcke*; die ebenfalls als Übersetzungen der Praxis angekündigten französischen und deutschen Fassungen (1554 bzw. 1565) sind in Wahrheit Übersetzungen der niederländischen Fassung. Der Erfolg dieser Ausgaben war groß, nicht zuletzt wegen der 57 Holzstiche in den meisten Drucken. Als Gegenstück veröffentlichte D. später eine *Praxis rerum civilium* (1567 u. ö.); dieses Werk ist nur eine lateinische Übersetzung der *Practycke civile* von Wielant, zwischen 1508 und 1519 geschrieben und 1558 publiziert.

D. hat vor allem als Kriminalist großen Einfluß gehabt, nicht nur in den Niederlanden, sondern in ganz Europa.

WW: Dekkers, 44–45.
Lit.: B Nat Belg 5, 59–70; NBW 5, 273–284; E. I. Strubbe, J. de D. als criminalist, in: TRG 38, 1970, 1–65; J. Dauwe/J. Monballyu, Nachwort im Nachdruck «Practycke», 1981.

R. Feenstra

De Afflictis (D'Afflitto), Matthaeus (ca. 1447–1523). Als Sohn eines adligen Razionale (Gebührenverwalter) der Camera Summaria geboren, absolvierte er die Humaniora in Neapel, studierte als Schüler von Antonius ab Alexandro (ca. 1420–1498/99) die Rechte an der dortigen Universität und wurde 1468 Doktor des römischen, bald darauf auch des kanonischen Rechts. Ohne je mit einem Lehrstuhl betraut worden zu sein, lehrte er in Neapel römisches, feudales und königliches Recht und übte zugleich eine praktische Tätigkeit als Advokat und Consulent aus. Um 1490 wurde er zum Richter an der Curia Vicaria, 1491 zum Präsident der Camera Summaria, 1495 in den königlichen Rat berufen, nach dem Herrschaftsantritt Ludwigs XII. von Frankreich jedoch 1501 wieder aus diesem Amt entfernt und von neuem mit dem Vorsitz der Camera Summaria betraut. 1506 durch Ferdinand den Katholischen, wiederum aus politischen Gründen, auch dieses Amts enthoben, kehrte er 1512 als Richter an die Curia Vicaria zurück, wo er bis zu seinem Tode verblieb.

Wie die Mehrzahl der Neapolitaner Juristen bis zum Ende des 16. Jh.s hat A. als Autor das gemeine Recht vernachlässigt und sich ausschließlich dem Feudalrecht und dem ius patrium gewidmet. Als Feudist ist er, zusammen mit dem Altersgenossen Jacobutius De Franchis (ca. 1450–1517), der letzte der im ausgehenden 13. Jh. durch Carolus de Tocco, Andreas Bonellus und Andreas de Isernia begründeten Neapolitaner Schule, die mehr als zweihundert Jahre hindurch Europa v. a. mit Erläuterungswerken zum Feudalrecht versorgt hat. Als Autor des «ius regni» ist er ein wichtiges Glied inmitten einer gleichfalls schon im 13. Jh. beginnenden, hier bis zur Einigung Italiens reichenden, im europäischen Vergleich ungewöhnlich dichten Reihe von Kommentatoren und Decisionisten zur heimischen Gesetzgebung, einer Reihe, an deren Anfang Marinus de Caramanico, Bartholomaeus de Capua und die schon als Feudisten genannten Bonellus und de Isernia und an deren Ende Michele Agresti und Domenico Capitelli stehen. Als erstes seiner Werke erschien der *Tractatus celeberrimus de iure protomiseos sive de iure congrui* (1496), eine Abhandlung des durch die königliche Gesetzgebung sanktionierten gewohnheitsrechtlichen Näherrechts. In den siebziger Jahren des 15. Jh.s entstanden, ist sie zusammen mit dem Feudalrechtskommentar das früheste seiner Werke. Dieser letztere erschien dagegen erst erheblich später, und zwar zunächst fragmentarisch als *Amplissima Commentaria in secundum librum feudorum* (1517), vollständig dann posthum als *Commentaria super primo (-tertio) feudorum libro* (1543/47). Es folgten, alsbald nach ihrer Entstehung, die meist von seiner Hand redigierten (insgesamt 404) *Decisiones S. R. Consilii Neapolitani* (1509 u. ö.), die in späteren Ausgaben immer wieder mit Zusätzen versehen wurden, darunter von Thomas Gramaticus und Carolus de Ursillis. Sein letztes, zu Beginn des 16. Jh.s entstandenes Werk ist sein Kommentar zur königlichen Gesetzgebung, *Singularis Lectura super omnibus sacris constitutionibus Regnorum utriusque Siciliae citra et ultra* (1517 u. ö.). Außerdem gibt es von ihm *Annotationes* zu den *Consuetudines Neapolitanae*, dem Stadtrecht von Neapel, jeweils in den verschiedenen Ausgaben ihres Textes seit 1546. Dem kommenden Zeitgeist entsprechend neigt er in seinen Werken zu einer regalistischen Quelleninterpretation (wie später z. B. auch DuMoulin oder Gregorio →López de Tovar).

Lit.: DBI 31, 1985, 652ff.; E. Holthöfer, in: Coing, 2, 1, 1977, 247, 252, 357; M. Ascheri, ebenda, 2, 2, 1976, 1179.

E. Holthöfer

De Chasseneuz (De Chassaneo), Bartholomaeus (1480–1541), besuchte seit 1488 die Lateinschule in Colligny, dann in Autun und begann 1493 das Rechtsstudium an der Universität Dôle, das er zunächst in Poitiers, seit 1497 in Turin, seit 1499 in Pavia fortsetzte und hier 1502 als Doctor iuris utriusque abschloß. Er war Schüler von einigen der angesehensten Rechtslehrer des alternden mos italicus, wie →Jason de Mayno (1435–1519), Filippo →Decio (1454–1535), Franciscus Curtius junior (1460/70–1533) und Rochus de Curte (1460/75 –nach 1512). Ihrem Angebot, in den Lehrkörper dieser Universität einzutreten, leistete er keine Folge, kehrte vielmehr, von der Pest vertrieben, in seine Heimat zurück, nachdem er im Herzogtum Mailand das Amt eines Maître des requêtes bekleidet hatte und für Papst Julius II. in verschiedenen Missionen unterwegs gewesen war. 1506 ließ er sich in Autun als Advokat nieder, wurde 1508 Kronanwalt der dortigen Baillage, 1525 als Rat an das Parlament in Dijon, 1531 an das Parlament in Paris berufen und schließlich 1532 Parlamentspräsident in Aix, als welcher er 1535 eine Reform des Gerichtswesens der Provence veranlaßte. In den beginnenden religiösen Wirren nahm er als Katholik eine mäßigende Haltung ein und bemühte sich, die Waldenser zu schützen.

De Ch. hat drei schon zu seinen Lebzeiten erschienene, umfangreiche Werke hinterlassen, die alle aus seinen Autuneser Jahren stammen. Das bedeutendste und zugleich früheste sind seine erstmals 1517 erschienenen *Commentaria in consuetudines ducatus Burgundiae*. Sie sind der erste große und wissenschaftlich anspruchsvolle Kommentar zum droit coutumier und gehören mit den entsprechenden Werken →DuMoulins, →D'Argentrés und René Choppins zu den bedeutendsten Werken dieser Gattung im 16. Jh. und blieben bis zum Kommentar Jean Bouhiers (1673–1746) das Standardwerk des burgundischen Provinzialrechts. Sogar unter dem Code civil wurde es noch von einigen seiner Exegeten (Laferrière, →Demolombe) argumentativ benutzt. Zu seinen Eigentümlichkeiten, die seine Verbreitung auch in Deutschland erklären, gehört der breite Raum, den es dem römischen Recht widmet. Dies ist nicht nur Ausdruck der Gelehrsamkeit des Autors, sondern v. a. durch den Gegenstand des Werks bedingt: Anders als in den anderen Landschaften des droit coutumier galt im Herzogtum Burgund für die Allodialgüter römisches Recht, und das in seiner Geltung auf den Feudalbesitz beschränkte burgundische Gewohnheitsrecht war seit dem Frühmittelalter stark mit römischrechtlichen Institutionen und Regeln durchsetzt.

Das andere von De Ch. hinterlassene juristische Werk ist eine 1531 zuerst als *Responsorum seu Consiliorum opus* erschienene Sammlung von 69 Consilien, die er in seiner Eigenschaft als Advokat erstattet hat. Der 1529 herausgekommene *Catalogus gloriae mundi* ist ein zeittypisches, die Bildung des Autors demonstrierendes enzyklopädisches Panorama.

Lit.: Ch. Dugas de la Boissony, B. de Ch. (1480–1541). Thèse Dijon 1977; DBF 8, 714f.; J.H. Pignot, B. de Ch., 1880 (ND 1970).

E. Holthöfer

De Coras (Corasius), Jean (1515–1572), Sohn eines Notars, studierte die Rechte in Toulouse, Cahors, Orléans (vielleicht auch in Angers und Paris, Ferrara und Padua), wo er Schüler von Franciscus Curtius junior (1460/70–1533) und Marianus Socinus junior (1482–1556) war, und ließ sich endlich in Siena von dem hochbetagten →Decio 1535 zum Doktor promovieren. Er wurde 1536 Professor an der Universität Toulouse, wechselte 1545 nach Valence, 1550 – unter Ausschlagung eines Rufs nach Bourges – nach Ferrara. De C. war einer der beliebtesten und didaktisch erfolgreichsten Rechtslehrer seiner Zeit. 1552 kehrte er abermals nach Frankreich zurück, wurde im Jahr darauf als Rat in das Parlament von Toulouse aufgenommen und nahm daher seine Vorlesungen an der dortigen Universität anscheinend nicht wieder auf. Zum reformierten Bekenntnis übergetreten, versuchte er 1562 Toulouse den Calvinisten zu öffnen, scheiterte jedoch. Dank seiner guten Beziehungen zum königlichen Hof wurde er rehabilitiert, jedoch später, nachdem er sich beim Wiederaufflackern des Bürgerkriegs 1568 von neuem der reformierten Partei zur Verfügung gestellt hatte und vom Prinzen Condé zum Intendanten ernannt worden war, zum Tode verurteilt und im Zuge der Protestantenverfolgungen im Anschluß an die Bartholomäusnacht 1572 im Toulouser Gefängnis ermordet.

De C. ist der jüngste jener aus →Baron, →DuMoulin, →Connan und →Duaren bestehenden zweiten Humanistengeneration in Frankreich, deren produktive Phase in die Zeit zwischen 1530 und

1560 fällt und →Cujas, →Doneau und →Hotman unmittelbar vorausgeht und die, nach dem Begründer →Budé – zusammen mit dem Italiener →Alciat – die humanistische Rechtswissenschaft in Frankreich etabliert hat.

De C. hat dies für Toulouse, eine alte Hochburg des Bartolismus, geleistet und diese Universität wieder berühmt gemacht, die dann im 17. und 18. Jh., als die anderen Universitäten im Bereich des droit écrit zur Bedeutungslosigkeit herabsanken, zum Hort des römischen Rechts in Frankreich wurde. Seine wissenschaftliche Bedeutung liegt methodisch in dem Versuch, von der bloßen Textexegese zur Aufdekkung dogmatischer Zusammenhänge vorzudringen, und sachlich in seinem Beitrag zur Rechts- und Staatstheorie, der zu →Bodin hinführt. Entstanden sind fast alle seine Werke in seinem ersten, bis 1552 reichenden Lebensabschnitt, also in seinen Professorenjahren. Seine Kommentierungen zu verschiedenen Titeln der Institutionen, der Digesten und des Codex, in denen er wie Alciat den Text lemmatisch erläutert, erschienen zunächst einzeln, später gesammelt; die Digestenkommentare als *In aliquot titulos et legum capita tomi primi Pandectarum iuris civilis (quod Digestum Vetus vocant)* (1562) und *In aliquot titulos secundi ac tertii Pandectarum tomi Commentarii* (1567), die Codexinterpretationen zusammen mit den Kommentaren zum Digestum Vetus als *In primum Pandectarum librum... Commentarii, quibus subiectae sunt in aliquot Justiniani Codicis Responsa Enarrationes* (1584) zusammengefaßt. Hinzu kommen eine Sammlung kleinerer dogmatischer Abhandlungen (1549), ein Traktat zum Benefizialrecht (1548), ein Kommentar zum Edikt Heinrichs II. gegen die heimlichen Ehen (1557), dann der Diskurs *De iuris arte libellus* (1560) und schließlich, als Zeugnis seiner forensischen Tätigkeit, eine Arrêt-Sammlung *Centuria memorabilium Curiae Tholosanae* (1599).

Eine (allerdings nicht ganz vollständige) Gesamtausgabe seiner Werke wurde von Valentin Wilhelm Forster 1603 herausgegeben.

Lit.: A. London Fell, Origins of Legislative Sovereignity and the Legislative State. 1: De C. and the Renaissance Systematization of Roman Law. 2: Classical, Medieval, and Renaissance Foundations of De C.' Systematic Methodology. 1988; DBF 9, 588ff.; P. Caze, J. de C. Notice historique, 1867.

E. Holthöfer

De Luca, Giovanni Battista (1614–1683). 1631 schrieb er sich an der friderizianischen Universität Neapel ein, an der er 1635 das Examen ablegte. Fünf Jahre lang war er anschließend als Rechtsanwalt an den wichtigsten neapolitanischen Gerichten tätig, wurde aber durch eine starke Lungentuberkulose gezwungen, nach Venosa zurückzukehren. Bis zu seiner Übersiedlung nach Rom 1644 übernahm er dort das Vikariat des Bischofs. Durch den Fürsten Ludovisi und die Kardinäle Carafa, Caracciolo und Ludovisi in die Angelegenheiten der Kurie und bei Papst Innozenz X. (1644–55) eingeführt, widmete er sich nun der gerichtlichen Tätigkeit, der er dreißig Jahre lang nachgehen sollte, und avancierte zu einem der bedeutendsten Anwälte Italiens.

Nach und nach entwickelte er ein wissenschaftliches Programm großen Umfangs, dessen Resultate zu den ambitioniertesten und eindrucksvollsten Produkten der Rechtskultur seines Zeitalters wurden. 1669 erschienen in Rom die fünf ersten Foliobände des *Theatrum veritatis et iustitiae*, welchen bis 1673 zehn weitere folgten, zwischen 1677 und 1678 dann die vier Ergänzungsbände und schließlich 1680–81 die beiden Bände mit dem Index. Diese umfangreiche Enzyklopädie wurde bis in die Mitte des 18. Jh.s ständig neugedruckt, ab und zu um decisiones der Rota Romana ergänzt. Nach der Publikation des *Theatrum* schränkte De L. seine gerichtlichen Aktivitäten ein, kümmerte sich allein um die Niederschrift der juristischen Gutachten pro veritate und engagierte sich verstärkt in der Weiterführung seiner wissenschaftlichen Arbeit. Bis 1673 hatte er in Rom mit *Il dottor volgare* eine komplette Zusammenstellung des zeitgenössischen juristischen Wissens in italienischer Sprache veröffentlicht.

Der Rechtswissenschaftler plädierte in zwei kleinen Abhandlungen, *Dello stile legale* (1674) und *Difesa della lingua italiana* (1675), für den Gebrauch des Italienischen in den wissenschaftlichen Disziplinen. Auch in den folgenden Jahren veröffentlichte er Schriften in Italienisch, die aus juristischer und institutioneller Perspektive ein umfassendes Bild der Gesellschaft seiner Zeit geben sollten.

Der Aufstieg des reformfreudigen Innozenz XI. zum Heiligen Stuhl 1676 ermöglichte es De L., sich im Bereich der Politik zu engagieren. Als vertrauter Mitarbeiter des Papstes leitete er mit Denkschriften und Rechtsgutachten viele Initiativen ein. Jedoch traf er in der Kurie auch auf eine starke Opposition und schaffte sich im konservativen Flügel viele Gegner. Diese nutzten jede Gelegenheit, den Juristen bei Innozenz in Mißkredit zu bringen. Als Mitglied der 1678 mit der Beilegung des Konfliktes mit Frankreich in der «Affaire de la régale» betrauten Gesandtschaft bereitete er zahlreiche Dokumente vor, die jedoch den Ansprüchen des Papstes nicht genügten. Und obwohl er im September 1681 die Kardinalswürde erhielt und 1682 von seinem Hauptgegenspieler, dem Sekretär des Papstes, Agostino Favoriti, durch dessen Tod befreit worden war, nahm sein Einfluß stetig ab.

Doch hinterließ er mit seinem Werk eine der wichtigsten auctoritates des späten ius commune.

Lit.: DBI 38,340–347; A. Lauro, Il cardinale G. B. De L. Diritto e riforma nello Stato della Chiesa (1676–1683), 1991.

A. Mazzacane

De Page, Henri (1894–1969). Der Sproß einer alten Brüsseler Honoratiorenfamilie studierte an der dortigen Freien Universität und erwarb 1919 den Doktor der Rechte. Zunächst Procureur-Substitut, später Richter des dortigen Instanzgerichts, schließlich dessen Vizepräsident, hatte er schon 1926 einen Lehrauftrag für Sachenrecht in Brüssel erhalten, wurde 1934 ao., 1936 o. Professor daselbst, mit Lehraufträgen für bürgerliches Recht, Rechtsvergleichung und Rechtsphilosophie.

In seinen Werken stehen zunächst Grundsatz- und Methodenfragen im Vordergrund, so in den Monographien *De l'interprétation des lois* (1925), *A propos du gouvernement des juges* (1931), *L'idée du droit naturel* (1936), *Droit naturel et positivisme juridique* (1940), bevor mit *La lésion dans les contrats* (1946) auch die Zivilrechtsdogmatik zu ihrem Recht kommt. Zu seinem Hauptwerk wird schließlich der 1935 begonnene dreizehnbändige, 1950 abgeschlossene und zuletzt gemeinsam mit René Dekkers verfaßte *Traité élementaire du droit civil belge*, die erste große Gesamtdarstellung des in Belgien geltenden Zivilrechts nach den bereits mehr als fünfzig Jahre alten *Principes du droit civil* von →Laurent, die erst hiermit in Belgien ihre praktische Bedeutung verlieren.

Zusammen mit Georges Cornil (1863–1944), P. Van der Eycken (1873–1943), Albert Kluyskens (1885–1956), Jean Dabin (1889–1971), Pierre De Harven (1896–1960), René Dekkers (1909–76) und Willi Delva (1921–80) ist De P. ein Vertreter der nach dem I. Weltkrieg auch in Belgien heimisch werdenden «École scientifique», zu deren französischen Gründern →Geny, →Esmein, →Planiol, →Lyon-Caen, →Duguit und →Hauriou gehören. Sie stellte der Grundannahme der «Ecole de l'exégèse», daß das moderne Recht sich grundsätzlich in der Gesetzgebung erschöpfe, die Rechtsanwendung also in der Regel in der Subsumtion des Einzelfalles unter das Gesetz bestehe, die Einsicht entgegen, daß das Recht ein aus verschiedenen Quellen sich nährendes, komplexes Ganzes, seine Ermittlung also nicht allein durch Gesetzgebungsauslegung zu leisten sei. Unter den «forces créatrices» des Rechts standen für De P. die sozialökonomischen gegenüber den historisch-kulturellen im Vordergrund.

Lit.: R. Van der Elst, Nekrolog, in: JdT 84, 1969, 682; E. Van Dievoet, Het burgerlijk recht in Belgie en in Nederland van 1800 tot 1940, 1943, 145 ff.

E. Holthöfer

De Villiers, John Henry (1842–1914), entstammte einer alten Hugenottenfamilie, die über die Niederlande an das Kap der Guten Hoffnung ausgewandert war. Er besuchte zunächst das South African College in Kapstadt, um 1861 zum Studium nach Europa zu gehen, begann ein Theologiestudium in Utrecht, wechselte nach Berlin, entschloß sich dann jedoch, die Anwaltslaufbahn einzuschlagen. Daher ging er an den Inner Temple in London und wurde 1865 als Barrister zugelassen. Ein Jahr später kehrte er nach Südafrika zurück und begann eine Doppelkarriere als Anwalt und Parlamentarier. 1872 wurde er zum Attorney-General in der Regierung Molteno ernannt, bereits im darauffolgenden Jahr zum Chief Justice des Cape Supreme Court. Dieses Amt bekleidete er die folgenden 37 Jahre. De V., der mehrfach wichtige Untersuchungskommissionen leitete und in politischen Krisen als Vermittler tätig war, wurde 1877 zum Ritter geschlagen, erhielt 1882 den Titel eines Knight Commander of St. Michael and St. George und wurde 1896 zum Mitglied des Judicial Committee des Privy Council in London ernannt. Er war seit 1908 Präsident der National Convention, die 1910 zur Gründung der Union von Südafrika führte. Als erster Südafrikaner wurde De V. 1910 in den Adelsstand erhoben (Baron de Villiers of Wynberg); im gleichen Jahr wurde er zum ersten Chief Justice der Union von Südafrika ernannt. Als solcher amtierte er mehrfach als Generalgouverneur.

De V. war jahrzehntelang eine der herausragenden Gestalten des öffentlichen Lebens. Er übte 41 Jahre lang das Amt des höchsten Richters seines Landes aus und prägte nachhaltig die Entwicklung des südafrikanischen Rechts. Eine faire Einschätzung seiner Leistung wird durch den Streit um die «richtigen» Rechtsquellen des südafrikanischen Rechts erschwert, der die südafrikanische Rechtswissenschaft lange Zeit entzweit hat. De V. ist als einer der Hauptverantwortlichen für die «Besudelung» des römisch-holländischen, gemeinen Rechts durch englisches Recht gebrandmarkt worden; seine Urteile seien typischerweise kurz, klar und falsch. Diese Wertung ist ebenso ungerecht und einseitig wie die von anderen vorgenommene Stilisierung De V.'s zum Retter des römisch-holländischen Rechts. De V. berief sich gern und häufig auf englische Rechtsquellen, tat dies aber nicht aus Verachtung für die Autoren des römisch-holländischen Rechts, von denen er insbesondere Johannes →Voet außerordentlich schätzte. Im Vordergrund stand für ihn stets die zügige und faire, nicht von überlebten Subtilitäten geprägte Streitentscheidung. Rechtswissenschaftliche Gelehrsamkeit war seine Sache ebensowenig wie rechtsquellenmäßiger Purismus. De V. wurde zu einer Zeit Chief Justice, als von einer irgendwie nennenswerten, eigenständigen Rechtskultur am Kap der Guten Hoffnung keine Rede sein konnte. Am Ende seiner Amtszeit war dies anders. Richtigerweise sollte man De V. deshalb als den entscheidenden Wegbereiter des römisch-holländischen Rechts in seiner spezifisch südafrikanischen Gestalt, d. h. als Begründer der heute bestehenden Mischrechtsordnung würdigen. Persönlich eher kalt, unnahbar und humorlos, war De V. damit sicherlich der einflußreichste Richter der südafrikanischen Rechtsgeschichte.

Lit.: A. J. Mc G., Lord de V., C. J. An Appreciation, in: LQR, 37, 1921, 473 ff.; E. A. Walker, Lord de V. and his Times, 1925; DSAB 1, 224 ff.

R. Zimmermann

De Wet, Johannes Christiaan (1912–1990), wurde in die bescheidene Welt der Treckfarmer des Oranje-Freistaates (einer der vier Provinzen der Südafrikanischen Union) hineingeboren. Nach Abschluß seines Jurastudiums an der Universität Stellenbosch (Kapprovinz) erwarb er mit zwei Dissertationen über *Estoppel by Representation* und den Vertrag zugunsten Dritter juristische Doktorgrade zunächst von seiner Heimatfakultät, dann, nach einem einjährigen Studienaufenthalt, zusätzlich von der Universität Leiden. Der Ausbruch des II. Weltkriegs erzwang die Rückkehr nach Südafrika, wo De W. 1942 zum Professor der Rechtswissenschaften an der Universität Stellenbosch ernannt wurde. Den ihm übertragenen Lehrstuhl besetzte er für dreißig Jahre. 1976 übernahm er noch für fünf Jahre den W.P. Schreiner Lehrstuhl für römisches Recht und Rechtsvergleichung an der Universität Kapstadt. De W. war der einflußreichste Rechtswissenschaftler und Rechtslehrer Südafrikas. Dabei spielte zum einen seine jahrzehntelange Unterrichtstätigkeit an der Universität Stellenbosch eine Rolle, deren juristische Fakultät er zu einer der führenden des Landes machte. Zum anderen und v. a. wirkte De W. durch seine Publikationen. Neben einer weiteren Monographie zu Irrtum und Arglist bei Vertragsschluß und einer Reihe von Aufsätzen entstanden insbesondere zwei Lehrbücher, *Kontraktereg en Handelsreg* (1949, 4. Aufl., 1985) mit J. P. Yeats, 1948, sowie *Strafreg* (1948, 4. Aufl., 1978) mit H. L. Swanepoel, 1949. Mit diesen Lehrbüchern wurde De W. Begründer und Hauptexponent einer neuen Richtung südafrikanischer Rechtswissenschaft. Hatten es juristische Autoren bislang als ihre Hauptaufgabe angesehen, sich an den Entscheidungen der Gerichte zu orientieren und aus diesen Orakeln der eigentlichen Rechtshonoratioren allgemeinere Regeln herauszudestillieren, so erarbeitete er auf der Grundlage der geschichtlichen Entwicklung ein in sich konsistentes System von Begriffen und Prinzipien, das seinerseits als Beurteilungsmaßstab für die vorliegende Kasuistik zu dienen hatte. Dabei ließ sich De W. nicht in erster Linie von englischem Recht, sondern von der Tradition des kontinentalen Rechts inspirieren. Dazu gehörte für De W. neben den Autoren des klassischen römisch-holländischen Rechts die deutsche Rechtswissenschaft des 19. Jh.s, insbesondere →Savigny und →Windscheid. De W. fühlte sich stets unmittelbar dem Rechtsgedanken verpflichtet; hierauf sowie auf die für De W. charakteristische Prinzipientreue und gedankliche Strenge gründete sich eine intellektuelle Selbstsicherheit, die sich nicht selten in beißender Kritik äußerte.

De W.s Bedeutung läßt sich in vier Punkten zusammenfassen. Zum einen hat er seine Muttersprache, das klare und ausdruckskräftige Afrikaans, auf das Niveau einer juristischen Wissenschaftssprache gehoben. Zum anderen hat er in den Bereichen des Vertrags- und Strafrechts die wissenschaftliche Diskussion so nachhaltig beeinflußt, daß man von einer Ära vor und nach De W. sprechen kann. Seit den sechziger Jahren setzten sich seine Ideen auch in der Rechtsprechung immer stärker durch. Zum dritten hat De W. auch befruchtend auf andere Rechtsbereiche gewirkt; die von ihm praktizierte historische Rechtswissenschaft hat zu einem Aufblühen der juristischen Literatur in Südafrika beigetragen. Und schließlich hat, im geistigen Klima Südafrikas besonders wichtig, auch De W.s kritischer Rationalismus stilbildend und inspirierend gewirkt.

Lit.: R. Zimmermann/Ch. Hugo, Fortschritte der südafrikanischen Rechtswissenschaft im 20. Jh.: Der Beitrag von J. C. de W. (1912–1990), in: TRG 60, 1992, 157 ff.

R. Zimmermann

Deák, Ferenc von (1803–1876), stammte, wie viele ungarische Liberale des 19. Jh.s, aus einer Adelsfamilie. Er studierte Jura an der Rechtsakademie in Raab und arbeitete danach als Praktikant in Pest. Nach seiner Advokatenprüfung kehrte er in sein Heimatkomitat zurück und war Justitiar in der Komitatsverwaltung und als Vizegespan Vorsitzender der lokalen Versammlung des Landadels. Später vertrat D., ein hervorragender Redner, den Landadel seines Komitats auf den Preßburger Landtagen. Innerhalb kurzer Zeit wurde D. eine der führenden Persönlichkeiten der liberalen Reformopposition und arbeitete so für die Reformierung des ständischen Ungarns und die Herbeiführung der Eigenstaatlichkeit. Anders als Kossuth trat D. ausschließlich für parlamentarische, gesetzliche Reformen ein. D. prägte das Programm der Liberalen und konnte seine Vorstellungen zur Aufhebung der adeligen Vorrechte, zur allgemeinen Steuerpflicht, zur Ablösungsgesetzgebung und Bauernbefreiung sowie zur Meinungs- und Glaubensfreiheit insoweit durchsetzen.

Im Vormärz ist D. weiterhin als Strafrechtsreformer hervorgetreten. Als Vorsitzender der Kodifikationskommission (1841–43) wirkte er bei den Reformvorschlägen zum Straf-, Strafverfahrens- und Strafvollzugsrecht mit. Schon damals war die Aufhebung der Todesstrafe und die Einrichtung von Geschworenengerichten geplant. Obwohl die Entwürfe keine Gesetzeskraft erlangten, wurden deren wesentliche Gedanken im späteren ungarischen StGB von 1878 umgesetzt (→ Csemegi).

Außerdem erarbeitete D. zusammen mit Kossuth die Grundlagen der späteren Verfassung vom April 1848 und war Justizminister der ersten liberalen Regierung. Allerdings trat D. beim Ausbruch des Unabhängigkeitskampfes zurück.

Auch nach der Niederlage des Freiheitskampfes 1849 bestimmte D. weiterhin die nationale Politik, obwohl er sich aus dem öffentlichen Leben zurückzog. Seine Passivität war ein Symbol für das Verhalten der ungarischen Nation gegenüber den österreichischen Herrschern.

Erst 1861 kehrte D. in die Politik zurück und nahm an der Judexcurialversammlung teil, die über die Geltung kaiserlicher Patente zu entscheiden hatte. Außerdem vertrat er einen Pester Wahlkreis im ersten Landtag nach 1848/49.

Auf diesem Landtag hat sich D. 1861 mit seiner Ansicht durchgesetzt, Kaiser Franz Joseph als ungarischen König de facto anzuerkennen – *D.s Adreß-Entwurf und das Staatsrecht Österreichs* (1861). Durch diesen Schritt wurde der Fortbestand der Verfassung geschützt, denn der König war nicht als verfassungsmäßiger ungarischer König gekrönt.

Auch als 1865 nach der Auflösung des Landtages die Verhandlungen zwischen dem österreichischen Herrscher und der ungarischen Nation wiederaufgenommen wurden, dominierte D. die ungarische Politik mit seinen ausgleichenden Ansichten. Er leitete das Verhältnis Ungarns zu den österreichischen Erbländern von einem bereits existierenden Staatsakt, der Pragmatischen Sanktion von 1723, ab. Sein auf deutsch und ungarisch erschienenes Werk, *Ein Beitrag zum ungarischen Staatsrecht, Bemerkungen über Wenzel Lustkandl's «Ungarisch-österreichisches Staatsrecht»* (1865), widerlegte die österreichische Gesamtstaatstheorie und schuf die Grundlage für den Ausgleich von 1867, der aus dem einheitlichen Erbkaisertum die Österreichisch-Ungarische Doppelmonarchie formte.

Danach bestimmte er u. a. neben Joseph v. Eötvös (1813–1871) als Führer der «Deák-Partei», die bis 1914 mit einer kurzen Unterbrechung die politischen Geschicke Ungarns dominieren sollte, die ungarische Politik.

Lit.: Gy. Szabad, Forradalom és kiegyezés válaszútján, 1967; Tanulmányok D. Ferencről, 1976.

K. Gönczi

Deciani (Decianus), Tiberio (1509–1582). Der aus Udine gebürtige Patriziersohn absolvierte die Humaniora und ging 1523 zum Rechtsstudium nach Padua, wo er Schüler von Franciscus Curtius junior (1460/70–1533), Petrus Paulus Parisius (1473–1545), Marianus Socinus junior (1482–1556) und Marcus Benavides Mantua (1489–1582) wurde und 1529 den Doktorgrad beider Rechte erwarb. Nach Udine zurückgekehrt, begann er eine Advokaten- und Konsulentenpraxis und wurde Mitglied des Rats, später auch der sieben Deputati ad regimen der Stadt. 1544 ließ er sich als Advokat und Konsulent in Venedig nieder. Die Republik ernannte ihn 1546 zum Rektoratsassessor für die Terraferma und zum Podestà von Vicenza, 1547 von Padua, wo er nun auch mit Vorlesungen begann und mit der 1551 abgeschlossenen Reform der Universitätsstatuten beauftragt wurde, die er in etatistischem Sinne revidierte. 1550 war er als Assessor des Podestà nach Verona versetzt worden, kehrte aber 1552, nun als Nachfolger von Hieronymus Cagnolus (1491–1551) auf das zweite Zivilrechtsordinariat berufen, nach Padua zurück. 1570 rückte er zum ersten Ordinarius auf, ein Amt, das er unter Ablehnung anderer Rufe und auch eines Angebots, als Auditor in die Curia Romana einzutreten, bis zu seinem Lebensende innehatte. 1578 verlieh ihm Venedig den Titel eines Consultor in iure.

D. gehört zu den Traktatisten und Kasuisten des 16. Jh.s, die durch ihre synthetische Kraft und ihre aus praktischer Anschauung gewonnene Differenzierungskunst zur Rechtsfortbildung nicht weniger beigetragen haben als die textkritische Akribie und der exegetische Scharfsinn eines →Cujas und anderer Humanisten. Dies gilt in besonders hohem Maße auf Rechtsgebieten, die außerhalb der gemeinrechtlichen Rechtsbücher lagen und daher nur unvollkommen erschlossen waren, wie dem Strafrecht, dem D. einen Traktat gewidmet hat. Als erster hat er darin den Versuch gemacht, der Behandlung der einzelnen Delikte und Verfahrensstufen einen Allgemeinen Teil voranzustellen, wo er u.a. zum ersten Mal einen Begriff des Straftatbestandes formuliert und einen einheitlichen Schuldbegriff einführt hat. Das unvollendet gebliebene, wohl schon in den sechziger und frühen siebziger Jahren entstandene Werk wurde erst posthum durch seinen Sohn als *Tractatus criminalis* (1590 u.ö., später auch mit Zusätzen von Brederode) veröffentlicht. Noch zu seinen Lebzeiten begannen seine insgesamt fünf Foliobände füllenden 476 Konsilien, 1579–1594, zu erscheinen.

Lit.: DBI 33, 538; A. Marongiu, La scienza del diritto penale nei secoli 16–18, in: La formazione del diritto moderno in Europa, Atti del III Congresso internazionale della Società italiana di storia del diritto, 1977, I, 407ff.; Ders., T.D. (1509–1582), lettore di diritto, consulente, criminalista, in: RSDI 7, 1934, 135ff., 312ff.; F. Schaffstein, T.D. und seine Bedeutung für die Entstehung des Allgemeinen Teils im gemeinen deutschen Strafrecht, in: DR 3, 1938, 121ff.

E. Holthöfer

Decio (Decius), Filippo (1454–1535). Als Sohn eines Mailänder Patriziers geboren, absolvierte er die Humaniora, begann 1471 ein Rechtsstudium in Pavia, wo sein Bruder Lancelotti D. und →Jason de Mayno das Zivilrecht lehrten, folgte dem Bruder 1473 nach Pisa und wurde hier 1475 Doktor des kanonischen Rechts. 1476 auf den dortigen Institutionen-Lehrstuhl, 1478 auf den ao. Zivilrechtslehrstuhl, 1483 auf den Kirchenrechtslehrstuhl berufen, wechselte er 1484 nach Siena, kehrte aber schon 1487 nach Pisa zurück, wiederum mit wechselnder Lehrverpflichtung im römischen und im kanonischen Recht. Mißhelligkeiten, wie die Auslagerung der dortigen Universität zunächst nach Prato, dann nach Florenz, sowie Fakultätsquerelen veranlaßten ihn, 1502 einen Ruf auf den Kirchenrechtslehrstuhl in Padua anzunehmen, von wo er 1505 nach Pavia zurückkehrte, um auch hier kanonisches Recht zu lehren. Nach der Plünderung seines Hauses durch Schweizer Landsknechte und der Zerstörung seiner Bibliothek 1512 verließ er die Stadt, folgte einem Ruf Ludwigs XII. nach Valence und wurde zugleich Ratsherr des Parlaments in Grenoble. Auch der Konzilspartei, die ein Reformkonzil in Lyon veranstaltete, stellte er sich zur Verfügung. Eine Rückberufung durch den französischen König 1515 nach Pavia zerschlug sich. Dem toskanischen Herzog gelang es nun, D. 1516 für Pisa zurückzugewinnen, von wo aus D. 1528 noch einmal nach Siena wechselte.

D., ein von dem König von Frankreich, dem Herzog der Toscana, der Republik Venedig und dem Papst in gleichem Maße umworbener, als Lehrer gefeierter und als Konsulent begehrter Jurist war der berühmteste und produktivste jener auf Jason de Mayno folgenden Generation gemeinrechtlicher Kommentatoren, in der die durch die Ultramontani des 13. Jh.s und durch →Cinus begründete, später durch →Bartolus und →Baldus auf ihren Höhepunkt geführte scholastische Lehrtradition des gemeinen Rechts zum letzten Mal den gelehrten Betrieb beherrschte, bevor die schon bald nach 1500 einsetzende Kritik der Humanisten ihr den Platz streitig machte. Ihre Kommentarwerke, schon äußerlich durch großen Umfang und Folioformat kenntlich, behandeln – nun zum letzten Mal – jeweils große Teile eines Rechtsbuchs mehr oder weniger vollständig, in strenger Legalfolge, ausführlich und unter Berücksichtigung der gesamten gelehrten Überlieferung.

D. übertrifft alle seine Zeitgenossen hinsichtlich des Umfangs der gedruckt überlieferten Lekturen. Sie stammen aus den letzten beiden Jahrzehnten des 15. oder den ersten beiden des 16. Jh. s.

Sein letztes und zugleich sein beliebtestes, vielleicht auch sein bedeutendstes Werk ist ein Kommentar zum Digestentitel *De regulis iuris* (vor 1521). Die darin erkennbaren Versuche systematischer Stoffdurchdringung verraten bereits humanistisches Gedankengut. Als Zeugnis seiner während des ganzen Gelehrtenlebens ausgeübten praktischen Tätigkeit ist eine Sammlung von 700 *Consilia sive Responsa* in fünf Foliobänden überliefert (vollständig zuerst 1533, später auch mit Annotationen von →Du Moulin).

Lit.: DBI 33, 554ff.; M. G. Di Renzo Villata, Scienza giuridica e legislazione nell'étà sforzesca, in: Gli Sforza a Milano e i loro rapporti con gli Stati italiani ed europei (1450–1530), 1983, 98ff.; E. Holthöfer, in: Coing, 2, 1, 1977, 156, u. a.; M. Ascheri, ebenda, 2, 1, 1976, 1211f.

E. Holthöfer

Demolombe, Jean Charles Florent (1804–1887), ging 1827 an die Rechtsfakultät nach Caen, wo er 1831 Professor für Zivilrecht wurde. Angebote, an die Juristische Fakultät nach Paris oder an den Kassationshof zu gehen, lehnte er ab, um sich ganz seinem Kommentar des Code civil zu widmen: *Cours de Code Civil*, vom 9. Bd. an *Cours de Code Napoléon*; danach trug jeder Teil einen eigenen Titel. Zunächst auf 20 Bände konzipiert, wuchs er auf 31 an, die 1845–82 erschienen. Dennoch blieb die Kommentierung in der Hälfte des Code civil beim Schuldrecht stehen, weil der Verfasser seinen eigenen Ansprüchen nicht gerecht werden konnte. Vom Ehevertrag an wurde es, in bescheidenerer Form, durch Guillouard fortgeführt.

Das Unternehmen weckte von Anfang an Skepsis bei denen, die meinten, Toullier, Duranton und →Troplong hätten das letzte Wort in der Rechtswissenschaft gesprochen. Aber es stellte sich der Herausforderung und besticht durch seine Klarheit, v. a. bei der Unterscheidung der Sachenrechte, bei den Dienstbarkeiten, bei der Erbfolge und bei den Testamenten.

Auch wenn der *Cours de Code civil* seinen Autor zum größten französischen Juristen seiner Zeit aufsteigen ließ, so gab es doch auch Kritik. Der rhetorische Gestus, die übertriebene Liebe zum Detail und freie Verwertung der Ideen anderer machten das Werk angreifbar. Trotz der in der Vorrede ausgedrückten Ansprüche bleibt es methodisch dem Code verhaftet. Die dogmatische Konstruktion und die ihm durchaus bekannten Prinzipien wurden gegenüber deskriptiven Passagen, Betrachtungen zur Praxis oder Billigkeitserwägungen vernachlässigt. So wurde das für seine Zeit bedeutendste Werk des Zivilrechts bald geringgeschätzt und vergessen.

Dernburg, Heinrich

Lit.: Gréard, Notice sur la vie et les travaux de D., in: Séances et travaux de l'Académie des sciences morales et politiques, NS 29, 1888, 111–115; L. Jouen, D. et ses œuvres, 1888; Laisné des Hayes u. a., Inauguration du monument élevé à Caen à D., 1905.

O. *Motte*

Dernburg, Heinrich (1829–1907), war vielleicht nicht der genialste, aber einer der fleißigsten und solidesten Juristen der an bedeutenden Juristen nicht gerade armen zweiten Hälfte des 19. Jh. s. Beide Elternteile stammten aus jüdischen Familien, ließen sich jedoch mit ihren Söhnen 1841 taufen. Bereits der Vater war Jurist, Professor in Gießen und Obergerichtsprocurator in Darmstadt. D. studierte in Gießen. Politisch stand er den liberalen und nationalen Ideen der Paulskirche nahe. Nach dem Studium kam er in Berlin unter den Einfluß Friedrich Ludwig →Kellers. Die Habilitation erfolgte 1852 in Heidelberg unter dem Pandektisten Vangerow. Der erste Ruf führte D. durch Vermittlung Kellers nach Zürich, wo er den praktischen Sinn der schweizerischen Juristen kennen und schätzen lernte.

Nicht ohne Hilfe →Jherings wurde D. 1862 nach Halle berufen. Von dort gelang ihm 1872 dank seiner Tätigkeit als Vertreter Halles im preußischen Herrenhaus der ersehnte Sprung nach Berlin, allerdings erst, nachdem Jhering und →Windscheid abgelehnt hatten, aber doch gegen so starke Konkurrenz wie →Goldschmidt und Bekker. In Berlin wurde D. vom König erneut ins Herrenhaus berufen. Dort bewältigte er als Mitglied der «Neuen Fraktion» in zahlreichen Kommissionen eine enorme Arbeitsleistung.

In der Wissenschaft erwarb er sich den Ruhm des eigentlichen Begründers einer Wissenschaft vom Preußischen Privatrecht, wie es im ALR kodifiziert war. In der Sache suchte er stets nach dem Ausgleich zwischen den «Merkantilinteressen» und «sozialen Utopien». Dabei glaubte er ähnlich wie →Gierke, daß die soziale Aufgabe des Privatrechts vom ALR als Frucht deutschen Rechtsdenkens besonders gut wahrgenommen würde. Dem Vorwurf eines reaktionären und doktrinären Positivismus, wie er lange Zeit der Pandektenwissenschaft gemacht worden ist, war D. zu keiner Zeit ausgesetzt. Seine wichtigsten Publikationen sind das ab 1871 in insgesamt fünf Auflagen erschienene dreibändige *Lehrbuch des Preußischen Privatrechts*, die ebenfalls dreibändigen *Pandekten*, die zwischen 1884 und 1912 acht Auflagen erlebten, sowie ein Lehrbuch über *Das Bürgerliche Recht des Deutschen Reiches und Preußens*, dessen drei Bände zwischen 1898 und 1904 von D. selbst dreimal aufgelegt wurden und später von anderen fortgesetzt wurden.

Lit.: W. Süss, H. D. – Ein Spätpandektist im Kaiserreich, 1991; K. Luig, in: H. Heinrichs u. a. (Hg.), Deutsche Juristen jüdischer Herkunft, 1993, 231.

K. Luig

Dias Ferreira, José (1837–1909). Dieser portugiesische Rechtsphilosoph und einflußreichste Zivilrechtler des späten 19. Jh.s promovierte in Coimbra zum Doktor der Rechte, wo er ab 1862 Naturrecht lehrte. Dort gab er 1865–70 eine der ersten juristischen Zeitschriften heraus, das «Jornal de jurisprudência», das im «Boletim dos tribunaes» (1885–93) seine Fortsetzung fand. Beides mußte aufgrund umfangreicher politischer Aktivitäten abgebrochen werden. D. F. war ab 1860 Parlamentsmitglied und brachte es 1905 bis zu einem Sitz im Herrenhaus. Zeitweilig war er zudem Finanz-, Justiz- und allgemeiner Staatsminister (Ministro do Reino).

Von seinem juristischen Werk sind v. a. die Verfassungsrevision 1886 und das Bemühen 1870 um eine eigene Verwaltungsgerichtsbarkeit zu nennen, hauptsächlich aber seine über K. Chr. F. Krause hinausgehende Rechtsphilosophie (*Noções fundamentais de filosofia do direito*, 1864) und die Erläuterung zum Código civil von 1867. Mit ersterer setzte – wenn auch verhalten – eine sich sozial gebende Kritik am liberalen Individualismus, eine «Teoria do mínimo ético» ein. D. F.s fünfbändiger *Codigo civil portuguez annotado* (1870–76) avancierte bis ins frühe 20. Jh. hinein zum Standardwerk portugiesischer Zivilistik. Dabei hatte er sich rein technisch betrachtet sowohl an den legislativen Vorarbeiten und den juristischen Zeitschriften seines Landes als auch an den Explikationen von J.-A. Rogron zum Code civil français orientiert. Des weiteren wurde auf den komparatistisch ausgelegten Entwurf zu einem spanischen Código civil aus dem Jahr 1851 zurückgegriffen, d. h. die *Concordancias* von → García Goyena. Inhaltlich schrieb man wohl eher den Status quo fort, um effizientes Wirtschaften und den erwünschten Fortschritt um so besser zu gewährleisten. D. F. hielt mit Blick auf den Código civil portuguez alle juristischen Neuerungen fest, die seit Anfang des 19. Jh.s durch die portugiesischen «Praxistas», u. a. M. de Almeida e Sousa und J. Homem → Correia Teles, vorweggenommen worden waren.

Lit.: M. Caetano, O Conselheiro J. D. F., 1955; G. Braga da Cruz, in: RLJ 1, 1975, 16–17; J.-M. Scholz, in: Coing, 3, 1, 781 f.

J.-M. Scholz

Díaz de Montalvo, Alonso (1405–1499), der nach dem Studium des Zivil- (Leyes) und kanonischen Rechts (Canones) in Lérida und Salamanca in der Justizverwaltung als Corregidor von Madrid und Murcia tätig war, stand in den Diensten eines der großen Militärorden und gehörte zur hohen Magistratur der Chancillería de Valladolid und des Consejo de Castilla.

D. M. wurde 1480 mit der Redaktion eines umfassenden Gesetzbuches beauftragt. Hieraus sollte die in León und Kastilien geltende Rechtsordnung hervorgehen. Bis dahin standen insbesondere der «Fuero Real», die «Siete Partidas» und verschiedene «Fueros Municipales» nebeneinander. Im Ergebnis verfaßte D. M. den «Libro de Leyes», später auch bekannt als «Ordenamiento de Montalvo». Dort wurde das kastilische Recht zwischen dem «Fuero Real» von 1255 und den «Cortes» von 1480 gesammelt. Inhaltlich ging diese Sammlung zu guten Teilen in die «Nueva» und 1805 in die «Novísima Recopilación» ein. Außerdem kommentierte D. M. den «Ordenamiento de Alcalá» von 1348, den «Fuero Real» und die «Siete Partidas» (→Lopez de Tovar) von 1290.

Lit.: A. Goicoechea, in: Jurisconsultos españoles 1, 23–30; A. Pérez Martín/J.-M. Scholz, Legislación y jurisprudencia, 1978, 15 ff.; M. Scheppach, Las Siete Partidas, 1991, 53 ff.

N. Reichardt

Diephuis, Gerard (1817–1892). Nach einem Studium der Rechtswissenschaften sowie der Altphilologie und Promotion an der Universität zu Groningen 1840–42 war D. 1844–56 Richter am Landgericht (Arrondissementsrechtbank) in Winschoten und 1856–57 Gerichtsrat am Oberlandesgericht (Gerechtshof) in Groningen. Nach einem kurzen Intermezzo als Schulrat folgte er 1859 einem Ruf nach Groningen als Professor für bürgerliches Recht, Zivilprozeßrecht und Handelsrecht.

D. wurde wegen der von ihm befürworteten Ablehnung des Gewohnheitsrechts und der Rechtsprechung als Rechtsquellen, der Betonung des Wertes der Systematisierung der Rechtswissenschaft und der Aufmerksamkeit, die er den Interpretationsmethoden entgegenbrachte, sowie der Betonung der Vorrangstellung des Gesetzgebers bei der Erneuerung des Rechts für einen Vertreter des Legismus gehalten, der 1850–80 in den Niederlanden dominierte. Der Auffassung von D. nach nahm die Rechtswissenschaft eine Sonderstellung ein, u. a. weil die Rechtsprechung völlig von ihr absorbiert werde.

Die Werke von D. bekunden französischen Einfluß, sowohl in der Rechtsdogmatik wie auch in der Rechtsprechung. Sie sprechen außerdem für eine gewisse anti-römischrechtliche Grundtendenz. Das römische Recht zur Unterstützung einer bestimmten Auffassung in Anspruch zu nehmen, hatte für ihn überhaupt keinen Wert. D. war Autor zahlreicher Handbücher: *Het Nederlandsch burgerlijk regt naar de volgorde van het Burgerlijk Wetboek* (9 Bde., 1844–56); *Handboek voor het Nederlandsch burgerlijk regt* (3 Bde., 1862–64); *Handboek voor het Nederlandsch handelsregt* (3 Bde., 1865–67); *Nederlandsch burgerlijk regt* (13 Bde., 1868–91). Zudem war er Herausgeber der «Opmerkingen en Mededeelingen betreffende het Nederlandsch Regt» (1845–67) und später der «Tijdschrift voor het Nederlandsch Regt» (1868–75).

Lit.: NNBW 9, 199; E. H. Hondius, in: Zestig juristen, 1987, 215–217; J. H. A. Lokin, Acht Groningse juristen en hun Genootschap, 1986, 105–134; C. W. Opzoomer, G. D. 1892–1992, 1992.

C. J. H. Jansen

Dinus de Rossonis (Mugellanus; – nach 1298), studierte Zivilrecht in Bologna bis 1278 und lehrte in Pistoia (1279–84) sowie in Bologna (1284–96). Dort wurde ihm seit 1289 als erstem Zivilrechtslehrer von der Stadt ein Gehalt gezahlt. → Cinus de Sighibuldis war sein Schüler. 1296 scheint D. Kleriker geworden zu sein. Seine Gattin trat in Bologna in ein Kloster ein, er selbst begab sich an die Kurie. Er las an der päpstlichen Hochschule über das «Digestum vetus». Ob er an der Ausarbeitung des «Liber Sextus», des von Papst Bonifaz VIII. 1298 in Kraft gesetzten dritten Teils des Corpus iuris canonici, beteiligt war, ist unbekannt. Immerhin hat er den Titel «De regulis iuris» dieses Gesetzbuchs kommentiert (D. 1518). 1298 kehrte D. nach Bologna zurück, wo er im September desselben Jahres urkundlich zum letzten Mal erwähnt wurde.

D. hinterließ Vorlesungen und *Repetitiones* zu den Digesten (D. 1513, ND 1971) sowie *Quaestiones Infortiati*. Außerdem lieferte er

Zusätze (Additiones) zur Glosse des →Accursius, schrieb in Versen über den Zivilprozeß (D. 1569) und verfaßte Monographien und Gutachten (D. 1574).

Lit.: F.C. v. Savigny, Geschichte des römischen Rechts im Mittelalter, 2. Aufl., 1834–51 (ND 1956), 5, 447–464; R. Bargioni, D. da Mugello, Giureconsulto del sec. XIII, 1920.

P. Weimar

Diplovataccio (Diplovatazio), Tommaso (1468–1541), Sohn einer adeligen griechischen Familie, die beim Fall Konstantinopels ausgewandert war. Zunächst studierte er in Neapel, wohin sein Vater Giorgo im Gefolge von Ippolita Sforza, der Gattin des Alfonso de Aragon, gekommen war und wo er Maria Laskaris, eine Verwandte des bekannten Costantino, geheiratet hatte. Bei diesem in Messina gedachte D. zunächst, seine Studien zu beenden, schrieb sich dann jedoch, als seine Mutter nach Venedig übersiedelte, an der Universität Padua ein, an der er 1486–88 blieb. Der erneute Umzug seiner Mutter brachte ihn 1489 in das zum Herzogtum der Camilla de Aragon gehörende Pesaro, das Sitz einer aktiven byzantinischen Gemeinschaft war. Dennoch nahm er nicht sofort das ihm angebotene Amt des Appellationsrates an. Er zog es vor, sein Rechtsstudium in Perugia zu beenden. Anschließend promovierte er 1490 in Ferrara.

Von 1492–1507 hatte D. das Amt des Fiskals inne. 1494 heiratete er dann die Tochter eines reichen Kaufmanns und gelangte so zu wirtschaftlichem Wohlstand, der es ihm erlaubte, seine rechtsberatende Tätigkeit zu reduzieren und sich seinen gelehrten und bibliophilen Leidenschaften zu widmen. Als Beamter und Edelmann am herzoglichen Hof begann er den *Tractatus de praestantia doctorum* niederzuschreiben, in dem er die bedeutendsten Juristen der Antike und des Mittelalters darstellen wollte. Bis 1511 arbeitete der Jurist an dieser Abhandlung und sammelte auf diesem Gebiet, besonders in bezug auf mittelalterliche Juristen, eine Menge präziser Informationen, die später →Savigny und Schulte bei ihren Forschungsprojekten hilfreich waren. Zwischen 1504 und 1508 verfaßte der Gelehrte das *Chronicon Pisauri*, dessen Manuskript erhalten ist und Notizen über zahlreiche, heute sonst verlorene Rechtsquellen versammelt.

Trotz der bedeutenden Position, die D. in Pesaro zukam, übersiedelte er, veranlaßt durch die Tumulte im Herzogtum zu Beginn des 16. Jh.s und durch die Kriegswirren, 1517 nach Venedig. Hier blühte das Verlagswesen. Auch die Lebendigkeit der humanistischen Zirkel von Venedig sowie seine Freundschaft zu der dort angesiedelten einflußreichen Gemeinschaft griechischer Exilanten begünstigten seine Entscheidung.

Der Jurist begann nun seine wichtige verlegerische Tätigkeit, indem er *De regulis iuris* des →Dinus de Rossonis, das mit Anmerkungen versehene Werk des →Bartolus und die *Commentaria* des Alexander de Tartagnis zur Veröffentlichung brachte.

Das von der Republik lebhaft bekundete Interesse, eine öffentliche Geschichtsschreibung, die die Freiheit der Republik Venedig feiern sollte, zu fördern, veranlaßte D. 1522, den *Tractatus de Venetae urbis libertate et eiusdem Imperii dignitate et privilegiis*, gewidmet dem Dogen Andrea Gritti, zu verfassen sowie die Schrift *De potentissima Venetiarum urbe*, deren Niederschrift er jedoch 1527 abbrach. Enttäuscht über den mageren Erfolg seiner Arbeit, für die er sich die Anerkennung der Republik erwartet hatte, kehrte er 1530 nach Pesaro zurück und verbrachte dort seine letzten Jahre als einflußreiches Mitglied des Senats der Stadt.

Lit.: DBI 40, 249–254.

A. Mazzacane

Domat, Jean (1625–1696). Als Sproß einer alten Juristenfamilie und Sohn eines Notars geboren, studierte er auf Veranlassung seines Großonkels, des Beichtvaters Ludwigs XIII., Jacques Sirmond, die Humaniora am Collège de Clermont in Paris. Hier lernte er den zwei Jahre älteren Blaise Pascal kennen, mit dem er sein Leben lang wissenschaftlich und freundschaftlich verbunden blieb. 1642 begann er das Rechtsstudium in Bourges, wo er 1645 promovierte. Darauf ließ er sich als Advokat in Clermont nieder und wurde 1655 Kronanwalt (Procureur du roi) am dortigen Präsidialgericht, trat aber 1683 von diesem Amt zurück und ging, von Ludwig XIV. mit einer Pension ausgestattet, als Privatgelehrter nach Paris, um sich ausschließlich den wissenschaftlichen Arbeiten zu widmen. Gegenstand seiner Studien war nicht nur das römische und heimische Recht, sondern auch die jansenistische Theologie, die Philosophie und die Naturwissenschaften.

D. ist einer der in Frankreich seit der Mitte des 17. Jh.s selten gewordenen Autoren des römischen Rechts (außer ihm noch →D'Auteserre, Menage, Catherinot) und der einzige nach →Favre und den beiden →Godefroy, der auch außerhalb Frankreichs noch auf eine größere Resonanz gestoßen ist. Sein Hauptwerk *Les lois civiles dans leur ordre naturel* (1689 u. ö.) ist nicht weniger als 68mal wieder-aufgelegt und vielfach übersetzt worden. Es macht den Versuch, die in den vier justinianischen Rechtsbüchern überlieferte Rechtsmasse in einem neuen, «natürlichen» System nach Art eines Naturrechtslehrbuchs darzustellen. Es steht insofern in der durch die Humanisten begründeten Tradition, die historisch zufällige Legalordnung durch einen rationellen und konsistenten Ordo iuris zu ersetzen, und ist, nach den allerdings viel gründlicheren und dogmatisch ergiebigeren, dafür systematisch weniger konsistenten *Commentarii iuris civilis* des →Doneau – das erste Werk dieser Art von europäischem Rang. Wie schon Doneau, konzentriert sich D. ganz auf das moderne römische und kanonische Recht und fügt nun – anders als dieser – das dem römischen Recht derogierende oder es ergänzende droit français, das sich inzwischen nicht nur aus dem droit coutumier, sondern auch aus den ordonnances royales nährt, darin ein. Insofern gehört sein Werk zu dem um 1600 sich ausprägenden Literaturtyp der «Censura iuris romani». Die Argumentation und Regelbildung bei D. ist, wie der Titel schon andeutet, von naturrechtlichen Vorstellungen geleitet und vor allem →Grotius verpflichtet. Anders als für die zeitgenössischen und die späteren deutschen Naturrechtstheoretiker wie →Pufendorf, →Thomasius und Ch. →Wolff ist für D. das Naturrecht allerdings nichts anderes als das auf seine eigenen Prinzipien zurückgeführte römische Recht (eben als ratio scripta). Zusammen mit den *Institutes* von →Loisel und den *Traités* von Pothier gehören sie und deren Vorgängerschriften zu den Hauptquellen des ancien droit, auf dem der Code civil beruht. Den lois civiles gehen entstehungszeitlich voraus der erst 1700 erschienene, später stets mit diesen veröffentlichte *Legum delectus*, eine Auswahl von nach damaligem Recht noch anwendbaren Digestenstellen, ferner der in allen Ausgaben der «lois civiles» mitabgedruckte *Traité des lois*, eine rechtsphilosophische Grundlegung der «lois civiles». Ihnen folgen als letztes Werk 1697, als deren Ergänzung, *Le droit public*, eine staatsrechtliche Gesamtdarstellung, die später gleichfalls zusammen mit den «lois civiles» abgedruckt wurde. Das Gesamtwerk von D. erschien als *Œuvres complètes* zuerst 1821–25.

Lit.: M. F. Renoux-Zagamé, in: Rev. d'hist. des fac. de droit et de la science juridique 9, 1989, 77ff.; G. Tarelli, Storia della cultura giuridica moderna. L'Assolutismo e codificazione del diritto, 1976, 157ff.; Ders., Sistemazione e ideologia nelle «Lois civiles» di J. D., in: Materiali per una storia della cultura giuridica, 2, 1972, 159ff.; B. Baudelot, Un grand jurisconsulte du 17e siècle: J. D., Thèse Paris 1938; R.-F. Voeltzel, J. D. (1625–1696), 1936.

E. Holthöfer

Doneau (Donellus), Hugo (1527–1591), aus einer dem Ämterpatriziat angehörenden Familie in Chalons-sur-Saône stammend, absolvierte die Humaniora am Kolleg in Tournon und nahm, wahrscheinlich 1544, in Toulouse das Rechtsstudium auf, wo →De Coras und Le Ferron (ca. 1508–1585) bereits die neue, humanistische Unterrichtsmethode eingeführt hatten. Wohl 1546 wechselte er nach Bourges, dessen Fakultät gleichfalls schon in der Hand der Humanisten war und bald für ein Vierteljahrhundert zur berühmtesten unter den modernen Rechtsfakultäten in Europa werden sollte. Dort schloß er sich →Duaren an, dessen bevorzugter Schüler er wurde und mit dem ihn eine lebenslange Freundschaft verband. 1551 wurde er von ihm zum Doctor iuris civilis promoviert und anschließend vom Kanzler De l'Hospital auf einen der Zivilrechtslehrstühle dieser Universität berufen. Hier wurden außer Duaren bald auch →Cujas und →Le Conte seine Kollegen, zu denen er in erbitterte Gegnerschaft geriet. Den damit verbundenen Intrigen hielt er stand, zumal sie nach dem Weggang von Cujas und seiner Ersetzung durch →Hotman wieder aufhörten. Er mußte aber dann als Calvinist wegen der im Anschluß an die Bartholomäusnacht einsetzenden Hugenottenverfolgungen 1572 nach Genf fliehen, wo auch Hotman schon Zuflucht gefunden hatte und wo bald auch der ältere Godefroy Aufnahme finden sollte. Hier erreichte ihn noch in demselben Jahr ein Ruf auf den Codex-Lehrstuhl nach Heidelberg, nachdem der zunächst berufene Matthaeus →Wesenbeck abgelehnt hatte. Die Intoleranz des lutherischen Nachfolgers des calvinistischen Kurfürsten Friedrich III. bewog ihn, 1579 einen Ruf auf den ersten Zivilrechtslehrstuhl in Leiden anzunehmen. An dieser erst fünf Jahre zuvor gegründeten holländischen Universität, die im 17. Jh. zur ersten in ganz Europa aufsteigen sollte, erreichte er den Höhepunkt seiner Karriere. In die Kontroversen zwischen der radikalen, theokratischen Richtung der Calvinisten, der er angehörte, und dem weltlichen Regiment von Provinz und Republik verstrickt, wurde er subversiver Propaganda verdächtigt und mußte den Lehrstuhl 1587 seinem Nachfolger →Bronchorst überlassen. So blieb ihm nichts anderes übrig, als 1588 einen Ruf an die lutherische

Universität Altdorf anzunehmen. Ihre Fakultät konnte sich zwar mit der Leidener nicht messen, war aber immerhin eine der angeseheneren innerhalb des Reichs.

D. ist aus heutiger Sicht, zusammen mit Cujas, der größte unter den Rechtsgelehrten des Humanismus und gehört zu den überragenden Gestalten der europäischen Rechtsgeschichte. Beinahe vergessen, verhalf ihm erst →Savigny zum allgemeinen Durchbruch.

D. nimmt unter den jüngeren, auf De Coras folgenden Humanisten eine gewisse Sonderstellung ein. Was an ihm auffällt, ist das gänzliche Fehlen textkritischer oder gar antiquarischer Studien. Sein Interesse galt allein der dogmatischen Erschließung des römischen Rechts, so wie es rezipiert war und zu seiner Zeit galt. Dabei stieß er zu einer systematischen Neuordnung des Stoffes vor, die nicht mehr bloß philosophisch appliziert war (wie noch bei →Connan), sondern aus dem positiven Recht selbst gewonnen wurde (wie schon der Italiener →Claro es versucht hatte). Mit dieser «iuris in artem redactio» widmete er sich der anspruchsvollsten Aufgabe, die die humanistische Rechtswissenschaft sich gestellt hatte. Er führte sie zwar keiner vollkommenen Lösung zu, ließ aber alle anderen in dieser Richtung unternommenen Versuche weit hinter sich.

D. begann sein literarisches Werk spät mit der Erläuterung einiger Corpus-iuris-Titel zwischen 1556 und 1589. Schon in ihnen zeigt sich seine Meisterschaft subtiler, aus profunder Kenntnis des Quellenganzen schöpfender Exegese und dogmatischer Synthese der über das Corpus iuris verstreuten Quellenfragmente. Sie werden zu Vorstudien seines erst in den Leidener Jahren in Angriff genommenen Hauptwerks *Commentarii de iure civili* (I–V, 1589, VI–XI, 1590). Die noch fehlenden siebzehn wurden von seinem Nachfolger Scipio Gentilis herausgegeben. Ferner ist eine von Jeremias Reusner angefertigte Nachschrift einer Codexvorlesung überliefert, das *Commentariorum sive recitationum ad librum quartum Codicis Justinianei paralipomena* (1602). Gesamtwerk (1762–70 u.ö.)

Die historische Leistung D.s besteht darin, den Systemgedanken für die Rechtsdogmatik fruchtbar gemacht zu haben. Dabei wird, im Unterschied zu allen anderen Systematikern vor Savigny, am Primat der exegetischen Sinnermittlung festgehalten. Der systematische Entwurf soll nur dazu dienen, durch Auffindung der inneren Ordnung der Materie die im Quellenganzen verstreuten Einzelnormen richtig zu verstehen. Diese eigentümliche Synthese von exegetischem Verständnis und systematischem Denken hat eine Fülle weiterführender dogmatischer Erkenntnisse gebracht.

Lit.: C. A. Cannata, Systématique et dogmatique dans les Commentarii iuris civilis de H. D., in: B. Schmidlin/A. Dufour (Hg.), Jacques Godefroy (1587–1652) et l'Humanisme juridique à Genève. Actes du Colloque Jacques Godefroy, 1991, 217 ff.; R. Feenstra, H. D. et les juristes néerlandais du 17e siècle: L'influence de son système sur l'évolution du droit privé avant le Pandectisme, dass. 231 ff.; E. Holthöfer, H. D. 1527–1591, in: Fränkische Lebensbilder 10, 1982, 157 ff.; H. E. Troje, in: Coing, 2, 1, 1977, 763 ff.; A. P. Th. Eyssell, D., sa vie et ses ouvrages, 1860; M. Ahsmann, Collegia en Colleges. Juridisch onderwijs aan de Leidse Universiteit 1575–1630 in het Bijzonder het disputeren, Diss Leiden 1990, 49–72.

E. Holthöfer

Dou de Bassols, Ramón Llàtzer de (1742–1832), Verfasser des ersten spanischen Systems des öffentlichen Rechts und seiner Institutionen, studierte 1760–64 Jurisprudenz an der Universität Cervera/Katalonien. Nach der Lizentiatur 1765 und der Promotion 1767 arbeitete er sechs Jahre lang als Advokat. Danach begann seine akademische Karriere an der Universität Cervera, wo er nach verschiedenen Dozenturen eine Professur für kanonisches und römisches Recht versah, die über eine Domherrenstelle an der Kathedrale von Barcelona finanziert wurde. Während des spanischen Unabhängigkeitskrieges war D. Deputierter und seit 1811 Präsident der Cortes von Cádiz.

D. ging gegenüber dem formalen Aufbau der Institutionen Justinians und eines →Vinnius auf Distanz. Beide Vorgaben kamen für ihn als Ordnungsprinzipien des Rechts nur bedingt in Frage. Einerseits gäben sie die Rechtsmaterien nur unvollständig wieder, andererseits sei ihr System (método) nicht exakt genug angelegt. Diese Unklarheiten hätten bisher eine Systematisierung des Rechts und einen entsprechenden Unterricht verhindert. Vielmehr sei →Domat und →Heineccius zu folgen, die schon zuvor versucht hätten, aus den Institutionen und Digesten die zugrundeliegenden Regeln herauszulesen und diese in ein System zu bringen. Damit sei die Struktur des römischen Rechts erstmalig transparent geworden.

Unter methodischen Gesichtspunkten ging es D. weniger um rein formale Fragen, wie die sequenzielle Anordnung der Rechtsmaterien. Angesichts dessen, daß man in jedem Fall von einem Realobjekt auszugehen habe, die diesbezüglichen Beobachterperspektiven aber wechseln könnten, stelle sich nun einmal die Wirklichkeit als äußerst komplex dar. Daher sei konzeptionelles und deduktives Denken notwendig, um sich den Zugang zum Recht nicht zu versperren.

Von diesen Überlegungen ausgehend, schrieb D. mit seinen *Instituciones del Derecho público general de España* (1800–03) die erste systematische Darstellung zu den öffentlich-rechtlich verfaßten staatlichen Instanzen der damaligen spanischen Welt. Er gliederte dieses Werk zwar noch nach →Tribonian in drei Bücher (personas, casos, juicios). Indem D. aber die einzelnen Rechtsmaterien jeweils einem allgemeinen und einem besonderen Teil zuordnete, z. B. ein allgemeines Gerichtsverfahren von den speziellen Verfahren an den Universitätsgerichten unterschied, konzipierte er den Staats- und Verwaltungsaufbau völlig neu.

Lit.: A. Elías de Molins, Diccionario biográfico y bibliográfico de escritores y artistas catalanes del siglo XIX, 1, 1889, 532–536; B. Clavero, La disputa del método en las postrimerías de una sociedad, in: AHDE 1978, 307–334.

F. Ross

Douglas, William O. (1898–1980). Nach seinem Studium am Whitman College, Washington (1916–20), war D. zunächst zwei Jahre lang Lehrer, bevor er sein rechtswissenschaftliches Studium an der Columbia University (1922–25) fortsetzte, zu der er nach kurzer Anwaltstätigkeit 1928 als Professor der Rechte zurückkehrte. 1929 nahm D. den Ruf der Yale University an. Präsident F. Roosevelt berief D. 1936 in die Securities and Exchange Commission, deren Vorsitz D. 1937 übernahm. Es folgte 1939 seine Ernennung zum Richter am Supreme Court, dem er bis 1975 angehörte.

Beeinflußt von der Theorie des «Legal Realism», galt D. als Pragmatiker, der anhand der Sachlage entschied und nicht abstrakte, dogmatische Streitigkeiten zu lösen versuchte. Dementsprechend analysierte D. das politische, soziologische und ökonomische Umfeld, das durch Rechtssätze berührt wurde, und interpretierte Rechtsregeln so, daß sie den typischen Anforderungen dieses Umfeldes genügten. In der «Bill of Rights» sah D. einen nicht abgeschlossenen Katalog von Abwehrrechten des Individuums gegen den Staat, der so weit wie möglich und nicht nur so weit wie nötig greifen sollte. Dies gelte ebenfalls für die Bundesstaaten, die durch das 14. Amendment vollständig an die «Bill of Rights» gebunden seien. Der Schutzbereich der «freedom of speech» wurde von D. extensiv ausgelegt. Nach seiner Ansicht schloß er sowohl die Kundgabe von Meinung durch Sitzblockaden als auch Obszönitäten grundsätzlich ein. Mit einer Reihe von Sondervoten zu diesen Problemkreisen schuf D. das intellektuelle Fundament für spätere Änderungen der Rechtsprechung durch den liberaleren →Warren Court der sechziger Jahre (z. B.: «Griffin vs. California», 1965; «N. Y. Times vs. Sullivan», 1969; «Lamont vs. Postmaster General», 1965).

Lit.: J. F. Simon, Independent Journey: The Life of W. O. D., 1980; V. Countryman, The Judicial Record of Justice W. O. D., 1974.

F. Arndt

Drezner, Tomasz (1560–1616), trat 1594 in den Dienst des polnischen Großkanzlers Jan Zamojski, der ihm dank seiner 1601 erschienenen und vielfach wiederaufgelegten Arbeit, *Processus iudiciarius Regni Poloniae*, ein juristisches Studium im Ausland ermöglichte. Er studierte 1602–04 in Paris, Padua und schließlich in Orléans, wo er den Doktortitel erwarb. 1602 gab er in Paris eine kleine Arbeit, *Similia iuris Polonici cum Romano*, heraus, in der er die Übereinstimmungen zwischen dem polnischen und römischen Recht nachwies. 1610 wurde er Professor an der Akademie in Zamość, 1615 deren Rektor. Aus seinen Vorlesungen über römisches und polnisches Recht entstand 1613 als Handbuch für seine Hörer sein *Institutionum iuris Regni Poloniae*.

Lit.: J. Ptaśnik, T. D., in: Minerwa Polska, 1929; G. Bukowska, T. D. 1560–1616, 1960; PSB 5, 376.

W. Uruszczak

Duaren (Duarenus), François (1509–1559), Sohn eines adeligen Richters, studierte in Bourges Rechtswissenschaften und nahm dann in Paris unter →Budé literarische und philosophische Studien auf. Nach dem Tod des Vaters führte er dessen Amt fort, kehrte 1536 nach Paris zurück, hielt dort Rechtsvorlesungen und war als Advokat am Parlement von Paris tätig. 1538 folgte er einem Ruf nach Bourges auf den Lehrstuhl von →Alciat, den er nach einem langen Streit mit seinem Kollegen →Baro aufgab und nach Paris zurückkehrte. Nach dem Tode Baros lehrte D. ab 1550 wieder in Bourges, wo er auch starb.

D. hinterließ ein umfangreiches Werk von Kommentaren zu einzelnen Titel des Corpus iuris civilis, die ihn auch als ausgezeichneten Philologen ausweisen. Sein Kommentar zum römischen Vertragsrecht *Commentarius de pactis* (1544) beeinflußte erheblich die moderne Schuldrechtslehre. Sein Studienprogramm, das er 1544 vorlegte – *De ratione docendi discendique iuris epistola* –, hat erstmals das humanistisch geprägte Studium (mos gallicus) grundlegend fixiert. Verbesserung der Sprachkenntnisse, Einführungsveranstaltungen auf der Grundlage der justinianischen Institutionen, Abstand von den scholastischen Kommentaren und methodisches Vorgehen gestützt auf die Gesetzestexte des Corpus iuris waren die wesentlichen Reforminhalte, die zur festen Einrichtung der meisten europäischen Universitäten wurden.

WW: Disputationum anniversarium, liber primus, 1547; De sacris ecclesiae ministeriis ac beneficiis libri 8, 1551; Heptaemeron sive de iure accrescendi, libri duo, 1555; Opera omnia 1550.
Lit.: W. Vogt, F.D., 1971; F.L. Berra, F.D., in: NDI 6, 311.

J. Otto

Duguit, Léon (1859–1928), wurde 1886, nach kurzer Station in Caen, an die Rechtsfakultät nach Bordeaux berufen, wo er von 1892 bis zu seinem Tod einen Lehrstuhl für Verfassungsrecht innehatte. Dort wurde er einer der bedeutendsten Vertreter des französischen öffentlichen Rechts und Gründer der «Ecole de Bordeaux».

Seine Beiträge, die er in freundschaftlicher Rivalität mit Maurice →Hauriou – ihre Namen sind untrennbar verbunden – entwickelte, zielten in doppelter Weise auf eine allgemeine Theorie des Rechts. Zum einen entwarf er eine originelle, radikal objektivistische Theorie des Rechts. Zum anderen hatte er eine daraus erwachsende persönliche Vorstellung von den Beziehungen zwischen dem Recht und anderen Sozialwissenschaften, was ihn zu einer wichtigen Veränderung der Analyse der juristischen Wirklichkeit führte.

Sein Werk beginnt mit zwei Artikeln – *Le droit constitutionnel et la sociologie* (1889); *Des fonctions de l'Etat moderne* (1894) –, in denen er sich vollständig an die Philosophie von Spencer anlehnt, also an eine Mischung von Positivismus und Organizismus, von dem er später nur die positivistischen Ideen beibehalten sollte. Entscheidend für seine Sicht sind dann die Bände *L'Etat, le droit objectif et la loi positive* (1901) und *L'Etat, les gouvernants et les agents* (1903), vereint unter dem Titel *Etudes de droit public*. Diese haben sein Ansehen begründet. Sie formulieren seine «realistische» Sicht von Recht und Staat, also eine radikal positivistische, von allen Elementen a priori sowie von metaphysischen Annahmen absehende Theorie. Für ihn ist der Staat weder ein von jeder Rechtspflicht gegenüber den Bürgern befreiter Souverän noch eine juristische Person, deren Wille dem der einzelnen übergeordnet ist, sondern lediglich eine Gruppe von Menschen, die an einer Aufgabe arbeiten und die von Regierenden bei der Erfüllung ihrer materiellen und immateriellen Aufgaben gelenkt und kontrolliert werden.

Von nun an blieb seine Theorie unverändert. In *Le droit social, le droit individuel et les transformations de l'Etat* (1908) beharrte er auf der grundlegenden Rolle des subjektiven Rechts. In *Les transformations du droit privé* (1911) führte er diesen Gedanken für das Privatrecht durch. Schließlich zeigte er in *Les transformations du droit public* (1913) die wesentliche Rolle des Beamtentums für das Verwaltungsrecht und seine Bedeutung für die Struktur des Staates. Da D. sich aber nicht nur auf Kritik beschränken, sondern auch ein positives Konzept des öffentlichen Rechts auf der Grundlage seiner Theorie geben wollte, schrieb er den *Traité du droit constitutionnel* (1911), dem ein *Manuel de droit constitutionnel* (1907) in herkömmlicher Manier vorausging. In der Vorrede zur 2. Auflage des «Traité» erklärte er, seine Theorie sei nunmehr abgeschlossen, er wolle sie nicht mehr modifizieren. Doch präzisierte er sie nochmals in der 3. Auflage von 1928, die jedoch wegen seines Todes unvollendet blieb.

Trotz oder gerade wegen der Neuheit seiner Theorie wurde sein Werk von allen Studierenden der Rechtswissenschaft rezipiert und durch seine zahlreichen Schüler verbreitet. Sein vielfach umstrittenes Werk hat eine tiefen Einfluß auf die Entwicklung des gesamten öffentlichen Rechts ausgeübt.

Lit.: Dumas u. a., A la mémoire de L. D., 1929; R. Bonnard, L. D., ses œuvres, sa doctrine, in: Revue du droit public 46, 1929, 5–51; D. Grimm, Solidarität als Rechtsprinzip. Die Rechts- und Staatslehre L. D.s in ihrer Zeit, 1973.

O. Motte

DuMoulin (Molinaeus), Charles (1500–1566), stammte aus einer protestantischen Juristenfamilie, betrieb zunächst bei G.→Budé in Paris Sprachstudien, nahm danach ein Rechtsstudium in Poitiers und Orléans auf und ließ sich 1522 in Paris als Advokat nieder. D., der sich zum Calvinismus bekannte, mußte wegen seines Glaubens 1552

Frankreich verlassen, floh über Basel nach Genf, hielt sich längere Zeit in Straßburg auf und nahm 1553 einen Lehrstuhl an der Universität Tübingen an. Zwei Jahre später kehrte er nach Frankreich zurück, hielt Vorlesungen in Dôles, mußte aufgrund des erneuten Ausbruchs der Glaubenskämpfe immer wieder untertauchen, hielt sich überwiegend in Lyon auf und kehrte dann 1564 nach Paris zurück, wo er sich öffentlich vom Calvinismus abwandte.

D. verfaßte einen bedeutenden Kommentar zur Pariser Coutume – *Liber primus* (1539). Zum gleichen Themenkreis folgte eine Kommentierung zahlreicher französischer Gewohnheitsrechte – *Le grand coutumier contenant les coutumes générales et particulières du royaume de France et de Gaules* (1567). Seine römischrechtlichen Werke zeigen ihn als profunden Kenner der Quellen und überragenden Analytiker, so in den Kommentaren zu den Consilien des →Alexander Tartagnus (1544) und der *Extricatio labyrinthi sexdecim legum* (1562). Seine scharfe Kritik an den Mißbräuchen im Dispens- und Pfründewesen innerhalb der katholischen Kirche legte D. in einem Kommentar zum Edikt Heinrichs II. – *Commentarius ad edict. Henr. II. contra pravas datas et abusus curiae Romanae* (1552) – nieder, der zu seiner Zeit immenses Aufsehen erregte und damals wohl jedem Juristen in Europa bekannt war. Daneben war D. ein hochgeschätzter Rechtsgutachter – *Consilia et responsa juris analytica* (1560).

WW: Tractatus de eo quod interest, 1546; Quinque solennes lectiones Dolanae, 1557; Nova et analytica explicatio rubricae et L.1.et 2. de verborum oblig., 1562; Opera omnia 1618.

Lit.: F. Gamillscheg, Der Einfluß D.s auf die Entwicklung des Kollisionsrechts, 1955; G. M., Ch. D., 1956; J.-L. Thireau, Ch. D., 1980.

J. Otto

Durán y Bas, Manuel (1823–1907), Vertreter der historischen Rechtsschule (→Savigny), gilt als einer der bedeutendsten spanischen Juristen seiner Epoche. Nach dem Studium der Rechte war er 1848/49 Dozent für politische Ökonomie und Wirtschaftsgeographie an der Barceloneser Handelsschule. D. B. vertrat an der juristischen Fakultät der Universität Barcelona seit 1850 die Lehrstühle für römisches sowie Zivilrecht und übte danach folgende Professuren aus: 1858–62 diejenigen für Staats- und Verwaltungsrecht, Rechtstheorie, Verfahrensrecht und forensische Praxis; 1862–99 die für

Handels- und Strafrecht. Nach seiner Aufnahme in das dortige Anwaltskolleg 1846 war D.B. bald Advokat der wichtigsten katalanischen Familien. Er bekleidete zahlreiche Verwaltungsposten, sowohl in seiner Heimat Katalonien als auch in Spanien, so 1899 das Amt des Justizministers. Von den zahlreichen Mitgliedschaften in Akademien, Stiftungen und Wirtschaftsvereinigungen, bei denen ihm auch häufig der Vorsitz zufiel, seien nur die folgenden Institutionen genannt: die Academia de Jurisprudencia y Legislación, die Sociedad Económica Barcelonesa und die Comisión Española de la Fundación Savigny.

Hauptsächlich in dem Vortrag *La escuela filosófica y la escuela histórica*, der erst 1889 in *La codificación y sus problemas* erschien, wandte sich D.B. gegen die in Spanien vorherrschende sog. Philosophische Schule, die von einer naturrechtlichen Konzeption ausging. Bei dieser, kritisierte er, sei das Recht nur Ausfluß eines rationalen Prinzips, während es doch dem nationalen Volksgeist entstamme und auf ein geschichtlich gebundenes Menschenbild zurückgehe. Folgerichtig müsse schriftlich fixiertes Gewohnheitsrecht als Aussage des «espíritu nacional» verstanden werden. Solange in Spanien trotz politischer die gesellschaftliche Einheit fehle, sei eine Gesamtkodifikation des bürgerlichen Rechts nicht ratsam. Aus politischen Gründen befürwortete D.B. deshalb regionale «Códigos». Seiner Meinung nach benötige Spanien bei weiter zunehmender Kommunikation eine interprovinzial konzipierte Rechtseinheit. Obwohl sonst erklärter Gegner allspanischer Kodifikationsbestrebungen, war D.B. auf dieser Grundlage zur Mitarbeit an einer gesamtspanischen Kodifizierung des Zivilrechts bereit; eine vergleichsweise konziliante Rechtspolitik von seiten eines →Alonso Martínez kam ihm hierbei entgegen. D.B. erhielt von der Regierung den Auftrag, die in Katalonien geltenden Rechtsinstitutionen in einem Memorandum zusammenzufassen. Hierin sollten die Rechtsmaterien aufgelistet werden, die als Ausnahme dem «Código civil» vorgehen sollten. So faßte D.B. in der *Memoria acerca de las instituciones del Derecho civil de Cataluña* (1883) erstmals das seinerzeit in Katalonien anzuwendende Recht zusammen, was eine bis heute nachwirkende Renaissance des katalanischen Rechts auslöste. Als Vertreter des wirtschaftlichen Zentrums Spaniens nahm D.B. wesentlichen Einfluß auf die Kodifikation von 1888/89. Zugleich sicherte er hiermit den großen katalanischen Familien, deren einflußreichster Advokat er war, ihre sozioökonomische Basis. Dennoch zeigen gerade seine Mitarbeit am «Código civil» wie seine spätere Zurückhaltung einen gewissen Konsens der führenden Schichten Spaniens, den nationalen Ausgleich zu suchen, fühlten sich doch diese durch Unruhen bedroht, die mit den achtziger Jahren einsetzten.

Lit.: J. Camps i Arboix, D. y B., 1961; J.-M. Scholz, in: Coing, 3, 1, 456–467, 513–568; J.F. Lasso Gaite, El Ministerio de Justicia, 159–161.

F. Ross

Durantis, Guilelmus d. Ä. (Speculator), (um 1237–1296), juristischer Praktiker, Verwaltungsfachmann, Militär, Theologe der praktischen Richtung. Der Kleriker studierte zunächst in Lyon und ca. 1255 in Bologna bei Bernhardus de Botone und war anschließend Professor in Modena. Ab 1262 diente er der Kurie vor allem in verschiedenen Richterämtern. 1275 redigierte er die Beschlüsse des zweiten Konzils von Lyon. Dem auf dem Höhepunkt seiner weltlichen Macht stehenden Papsttum diente er ab 1278 als höchster Beamter in der Romagna und den Marken, unterbrochen nur von wenigen Jahren, in denen er Bischof von Mende war.

Drei seiner kanonistischen Werke waren überaus einflußreich: Vor 1285 schrieb er ein *Breviarium* oder *Repertorium*, das, dem «Liber Extra» folgend, in Frage und Antwort das kanonische Recht erschloß. Im *Rationale divinorum officiorum* – vor 1291 verfaßt – gab D. in acht Büchern die erste vollständige Darstellung des ius liturgicum. An seinem kanonistischen Hauptwerk, *Speculum judicale* (1289–91), in zweiter Fassung, schrieb er über 20 Jahre. Es liefert unter ausführlicher Berücksichtigung der Praxis (viele Formulare) das gesamte geistliche Gerichtswesen in allen Einzelheiten. In der Aktualisierung durch →Johannes Andreae und →Baldus erfuhr es große Verbreitung. «Die Blütezeit des gelehrten Prozeßrechts findet (bei D.) ihren Abschluß. Das *Speculum* gehört zu den Hauptwerken der europäischen Rechtskultur, weniger weil sein Verfasser ein origineller und geistvoller Kopf, sondern weil er ein erschöpfender Kompilator war. ... Das Speculum wird so zur Autorität, die stagnierend wirkt» (K. Nörr).

Lit.: G. D., Évêque de Mende (vers 1230–1296), Actes de la table Ronde du CNRS, Mende 1990, 1992; H. Hayez, in: Lex MA 3, 1469–1470; HRG 1, 790–791; C. Fasolt, Council and Hierarchy. The Political Thought of William Durant the Younger, 1991.

J. Müller

E

Ebussuud (arab. Abū s-Suʿūd, 1490–1574), auch Hoca Çelebi genannt, war osmanischer Jurist ḥanafitischer Provenienz (→ Abū Ḥanīfa) und Korankommentator. Er begann seine Karriere als Lehrer, wurde 1533 zum Richter zunächst in Bursa, dann in Istanbul ernannt. 1537 übernahm er das Amt des Militärrichters von Rumelien und schließlich 1545 – als Krönung seiner Laufbahn – das des Großmufti bzw. Šaiḫ al-Islām unter Sultan Sulaimān dem Prächtigen (1520–66) und später unter Selīm II. (1566–74), welches er bis zu seinem Lebensende 1574 innehatte. Der Šaiḫ al-Islām war das Oberhaupt der juristischen Hierarchie und höchster Beamter im osmanischen Staat, dem die Überwachung der Anwendung des islamischen Rechtes (Šarīʿa) und die Kontrolle der Aktivität der Richter oblag. Unter E. erreichte das Amt seinen Zenit. Wegen seiner engen Kooperation mit dem Herrscher ist ihm jedoch auch Ränkespiel und Liebedienerei vorgeworfen worden. So hat er Sulaimāns Tötung der Sekte der Yaziden und Selīms Angriff auf Zypern trotz eines Friedensvertrages mit Venedig durch Rechtsgutachten legitimiert.

E.s Bedeutung beruht darauf, daß er in Zusammenarbeit mit Sulaimān, der auch al-Qānūnī, der Gesetzgeber, genannt wird, das osmanische Recht auf eine neue Basis stellte. Er schuf die Verbindung von «qānūn», dem osmanischen Verwaltungsgesetz, und dem islamischen Recht, der Šarīʿa. Während in den vorhergehenden Jahrhunderten die muslimischen Juristen und mithin auch die Richter auf die zumindest theoretische Unabhängigkeit der Šarīʿa verwiesen hatten, der letztlich auch der Herrscher selbst unterstand, brachte E. eine bereits vor ihm im osmanischen Reich begonnene Entwicklung der Rechtsverwaltung in ein theoretisches System, wonach die Kompetenz der Richter sich eindeutig vom Herrscher ableitete und diese deshalb an die Vorgaben des Herrschers gebunden waren. Damit waren die Richter nicht mehr frei in der Anwendung der Šarīʿa, sondern unterstanden direkt politischen Direktiven, die in Form der sog. «qānūn-nāmes» (Gesetzesbriefe) von den Herrschern promulgiert wurden. Das osmanische Reich verfügte damit über eine effektive Verwaltung der Rechtsprechung.

Schon in seiner Zeit als Militärrichter von Rumelien hatte E. auf Anweisung des Sultans begonnen, das Landrecht der europäischen Provinzen zu überarbeiten und die Prinzipien der Šarīʿa darauf anzuwenden. In seinen Rechtsgutachten (Ebussuud: *Fetvalari*, hrsg. v. M. E. Düzdag, Istanbul 1983; *Qānūnnāma-yi ǧadīd* und *Maʿrūḍāt* in: «Millī Tetebbüʿler Meǧmūʿasi» I, 1–2, s. a. P. Horster: Zur Anwendung des islamischen Rechts im 16. Jahrhundert, Stuttgart 1935) hat er sich über die verschiedensten Themen ausgelassen. Berühmt ist seine Erlaubnis des Qaragöz, des Schattenspiels, und sein Rechtsgutachten zum Genuß von Kaffee – eines zu dieser Zeit ganz neuen Genußmittels.

Lit.: J. Schacht, Abu 'l-Suʿūd, in: EI² 1, 152.

I. Schneider

Eck, Cornelis van (1662–1732). Während fast eines halben Jahrhunderts hat der aus Arnheim gebürtige v. E. das Gesicht der Utrechter juristischen Fakultät bestimmt. Er studierte in Utrecht Sprach- und Literaturwissenschaft und seit 1680 in Leiden Jura. 1682 promovierte er bei J. →Voet mit der Dissertation *De septem damnatis legibus*, die siebenmal neu aufgelegt wurde. Nachdem er kurze Zeit als Rechtsanwalt in Tiel tätig gewesen war, erhielt er 1686 eine Professur in Franeker, die er mit der Rede *De praestantia et necessitate iuris civilis Romani* antrat. 1693 folgte er in Utrecht H. →Cocceji als Professor iuris mit einer Antrittsrede *De ratione studii juris recte instituendi* nach und bekam 1713 als erster Utrechter Professor den Titel «Professor iuris hodierni».

Abgesehen von vier Rektoratsreden und der Herausgabe einiger Schriften anderer hat v. E. sich mit zwei Unterrichtswerken einen Namen gemacht. Sein 1689 erschienenes, elementares Lehrbuch *Principia juris civilis secundum ordinem Digestorum* erlebte bis 1784 sechs Neuauflagen. Es wurde bis in die ersten Jahrzehnte des 19. Jh.s in Vorlesungen benutzt, nicht nur in Utrecht, sondern auch in Harderwijk, Franeker, Amsterdam, Leiden und Groningen. Daneben veröffentlichte er 1694 eine Sammlung von *Theses juris controversi sive disputationum anniversariarum secundum ordinem Digestorum*, die für Disputiercollegia bestimmt waren und ebenfalls zahlreiche Neuauflagen fanden.

Bei seinen Zeitgenossen war v. E. nicht nur als ein verdienstvoller Gelehrter und Korrespondent bekannt, sondern auch als Autor eleganter lateinischer Gedichte.

WW: BGNR Utrecht, 65–103; Korrespondenz in UB Utrecht.
Lit.: NNBW 1, 784–786; G. C. J. J. van den Bergh, C. v. E. 1662–1732, in: G. C. J. J. v. d. Bergh (Hg.), Rechtsgeleerd Utrecht, 1986, 36–54.

M. Ahsmann

Ehrlich, Eugen (1862–1922). Der in Czernowitz in der österreichischen Bukowina geborene E. gilt als führender Vertreter der Freirechtsbewegung und in einer engen konzeptionellen Verbindung hiermit auch als Zentralfigur der frühen Rechtssoziologie. Anders als etwa der Franzose Emile Durkheim oder der Deutsche Max Weber handelte E. als Inhaber eines juristischen Lehrstuhls (in Czernowitz seit 1896; römisches Recht), auf dem er auch nach der Angliederung an Rumänien bis zu seinem Tode blieb.

Als einer der ersten schärfte E. unter der Kategorie des «lebenden Rechts» den Blick für das Recht als gesellschaftliches Phänomen und förderte damit eine Betrachtungsweise, die er, vermittelt über einen positivistischen Wissenschaftsbegriff, in Gegensatz zu der juristischen Kunstlehre, aber auch zur spekulativen Rechtsphilosophie rückte. Während ihm die organisatorische Konsolidierung seines 1910 ins Leben gerufenen «Seminars für lebendes Recht» versagt blieb, hinterließ E. ein reiches persönliches Œuvre mit dem rechtssoziologischen Hauptwerk der *Grundlegung der Soziologie des Rechts* (1913), vorbereitet durch *Die Erforschung des lebenden Rechts* (1911). Im Unterschied zu den heute herrschenden staatsorientierten Zwangstheorien verfocht E. einen eigenwilligen sozialpsychologisch determinierten Rechtsbegriff, der auf die differentiellen Formen des Devianzerlebens abstellte. Generell stand E., noch sichtlich von der historischen Rechtsschule beeindruckt, dem staatlich generierten Recht skeptisch gegenüber. Als Rechtssoziologe behauptete er gar dessen relative Bedeutungslosigkeit und sagte für die Zukunft noch weitere Bedeutungsverluste voraus. Sein Hauptinteresse galt demgegenüber dem gesellschaftlichen Recht, wie es fern der Gesetzgebungsmaschine in den verschiedenen Arenen der bürgerlichen Gesellschaft spontan erzeugt und tradiert wurde.

Gesetzgebungspessimismus und Orientierung am «lebenden Recht» waren die Voraussetzungen für die Wertschätzung der systematisierenden Jurisprudenz, besonders aber für das außerordentliche Interesse, das E. der Rechtsanwendung entgegenbrachte. Seit seiner frühen Schrift *Über Lücken im Rechte* von 1888 hat E. mechanistischen Vorstellungen von der Funktionsweise der Justiz entgegengewirkt, wobei die Arbeit *Freie Rechtsfindung und freie Rechtswissenschaft* von 1903 zu einem auch begriffsprägenden Höhepunkt der Freirechtsbewegung hinführte. In der Rationalisierung des richterlichen Freiheitsgebrauchs sah E. schließlich in seinen methodischen Stellungnahmen (die Theorie der richterlichen Rechtsfindung blieb unvollendet) die große Aufgabe der entstehenden Rechtssoziologie. Es ist nicht zuletzt dieser allemal problematische Gedanke einer soziologischen Jurisprudenz, der E. die spätere verstärkte Beachtung im interessenjuristischen Kontext verschaffte.

Lit.: Th. Raiser, Rechtssoziologie, 1987, 58ff.; M. Rehbinder, Die Begründung der Rechtssoziologie durch E. E., 2. Aufl., 1986; K. F. Röhl, Rechtssoziologie, 1987, 27ff.

G. Bender

Eichhorn, Karl Friedrich (1781–1854). Ab 1797 Studium in Göttingen, dem Zentrum der pragmatisch-historischen Rechtslehre des römischen (→Hugo) wie deutschen (→Pütter u. a.) Rechts. Nach «Kavalierstour» nach Wetzlar, Regensburg, Wien zum Kennenlernen der Verfassungsorgane des Reiches 1803 Privatdozent in Göttingen, 1805 o. Professor in Frankfurt/Oder, 1811 an der neugegründeten Berliner Universität als Vertreter des deutschen Rechts neben →Savigny als Romanist. Als preußischer Rittmeister nahm er aus innerer Überzeugung an den Befreiungskriegen teil. 1817 Annahme eines Rufes nach Göttingen, dort bis 1829 große Lehrerfolge. Danach wegen Krankheit Rückzug ins Privatleben, unterbrochen von nur kurzen Tätigkeiten im preußischen Staatsdienst auf Betreiben Savignys.

E. wird meist als «Vater der deutschen Rechtsgeschichte» charakterisiert und als Begründer des germanistischen Zweigs der historischen Schule neben den Romanisten Savigny gestellt. Das ist nur mit Einschränkungen richtig. E. gab in der Tat mit Savigny 1815 die programmatische «Zeitschrift für geschichtliche Rechtswissenschaft» heraus. Er begründete weiterhin mit der *Deutschen Staats- und Rechtsgeschichte* (1808–23 u. ö.) und der *Einleitung in das deutsche Privatrecht mit Einschluß des Lehnrechts* (1823 u. ö.) die bis hin zu H. Mitteis' «Grundrissen» maßgebende Lehrbuchtradition einer von der Verfassungsgeschichte bis zu den Rechtsquellen reichenden Entwicklungsgeschichte des «deutschen» (d. h. nichtrömischen) Rechts einerseits und der systematisch-dogmatisch geordneten Darstellung ebendieses (Privat-)Rechts andererseits. Stärker als Savigny ruht E. dabei aber auf der Konzeption der Göttinger Schule, wie sie im deutschen Recht von Pütter, im römischen von Hugo dargestellt wird. Dazu gehört auch die Trennung in äußere (Entwicklungsgeschichte) und innere (dogmatisch-systematisch geordnete) Rechtsgeschichte. Weiterhin haben ihn die literarisch-juristischen Arbeiten von Justus →Möser beeinflußt. Bei E. fehlt jedoch die Berührung Savignys mit den modernen literarischen (Klassik, Romantik) und philosophischen (→Kant, Idealismus) Bewegungen der Zeit, die diesem eine neue sprachliche Darstellungskraft und eine tiefere philosophische Grundlegung seiner Rechtslehre ermöglichten. Die Beziehung des deutschen Rechts auf die unbewußten Kräfte des «Volksgeistes» bleibt darum auch dem Savigny-Schüler Jakob →Grimm überlassen, während E. die Einheit des deutschen Rechts aus den Gemeinsamkeiten der alten Landrechte, sein «System» aus den angeblich zugrundeliegenden übereinstimmenden Grundsätzen begründet. Während →Gierke später die Nicht-Staatlichkeit der mittelalterlichen, von ihm als genossenschaftlich beschriebenen Verfassungsordnungen erkennt, geht E. von der Einheit der öffentlichen Gewalt aus.

Zusammenfassend läßt sich sagen: E. bewahrte den weiten Anspruch der deutschen Rechtsgeschichte von der Staatsrechtslehre bis zum System eines deutschen Privatrechts, das bei ihm zuerst begründet und zusammengehalten wurde durch eine «synchronistische», in Epochen gegliederte, die Kontinuität betonende Entwicklungsgeschichte des deutschen Rechts- und Verfassungslebens. Außerdem lieferte er 1831/32 auch noch ein historisch begründetes Kirchenrecht. Er blieb aber den Ansätzen des historischen Pragmatismus der Göttinger Schule des 18. Jh. so stark verhaftet, daß sich die Leistungen der juristischen Germanistik des 19. Jh.s (J. Grimm, →Beseler, Gierke,→Sohm, H. Brunner) nicht in der Weise auf ihn als Begründer zurückführen lassen, wie dies in der Romanistik für Savigny gelten mag.

Lit.: E.-W. Böckenförde, Die deutsche verfassungsgeschichtliche Forschung im 19. Jh., 1961, 42–73; R. Conradi, K. F. E. als Staatsrechtslehrer, 1987; K. Jelusic, Die historische Methode K. F. E.s, 1936 (ND 1978); F. Wieacker, Privatrechtsgeschichte der Neuzeit, 2. Aufl., 1967, 403–405.

G. Dilcher

Eike von Repgow (um 1180/1190 – nach 1232), nachgewiesen in Urkunden zwischen 1209–33, war aus edelfreiem Stand, stammte aus Reppichau/Sachsen und war Lehnmann des Grafen Hoyer von Falkenstein, des Stiftsvogts von Quedlinburg.

E. verfaßte zwischen 1220 und 1224 den *Sachsenspiegel*, das einflußreichste Rechtsbuch im Mittelalter und zugleich älteste größere Prosawerk in deutscher Sprache. Als private Rechtsaufzeichnung zunächst in lateinischer Sprache verfaßt, wenig später ins Deutsche übertragen, wie aus der Reimvorrede hervorgeht, wurde der Sachsenspiegel von E. in Land- und Lehnrecht unterteilt und behandelt das Privat-, Straf-, Verfahrens- und Staatsrecht. Eine gewisse Berücksichtigung des kanonischen Rechts und der Reichs- und Landfriedensgesetze scheint unzweifelhaft, grundsätzlich spiegelt das Rechtsbuch aber die ungeschriebenen Rechtsgewohnheiten der Gerichtspraxis und des täglichen Rechtsverkehrs wider. Im mittelalterlichen Sinne ist das Werk bildhaft aufgebaut, in beinahe erzählerischer Weise oftmals durch themenfremde Einschübe unterbrochen und läßt dadurch nach modernen Gesichtspunkten einen systematischen Aufbau vermissen. Der Sachsenspiegel beeinflußte maßgebend andere Rechtsbücher, den Deutschen- und Schwabenspiegel, erlangte später Gesetzeskraft und galt in manchen Teilen Deutschlands, so in Thüringen, bis zur Einführung des BGB im Jahre 1900. Er ist in ca. 200, zum Teil bebilderten Handschriften überliefert. Gedruckt wurde er zuerst wohl 1474 in Basel. Zwischen 1230 und 1231 vollendete E. die *Sächsische Weltchronik*, eine teilweise durchaus objektiv abgefaßte Darstellung von geschichtlichen Ereignissen bis 1230.

WW: Sachsenspiegel, hrsg. v. C. G. Homeyer, 2 Tle. 1827 (Landrecht, 3. Aufl., 1867, Lehnrecht 1842–44.); hrsg. v. K. A. Eckhardt, 1973; hrsg. v. F. Ebel, 1993.
Lit.: Kleinheyer/Schröder, 76–78; G. Theuerkauf, Lex, speculum, compendium iuris, 1968; HRG 1, 896–899; R. Lieberwirth, E. v. R. und der Sachsenspiegel, 1992.

J. Otto

Erskine of Carnock, John (1695–1768). Nach dem für junge katholische Juristen im 18. Jh. üblichen Studium in Holland wurde E. 1719 Rechtsanwalt (Advocate) am obersten schottischen Gericht, dem Court of Session. 1737 wurde er zum Professor für schottisches Recht in Edinburgh ernannt. Dort lehrte er bis 1765.

1754 veröffentlichte E. als Lehrbuch für Studenten seine *Princip-*

les of the Law of Scotland in the order of Sir George Mackenzie's Institutions of that Law. Dieses Werk blieb für 170 Jahre das Standard-Lehrbuch des schottischen Rechts. Seine 21. Auflage erschien 1911. Posthum erschien 1773 E.s *Institute of the Law of Scotland*, das als «book of authority» des schottischen Rechts im Rang unmittelbar auf →Stair folgte. Die 8. Auflage dieses Werks stammt von 1871. Nach dem Vorbild von →Mackenzie gestand auch E. dem römischen Recht subsidiäre Geltung in Schottland im Falle des Fehlens von Gesetz und Gewohnheit zu.

Die Bemühungen von E. galten einer sorgfältigen systematischen Darstellung des Rechts, das nicht durch eine ungeordnete Masse von Gerichtsurteilen verdunkelt werden sollte. Eine streng systematisch-deduktive Darstellung bis hinab zu den einzelnen konkreten Rechtsregeln, die als Obersatz eines Syllogismus bei der Fallentscheidung dienen könnten, findet sich jedoch in der Regel weder bei Stair noch bei E. Keiner der beiden Autoren formuliert beispielsweise eine generelle Regel, die gemessen an Maßstäben des *Civil Law* als ratio decidendi für «Donoghue vs. Stevenson», den Musterfall des schottischen Deliktsrechts, hätte dienen können. Denn sowohl Stair als auch E. sprechen an der betreffenden Stelle nur vom Begriff des Schadens und nicht von der Sorgfaltspflichtverletzung.

Lit.: D.M. Walker, The Scottish Legal System, 3. Aufl., 1969, 171; D.M. Walker, The Scottish Jurists, 1985, 202–219; T.B. Smith, Studies Critical and Comparative, 1962, 109.

K. Luig

Erskine of Holland, Sir Thomas (1835–1926). Nach dem Erwerb mehrerer akademischer Titel an der Universität Oxford wurde E. 1863 Barrister an Lincoln's Inn. Nebenher hielt er Vorlesungen und publizierte wissenschaftlich. 1874 fand er den Weg zur Universität Oxford zurück, zuerst in der Nachfolge von →Blackstone als «Vinerian Reader» und dann als Professor für Internationales Recht und Diplomatie und Fellow des All Souls College.

Von seinen historischen Arbeiten sind eine Edition der Institutionen Justinians und Editionen der Werke von →Gentili, Zouche und Legnano hervorzuheben. Außerdem verfaßte er Handbücher zum Seekriegsrecht. Von E. stammt auch ein vielbenutztes Lehrbuch der Rechtsphilosophie *Elements of Jurisprudence* (1880), das sich an →Austin anlehnt. In der «Times» kommentierte er regelmäßig wichtige politische Ergeignisse. Zudem war er einer der Mitgründer der renommierten «Law Quarterly Review» und wirkte lange Jahre als Universitätsrichter. All das brachte ihm die Ehrentitel eines King's Counsel und Fellow of the British Academy ein. 1917 wurde er zum Ritter geschlagen.

Lit.: Simpson, 250.

K. Luig

Esmein, Adhémar (1848–1913), lehrte kurz an der Rechtsfakultät von Douai, ging dann 1879 nach Paris, wo er 1891 Professor für Rechtsgeschichte und Verfassungsrecht wurde, bis er 1898 einen von ihm angeregten Lehrstuhl für Geschichte des öffentlichen Rechts erhielt. Ab 1886 lehrte er parallel Kirchenrecht an der Ecole pratique des hautes études, wo er 1903 auch Studiendirektor wurde. Beide Lehrämter übte er bis zu seinem Tod aus.

E. schrieb zahlreiche Lehrbücher, so über die Geschichte des öffentlichen Rechts (*Cours élémentaire d'histoire du droit français*, 1892 u.ö.) und das Verfassungsrecht (*Eléments de droit constitutionnel*, 1896 u.ö.) und gelehrte Studien über die Geschichte des römischen Rechts, des Privatrechts, des Strafprozesses und vor allem des Kirchenrechts, das er in Frankreich auch in der Lehre erneuerte.

Auf diesem Feld konnte er den von ihm entwickelten Plan zwar nur teilweise erfüllen. In der Sammlung von Studien über die Geschichte des kanonischen Privatrechts, die seine Vorlesungen an der Ecole des hautes études resümieren sollten, kam nur *Le mariage en droit canonique* (1891) heraus. Aber andere Werke erschienen: *Le serment promissoire dans le droit canonique* (1888); *La juridiction de l'église sur le mariage en Occident* (1890); *Le serment des inculpés en droit canonique* (1896).

Lit.: E. Lavisse u. a., E., in: REns 66, 1913, 206–217; U. Stutz, A. E., in: ZRG GA 34, 1911, 737–738; A. Weiss, Notice sur la vie et les travaux de A. E., in: Séances et travaux de l'Académie des sciences morales et politiques NS 87, 1917, 437–480.

O. Motte

Eustathios Rhomaios (10./11. Jh.), war Richter am Hofgericht des byzantinischen Kaisers, dem sog. Hippodrom, dem «Reichsgericht» der Byzantiner. Seine Lebensdaten sind ungewiß. Sie dürfen in die Jahre zwischen 970 und 1030 gelegt werden, eine Zeit, in der die Wiederaneignung der verschütteten justinianischen Rechtsüberlieferung bereits in vollem Gange war. Wie die Träger dieses Prozesses in der Rechtspraxis handelten und wie diese Renaissance in den Köpfen der Juristen vonstatten ging, läßt sich nirgends besser erkennen als in den Dokumenten des E. Sie sind, leider äußerst bruchstückhaft, in einer obendrein nur verstümmelt überlieferten kleinen Sammlung enthalten, die sich als praktisches Lehrbuch, «Peira», verstand. Die «Peira» besteht aus 75 eher unsystematisch gebildeten Titeln, unter denen ihr Verfasser – ein Sekretär des E. – verschiedene Kapitel der von ihm zerlegten Gutachten, Urteile und Aufsätze des E. untergebracht hat – alles in der Absicht, die Gelehrsamkeit und den Scharfsinn des von ihm bewunderten Meisters zu demonstrieren.

Trotz dieser schlechten Bedingungen lassen sich aus den Fragmenten in groben Zügen das Klima am kaiserlichen Hofgericht, die Umstände und Regeln, denen die Verfahren folgten, und die Rechtskunde, über die die engagiert miteinander diskutierenden kaiserlichen Richter verfügten, rekonstruieren. Eine dogmatisch nicht gebundene Justiz, die sich ihre Gerechtigkeitskriterien aus dem teilweise mehr als 1000 Jahre alten Normenmaterial holt, eine feinsinnige und mehr auf «rhomäische» Bildung als auf dynamische Effizienz zielende juridische Spekulation sowie eine gute Portion Menschenkenntnis und praktische Urteilsfähigkeit ergeben eine eigenartige Mischung, die diese mittelbyzantinische Rechtskultur, in der römisches Erbe und griechische Denktradition zusammenfließen, unverwechselbar macht. Die «Peira» erfreute sich offenbar großer Beliebtheit. Noch der letzte byzantinische Jurist, der im 14. Jh. arbeitende → Armenopulos, hat sie gekannt und benutzt. Eine kritische Ausgabe fehlt.

Lit.: D. Simon, Rechtsfindung am byzantinischen Reichsgericht, 1973; N. Oikonomides, The «Peira» of Eustathios Rhomaios, in: D. Simon (Hg.), Fontes Minores 7, 1986, 169–192; D. Simon, Die Melete des Eustathios Rhomaios über die Befugnis der Witwe zur Mordanklage, in: ZRG RA 104, 1987, 559–595.

D. Simon

Everaerts (Everardi), Nicolaas (1461/62–1532). Geboren in Grijpskerke (nahe Middelburg), 1479 Studium in Löwen, zuerst Artes (Lizentiat 1483), dann Jura (Lizentiat 1491, Doktorat 1493), 1492–96 Lehrauftrag für Zivilrecht, danach wahrscheinlich ohne offizielle Stelle in Löwen, 1504 Rektor der Universität. E. bekleidete verschiedene kirchliche Ämter, u. a. war er Offizial des Bischofs von Cambrai und lernte so dessen Sekretär Erasmus von Rotterdam kennen, mit dem er sein Leben lang in Freundschaft verbunden blieb. 1505 wurde er zum geistlichen Gerichtsrat am Obersten Gerichtshof der Niederlande (Grote Raad) in Mecheln ernannt, 1510 zum Präsidenten des Gerichtshofs der Grafschaft Holland (Hof van Holland), 1528 zum Präsidenten des Grote Raad in Mecheln. In beiden letzteren Ämtern war er sehr einflußreich; er wurde später oft einfach als «praeses» zitiert.

Seine einzige zu Lebzeiten veröffentlichte Schrift, *Topicorum seu de locis legalibus liber* (1516 u. ö.), versucht durch die Werke der mittelalterlichen Doctores den Weg zu weisen; sie liefert «Stellen» (100, in späteren Ausgaben 131) für die juristische Argumentation, z. B. «locus a feudo ad emphyteusin». Das Werk hat in der Praxis großen Einfluß ausgeübt. Posthum erst wurden seine *Responsa sive consilia* (1554 u. ö.) veröffentlicht. Auch diese wurden lange Zeit als maßgebend betrachtet. Eine dritte, auch posthum veröffentlichte Schrift, *Nomenclatura legum* (1551 u. ö.), hat weniger Bedeutung.

Man hute sich davor, E. mit seinen Namensgenossen Nicolaus Everardi (II.), (1495–1570), Professor für kanonisches Recht in Ingolstadt und Mitglied des Reichskammergerichts und dessen Sohn Nicolaus Everardi (III.), (1537–1586), auch Professor in Ingolstadt und wie N. E. (I.) Verfasser von Consilia, zu verwechseln.

WW: Dekkers, 53 (unzuverlässig).
Lit.: NNBW 3, 358–360; NBW 7, 214–231; Ch. M. G. ten Raa, in: Zestig Juristen, 1987, 97–103.

R. Feenstra

Evers, Johann Gustav (1781–1830), Professor für Rechtsgeschichte an der Universität Dorpat. Wesentlich beeinflußt von der Hegelschen Definition von bürgerlicher Gesellschaft und Staat, gilt E. als einer der Begründer der wissenschaftlichen Jurisprudenz in Rußland. Die alte russische Stammesordnung galt ihm – unter Betonung ihrer Besonderheiten im Vergleich zu den westeuropäischen Staaten – als Grundlage der russischen Staatlichkeit.

In *Das älteste Recht der Russen* (1826) beschrieb er die allmähliche, von einem «patriarchalischen Zustand der bürgerlichen Gesellschaft» ausgehende Entwicklung des Rechts in Rußland. Von diesem Ansatz leitete er die unterschiedliche soziale Natur und das Herkommen von Gewohnheitsrecht und Gesetz her. Während ersteres aus der Lebenweise der patriarchalischen bürgerlichen Gesellschaft entstanden ist, ist das Gesetz ein späteres Produkt staatlicher Gewalt. Er bemerkte, daß das Wort «Gesetz» selbst ein künstlicher Begriff ist, für das in den antiken Sprachen gar kein entsprechendes Wort vorhanden gewesen ist. Die Quellen des älteren russischen Rechts wurden von ihm in vergleichender Perspektive, unter der Zielsetzung, die wesentlichen Grundzüge staatlicher Entwicklung aus dem alten Recht herzuleiten, untersucht. E. legte dem System der geltenden Rechtsnormen der archaischen russischen Gesellschaft eine Konzeption der Staatwerdung aus dem russischen Stammesverband zugrunde, die als «Stammestheorie» bekannt wurde. Er verwies darin auf den besonderen Weg des politischen Systems, in welchem die Normen der Erbfolge und der Grundherrschaft des traditionellen Typs durch die Entfaltung staatlicher Gewalt und der Ausbildung eines Territorialstaates abgelöst wurden. Die Analyse dieser spezifischen Rechtsentwicklung des russischen Staates durch E. begründete eine dauerhafte Tradition ihres Studiums in der «Staatschule».

Lit.: N. L. Rubinstein, Russkaja istoriografia, 1941; K.-D. Grothusen, Die Historische Rechtsschule Rußlands, 1961; A. N. Meduschewskij, Hegel i Gosudarstvennaja Škola russkoj istoriografii, in: VF, 3, 1988, 103–115.

A. N. Meduschewskij

F

Fadda, Carlo (1853–1931). Schüler des Dozenten für römisches Recht an der Universität Cagliari Lai. Seine juristische Ausbildung wurde durch den Unterricht bei Filippo Serafini und den wissenschaftlichen Kontakt mit Chironi, Bensa und Vittorio →Scialoja bestimmt. Als Kenner der deutschen Rechtsentwicklung des 19. Jh.s entwickelte er sich zum Pandektisten und begünstigte die pandektistische Methode im Bereich der italienischen Rechtswissenschaft. Diesem Zweck dienten auch die Anmerkungen zu den Pandekten von →Windscheid, deren wichtige Übersetzung er in Zusammenarbeit mit Bensa 1902–04 besorgte.

In Macerata, Genua und Neapel lehrte F. römisches Recht, wobei seine Lehrtätigkeit an der Universität von Neapel in wissenschaftlicher Hinsicht wohl die fruchtbarste Zeit war. Hier hielt er Vorlesungen über die Grundlagen des römischen Erbrechts (*Concetti del diritto ereditario romano*, 1900–02), das Rechtsgeschäft (*Il negozio giuridico*, 1909) und das Personen- und Familienrecht (*Diritto delle persone e della famiglia*, 1910), die seinen Ruf als Romanist steigerten.

Sehr interessiert an den aktuellen Rechtsfragen, gehörte F. zu den großen italienischen Juristen des 19. Jh.s, die wissenschaftliches Interesse, gerichtliche Aktivität und politisches Engagement zu verbinden wußten. So war er Mitglied zahlreicher italienischer und ausländischer Akademien und ebenso wichtiger Regierungskommissionen. 1912 wurde er schließlich zum Senator ernannt.

Schon in jungen Jahren begann er im «Annuario critico della giurisprudenza italiana» Aufsätze zu zivilrechtlichen Problemen zu veröffentlichen. In der Zeitschrift «Filangieri» war er Herausgeber der Rubrik «Das römische Recht in der Praxis». Hier schöpfte er regelmäßig, immer ausgehend von einem konkreten juristischen Fall, ein Rechtsprinzip aus den Quellen, das er dann für das moderne Leben übersetzte.

Von besonderem Interesse sind auch die *Pareri giuridici* (Juristische Ansichten, 3. Aufl., 1928), die deutlich sein theoretisches und praktisches Herkommen erkennen lassen.

Das monographische Werk des Rechtsgelehrten reicht von den Studien *Sulla dottrina della novazione* (1880) über *L'azione popolare* (1984) bis zu der gefeierten Denkschrift *Il buon padre di famiglia nella teoria della colpa* (1901).

Lit.: F. Maroi, C. F., 1931; V. Arangio-Ruiz, C. F., 1932.

St. Torre

Faider, Charles Jean-Baptiste Florien (1811–1893), widmete sich in Lüttich, dann in Löwen dem Rechtsstudium, wo er 1831 zum Doktor der Rechte promoviert wurde und sich als Advokat niederließ. 1835 an das Gesetzgebungsdezernat in das Innenministerium berufen, begann er seine Justizkarriere 1837 als Procureur-Substitut in Löwen, dann in Antwerpen, wo er 1842 Leiter der Staatsanwaltschaft wurde. 1844 stieg er zum Generaladvokaten am Appellhof in Brüssel, 1851 am Kassationshof auf. 1852–55 Justizminister im Kabinett De Brouckere, kehrte er darauf in sein früheres Amt zurück und wurde schließlich 1871 Generalprocureur an jenem Gerichtshof, ein Amt, das er bis zu seiner Pensionierung 1886 bekleidete.

F., ein außerordentlich vielseitiger, auch ökonomisch und historisch versierter Jurist, ist mit einer für einen Praktiker erstaunlich großen Anzahl von Veröffentlichungen verschiedenster Art hervorgetreten. Hervorzuheben sind die Monographie *Coup d'œil historique sur les institutions provinciales et communales en Belgique* (1834), der große Aufsatz *Etude sur l'application des lois inconstitutionnelles* (1851), die dreibändige Quellenausgabe der *Coutumes du pays et comté de Hainaut* (1871) und die jährlichen, später gedruckten Festansprachen zur Eröffnung der Sitzungsjahre der Cour de cassation (1871–85). Er war ständiger Mitarbeiter der «Belgique judiciaire», der «Revue communale belge», der «Revue des revues de droit», der «Revue belge» und der «Patria belgica».

Seine historische Bedeutung beruht jedoch weniger auf seinen Schriften, als auf den Anstößen, die er mit seinen kraft Amtes dem Kassationshof vorgetragenen «Conclusions» der Rechtsprechung gegeben, und dem Beitrag, den er auf diese Weise zur Rechtsfortbildung in seinem Lande geleistet hat. Mit ihnen hat er den Grund zu einer gegenüber Frankreich eigenständigen Rechtsprechungstradition gelegt. Indem er von den richterlichen Urteilen erwartete, daß sie «concilient à la fois les principes du droit positif et les nécesssités que crée le mouvement des sociétés», hat er sich schon früh von dem damals vorherrschend werdenden Gesetzespurismus der «École de l'exégèse» gelöst. Er schlug damit eine Brücke zwischen der alternden historischen Schule und der künftigen, die «École de l'exégèse» zu Beginn unseres Jh.s allmählich verdrängenden «École scientifique».

Falguera Puiguriguer, Félix Maria

Lit.: E. Van Dievoet, Het burgerlijk recht in Belgie en in Nederland van 1800 tot 1940, 1943, 127ff.; E. De Seyn, Dictionnaire des écrivains belges I, 1930, 795; Nekrolog, in: JdT 12, 1893, 449ff.

E. Holthöfer

Falguera Puiguriguer, Félix Maria (1811–1897), gilt als wesentlich für die Entwicklung eines modernen spanisch-katalanischen Notarrechts. F. war Lehrstuhlinhaber an der «Escuela de Notaría» von Barcelona, wo er schon 1827–34 seine erste Ausbildung bekommen hatte. 1835–40 studierte er Rechtswissenschaft an der Universität von Barcelona. Dort erwarb er auch 1844 den Doktortitel. F. begann seine praktische Notarkarriere 1834 in der Militärgerichtsbarkeit. Nach 1844 widmete er sich vorwiegend der Lehrtätigkeit und war nur daneben als Advokat tätig. Abgesehen von einer kleinen Unterbrechung gehörte er 1863–89 dem Leitungsgremium der Barceloneser Notarkammer an, wobei ihm 18 Jahre lang das Dekanat zufiel.

Von seinem Lehrstuhl aus, der Theorie und Praxis der Abfassung notarieller wie gerichtlicher Urkunden abzudecken hatte, stieg er im 19. Jh. zur Schlüsselfigur bei der Bewahrung und zeitgemäßen Umgestaltung des katalanischen Zivilrechts auf. F.s Vorlesungen ersetzten den Unterricht in katalanischem Recht, die der offizielle Lehrplan der juristischen Fakultät Barcelonas nicht vorgesehen hatte. Einmal Notar, sorgten seine Schüler endlich für die Verbreitung der von ihm bereits 1836, im Rahmen der ersten Edition seines *Formulario*, neu aufgestellten Kontrakt- und Testamentsklauseln. Bei der Umformulierung war es in vielen Fällen zur inhaltlichen Aktualisierung gekommen. Für Katalonien ist hierauf beispielsweise der Übergang vom römischrechtlichen fideicommissum zur Nacherbschaft zurückzuführen. Darüber hinaus war F. 1858 wesentlich an der Gründung einer Fachzeitschrift für Notare beteiligt. «La Notaría» sollte in der Zukunft einen Großteil seines Gesamtwerks wiedergeben. Der Nachdruck vieler dieser Artikel in den zahlreichen juristischen Zeitschriften des spanischen 19. Jh.s trug zu seinem hohen Ansehen bei. Neben José Gonzalo de las Casas (1826–1894) galt F. als höchste Autorität in sämtlichen Fragen des Notariats.

Lit.: J. Marsal, F. M. F., segons «La notaría», in: Actes del I Congrés d'Història del Notariat Català, 1995.

J. Marsal Guillamet

Farinacci, Prospero (1544–1618). Die Beziehungen des Vaters ebneten ihm den Weg für eine Karriere als Richter, die er zunächst, nachdem er 1566 (wahrscheinlich) in Perugia die Doktorprüfung abgelegt hatte, auch anstrebte.

1567 trat der Jurist als Generalkommissar des Lehengutes Bracciano in die Dienste des Herzogs Orsini; im folgenden Jahr wechselte er als Statthalter des Gouverneurs von Civitavecchia zur päpstlichen Kammer. Zu Beginn des Jahres 1570 wurde F. zum ersten Mal inhaftiert, wobei der Grund der Inhaftierung nicht bekannt ist. Sicher ist nur, daß diese zumindest für seine weitere Karriere ohne Bedeutung blieb.

Gewandt, mit unbestreitbaren Talenten und beachtlichen fachlichen Fähigkeiten ausgestattet, widmete er sich nun dem Anwaltsberuf, den er mit großer Skrupellosigkeit ausübte. 1580 erhielt er jedoch wegen «schlechten Lebenswandels» und zahlreicher Handelsdelikte ein vorübergehendes Berufsverbot. Zwei Jahre später, 1582, wurde F. schließlich in eine schwere Schlägerei verwickelt, die ihn ein Auge kostete, Narben im Gesicht hinterließ und einen bis 1584 dauernden Prozeß nach sich zog. Er wurde von der Corte Savella zu einer einjährigen Haftstrafe verurteilt.

Durch die Protektion des Kardinals d'Altemps und der Familie Aldobrandini wurde dem Juristen die Fortsetzung seiner beruflichen Karriere ermöglicht. 1591 ernannte ihn Papst Gregor XV. zum Beauftragten für die Strafgerichtsbarkeit in der Romagna.

Nach Rom kehrte F. bald zurück: hier erhielt er weiterhin zahlreiche Anzeigen wegen Veruntreuung und eine Anklage wegen Sodomie. 1596 wurde er davon durch Papst Clemens VII. freigesprochen und in den Anwaltsstand wiederaufgenommen.

In der Zwischenzeit hatte er mit der Veröffentlichung einer umfangreichen strafrechtlichen Enzyklopädie, der *Praxis et theorica criminalis*, begonnen. Die Arbeit an diesem Werk hatte er 1581 aufgenommen, 1614 schloß er sie ab. Die *Praxis* erschien in sieben Auflagen und genoß in ganz Europa großes Ansehen.

Im August 1599 übernahm F. die Verteidigung in dem aufsehenerregenden Prozeß gegen Beatrice Cenci und deren Verwandte, die des Mordes am Vater Beatrices, Francesco Cenci, bezichtigt wurden. Die Übernahme der Verteidigung in diesem Prozeß ist wohl die bekannteste Episode in der Biographie F. s. Die Geschichte inspirierte Stendhal zu einer seiner «Italienischen Erzählungen».

Trotz seiner anstößigen Lebensweise als Strafrechtler bewundert und geschätzt, avancierte der Jurist 1605 zum Berater des Heiligen

Rates und kurz darauf zum Vertreter der Strafgerichtsbarkeit der Apostolischen Kammer. 1606 wurde er schließlich zum Generalbevollmächtigten der Staatskasse in Rom ernannt und war nahe daran, auch in die Statthalterei der Stadt zu gelangen. Jedoch war es für seine Gegner ein leichtes, ihm diesen Weg zu versperren, indem sie auf seine Straftaten und seinen Hang zur Bestechlichkeit verwiesen.

Infolge eines neuen Skandals wurde er im April 1611 seines Amtes als Generalbevollmächtigter der römischen Staatskasse enthoben und auch von allen anderen Aufgaben entbunden.

1615 ergriff F. in einer Gerichtsangelegenheit zwar noch die Möglichkeit einer partiellen Revanche, doch nicht mit vollen Kräften, denn seine Gesundheit war bereits angeschlagen.

Lit.: N. Del Re, P. F. giureconsulto romano (1544–1618), in: Arch Soc Rom St Patria, 1975; DBI demnächst.

A. Mazzacane

Favre (Faber), Antoine (1557–1624), adeliger Herkunft, studierte in Paris und Turin, wo er auch promovierte. Anschließend betätigte er sich als Advokat in Chambery, wurde 1585 Mitglied des dort ansässigen savoyischen Gerichtshofes, dessen Präsident er ab 1610 war.

F. war gelehrter Jurist und Rechtspraktiker. Seine Interpolationsforschungen, die Trennung der justinianischen Einfügungen von den klassischen römischen Texten, hat er mit so großer Kenntnis und Behutsamkeit vorgenommen, daß seine *Coniecturae iuris civilis* (1591 u. ö.) und die *Rationalia in Pandectas* (1605), die mit dem 19. Buch unvollendet blieben, bis in die Gegenwart von Wert blieben. Vorbildhaft in Europa wurde seine Entscheidungssammlung des savoyischen Gerichtshofes – *Codex Fabrianus definitionum forensium* (1609) –, in der er die Urteilssprüche seines Gerichts in die Systematik des Codex Justinianus eingehängt hat, wobei er die einzelnen Urteilsbegründungen thematisch untergliederte und den betreffenden Stellen des Codex beiordnete. Die Präzision und auch die Schönheit seiner Fachsprache machte den *Codex Fabrianus* zu einem forensischen Meisterwerk, das auch Benedikt →Carpzov zum Vorbild nahm.

WW: De erroribus pragmaticorum et interpretum iuris Chiliades 1598; Opera iuridica, 1–10, 1658–61.
Lit.: L. Chevalier, Le président F. et la jurisprudence du Sénat de Savoie de

1585–1605, in: TRG 20, 1952, 263–289 u. 456–478; L. Chevalier, Remarques sur A. F., in: RevSav, 1957, 4–15.

J. Otto

Febos (Phoebus), Belchior (–1632), einer der führenden Vertreter einer praxisorientierten portugiesischen Rechtswissenschaft zur Zeit des Ancien Régime in Portugal, dem «Bartolismo». Er studierte die Rechte in Coimbra. F. war in den ersten Jahren des 17. Jh.s als Lissaboner Advokat an der Casa de Suplicação und dem Desembargo do Paço tätig, den obersten Gerichts- und Verwaltungsinstanzen des Königreichs Portugal.

Neben den Werken von A. de →Gama und J. de →Cabedo stellen seine zweibändigen *Decisiones Senatus Regni Lusitaniae* den wichtigsten Beitrag der portugiesischen Jurisprudenz zum europäischen gemeinrechtlichen Diskurs dar. Wirkungsgeschichtlich sind diesem bestenfalls die *Decisiones* (1588) von A. Vaz, einem Advokaten und Rechtslehrer an der Universität Coimbra, 1577 Richter an der Casa de Suplicação, vergleichbar, sowie die *Resolutiones forenses practicables* (1682) von M. Alvarez Pegas (1635–1696), der eine ähnliche Karriere aufweisen konnte. F.s Sammlung höchstrichterlichen Entscheidungsmaterials bzw. Richterrechts wurde erstmals 1619 in Lissabon und letztmalig 1760 aufgelegt. Ihre Kommentierung 1672 durch J. dos Santos Palma unterstrich noch das Renommee dieser Auswahl. Im Kern umfaßt sie eine Vielzahl heftig umstrittener, letztlich aufgrund der gerichtlichen Autorität verbindlich fixierter Rechtsinterpretationen. Diese werden teilweise im Wortlaut wiedergegeben, teils mit einer gelehrten Einleitung versehen, die das jeweils zentrale juristische Problem herausstellt. Deshalb sind auch die Übergänge zu Berichten aus der anwaltlichen Gutachtertätigkeit fließend.

Lit.: Machado 1, 490–491; J.-M. Scholz, Literaturgeschichtliche und vergleichende Anmerkungen zur portugiesischen Rechtsprechung im Ancien Régime, in: RPHC 14, 1974, 137 ff.; Ders., in: Coing, 2, 2, 1330 ff.

J.-M. Scholz

Feuerbach, Paul Johann Anselm von (1775–1833), hat die moderne Strafrechtswissenschaft in Deutschland begründet, sich für den liberalen Strafprozeß eingesetzt sowie auf empirischer Basis auch kriminalpsychologisch und -soziologisch gearbeitet. Von →Kant beeinflußt, stand er im Spannungsverhältnis zwischen dem späten Naturrecht der Aufklärung und einem der Praxis zugewandten erfahrungswissenschaftlichen Positivismus. Neben seiner dominierenden Tätigkeit als Strafrechtler war er auch Zivilrechtler, Philosoph, Universitätslehrer, Gesetzgeber, Richter, Universalhistoriker des Rechts und Rechtssoziologe. Die Etappen seiner Ausbildung und beruflichen Entwicklung zeigen seine aufklärerisch-enzyklopädische Universalität: In Jena begann er mit 17 Jahren 1792 das Philosophiestudium bei dem Kantianer Reinhold, promovierte 1795 zum Doktor der Philosophie.

Erste Veröffentlichungen 1795 (*Versuch über den Begriff des Rechts* und *Über die einzig möglichen Beweisgründe gegen das Dasein und die Gültigkeit der natürlichen Rechte*) zeigen schon seine Annäherung zur zunächst ungeliebten Jurisprudenz und seine kritische Haltung gegenüber dem spekulativen Naturrecht, noch bevor er 1796 das Jurastudium aufnahm, 1799 zum Dr. iur. promovierte, 1800 zum ao. Professor, 1801 zum Beisitzer des Jenaer Schöppenstuhls und Ordinarius ernannt wurde. Im gleichen Jahr publizierte er die erste von elf bis zu seinem Tode erschienenen Auflagen seines *Lehrbuch des gemeinen in Deutschland geltenden peinlichen Rechts*.

Als Nachfolger →Thibauts wechselte er 1802 nach Kiel und von dort 1804 nach Landshut mit dem Auftrag, ein bayerisches Strafgesetzbuch zu entwerfen. Nach Streit mit N. Th. →Gönner gab er die Landshuter Lehrtätigkeit auf und wurde 1805 von Montgelas in das Ministerial-, Justiz- und Polizeidepartement in München berufen und redigierte die noch 1806 in Kraft getretene Verordnung über die Abschaffung der Folter. Als Mitglied des Geheimen Rats (1808) betrieb er intensiv die Kodifikationsarbeiten am Strafgesetzentwurf und bayerischen Zivilgesetzbuch, dessen Einführung an der politischen Opposition scheiterte, während das Strafgesetzbuch 1813 in Kraft trat. Mit ihm führte F. Abschreckungstheorie und Kriminalpsychologie in das Strafrecht ein. 1814 wurde er Vizepräsident des Appellationsgerichts Bamberg und 1817 bis zu seinem Tode Präsident des Appellationsgerichts Ansbach.

Bereits in den beiden frühen Werken hat F. die Grundthemen seiner Arbeit programmatisch entwickelt: im *Anti-Hobbes oder über die Grenzen der höchsten Gewalt und das Zwangsrecht der Bürger gegen den Oberherrn* (1798) die Frage der Gewaltbeschränkung; in der Schrift *Über Philosophie und Empirie in ihrem Verhältnisse zur positiven Rechtswissenschaft* (1804) die Verselbständigung der Rechtslehre gegenüber der Philosophie und die Betonung von Empirie und Praxis für die Rechtsentwicklung mit der Folge der vertieften Trennung von Recht und Moral. Daraus folgte die neue Auffassung vom objektiven Charakter des Strafrechts im Sinne des Rechtsstaats: «nullum crimen, nulla poena sine lege»; genaueste Tatbestandsfestlegung; Generalprävention mit dem Ziel, «die wechselseitige Freiheit aller Bürger zu schützen»; die «Theorie des psychologischen Zwanges». Mit den Forderungen nach Öffentlichkeit und Mündlichkeit des Prozesses hat er ein rechtsstaatliches Justizprogramm formuliert. Die Bejahung eines begrenzten Widerstandsrechts läßt ihn als gemäßigten liberalen «Konstitutionalisten» erscheinen. Seine gesetzespositivistische Argumentation folgt aus seiner Überzeugung von der Kraft der menschlichen Vernunft im Sinne der Aufklärung. Die Betonung der «Erfahrungswissenschaft» führte ihn schon 1810 zur Forderung nach «Vergleichung» und «Combination», d.h. zu einer «vergleichenden Jurisprudenz» (*Blick auf die teutsche Rechtswissenschaft*, in: Kleine Schriften, 1833, 163). In betonter Anknüpfung an →Montesquieu verlangte er in bezug auf die «Gesetzwissenschaft» und die «Wissenschaft des geltenden Rechts der Völker» eine Rechtsvergleichung, die der Titel der posthum erschienenen Schrift als Summe seiner Überzeugungen und Themen so kennzeichnet: *Idee und Nothwendigkeit einer Universaljurisprudenz. Naturrecht, Rechtsphilosophie, allgemeine Rechtswissenschaft* (in: L. Feuerbach, Biographischer Nachlaß II, 1853, 378–401). Ansätze zu moderner funktionaler Rechtsvergleichung und vergleichende Sammlung empirischen Gesetzesstoffs sind bei ihm nachweisbar. E. →Gans und C. J. A. →Mittermaier haben hier angeknüpft. Die empirische Seite seiner universellen wissenschaftlichen Arbeit belegen außerdem kriminalpsychologische Untersuchungen über *Merkwürdige Verbrechen* (1828/29) und *Kaspar Hauser. Beispiel eines Verbrechens am Seelenleben des Menschen* (1832). Gerade diese Schrift zeigt F. wieder als Empiriker, der diesen tragischen Fall vor dem Hintergrund des Glaubenssatzes der Aufklärung sieht und analysiert, daß nämlich die Erziehung des – auch in den Naturzustand zurückgefallenen – Menschen durch die Vernunft möglich ist.

Lit.: G. Radbruch, P. J. A. F. Ein Juristenleben, 2. Aufl., 1957; E. Wolf, Große Rechtsdenker, 4. Aufl., 1963; E. Kipper, J. P. A. F. Sein Leben als Denker, Gesetzgeber und Richter, 1969; H. Mohnhaupt, Universalgeschichte, Universal-Jurisprudenz und rechtsvergleichende Methode im Werk P. J. A. F., in:

Ders., Rechtsgeschichte in den beiden deutschen Staaten (1988–1990), (Ius commune 53), 1991, 97–128.

H. Mohnhaupt

Field, David Dudley (1805–1894), war prominenter Rechtsanwalt in New York und hat vor allem durch sein Auftreten am obersten Gerichtshof der Vereinigten Staaten in vielen wichtigen Fällen Ansehen erlangt. Seine eigentliche Bedeutung liegt aber auf dem Gebiet der Rechtsreform.

F. war ein entschiedener Verfechter der Kodifikationsidee und arbeitete sein Leben lang daran, die Kodifizierung des Rechts durchzusetzen. 1847 wurde er Mitglied und treibende Kraft einer vom New Yorker Parlament eingesetzten Kommission zur Reform des Verfahrensrechts, die ein Zivilverfahrensgesetzbuch, 1848 in Kraft getreten, und ein Strafverfahrensgesetzbuch, 1882 in Kraft getreten, erarbeitete. 1860–65 entwarf F., wiederum im Rahmen einer Reformkommission, ein Zivilgesetzbuch, ein Strafgesetzbuch und ein Gesetzbuch über die staatliche Verwaltung. Nur das Strafgesetzbuch wurde 1881 in New York angenommen, das Zivilgesetzbuch wurde nach langjährigem Kampf abgelehnt. Diese fünf Gesetzbücher, die sog. Field Codes, haben über New York hinaus die amerikanische Rechtsentwicklung beeinflußt, vor allem in den jüngeren Weststaaten. Das Zivilverfahrensgesetzbuch z. B. wurde von insgesamt vierundzwanzig Staaten ganz oder teilweise übernommen und war die Grundlage für eine Reform des Verfahrensrechts in England und den britischen Kolonien. Kalifornien hat alle fünf «Field Codes» in seine Gesetzgebung integriert. F.s Anliegen, das amerikanische Recht in umfassenden, systematischen, rationalen Kodifikationen festzuschreiben, ist allerdings gescheitert.

Auf internationaler Ebene war F. maßgeblich an Bestrebungen zur Kodifizierung des Völkerrechts beteiligt und hat 1872/1876 den Entwurf eines Völkerrechtsgesetzbuchs vorgelegt.

Lit.: H. M. Field, The Life of D. D. F., 1898; H. K. Hoy, D. D. F.; in: W. D. Lewis (Hg.), Great American Lawyers, 5, 1908, 125–174; S. Sobotka, D. D. F. und die Kodifikationsbestrebungen im Staate New York im 19. Jh., 1973.

M. J. Flessner

Filangieri, Gaetano (1752–1788), gab früh wegen seiner juristischen Interessen die für den Adligen der Zeit typische Militärkarriere auf. Schon 1771 berichtete der Däne Jakob Jonas Björnstael mit Bewunderung aus Neapel, daß er ihn kennengelernt und eine noch unveröffentlichte Arbeit von ihm über die Gesetzgebung gesehen habe. 1774 erschienen jedoch seine *Riflessioni politiche su l'ultima legge del sovrano, che riguarda la riforma ell'amministrazione della giustizia*, mit denen er die im selben Jahr vom neapolitanischen Minister Tanucci erlassenen Gesetze zur Begründungs- und Veröffentlichungspflicht richterlicher Urteile unterstützte. Zwischen 1780 und 1785 folgten die ersten vier Bücher seiner *Scienza della legislazione*, die, ursprünglich auf sieben Bücher angelegt, unvollendet blieb. Konstruiert im Dialog mit der europäischen Aufklärung, aber auch verwurzelt in den Traditionen der mediterranen Kultur, behauptete sich dieses Werk bald einen Platz unter den klassischen Texten des Reformismus des 18. Jh.s und erreichte, unterstützt v. a. durch die Freimaurer, internationale Erfolge. Es wurde ins Französische, Deutsche und Spanische übersetzt und erschien 1821 in Paris, versehen mit einem Kommentar von Benjamin Constant, der seinerseits ein eigenständiger, berühmter Text geworden ist. Das Werk und der Autor wurden so sogar in Rußland bekannt. F. stand mit den französischen Enzyklopädisten und Benjamin Franklin in Briefwechsel. 1787 nahm er Goethe als Gast auf und schenkte diesem *La Scienza nuova* von Vico. Goethe stellte ihn darauf mit Sympathie in seiner *Italienischen Reise* vor und erwähnte ihn im Wilhelm Meister. In Deutschland war F. bis ins 19. Jh. bekannt, insbesondere unter den Strafrechtlern.

1783 zog F. sich nach Cava dei Tirreni zurück, kehrte aber schon 1787 als Mitglied des Hochfinanzrats nach Neapel zurück. Er mußte sich jedoch wegen seines angegriffenenen Gesundheitszustandes nach Vico Equense zurückziehen, wo er auch starb. Als sein Haus 1799 während der neapolitanischen Revolution geplündert wurde, gingen seine unveröffentlichten Arbeiten und seine Korrespondenz verloren. Die bourbonische Reaktion mit der Verfolgung der neapolitanischen Intelligenz zwang seine Familie schließlich ins Exil. F.s Name, einer der bedeutendsten der Aufklärung, sicherte ihr jedoch Unterstützung und Ehrungen. Als Napoleon Bonaparte F.s Söhne in Paris empfing, bezeichnete er F. als «notre maitre à tous».

Lit.: D. Tommasi, Elogio storico del cav. G. F., 1788; L. D'Alessandro (Hg.), G. F. e l'illuminismo europeo, 1987.

A. Mazzacane

Finch, Heneage, Earl of Nottingham (1611–1682), begann seine Ausbildung am Christ Church College und wurde 1638 Mitglied des Inner Temple, eines der vier berühmten Inns of Court in London, an denen seit dem Mittelalter die Juristenausbildung auf dem Gebiet des Common Law stattfand. 1645 wurde F. als Anwalt zugelassen. Seine politische Karriere begann F. erst nach Beendigung des englischen Bürgerkriegs durch die Wiedereinsetzung der Monarchie im Jahre 1660. Er wurde zum stellvertretenden Kronanwalt (Solicitor-General) ernannt, einem Mitglied des Kronrats (King's council). Hierauf erfolgte seine Entsendung ins House of Commons als Vertreter von Hof und Kirche. In den Jahren im House of Commons bewies sich F. als zuverlässiger, königstreuer Verfassungsjurist. Zudem hielt er Vorlesungen im Inner Temple. 1670 wurde F. Kronanwalt (Attorney-General) und kurz darauf Rechtsberater der Königin Catherine. 1673 wurde F. Lord Siegelbewahrer (Lord Keeper of the Seals). Noch im gleichen Jahr wurde F. in das Amt des Lord Chancellors berufen. Hiermit wurde er nicht nur königlicher Minister, sondern zugleich Vorsitzender der Chancery, jenes Gerichts, das in einem wenig formalisierten Verfahren nach Billigkeitsgrundsätzen, also den Prinzipien der sog. Equity urteilte. Diese Position hatte F. bis zu seinem Tode inne.

Im Laufe seiner Karriere erwarb sich F. einen untadeligen Ruf als Parlamentarier und Richter. Als Richter der Chancery begründete F. seinen Ruf als «Vater» der Equity. Seine mit großem Sachverstand und Fachwissen erarbeiteten Urteile fügten sich zu einer Lehre der Equity zusammen, deren Gedankengänge noch im heutigen englischen Recht wirken. Auf dem Gebiet des Common Law ist F.s Mitwirkung bei der Erarbeitung des «Statute of Frauds» aus dem Jahre 1677 zu nennen, einem Gesetz zur Verhütung von Betrug und Meineid, das für die Klagbarkeit bestimmter Verträge die Schriftform anordnete.

Lit.: DNB 19, 8 ff.; Simpson, 175 ff.; W. S. Holdsworth, A History of English Law, 6, 539 ff.

Ch. Köckler-Beuser

Fitzherbert, Sir Anthony (1470–1558), enstammte einer alteingesessenen Familie in Derbyshire. Er wurde Mitglied des Gray's Inn, einer der vier großen Rechtsschulen Londons. 1510 wurde ihm der Rang eines Serjeant-at-Law verliehen. Dadurch gehörte er – ebenso wie

→Babington – zu jener kleinen Gilde von Eliteanwälten, aus der sich die Richterschaft rekrutierte. 1516 wurde F. zum King's Serjeant ernannt und gelangte damit in den Kreis der königlichen Berater und Anwälte, aus denen sich der Kronrat zusammensetzte. 1521 oder 1522 wurde er zum Richter am Court of Common Pleas ernannt und zugleich zum Ritter geschlagen. 1524 wurde er als Mitglied einer Kommission nach Irland geschickt, um eine Befriedung des Landes zu erreichen, und ihm gelang der Abschluß eines Friedensvertrages. 1529 war F. einer der Beauftragten, die im Court of Chancery (→Brougham) anstelle des Chancellors Wolsey die Verhandlungen führten. Er unterzeichnete im gleichen Jahr die Anklageschrift gegen Wolsey, in der diesem Erpressung vorgeworfen wurde. 1535 war er Mitglied einer Kommission, vor der sich Robert Feron, John Hale und andere wegen Hochverrats verantworten mußten, weil sie die Heirat Heinrichs VIII. mit Anne Boleyn kritisiert hatten. Er war auch Mitglied des Tribunals, vor dem Fisher und Thomas More angeklagt und verurteilt wurden.

F. war Autor mehrerer Bücher, von denen als das bedeutendste *La Graunde Abridgement* (1514) gilt. Es handelt sich dabei um eine Auswahl aus den «Year Books», den Sammlungen richterlicher Entscheidungen. Die Abhandlung stellt den frühesten ernsthaften Versuch dar, das gesamte Recht in einer systematischen Ordnung darzustellen, und bildete das Vorbild für die späteren Autoren Brooke und Rolle, die tatsächlich lediglich Ergänzungen verfaßten. Das Werk wurde auch von anderen Autoren verwandt und vor Gericht als vorrangige Autorität anerkannt. Zwei weitere Werke richteten sich an den Grundbesitzer: *The Boke of Husbandrie* (1523) beschäftigt sich mit Fragen der Landwirtschaft und *The Boke of Surveyinge and Improvements* (1523) enthält eine Darstellung des auf Rittergüter anzuwendenden Rechts unter Berücksichtigung des Verhältnisses zwischen Gutsherr und Pächter sowie Ratschläge für die bestmögliche Erschließung von Grundbesitz. Ein Handbuch des Prozeßrechts erschien 1534 unter dem Titel *La Novelle Natura Brevium*, gefolgt von weiteren Arbeiten über verschiedene rechtliche Ämter.

Lit.: Simpson, 180; DNB 19, 168.

R.-P. Sossna

Foelix, Jean-Jacques Gaspard (1791–1853), Begründer der französischen Rechtsvergleichung, erhielt seine Ausbildung an der Rechtsschule zu Koblenz, wurde 1814 Rechtsbeistand, ging 1826 nach Paris, wo er 1829 die Zulassung als Anwalt erhielt.

Von Beginn seines Aufenthalts in Frankreich an sah F. in seinem Beruf vor allem die Möglichkeit, seine wissenschaftlichen Interessen zu verfolgen. Kontinuierlich widmete er sich dem vergleichenden Studium der europäischen Gesetzgebung. Daraus ist der *Traité du droit international privé* (1843 u. ö.) hervorgegangen.

Vor allem beruhte das Ansehen von F. auf der 1833–50 von ihm herausgegebenen Zeitschrift «Revue étrangère de législation et d'économie politique», die dann «Revue étrangère et française de législation et d'économie politique» und schließlich ab 1840, unter Mitwirkung von Duvergier und Valette, «Revue de droit français et étranger» hieß. F.s Leben war mit der Existenz dieser Zeitschrift eng verbunden. Er leistete hier die meiste Arbeit und schrieb etwa 150 Artikel und Berichte. Ein Kreis von gut gewählten Mitarbeitern umgab ihn. Auch deren Beiträge trugen zum Rang der Zeitschrift bei.

Seit F. sich in Frankreich niedergelassen hatte, blieb sein Hauptinteresse auf Deutschland gerichtet. Er widmete dem Land eine große Zahl von Aufsätzen und öffnete die Zeitschrift auch für deutsche Autoren. Parallel hierzu berichtete er in deutschen Zeitschriften über die französische Rechtsentwicklung. Wegen dieser Vermittlungsleistung verlieh ihm die Universität Freiburg/Br. 1838 den Doktorgrad.

Lit.: E. Laboulaye, J.-J. G. F., in: Journal des débats du 6 mars 1854; A. Taillandier, F., in: Gazette des tribunaux 28, 1853, 615; A. Valette, F., in: Revue critique de législation et de jurisprudence 4, 1854, 86–92.

O. *Motte*

Fojnickij, Ivan Jakovlevič (1847–1913), Kriminologe und Professor für Strafrecht an der Universität St. Petersburg (seit 1881), stellvertretender Oberstaatsanwalt beim Kriminalkassationsdepartement des Regierenden Senats und Mitbegründer der Petersburger Juristischen Gesellschaft 1877, Vorsitzender der russischen Sektion der Internationalen Vereinigung der Kriminologen.

F. begründete keine eigene Rechtstheorie, wirkte als Jurist jedoch mit weitreichender politischer Ausstrahlung. F., der in der Tradition →Mittermaiers stand, stritt für den Erhalt der Geschworenengerichte im Zarenreich und für Reformen im Strafrecht und Gefängniswesen. Dies ergab sich nicht zuletzt aus seiner Hinwendung zur

Straftheorie Franz von →Liszts, die F. in Abgrenzung zum Gesetzespositivismus vertrat. Die Neufassung und Modernisierung des Strafgesetzbuches 1903 und die Einführung der Bewährungsstrafe und der Gefängnisarbeit nach der Jahrhundertwende gingen auf Initiativen F.s zurück. F. zählte zu den Vorkämpfern des liberalen Konstitutionalismus in Rußland.

WW: Ssylka na zapade v eja istoričeskom razvitii i sovremennom sostojanii (Die Verbannung im Westen in ihrer historischen Entwicklung und ihrer gegenwärtigen Verfassung, 1881); Kurs ugolovnago sudoproizvodstva (Lehrbuch des Strafprozeßrechts, 1884); Kurs ugolovnago prava. Čast' osobennaja. Posjagatel'stvo na ličnost' i imuščestvo (Lehrbuch des Strafrechts. Besonderer Teil. Der Anschlag auf Leben und Eigentum, 1890); Učenie o nakazanii v svjazi s tjur'movedeniem (Die Lehre von den Strafen in Verbindung mit dem Gefängnissystem, 1889).

J. Baberowski

Fontanella, Juan Pedro (1576–1680). Im gelehrten Europa wurde der katalanische Richter und Advokat bekannt durch eine zweibändige ehegüterrechtliche Abhandlung und eine Rechtsprechungssammlung des obersten Gerichtshofes von Katalonien. Beides wird bis zum heutigen Tag nach pandektistischer Manier von der katalanischen Zivilistik herangezogen. F. war einer der Organisatoren des Separatistenkrieges von 1640, weswegen er nach Frankreich flüchten mußte, wo er sich 1651 in Perpignan niederließ und in die Regierung der Stadt gewählt wurde. Er übte dieses Amt bis zu seinem Tode aus.

F.s *Tractatus de pactis nuptialibus* (1612–22) ist ein Musterentwurf zu einem Ehegüterrechtsvertrag vorangstellt. Davon werden einzelne Klauseln herausgegriffen und materiellrechtlich gesehen mit Hilfe des lokalen Sonderrechts und der allgemeinen Regeln des ius commune erläutert. Aufgelegt wurde der Traktat zwölfmal bis 1752 in halb Europa. Während bei anderen zeitgenössischen Rechtssprechungssammlungen bestimmte Einzelfälle und ihre Entscheidungen zum Ausgangspunkt gewählt wurden, benutzte F. in seinen *Decisiones Sacri Regii Senatus Cathaloniae* (1639) einzelne Judikate und praxisorientierte Streitfragen, um daran eigenständige Überlegungen anzuknüpfen.

Lit.: J. Pella y Forgas, in: Jurisconsultos españoles 2, 49–52; J.-M. Scholz, in: Coing, 2, 2, 1291, 1303.

N. Reichardt

Forbes, Francis (1784–1841), wurde 1806 zur anwaltlichen Ausbildung am renommierten Lincoln's Inn zugelassen. 1812 erfolgte seine Zulassung zur Anwaltschaft. Nachdem er 1813 zunächst zum Kronanwalt auf Bermuda ernannt worden war, wurde er 1816 zum Chief Justice von Neufundland berufen. 1823 wurde er für das neugeschaffene Amt eines Chief Justice von New South Wales (Australien) nominiert, nachdem er zuvor unter James Stephen Jr. an der Abfassung der «New South Wales Act» von 1823 gearbeitet hatte, welche das Regierungssystem in der Kolonie reorganisiert sowie Gerichte nach englischem Vorbild eingeführt hatte.

Ein Manuskriptband von Urteilen aus seiner Zeit in Neufundland und eine gedruckte Sammlung von Fällen aus dem Obersten Gerichtshof dieser Kolonie (1829) sowie seine Urteile aus New South Wales zeugen von F.s außergewöhnlicher Sensibilität bei der Anwendung englischer Rechtsprinzipien auf die Situation in den Kolonien. Eine seiner dauerhaftesten Leistungen war die Entwicklung flexibler Grundsätze für die Geltung britischer Statuten in New South Wales, die schließlich vom britischen High Court für die Anwendung britischer Statuten in ganz Australien übernommen wurden. Weniger erfolgreich waren seine Bemühungen um eine Reform des Zivilprozeßrechts. 1826 – lange bevor dieselbe Entwicklung in England einsetzte – verkündete er Regeln, die das Verfahren in Zivilstreitigkeiten vereinfachten. Änderungen nach seiner Pensionierung 1837 hoben deren Wirkung jedoch wieder weitgehend auf. F. unterstützte die Abschaffung der militärischen Geschworenenbänke für die Strafverfahren vor dem obersten Gericht und ihre Ersetzung durch Geschworene aus den Reihen der Bevölkerung. Nach anfänglichen Einwänden seitens des britischen Gesetzgebers wurde dieses Ziel 1840 endgültig erreicht. In seiner Funktion als Mitglied des Legislativrats war er der maßgebliche Befürworter eines 1834 erlassenen Gesetzes, das die Geltung der englischen Zinsgesetze für die Kolonie ausschloß, ein wesentlicher Beitrag für die Erhaltung der wirtschaftlichen Lebensfähigkeit von New South Wales. Bedeutsam war ferner seine Unterstützung für ein Gesetz, das die Verhaftung mutmaßlicher Sträflinge ohne Haftbefehl zuließ, um die gesetzlosen Zustände in der Kolonie zu bekämpfen.

1837 verließ F. wegen gesundheitlicher Probleme Australien und ging nach England. Dort wurde er in den Ritterstand erhoben, trat von seinem Amt als Oberster Richter von New South Wales zurück und kehrte bald darauf nach Australien zurück.

Lit.: Simpson, 182; DNB 19, 392.

R.-P. Sossna

Forsman, Jaakko (1839–1899), stammte aus einer alten schwedischen Pastorenfamilie in Ostbottnien. 1857 ließ er sich an der Universität Helsinki immatrikulieren, wo er anfangs Philosophie und erst später Jura studierte; 1868 hat er das juristische Kandidat und 1874 das Lizentiat erworben, und im selben Jahr wurde er zum Doktor promoviert. Seine Doktorarbeit *Pakkotilasta kriminaalioikeudessa* (Über Notstand im Kriminalrecht) war die erste in finnischer Sprache verfaßte Doktorarbeit der juristischen Fakultät. Schon 1869 war F. zum Lehrer (Assistenzprofessor) der Fakultät ernannt worden. Er sollte Studenten auf finnisch unterrichten, so daß sie dann als Juristen finnisch reden und schreiben könnten. Auch sonst hat F. sich um die Entwicklung der finnischen juristischen Terminologie verdient gemacht.

1878 unternahm F. eine Studienreise nach Deutschland, und in seiner Habilitationsschrift vom folgenden Jahr, *Grunderna för läran om delaktighet i brott* (Gründe für die Lehre der Teilnahme im Verbrechen), lassen sich Einflüsse der Ideen A. F. Berners finden. 1879 wurde er Professor für Strafrecht und Rechtsgeschichte.

F. ist durch seine strafrechtlichen Vorlesungen und vor allem durch seine Arbeit am finnischen Strafgesetzbuch von 1889 (in Kraft getreten 1894) bekannt geworden.

1880 wurde F. Mitglied der 1863 eingesetzten Strafrechtskommission. Im Laufe der Kommissionsarbeit publizierte er zwei Schriften: *Nykyajan erisuuntaiset käsitykset rangaistuksen tarkoituksesta* (Die heutigen auseinandergehenden Auffassungen von dem Zweck des Strafens) und *Sananen tekeillä olevasta rikoslaista, etenkin rangaistuksen punnitsemiseen nähden* (Ein Wörtchen über das in Vorbereitung befindliche Strafgesetz, besonders über die Strafzumessung), beide 1884. Die Absicht der Publikationen war, der Veröffentlichung des Gesetzentwurfs den Boden zu bereiten und gleichzeitig gegen Forderungen auf Strafverschärfung sowie für das sog. Besserungsprinzip zu kämpfen.

F. kann man zu den Anhängern der «Klassischen Schule» des Strafrechts zählen, die sich vom Determinismus der soziologischen Schule fernhielten. F. war auch gut mit der Rechtsgeschichte vertraut. Sein Werk von 1896 *Suomen lainsäädännön historia* (Geschichte der finnischen Gesetzgebung) ist immer noch eines der wichtigsten Werke zur finnischen Rechtsgeschichte.

F. gilt als führender Aktivist der fennomanischen Bewegung, die nicht nur für die Aufwertung der finnischen Sprache, sondern auch für viele Reformen kämpfte. Reichstagsmitglied war F. von 1882 bis zu seinem Tode.

Lit.: H. Ylikangas, J. F., lainlaatija ja politikko, in: Rikosoikeudellisia kirjoitelmia 6. Juhlakirja, Suomalainen Lakimiesyhdistys A-Sarja 185, 1989, 1–37; J. Grotenfelt, F. J., in: JFT, 1899, 1–7.

P. Letto-Vanamo

Forsthoff, Ernst (1902–1974), wurde nach Promotion bei Carl →Schmitt (1925) und Habilitation in Heidelberg (1930) Professor für öffentliches Recht in Frankfurt/Main. Es folgten Rufe nach Hamburg (1935), Königsberg (1936) und Wien (1941). F. hatte zwar anfangs aktiv daran mitgewirkt, die NS-Staatlichkeit wissenschaftlich zu untermauern, versagte dem Regime jedoch die bedingungslose Unterwerfung und fiel deshalb in Ungnade. So wurde er in Wien suspendiert und erst 1943 wieder nach Heidelberg berufen, wo er bis 1946 und erneut von 1952 bis zu seiner Emeritierung 1967 wirkte. 1960–63 war er zugleich Präsident des Supreme Constitutional Court der Republik Zypern.

Das beherrschende Thema von F.s wissenschaftlicher Arbeit war der Wandel des modernen Staates, seines Rechts und dessen Verhältnis zur Gesellschaft; er war ein Vertreter des strengen Dualismus von Gesellschaft und starkem, autoritärem Staat: So nimmt es nicht wunder, daß er 1933 in einem Buch, das ihm später Vorwürfe wegen antisemitischer Ausführungen einbrachte, zwar für den «totalen Staat», 1953 aber für den «Rechtsstaat» optierte. Im gleichen Sinne, wie er den totalen Staat als die Entgegnung zum liberalen Staat definierte, so betrachtete er den Rechtsstaat als Entgegnung zum Sozialstaat, einem Staat also, der sich vor allem mit «sozialer Umverteilung» und «Daseinsvorsorge» befasse. Ein solcher Staat unterwerfe sich in zu großem Maße Sachzwängen, was seine innere Souveränität aufhebe. Er könne somit die Probleme, die der technische Fortschritt mit sich bringe, nicht bewältigen. Allein ein «starker Staat» könne dies leisten. Folglich deutete F. entgegen der heute nahezu überwiegenden Meinung den Charakter der Grundrechte nur als Ausgrenzung der rechtlichen Freiheit des einzelnen vom

Staat, wandte sich gegen die Interpretation der Grundrechte als Wertesystem, da dies nicht aus dem Gesetzestext hervorgehe, und hielt an der überkommenen positivistischen juristischen Methode fest. So begegnete F. auch der vom Grundgesetz geschaffenen neuen Qualität der Verfassungsgerichtsbarkeit mit Skepsis, da er wegen der rechtsfortbildenden Stellung der Richter die Sicherheit fester Gesetzesmaßstäbe schwinden sah. In seinem zum Klassiker avancierten, einflußreichen *Lehrbuch des Verwaltungsrechts* entwickelte F., wie der Staat im Lichte seiner umfassenden Verantwortung für die Gesellschaft verwaltet werden müsse. Deshalb betrachtete er in seiner Darstellung v. a. das Funktionieren der Verwaltung, weniger ihr Versagen. Im Kontext dieser Vorliebe für das Positive der Verwaltung ist auch die von ihm geprägte Unterscheidung von Eingriffs- und Leistungsverwaltung und seine Ablehnung einer umfassenden Kontrolle durch Verwaltungsgerichte zu verstehen.

F. war ein umfassend gebildeter, streng systematisch denkender Jurist, der sein normatives Denken zwar mit Wertbewußtsein verband, aber nicht bereit war, diesem das Rechtssystem und die Rechtssicherheit als für ihn unerläßlichen Rechtswerten zu opfern.

WW: Der totale Staat, 1933; Die Verwaltung als Leistungsträger, 1938; Deutsche Verfassungsgeschichte der Neuzeit, 1940 u. ö.; Recht und Sprache. Prolegomena zu einer richterlichen Hermeneutik, 1940 (ND 1964); Lehrbuch des Verwaltungsrechts. Bd. 1: Allgemeiner Teil, 1950 u. ö.; Der Staat der Industriegesellschaft, 1971; Rechtsstaat im Wandel. Verfassungsrechtliche Abhandlungen 1954 bis 1973, hrsg. v. K. Frey, 2. Aufl., 1976.

Lit.: K. Doehring, E. F., in: Juristen im Portrait, 1988, 341ff.; H. Grebing, Konservative gegen die Demokratie, Konservative Kritik an der Demokratie in der Bundesrepublik nach 1945, 1971, 381ff.; H. H. Klein, in: Staatslexikon 2, 7. Aufl., 1986, 650f.; R. Mußgnug, in: Badische Biographie, 1, 1982, 121f.; U. Wesel, Fast alles, was Recht ist, 1992, 26ff., 97ff., 256ff.

F. Herrmann

Fortescue, Sir John (ca. 1385–ca. 1479), war 1442 oberster Richter am King's Bench. F.s Interesse richtete sich v. a. auf das politische Geschehen seiner Zeit, wobei seine enge Verbundenheit mit dem Haus Lancaster stets deutlich hervortrat. Während des Rosenkrieges floh er mit Heinrich VI. 1461 nach Schottland; 1463 ging er mit Margarethe von Anjou und ihrem Sohn Eduard nach Frankreich ins Exil. 1471 entschloß sich F. zur Rückkehr nach England.

Seine juristischen Werke spiegeln seine politischen Ambitionen; so verfolgte seine Abhandlung *De Natura Legis Naturae* (1461–63) den Zweck, das Haus Lancaster in seinen politischen Zielen zu unterstützen. In *On the Governance of the Kingdom of England* (1471) und *A Dialogue between Understanding and Faith* (o. J.) ging es F. ebenfalls um die Erörterung politischer Fragen. Sein juristisches Verdienst beruht daher gänzlich auf seinem Hauptwerk, *De Laudibus Legum Angliae* (1470, engl. 1942). Adressiert an Prinz Eduard von Lancaster, stellt es eine der frühesten englischen verfassungsrechtlichen Abhandlungen dar, die ihren Schwerpunkt im Rechtsvergleich zwischen englischem und kontinentalem Recht setzt. F.s Ziel bestand darin, den Laien in die Natur des englischen Rechts einzuführen. Er leistete damit für das spätere Verständnis der englischen Rechtsgeschichte einen wesentlichen Beitrag.

Lit.: W. Ch. Clermont, Sir J. F., Knight, his Life, Works, and Family History, 1869; Ch. Plummer, The Governance of England, otherwise called the difference between an absolute and a limited monarchy, by Sir J. F., 1885.

F. Linden

Frank, Ignác (1788–1850), 1811 aus dem Piaristen-Orden ausgetreten, wurde nach dem Jurastudium 1819 Professor für Straf- und Privatrecht an der Rechtsakademie in Kaschau und 1827–50 o. Privatrechts-Professor in Budapest. Er war einer der angesehensten Privatrechtler seiner Zeit. Überwiegend wird er zur historischen Rechtsschule gerechnet; teilweise (J. Zlinszky) zu den Vertretern des späten Naturrechts. F. war der letzte, der das feudale ungarische Privatrecht zusammenfaßte, und der erste, der dies auf ungarisch tat. Neben der soliden Systematisierung des seit →Werbőczy sich nur durch die Praxis der Gerichte entwickelnden ungarischen Gewohnheitrechts versuchte er die Schaffung einer ungarischen Rechtssprache auf dem Gebiet des Privatrechts. Im ungarischen Reformzeitalter galt F. als konservativer Jurist, der sich von den Schranken des feudalen Rechtssystems nicht lösen wollte. Aber in einigen Fragekomplexen hat er seine Zeit überholt, z. B. mit der normativen Betrachtung des Verschuldens, durch Beschäftigung mit Verträgen zugunsten Dritter oder mit der Anerkennung des Prinzips «Kauf bricht Miete» im ungarischen Recht.

WW: Specimen elaborandum institutionum juris civilis hungarici, 1823; Principia juris civilis hungarici, 1–2, 1829; A közigazság törvénye Magyarhonban, 1–3, 1845–47; Ősiség és elévülés (Avitizität und Verjährung), 1845.

Lit.: F. Eckhart, A Jog- és Államtudományi Kar története 1667–1935, 1936; L. Fürst, F. I., in: Jogi professzorok emlékezete, 1935, 52–64; P. Horváth, F. I. (A múlt magyar tudósai), 1993.

B. Szabó

Frank, Jerome (1889–1957), bedeutender Vertreter des amerikanischen «Legal Realism». Nach einem Rechtsstudium an der Universität von Chicago war er zunächst als Anwalt in Chicago und New York tätig, danach im öffentlichen Dienst und als Richter am einflußreichen Second Circuit of Appeals in New York. Mit Unterbrechungen lehrte er 1930–57 an der Yale University Law School, ohne förmlich Mitglied der Fakultät zu sein.

In seinem Hauptwerk *Law and the Modern Mind* (1930) propagierte er einen sog. Faktenskeptizismus. Hiernach beruhe die Rechtsfindung auf Tatsachen, die oft wenig mehr seien als vorgefaßte und nicht nachprüfbare Mutmaßungen dessen, was sich in Wirklichkeit abgespielt habe. Die Tätigkeit der unteren Entscheidungsinstanzen sei daher wichtiger einzustufen als die der höheren Gerichte. Auch die Rechtswissenschaft müsse sich mit Tatsachenfindung befassen. Ein berühmtes Seminar, das er über viele Jahre in Yale hielt, befaßte sich ausschließlich mit Fragen, was Tatsachen sind und wie sie gefunden werden. In diesem Zusammenhang befürwortete er eine «experimentelle Jurisprudenz», eine Bezeichnung, die er dem mehrdeutigen Begriff des «Legal Realism» vorzog. F. war ein genialer Denker von ursprünglicher Dynamik, bisweilen bewußt provozierend und widersprüchlich, aber immer anregend. Sein Werk war weitgehend von der Psychoanalyse Sigmund Freuds beeinflußt. Obwohl er den amerikanischen pragmatischen Philosophen John Dewey weitgehend kritisierte, vertrat auch F. die Auffassung, daß Erkenntnisse nur durch aktive Beteiligung am Leben gewonnen werden und daß abstrakte Spekulation zwangsläufig zu Trugschlüssen führe. F.s phänomenales Gedächtnis ermöglichte es ihm, seine Gedanken ohne unmittelbar verfügbare Quellen schriftlich niederzulegen. *Law and the Modern Mind* kam auf diese Weise zustande. F. war ein Vertrauter von Franklin D. Roosevelt, Felix → Frankfurter und William O. → Douglas und ein bedeutender Vertreter der sozialen Reformen des New Deal. Sein umfassendes Werk bezeugt Mitgefühl für die Opfer von Ungerechtigkeit in jeder Form: *If Men Were Angels. Some Aspects of Government in a Democracy* (1942); *Courts on Trial. Myth and Reality in American Justice* (1949); mit Barbara Frank, *Not Guilty* (1957).

Frankfurter, Felix

Lit.: J. Paul, The Legal Realism of J. F. A Study of Fact-Skepticism and the Judicial Process, 1959; R. J. Glennon, The Iconoclast as Reformer. J. F.'s Impact on American Law, 1985.

W. O. Weyrauch

Frankfurter, Felix (1892–1965), Österreicher jüdischer Herkunft, emigrierte mit zwölf Jahren in die USA. 1914–39, als junger Mann und Professor an der Harvard Universität war er stets stark politisch engagiert. In der Tat bezeichnete ihn die angesehene Zeitschrift «Fortune» 1936 als «die einflußreichste Person in den Vereinigten Staaten». Als Richter am Supreme Court 1939–62 jedoch hatte er einen Ruf als konsequenter Vertreter von judicial self-restraint.

Sein politisches Engagement und seine Zurückhaltung bei Gericht hängen eng zusammen. Von Haus aus war F. ein Demokrat und engagierter Befürworter von Reformen. In *The Public and Its Government* (1930) trat er für die Verstaatlichung der Energieproduktion ein. Bei Entscheidungen wie «Board of Education vs. Barnette» (1943) und «Baker vs. Carr» (1962) wird aber offenbar, daß F. die Mittel solcher Reformen für genauso wichtig wie die Reformen selbst hielt. Demokratie und Rechtsstaat dürfen nicht voneinander getrennt werden. Weil der Supreme Court die höchste Gerichtsinstanz ist, müssen seine Entscheidungen von den anderen Staatsgewalten beachtet werden. Da der Supreme Court andererseits solch eine zentrale Rolle im System spielt, sollte er nur im äußersten Fall eingreifen. Der Supreme Court sollte Verfassungsfragen nur angehen, wenn sie direkt relevant sind, argumentierte F. in «Coleman vs. Miller» (1939) und «Youngstown Sheet & Tube Co. vs. Sawyer» (1952). Immer wieder betonte F., daß der Supreme Court ein Gesetz auf keinen Fall für verfassungswidrig erklären dürfe, nur weil er es nicht für das geeignetste hält. Anderenfalls würde der Supreme Court in den sich selbst korrigierenden demokratischen Prozeß störend eingreifen.

Lit.: Ph. B. Kurland, Mr. Justice F. and the Constitution, 1971; M. Silverstein, Constitutional Faiths: F. F., Hugo Black, and the Process of Judicial Decisionmaking, 1984.

J. Seitzer

Fraser, Patrick, Lord F. (1817–1889), übte nach dem Studium in St. Andrews verschiedene juristische Berufe aus und wurde 1843 als Rechtsanwalt am schottischen Court of Session zugelassen. Als Anwalt war er mit einigen der spektakulärsten Prozesse seiner Zeit befaßt. 1878 wurde er Dean der Faculty of Advocates und erhielt 1880 den Ehrentitel eines Queen's Counsel. Danach wurde er zum Richter am Court of Session ernannt, was mit der Erhebung zum Lord verbunden war.

Neben seinen Aufgaben als Anwalt und Richter fand F. Zeit zu umfangreichen Publikationen auf dem Gebiete des Gewerberechts (Gesinderechts) und Familienrechts. Er gilt als einer der Begründer der Tradition wissenschaftlicher Monographien zu konkreten Gegenständen, die das Fallmaterial kritisch aus historischer und rechtsphilosophischer Sicht durchleuchten.

Lit.: D. M. Walker, The Scottish Jurists, 1985, 361–363; DNB 20, 215 f.

K. Luig

Freisler, Roland (1893–1945). Nach einem durch Kriegsteilnahme, russische Kriegsgefangenschaft und dreijährige Tätigkeit als bolschewistischer Kommissar in der Sowjetunion unterbrochenen Jura-Studium, das F. 1921 mit der Promotion in Jena abschloß, ließ er sich 1924 als Rechtsanwalt nieder. Seit 1925 Mitglied der NSDAP, die er u. a. im Preußischen Landtag und ab 1932 im Reichstag vertrat, zog F. durch Erfolge als Strafverteidiger von Parteigenossen Aufmerksamkeit auf sich. Nach der Machtübernahme der NSDAP in das preußische Justizministerium berufen, wurde F. im Zuge der Verreichlichung der preußischen Ministerien 1934 Staatssekretär im Reichsjustizministerium.

F., der wegen seines energischen Eintretens für die rechtspolitischen Ziele des NS-Staates bald höchste Publizität erreichte und Ansehen genoß, trug wesentlich zur Gleichschaltung der deutschen Justiz und zur Ideologisierung des Straf- und Strafverfahrensrechts bei. In einer Fülle von Publikationen forderte er die Aufgabe des liberalen Rechtsstaates zugunsten einer «völkischen Rechtsordnung in Einklang von Recht und Sitte, Recht und Moral». Anstelle des Gesetzesbegriffs als Quelle aller Jurisdiktion postulierte die neue Rechtsordnung die völkische Gemeinschaft zur ausschließlichen und übergesetzlichen Rechtsquelle. Die Frage «Wie würde der Führer in diesem Fall entscheiden?», als Prinzip aller richterlichen Urteilsbildung von F. gefordert, machte den Willen des Führers zur höchsten normgebenden Kraft der Rechtsordnung. Die im Reichsjustizministerium seit 1942 intensiv vorangetriebene «Große Justizreform» sollte diesem Grundsatz Rechnung tragen und den Richter verfahrensrechtlich zum «Vollstrecker des Führerwillens» umwerten und die richterliche Unabhängigkeit beseitigen.

Ganz diesem Geist sah sich F. verpflichtet, als er 1942 Präsident des Volksgerichtshofs wurde. Der VGH als oberstes Reichsstrafgericht entwickelte sich unter F. vor dem Hintergrund der Totalisierung nationalsozialistischer Herrschaft zum Instrument staatlichen Terrors. Der von F. präsidierte erste Senat fällte von Aug. 1942 – Feb. 1945, als F. Opfer eines Bombenangriffs wurde, über die Hälfte aller 5243 von sechs Senaten insgesamt ergangenen Todesurteile. In den Verfahren, die nun öffentlichkeitswirksam – wie im Falle der Verschwörer des 20. Juli 1944 und anderen vor laufenden Kameras – inszeniert wurden, löste sich F. beinahe völlig von den Grundsätzen klassischer richterlicher Verhandlungsführung und einer formaljuristischen Urteilsbegründung. In aggressiv-fanatischer, auf moralischer Abwertung oder Lächerlichmachung des Angeklagten abzielender Verhandlungsführung suchte der dialektisch scharfsinnig und in unerträglicher Theatralik agierende F. («unser Vyšinskij», A. Hitler) den Angeklagten als Schwerstverbrecher zu diffamieren und somit drakonisch überzogene Strafen zu rechtfertigen. Selbst wenn der Tatbestand außerhalb der Sanktionsgewalt des NS-Strafrechts lag, genügte F. die bloße Gesinnung, den Angeklagten zum «Reichsfeind» abzustempeln.

F. wurde zum Symbol einer zur «Rechts-Unkultur» degenerierten, politisierten Justiz.

Lit.: G. Bucheit, Richter in roter Robe. F. – Präsident des Volkgerichtshofes, 1968 (Liste der Veröffentlichungen F.s); H. Ortner, Der Hinrichter. R. F. – Mörder im Dienst Hitlers, 1993; W. Wagner, Der VGH im nationalsozialistischen Staat, 1974.

I. K. Ahl

Fuller, Lon (1902–1978), war einer der bedeutendsten amerikanischen Rechtsphilosophen dieses Jahrhunderts. 1926–39 hatte er Lehrstühle an den Universitäten von Oregon und Illinois sowie an der Duke Universität inne. Mit Ausnahme von drei Jahren während des II. Weltkriegs, als er als Rechtsanwalt arbeitete und dabei ein lebenslanges Interesse an der Schiedsgerichtsbarkeit entwickelte, war er von 1939 bis zu seiner Emeritierung 1972 Professor an der Harvard Universität.

F. verfaßte ein bedeutendes Lehrbuch *Basic Contract Law* (1947) und mehrere wichtige Aufsätze zum amerikanischen Vertragsrecht, in denen er sich stark gegen formalistische Ansätze wendete. Der mit William R. Perdue verfaßte Aufsatz *The Reliance Interest in Contract Damages*, erschienen im «Yale Law Journal» 1936/37, blieb einer der von Juristen am häufigsten gelesenen Aufsätze der Nachkriegszeit. Seine Aufsatzserie *Legal Fictions* in der «Illinois Law Review» (1930/31) ist auch deswegen bemerkenswert, weil F. sich darin mit kontinental-europäischen Denkströmungen vertraut zeigte.

Hauptsächlich ist F. aber bekannt wegen seines Disputs mit den europäischen Gesetzespositivisten und den amerikanischen «legal realists» zum Verhältnis von Recht und Moral. Im Gegensatz zu jenen argumentierte er in *The Law in Quest of Itself* (1940), daß man nicht sauber zwischen Recht und Moral unterscheiden könne. Für F. lautet die Frage nicht nur, ob ein Gesetz faktisch gelte, sondern auch, ob es gelten solle. In *The Morality of Law* (1964) arbeitete er rechtsphilosophisch die Bedingungen für gültige Gesetze, wie u. a. Allgemeinheit und Klarheit, heraus. Wegen seines Beharrens auf der Wichtigkeit des Inhalts der Gesetze sowie auf der Rolle der Vernunft bei der Auslegung von Gesetzen gilt F. als einer der bedeutendsten Vertreter der säkularisierten Rechtslehre dieses Jahrhunderts.

Lit.: R. S. Summers, L. F., 1984; J. Boyle, Legal Realism and the Social Contract: F.s Public Jurisprudence of Form, Private Jurisprudence of Substance, in: CLR 78, 3, 1992, 371–400.

J. Seitzer

G

Ǧaʿfar aṣ-Ṣādiq (der «Aufrichtige»; ca. 702–765) ist für die größte Gruppe der Schiiten, die sog. 12er Schia, die Rechtsautorität par excellence. Die schiitische Rechtsschule wird heute deshalb in Analogie zu den vier sunnitischen Rechtsschulen (→ Abū Ḥanīfa, → Mālik, → Šāfiʿī, → Ibn Ḥanbal) gelegentlich als die ǧaʿfaritische Rechtsschule bezeichnet. Geboren wahrscheinlich 702, ist er der 6. Imām (d. h. das unfehlbare Gemeindeoberhaupt), d. h. der sechste direkte Nachfolger des Propheten Muḥammad und damit derjenige, dem nach schiitischer Lehre allein der Anspruch auf die Führung der muslimischen Gemeinde zukommt, während die Sunniten nur die Herkunft aus dem Stamm des Propheten und eine gewisse Eignung des entsprechenden Kandidaten voraussetzen. Die 12er-Schiiten haben die Reihe der Imāme bis zum 12. fortgesetzt – daher der Name –, der jedoch seit dem 9. Jh. in der Verborgenheit lebt und dessen Rückkehr am Ende der Welt als Messias erwartet wird.

Trotz seines eminent politischen Anspruchs ließ Ǧaʿfar zu Lebzeiten keinerlei politische Ambitionen erkennen und lebte zurückgezogen in Medina, wo er 765 auch starb.

Ǧaʿfar galt als Autorität in den «aḥādīṯ» (auf den Propheten zurückgeführte Aussagen und Taten, Sg. «ḥadīṯ») und im Recht und wird auch von den Sunniten als Überlieferer zitiert. Offenbar erlaubte er, daß man ihm und seinen persönlichen Aussagen in Rechtsfragen folgte. → Abū Ḥanīfa und → Mālik sollen bei ihm gehört haben.

Auf seine zahllosen Aussprüche, Richtlinien und Entscheidungen gründet sich das schiitische Recht. Da jedoch deren Authentizität nicht mehr zu ermitteln ist und wohl auch keines der ihm zugeschriebenen Trakte und Bücher nachweislich auf ihn zurückgeht, ist sein tatsächlicher Beitrag zum schiitischen Recht schwer zu ermessen.

Lit.: H. G. S. Hodgson, Djaʿfar aṣ-Ṣādiq, in: EI² 2, 374–375; H. Halm, Die Schia, Darmstadt 1988, S. 34–36.

I. Schneider

Gaill, Andreas (1526–1587), aus einem alten Kölner Patriziergeschlecht stammend, studierte an den Universitäten Köln, Orléans und Löwen, promovierte 1555 in Bologna und praktizierte zunächst in seiner Vaterstadt als Anwalt. 1558–68 war er Beisitzer am Reichskammergericht zu Speyer, ab 1569 am Reichshofrat in Wien und in den letzten Jahren seines Lebens als Kanzler beim Kurfürsten in Köln tätig.

G. gilt neben →Mynsinger als Begründer der Kameralistik, der Literatur zur Rechtsprechung des Reichskammergerichts. In seinen 1578 erstmals erschienenen *Practicae observationes tam ad processum iudicarium praesertim imperialis camerae*, die vielfach wiederaufgelegt, mehrfach ins Deutsche übertragen und zuletzt 1771 gedruckt worden sind, versuchte G. erstmals eine systematische Darstellung der Rechtsprechung des Reichskammergerichts. Das Werk vermittelte in der schwierigen Phase der Rezeption des römisch-kanonischen Rechts vor allem dem Rechtspraktiker Orientierungshilfen in der schwierigen Rechtsquellenlage. Die Herausarbeitung der Entscheidungslinien des RKG verschaffte dem Werk bisweilen präjudizielle Wirkung. Darin lag der außerordentliche Erfolg dieses forensisch-kasuistischen Werkes. Ausgehend von beim RKG entschiedenen Fällen wurden die einzelnen observationes unter Zuhilfenahme der Entscheidungsgründe erläuternd, beinahe kommentierend aufgebaut. Mit dieser Struktur wirkte das Werk vorbildhaft für viele nachfolgende Sammelwerke der Rechtsprechung der territorialen Obergerichte.

Dem Werk angebunden wurden zwei Schriften, die für die RKG-Praxis wichtige Themenkreise behandeln und die als monographische Ergänzung zu den *Observationes* angelegt waren: *De pace publica*, ein Traktat zum Landfrieden und der Reichsacht, sowie *De pignorationibus*. Die Entscheidungssammlung wurde mit der 1586 erstmals angehängten prozessualen Abhandlung *De arrestis* abgeschlossen.

Lit.: K. v. Kempis, A. G. Zum Leben und Werk eines Juristen der frühen Neuzeit, 1988; Kleinheyer/Schröder, 339; HRG 1, 1371 ff.

J. Otto

Gaius (2. Jh.). Der römische Jurist G. – sein vollständiger Name ist unbekannt – war Rechtslehrer zur Zeit der Kaiser Hadrian, Antoninus Pius, Mark Aurel und Commodus. Er besaß weder das Ius respondendi noch die daran geknüpfte (Gaius I 7) literarische Autorität. Wahrscheinlich war er in der Hauptsache in der römischen Provinz tätig; er ist der einzige Jurist, der nach unserem Wissen dem

Provinzialedikt, d. h. dem in den Provinzen üblichen Rechtsschutzregister des Privatrechts, einen Kommentar gewidmet hat. Er bekannte sich als Zögling der sabinianischen Schule und hat vermutlich in Rom gelernt.

G.' späterer Ruhm gründet sich auf sein Lehrbuch *Institutiones*, dessen System über die G. weitgehend folgenden Institutionen Justinians in der europäischen Rechtsgeschichte Epoche gemacht hat. G. ist jedoch gerade auch hier ein Stern, der fremdes Licht widerspiegelt. Zwar hat er die Möglichkeit, aus dem Gesichtspunkt der Institutionen, der «Einrichtungen des Rechts», ein geschlossenes Lehrbuch zu schreiben, wie es scheint, als erster genutzt; er verdankt diese Möglichkeit aber dem Haupt seiner Schule →Julian, dem von ihm meist zitierten Juristen. Julian hatte das Rechtsdenken in formalen Institutionen, das aus der späten Republik stammt (→Servius), damals in seine Schule rezipiert (Paradigma: der Geldkauf statt des naturrechtlichen Tausches), aber das institutionelle Recht mit einer aus der eigenen Schule stammenden naturrechtlichen Grundlage verknüpft. Daher war es jetzt nicht mehr unbedingt nötig, die Institutionen des Rechts durch faktische Regelungen des Magistrats, wie sie im Edikt verheißen wurden, zu ergänzen; vielmehr ließ sich nunmehr infolge der Verknüpfung von institutionellem und naturrechtlichem Denken das gesamte Recht auch ohne den Gesichtspunkt des Magistrats und des Edikts darstellen.

Die Prokulianer erarbeiteten in dieser Zeit ebenfalls die Voraussetzungen für ein geschlossenes Institutionensystem, aber auf einem anderen Weg; sie interpretierten fortschreitend, insbesondere seit →Celsus, die im institutionellen Recht geschützten «natürlichen» Werte des Zusammenlebens in der Zivilisation (d. h. die naturalis aequitas) naturrechtlich. Auf diese Weise beließen sie dem Recht in Gestalt einer soziobiologischen Anthropologie ein naturalistisches Fundament. Infolgedessen haben die von Celsus abhängigen →Ulpian-Institutionen eine dreigliedrige Rechtsquellenlehre: Ius civile (Institute des eigenrömischen Bürgerlichen Rechts), Ius gentium (Institute des universalen Zivilisationsrechts), Ius naturale (Instinktgebote der Natur, die der Mensch mit den Tieren teilt); vgl. Ulpian 1 institutionem D 1,1,1,3.

Die G.-Institutionen kennen dagegen wie die Institutionen des →Paulus ein naturalistisches Ius naturale nicht. Da bei ihnen das Naturrecht auch die Anthropologie erfaßt, kommen sie mit einer zweigliedrigen Rechtsquellenlehre (Ius civile – Ius gentium) aus (Gaius I 1).

Lit.: A. M. Honoré, G., 1962; D. Liebs, Rechtsschulen und Rechtsunterricht im Prinzipat, in: ANRW II, 15, 1976, 197–286; O. Behrends, Institutionelles und prinzipielles Denken im römischen Privatrecht, in: ZRG RA 95, 1978, 187–231.

O. Behrends

Gama Pereira, António de (1520–1604). Der erste portugiesische «Arrêtist» begann sein Rechtsstudium 1537 in Coimbra und beendete es 1546–49 mit einem Doktortitel an der Universität Bologna (Colegio de España). Danach war G. Richter an den höchsten heimischen Gerichts- und Verwaltungsinstanzen, zunächst als Desembargador dos aggravos der Casa de Suplicação, dann als deren Chanceller, später am Desembargo do Paço.

Mit seinem Hauptwerk, den *Decisiones Supremi Senatus Lusitaniae centuriae IV*, fand G. generelle Anerkennung. Es handelt sich um eine stark überarbeitete Darstellung der obersten richterlichen Spruchtätigkeit, wie er sie aus seiner Praxis kannte. Die damit verknüpften Rechtsfragen und das hieraus resultierende Richterrecht wurden 1578 erstmals in Lissabon veröffentlicht. Sie fanden bis in das erste Drittel des 18. Jh.s hinein zudem über Publikationen an den damals bedeutendsten Verlagsorten, Venedig und Antwerpen, auch außerhalb Portugals Verbreitung. Die Kommentierung der *Decisiones* durch B. Díaz Flores de Mena belegt, welch hohen Stellenwert dieses Werk für den gemeinrechtlichen Diskurs besaß. Dazu trug sowohl die Einleitung von F. Caldas Pereira bei, der seinerzeit als einer der angesehensten Praktiker seine Zustimmung gegeben hatte, als auch die Tatsache, daß sich G. gezielt die *Decisiones neapolitanae* des Matthaeus →De Afflictis, die *Decisiones burdegalenses* von Nicolaus Boerius und andere französische wie italienische Kollektionen dieser Art zum Vorbild nahm. Von ihrer argumentativen Bedeutung her sollten G.s *Decisiones* im Verlauf der folgenden zwei Jahrhunderte nur noch die *Observationes* (1602) von J. de →Cabedo gleichkommen, gefolgt von der 1619 erschienenen Rechtsprechungssammlung des Advokaten B. →Febos.

Lit.: Machado, 1, 286–287; J.-M. Scholz, Literaturgeschichtliche und vergleichende Anmerkungen zur portugiesischen Rechtsprechung im Ancien Régime, in: RPHC 14/1974, 137–159; Ders., in: Coing, 2, 2, 1324ff.

J.-M. Scholz

Gans, Eduard (1797–1839), jüdischer Herkunft, Freund Heinrich Heines, war zu Lebzeiten ebenso herausragend wie umstritten, danach zunehmend verkannt und vergessen. Nach der Promotion in Heidelberg 1819 kämpfte er mehrere Jahre um eine Zulassung zum Lehramt in Berlin. Erst nach dem ihm abgenötigten Übertritt zum Christentum 1825 wurde er durch den liberalen preußischen Staatsminister Altenstein (1770–1840) gegen erhebliche Widerstände zum Professor ernannt (vgl. M. →Wolff). Daraufhin zog sich →Savigny unter Protest von allen Fakultätsgeschäften zurück.

G. bekämpfte auf der Grundlage der Rechtsphilosophie seines Lehrers →Hegel erbittert die historische Rechtsschule Savignys und →Puchtas. Dabei spielte neben sachlichen Gegensätzen auch der fortdauernde persönliche Konflikt mit Savigny eine Rolle. Das Hauptwerk von G., *Das Erbrecht in weltgeschichtlicher Entwicklung* (1825–35), wurde wegweisend für die Rechtsvergleichung. Daneben verfaßte er zahlreiche kleinere rechtshistorische und zivilrechtliche Schriften sowie *Beiträge zur Reform der preußischen Gesetzgebung* (1830–32). Seine eigentliche Bedeutung entfaltete sich jedoch in oft überfüllten Vorlesungen zu aktuellen rechtspolitischen, insbesondere verfassungsrechtlichen Problemen. Hier gab G. der Rechtsphilosophie Hegels eine eigenständige, ausgeprägt liberale und reformfreundliche Zielrichtung. Dies bedeutete im reaktionären Preußen des Vormärz ein beständiges Wagnis. Die Veröffentlichung der entscheidenden Thesen verhinderte die Zensur.

Lit.: J. Braun, E. G. Ein homo politicus zwischen Hegel und Savigny, in: H. Heinrichs, u. a. (Hg.), Deutsche Juristen jüdischer Herkunft, 1993, 45–57; N. Waszek (Hg.), E. G. Hegelianer, Jude, Europäer. Texte und Dokumente.

U. Falk

García Goyena, Florencio (1783–1855), Autor des bedeutendsten Kodifikationsprojektes Spaniens, studierte Rechtswissenschaft in Madrid und Salamanca. Nach seiner Tätigkeit als juristischer Berater der Cortes von Navarra 1816 war er 1820–22 Provinzgouverneur von León, Granada und Zaragoza. Als Liberaler ging G. G. 1823–34 ins französische Exil. Danach war er Fiskal in Burgos und übte später verschiedene Verwaltungsämter in den Provinzen Navarra, Guipúzcoa und Zaragoza aus. Ende 1835 wurde er Präsident der zweitinstanzlichen Audiencia von Burgos, um danach zum Richter an der Madrider Audiencia wie am obersten Gerichtshof aufzusteigen, wo er es 1854 zum Präsidenten des zweiten Senats brachte und 1855 dem Senat für überseeische Angelegenheiten vorsaß. Seit 1846 gehörte er der zivilrechtlichen Abteilung der «Comisión General de Codificación» an, die er in der Folge sogar leiten sollte. 1847 übte er kurz das Amt des Justizministers aus.

Spätestens seit der Verfassung von Bayonne von 1808 war für Spanien eine landeseinheitliche Zivilrechtskodifikation vorgeschrieben. Nach mehreren gescheiterten Versuchen kam es 1843 erneut zur Einsetzung einer Kommission, für die drei Jahre später auch G. G. benannt wurde. Ihm und seinen komparatistischen Studien ist im wesentlichen das Projekt eines «Código civil» zu verdanken, das er 1851 vorlegte. Der allgemein bekannte Text dieses Entwurfs erschien ein Jahr darauf als *Concordancias, motivos y comentarios del Código civil español*. Hier versuchte G. G. die Reform des heimischen Rechts über den Vergleich mit dem ausländischen Recht, namentlich dem Code civil, dem ALR und seinem österreichischen Gegenstück, dem ABGB, zu rechtfertigen. Solche Komparatistik, die u. a. den Portugiesen →Dias Ferreira beeinflußte, sollte die Kodifikation als offenes, richterliche Fortbildung erlaubendes System konzipieren. Regionale Rechte traten hierbei gänzlich in den Hintergrund. Das wiederum lief auf einen totalen Bruch mit der rechtlichen Vergangenheit hinaus und stellt eine Reaktion auf die gesellschaftlichen Anforderungen und deren strategische Fortentwicklung dar, was nichts anderes hieß, als den spanischen Staat nach dem Karlistenkrieg institutionell zu konsolidieren wie dem archaischen Spanien die ökonomische Expansion zu sichern. Dieses zentralistische, insbesondere regionale Familien- und Erbrechte negierende Projekt scheiterte. Auf den ersten Blick wird hierfür die regionalrechtliche Opposition verantwortlich gemacht. Tatsächlich wäre jedoch die katalanische Eigentumsverfassung gefährdet gewesen. Sie wäre aufgrund eines derart radikalen Eingriffs in die emphyteutischen Pachtverhältnisse um ihre Grundlage gebracht worden. G. G.s kodifikatorisches Bemühen wurde damit aber nicht entwertet. Es wurde zur Grundlage der von →Alonso Martínez zu Ende geführten Zivilrechtskodifikation von 1888/89.

Lit.: Guías de forasteros 1835–55; J.-M. Scholz, in: Coing, 3, 1, 497–504; J. F. Lasso Gaite, El Ministerio de Justicia, 93–94.

F. Ross

Gasparri, Pietro (1852–1934), geboren nahe Perugia, erwarb nach einer Seminarausbildung in Rom Doktorwürden auf den Gebieten der Philosophie, der Theologie und des kanonischen Rechts. 1875 zum Priester geweiht, erhielt er 1880 eine Professur für kanonisches Recht am Institut catholique in Paris, wo er als Lehrer sehr erfolgreich war. Während dieser Zeit schrieb G. drei Monographien: *De matrimonio* (1892); *De sacra ordinatione* (1893); *De eucharistia* (1897). Leo XIII. ernannte ihn 1898 zum Titularerzbischof von Caesarea und setzte ihn in diplomatischen Missionen in Südamerika ein. 1901 gelangte er an die Kurie als Sekretär der «Congregatio pro negotiis ecclesiasticis extraordinariis».

Anläßlich einer Audienz bei dem neugewählten Papst Pius X. schlug G. jenem die Ausarbeitung eines kirchlichen Gesetzbuchs vor und gab damit die Initialzündung für den «Codex iuris canonici». Die sich anschließende vierzehnjährige Arbeit daran stand völlig unter G.s Leitung, der 1904 zum Sekretär der für die Gesetzgebung eingerichteten Kardinalskommission und außerdem zum Vorsitzenden des begleitenden Konsultorenrats von Kanonisten ernannt wurde. Nach seiner Erhebung zum Kardinal 1907 stieg G. zum Berichterstatter der Kardinalskommission auf. G. blieb die Seele des Kodifikationswerks und bestimmte in erster Linie die streng juristische Struktur des Codex, der gesetzgebungstechnisch eine große Leistung war. →Benedikt XIV. promulgierte den Codex 1917, der dann von 1918–83 geltendes Recht der lateinischen Kirche war. Nach 1917 war G. weiter als Präsident der Kommission zur authentischen Interpretation des Codex kanonistisch tätig. 1923–32 veröffentlichte er in sechs monumentalen Bänden die *Fontes Codicis iuris canonici*. Im Zusammenhang mit seiner Gesetzgebungsarbeit nahm G. auch auf die Kurienreform Pius' X. 1908 erheblichen Einfluß. Benedikt XIV. ernannte ihn 1914 zum Kardinalstaatssekretär, ein Amt, das er auch unter Pius XI. bis 1930 bekleidete. In dieser Stellung hat G. im I. Weltkrieg und danach die päpstliche Politik gestaltet, v. a. durch den Abschluß zahlreicher Konkordate, unter denen die «Lateranverträge» mit Italien 1929 das Ende des säkularen Konflikts zwischen Staat und Kirche brachten und den Vatikanstaat begründeten. G. ist als Gesetzesredaktor und Kirchenpolitiker eine herausragende Gestalt in der Geschichte der katholischen Kirche des 20. Jh. s.

Lit.: DDC 5, 939; A. M. Stickler, Historia iuris canonici latini I: Historia fontium, 1950, 376–394; F. Elsener, Der Codex Iuris Canonici im Rahmen der europäischen Kodifikationsgeschichte, in: A. Müller/F. Elsener/P. Huizing, Vom Kirchenrecht zur Kirchenordnung?, 1968, 29–53.

P. Landau

Gentili, Alberico (1552–1608). Wie für die spanischen Spätscholastiker gehörte es zum Schicksal des Oxforder Regius Professor of Civil Law (1587), daß seine Leistungen auf dem Gebiete des Völkerrechts stets an denen von Hugo →Grotius gemessen werden – ob es sich nun um die geläufige (Ab)Qualifizierung als «Vorläufer» des «Vaters des Völkerrechts» handelt oder um das Bemühen, seine Modernität und Bedeutung für die spätere Entwicklung des Kriegsrechts hervorzuheben.

G. erwarb 1572 an der Universität Perugia den Doktorgrad im römischen Recht. Nach einer kurzen Tätigkeit als Richter in Ascoli empfing er von seiner Heimatstadt den Auftrag zur Revision der Statuten. Als sein Vater vor der Inquisition nach Laibach fliehen mußte, reiste G., dessen jüngerer Bruder Scipio später als Professor für römisches Recht in Altdorf wirkte, 1580 weiter nach England und wurde Anfang 1581 von der Universität Oxford aufgenommen.

Mit seinen 1582 erschienenen *De Juris Interpretibus Dialogi Sex* profilierte sich G. ebenso wie in seinen Lehrveranstaltungen als Verteidiger des traditionellen mos italicus gegen die humanistische Kritik eines Jacques →Cujas (mos gallicus). Aus einem Gutachten für die englische Regierung – der einer Verschwörung beschuldigte spanische Botschafter Mendoza wurde entsprechend G.s Rat lediglich ausgewiesen – resultierte dann das erste seiner großen völkerrechtlichen Werke *De legationibus libri III* (1585), die ihm aus seiner reichhaltigen und verschiedenste Materien betreffenden Produktion den Nachruhm sicherten. 1588–89 folgten *De Jure Belli Commentationes Tres*, von G. später zu den *De Jure Belli Libri Tres* (1598, 1604, 1612) erweitert, aus deren Materialreichtum und Gedankenfülle nicht nur Grotius weit stärker schöpfte, als er durch Zitate belegt, sondern die auch dem Kriegsvölkerrecht des 18. Jh.s enger verbunden sind als das von dem Niederländer erarbeitete System. Nach 1590 widmete sich G. hauptsächlich der Anwaltstätigkeit in London, wurde 1600 als Mitglied in Gray's Inn aufgenommen und trat 1605 als Anwalt fest in die Dienste des spanischen Königs. Seine nachgelassenen Aufzeichnungen zu Prozessen vor dem Court of Admiralty wurden nach seinem Tod durch seinen Bruder Scipio 1613 als *Hispanicae Advocationis Libri Duo* herausgegeben.

Gény, François

Lit.: P. Haggenmacher, Grotius and G.: A Reassessment of Thomas E. Holland's Inaugural Lecture, in: H. Bull, B. Kingsbury, A. Roberts (Hg.), Hugo Grotius and International Relations, 1990, 133–176.

K.-H. Lingens

Gény, François (1861–1959), begann seine akademische Karriere als Jurist 1887 in Algier, ging dann 1892 nach Dijon und wechselte 1901 an die Rechtsfakultät in Nancy, wo er 1905 Ordinarius für Zivilrecht wurde.

Charakteristisch für sein Werk ist die Hartnäckigkeit, mit der er ein einziges Vorhaben verfolgte, nämlich die Arbeit über Natur und Methode des positiven Rechts. Zwei Veröffentlichungen sind dabei besonders wichtig: *Méthode d'interprétation et sources en droit privé positif*, 1899 mit einer Vorrede von Raymond →Saleilles veröffentlicht, und *Science et technique en droit privé positif* (1913–24). Im ersten dieser Werke widmete sich G. der Interpretation des Gesetzesrechts, wobei er Gewohnheitsrecht, Rechtsprechung und Lehre einbezog und als subsidiäre Rechtsquelle auch die «freie wissenschaftliche Untersuchung» gelten ließ.

Der Präzisierung der Mittel jener «Untersuchung» diente das zweite Werk, in welchem er unter den rechtlichen Regeln solche unterschied, die «gesetzt» sind, durch die Natur der Sache, die Geschichte, die Vernunft oder als Ideale und die wirklich Objekt der Wissenschaft sein können, von solchen, die durch den menschlichen Willen «konstruiert» sind und die dem Interpreten nicht mehr als eine Technik der Transformation oder der Entwicklung des Rechts an die Hand geben.

Alle anderen von G. veröffentlichten Arbeiten dienten der Vorbereitung oder Illustration der genannten Werke. Die zweibändige Studie *Des droits sur les lettres missives* (1914) wurde von ihrem Autor als Anwendungsbeispiel für seine kritische Methodik der Interpretation verstanden.

Lit.: Bruntz, u. a., Fêtes données à l'occasion du Jubilé universitaire de F. G., 1935; J. Dabin, u. a., Le centenaire du doyen F. G., 1963; P. Grossi (Hg.), F. G. e la scienza giuridica del Novecento, in: QuadF 20, 1991; J. Sedlaček, u. a., L'œuvre de F. G., in: Recueil d'études sur les sources du droit en l'honneur de F. G., 1934, 1, 277–295; 2, 1–59.

O. Motte

Gerber, Carl Friedrich von (1823–1891). Von der Zivilrechtswissenschaft herkommend, begründete G. die moderne deutsche Staatsrechtswissenschaft, indem er ihr eine spezifisch willenstheoretische Kodierung verlieh. G. entwickelte auf dieser Basis staatsrechtliche Grundbegriffe, die beanspruchten, Grundeinsichten in die Struktur des Rechts allgemein und des Staatsrechts insbesondere zu bergen. Die tiefste Grundeinsicht galt dem Wesen des Rechts, das G. schon in seinem *System des deutschen Privatrechts* unter Rückgriff auf den Personenwillen bestimmt hatte. Wahrhaft juristisch galt G. dort «allein das System der Rechte, welches den gesamten Rechtsstoff nur als den möglichen Ausdruck des Personenwillens betrachtet». Der Personenwille ist für G. der Universalcode des Privatrechts, d. h., mit seiner Hilfe kann jedes Privatrechtssystem konstruiert oder rekonstruiert werden; dies unternahm er am germanisch-deutschen Rechtsstoff, den er auf diese Weise derart überformte, daß ihn der Germanist O. v. →Gierke der «romanistischen Reaktion» bezichtigte. Richtig daran ist, daß G. den Gegensatz von germanistischer und romanistischer Schultradition – letztere verkörperten für ihn vor allem G. F. →Puchta und sein Freund R. v. →Jhering – überwinden wollte. In seiner Eigenschaft als Zivilrechtslehrer nahm G. von 1857–61 an den Beratungen zum allgemeinen deutschen Handelsgesetzbuch teil.

Eine entsprechend zentrale Stellung räumte G. dem Willen im öffentlichen Recht ein. Da der Tübinger Ordinarius (seit 1851, ab 1855 zugleich Kanzler) in *Ueber öffentliche Rechte* den Staat noch nicht als juristische Person begriff, bilden dort nur die Willensäußerungen der Individuen als Glieder der Volksverbindung den Stoff, aus dem die öffentlichen Rechte gemacht sind. Seit 1863 Leipziger Ordinarius, übernahm er 1865 die von W. E. Albrecht 1837 pointiert vorgetragene Theorie vom Staat als juristischer Person und faßte dementsprechend die Staatsgewalt als die «Willensmacht des Staats» auf. Entsprechend beantwortete das Staatsrecht nunmehr die Fragen: «Was kann der Staat als solcher wollen? (Inhalt und Umfang der Staatsgewalt); Durch welche Organe und in welchen Formen kann und soll sich sein Wille äußern?» G. legte in die Rechtspersönlichkeit des Staates den «Ausgangs- und Mittelpunkt des Staatsrechts» und sah hierin «zugleich die Möglichkeit und Richtung eines wissenschaftlichen, d. h. durch einen einheitlichen Gedanken beherrschten Systems». Alle zentralen juristischen Begriffe von der «Herrschaft» bis zur Konstruktion des Monarchenrechts oder der bundesstaatlichen Verhältnisse können mit Hilfe des Willenselements codiert und konstruiert werden. G. verfährt folglich nicht gesetzespositivistisch, aber die Früchte seines wissenschaftlichen Positivismus können in der gesetzespositivistischen Arbeit genutzt werden. Der Gesetzespositivismus nach G., im Staatsrecht bei P. →Laband, ist ein anderer, ist erheblich versierter als der vor G.; in ihm ist G.s wissenschaftlicher Positivismus rezipiert. G. selbst war es nicht möglich, seinen methodischen Ansatz im Rahmen einer vollständigen Interpretation der Reichsverfassung (1871) durchzuführen. Nachdem er schon als Mitglied des konstituierenden Reichstages an den Beratungen zur Verfassung des Norddeutschen Bundes mitgewirkt hatte, wurde er Ostern 1871 zum sächsischen Kultusminister ernannt; im Jahr seines Todes wurde er noch mit dem Vorsitz im sächsischen Gesamtministerium betraut.

WW: Das wissenschaftliche Prinzip des gemeinen deutschen Privatrechts, 1846; Ueber öffentliche Rechte, 1852; Gesammelte juristische Abhandlungen, 2. Aufl., 1878; Grundzüge eines Systems des deutschen Staatsrechts, 3. Aufl., 1880; System des deutschen Privatrechts, 17. Aufl., 1898.
Lit.: W. Wilhelm, Zur juristischen Methodenlehre im 19. Jh., 1958; P. v. Oertzen, Die soziale Funktion des staatsrechtlichen Positivismus, 1974; W. Pauly, Der Methodenwandel im deutschen Spätkonstitutionalismus, 1993.

W. Pauly

Gernet, Michajl Nikolaevič (1874–1953), Kriminologe und Rechtshistoriker, seit 1897 Professor der Rechte an der Universität Moskau, seit 1911 am Psychoneurologischen Institut in Moskau, nach der Revolution bis zu seinem Tode erneut Professor an der Universität Moskau, Mitschöpfer der Stalinschen Rechtskodifikationen der dreißiger Jahre.

G. gilt als Begründer der russischen soziologischen Kriminologie. In Abgrenzung von →Petrazyckis individualistischer psychologischer Rechtslehre entwickelte G. eine Theorie, die Recht und Kriminalität klassenspezifisch faßte. M. A. →Rejsner griff die Auffassungen G.s später auf und integrierte sie in seine marxistische Theorie des klassengebundenen Intuitivrechts. G. stritt öffentlich gegen die zaristische Strafrechtspolitik, führte den Resozialisierungsgedanken in die russische Strafrechtsdebatte ein und warb für die Abschaffung der Todesstrafe. G.s soziologischer Zugang zur Analyse des Verbrechens beeinflußte die frühe Entwicklung der sowjetischen statistischen Kriminologie stark.

WW: Obščestvennye pričiny prestupnosti (Die gesellschaftlichen Ursachen des Verbrechens, 1906); Smertnaja kazn' (Die Todesstrafe, 1913); Prestuplenie i bor'ba s nim v svjazi s evoljuciej obščestva (Das Verbrechen und seine Bekämpfung im Hinblick auf die Entwicklung der Gesellschaft, 1916); Prestupnost' za granicej i v SSSR (Das Verbrechen im Ausland und in der UdSSR, 1931); Istorija carskoj tjur'my (Geschichte des zaristischen Gefängnisses, 1951–56).
Lit.: A. Gercenzon, M. N. G., ego žizn', obščestvennaja i naučnaja dejatel'nost', in: M. N. G., Istorija carskoj tjur'my, 1.; N. Nowikow, Die Soziologie in Rußland, 1988.

J. Baberowski

Gessen, Vladimir Mateevič (1868–1920), Professor für Staats- und Verwaltungsrecht an der Polytechnischen Hochschule in St. Petersburg, Redakteur der liberalen Zeitschriften «Pravo» und «Vestnik Prava», Abgeordneter der konstitutionellen Demokraten in der Duma, war für die Verbreitung der Idee der Volksvertretung, ja des Konstitutionalismus in Rußland überhaupt eine der bedeutendsten Persönlichkeiten. Er gilt als einer der ersten Theoretiker des Verfassungsrechts des Landes.

G., Vertreter der neueren Naturrechtslehre im Zarenreich, war von der Notwendigkeit einer Wiedergeburt des Naturrechts – angepaßt den Bedingungen seiner Zeit – überzeugt. In *Wiedergeburt des Naturrechts* (1902) formuliert er seine Idee vom Recht als allgemeinmenschlichem Wert in der entwickelten Zivilisation, als Grundlage der Schaffung eines idealen, aber prinzipiell möglichen gesellschaftlichen Aufbaus. Eine wesentliche Rolle spielte bei G. die Idee der Bindung des Rechts an ethische Normen, ja er verstand das Recht als die sittliche Kraft schlechthin.

G. betonte den allgemeineuropäischen Charakter der Wiedergeburt des Naturrechts und beschrieb sogar dessen Einfluß in Deutschland und Rußland, wo die historische Rechtsschule traditionell eine starke Position besaß.

Im Zentrum seiner Arbeit stand die Ausarbeitung einer Theorie des Rechtsstaates, der in seiner Organisation die Prinzipien der Gewaltenteilung verwirklicht. Ein solcher war für ihn nur unter den Bedingungen einer konstitutionell-parlamentarischen Regierungsform möglich. Für G. waren Rechts- und Verfassungsstaat Synonyme. Seine *Theorie des Rechtsstaates* (1905) stützt sich wesentlich auf die deutsche Staatsrechtslehre.

Für die Übergangsphase vom Absolutismus zur konstitutionellen Monarchie in Rußland betonte er insbesondere die Bedeutung der Verfassungsgarantien des Persönlichkeits- und des Eigentumsrechts.

Diese untersuchte er sowohl theoretisch in *Verfassungsrecht* als auch konkret, bezogen auf die russische Verfassungswirklichkeit, in *Fragen der Lokalverwaltung* (1904), *Der Ausnahmezustand* (1909), *Die Staatsangehörigkeit – ihre Entstehung und Aufhebung* (1909).

Lit.: K. v. Beyme, Politische Soziologie im zaristischen Rußland, 1965; A. Walicki, Legal Philosophies of Russian Liberalism, 1987; N. Nowikow, Die Soziologie in Rußland, 1988; A. N. Meduschewskij, Francuzskaja Revolucija i Političeskaja filosofija russkogo konstitucionalizma, in: VF 1989, 10, 90–105.

A. N. Meduschewskij

Gierke, Otto von (1841–1921), 1867 Habilitation in Berlin, Professor in Breslau 1871, in Heidelberg 1884, in Berlin seit 1887.

Als Schüler von Georg →Beseler war G. der letzte große Germanist in der Tradition der historischen Schule →Savignys und →Eichhorns, der er in seiner Rektoratsrede *Die historische Rechtsschule und die Germanisten* von 1903 gleichsam eine Deutung gab und ein Denkmal setzte. Im Sinne dieses Verständnisses umspannte er in einem gewaltigen Werk Rechtsgeschichte, Rechtsdogmatik, Rechtspolitik, übergriff die Fächergrenzen von öffentlichem und Privatrecht und stieß über Geschichte und Dogmatik zur philosophischen Begründung seiner Ansichten vor, so etwa in *Das Wesen der menschlichen Verbände* (1902, ND 1965) und *Recht und Sittlichkeit* (in: Logos 6, 1916/17, ND 1963).

In seiner Habilitationsschrift, veröffentlicht als Band 1 seines vierbändigen *Deutschen Genossenschaftsrechts* (1868–1913, ND 1954), legte er die Grundlagen seines Rechts- und Geschichtsverständnisses für sein Lebenswerk. Recht geht ihm hervor aus dem sozialen Verband, der – in alter naturrechtlicher Tradition – Raum der wesenhaft angelegten «socialitas» des Menschen ist. Es entsteht für G. im dialektischen Spannungsfeld von Herrschaft und Genossenschaft, von hierarchischen und gleichheitlichen Kräften, von Einheit und Vielfalt. Diese Dialektik – und hier sind Einflüsse von →Hegel und →Marx unübersehbar – bewegt die Geschichte i. S. einer Fortentwicklung zu höheren Formen, aber auch zu den abgründigen Gefährdungen der Gegenwart; sie sah er in einem überspitzten

Individualismus ebenso wie in einem revolutionären Kollektivismus. Die Dynamik dieses Geschichtsbildes minderte sich wohl etwas durch Erfahrung und Identifikation G.s mit dem deutschen Kaiserreich sowie philosophisch durch die Begegnung mit dem individualisierenden Historismus Diltheys. Doch bleibt es Hintergrund seines Werkes und Grundprinzip seiner wissenschaftlichen Arbeit.

Diese umfaßte die Aufarbeitung der europäischen Tradition einer politisch-juristischen Korporationslehre, insbesondere in den Bänden 2–4 des *Genossenschaftsrechts*, d.h. der Entwicklung des Verbandsrechts, das von privatrechtlichen Vereinigungen bis zum Staat reicht. Es wurde durch G. erst in den Blick gerückt und neben und zwischen das individualistische Privatrecht und die Staatstheorie gesetzt. Dieses Werk ist bis heute grundlegend, wurde in Teilen in mehrere Sprachen übersetzt, u.a. 1900 durch den führenden englischen Juristen →Maitland, wodurch es einflußreich auch für die amerikanische politische Theorie eines Verbandspluralismus im modernen Staat und eines Kommunitarismus wurde. Für die politische Theorie wichtig wurde ferner seine Entdeckung des ständisch-antiabsolutistischen Staatstheoretikers Johannes →Althusius: *J. A. und die Entwicklung der naturrechtlichen Staatstheorien* (1880, zuletzt 1980). Sein Scharfblick in bezug auf die juristischen und politischen Folgen eines methodisch engen positivistischen Ansatzes im Staatsrecht erwies sich in der Kritik des führenden Staatsrechtslehrbuches von →Laband: *L.s Staatsrecht und die deutsche Rechtswissenschaft* (in: Schmollers Jahrb. 7/1883, ND 1961). Für eine Reihe von Jahren wandte G. danach seine ganze Arbeitskraft darauf, den für ihn zu romanistischen, volksfremden und sozialpolitisch einseitig individualistischen Entwurf des BGB durch seine Kritik zu beeinflussen – u.a. *Der Entwurf eines bürgerlichen Gesetzbuches und das deutsche Recht* (1889); *Die soziale Aufgabe des Privatrechts* (1889) –, was ihm nur in begrenztem Maße gelang. Ideal einer volksverbundenen Kodifikation war ihm das Schweizer Zivilgesetzbuch Eugen →Hubers. Viele Entwicklungen des Privatrechts in Lehre und Rechtsprechung wurden von ihm angestoßen und vorausgesehen: die Bedeutung der Generalklauseln, des Verbandsrechts, der Dauerschuldverhältnisse, die soziale Komponente im Dienstvertrags- und Mietrecht, die Sozialbindung des Eigentums. Dagegen war sein Versuch, ein System des deutschen, d.h. nichtrömischen Privatrechts zu entwerfen – *Deutsches Privatrecht* (3 Bde. 1895, 1905, 1917) –, methodisch nicht überzeugend. Am einflußreichsten wurde er wohl im Arbeitsrecht, wo er ein Kräftegleichgewicht zum Unternehmer nur durch gewerkschaftlichen, «genossenschaftlichen» Zusammenschluß der Arbeitnehmer gegeben sah und daran das kollektive Tarifvertragsrecht als autonome Rechtsschöpfung der Arbeit knüpfte; ein Entwurf, der von seinem wissenschaftlichen Schüler Hugo →Sinzheimer ausgeführt wurde. Im Staatsrecht bekannte sich Hugo →Preuß, der 1919 den Entwurf der Weimarer Reichsverfassung lieferte, als sein Schüler.

Teile der NS-Rechtswissenschaft versuchten, unter einseitiger Betonung seiner germanistisch-nationalen, gemeinschaftsbezogen-sozialen und antiromanistischen Komponenten, in den dreißiger Jahren eine «G.-Renaissance». Richtiger wird man ihn als einen Begründer eines wissenschaftlich gesehen soziologischen, politisch gesehen sozialstaatlichen Rechtsbegriffs einordnen. Wissenschaftsgeschichtlich war seine Begründung in der historischen Rechtsschule dabei in gewisser Weise schon überholt, während seine Anstöße und Erkenntnisse zukunftsweisend blieben.

Lit.: E.-W. Böckenförde, Die deutsche verfassungsgeschichtliche Forschung im 19. Jh., 1961, 147–176; G. Dilcher, Genossenschaftstheorie und Sozialrecht: Ein «Juristensozialismus» O. v. G.s?, in: QuadF 3/4, 1974–75, 319–365; A. Janssen, O. v. G.s Methode der geschichtlichen Rechtswissenschaft, 1974; H. Spindler, Von der Genossenschaft zur Betriebsgemeinschaft. Kritische Darstellung der Sozialrechtslehre O. v. G.s, 1982; E. Wolf, Große Rechtsdenker, 669–712; F. Wieacker, Privatrechtsgeschichte der Neuzeit, 453–456.

G. Dilcher

Giner de los Rios, Francisco (1839–1915), spanischer Soziologe, Staats- und Verwaltungsrechtler, studierte Recht und Philosophie an den Universitäten Barcelona und Granada. Ab 1863 hörte er Philosophie in Madrid und beteiligte sich an philosophischen Diskussionen in den führenden Debattierzirkeln der Hauptstadt, namentlich im Ateneo. Dort wurde er von der idealistischen Philosophie K. Chr. F. Krauses stark beeinflußt. Obwohl zeitlich und örtlich versetzt, sollte diese die spanische Rechts- und Staatswissenschaft neu ausrichten. Hierfür fand sie in G. R. einen ihrer einflußreichsten Vertreter. Symptomatisch dafür ist, daß dieser 1866 den rechtsphilosophischen Lehrstuhl an der Madrider Universidad Central erringen konnte. Als er diesen Lehrstuhl 1875 aus politischen Gründen verlor, gründete G. R. ein Jahr darauf die Institución Libre de Enseñanza, eine Einrichtung, die sich gezielt von der Amtsuniversität absetzte.

Aus krausistischer Sicht ging es G. R. um eine Verwissenschaftlichung staats- und öffentlich-rechtlicher Probleme. Basis sollte ein kritischer, historisch begründeter Idealismus sein. Recht müsse danach als eine Ordnung begriffen werden, die sich erst zu konstituieren habe. Damit aber hänge Recht mehr vom spontanen Willen des einzelnen ab als vom äußeren Zwang des Gesetzes, oder Recht stelle als Ausfluß des konkreten Lebens die rationale Grundlage der Staatswissenschaft, die wiederum Zweig einer allgemeinen Rechtswissenschaft sei. Staats- und Verwaltungsrecht, die G. R. als Recht der staatlichen Organisation und des staatlichen Lebens konzipierte, könnten folglich nicht logisch abgeleitet werden. Es identifiziere sich vielmehr mit der tatsächlichen Anpassung des Staates an die kollektive rechtliche Bewußtseinslage: *Principios elementales del Derecho* (1871); *Estudios jurídicos y políticos* (1875). In Abkehr von aller formalen Verfaßtheit und unter Hintanstellen des organisatorischen Aufbaus des Staates rekurrierte G. R. vorrangig auf Grund und Wesen des Staates. Er wies auf die Mannigfaltigkeit des öffentlichen Lebens hin, dessen synthetischer Ausdruck ein Staat sei, den G. R. – in Anlehnung an Schelling und Krause – als einen Organismus rechtsstaatlich verfaßter individueller und sozialer Personen begriff, die wiederum in wechselseitigem Verhältnis zueinander ständen: *Resumen de la filosofía del derecho* (1898); *Filosofía y Sociología* (1904).

Rechtspolitisch setzte sich G. R. sowohl für die endgültige Ablösung des gemeinrechtlichen juristischen Diskurses ein als auch für den seinerzeit vorherrschenden Glauben an eine durch positiv gesetztes Recht begründete, grundsätzlich gerechte Ordnung. Ziel war ein Rechtsstaat, der machtpolitischen Zwängen enthoben wäre. Nach dem Vorbild krausistischer Staats- und Gesellschaftskritik verfocht G. R. das Reformkonzept einer dezentralen Staats- und Gesellschaftsorganisation. Diese hätte sich speziell in einer autonomen Verwaltung der Kommunen und Provinzen zu verwirklichen, was auf die Forderungen nach einer dringenden Umorganisation des tradierten Verwaltungsapparates hinauslief: F. Giner/A. Calderón, *Principios del Derecho natural* (1873).

Lit.: F. de los Rios Urruti, Ensayo sobre la filosofía del derecho de Don F. G. y su relación con el pensamiento contemporáneo, 1916; J.-M. Scholz, Legitimationspraktiken krausistischer Dezentralisierungspolitik, in: Ius Comune 12, 1984, 117–163; Bibliographie, in: Fundación Fr. Ebert (Hg.), Reivindicación de Krause, 1982, 130–132.

M. Dlugosch

Giphanius (van Giffen), Hubert (1533/34–1604), geboren in Buren (jetzt Provinz Gelderland), studierte ab 1555 Philologie in Löwen, ab 1560 Jura in Orléans, Bourges und Paris, ab 1566 wieder in Orléans. Nach seiner Promotion 1567 machte er im Gefolge des französischen Gesandten eine Reise nach Italien. 1570 fand er in Straßburg eine Anstellung als Professor der Ethik, Logik und der Institutionen; seit 1583 dozierte er Jura (Pandekten, später Codex) und Philologie in Altdorf und diente dem Nürnberger Rat als Konsulent. Obwohl er selbst 1587 H. →Doneaus Berufung nach Altdorf befürwortet hatte, lebte er bald in Unfrieden mit ihm. Indem er seinem Rivalen Studenten abtrünnig zu machen suchte, untergrub er jedoch seine eigene Stellung. Endlich entschloß er sich, 1590 eine Berufung nach Ingolstadt anzunehmen und hielt dort eine Rede *De imperatore Justiniano* (1591), aber auch hier gab es Kritik an seiner Person; 1599 ging er aus Ingolstadt fort und wurde Beisitzer am Reichshofsrat in Prag.

Durch seine ausgezeichnete Lehrweise war er bei seinen Zeitgenossen als der erste Jurist Deutschlands anerkannt. Mit diesem großen Namen kontrastiert, daß die Zahl seiner Schriften – von vielen von ihm verfaßten Disputationen abgesehen – nur gering ist. Während seiner Zeit in Straßburg hat G. sich bloß an philologischen Publikationen beteiligt – Ausgaben des Homer, des Josephus, des Cicerolexikons u. a. Danach hat er nur die oben erwähnte Rede über Justinians Leben und Wirken erweitert publiziert. Sein Sohn hat aus den Papieren posthum einen *Tractatus de diversis regulis juris antiqui* (1607) und *Explanatio difficiliorum et celebriorum legum Codicis Iustiniani* (1614) herausgegeben, nichts anderes als die in Altdorf und Ingolstadt gehaltenen Vorlesungen. Daneben sind noch mehrere von G. diktierte Hefte publiziert worden. Es handelt sich u. a. um Altdorfer Pandekten- und Codexvorlesungen – *Lecturae Altorfinae* (1605), Privatvorlesungen und -Disputationen – *Antinomiae juris civilis* (1605); *Antinomiae juris feudalis* (1606). Druckfertig hatte G. *In IV libros Institutionum commentarius* (1611) und *Oeconomia iuris sive dispositio methodica omnium librorum et titulorum juris civilis* (1606) hinterlassen. Letzteres Werk, das bedeutendste von G., versucht einen inneren Zusammenhang der Justinianischen Rechtsbücher herzustellen und geht als erstes von der historischen Tradition der Systematik aus (der «oeconomia»). Seine Ausführungen über die Ordnung der Fragmente und des praetorischen Edikts bleiben das beste, was bis ins 19. Jh. zu diesem Thema gesagt worden ist.

WW: Dekkers, 61–62.

Lit.: ADB 9, 182–185; Stintzing/Landsberg, 405–414; H. Wolff, Geschichte der Ingolstädter Juristenfakultät, 1973, 134 u. a.; Ch. L. Heesakkers, Le procurateur O. G., in: Bulletin de la Societé archéologique et historique de l'Orléanais NS 9, 68, 1985, 133–153.

M. Ahsmann

Glanvill, Ranulf de (–1190), wurde 1163 erstmals als Träger eines offiziellen Amtes erwähnt, nämlich als Sheriff von Yorkshire. Diesen Posten behielt er bis 1170, als der englische König Heinrich II. sämtliche Sheriffs suspendierte, um ihre Amtsführung untersuchen zu können. 1173 wurde G. zum Sheriff von Lancashire ernannt. Als 1174 die Schotten unter ihrem König Wilhelm I. dem Löwen die Grenze überquerten, war G. einer der zwei Kommandeure, die ihnen eine schwere Niederlage beibrachten. Seitdem war G. eine Berühmtheit und wurde vom englischen König zu militärischen, politischen und diplomatischen Aufgaben herangezogen. Er wurde erneut zum Sheriff von Yorkshire ernannt und übernahm weitere richterliche Funktionen. 1176 war er Justice in Eyre und hielt im Namen des Königs auf Rundreisen Gerichtstage ab. 1179 wurde er eines von sechs Mitgliedern des ersten ständigen Königsgerichts, und im folgenden Jahr wurde er Chief Justiciar und war damit bis zu dessen Tod einer der wichtigsten Berater Heinrichs II., mit dem Ruf, «des Königs Auge» zu sein. Der genaue Umfang seines Einflusses auf die rechtlichen Reformen dieser Zeit ist schwer abzuschätzen. Zuweilen wird auch darauf verwiesen, daß G. selbst in Rechtsfragen auf seinen juristisch hochgebildeten Sekretär und Neffen Hubert Walter zurückgriff. G.s Verhältnis zu Heinrichs aufsässigem Sohn Richard I. Löwenherz war problematisch. Nach dessen Thronbesteigung gab G. seine Stellung als Justiciar auf und folgte Richard – möglicherweise nicht ganz freiwillig – auf dessen Kreuzzug ins Heilige Land, wo er starb.

G.s Name wird seit jeher mit der ältesten klassischen Abhandlung über das Common Law in Verbindung gebracht: *The Treatise on the Laws and Customs of England*. Seine Urheberschaft steht indes nicht zweifelsfrei fest. Es handelt sich bei dem Werk um eine kurze, klare, in einfachem Latein verfaßte Beschreibung des englischen Rechts in der Form, die die königlichen Gerichte ihm gegeben hatten. Die für das 12. Jh. typische Art der Darstellung – insbesondere die erschöpfende Aufzählung von Argumenten und Gegenargumenten – entspricht dem Stil, in dem auch das (römische) «Civil» und «Canon

Law» an den Universitäten gelehrt wurden, doch sind Anleihen beim römischen Recht außer in terminologischer Hinsicht zweifelhaft. Besonders hervorzuheben ist das siebente Buch, das sich mit dem Erbrecht beschäftigt. Hier mußte G. mangels vorhandener Rechtsprechung die maßgeblichen Prinzipien selbst herausarbeiten und betrat damit juristisches Neuland. Die Abhandlung besaß von Beginn an autoritative Bedeutung und bildete einen wichtigen Wegweiser für die Arbeit Henry de →Bractons.

Lit.: Simpson, 208; DNB 21, 413.

R.-P. Sossna

Glaser, Julius (1831–1885), 1856 ao. Professor, 1860 o. Professor für Strafrecht an der Universität Wien, 1868–70 Sektionschef im Unterrichtsministerium, 1871–79 Justizminister, 1879–85 General-Prokurator am österreichischen Obersten Gerichts- und Kassationshof. Seine größte legislatorische Leistung war die österreichische StPO von 1873, in der die Prinzipien der Öffentlichkeit und Mündlichkeit, das Anklageprinzip sowie die Geschworenengerichtsbarkeit verankert wurden. Wissenschaftliche Hauptleistung war das Handbuch des Strafprozesses, eine systematische Darstellung des deutschen Strafprozesses auf breiter historischer, auch die englische und französische Entwicklung einbeziehender Grundlage. In politischer Hinsicht war G. ein prominenter Vorkämpfer des österreichischen Hochliberalismus mit typischer Betonung der kulturellen und politischen Führungsrolle des deutschen Elements.

WW: Abhandlungen aus dem österreichischen Strafrecht, 1858; Handbuch des Strafprozesses 1 u. 2, 1883/85; Zur Sprachenfrage in Österreich, 1880; W. Glaser (Hg.), Bibliographisches Werkverzeichnis, 1888.
Lit.: Stintzing/Landsberg 3, 2, 954ff.; W. Schild, J. G., in: W. Brauneder (Hg.), Juristen in Österreich, 1987, 184ff.

H. Hofmeister † / M. Neumair

Gneist, Rudolf (1816–1895), stammte aus einer preußischen Juristen- und Beamtenfamilie, studierte Jura 1833–36 in Berlin u. a. bei →Savigny, wurde 1838 mit einer Dissertation zum römischen Obligationenrecht promoviert und 1839 habilitiert. Er wurde sogleich Privatdozent in Berlin und 1845 ao. Professor. G. hielt bis zu seinem

Tode in großem Umfang Vorlesungen in fast allen Rechtsgebieten, zunächst vorwiegend Privat- und Prozeßrecht, seit den fünfziger Jahren zum Staats- und Verwaltungsrecht. Aufgrund seines Engagements 1848 und mangelnder Anerkennung seitens der Fakultätskollegen wurde G. trotz großen Lehrerfolges erst 1858 mit einer o. Professur betraut. G. war langjähriges Mitglied des Preußischen Abgeordnetenhauses sowie des Reichstages. Zunächst war er Wortführer der Opposition im Verfassungskonflikt, dann aber nationalliberaler Gefolgsmann Bismarcks und Befürworter der Jesuiten- und Sozialistengesetzgebung. G. nahm als Parlamentarier und Wissenschaftler starken Einfluß auf die preußischen Verwaltungsreformen. Auch hatte er langjährig Führungspositionen im Deutschen Juristentag sowie in mehreren sozialpolitischen Vereinen inne. 1875 wurde G. stellvertretender Vorsitzender des neugegründeten Preußischen Oberverwaltungsgerichts.

Trotz zahlreicher wissenschaftlicher Veröffentlichungen – sein Hauptwerk ist das 1857/1860 zuerst erschienene *Das heutige englische Verfassungs- und Verwaltungsrecht* – liegt G.s bleibende Bedeutung in der Gesamtheit der Veränderungen, die er in Preußen und Deutschland vorwiegend als Rechtspolitiker auf dem Gebiet des Staats- und Verwaltungsrechts erreichen konnte. Ausgehend von einer Vorbildfunktion Englands und der Gesellschaftstheorie L. v. →Steins, entwickelte G. das Bild einer rechtsstaatlichen und konstitutionellen «sozialen Monarchie». Diese sollte durch Einführung einer von Honoratioren getragenen Selbstverwaltung und von Verwaltungsgerichten verwirklicht werden. Der Gedanke einer Regierung «nach Gesetzen und durch Gesetze» war für G. entscheidend. Dazu bildete eine Regierung durch eine Parlamentsmehrheit den Gegensatz; die Gesetzmäßigkeit (und die soziale Sicherung) konnte nur der Monarch garantieren.

Lit.: E. Schiffer, R. v. G. (= Meister des Rechts, 2), 1929; M. Stolleis, Geschichte des öffentlichen Rechts, 2, 1992, 385–389; K. Luig, Soziale Monarchie oder soziale Demokratie – Beobachtungen zur Staatslehre von R. v. G., in: ZRG GA 111, 1994, 464–481; E. J. C. Hahn, R. v. G., Ein politischer Jurist in der Bismarckzeit 1816–1895 (i. Druck).

D. Eßer

Godefroy (Gothofredus), Denis (1549–1622). Aus altem Provinzadel als Sohn eines Parlamentsrats in Paris geboren, besuchte er dort zunächst das Collège de Navarre und wandte sich dann dem Rechtsstudium an der dortigen Universität zu, wo er Schüler von →Baudouin wurde und, nach Studienaufenthalten in Löwen, Köln und Heidelberg dorthin zurückgekehrt, 1573 den Lizentiatentitel erwarb. In Paris ließ er sich als Parlaments-Advokat einschreiben, doch ist es nicht sicher, ob er diese Funktion jemals ausgeübt hat. 1576 oder etwas später zog er nach Orléans, um seine Studien fortzusetzen und 1579 mit dem Doktor der Rechte abzuschließen. Seit seinen Heidelberger Studientagen dem reformierten Glauben zugetan, verließ er nun Frankreich und ließ sich in Genf nieder, wo vor ihm schon →Hotman und →Doneau Zuflucht gefunden hatten. Zugleich mit dem italienischen Humanisten und Glaubensflüchtling Giulio Pace (1550–1635) wurde er als Professor der Rechte an die dortige Akademie berufen. 1580 wurde er Bürger der Stadt, 1587 Mitglied des Rats der Zweihundert. 1589 von König Heinrich IV. zum Landvogt von Gex eingesetzt, mußte er schon wenige Monate später wegen des Einfalls savoyischer Truppen nach Straßburg fliehen. 1591 erhielt er den dortigen Pandektenlehrstuhl. Den inzwischen berühmt gewordenen Gelehrten erreichten bald Rufe nach Leiden, Franeker und – als Nachfolger von Doneau – nach Altdorf, die er aber alle ablehnte. Erst Heidelberg gelang es, ihn 1600 von Straßburg abzuziehen, nachdem ihm durch Vermittlung von de Thou auch eine der sechs, den Calvinisten reservierten Parlamentsratsstellen in Paris angeboten worden war. Streit mit den Heidelberger Kollegen veranlaßte ihn, 1601 nach Straßburg zurückzukehren, doch ließ er sich 1604, inzwischen auch von Genf und Bourges umworben, wieder für Heidelberg gewinnen, mußte aber 1621, nun auf der Flucht vor den kaiserlichen Truppen, Heidelberg abermals verlassen und Zuflucht in Straßburg suchen. (Zu seinen Werken siehe Jacques →Godefroy.)

E. Holthöfer

Godefroy (Gothofredus), Jacques (1587–1652). Als Sohn von Denis →Godefroy wurde er zunächst von seinem Vater unterwiesen und zog erst 1611 zum Rechtsstudium nach Bourges, wo er in demselben Jahr den Lizentiatengrad erwarb. Seiner Ziele unsicher, verließ er jedoch die Universität (den Doktorgrad erwarb er dort erst 1627) und begab sich nach Paris, wo er sich in die Anwaltsrolle eintragen ließ, aber privaten Studien widmete. Nach dreijährigem Aufenthalt kehrte er nach Genf zurück, wurde dort 1619 Professor der Rechte, gleichzeitig Mitglied des Rats der Zweihundert, 1622 des Rats der Sechzig, 1629 des Kleinen Rats. 1632–36 war er Sekretär, später viermal Syndikus der Stadt, außerdem in vielen diplomatischen Missionen unterwegs. Zahlreiche Angebote, in andere Dienste einzutreten, darunter einen Ruf nach Leiden, lehnte er ab.

Die beiden Gothofreden sind, zusammen mit Antoine →Favre, die letzten großen Repräsentanten der humanistischen Rechtswissenschaft aus Frankreich, bevor die Niederländer darin die Führung übernehmen. Berühmt geworden sind sie beide vor allem durch ihre Editionstätigkeit, worin sie unter allen Humanisten das Größte geleistet haben. D. G. verdanken wir eine Ausgabe des Corpus iuris civilis (1583 u. ö., 1589 noch eine andere, mit der mittelalterlichen Glosse versehene Ausgabe). Sie bot auf der Grundlage der vielen, von der humanistischen Textkritik seit →Budé unternommenen Versuche, mit Hilfe der littera florentina zu einer gereinigten Fassung des justinianischen Gesetzbuchs zu gelangen, eine neue kritische Lesart an, die sofort allgemeine Anerkennung gefunden und dadurch die Unsicherheit der Textgrundlage, die seit der Entthronung der im Mittelalter verbindlich gewesenen Vulgata eingetreten war, beseitigt hat. So war sie in ganz Europa als eine neue Vulgata des Usus modernus in Gebrauch, zuletzt in einer revidierten Ausgabe von Simon van →Leeuwen (seit 1663), bis sie zweihundert Jahre später durch die neue Edition von Gebauer und Spangenberg (1776) abgelöst wurde.

Zu seinen Editionen gehören ferner eine Parallelausgabe der justinianischen Institutionen mit der Institutionen-Paraphrase des →Theophilos (1587), ferner eine kritische Ausgabe der ältesten Kommentare zum droit coutumier, der 1521 gedruckten *Consuetudines infrascriptarum civitatum et provinciarum Galliae*, sowie eine Gesamtausgabe der Werke →Ciceros und eine Auswahl antiker Grammatiker-Fragmente.

Unter seinen Werken sind hervorzuheben der *Pandectarum praxeos civilis liber primus et secundus* (1581), d. i. ein unvollendet gebliebener, in der Legalordnung der Digesten angeordneter Auszug kommentierender Juristenschriften des 13. bis 16. Jh.s (also eine Art Digesten zweiter Ordnung), ferner eine unter dem Titel *De ratione ordinis a iurisconsulto in Pandectis, Codice et Institutionibus servati* veröffentlichte Studie zum Ordo iuris (1580), dann eine Anzahl textkritischer, exegetischer oder sachproblemorientierter Einzelschriften, veröffentlicht als *Opuscula iuris varia* (1586), *Tractatus ad ius varii* (1590) oder anderen wechselnden Bezeichnungen, und schließlich ein Traktat zur Reichspublizistik *De tutelis electoralibus testamentariis legitimas excludentibus libri sex* (1611 u. ö.).

Jacques G. hat der von seinem Vater veranstalteten Ausgabe des justinianischen Corpus iuris eine sechsbändige kritische und mit einem ausführlichen Kommentar versehene Ausgabe von dessen Vorgänger, dem «Codex Theodosianus», folgen lassen (1665 u. ö.). Er führt damit eine schon zu Beginn des 16. Jh.s begründete Tradition der humanistischen Rechtswissenschaft, die auch die vorjustinianischen Quellen wiederentdeckte und ihnen textkritische Aufmerksamkeit schenkte, fort und auf einen letzten Höhepunkt. Das Werk ist bis heute durch nichts Neueres ersetzt worden und wird auch von der modernen Romanistik benutzt. Noch zu Lebzeiten des Herausgebers erschien als vorbereitende Studie zur Theodosianus-Ausgabe *De statu paganorum sub imperatoribus christianis* (1616) ferner eine Ausgabe des Zwölftafelgesetzes, die *Fragmenta Duodecim Tabularum, suis nunc primum tabulis restitua* (1616), die später zusammen mit Editionen der «Leges Julia et Papia», des «Edictum perpetuum» und des Sabinuskommentars als *Fontes quattuor iuris civilis* 1638 noch einmal herauskam, außerdem textkritische Observationen zum Corpus iuris unter dem Titel *Animadversionum iuris civilis liber* (1628), dann als exegetisch-dogmatische Studie ein *Novus in titulum Pandectarum de diversis regulis iuris antiqui Commentarius* (1652 u. ö.), des weiteren ein bis in das 19. Jh. immer wieder aufgelegtes Elementarlehrbuch zur römischen Rechtsgeschichte, *Manuale iuris* (1632 u. ö.).

Lit.: J. G. (1587–1652) et l'Humanisme juridique à Genève. Actes du Colloque J. G., édité par B. Schmidlin et A. Dufour, 1991; 16, 437 f.; HBLexSch 3, 577 f.; D. C. Godefroy-Ménilglaise, Les savants G. s. Mémoires d'une famille pendant les 16e, 17e et 18e siècles, 1873 (ND 1971).

E. Holthöfer

Gönner, Nikolaus Thaddaeus (1764–1827), stammte aus Bamberg, wo er erste Lehr- und Verwaltungsämter innehatte. 1799 wurde er Professor in Ingolstadt bzw. Landshut, wo er auch Rektor wurde. Ab 1811 wirkte er im bayerischen Justizministerium, als Direktor des Münchner Appellationsgerichts und als Staatsrat.

Charakterlich schwierig, war G. ein begabter Schriftsteller und

Gesetzgeber. Er hat eines der letzten Lehrbücher des Staatsrechts des Alten Reichs geschrieben (*Teutsches Staatsrecht*, 1804) und in Auseinandersetzung mit P. J. A. v. →Feuerbach das bayerische Strafgesetzbuch von 1813 ausgestaltet und kommentiert (*Anmerkungen zum Strafgesetzbuch für das Königreich Bayern*, 3 Bde. 1813/14). Mit dem methodischen und legislatorischen Programm der historischen Schule setzte er sich eingehend auseinander und plädierte ganz realistisch für eine Gesetzgebung der nunmehr seit 1815 souveränen Einzelstaaten, weil eine Nationalkodifikation unerreichbar schien (*Über die Gesetzgebung und Rechtsprechung in unserer Zeit*, 1815). Schließlich kann G. nicht nur als Schöpfer des bayerischen Hypothekengesetzes von 1822 und als bedeutender Autor des Zivilprozeßrechts gelten (*Erörterungen über den gemeinen Prozeß*, 1795–99; *Handbuch des deutschen gemeinen Prozesses*, 4 Bde. 1801–03), sondern auch als derjenige, der als erster die Rechtsgrundlagen des modernen Berufsbeamtentums öffentlich-rechtlich erfaßte (*Der Staatsdienst aus dem Gesichtspunkt des Rechts und der Nationalökonomie betrachtet*, 1808). Im Grunde rationalistischer Aufklärer mit reformistischem Optimismus, wandelte sich G. vom Reichspublizisten zum überzeugten Verfechter einzelstaatlicher Souveränität. Ab etwa 1805 zeigen sich Einflüsse des organologischen Denkens Schellings.

Lit.: J. B. Koch, N. Th. v. G.s Staatslehre, 1902; F. Bomsdorf, Prozeßmaximen und Rechtswirklichkeit, 1971; M. Stolleis, Das bayerische Hypothekengesetz von 1822, in: H. Coing, H. Wilhelm, (Hg.), Wissenschaft und Kodifikation im 19. Jh., 3, 1976; HRG 1, 1752–55.

M. Stolleis

Goldschmidt, Levin (1829–1897), entstammte einer jüdischen Kaufmannsfamilie aus Danzig und war der bedeutendste Vertreter des Handelsrechts in Deutschland im 19. Jh. Seit 1848 studierte er Rechtswissenschaft in Berlin, Bonn, Heidelberg und zuletzt wieder in Berlin, wo er 1851 mit einer Arbeit über die Kommanditgesellschaft promovierte. Wegen seines jüdischen Glaubens in Preußen und Bayern abgewiesen, konnte er sich schließlich 1855 in Heidelberg habilitieren. Seine Habilitationsschrift behandelt das Seedarlehen des Callimachus (Dig. 45.122.1). In seinen späteren historischen Arbeiten hat G. immer wieder darauf hingewiesen, daß sich eine große Zahl kaufmännischer Rechtsregeln aus dem Seedarlehen entwickelt hätten. 1860 wurde G. in Heidelberg ao. Professor und 1866 nach Ablehnung eines Rufes nach Wien o. Professor. 1870–75 gehörte er dem eben gegründeten Bundes- (danach Reichs-) Oberhandelsgericht an. 1875 folgte er einem Ruf nach Berlin auf den ersten Lehrstuhl für Handelsrecht in Deutschland. Als nationalliberaler Abgeordneter war G. 1875–77 Mitglied des Reichstags.

G. verstand das Handelsrecht als ein modernes ius gentium, das in ständiger Fortentwicklung begriffen ist. Er wollte deshalb die einzelnen Rechtsinstitute aus ihrer Entstehungsgeschichte heraus erklären und die dabei gewonnenen Einsichten für das Verständnis und die Weiterentwicklung des geltenden Rechts nutzbar machen. Mit dieser von ihm als «genetisch» bezeichneten Methode trat er in Gegensatz zu →H. Thöl, der das Handelsrecht in der strengen, aber «statischen» Form römischrechtlicher Begrifflichkeit dargestellt hatte. Seine wissenschaftlichen Absichten verwirklichte G. vor allem in seinem seit 1864 in mehreren Lieferungen erschienenen, aber unvollendet gebliebenen *Handbuch des Handelsrechts*. Die *Universalgeschichte des Handelsrechts* bildet darin die erste Lieferung der 3. Auflage von 1891. In diesem ebenfalls unvollendet gebliebenen Werk untersuchte er in umfassender Weise alle Materien des Handelsrechts aus ihren Quellen heraus. Vor allem bei der Beschreibung des mittelalterlichen Handelsverkehrs in Italien, Deutschland und den Niederlanden gelangte er zu einer engen Verbindung von rechts- und wirtschaftsgeschichtlicher Betrachtungsweise. G. nahm auch an der Gesetzgebungsarbeit seiner Zeit regen Anteil, was sich ebenso in seiner Mitgliedschaft in der 1874 berufenen Fünfer-Kommission zur Vorbereitung des BGB äußerte wie in zahlreichen Beiträgen zu der von ihm 1858 gegründeten «Zeitschrift für das gesamte Handelsrecht».

WW: Handbuch des Handelsrechts, 1, 1, 1868–91 (ND 1957).
Lit.: H. Sinzheimer, Jüdische Klassiker der deutschen Rechtswissenschaft, 2. Aufl., 1952; G. Landwehr, Die Handelsrechtswissenschaft an der Universität Heidelberg im 19. Jh., in: Semper Apertus, Sechshundert Jahre Ruprecht-Karls-Universität Heidelberg 1386–1986, 2, 1985; H. Heinrichs, u. a. (Hg.), Deutsche Juristen jüdischer Herkunft, 1993.

Ch. Bergfeld

Gómez, Antonio (nach 1500 – vor 1572). Der Kommentator der «Leyes de Toro» von 1505 studierte an der Universität von Salamanca, wo er später eine Professur erhielt. Außerdem war er Erzpriester in Toledo, der reichsten Diözese der damaligen Christenheit.

Sein wichtigstes Werk ist der Kommentar zu den «Leyes de Toro», *Ad Leges Tauri Commentaria* (1552). Derartige Normen wurden in der Regel auf Vorschlag der Städtevertreter, nach Beratung im königlichen Rat (Consejo Real) und im Einvernehmen mit dem Monarchen von der Ständevertretung (Cortes) erlassen. In Toro wurden 83 Leyes promulgiert, die wiederum auf Petitionen von 1502 zurückgehen. An der Redaktion war u. a. →Diáz de Montalvo beteiligt. Dabei sollten Zweifelsfragen geklärt werden, die sich bei der Auslegung des «Fuero Real» und der «Siete Partidas» ergeben hatten. Materiellrechtlich ging es insbesondere um eine Anpassung von Ehe- und Erbschaftsregelungen. Die Rechtsquellentheorie wurde dem Ordenamiento de Alcalá entnommen. Die «Leyes de Toro» galten in Kastilien bis zum «Código civil» von 1888/89. In der Praxis erwies sich der Kommentar von G. als wichtigste Quelle für diesen Teil der spanischen Rechtsordnung. Bezeichnenderweise wurde er bis 1780 in Spanien und den wichtigsten europäischen Verlagsorten aufgelegt.

Lit.: N. Antonius, Bibliotheca hispana nova 1, 1783, 121; A. Pérez Martín/ J.-M. Scholz, Legislación y jurisprudencia en la España del antiguo régimen, 1978, 40–41; E. Holthöfer, in: Coing, 2, 1, 305.

N. Reichardt

Gómez de la Serna, Pedro (1806–1871), der spanische Rechtswissenschaftler und einflußreiche Praktiker studierte Leyes und Cánones in Alcalá de Henares, wo er später Derecho romano, Derecho civil, Práctica forense und Legislación comparada unterrichtete. Anschließend war G. S. dort in der (Justiz-)Verwaltung als Corregidor tätig, was u. a. bedeutete, sich auch um die örtliche Lehranstalt zu kümmern. 1836 wurde er zum Provinzgouverneur von Guadalajara bestimmt, später von Vizcaya. Dem schloß sich ein dreijähriges Londoner Exil an. Zwischen 1854 und 1856 war G. S. Fiscal am Tribunal Supremo in Madrid, wirkte 1861 an der Ausarbeitung eines *Proyecto de Ley Orgánica de los Tribunales Supremos Especiales de Comercio* mit und wurde 1869 Präsident des Tribunal Supremo. G. S. gehörte über lange Jahre der Führung der Madrider Anwaltskammer an, war Präsident der Real Academia de Jurisprudencia y Legislación und mehrfach Senator im spanischen Oberhaus.

G. S. zeichnete sich durch Arbeiten auf dem Gebiet der Rechtstheorie wie Rechtsgeschichte aus und war bei der Ausarbeitung eines zeitadäquaten materiellen und Verfahrensrechts führend. So gaben seine *Prolegómenos del Derecho* (1847), mit denen die Grundlagen für eine moderne spanische Rechtswissenschaft gelegt worden waren, zugleich die offiziell vorgeschriebene Studienliteratur an der juristischen Fakultät und somit für den angehenden Advokaten ab. Er verfaßte auch die Standardlehrbücher zum römischen Recht: *Introducción histórica al estudio del Derecho romano* (1847); *Curso histórico-exegético del Derecho romano* (1863). Doch vor allem war G. S. wesentlich an der Konzeptualisierung einer bürgerlichen Rechtsordnung für ein gesellschaftlich eher rückständiges Spanien beteiligt. Beispielsweise erklärte er die neue Hypothekenordnung von 1861 und das geltende Handelsrecht in *Código de comercio concertado y anotado* (1863). In erster Linie ist ihm aber eines der ersten Systeme des spanischen Zivil- und Strafrechts zu verdanken: *Elementos de Derecho civil y penal de España* (1840–42). Nicht zu vergessen war G. S. einer der maßgeblichen Redaktoren der spanischen Zivilprozeßkodifikation von 1855: *Tratado académico-forense de los procedimientos Judiciales* (1848); *Motivos de las variaciones principales que ha introducido en los procedimientos la Ley de enjuiciamiento civil* (1857). Hiermit sollten neue staatliche Möglichkeiten für Konfliktlösungen angeboten werden, ohne daß man sich darüber gänzlich von den hergebrachten, relativ förmlichen Verfahren trennen müsse.

Lit.: J. F. Lasso Gaite, El Ministerio de Justicia, 100–101; J.-M. Scholz, in: Coing, 3, 1, 669 u. 3, 2, 2410.

N. Reichardt

Goślicki (Goslicius), Wawrzyniec (um 1530–1607), studierte 1556–62 in Krakau und später 1567 in Padua, Bologna und Rom. 1568 veröffentlichte er sein wichtigstes Werk *De optimo senatore*. Seit 1569 war er Sekretär des Königs Sigismund II. August von Polen, der ihn mit zahlreichen diplomatischen Missionen betraute. 1586 ernannte ihn König Stephan Báthory zum Bischof von Kamieniec. Als enger Mitarbeiter des Großkanzlers Jan Zamojski wurde er 1590 Bischof von Chełm, 1591 von Przemyśl und 1601 von Posen. Mit *De optimo senatore*, in dem er sich gegen den Absolutismus und für ein gemischtes Machtsystem unter Vorrangstellung des Senats aussprach, erreichte er große Popularität besonders in England. Noch 1773 wurde es dort zum letzten Mal unter dem Titel *The accomplished Senator* herausgegeben.

Lit.: T. Filipowicz, The accomplished Senator, in: Proceedings of the American Society of International Law, 1932; R. Lopiński, L. G. eiusque opus «De optimo senatore», 1872; W. J. Stankiewicz, The accomplished Senator of L. G., 1946; C. Finzi, Venezia e Polonia, in: Studi Economico-Giuridici pubblicati per cura della Facoltà di Giurisprudenza della Università di Cagliari, 44, 2, 1966, 382ff.; PSB 8, 379–382.

W. Uruszczak

Gouveia, António de (ca. 1510–1566). Der bedeutendste portugiesische Vertreter des juristischen Humanismus erhielt seine erste Ausbildung 1527–34 an der Pariser Universität als Stipendiat am Collège de Sainte Barbe, einer Stätte hoher Erudition und humanistischer Ideale. Ab 1534/35 lehrte er die Artes, im wesentlichen Grammatik und klassische Sprachen, am Collège de Guyenne, das die Stadtregierung von Bordeaux eigens für vertiefte literarische Studien neu gegründet hatte. Wie andere Portugiesen wechselte G. 1538 daraufhin zum Rechtsstudium an die Universität Toulouse, von wo er kurz darauf nach Avignon, vor allem aber bis 1541 nach Lyon ging. Nach Paris zurückgekehrt, veröffentlichte er zwischen 1542 und 1544 verschiedene Schriften, so eine Übersetzung und Kommentierung des *Organon* von Aristoteles. Auf dieselben Jahre ist auch seine Kontroverse mit Pierre de la Ramée zu datieren. G. trat in *Pro Aristotele responsio adversus Petri Rami calumnias* (1543) für eine authentische Aristoteles-Interpretation ein, die dann mit dem nachscholastischen Methodenkanon vereinbar wäre. Ab Herbst 1544 erneut in Toulouse, erwarb er dort 1548 den juristischen Doktorgrad. Fortan war er als Rechtslehrer tätig: zwischen 1549 und 1554 in Cahors, 1554/1555 neben →Cujas und →Hotman in Valence und von 1555–62 in Grenoble und ab 1563 in Turin.

G. trat ebenso durch kommentierte Editionen zu Terenz, →Cicero und Vergil hervor wie mit lateinischen Übersetzungen vorwiegend französischer Dichtung. Sein juristisches Werk ist größtenteils in den *Opera iuris civilis* (1562) erhalten bzw. in den *Opera iuridica, philologica, philosophica, historica* (1766). Bereits während seines Lyoneser Aufenthalts war G. über E. Ferretti mit der humanistisch fundierten Rechtswissenschaft in Verbindung gekommen. Ferretti hatte ihm Vorstellungen von einem systematisch verfaßten juristischen Unterricht im Sinne →Alciats zu vermitteln vermocht und auf bereinigten römischrechtlichen Quellen sowie einer klaren Juristenprosa fernab vom Latein eines →Accursius oder →Bartolus bestanden. Dementsprechend wurde G. in Toulouse, vornehmlich aber in Cahors juristisch-publizistisch tätig. Seine Schriften *De iure accrescendi liber* (1549), *De iurisdictione libri II adversus Eginarium Baronem* (1550), *Ex libro lectionem juris variorum* (1552) sind Zivilrechtsvorlesungen auf der Basis eines textkritischen Verständnisses des Corpus iuris, wozu er im wesentlichen auf die antike Literatur zurückgriff. Von den Vorlesungen in Grenoble sei nur eine elegante Kommentierung des Digestentitels *Ad legem Falcidiam* (1557) genannt. Mit seinem juristischen Gesamtwerk fand G. in Portugal praktisch keine Nachahmung. Dort behielt methodisch gesehen der mos italicus bzw. «Bartolismo» auch weiterhin die Oberhand, dominierten Autoren wie → Gama Pereira, welche die mittlerweile getroffenen höchstrichterlichen Entscheidungen mit ihren vergleichsweise traditionellen Kommentaren argumentativ noch weiter aufzubessern suchten.

Lit.: J. V. Serrão, A. de G. e o seu tempo (1510–1556), 1966; L. de Matos, G., A. de, in: DHP 2, 363–365; H. E. Troje, in: Coing, 2, 1, 615 ff.

J.-M. Scholz

Gradovskij, Aleksander Dimitrievič (1841–1889), ab 1869 Professor für Staatsrecht an der Petersburger Universität, gilt als einer der Begründer der «juristischen Schule» in der russischen Rechtswissenschaft.

Im Zentrum der wissenschaftlichen Arbeit G.s stand das Verhältnis von Gesellschaft und Staat, begriffen als Rechtsgrundlage für den Ausbau des konstitutionellen Systems in Rußland. Aus seiner Konzeption der Koexistenz von Staat und Ständen leitete G. die besondere Rolle des Staates bei der Formierung konstitutioneller Herrschaftsformen in Rußland ab. Dabei maß er den zentralen und lokalen Instituten der Staatsmacht wesentliche Bedeutung zu (*Die höhere Verwaltung im 18. Jh. und die General-Staatsanwälte*, 1866, sowie in seiner Dissertation, *Geschichte der Lokalverwaltung in Rußland*, 1868).

Seine wichtigste Arbeit, *Grundsätze des russischen Staatsrechts* (1876–83), definierte die Staatsgewalt als wesentliches Merkmal der russischen Staatlichkeit. Das Gesetz, im Rechtsstaat Ausdruck des Verhältnisses Gesellschaft–Staat bzw. sozialer Gerechtigkeit und der Wahrung der Rechte des Individuums, hielt er für das Movens auch des sozialen Fortschritts in Rußland. Indem er den Staat als Ergebnis sozialer Interessen ansah, leistete er einen wesentlichen Beitrag zur Ausbildung eines modernen Staatsrechts in Rußland, abseits aller metaphysischen Vorstellungen.

In seiner 1886 erschienenen Schrift *Das Staatsrecht der wichtigsten europäischen Staaten* untersuchte G. die Ursachen der Entstehung der konstitutionellen Systeme anderer europäischer Staaten, wobei sein besonderes Interesse, zurückgehend auf sein schon 1875/76 erschienenes Werk *Die deutsche Verfassung*, der Verfassung des wilhelminischen Kaiserreichs galt.

G. machte als erster die russische Bürokratie als eigene soziale Schicht zum Gegenstand einer Untersuchung. Verwaltung begriff er als positives Instrument zur Erhaltung der Macht der Staatsgewalt, als Mittel zur Aufrechterhaltung der Stabilität von Herrschaft allgemein, als «Dienstleistungsorganismus».

Lit.: I. A. Ivanovskij, A. D. G. kak učenyj, 1900; A. N. Meduschewskij, Die theoretischen Grundlagen des Konstitutionalismus. Die staatliche Schule in der russischen Historiografie, in: WZJ 1990, 1–2, 109–129.

A. N. Meduschewskij

Gratian (um 1140), mit dessen Namen die große Sammlung des kirchlichen Rechts des ersten Jahrtausends der Kirche verbunden ist, die als *Decretum Gratiani* bezeichnet wird. Dieses Werk enthält etwa 3800 Kapitel kirchenrechtlicher Quellen, die mit einem die Widersprüche der Texte auflösenden Kommentar versehen sind. Das Ganze wurde nach 1140 zur hauptsächlichen Textgrundlage der neuen Wissenschaft des kanonischen Rechts zunächst in Bologna. Ergänzt und verändert durch päpstliches Recht (Dekretalen), blieb G.s Werk der erste Teil des «Corpus iuris canonici» und damit eine Textgrundlage des geltenden kanonischen Rechts bis zum Inkrafttreten des «Codex iuris canonici» 1918. Im evangelischen Kirchenrecht ist G.s Dekret auch heute noch in Einzelfragen geltendes Recht.

Da es zeitgenössische Quellen zu G.s Leben nicht gibt, sind die überlieferten Angaben zu seinem Leben meist legendär. So ist z. B. über seinen Geburtsort nichts bekannt und unwahrscheinlich die erst spät tradierte Angabe, er sei Kamaldulensermönch gewesen. Allerdings ist es wahrscheinlich, daß er Mönch war und in Bologna vor 1140 eine Lehrtätigkeit ausübte. Das von ihm verfaßte Dekret entstand etwa zwischen 1125 und 1140; vielleicht hinterließ er es ohne endgültigen Abschluß, da im dritten Teil des Werks eine Kommentierung fehlt.

Der Aufbau des Dekrets ist kompliziert. Das Ganze ist in drei Teile gegliedert, wobei im zweiten Teil Texte und Erläuterungen im Zusammenhang von 36 fingierten Fällen (causae) gegeben werden. G. beginnt mit einer allgemeinen Rechtslehre, die an Isidor von Sevilla angelehnt ist und zentrale Aussagen zum Naturrechtsproblem enthält. Es folgt das Recht des Klerus. Anschließend geht G. auf das kirchliche Prozeß- und Vermögensrecht ein. Bedeutsam ist auch die Behandlung des Eidesproblems und der Frage des gerechten Krieges; letztere enthält Ansätze zum späteren Völkerrecht. Großen Raum nimmt das Recht der Ehe und der Buße ein. Im ganzen bringt G. alle Materien des klassischen kanonischen Rechts, das auf diesem Grundwerk aufgebaut war.

Die neuere Forschung hat sich intensiv mit Fragen der Komposition und der Quellen des Dekrets befaßt. Es ergab sich, daß man dabei Stufen der Komposition voraussetzen muß und umfangreiche Partien erst späte Einschübe sind. Die zahlreichen Texte des römischen Rechts scheinen erst spät in das Dekret aufgenommen worden zu sein, so daß G. wohl in einer gewissen Distanz zur zeitgenössischen Schule des römischen Rechts in Bologna gearbeitet haben muß. Er war offenbar von der Theologie der Frühscholastik beeinflußt. Die Quellenforschung ergab eine starke Beeinflussung durch die Sammlungen des Ivo von Chartres, der mit seinem Prolog wohl auch die Methode G.s bestimmt hat. Inhaltlich hat G. Konzilscanones, päpstliche Dekretalen und v. a. auch Texte der Kirchenväter gesammelt, die etwa ein Viertel seiner Kapitel ausmachen. Die patristischen Texte werden von G. in einen juristischen Kontext gestellt und damit zur Rechtsquelle. Umstritten ist, ob G. eher als Theologe oder als Jurist einzuordnen sei. Diese Alternative ist letztlich nicht angemessen, da zweifellos juristische Techniken im Dekret verwendet werden, aber auch theologisches Denken in der Orientierung an den Sakramenten stark bestimmend ist. G. hat Anteil am «mouvement théologique» des 12. Jh.s, ist aber andererseits auch Vater eines der beiden Zweige der abendländischen Rechtswissenschaft.

G.s Methode beruht darauf, daß er in dialektischer Argumentation Widersprüche der Canones beseitigen wollte. Sein Dekret ist daher gleichzeitig eine Quellensammlung und ein Lehrbuch. Als umfassendes Unternehmen zur Vereinheitlichung des kanonischen Rechts war es völlig neuartig; Alger von Lüttich hatte allerdings in seinem von G. benutzten Werk *De misericordia et iustitia* für einen Teilbereich ähnlich gearbeitet. Wahrscheinlich war G. in seiner Methodik auch durch Abälards *Sic et non* beeinflußt.

Mit den von ihm vertretenen Tendenzen bei der Betonung von Schwerpunkten und der Lösung von Widersprüchen war G. richtungsweisend für das spätere kanonische Recht. Naturrecht und göttliches Recht werden von ihm weitgehend identifiziert; der Vorrang des Naturrechts vor positiver Rechtssetzung wird hervorgehoben. Andererseits betont G. die Befugnis des Papstes zur Rechtsänderung in der Tradition Gregors VII. und liefert damit die geistige Basis für das Dekretalenrecht. Die Trennung von Klerikern und Laien tritt schon im Aufbau des Dekrets als Grundprinzip hervor. Das Recht der Kleriker wird von G. im Zusammenhang des Sakraments der Ordination dargestellt; jedoch wird die Amtsausübung vom Empfang der Weihe begrifflich getrennt. Auf dieser Grundlage entwikkelte die Kanonistik ein differenziertes Amtsrecht für die Kirche. Das kirchliche Verfahrensrecht ist im Dekret sehr detailliert geregelt; G. geht dabei von einem Modell umfassenden Rechtsschutzes der Untergeordneten in der kirchlichen Hierarchie aus. Im Eherecht sind noch ältere Traditionen wirksam, so daß G. bei der Eheschließung den Ehevollzug neben dem Konsensprinzip als Wirksamkeitsvoraussetzung betrachtet. Individualistische Tendenzen im Eherecht werden aber etwa in der umfassenden Berücksichtigung des Irrtums bei der Eheschließung deutlich. Das kirchliche Vermögen sucht G. dem Einfluß der Laien zu entziehen und überwindet insofern das Eigenkirchenrecht.

G.s Werk wurde schon bald von der Kurie benutzt und war wohl schon vor 1150 Gegenstand des Rechtsunterrichts in Bologna. Dort entstand auch eine umfangreiche kommentierende Literatur aufgrund der Arbeit der sog. Dekretisten. Schon in der zweiten Hälfte des 12. Jh.s gewann das Dekret europäische Verbreitung.

Die Reformatoren haben G. nicht generell abgelehnt; er wurde sogar mehrfach in der Apologie des Augsburger Bekenntnisses zitiert. In der Regel wurde bei Lutheranern und Reformierten ein Unterschied zwischen G. und dem päpstlichen Dekretalenrecht gemacht, da man das letztere ablehnte, die durch G. überlieferten Quellen jedoch positiv bewertete.

Die Erforschung des Dekrets ist ein Hauptthema der Rechtsgeschichte seit dem 16. Jh. Bis heute grundlegende Ergebnisse erzielte bereits der Humanist Antonio → Agustín. Unter Papst Gregor XIII. wurde von einer Kommission, den sog. Correctores Romani, eine offizielle Ausgabe erstellt. Die heute benutzte wurde von Emil Friedberg 1879 veröffentlicht. Das Problem einer kritisch-wissenschaftlichen Ausgabe ist ungelöst.

Gravina, Gian Vincenzo

WW: Corpus iuris canonici, Editio Lipsiensis, hrsg. v. E. Friedberg, 1879 (ND 1959).
Lit.: S. Kuttner, The Father of the Science of Canon Law, in: Jurist 1, 1941, 1–19; Ders., Research on Gratian. Acta and agenda, in: Seventh International Congress of Medieval Canon Law (= MIC, C, 8, 1988), 1984. P. Landau, G., in: TRE 14, 124–130; T. Lenherr, Arbeiten mit G.s Dekret, in: AKKR 151, 1982, 140–166.

P. Landau

Gravina, Gian Vincenzo (1664–1718). Seine erste Ausbildung erhielt er in Scalea bei Gregorio Caloprese. Die Begegnung mit diesem war für ihn von entscheidender Bedeutung, denn Caloprese war geprägt durch das blühende kulturelle Leben der Hauptstadt Neapel, das in der zweiten Hälfte des 17. Jh.s von den Eindrücken der «neuen Wissenschaft» und den Gedanken der Philosophen Descartes und Gassendi geprägt war.

1680 ging G. nach Neapel, besuchte dort die fortschrittlichsten intellektuellen Zirkel und vertiefte seine Kenntnisse der klassischen Sprachen, der Literatur und der Philosophie. Sein Rechtslehrer war Serafino Biscardi, ein Schüler →D'Andreas, der dessen juristischen und philosophischen Unterricht wirkungsvoll weiterführte.

Die in Neapel entstehende antischolastische Diskussion nährte sich auch aus religiösen Motiven: sie ist Ausdruck der Präsenz jansenistischer, quietistischer und antijesuitischer Tendenzen in der Stadt. Das erste Werk G.s, der 1619 gedruckte Dialog *Hydra mystica*, war daher der Beschäftigung mit Themen der Moral und der Religion gewidmet. Auch die Schriften der folgenden Jahre beschäftigten sich mit ähnlichen Inhalten.

In der Zwischenzeit war er als Vertreter des Kardinals Pignatelli um 1689 nach Rom gekommen. In das die Bedürfnisse der kulturellen Erneuerung noch wenig beachtende Rom brachte G. den Atem provokanter Modernität Neapels. Hier gehörte er nun zu den Hauptteilnehmern an Diskussionen und in den Akademien. 1690 gehörte er zu den Gründern der Arcadia.

Bis 1669 verfaßte der Gelehrte zahlreiche philosophische, pädagogische und historische Schriften zur Literatur- und Ästhetikkritik, in denen er sich zu einer entschiedenen Öffnung gegenüber den modernen europäischen Strömungen verpflichtete. Dies führte zu harten Auseinandersetzungen, die sich, nachdem G. den Lehrstuhl für Zivilrecht an der Sapienza übernommen hatte und sich dafür einsetzte, dem schlechten Zustand des Rechtsstudiums in Rom abzuhelfen, auf juristischem Terrain fortsetzten. 1703 wechselte er dann auf den Lehrstuhl für kanonisches Recht an der Sapienza.

1701 erschien die erste Niederschrift seines Hauptwerkes, *Origines iuris civilis*, das erweitert und verbessert 1704 u. ö. erschien. Die *Origines* hatten sofort einen sehr guten Ruf in ganz Europa. G. bereitet in diesem Werk sehr präzise und gewandt die Probleme der Anfänge von Recht, des Verhältnisses von Naturrecht und historischem Recht und der Wechselfälle des römischen Rechts vom Altertum bis in das moderne Zeitalter auf. Zur selben Zeit veröffentlichte der Autor die beiden Bücher *Della ragion poetica*, die einen Endpunkt seiner ästhetisch-kritischen Spekulation markieren.

Die 1711 in der Arcadia ausbrechenden Auseinandersetzungen zwangen ihn zu einer Durchsicht seiner klassizistischen Poetik. Neben juristischen Arbeiten verfaßte G. deshalb zahlreiche literarische Schriften.

1714–15 kehrte er dann nach Neapel und Kalabrien zurück, um die Erbschaft Calopreses an sich zu nehmen und seine instabile Gesundheit zu kurieren.

Nach Rom zurückgekehrt, verbrachte er die letzten Jahre seines Lebens mit dem Entwerfen neuer juristischer Projekte und machte sich bereit, nach Turin überzusiedeln, um an der dortigen Universität einen Lehrstuhl zu besetzen. Er starb jedoch vorher 1718 in Anwesenheit seines Schülers Pietro Metastasio.

Lit.: C. Ghisalberti, G. V. G. giurista e storico, 1962; A. Quondam, Cultura e ideologia in G. V. G., 1968.

A. Mazzacane

Greenleaf, Simon (1783–1853), war eine der führenden Figuren in der Rechtsanwaltschaft von Maine und wurde 1833 auf Betreiben von →Story als Professor an die Harvard Universität berufen. 1820–32 war er außerdem der erste offizielle «Reporter» des obersten Gerichts von Maine, der die Entscheidungen des Gerichts zu veröffentlichen hatte. Während seiner Amtszeit hat er insgesamt neun Entscheidungsbände herausgegeben, *Reports of Cases Argued and Determined by the Supreme Judicial Court of the State of Maine*, vols. 1–9. Als Abgeordneter im ersten Parlament des Staates Maine, dem er von 1820 an eine Amtsperiode lang angehörte, hat G. auch die ersten Gesetze dieses Staates maßgeblich beeinflußt.

G. hat gemeinsam mit Story den Ruf von Harvard als herausragender Rechtsfakultät begründet. Seine wichtigsten Werke sind *A Treatise on the Law of Evidence* (1842–53 u. ö.), das zum führenden Werk über das Beweisrecht wurde, und *Cruise's Digest of the Law of Real Property Revised and Abridged for the Use of American Students* (1849–50 u. ö.).

Lit.: J. E. Greenleaf, Genealogy of the Greenleaf Family, 1896; W. Willis, A History of the Law, the Courts, and the Lawyers of Maine, 1863.

M. J. Flessner

Grimm, Jakob (1785–1863), Bibliothekar in Kassel 1816–21, Professor und Bibliothekar in Göttingen 1829–37, ab 1840 Berufung an die Berliner Akademie der Wissenschaften.

Wie sein jüngerer Bruder Wilhelm studierte der aus dem Hanauischen stammende Beamtensohn an der Landesuniversität Marburg und traf dort auf den jungen Dozenten → Savigny. Der Rechtsbegriff Savignys, dessen Marburger Methodenvorlesung in der Nachschrift G.s erhalten ist, prägte den Studenten ebenso wie die von Savigny vermittelte Bindung zur deutschen Literatur und zu dem Kreis der Romantiker um die Brentanos und v. Arnim. Konsequent dem romantischen Ansatz der Volksgeistlehre in der Rechtslehre Savignys folgend, wandte sich G. vom römischen Recht ab und den germanisch-mittelalterlichen Quellen des deutschen Rechts sowie den übrigen Erzeugnissen der kollektiven Gestaltungskräfte des Volkes, wie Sprache, Volkslied, Märchen und Sagen, Mythen, zu. Wenn seine größte Bedeutung denn auch auf diesen Gebieten liegt, so hat er doch bleibende Anregungen und überdauernde Werke für die rechtshistorische Wissenschaft hinterlassen. Sein Aufsatz *Von der Poesie im Recht* (1816, ND 1972) entwickelt den weiten, überpositivistischen, romantischen Rechtsbegriff. In den *Deutschen Rechtsalterthümern* (1828, erw. Ausgabe A. Heusler/R. Hübner, 1899) versammelte G. nicht nur in umfassender Weise Quellen aus allen Rechten germanischer Sprachen und legte damit einen Grund zur historischen Rechtsvergleichung, sondern eröffnete in der Art der Gliederung auch den Ansatz zu einem Verständnis der eigenen Grundgedanken des älteren deutschen Rechts, das nicht von der Dogmatik des römischen Rechts abgeleitet ist. In den *Weisthümern* (4 Bde., 1840–63, ND 1957) entdeckte er die Rechtswelt der bäuerlichen Bevölkerung zwischen mündlicher Tradition und Verschriftlichung. Wie sein philologisches und volkskundliches, so hat auch sein rechtshistorisches Werk eine große Ausstrahlung, vor allem in die Länder des europäischen Nordens. Daß sein Verständnis des Verhältnisses von Recht und Volk nicht nur der Vergangenheit zugewandt war, sondern Einstehen für Freiheit und Selbstbestimmung beinhaltete, zeigt sich in seiner Beteiligung am Protest der Göttinger Sieben 1837, seinem Vorsitz in der vormärzlichen Germanistenversammlung 1846 und 1847 sowie in der Teilnahme an der Nationalversammlung in der Paulskirche 1848 als Abgeordneter.

Lit.: G. Dilcher, J. G. als Jurist, in: JuS 1985, 931–936; W. Ebel, J. G. und die deutsche Rechtswissenschaft, 1963; D. Werkmüller, Über Aufkommen und Verbreitung der Weistümer. Nach der Sammlung von J. G., 1972; F. Wieacker, Savigny und die Brüder G., in: Gründer und Bewahrer, 1959, 144–161.

G. Dilcher

Groenewegen (van der Made), Simon van (1613–1652). Geboren in Delft, 1632 Studium in Leiden, 1634 Promotion, Rechtsanwalt in Den Haag, ab etwa 1645 Stadtsekretär von Delft. Aus seiner Tätigkeit als Rechtsanwalt und Stadtsekretär stammen mehrere Gutachten, die in den *Hollandsche Consultatien* veröffentlicht worden sind. 1644 publizierte er eine Ausgabe von → Grotius' *Inleidinge*; in marginalen Anmerkungen führte er vor allem Quellennachweise zum Text an, auf die Grotius hatte verzichten müssen, daneben wies er auch auf Differenzen zum römischen Recht und bisweilen auch zu richterlichen Entscheidungen hin. Diese Anmerkungen sind in vielen späteren Ausgaben der *Inleidinge* abgedruckt. Als Hauptwerk gilt sein *Tractatus de legibus abrogatis et inusitatis in Hollandia vicinisque regionibus* (1649 u. ö., engl. 1974–87). Es handelt sich um eine Censura, die in der Legalfolge der Teile des Corpus iuris civilis, andeutet, welche Bestimmungen des römischen Rechts in Holland noch angewendet werden und welche nicht; dabei wird auch oft auf die Praxis in anderen europäischen Ländern verwiesen. Das Werk war und ist noch immer für das sog. «römisch-holländische Recht» maßgebend.

Lit.: B. Beinart, Vorwort zum «Tractatus», 1974; Ders., S. v. G., A biographical note including references to his legal opinions and notes on Grotius' Inleidinge, in: TRG 56, 1988, 333–340.

R. Feenstra

Groicki, Bartlomiej (um 1534–1605), studierte 1550–58 in Krakau. 1559 für über 20 Jahre Schriftführer am Obergericht des Magdeburger Rechts auf dem Krakauer Schloß (Ius Supremum Magdeburgensis castri Cracoviensis), erhielt er Einblick in die polnische juristische Praxis. Durch seine lehrbuchhaften, verständlichen, vielfach wiederaufgelegten Bearbeitungen des Stadtrechts in Polen – u. a. *Artykuły prawa magdeburskiego* (Artikel des Magdeburger Rechts, 1558); *Porządek sadow i spraw miejskich prawa magdeburskiego* (Gerichtsordnung und städtische Angelegenheiten des Magdeburger Rechts, 1559); *Tytuły prawa magdeburskiego* (Titel des Magdeburger Rechts, 1567); *Obrona wdów i sierot* (Verteidigung der Witwen und Waisen, 1605) – wurde er schließlich berühmt.

G. trug wesentlich zur Popularisierung der Constitutio Criminalis Carolina von 1532 (→Schwarzenberg) in Polen bei, indem er deren Zusammenfassung, *Postępek praw cesarskich Karola V. cesarza*, veröffentlichte.

In seinen Schriften berief er sich auf das Corpus iuris civilis und auf die juristische Literatur, darunter auch auf Dietrich von Boxdorf, Melchior Kling und Wolfgang Loss.

WW: Werke, hrsg. v. K. Koranyi, 1953–58.
Lit.: L. Dargun, Die Rezeption der peinlichen Halsgerichtsordnung Kaiser Karls V. in Polen, in: ZRG GA 1889; K. Koranyi, Der Einfluß des flandrischen Rechts auf das polnische, 1927; PSB 8, 628–629.

W. *Uruszczak*

Grosschmid (Zsögöd), Béni (1852–1938). Nach Gerichts- und Verwaltungstätigkeit war G. ao. Professor des ungarischen Privatrechts in Budapest (1882), o. Professor des österreichischen Privatrechts in Kolozsvár (1885) und letztendlich des ungarischen Privatrechts in Budapest (1890).

Neben →Szászy-Schwarz war G. der bedeutendste ungarische Privatrechtler der Jahrhundertwende. Als einer der Hauptinitiatoren der Kodifikationstätigkeit seiner Zeit hat er einen später angenommenen Entwurf für das ungarische Ehegesetz erarbeitet. Für die erste Fassung des ungarischen BGB hat er den familienrechtlichen Teil entworfen. Daneben galt sein besonderes Interesse der Rechtsquellenlehre und dem Eigentums- und Erbrecht. In diesen Bereichen war er ein einflußreicher Verfechter der Traditionen und der Wiederbelebung des feudalen ungarischen Privatrechts. In seinen berühmten

Kapiteln trat er aber als Vordenker eines ungarischen kapitalistischen Obligationsrechts hervor. Der Widerspruch zwischen seinem patriotistischen, konservativen Rechtsbewußtsein und seinem deutschrechtlich-bürgerlichen Instrumentarium zieht sich durch seine ganze wissenschaftliche Tätigkeit. «Mit den eigenartigsten deutschen Waffen führt er seinen Kampf gegen das deutsche Recht» (Szászy-Schwarz). Er hatte viele namhafte Schüler (→Szladits), die seine Gedanken befruchtend für das Privatrechtsleben Ungarns in der Zwischenkriegszeit weitergegeben haben.

Lit.: F. Eckhart, A Jog- és Államtudományi Kar története 1667–1935, 1936; K. Szladits, G. és a magyar kötelmi jog, in: MJÉ 1936, 5–16.; A. Almási, G. és a családjog, in: MJÉ 1937, 1–23; I. Szentmiklósi, G. és a magyar házassági jog, in: MJÉ 1940, 296–315; K. Szladits, Zs.-G. B. a magyar jogtudomány szabadságharcosa, in: Jogászegyleti Szemle 1948; L. Asztalos, A magyar burzsoá magánjogtudomány fejlődése a kiegyezéstől az I. világháborúig, in: Acta Facultatis Bp. 1968, 71–89.; Ders., G. tanítványok – Szladits iskola, in: A jogászképzés a magyar felsőoktatás rendszerében, 1984, 73–98.

B. Szabó

Grotius (de Groot), Hugo (1583–1645). Geboren in Delft, ab 1594 Studium in Leiden, hauptsächlich Philologie und Geschichte, über sein Jura-Studium ist fast nichts bekannt. 1598 Promotion zum Doctor iuris in Orléans; der Grad wurde ihm – als 15jähriges Wunderkind Mitglied einer Gesandtschaft der Generalstaaten bei König Heinrich IV. von Frankreich – wohl vor allem ehrenhalber verliehen. 1599 Rechtsanwalt in Den Haag, 1607 Oberstaatsanwalt (Advocaat-Fiscaal) beim Gerichtshof von Holland und Seeland, 1613 Syndikus der Stadt Rotterdam und dadurch Mitglied der Provinzialstaaten von Holland. In dieser Eigenschaft wurde er in die politischen und religiösen Auseinandersetzungen der Epoche verwickelt. Als Anhänger der Lehre des Leidener Theologie-Professors Jacobus Arminius – dessen Anhänger Remonstranten genannt wurden – und Verfechter der Kirchenpolitik des Führers der Remonstranten, des Ratpensionärs Johann van Oldenbarnevelt, wurde er 1618 gemeinsam mit diesem verhaftet, als Moritz von Oranien die Partei der Gegner (Contra-Remonstranten) ergriff. 1619 wurde er zu lebenslanger Haft verurteilt, alle seine Güter wurden beschlagnahmt; er wurde auf Schloß Loevestein eingekerkert, entwich jedoch 1621 von dort in einer Bücherkiste. Danach lebte er bis 1631 im Pariser Exil; 1625 gab er dort sein *De jure belli ac pacis* heraus. Im Oktober 1631 kehrte er nach Holland zurück, mußte sich aber schon im April 1632 erneut ins Ausland begeben. Nach einem zweijährigen Aufenthalt in Hamburg wurde er 1634 zum schwedischen Botschafter beim König von Frankreich ernannt. Ende 1644 oder Anfang 1645 rief ihn Königin Christine nach Schweden zurück, ohne ihn mit einer neuen Botschaft zu betrauen. Während seiner Rückkehr erlitt er auf der Ostsee Schiffbruch und starb in Rostock.

Unter Auslassung von allem, was er im Bereich der Philosophie, der klassischen Philologie, der Geschichte, der Politik und der Theologie veröffentlicht hat, erwähnen wir hier nur seine juristischen Schriften. Als ältestes juristisches Werk kann der etwa 1598–1600 entstandene, jedoch erst 1964 gefundene Traktat *De republica emendanda* gelten. Aus seiner Jugendschrift *Parallelon rerum publicarum liber tertius: de moribus ingenioque populorum Atheniensium, Romanorum, Batavorum*, um 1601/02 fertiggestellt (D. 1801–03 von J. Meerman), ist das sechste Kapitel *De fide et perfidia* als sein erstes Werk zum Völkerrecht zu betrachten. Sein wichtigstes juristisches Jugendwerk ist *De jure praedae*, eine für die Ost-Indien Compagnie geschriebene Abhandlung zum Prisenrecht, die er 1604–06 verfaßte und die mit Ausnahme des 12. Kapitels, welches 1609 ohne Nennung des Autors unter dem Titel *Mare liberum sive de iure quod Batavis competit ad Indicana commercia dissertatio* erschien, erstmals 1868 von H. G. Hamaker veröffentlicht wurde. G.s *Mare liberum* wurde ab 1618 mehrmals unter seinem Namen herausgegeben. *De jure praedae* enthält schon die wichtigsten Elemente des 20 Jahre später entstandenen Hauptwerks *De jure belli ac pacis* und ist für dessen Interpretation unentbehrlich. Das *Mare liberum* hat in G.s Zeit verschiedene Reaktionen hervorgerufen, u. a. von William Welwood (1613) und John →Selden (*Mare clausum*, 1635); gegen ersteren hat G. eine *Defensio capitis quinti Maris liberi* geschrieben, jedoch nicht veröffentlicht. Obwohl aus der Periode bis zu seiner Verhaftung verschiedene andere Schriften von G. wichtige juristische Elemente enthalten (und er 1615 für die Provinzialstaaten von Holland eine nicht eingeführte Verordnung über die Rechtsstellung der Juden in der Republik entwarf), verdankt er seinen großen Namen als Jurist zwei Werken, die er in Gefangenschaft und im Exil schrieb. Das erste ist die *Inleidinge tot de Hollandsche rechtsgeleerdheid*, eine in niederländischer Sprache abgefaßte «Einführung» in das Privatrecht der Provinz Holland. Es wurde um 1620 im Gefängnis als praktisches Lehrbuch für junge Studenten geschrieben; aufgrund der Umstände wurde es erst 1631 veröffentlicht. Das Werk ist von grundlegender Bedeutung für das sog. römisch-holländische Recht des 17. und 18. Jh.s; es wurde nicht nur in der Praxis benutzt, sondern diente seit dem Ende des 17. Jh.s an der Universität Leiden als Lehrbuch für private Vorlesungen zum geltenden Recht (→Voet, Van der →Keessel). In Südafrika hat es seine Bedeutung bis zum heutigen Tag nicht verloren. Obwohl es hauptsächlich der Systematik der Iustinianischen Institutionen folgt, enthält es – neben den Ausführungen zum holländischen Gewohnheitsrecht – wichtige naturrechtliche Elemente.

G.s Meisterwerk ist *De jure belli ac pacis libri tres*. Die Erstauflage erschien 1625 in Paris, es folgten eine große Zahl von Ausgaben im 17. und 18. Jh., unter ihnen noch vier von G. selbst verbesserte und erweiterte, und seit dem 17. Jh. Übersetzungen in viele Sprachen. Es beschreibt nicht nur das Recht, das in Zeiten von Krieg und Frieden zwischen den Völkern gelten soll, sondern das Recht der ganzen Menschheit, d. h. alle Rechtsverhältnisse – auch zwischen Einzelpersonen – innerhalb der magna generis humani societas. Es ist hauptsächlich eine Abhandlung zum Naturrecht. So findet man außer den Ausführungen zum Völkerrecht im heutigen Sinne vieles, was wir heute zum Privat- und Strafrecht rechnen würden: Eigentum, Vertrag, unerlaubte Handlung und Strafe. Während man das Werk im 20. Jh. vor allem für die aktuelle und historische Problematik des Völkerrechts benutzte, hat es im 17. und 18. Jh. auf einem viel breiteren Gebiet Einfluß gehabt: in protestantischen Ländern – besonders in den Niederlanden, Deutschland und Schweden – wurde es an den Universitäten dem naturrechtlichen Unterricht zugrunde gelegt. Man hat viel darüber diskutiert, in welchem Maße G. in seinen naturrechtlichen Lehren originell gewesen ist. Es ist unverkennbar, daß er stark von der spanischen Spätscholastik (→Vitoria, Soto, →Vasquez, Molina) und deren niederländischem Vertreter Lessius beeinflußt worden ist, doch kommt ihm jedenfalls das große Verdienst zu, daß er diese Naturrechtslehren aus der Moraltheologie in die Rechtswissenschaft übertragen und es vermocht hat, rechtliche Begriffe, die bereits bekannt waren, zu vertiefen. Er darf als ein Begründer nicht nur des Naturrechts oder Völkerrechts, sondern auch des europäischen Privatrechts bezeichnet werden. In späteren Editionen von *De jure belli ac pacis* (ab 1680) findet man als Anhang einen kleinen Traktat *De aequitate, indulgentia et facilitate*; die Entstehungszeit ist nicht leicht zu bestimmen, doch stammt er spätestens aus der Zeit der Gefangenschaft. Am Ende seines Lebens veröffentlicht, aber zum Teil wohl schon aus seiner Jugend stammend, ist *Florum sparsio ad ius Iustinianeum* (1642 u. ö.). Es enthält nicht nur römisches Recht, sondern auch Verweisungen auf germanisches Recht, insbesondere auf die «Lex Visigothorum». In der Vorrede seiner posthum herausgegebenen *Historia Gotthorum, Vandalorum et Langobardorum* (1655) vergleicht er systematisch das römische Recht und die germanischen Volksrechte, wobei er letzteren den Vorzug gab.

WW: De republica emendanda, lat./engl., hrsg. v. A. Eyffinger u. a., in: Grotiana, N. S. 5, 1984; De fide et perfidia, dt., hrsg. v. J. Fikentscher, in: Sitzungsberichte der Bayerischen Akademie der Wissenschaften, Phil.-Hist. Klasse, 1, 1979; «Mare liberum», lat./engl., hrsg. v. R. Van Deman Magoffin, 1916 (dt. 1919); «Inleidinge tot de Hollandsche rechtsgeleerdheid», 1952, engl. hrsg. v. R. W. Lee, 1926 (ND 1953), lat. v. J. v. d. →Linden, 1835 (1962); «De jure belli ac pacis libri tres», hrsg. v. B. J. A. De Kanter van Hettinga Tromp, 1939 (verbesserter ND 1993), engl. 1925–28 (ND 1964 und 1984), dt. hrsg. v. W. Schätzel (= Klassiker des Völkerrechts 1), 1950; J. ter Meulen/P. J. J. Diermanse, Bibliographie des écrits imprimés de H. G., 1950; Ergänzungen u. a. in Grotiana NS 11/1990, 1993; Briefwisseling van H. G., bis jetzt 14 Bde., 1928–1993.

Lit.: NNBW 2, 523–528; HRG 1, 1815–1817; C. G. Roelofsen, in: Zestig juristen, 1987, 113–119; H. J. M. Nellen, H. G., 1983; The World of H. G., Proceedings of the International Colloquium ... Rotterdam 6–9 April 1983, 1984; P. Haggenmacher, G. et la doctrine de la guerre juste, 1983; E. Dumbauld, The life and legal writings of H. G., 1969; Bibliographie von J. C. M. Willems, in: Grotiana NS 11/1990, 1993, 80–123; J. ter Meulen/P. J. J. Diermanse, Bibliographie des écrits sur H. G. imprimés au 17e siècle, 1961.

R. Feenstra

Guan Zhong (**–645 v. Chr.**), gilt traditionell als Autor des Buches *Guanzi* und als frühester Vertreter der als Legalismus bezeichneten politischen Lehre im alten China, die das Gesetz (fa) als Grundlage des Staates in den Mittelpunkt rückte. Aus dem Süd-Staat Chu stammend, trat G. als Prinzenerzieher in die Dienste des Staates Qi (heutige Provinz Shandong) und wurde von Herzog Huan (685–642 v. Chr.) zum führenden Minister berufen. Während die Macht des Zhou-Königs dahinschwand, stärkte G. durch wirtschaftliche Reformmaßnahmen wie die Einführung des Monopols auf Salz und Eisen sowie einer als «Ausbalancieren von Ungleichgewichten» (qing-zhong) bekannten Fiskalpolitik den Randstaat Qi und verhalf Huan dazu, als Oberfürst (ba) anerkannt und mit der Sicherung des Reiches nach innen und außen betraut zu werden. G. repräsentiert daher den neuen Typus des politischen Ratgebers in der Zeit des

Wandels Chinas vom feudalen Staatengebilde zum Einheitsstaat der Qin-Dynastie (221–206 v. Chr.). Bei dem G. zugeschriebenen Buch *Guanzi* handelt es sich um ein sehr heterogenes Werk in 24 Kapiteln mit ursprünglich 86 Texten (davon sind 10 verlorengegangen). Die Anfänge dieser vermutlich im Umkreis der Jixia-Akademie in Qi zusammengestellten Sammlung werden ins 3. Jh. v. Chr. datiert; erst durch den kaiserlichen Bibliothekar Liu Xiang (79–6 v. Chr.) erhielt sie eine festere Form. Im Gegensatz zur traditionellen Zuordnung des Werkes zur legalistischen Schule wird es heutzutage als eklektizistisch eingestuft. Vermischt sind darin die legalistische Konzeption der Herrschaft durch das Gesetz mit konfuzianischen Ordnungsmustern wie Familienbindung und Riten (li) sowie daoistischen Elementen. Aufgrund von Grabungstexten aus dem 2. Jh. v. Chr., die 1972–73 in Yinqueshan (Shandong) und Mawangdui (Hunan) gefunden wurden, hat sich der Eindruck des eklektischen Charakters des *Guanzi* noch verstärkt.

WW: W. A. Rickett (Hg.), Guanzi, Political, Economic, and Philosophical Essays from Early China, 3 Bde.; bisher erschienen 1, 1985.
Lit.: W. A. Rickett, Kuan-tzu and the Newly Discovered Texts on Bamboo and Silk, in: Ch. Le Blanc/S. Blader (Hg.), Chinese Ideas about Nature and Society, 1987, 237–248; S. Rosen, In Search of the Historical Kuan Chung, in: JAS 35, 1976, 431–440.

A. Mittag

Gudelinus (Goudelin), Petrus (1550–1619), geboren in Ath, studierte ab 1564 Philosophie, ab 1567 Jura (Lizentiat 1572) in Löwen. Er war Advokat beim Grote Raad van Mechelen, dem zentralen Appellationsgericht für die niederländischen Provinzen. Nachdem er 1576 promoviert worden und einige Jahre als Privatdozent tätig war, wurde er 1582 Professor für Codex und Pandekten; 1590 schließlich Primarius.

G. hat während seines Lebens wenig veröffentlicht. Seine Schriften, fast alle aus Vorlesungen hervorgegangen, sind nach seinem Tod von zwei seiner Söhne als *Opera omnia* (1685) herausgegeben worden. Schon 1620 erschienen erstmalig die *Commentariorum de iure novissimo libri sex* (mehrere ND). G. beabsichtigte, nicht nur den vollständigen Inhalt der Novellen wiederzugeben, sondern diese als dogmatische Grundlage des gesamten Rechtssystems zu behandeln. Er zerlegte den Stoff in sechs Bücher (Bücher I–IV in der Folge der Institutionen, Buch V über öffentliches Recht und VI über kanonisches Recht), in die die Bestimmungen der Novellen unter Betonung der hinzugefügten Gewohnheitsrechte der Niederlande und Frankreichs eingearbeitet wurden; ähnlich eingerichtet sind seine Schriften *De jure feudorum commentarii* (1624 u.ö.) und *De jure pacis* (1620), hauptsächlich völkerrechtlichen Inhalts. Auch kommt eine solche Klassifizierung im *Syntagma regularum juris utriusque* (1646) vor. Auch hier lieferte er eine Darstellung des römischen Rechts und Gewohnheitsrechts, aber auch des kanonischen Rechts. G. kann insoweit als Erneuerer betrachtet werden, da er als einer der ersten das zeitgenössische Recht erforscht und dargestellt und sich auf dem Gebiet des internationalen Rechts betätigt hat.

WW: Dekkers, 64–65.
Lit.: B Nat Belg 8, 159–163; V. Brants, P.G., in: L'Université de Louvain, 1927, 65–77; 550 jaar universiteit Leuven, 1976, 301.

M. Ahsmann

Guggenheim, Paul (1899–1977), studierte in Genf, Rom und Berlin, promovierte dort 1924; 1927 Ruf an das Institut für Internationales Recht an der Universität zu Kiel, 1928 Privatdozent an der Universität Genf. 1930 wurde G. zunächst Dozent, dann 1941 o. Professor am Institut universitaire de hautes études internationales in Genf. Zwischen 1932 und 1958 hielt G. Vorlesungen an der Akademie für Internationales Recht in Den Haag. An der Universität Genf erhielt G. 1955 den Lehrstuhl für Völkerrecht, den er bis 1965 innehatte. Als ad hoc nominierter Richter am internationalen Gerichtshof entschied G. den Fall Nottebohm mit (1955). Für die Schweiz war G. vielfach als Ratgeber in internationalen Angelegenheiten aktiv, so z.B. vor dem internationalen Gerichtshof in Handelstreitigkeiten mit den USA (1957).

Von →Kelsen beeinflußt, stellte G. die Theorie vom positiven Völkerrecht auf, die sich vor allem in seinem *Lehrbuch des Völkerrechts* (1948/51) findet. G. wollte das Völkerrecht frei von soziologisch-politischen Einflüssen rein normativ erfassen. Als Grundnorm für die erkenntnistheoretische Betrachtung setzt das positive Völkerrecht das universelle Gewohnheitsrecht ein. Dabei unterscheidet es zwischen Sein und Sollen aus der Erkenntnis heraus, daß das bloße Vorhandensein von Gewohnheiten noch keine normative Kraft haben könne. G. selbst sah in der Problematik, eine wertfreie Erkenntnis einer normativen Ordnung in den von politischen Fragen und

Wertungen überhäuften zwischenstaatlichen Beziehungen durchzusetzen, eine Herausforderung für die Diplomatie.

Lit.: Faculté de Droit de l'Université de Genève (Hg.), En homage à P. G., 1968.

F. Arndt

Guido de Baysio (um 1250–1313), stammte aus einer Bologneser Familie, die in Reggio d'Emilia ansässig geworden war. Nach seinem Studium, wahrscheinlich in Reggio, besonders bei Guido de Suzaria, lehrte er dort und später in Bologna kanonisches Recht. 1296 wurde er von Bonifaz VIII. zum Archidiakon von Bologna ernannt, der seit 1219 die Aufsicht über die Promotionen hatte und damit das Amt eines Universitätskanzlers ausübte. In der kanonistischen Literatur wird G. daher nur als «Archidiaconus» zitiert. Er erhielt zusätzlich 1301 die öffentliche Dekretprofessur der Universität, die er bis 1304 wahrnahm. In diesem Jahr wurde er zum Auditor der «Audientia litterarum contradictarum» ernannt, einer von Innozenz III. geschaffenen päpstlichen Behörde, in der in einem gerichtsförmigen Verfahren mit Einspruchsmöglichkeit der Betroffenen die Papsturkunden vor ihrem Auslauf inhaltlich überprüft wurden. G. nahm an der Verlegung dieser Behörde nach Avignon teil und wirkte bis zu seinem Tode in der neuen päpstlichen Residenz. 1311 verfaßte er zusammen mit zwei anderen Auditoren eine Verfahrensordnung für die Audientia *(Constitutiones super observantia audientiae contradictarum)*. Außer dieser Arbeit sind von G. vier andere Werke erhalten:

1. Das *Rosarium decretorum*, ein umfassender Kommentar zum Gratianischen Dekret, wurde 1300 vollendet (D 1472 u. ö.); es ist die wichtigste und letzte umfassende Arbeit über das Dekret nach der *Glossa ordinaria* des →Johannes Teutonicus und war für Kanonisten deren unentbehrliche Ergänzung. G. nahm darin auch zahlreiche Auszüge aus der älteren Dekretistik auf und griff bis zur Literatur des 12. Jh.s (→Huguccio) zurück.

2. In Avignon schrieb G. zwischen 1304 und 1306 einen Apparat zum *Liber Sextus* Bonifaz' VIII. Dieser Kommentar hatte nicht denselben Erfolg wie die Apparate des →Johannes Andreae und des Johannes Monachus, ist aber in einigen Handschriften zusammen mit dem Text des *Sextus* überliefert.

3. Zusammen mit seinem Bruder Jacobus verfaßte G. zwischen 1283 und 1289 *Quaestiones* (ungedruckt).

4. 1311 entstand ein Papst Clemens V. gewidmeter *Tractatus super heresi et aliis criminibus in causa templariorum*. Hierin setzt sich G. auch apologetisch mit den Anschuldigungen gegen Bonifaz VIII. auseinander.

WW: Rosarium, gedr. zuerst Straßburg 1472, zuletzt Lyon 1601; Tractatus de heresi, Mansi 25, 417–426; Constitutiones, hrsg. v. F. Liotta, in: Stud Sen 76, 1964.

Lit.: J. F. v. Schulte, Die Geschichte der Quellen und Literatur des canonischen Rechts, 2, 1877 (ND 1956), 186–190; F. Liotta, Appunti per una biografia del canonista G. da B., archidiacono di Bologna, in: Stud Sen 76, 1964, 7–52.

P. Landau

H

Hänel, Albert (1833–1918), einer der politischen Professoren des 19. Jh.s, Stimmführer des freisinnigen Liberalismus im Reichstag (1867–93, 1903–08) und bedeutender Staatsrechtler. H. wuchs als Stiefsohn des Schriftstellers Heinrich Laube auf, studierte u. a. bei R. v. →Mohl und W. E. Albrecht. Nachdem er sich in Leipzig habilitiert hatte, wurde er Professor zunächst in Königsberg, dann 1863 in Kiel, wo er bis zu seinem Tod lehrte. In Schleswig-Holstein war er maßgeblich an der Schaffung der Städteordnung von 1869 beteiligt.

H. gehörte zur Generation von Paul →Laband und wird oft als dessen Antipode dargestellt. In der Tat war er es politisch; seine auf Entfaltungsfreiheit des Individuums und demokratischen Parlamentarismus zielende Linie war mit der des konservativen Monarchisten Laband unvereinbar. Was H. wollte, war der nationale, unitarisch ausgestaltete parlamentarische Verfassungsstaat, der den Dualismus von monarchischer Gewalt und Parlament überwinden sollte. Hieraus erklärt sich auch das leidenschaftliche parlamentarische Engagement H. s. Aber er stand auch methodisch in Opposition zur herrschenden Lehre. Er bezog historische und politische Argumente ein, bevor er sich auf das logisch-deduktive Verfahren der «juristischen Methode», deren Wert für die Rechtssicherheit er nicht verkannte, einließ. In seinen Werken (*Studien zum Deutschen Staatsrechte*, 3 Bde. 1873, 1880, 1888; *Deutsches Staatsrecht*, 1892) lieferte er wesentliche und heute noch nachwirkende Beiträge zur Theorie des Bundesstaates, zur (von ihm kritisierten) Unterscheidung von formellem und materiellem Gesetzesbegriff und zur Rechtsnatur des Deutschen Reiches von 1871. Seine Hoffnungen, eine Parlamentarisierung der Regierungsgewalt zu erreichen, haben sich vor 1914 nicht erfüllt.

Lit.: S. Graf Vitzthum, Linksliberale Politik und materiale Staatsrechtslehre, 1971; M. Friedrich, Zwischen Positivismus und materialem Verfassungsdenken. A. H. und seine Bedeutung für die deutsche Staatsrechtswissenschaft, 1971; M. Stolleis, Geschichte des öffentlichen Rechts, 2, 1992, 355–358.

M. Stolleis

Hagerup, Francis (1853–1921), stammte aus einer bekannten norwegischen Beamtenfamilie, wurde 1876 cand. iur. und hielt sich danach zu Studienzwecken in München, Leipzig und Paris auf.

1879–87 war er Universitätsstipendiat, 1887–1906 Professor, 1906 bis zu seinem Tod wirkte er als Gesandter in Kopenhagen, Stockholm und Den Haag im Dienste des norwegischen Außenministeriums. H.s sehr umfangreiche, vielseitige und gründliche juristische Schriften machen ihn nach den Ansichten vieler zu Norwegens bedeutendstem Rechtswissenschaftler. Unter Einbeziehung seiner politischen und seiner völkerrechtlichen Tätigkeit zeichnet sich das Bild einer ungewöhnlich begabten Persönlichkeit ab.

H. war zwischen 1893 und 1905 aktiver Politiker (1895–98 Ministerpräsident/Regierungschef in einer moderat konservativen und 1903–05 in einer Koalitionsregierung). H.s vornehmste politische Aufgabe als Politiker war die Bewahrung der schwedisch-norwegischen Union und, als dies sich 1905 als unmöglich erwies, die Durchführung der Auflösung in verfassungsmäßigen Bahnen. Die politischen Umstände forderten indessen einen einseitigen Bruch durch Norwegen, woran sich H. nicht beteiligen wollte. Isoliert legte er 1905 sein politisches Amt nieder und gab 1906 seinen Lehrstuhl auf. Ab 1906 lebte er als Diplomat und juristischer Schriftsteller im Ausland.

H.s erste juristische Schriften waren wichtige Beiträge zum norwegischen Privatrecht. Durch die Arbeiten *Om Kjøb og Salg* (Von Kauf und Verkauf, 1883), *Om Tradition som Betingelse for Overdragelse af Eiendomsret til Løsøre* (Von der Übergabe als Bedingung der Eigentumsübertragung an beweglichen Sachen, Diss. 1884) und besonders *Den norske Panteret* (Das norwegische Pfandrecht, 1889 u. ö.) gab H. diesen Rechtsgebieten eine wissenschaftliche Grundlage. Die genannten Werke zeigen wesentliche Züge in H.s Methode, insbesondere eine internationale Perspektive in der Behandlung des Rechtsstoffes, welche eine breitere Grundlage für neue rechtliche Lösungen oder Reformvorschläge bot. Innerhalb des Privatrechts lieferten besonders deutsche Romanisten H. wichtige Impulse. Die Bücher sind geprägt von einer systematischen ‹konstruktiven› Bearbeitung des Quellenmaterials, welche es ermöglicht, die einzelnen Rechtsfragen im Licht von induktiv bestimmten allgemeinen Rechtsgrundsätzen zu sehen.

Mit der juristischen Methode befaßte sich H. erstmals in einem der berühmtesten juristischen Aufsätze des Nordens, *Nogle Ord om den nyere Retsvidenskabs Karakter* (Einige Bemerkungen zum Charakter der neueren Rechtswissenschaft, in: TRb, 1888). Der Aufsatz eröffnete die «Tidsskrift for Retsvidenskab» (Zeitschrift für Rechtswissenschaft) 1888, die H. bis unmittelbar zu seinem Tod leitete. Sie hatte ausnehmend große Bedeutung für die gemeinsame nordische rechtswissenschaftliche Kultur. Von späteren methodischen Abhandlungen sei *Det psykologiske Grundlag for Retten* (Die psychologische Grundlage des Rechts, in: TRb, 1907) genannt. Hier gibt er eine psychologische Erklärung für die Geltungskraft des Rechts, die mit späteren Standpunkten innerhalb des nordischen Rechtsrealismus verwandt ist.

H. gab dem Prozeßrecht und dem Strafrecht eine neue und systematische rechtswissenschaftliche Grundlage. *Den norske straffeproces* (Der norwegische Strafprozeß, 1892 u. ö.) bot eine Gesamtdarstellung des Strafverfahrens auf der Grundlage des Strafprozeßgesetzes von 1887. *Den norske civilproces* (Der norwegische Zivilprozeß, 1895–1901 u. ö.) bewirkte eine fachliche Verselbständigung des Zivilprozesses und bildete gleichzeitig eine wichtige theoretische Grundlage für die Ausarbeitung des neuen norwegischen Zivilprozeßgesetzes (1915). H.s Beiträge zum Strafrecht gaben dem norwegischen Strafrecht sowohl bezüglich der Rechtsdogmatik wie der Rechtspolitik (Strafgesetzbuch von 1902) wesentliche Impulse. Sein *Strafferettens almindelige del* (Allgemeiner Teil des Strafrechts, 1911) ist bis auf den heutigen Tag zentral geblieben.

Von 1906 bis zu seinem Tod war H. der bedeutendste Diplomat seines Landes und Regierungsratgeber in internationalen Fragen. Er war aktiv an der Friedenskonferenz in Den Haag 1907 und an der Abfassung der Haager Konvention vom gleichen Jahr beteiligt, nahm teil an der Arbeit im Völkerrechtsinstitut und war zuletzt Berichterstatter in der Kommission, welche die Statuten zum Ständigen Internationalen Gerichtshof in Den Haag in der Regie des Völkerbundes 1920 ausarbeitete. 1906–21 war H. Mitglied der Parlamentskommission für die Vergabe des Friedensnobelpreises.

Lit.: TRb 1922, 5–133; 134–178; A. Kaartvedt, Høyres Historie I, 1984, 133–209.

D. Michalsen

Hale, Sir Matthew (1609–1676), wurde nach dem frühen Tod seiner Eltern dem puritanischen Vikar von Wotton-under-Edge anvertraut. 1626 begann er ein Studium am Magdalene College in Oxford mit der Absicht, die Priesterweihe zu erlangen, vernachlässigte aber schon bald seine Studien und spielte mit dem Gedanken, in die Armee einzutreten. Er entschloß sich jedoch, eine Laufbahn als Anwalt einzuschlagen, und trat 1628 in Lincoln's Inn in London ein. 1636 erhielt er die Zulassung zur Anwaltschaft, in der er sich bereits in kurzer Zeit einen Namen machte. Während der puritanischen Revolution durch seine gemäßigte Einstellung gekennzeichnet, spielte er als Anwalt des Earl of Strafford und Erzbischof Lauds eine prominente Rolle in den zahlreichen politischen Verfahren. 1654 zum Richter am Court of Common Pleas ernannt, wurde er noch im gleichen Jahr ins Parlament gewählt, wo er sich gegen die Übertragung diktatorischer Vollmachten an Cromwell aussprach und daraufhin vom Parlament ausgeschlossen wurde. Nach dem Tod Cromwells 1658 lehnte er die Verlängerung seines Amts durch Cromwells Sohn Richard ab und trat von seinem Richteramt zurück. 1658 erneut ins Unterhaus gewählt, unterstützte er als Parlamentsabgeordneter die Restauration Charles' II., von welchem er 1660 zum Ritter geschlagen und zum Chief Baron of the Exchequer ernannt wurde. Nach elfjähriger Amtszeit am Court of Exchequer und als Mitglied des Tribunals zur Klärung der nach dem großen Brand von London (1666) entstehenden Rechtsfragen wurde er 1671 zum Chief Justice of the King's Bench ernannt, der er bis 1676 mit derartiger Auszeichnung vorstand, daß er bis heute neben →Coke und Lord Mansfield (→Murray) als die herausragendste Richterpersönlichkeit des Common Law gilt.

H. war seit →Bacon der am stärksten wissenschaftlich orientierte Jurist Englands. Da er es ablehnte, seine juristischen Schriften zu veröffentlichen, wurden seine Werke erst nach seinem Tode gedruckt. Viele seiner Schriften sind immer noch unveröffentlicht. Zu den bedeutendsten seiner Werke zählen unter anderem die *Pleas of the Crown, or a Methodical Summary of the Principal Matters relating to that Subject* (1678), in denen er als erster eine Ordnung des englischen Strafrechts versuchte, *A Treatise on the Original Institution, Power and Jurisdiction of Parliaments* (1707) und vor allem seine *History of the Common Law* (1713), mit der, wenn auch in fragmentarischer Natur, erstmals eine schriftliche Darstellung der Geschichte des Common Law erfolgte. Seine *Analysis of the Civil Part of the Law* (1713) war die erste methodische Erfassung des englischen Rechts und auch insoweit von grundlegender Bedeutung, als sie →Blackstone zur Grundlage seiner *Commentaries* diente. H. verfaßte des weiteren die von ihm nicht mehr vollendete *History of the Pleas of the Crown* (1736), die den ersten Versuch zu einer Geschichte des englischen Strafrechts und eine der einflußreichsten strafrechtlichen Abhandlungen des Common Law überhaupt darstellt, sowie Anmerkungen zu Fitzherberts *New Natura Brevium* (1730) und zu → Cokes *First Institute* (1787). H.s Arbeiten zeichnen sich sowohl durch genaue Kenntnis der Quellen als auch durch die Erarbeitung einer systematischen wissenschaftlichen Darstellung und Ordnung der Rechtsprinzipien aus und wirkten prägend für spätere Bearbeiter.

Lit.: G. Burnet, Life and Death of Sir M. H., 1682; J. B. Williams, Memoirs of Sir M. H., 1835; W. S. Holdsworth, History of English Law, 6, 1937, 574–595.

K. Lerch

Hamaker, Hendrik Jacob (1844–1911). Nach Jurastudium und Promotion 1870 an der Universität Leiden ließ H. sich als Rechtsanwalt und Repetitor dort nieder. 1877–1907 war er Ordinarius an der Universität Utrecht für Einführung in die Rechtswissenschaft, internationales Privatrecht, Zivilprozeßrecht und seit 1885 für das bürgerliche Recht.

H. nahm in der niederländischen Privatrechtswissenschaft des 19. Jh.s wegen seiner empirischen Rechtsauffassung, seiner Vorliebe für die induktive Methode und seiner Auffassung von der Aufgabe des Richters eine Sonderstelle ein. Er unterschied ein vom positiven Recht getrenntes, ‹eigentliches› Recht. Dieses gesellschaftliche Recht wurzele in einer grundlegenden Rechtsüberzeugung. Der Richter sei dazu berechtigt, unter gewissen Bedingungen statt des positiven Rechtes dieses seiner Entscheidung zugrunde zu legen. Das Gesetz sei – falls der Wortlaut des Gesetzes dunkel oder das Gesetz lückenhaft – dann nicht mehr als ein Leitfaden. Der Gesetzgeber beschreibe bei einer Kodifikation das Recht so, wie es faktisch sei. Er stütze sich dabei auf die Ergebnisse der Rechtswissenschaft. Diese müsse das gesellschaftliche Leben erörtern und die auf dem Wege der Induktion entdeckten Regelmäßigkeiten registrieren.

Auch in den juristisch-dogmatischen Betrachtungen von H. spielte die induktive Methode eine wichtige Rolle. An der Perspektive des praktischen Lebens und der Rechtsprechung setzte er die Erörterung zahlreicher Lehrsätze an.

Neben seinen rechtsphilosphischen Betrachtungen hat H. ausführlich über fast alle Bereiche des Privatrechts geschrieben. Er scheute in seinen Auseinandersetzungen die Rechtsvergleichung nicht und polemisierte gerne. So erzielte H. immer die praktische Präponderanz der von ihm erörterten Themen. Während der Jahre 1895–1904 gehörte H. zu den Herausgebern des führenden «Weekblad voor Privaatrecht, Notarisambt en Registratie», worin er – seinen Auffassungen entsprechend – sowohl die Freiheit des Richters dem Gesetz gegenüber verteidigte als auch ganz konkrete Probleme aus der Praxis zu einer Lösung führte.

WW: Verspreide Geschriften, I–VII, 1911–13.
Lit.: BWN I, 226–227; P. C. Kop, in: Zestig juristen, 1987, 231–235; J. J. M. van der Ven, in: G. C. J. J. van den Bergh u. a. (Hg.), Rechtsgeleerd Utrecht, 1986, 83–100; R. Pieterman, Rechtswetenschap en sociologie tijdens het leven van H. J. H. 1844–1911, in: Recht der Werkelijkheid, 1990, 15–46.

C. J. H. Jansen

Hamilton, Alexander (1757–1804). Der aus einer auf den Antillen niedergelassenen, schottischen Kaufmannsfamilie stammende H. erhielt eine juristische Ausbildung an der Akademie von New Jersey und am King's College in New York. Dort schon durch zwei Streitschriften, in denen er sich für die Unabhängigkeit der Kolonien einsetzte, aufgefallen, gehörte er im Unabhängigkeitskrieg ab 1777 als Adjutant und Privatsekretär dem Stab George Washingtons an. 1782 wurde der Rechtsanwalt Delegierter New Yorks im Kongreß und 1786 Mitglied der Konvention von Philadelphia zur Reform der Bundesverfassung.

In den Debatten um den zukünftigen Charakter der Bundesverfassung trat H. neben James →Madison und John Jay (1745–1829) entgegen Thomas →Jefferson in den *Federalist Papers*, einer in verschiedenen Zeitungen veröffentlichten Artikelserie, für eine starke Abhängigkeit der ehemals 13 selbständigen Kolonien von der neugegründeten Föderalregierung ein. Das in den *Federalist Papers* sich manifestierende System bundesstaatlicher Prinzipien gilt «als erste Verfassungslehre des Bundesstaates von staatspolitischem Rang» (F. Ermacora). Die eingehende Auseinandersetzung mit dem der amerikanischen Verfassung zugrundeliegenden Staatsdenken der Aufklärung, den Ideen der Gewaltenteilung, des Gesellschaftsvertrages sowie der Grund- und Freiheitsrechte (→Montesquieu, Rousseau) machen die Artikelserie zum maßgeblichen Kommentar des Verfassungsrechts der USA und zum Klassiker des amerikanischen Staatsdenkens.

Zwar verließ H. den Verfassungskonvent, als abzusehen war, daß seine Vorstellungen vom Parlament als eines House of Lords nach englischem Muster, das die Regierungsverantwortung ganz in Händen der geistigen wie sozialen Elite der alten Kolonialherren belassen wollte, gegen die Demokratisierungsbestrebungen Jeffersons nicht durchzusetzen sein würde. Sein Plan zur Einrichtung einer starken Föderalregierung und eines machtvollen Präsidenten – quasi als gewählten Monarchen – kennzeichnete dennoch die weitere amerikanische Verfassungsentwicklung.

Die sich aus der Debatte zwischen den «Federalists» (Anhängern einer starken Zentralregierung) unter H. und Madison und den «Anti-Federalists» (Anhängern einer Beibehaltung bundesstaatlicher Souveränitätsrechte) unter Jefferson ergebende Polarisierung der politischen Kultur der Unabhängigkeitsbewegung ist bis heute ursächlich für die sich aus Republikanern und Demokraten zusammensetzende Parteienlandschaft der USA.

1789, nach Inkrafttreten der Verfassung, war H., der schon vorher 1777 als Nationalökonom hervorgetreten war, als Secretary of Treasure in der Regierung Washington mit der Ordnung der im Unabhängigkeitskrieg zerrütteten Finanzen beauftragt worden.

In zahlreichen nationalökonomischen Denkschriften, gesammelt in den *Reports*, beschreibt er ein stabiles Wirtschaftssystem und einen starken Staat als Basis einer zukünftigen Weltmachtrolle der USA. Insbesondere seine Haushaltspolitik – eine die Bundesgewalt stärkende, von einer neueingerichteten Nationalbank organisierte Staatsfinanzierung – führte erneut zum Konflikt mit Jefferson. Zwar verließ H. 1795 die Regierung, blieb aber parlamentarischer Führer der «Federalists» und war ab 1798–1800 erneut als Heeresinspekteur im Staatsdienst tätig. H. unterlag 1804 im Duell dem seiner Partei angehörenden politischen wie persönlichen Gegner Aaron Burr.

WW: Die Federalist Papers, hrsg. v. B. Zehnpfennig, 1993; The reports of A. H. ed. by J. E. Cooke, 1964.
Lit.: D. F. Epstein, The political theory of the «federalist Papers», 1984; J. T. Maine, The Antifederalist critics on the constitution 1781–1788, 1961; J. S. Pancake, Thomas Jefferson and A. H., 1974; G. Stourzh, A. H. and the idea of Republican Government, 1970; M. White, The philosophy of the American Revolution, 1978.

I. K. Ahl

Han Fei (ca. 280–233 v. Chr.), war der Vollender jener als Legalismus bezeichneten politisch-ideologischen Strömung im alten China, die die Herrschaft auf das Gesetz (fa) begründete und die geistige Grundlage für die Reichseinigung durch die Qin-Dynastie (221–206 v. Chr.) schuf. H. war ein Sproß aus dem Herrscherhaus des Staates Han (heute etwa Provinz Shanxi) und zusammen mit Li Si, dem späteren Kanzler des Reichseinigers Qin Shihuangdi, ein Schüler des Xunzi (ca. 313–238 v. Chr.), des letzten großen Vertreters der frühen konfuzianischen Schule. Als Redner unbegabt, fand H. kein Gehör am Han-Hof. Beim drohenden Angriff des Staates Qin auf Han wurde er als Unterhändler an den Qin-Hof gesandt, wo er das Wohlwollen des späteren ersten Kaisers Shihuangdi gewann. Doch Li Si u. a. intrigierten gegen den Konkurrenten, H. wurde ins Gefängnis geworfen und zum Selbstmord gezwungen. Das nach ihm benannte, in 55 Kapiteln überlieferte Buch *Han Feizi*, das teils von H. selbst, teils aus der Hand seiner Schüler stammt, bringt die verschiedenen, durch →Shang Yang, →Shen Buhai und Shen Dao (3. Jh. v. Chr.) vertretenen Gedankenströmungen des Legalismus zur Synthese. Dabei wird der daoistische Begriff des «dao» – der kosmischen Ordnung, in die sich der Mensch einzufügen habe – auf die durch das Gesetz bestimmte, die Unterwerfung aller Menschen fordernde gesellschaftliche Ordnung übertragen. Aufgrund der gewandelten Lebensverhältnisse ist für H. das konfuzianische, am Ideal des hohen Altertums orientierte Modell eines nach moralischen Grundsätzen errichteten Staates überholt. Daher müsse der «erleuchtete Herrscher» seine Herrschaft auf das Gesetz bauen und sie mittels verschiedener «Künste des Regierens» (shu) sowie seiner überlegenen, auf abschreckende Strafen und Belohnungen gegründeten «Macht» (shi) aufrechterhalten. Obwohl H.s despotische Herrschaftskonzeption nach dem Untergang der legalistisch regierten und durch die konfuzianische Schule geächteten Qin-Dynastie desavouiert war, ging von ihr und dem Legalismus dennoch eine anhaltende Wirkung sowohl auf die Staatslehre als auch auf die institutionelle Entwicklung des chinesischen Reiches aus.

WW: W. K. Liao (Hg.), The Complete Works of H. F., 1939/59.
Lit.: R. Moritz, Die Philosophie im alten China, 1990, 218–236; W. Mögling, Macht und Gesetz in den Auffassungen des H. F., Diss. Leipzig 1987.

A. Mittag

Hatoyama, Hideo (1884–1946), Studium in Tôkyô, 1908 Dozent, 1910 ao., 1916–26 o. Professor daselbst. 1911–14 Aufenthalt in Deutschland (bes. bei Zitelmann in Bonn) und Frankreich. In einer von Kaneshirô Kawana (1875–1914) in Tôkyô und Otoshirô Ishizaka (1877–1917) in Kyôto repräsentierten Periode der japanischen Zivilistik, in der man sich auf streng systematische Bearbeitung des Rechtsstoffes nach deutschem Muster konzentrierte, wurde H. mit seinem Kommentar zum Rechtsgeschäft – *Hôritsu-kôi naishi jikô* (1910) – berühmt. Nach der Heimkehr von Europa zeigte sich H.s flexiblere Auslegungstendenz verstärkt. Die Hauptaufgabe der Vermögensrechtsdogmatik erblickte er nun darin, den Ausgleich der dynamischen und der statischen Rechtssicherheit zu erzielen. Seine Lehrbücher, u. a. *Nihon saikenhô sôron* (Japanisches Schuldrecht, Allg. Teil, 1918), genossen eine unerhörte Beliebtheit bei den Richtern, die H. s. apodiktischer Begründungsstil angesprochen hatte, eine Tatsache, die nach dem II. Weltkrieg der Theorie der Komplizenschaft der Begriffsjurisprudenz mit der bürokratischen, bürgerfremden Justiz Nahrung gegeben haben dürfte. Trotz des Erfolges geriet er unter der von →Suehiro eingeleiteten Attacke gegen die Begriffsjurisprudenz in theoretische Ausweglosigkeit. Nach ein paar Versuchen, mit der Dogmatik deutscher Art zu brechen, verließ er 1926 mit 42 Jahren die Tôkyôer Fakultät und wurde Rechtsanwalt, um seinem Schüler →Wagatsuma den Lehrstuhl zu überlassen. H.s Vater Kazuo (1856–1911) war Englischrechtler, Rechtsanwalt und führender Politiker, sein Bruder Ichirô (1883–1959) Premierminister (1954–56). H., Suehiro und →Minobe waren mit den Töchtern von →Mitsukuris Vetter Dairoku Kikuchi (1855–1917) verheiratet, der führender Mathematiker, Rektor in Kyôto und Tôkyô sowie Erziehungsminister war.

Lit.: R. Suzuki, H. H., in: T. Ushiomi/N. Toshitani (Hg.), Nihon no hôgakusha, 1975, 289–300; E. Hoshino, Nihon-minpô-gakushi I, in: Hôgakukyôshitsu 8, 1981, 37–44; S. Wagatsuma, Minpô to gojû-nen, 1967, 125–144.

A. Wani

Hauriou, Maurice (1856–1929), begann seine Karriere 1883 an der Rechtsfakultät in Toulouse, wo er ab 1888 den Lehrstuhl für Verwaltungsrecht und ab 1920 für Verfassungsrecht innehatte. H. hat die französische Verwaltungsrechtswissenschaft umfassend erneuert:

Hauriou, Maurice

Précis de droit administratif et de droit public général (1892 u. ö.), ergänzt durch einen *Précis élémentaire de droit administratif* (1925 u. ö.), durch einen *Précis de droit constitutionnel* (1923 u. ö.) und durch *Principes de droit public* (1910 u. ö.).

Auch wenn sein Werk sich dem gesamten öffentlichen Recht widmete, so bestand doch das Ziel seiner dreißigjährigen Lehrtätigkeit in einer Erneuerung des Verwaltungsrechts. H. akzeptierte die Komplexität und Widersprüche der Wirklichkeit und lehnte das Streben nach einem kohärenten wissenschaftlichen System ab. Dementsprechend hat auch sein evolutionär angelegtes Denken keine definitive Gestalt angenommen. Als Christ suchte er Recht und Moral zu verbinden, ohne die gegenläufigen Positionen des zeitgenössischen Positivismus zu übersehen. Sein Werk ruht deshalb auf diesem fundamentalen Dualismus. Seine Definition des Staates verbindet ein juristisches, auf dem freiwilligen Zusammenschluß aller beruhendes Konzept mit einem sozialwissenschaftlich deterministischen und organischen.

In diesem Rahmen hat H. das Verwaltungsrecht, vom Verwaltungsakt ausgehend, aufgebaut, den er als Ausübung der Rechte der Verwaltungspersonen deutete. Dank dieser personalen Theorie gelang es dem Verwaltungsrecht, die bisherige Isolierung zu überwinden und einen entsprechenden Platz unter den juristischen Disziplinen einzunehmen.

Indem er mit der allgegenwärtigen Tendenz brach, zivilistische Theorien und Methoden auf dieses Gebiet anzuwenden, trug er dazu bei, das Verwaltungsrecht nicht nur prozessual, sondern auch inhaltlich eigenständig zu gestalten. So war es nun selbständig, und die Verwaltungstätigkeiten waren ihm unterstellt.

H. hat hierbei viel Klugheit und Respekt für die Entwicklungsgeschichte bewiesen. Nachdem →Duguit die klassischen Begriffe der Souveränität, der Staatsgewalt, der Person u. a. für sein System ausgearbeitet hatte, beschäftigte sich H. damit, ihnen eine neue Ordnung zu geben, sie rational zu erklären und die traditionellen Konzepte zu erhalten, zu rechtfertigen und ihnen neue Lebendigkeit zu geben.

Lit: Ch. Cézar-Bru u. a., Cérémonie de l'inauguration du monument élevé à M. H., 1931; G. Marty u. a., La pensée du doyen M. H. et son influence, in: Annales de la Faculté de droit et des sciences économiques de Toulouse 1968, XVI, 2; L. Sfez, Essai sur la contribution du doyen H. au droit administratif français, 1966.

O. Motte

Heck, Philipp (1858–1943), gilt als wegweisender Begründer der deutschen Interessenjurisprudenz. Er wurde wie →Tuhr in St. Petersburg geboren; 1870 übersiedelte seine Familie nach Wiesbaden. Nach anfänglichem Mathematikstudium in Leipzig wechselte er zur juristischen Fakultät, nach eigener Darstellung aus Begeisterung über die Lektüre von →Jherings *Geist des römischen Rechts*. Er promovierte und habilitierte sich 1889 in Berlin, wurde o. Professor 1891 in Greifswald, 1892 in Halle und von 1901 bis zu seiner Emeritierung 1928 in Tübingen.

Mit seinen Abhandlungen zur Deutschen Rechtsgeschichte hat er kaum Beachtung gefunden. Bedeutung erlangten seine *Grundrisse zum Schuld- und Sachenrecht* (1929/1930) mit verdienstvollen Untersuchungen zu vielen zivilrechtlichen Streitfragen. Außergewöhnliche Bekanntheit und großen Einfluß erlangte H. mit seinen Studien zur juristischen Methodenlehre, die in manchem in der Tradition von Jhering stehen. Mit diesem teilte er auch einen Hang zur Polemik. So behauptete er häufig «unüberwindliche Meinungsverschiedenheiten, wo es in Wahrheit um Nuancen derselben Bestrebungen ging» (Esser). Damit wurde er weder der sog. «Begriffsjurisprudenz» noch der Freirechtsbewegung gerecht, die er mit Sendungsbewußtsein gleichermaßen bekämpfte (→Puchta, →Windscheid, →Ehrlich, →Kantorowicz).

Nicht vergessen werden darf sein Verhalten im Nationalsozialismus. Noch 1936 glaubte er seine Methodenlehre den braunen Machthabern als notwendiges Instrument andienen zu müssen, weil sie die Richter in denkendem Gehorsam zur widerspruchslosen Anwendung der «Gesetze der Gegenwart» verpflichte; als Beispiel erwähnte er ausdrücklich die Nürnberger Rassengesetze.

WW: Wichtigste methodische Schriften ND, hrsg. v. R. Dubischar, 1968; Das Problem der Rechtsgewinnung, 1912; Gesetzesauslegung und Interessenjurisprudenz, 1914; Begriffsbildung und Interessenjurisprudenz, 1932.

Lit.: D. Simon, Die Unabhängigkeit des Richters, 1975, 71–74; J. Esser, Nachwort zu Dubischar (s. o.), 1968, 213–229; Kleinheyer/Schröder, 115–119.

U. Falk

Hegel, Georg Wilhelm Friedrich (1770–1831), von 1788–93 Philosophie- und Theologiestudium am «Tübinger Stift» mit Hölderlin und Schelling; Promotion zum Magister der Philosophie (1790); theologisches Konsistorialexamen (1793); Hauslehrerstellen in Bern

(1793) und Frankfurt am Main (1797); Habilitation in Jena (1801). 1802 gründet H. gemeinsam mit Schelling das «Kritische Journal der Philosophie». 1805 ao. Professor für Philosophie an der Universität Jena; 1807 übernimmt H. die Redaktion der «Bamberger Zeitung»; 1808 Ernennung zum Professor der Vorbereitungswissenschaften und Rektor eines Gymnasiums in Nürnberg; 1816 Ruf auf den philosophischen Lehrstuhl der Universität Heidelberg; H. liest neben Logik, Metaphysik und Naturrecht auch Ästhetik und Geschichte der Philosophie. 1818 wird H. Nachfolger Fichtes in Berlin.

Nach der antiken Philosophie und →Kant stellt H. das dritte große, erkenntnistheoretische Konzept vor; die Hauptschriften sind: *Phänomenologie des Geistes* (1806); *Wissenschaft der Logik* (1812–16); *Enzyklopädie der philosophischen Wissenschaften* (1817 u. ö.); *Grundlinien der Philosophie des Rechts oder Naturrecht und Staatswissenschaft im Grundrisse* (1821); Vorlesungen über die *Philosophie der Geschichte* (1822–30) sowie über *Rechtsphilosophie* (1817–31, hrsg. v. K.-H. Ilting, 6 Bde., 1973). Die Werke zeigen den gewaltigen systematischen Versuch, alles, was ist, und damit auch Recht und Staat, eingebunden in ein dialektisches Verfahren, zu begründen. Der logische Dreischritt – These – Antithese – Synthese – bedeutet bei H. aber nicht nur methodische Überlegung oder logisches Prinzip, «Dialektik» ist darüber hinaus Inhalt dieses Prinzips selbst: «Das Dialektische macht... die bewegende Seele des wissenschaftlichen Fortgehens aus und ist das Prinzip, wodurch allein immanenter Zusammenhang und Notwendigkeit in den Inhalt der Wissenschaft kommt,... « (Enzyklopädie, § 81). In der dritten Ausgabe der *Enzyklopädie* von 1830, in der seine Philosophie ihren Abschluß findet, werden die drei großen Teile des Systems zusammengefaßt: «Logik» (§§ 19–244), «Naturphilosophie» (§§ 245–376) und die «Philosophie des Geistes» (§§ 377–577); innerhalb dieses dritten Teils stellt H. Recht und Staat als Lehre vom «objektiven Geist» vor (§§ 483–552) und untergliedert – entsprechend der Rechtsphilosophie von 1821 – in «Das Recht», «Die Moralität» und schließlich «Die Sittlichkeit».

Das Recht ist dabei die erste Stufe des Gedankenganges: die Unmittelbarkeit des freien Daseins. Es bildet keine gesonderte Größe, sondern wird zum unmittelbaren Teil des gegliederten Zusammenhanges der Vermittlung des Absoluten und damit als notwendige Stufe im Gesamtsystem angesehen; es ist dann «unmittelbares Dasein, welches sich die Freiheit auf unmittelbare Weise gibt» (Grundlinien, § 40). «Wille ohne Freiheit ist ein leeres Wort, ebenso wie nur

Freiheit als Freiheit nicht wirklich ist, sondern sie ist nur als Wille, als Subjekt.» («Philosophie des Rechts», Bd. 4, § 4). «Der Boden des Rechts ist überhaupt das Geistige und seine Stelle und Ausgangspunkt der Wille, welcher frei ist,...» (Grundlinien, § 4). Grundlage des «abstrakten Rechts» ist nach H. das «Rechtsgebot»: «... sei eine Person und respektiere die anderen als Personen.» (Grundlinien, § 36). Dieses Recht nennt H. das Recht der «Persönlichkeit». Als zweite Stufe des Gesamtsystems vom «objektiven Geist» erfolgt dann die Beschreibung der «Moralität». Hier wird das Verhältnis der subjektiven Einzelheit zur Allgemeinheit aufgezeigt; das «Recht des subjektiven Willens» (Grundlinien, § 107) ist nach H. somit der selbstreflektierte Wille als Subjektivität und kennzeichnet in der Auseinandersetzung mit Kant den moralischen Standpunkt. Recht und Moralität werden nun – ganz entsprechend der dialektischen Methode – in einem einheitlich dritten Schritt zur Sittlichkeit zusammengenommen. In dieser dritten Stufe stellt H. erneut einen dialektischen Inhalt vor: die Familie als «natürlichen Geist» (Grundlinien, § 33 u. §§ 158–181), die bürgerliche Gesellschaft als «sittliche Substanz in ihrer Entzweiung und Erscheinung» (Grundlinien, § 33 u. §§ 182–256) und schließlich den Staat als «die in der freien Selbständigkeit des besonderen Willens ebenso allgemeine und objektive Freiheit» (Grundlinien, § 33 u. §§ 257–360). Die einzelnen finden sich im Familienverband durch Zuneigung und Vertrauen in der noch kindlichen Entwicklung eines unmittelbaren Zusammenhanges; demgegenüber treten sie innerhalb der bürgerlichen Gesellschaft als erwachsene Personen auf, die «ihr eigenes Interesse zu ihrem Zwecke haben» (Grundlinien, § 187), was zur Folge hat, daß der einzelne in ein «System allseitiger Abhängigkeit» (Grundlinien, § 183) gerät. Im Staat bringt H. diese beiden Entwicklungsstufen zur Einheit; die unmittelbare Wirklichkeit des Staates – H. nennt sie «inneres Staatsrecht» – sei dann «konkrete Freiheit» (Grundlinien, § 260).

H. hat mit den *Grundlinien* und der zusammengefaßten Rechtsphilosophie im Rahmen des dritten Teils der *Enzyklopädie* sowohl in philosophischen Fachkreisen als auch bei Juristen großes Aufsehen erregt. Einerseits ermöglichte H. der offiziellen preußischen Politik, den Staat in übersteigerter Form bestimmen zu können. Andererseits wurde sein dialektisches System gerade wegen dieser Auswirkung scharf kritisiert. Diese Kritik galt zunächst vor allem der Vorrede zu den *Grundlinien*, in der H. den berühmten Satz «Was vernünftig ist, das ist wirklich; und was wirklich ist, das ist vernünftig» verfaßte. Sie konnte auch von H.s Versuch der Abschwächung nicht entkräftet werden: Die «vernünftige Wirklichkeit des Rechts» (Vorrede zur zweiten Ausgabe der *Enzyklopädie*, 1827) stünde zur Philosophie nicht im Gegensatz, sondern würde von dieser anerkannt. Wenige Tage vor seinem Tod schrieb H.: «Was wirklich ist, ist vernünftig. Aber nicht alles ist wirklich, was existiert. Das Schlechte ist ein in sich selbst Gebrochenes und Nichtiges» (zit. n. K.-H. Ilting, aaO., 912). Die Kritik des 19. u. 20. Jh.s hat sich immer wieder und gerade zur Hegelschen Rechtsphilosophie geäußert; so finden sich begeisterte Anhänger ebenso wie vehemente Gegner. Innerhalb der Rechtswissenschaften finden sich insbesondere im Strafrecht des 19. Jh.s bedeutende Abhandlungen auf der Grundlage Hegelscher Philosophie (Christian Reinhold Köstlin, Julius Abegg, Albert Friedrich Berner, Hugo Hälschner).

H.s Rechtsphilosophie ist nicht ein isoliert vorgetragenes Naturrecht, sondern es ist vielmehr eingebunden in die Rationalität des Gesamtsystems selbst; sie ist Abschluß einer dialektischen Entwicklung des «freien Willens». Wissenschaftliche Rechtsphilosophie habe nicht nur den Rechtsbegriff zum Gegenstand, sondern v. a. dessen «Verwirklichung» (Grundlinien, § 1). «Das, was ist zu begreifen, ist die Aufgabe der Philosophie, denn das, was ist, ist die Vernunft. Was das Individuum betrifft, so ist ohnehin jedes ein Sohn seiner Zeit; so ist auch die Philosophie ihre Zeit in Gedanken gefaßt» (Grundlinien, Vorrede). Die Vernünftigkeit des Staates als eine «historische Sache» (Grundlinien, § 258) zu bezeichnen und gleichzeitig in ihr die Verwirklichung des selbständigen Willens zu erklären, wird man nur schwer unter Abstraktion tagespolitischer Unterdrückung als eine konsistente Einheit vortragen können. Somit kennzeichnet die für H. notwendige Konsequenz, der Staat sei «kein Kunstwerk» (Grundlinien, § 258, Zusatz) und das Element der Selbständigkeit der einzelnen den unvereinbaren und dialektisch nicht auflösbaren Gegensatz von H.s Staatsauffassung.

WW: Sämtliche Werke, Jubiläumsausgabe in zwanzig Bänden, hrsg. v. H. Glockner, 1927–40.
Lit.: E. Angehrn, Freiheit und System bei H., 1977; H. F. Fulda, Das Recht der Philosophie in H.s Philosophie des Rechts, 1968; D. Henrich, H. im Kontext, 1971; Th. Petersen, Subjektivität und Politik. H.s «Grundlinien der Philosophie des Rechts» als Reformulierung des «Contrat Social», 1992; M. Riedel, Studien zu H.s Rechtsphilosophie, 1969; Ders. (Hg.), Materialien zu H.s Rechtsphilosophie, 1975.

R. Harzer

Heineccius, Johann Gottlieb (1681–1741), sein Ruhm beruht auf seinem in über 150 Auflagen, Bearbeitungen und Übersetzungen verbreiteten Institutionen-Lehrbuch. Zum Studium von Philosophie und Recht ging er nach Halle. In der Jurisprudenz zählte mit →Stryk, →Thomasius, →Böhmer, Gundling und Ludewig die Elite der deutschen Juristen der Aufklärung zu seinen Lehrern. Zunächst wurde H. aber Professor der Philosophie. Erst 1721 nach Erscheinen seines Buches über römische Rechtsgeschichte, *Antiquitatum Romanarum... Syntagma*, das sofort in ganz Europa Beachtung fand, erhielt er eine Professur an der juristischen Fakultät. 1723 folgte er einem Ruf nach Franeker, einer damals bedeutenden niederländischen Universität, die ihm bessere Einkünfte, gute Forschungsmöglichkeiten und Kontakte zu Gelehrten von europäischem Ruf, wie Ortwin Westenberg und Cornelius →van Bynkershoek, bot. Aus gesundheitlichen Gründen verließ H. aber schon 1725 Franeker wieder und ging nach Frankfurt/Oder. 1733 versetzte ihn der preußische König wieder nach Halle.

H. war ein fruchtbarer und erfolgreicher juristischer Schriftsteller, der zu allen großen Themen der Rechtswissenschaft, insbesondere der Privatrechtswissenschaft seiner Zeit, Beiträge geliefert hat. Das gilt neben der Rechtsgeschichte zunächst für das Naturrecht. H. hielt Vorlesungen über →Grotius und →Pufendorf und verfaßte ein eigenes Naturrechtssystem, *Elementa iuris naturae et gentium* (1737, dt. 1994), dessen von S. v. →Cocceji übernommenes oberstes Prinzip, die Liebe als Gebot Gottes, H. den Weg in die katholischen Länder Italien und Spanien gebahnt hat. Grundlegendes leistete H. auch durch seine *Elementa iuris civilis secundum ordinem Institutionum* (1725) und die *Elementa... Pandectarum* (1727) für den von Stryk propagierten usus modernus. Der große Vorzug des Institutionenlehrbuchs war eine Straffung des römischen Institutionensystems und die Darstellung der Rechtssätze nach einer «axiomatischen» Methode, bei der die konkreten Regeln aus abstrakten Obersätzen und Definitionen abgeleitet wurden, die ihrerseits aus einer Gesamtschau des in den Fußnoten nachgewiesenen Gesetzestextes gewonnen worden waren. Weniger erfolgreich waren H.s *Elementa iuris Germanici* (1735–36), die aber nach Anfängen bei Thomasius das erste vollständige Lehrbuch des Deutschen Privatrechts, d. h. aller privatrechtlichen Materien, die sich nicht aus den römisch-kanonischen Quellen ableiten ließen, bildeten.

Lit.: Ch. Bergfeld, Einleitung in Übersetzung der «Elementa iuris naturae et gentium», 1994; K. Luig, Die Anfänge der Wissenschaft vom Deutschen Privatrecht, in: Ius Commune 1, 1967, 195; Wieacker-Symposion, 1994.

K. Luig

Hélie, Faustin (1799–1884), 1823 Beamter im französischen Justizministerium und dort 1837 Bürochef der Kriminalabteilung, wurde nach der Revolution von 1848 deren Direktor und 1849 Rat am Kassationsgericht. Dort wurde er 1872 Präsident der Kammer für Strafsachen und, kurz nach der Übernahme der Macht durch die Republikaner, Vizepräsident des Staatsrats.

H. war Praktiker und Erneuerer des Strafrechts. 1848 formulierte er drei große Dekrete der provisorischen Regierung über die Mehrheit im Geschworenengericht, die vorläufige Freilassung und die Abschaffung des Prangers. 1849 war er Mitglied einer Gesetzgebungskommission zur Neuregelung der Justizverfassung, 1878 Vorsitzender einer Kommission zur Änderung von Strafgesetzbuch und Strafprozeßordnung.

Ab 1834 veröffentlichte er, zusammen mit Adolphe Chauveau, seine *Théorie du Code pénal* (8 Bde., 1837–42 u. ö.), die tiefe Einblicke in die Gerichtswelt gab. Sie führte fast zu einer Revolution der Strafrechtswissenschaft, weil sie zum ersten Mal eine wirkliche Analyse und eine Dogmatik in Kommentarform gab. Kaum war dies vollendet, als er ein ebenso großes Werk begann, nämlich seinen *Traité de l'instruction criminelle ou Théorie du Code d'instruction criminelle* (1845–60 u. ö.), dessen Ziel v. a. der Schutz der Rechte des Angeklagten und die Beschneidung der Rechte des Richters war, weshalb das Werk von der Anwaltschaft geschätzt wurde.

Daneben gab er ältere Werke, denen er viel verdankte, heraus: Mangin, *De l'instruction écrite et du règlement de la compétence en matière criminelle* (1847); →Rossi, *Traité de droit pénal* (2. Aufl., 1855 u. ö.), sowie eine Übersetzung von →Beccaria und Vorlesungen von Boitard, *Leçons de droit criminel* und *Leçons sur les codes pénal et d'instruction criminelle.*

Als Praktiker und Theoretiker war H. fortschrittlich und humanitär gesinnt. Er war ein Reformer aus dem Geist des 18. Jh. s. Sein Ziel war es, die Schwachen gegen mögliche Ungerechtigkeiten des Gesetzes zu schützen. Im Gegensatz zur herrschenden Meinung seiner Zeit war er auch bereit, die Gerechtigkeit gegen das Gesetz durchzusetzen. Sogar seine allzu fortschrittlichen Vorschläge fanden jedoch Anhänger unter seinen Zeitgenossen.

Lit.: A. P. Batbie, Notice sur F. H., in: Séances et travaux de l'Académie des sciences morales et politiques NS 25, 1886, 706–736; V. Brisseau, Eloge de F. H., 1886; Martha, Discours prononcé aux funérailles de F. H., in: Séances et travaux de l'Académie des sciences morales et politiques NS 23, 1885, 153–156.

O. Motte

Heller, Hermann Ignatz (1891–1933), studierte Rechts- und Staatswissenschaften in Wien, Innsbruck, Graz und Kiel. Er wurde 1915 in Graz promoviert und habilitierte sich 1920 in Kiel mit der Arbeit *Hegel und der nationale Machtstaatsgedanke in Deutschland* für Rechtsphilosophie, Staatslehre und Staatsrecht. Im selben Jahr beteiligte er sich an der Seite seines damaligen Freundes G. →Radbruch aktiv am Widerstand gegen den Kapp-Putsch. Gemeinsam mit Radbruch war H. auch in der Kieler Volkshochschulbewegung tätig, bevor er 1921 als Dozent an die Universität Leipzig ging und dort 1922 Leiter des städtischen Volksbildungsamtes wurde. Obwohl H. ab Mitte der zwanziger Jahre verstärkt mit wissenschaftlichen Arbeiten hervorgetreten war, wurde er erst 1928 Extraordinarius in Berlin, nachdem er zuvor zwei Jahre als Referent am Kaiser-Wilhelm-Institut für ausländisches öffentliches Recht und Völkerrecht in Berlin tätig war.

Der Sozialdemokrat H. erhielt wohl nicht zuletzt aufgrund seiner jüdischen Herkunft erst 1932 ein Ordinariat für öffentliches Recht in Frankfurt. Als Prozeßvertreter der preußischen sozialdemokratischen Landtagsfraktion im sog. «Preußenschlagverfahren» vor dem Staatsgerichtshof trat H. im selben Jahr ein letztes Mal für den Erhalt der Weimarer Republik ein. Von der Machtergreifung durch die Nationalsozialisten erfuhr er auf einer Vortragsreise in England. H. kehrte anschließend nicht nach Deutschland zurück, sondern arbeitete im spanischen Exil an der Fertigstellung seiner *Staatslehre*. Wenngleich diese nach seinem frühen Tod lediglich als Fragment herausgegeben werden konnte, gilt H. heute neben H. →Kelsen, C. →Schmitt und R. →Smend als einer der bedeutendsten Staatsrechtslehrer der Weimarer Republik.

Die Staatslehre ist bei H. Teil der politischen Wissenschaft. In scharfem Gegensatz zum staatsrechtlichen Positivismus konzipiert er die Staatslehre als Kulturwissenschaft, deren Aufgabe es sei, die Wirklichkeit des staatlichen Lebens zu erforschen. Den Staat erklärt H. als «Einheit in der Vielheit», als soziale Wirkungseinheit mit der

Eigenschaft souveräner Gebietsherrschaft. Aus der «Unhaltbarkeit der Klassenstruktur» folgerte H., daß der moderne Staat sich notwendig zum sozialen und demokratischen Rechtsstaat entwickeln müsse. Insbesondere seine Theorie des sozialen Rechtsstaats begründet H.s Bedeutung für die staatstheoretische Diskussion nach 1949.

WW: Gesammelte Schriften, hrsg. v. Ch. Müller u. a., 3 Bde., 2. Aufl., 1992.
Lit.: Ch. Müller/I. Staff (Hg.), Staatslehre in der Weimarer Republik, H. H. zu ehren, 1985.

N. Urban

Hermogenianus (um 300), römischer Jurist aus der Zeit des nachklassischen Rechts. Zu seiner Person und Laufbahn fehlen konkrete Angaben. Er wirkte unter Diokletian (284–305) und war vermutlich Leiter der kaiserlichen Kanzlei für die Eingaben von Privatleuten (magister libellorum). Einiges spricht dafür, daß er mit dem praefectus praetorio (oder urbi) H. identisch ist, der in einem in der *Passio Sancti Sabini* überlieferten und auf 304 zu datierenden Reskript des Mitkaisers Maximian genannt wird; er wird demzufolge unter Maximian zu einem der höchsten Beamten aufgestiegen sein.

H. ist Verfasser des «Codex Hermogenianus», einer – vermutlich halbamtlichen – Sammlung von nahezu ausschließlich 293 und 294 ergangenen Konstitutionen Diokletians, die er wohl zum größten Teil entworfen hat; ein Werk von nicht geringem Umfang (z. B. wird von der 120. Konstitution des 69. Titels berichtet). Aus diesem Codex H. sind viele Konstitutionen in spätere Kollektionen übernommen worden, vor allem in den Codex Iustinianus und damit in das Corpus iuris civilis. Des weiteren hat H. die *Iuris epitomarum libri VI* verfaßt, eine Schrift von mäßigem Niveau, die sich im wesentlichen aus knapp gefaßten und vereinfachenden, meist nur die Ergebnisse mitteilenden Auszügen zusammensetzt, die H. aus den Werken der klassischen Rechtsliteratur geschöpft hat. Immerhin haben 104 Fragmente dieser Schrift Aufnahme in die Digesten gefunden.

Lit.: D. Liebs, Hermogenians «Iuris Epitomae», 1964; Ders., Die Jurisprudenz im spätantiken Italien, 1987, 36ff., 137ff., 143f.

R. Knütel

Ḥillī, al- (1250–1325), der den Beinamen al-ʿAllāma (der Hochgelehrte) erhielt, wurde in politisch unruhigen Zeiten geboren. Zur Zeit der Mongoleninvasion (1258 fällt Baghdad, und das Abbasidenkalifat wird ausgelöscht) war er sieben Jahre alt. Er stammte aus Ḥilla, einer Stadt am Euphrat, die zu jener Zeit das bedeutendste Zentrum der schiitischen Gelehrsamkeit (→Ǧaʿfar aṣ-Ṣādiq) war. Hier versuchte man den rationalistischen Ansatz gegen den Traditionalismus des →Ṭūsī wiederzubeleben. In dieser Tradition stand auch al-ʿAllāma al-Ḥillī, der in Ḥilla studierte und dann an den Hof des Īl-Ḫāns Ölǧaitü in Tabrīz ging, wo er eine wichtige Vertrauensstellung innehatte.

Al-Ḥillī war der erste schiitische Gelehrte, der den Beinamen Āyatollāh trug (āyat Allāh, Zeichen Gottes). Seine Erörterungen zur Rechtstheorie enthalten bereits die gesamte spätere Entwicklung des schiitischen «Klerus», der Mollās und Āyatollāhs bis hin zur Islamischen Republik Iran *in nuce* (→Ḫomeinī).

Koran und «sunna» (also die Prophetentraditionen) stellten genau wie bei den Sunniten die Grundlage der Rechtsfindung dar, jedoch spielte das Prinzip des «iǧtihād», der unabhängigen Rechtsfindung (für den sunnitischen «iǧtihād»-Begriff →Šāfiʿī, →Ibn Taimīya), im schiitischen Islam eine besondere Rolle. Während man im sunnitischen Islam die Rolle des «iǧtihād» mehr und mehr eingeschränkt hatte und schließlich im 11. Jh. übereinkam, das «Tor des iǧtihād» als geschlossen zu betrachten, billigte man dem «iǧtihād» in der schiitischen Rechtstheorie eine wichtige Rolle zu. Es ist das Verdienst Ḥillīs, diese Rolle definiert, theoretisch untermauert und endgültig in der schiitischen Rechtstheorie verankert zu haben. Mit der Durchsetzung dieses Prinzips, das dem raisonnierenden Verstand («ʿaql») des Juristen die Gewinnung gültiger Erkenntnis auch in religiösen Fragen zutraut, schuf er die Vorausssetzung für die spätere – auch politische – Rolle der schiitischen Gelehrten. Sein grundlegendes Werk trägt den Titel: Die Ausgangspunkte, von denen man zur Wissenschaft der Prinzipien gelangt (*Mabādiʾ al-wuṣūl ilā ʿilm al-uṣūl*, hrsg. v. ʿAbdalḥusain Muḥammad ʿAlī (al-Baqqāl), Naǧaf 1970).

Demnach war die Ausübung des «iǧtihād« ausschließlich den Gelehrten vorbehalten, die ihrerseits jedoch fehlbar waren (im Gegensatz zu den schiitischen Imāmen, den Nachkommen des Propheten Muḥammad, die unfehlbar sind, →Ǧaʿfar aṣ-Ṣādiq), denn «manchmal trifft er das Falsche, manchmal das Richtige». Die Widersprüchlichkeit zweier Rechtsauskünfte stand aber ihrer Verbindlichkeit nicht im Wege, da in Abwesenheit des 12. Imām (der seit dem 9. Jh.

in der Verborgenheit ist und am Ende der Welt als Messias zurückkehren wird) sowieso alle Entscheidungen der Gelehrten nur vorläufig sind.

Der Gelehrte erhielt eine spezielle Ausbildung, die ihn befähigte, aus den Vorgaben des geoffenbarten Gesetzes verbindliche Schlußfolgerungen in neu auftretenden Fragen zu ziehen. Damit wird der Gelehrte zum Muǧtahid, d.i. zu demjenigen, der «iǧtihād» anwendet. Laien sind auf den Sachverstand des Gelehrten angewiesen, sie haben sich in «taqlīd« (dem Gegenbegriff zu «iǧtihād») zu üben, also in der Übernahme der Entscheidung eines Rechtsgelehrten. Die Rechtsauskünfte eines Muǧtahid sind allerdings nur solange gültig, wie er lebt (lā qaula li-l-mayyit: Tote haben nichts zu sagen! vgl. dagegen →Ḫomeinī).

Diese beiden Merkmale: die Fehl- und damit Revidierbarkeit des «iǧtihād» und die Beschränkung auf lebende Autoritäten können diesem Instrument der Rechtsfindung Flexibilität und Dynamik geben. Ein Gelehrtenstand von unfehlbaren Muǧtahids hätte sich aufgrund unvermeidlicher Widersprüche selbst diskreditiert. Die Berufung auf verstorbene Autoritäten hätte die Entwicklung gehemmt und das schiitische Recht in traditionalistischer Unbeweglichkeit erstarren lassen. Aber die unfehlbare Autorität wurde dem Verborgenen Imām reserviert und damit in ferne Zukunft gerückt. Das Kollektiv seiner fehlbaren Stellvertreter, der Gelehrten, konnte sich damit der praktischen Bewältigung der Gegenwartsfragen widmen, ohne zu sehr an die Autoriät des geschriebenen Wortes gefesselt zu sein. Tatsächlich sind die schiitischen Muǧtahids – die Āyatollāhs heute im Iran – alles andere als Fundamentalisten, vielmehr sind sie genau das Gegenteil davon (→Ḫomeinī).

Lit.: H. Halm, Die Schia, 1988, 84–90.

I. Schneider

Hobbes, Thomas (1588–1679), Philosoph, ist dem Empirismus zuzuzählen, der ohne Bezug auf spekulative Metaphysik die Erkenntnisfähigkeit auf Sinneserfahrung beschränken möchte. H. studierte in Oxford Philosophie, wurde 1608 Hauslehrer in der Familie des Barons Cavendish und blieb dort später als Gesprächspartner und Gelehrter mit Unterbrechungen bis zum Ende seines Lebens. Mehrere Reisen führten ihn auf den Kontinent.

Sein Hauptwerk, *Elementa philosophiae*, besteht aus drei Teilen:

1. *De corpore* (1655, philosophische Grundlagen); 2. *De homine* (1658, Psychologie); 3. *De cive* (1649, Staat). 1651 erschien der *Leviathan*, benannt nach dem unbezwingbaren Ungeheuer aus dem Buch Hiob (3,8; 40 u. 41), in dem H. noch einmal seine Staatsidee darstellt. H. überträgt mechanistisch-naturwissenschaftliche Methoden (Galilei, Descartes) auf den Staat, den er als künstlichen Körper begreift, so wie seine gesamte Philosophie sich nur mit Körpern beschäftigt. Das Denken vermag nach H. nicht zum Wesen der Dinge vorzustoßen. Im Gegensatz zur aristotelisch orientierten Philosophie sieht H. den Menschen nicht als ein auf ein letztes Ziel gerichtetes Wesen, sondern nur als einen bewegten Körper, dessen Ziel in unaufhörlicher Bewegung liegt. Im Naturzustand strebt der Mensch nach immer mehr Macht, um die künftige Befriedigung seines grenzenlosen Eigeninteresses zu sichern. Diese Konkurrenz führt zu einem Krieg aller gegen alle (bellum omnium contra omnes), so daß der einzelne seinem Nächsten gefährlich ist wie ein Wolf (homo homini lupus). Todesfurcht zwingt dazu, mittels eines Vertrages den Frieden zu suchen. Durch diesen zwischen den Individuen zugunsten des Souveräns geschlossenen Gesellschaftsvertrag unterwerfen sich die Menschen bedingungslos dem souveränen Herrscher. Die Gesetze des Souveräns treten an die Stelle der Naturgesetze, ihr Geltungsgrund ist die Autorität des Herrschers (auctoritas non veritas facit legem). Freilich bleibt das Problem ungelöst, daß auch der Herrscher ein Mensch ist und nach H. ebenfalls böse sein müßte.

H.' Werk war schon zu seinen Lebzeiten Gegenstand heftiger Kontroversen, die bis heute fortdauern. Einerseits wird seine Staatslehre als Begründung der absoluten Monarchie angesehen, andererseits für liberal gehalten, weil nach H. der Souverän aus Klugheit Toleranz und Rechtssicherheit gewähren wird, um seine Macht nicht zu gefährden. Die Entwicklung des Souveränitätsgedankens über →Bodin hinaus ist von H. nicht zu trennen. Unter den verschiedenen Interpretationen von H. ist die von MacPherson – *The Political Theory of Possessive Individualism* (1962) – juristisch besonders interessant. Danach besteht für H. das Wesen des Individuums darin, daß es Eigentümer seiner Person ist. Der Mensch ist nur als Eigentümer seiner selbst und seiner Fähigkeiten frei. Er schuldet der Gesellschaft nichts, ist nicht Teil eines Ganzen, sondern befindet sich in einem Konkurrenz- und Marktsystem. Die Beziehung zwischen den Individuen ist nur durch Austauschgeschäfte bestimmt. Der Staat ist Mittel zum Schutz des durch die eigenen Fähigkeiten erworbenen Eigentums und der Rechtssicherheit innerhalb der Tauschbeziehungen.

WW: Leviathan (dt., hrsg. v. I. Fetscher, 3. Aufl., 1989; Opera philosophica quae latine scripsit, hrsg. v. W. Molesworth, 1839–45 (unvollst.), (ND 1962–66); The English Works, hrsg. v. W. Molesworth, 1839–45 (ND 1962–66); Naturrecht und allgemeines Staatsrecht in den Anfangsgründen (The elements of law), hrsg. v. F. Tönnies, 1926 (ND 1976).
Lit.: R. Koselleck/R. Schnur (Hg.), Hobbes-Forschungen, 1969; F. Tönnies, Th. H. Leben und Lehre, 3. Aufl., 1925; C. B. MacPherson, Die politische Theorie des Besitzindividualismus. Von H. bis Locke, 1967; E. G. Jacoby/ J. Bernhardt/F. Tricaud/H. W. Jones, H. und sein Umkreis, in: Ueberweg, Grundriß der Geschichte der Philosophie, völlig neu bearbeitete Ausgabe. Die Philosophie des 17. Jh., Bd. 3, England, §§ 6–8, 1988, 93–209; B. Willms, T. H. Das Reich des Leviathan, 1987.

T. Repgen

Hohfeld, Wesley Newcomb (1879–1918), war 1905–14 Professor an der Stanford Law School, anschließend bis zu seinem Tod an der Yale Law School.

H. präsentierte seine bedeutendste Analyse 1913 in dem im «Yale Law Journal» veröffentlichten Artikel *Some Fundamental Legal Conceptions as Applied in Judicial Reasoning*. Er definierte in diesem Artikel acht grundlegende Begriffe, auf die alle Rechtsverhältnisse aufbauen sollten: Recht, Pflicht, Privileg, Nicht-Recht, Befugnis, Haftung, Immunität und Unfähigkeit. Um ihre Zusammenhänge zu verdeutlichen, ordnete H. die Begriffe in «juristische Korrelative» und «juristische Gegensätze».

Die große Bedeutung dieser analytischen Struktur für die rechtstheoretische Diskussion bestand in H.s Anwendung der Struktur, um naturrechtliche Auffassungen von Eigentum und Vertragsfreiheit zu kritisieren. Nach H. kommen Eigentum und Vertragsfreiheit keine bestimmten naturrechtlichen Bedeutungen zu. Statt dessen stellen sie Reihen von Rechten, Pflichten, Privilegien, Befugnissen dar, deren Inhalt nur aus dem Bereich der Sozialpolitik definiert werden kann. Im Gegensatz dazu sah der Supreme Court seiner Zeit verfassungsrechtliche Sicherungen von Eigentum und Vertragsfreiheit im Licht von Naturrecht und Begriffsjurisprudenz und hob folglich viele sozialpolitische Gesetze, oft sozial-orientierte Preis- und Arbeitsregelungen, als verfassungswidrig auf. H.s rechtstheoretische Arbeit wurde zur Zeit ihrer Veröffentlichung mit großem Interesse debattiert und war ein wichtiger Beitrag zur amerikanischen Bewegung des «Rechtsrealismus», die in den ersten Jahrzehnten des 20. Jh.s Begriffsjurisprudenz und naturrechtliches Denken stark kritisierte.

Während seine analytische Struktur der grundlegenden juristischen Begriffe heute noch in der akademischen Literatur diskutiert wird, besteht sein Einfluß hauptsächlich in der Wirkung des Rechtsrealismus auf die amerikanische Rechtstheorie.

Lit.: M. J. Horwitz, The Transformation of American Law 1870–1960, 1992, 152–156; J. W. Singer, The Legal Rights Debate in Analytical Jurisprudence from Bentham to H., in: Wisc LR, 1982, 975.

M. Bhattacharyya

Holberg, Ludvig (1684–1754), berühmter dänischer Schriftsteller und Professor an der philosophischen Fakultät der Universität Kopenhagen (1717). H. hatte keine juristische Ausbildung, seine 1716 verfaßte Einführung in das Naturrecht (*Moralske Kierne eller Introduktion til natur- og Folkerettens Kundskab*) wurde aber als erstes einführendes Werk zur Naturrechtslehre in dänischer Sprache rasch sehr populär und wurde mehrmals neu aufgelegt (dt. *Einleitung in das Natur- und Völkerrecht*, 1748). H. hatte sein naturrechtliches System von →Pufendorf übernommen und zitiert öfters die Kommentare von →Barbeyrac und anderen. Um eine selbständige Verarbeitung handelt es sich dabei aber keineswegs. Der besondere Reiz des Werkes liegt in seinen oft humoristischen Beispielen und Bemerkungen, die den zukünftigen Vater der dänischen Komödie schon erahnen lassen.

WW: L. H., Værker i Tolv Bind, 1, hrsg. v. F. J. Billeskov Jansen, 1969.
Lit.: K. Foss, L. H.s Naturrett, 1934; D. Tamm, Retsvidenskaben i Danmark, 1992, 78f.

D. Tamm

Holdsworth, Sir William Searle (1871–1944), Sohn eines Anwalts, studierte Rechtswissenschaften und Geschichte in Oxford. Nach einer dreijährigen Arbeitszeit an den Inns of Court, wo er Vorlesungen im Rahmen der dort stattfindenden Juristenausbildung hielt, wurde H. 1897 Mitglied des Lehrkörpers (fellow) am St. John's College. In den folgenden Jahren war H. Professor for Constitutional Law am University College in London, Vinerian Professor for English Law in Oxford, er las in Amerika, auf dem Kontinent und in Indien.

H. sah sich nicht als Spezialist auf einem Rechtsgebiet, sondern lehrte alle juristischen Fachgebiete. Auch arbeitete H. in zahlreichen Regierungskommissionen mit, wofür ihm 1929 die Ritterwürde verliehen wurde. Als höchste Auszeichnung, die in England jemals einem Rechtshistoriker verliehen wurde, erhielt H. 1943 den Order of Merit, den englischen Verdienstorden.

H.s Ruf als einer der größten Juristen Oxfords liegt v. a. in seinem Werk *A History of English Law* begründet. Der erste Band dieses zunächst als zweibändiges Werk angelegten Abrisses der englischen Rechtsgeschichte erschien 1903. Hierin beschreibt H. die Rechtsentwicklung bis 1875. H. erweiterte sein Arbeitsvorhaben in den kommenden Jahren und veröffentlichte Bände zur Entwicklung des Common Law, zur neueren Rechtsentwicklung sowie Schwerpunktbände zum 18. und 19. Jh. Insgesamt umfaßte das Werk bei H.s Tod 13 edierte Bände, wozu noch vier posthum erschienene sowie ein Registerband kamen. Die Bedeutung dieses enzyklopädischen Werks zur englischen Rechtsgeschichte ist v. a. darin zu sehen, daß H. einen breitgefächerten Überblick über die Rechtsentwicklung ermöglicht. H. verzichtete allerdings auf eigene Quellenstudien. Trotz der hieran geübten Kritik ist sein Verdienst als Begründer der Erforschung der englischen Rechtsgeschichte seit dem Mittelalter hoch einzuschätzen. Als sonstige Werke H.s sind noch *Sources of English Law* (1938) sowie *Some Makers of English Law* (1938) zu nennen.

Lit.: DNB Suppl. 6; Simpson, 247 ff.

Ch. Köckler-Beuser

Holmes, Oliver Wendell (1841–1935), schloß 1866 sein Studium an der Harvard Law School ab und war in den folgenden Jahren als Rechtsanwalt tätig, widmete sich aber auch gleichzeitig der wissenschaftlichen Arbeit. 1870–73 war er Mitherausgeber des «American Law Review», 1873 gab er die 12. Auflage von →Kents *Commentaries on American Law* heraus. 1881 veröffentlichte H. eine Reihe von Vorträgen, die er am Lowell Institute in Boston gehalten hatte, unter dem Titel *The Common Law*. Dieses Buch verschaffte ihm Anerkennung als einer der führenden Rechtswissenschaftler seiner Zeit von außergewöhnlicher Originalität. H. wandte sich darin entschieden gegen die damals vorherrschende und besonders in Harvard durch →Langdell vertretene Lehre, daß Recht aus festen, unveränderlichen Prinzipien bestehe, aus denen die Richter nach den Regeln der Logik ihre Entscheidungen herleiten. Dieser formalistischen Rechtsauffassung setzte er die Ansicht entgegen, daß das Recht nur aus seiner historischen Entwicklung heraus verstanden werden könne, daß die Bedürfnisse der Zeit, die vorherrschenden moralischen und politischen Vorstellungen und auch die Vorurteile der einzelnen Richter den Prozeß der Rechtsfindung wesentlich stärker bestimmen als bloße logische Schlußfolgerungen. Diese für seine Zeit sehr weitgehenden Äußerungen trugen auch dazu bei, daß H. von den späteren «Realisten» als Vorbild betrachtet wurde.

Nachdem H. 1882 eine Professur in Harvard angenommen hatte, wurde er schon im folgenden Jahr Richter am Massachusetts Supreme Judicial Court. 1902 berief ihn Theodore Roosevelt zum Richter am U.S. Supreme Court, dem H. bis 1932 angehörte. Seine Tätigkeit am Supreme Court fiel in eine Zeit, in der durch die Gesetzgebung versucht wurde, die offenkundigen Ungleichheiten in der Verteilung der gesellschaftlichen Machtverhältnisse zumindest teilweise zu beseitigen. Während die Mehrheit des Gerichts dieser neuen Art von Gesetzgebung ablehnend gegenüberstand und sie regelmäßig für verfassungswidrig erklärte, warnte H. in seinen abweichenden Meinungen davor, die Verfassung zu eng auszulegen und dabei Gedanken in sie hineinzulesen, die in Wirklichkeit den persönlichen Wertvorstellungen des Gerichts entstammten. Für H. war die Verfassung kein starres, enge Grenzen ziehendes Instrument, das bestimmte Werte verewigen sollte, sondern seine tiefe Skepsis gegenüber absoluten Werten ließ ihn sie als offen für soziale Experimente, die von der Mehrheit der Bevölkerung getragen wurden, ansehen.

Diese Toleranz gegenüber neuen Konzepten und Ideen, die sich auch in H.' energischem Eintreten für die Meinungsfreiheit zeigte, ließ ihn zu einem Helden für die Liberalen werden. Politisch vertrat H., den man wegen seiner beeindruckenden abweichenden Meinungen zu Entscheidungen des Supreme Court als «the great dissenter» bezeichnete, jedoch keineswegs die Linie der Liberalen, denn die Gesetze, deren Verfassungsmäßigkeit er feststellte, erschienen ihm selten vernünftig und begrüßenswert, sondern er lehnte sie persönlich eher ab. Daß H. sich dennoch für die Aufrechterhaltung solcher Gesetze einsetzte, beruhte auf seiner Bereitschaft, die Entscheidungen der Mehrheit grundsätzlich zu akzeptieren, eine Bereitschaft, die von den einen als zutiefst demokratisch und fortschrittlich begrüßt, von anderen wegen des Verzichts auf jeden Wertmaßstab abgelehnt wurde.

Lit.: M. de W. Howe, Justice O. W. H., 1: The Shaping Years, 1841–1870, 1957, 2: The Proving Years, 1870–1882, 1963; G. J. Aichele, O. W. H., Jr. – Soldier, Scholar, Judge, 1989; W. Fikentscher, Rechtswissenschaft und Demokratie bei Justice O. W. H., eine rechtsvergleichende Kritik der politischen Jurisprudenz, 1970; O. W. Fiss, Troubled Beginnings of the modern State, 1888–1910 (= History of the Supreme Court of the United States 8), 1993.

B. Schäfer

Home, Henry, Lord Kames (1696–1782), schottischer Richter und Philosoph, 1752 als Lord Kames in den erblichen Adelsstand erhoben, gehörte einer Juristengeneration an, die auf die Fehlerhaftigkeit einzelner schottischer Rechtsgebiete aufmerksam zu machen suchte. H.s Bestreben richtete sich daher auch ausschließlich auf die Ausarbeitung und Verwirklichung einer theoretisch untermauerten Reform.

Möglichkeiten zur Weiterentwicklung des schottischen Rechts sah H. im *Historical Law Tract* (1758) v. a. darin, historische Ansätze und Analysen gesellschaftlicher Entwicklung innerhalb der schottischen Rechtspraxis anzuwenden. H. vertrat in seinen Abhandlungen *Select Decisions of the Court of Session, from 1752 to 1768* (1780) den Standpunkt, daß das Recht nicht losgelöst von jeglicher gesellschaftlichen und historischen Entwicklung betrachtet werden könne, sondern vielmehr selbst als ein historisches Objekt behandelt werden müsse.

Lit.: F. Lieberman, The Province of Legislation determined, 1989; C. Lehmann, H. H., Lord H. H. K. and the Scottish Enlightenment, 1971.

F. Linden

Ḫomeinī (1902–1989), mit vollem Namen Sayyid Rūḥollāh Mūsāwī Hendī Ḫomeinī, stammte aus traditionell geprägtem, kleinstädtisch-ländlichem Milieu und bescheidenen wirtschaftlichen Verhältnissen. Er verdankte seine Ausbildung wie fast alle Muǧtahids (→Ḥillī) des radikalen Flügels den Unterrichtsanstalten des schiitischen Klerus. 1918 schloß er sich dem Āyatollāh Hā'erī an und folgte ihm 1922 nach Qom, wo er 1936 seine Ausbildung als Muǧtahid abschloß. Auch im Westen bekannt wurde er durch seine führende Rolle in der iranischen Revolution des Jahres 1979, wobei er sich zunächst auf eine breite, gegen den Schah gerichtete Opposition aus Kommunisten, Sozialisten, bürgerlichen Liberalen, Intellektuellen und verschiedenen religiösen Splittergruppen sowie den radikalen Flügel des schiitischen Klerus stützte. Durch politisches Geschick und sein Charisma gelang es ihm im Laufe der Zeit, alle ihm entgegenstehenden Gruppen nach und nach auszuschalten. Der Grund für seinen Erfolg lag sicher darin, daß nur er die Massen in Bewegung setzen konnte. Am 1. 2. 1979 kehrte er aus dem Exil nach Iran zurück, im März stimmte die Bevölkerung in einem Referendum der Errichtung der Islamischen Republik zu, und im Dezember wurde die Verfassung der Islamischen Republik verabschiedet, die auf Ḫomeinīs Staatstheorie beruht und seine Rolle als Führer (rahbar) anerkennt. Dieses Amt hat in der traditionellen Schia kein Vorbild.

Ḫomeinīs Staatstheorie trägt den Titel: Regierung des Rechtsgelehrten (Ḫomeinī: *Velāyat-e faqīh*, o. O. und o. J., mehrere Aufl.; Ders.: *Meine Worte*, übers. von R. Gail, München 1980; Ders.: *Der islamische Staat*, Berlin 1983) und beinhaltet eine völlig neue Qualität in der Entwicklung des schiitischen Juristenstandes. Dieser bestand im Gegensatz zum sunnitischen Juristenstand aus einer Hierarchie, deren unterste Stufe die Muǧtahids darstellten, die ein abgeschlossenes Studium nachweisen müssen. Die nächsthöheren Stufen jedoch, die des Āyatollāh (Zeichen Gottes) und des Āyatollāh al-ʿuẓmā (größtes Zeichen Gottes, auch: «marǧaʿ at-taqlīd», d. h. Instanz, von der man eine Rechtsentscheidung übernimmt), werden einzelnen Juristen informell durch Akklamation ihrer Anhänger, der einfachen Gläubigen, zugeteilt. Bisher hatte sich der Juristenstand als Kontrollinstanz über die Maßnahmen der Regierung gesehen. «Velāyat» aber bedeutet «Ausübung der Herrschaft». Das von Ḫomeinī formulierte Prinzip beinhaltet demnach die direkte Ausübung der Herrschaft durch die Geistlichen, wobei der Singular «faqīh» sowohl als Gattungsbegriff aufgefaßt werden kann als auch auf ein bestimmtes Individuum bezogen – d. h. auf Ḫomeinī selbst. Auf letzteres lief es dann nach der Revolution de facto hinaus. Für die Zeit nach seinem Tod wurde festgelegt, daß, falls kein Rechtsgelehrter eine solche Mehrheit findet, ein Führungsrat die Führung übernehmen sollte. Neben dem Führer hat ein aus sechs geistlichen und sechs weltlichen Juristen bestehender Wächterrat (šūrā-ye negahbān) darüber zu wachen, daß alle vom Parlament verabschiedeten Gesetze mit der geoffenbarten gottgewollten Lebensordnung übereinstimmen. Ḫomeinīs Anhänger haben seine Rechtsgutachten in den Rang der Quasi-Unfehlbarkeit erhoben. Während nach früherem schiitischen Recht (→ Ḥillī) eine Rechtsmeinung durchaus im Widerspruch zu einer anderen stehen konnte und mit dem Tod eines Muǧtahid erlosch, haben die Direktiven Ḫomeinīs keine solche Unverbindlichkeit. Sie beanspruchen absoluten Gehorsam. Das gilt auch für den Spruch gegen den Schriftsteller Salman Rushdie vom 14. Feb. 1989, der dadurch zum Tode verurteilt wurde: auch nach Ḫomeinīs Tod am 3.6. 1989 wurde dieses Urteil von seinem Nachfolger, Staatspräsident Ḫamene'ī, explizit aufrechterhalten.

Mit diesem revolutionären Programm, welches das jahrhundertealte traditionelle System der Schia umwarf, schuf sich Ḫomeinī unter seinen konservativen Kollegen zahlreiche Feinde.

Lit.: H. Halm, Die Schia, 1988, 158–166; H. Halm, Der schiitische Islam, 1994, 153–172.

I. Schneider

Hostiensis (Henricus de Segusio) (um 1200–1271), «Monarch beider Rechte», Autor der «goldenen Summe», Diplomat, sind nur einige der zeitgenössischen Wertungen und Kennzeichnungen des H.

Nach einem Studium beider Rechte in Bologna, u. a. bei Jacobus Balduini, lehrt H. vielleicht 1236/39 kanonisches Recht in Paris. Ein Aufenthalt in England mit starker politischer Einflußnahme fällt ebenfalls in diese Lebensphase. 1244 wird er Bischof von Sisteron, 1250 Erzbischof von Embrun, 1262 Kardinalerzbischof von Ostia. Seit 1236 ist H. auch häufig in unterschiedlichen Missionen für die Kurie tätig.

Dem zeitgenössischen Dekretalenrecht gelten seine Hauptwerke: So legte er 1253 eine zweite Fassung seiner 1239 begonnenen *Summa super titulos decretalium* vor, mit die umfangreichste und einflußreichste Titelsumme zum «Liber Extra», die je geschrieben wurde. Hier stützt sich H. auf Arbeiten von Godofredus Tranensis, →Pilius und →Azo. Nicht minder bedeutsam ist H.' *Commentum super decretalibus*, in dem er den «Liber Extra», Kapitel für Kapitel und stets die aktuelle rechtspolitische Entwicklung berücksichtigend, auf ca. 1400 Seiten fast bis an sein Lebensende kommentiert und 1270/71 zur Veröffentlichung in Bologna freigibt. Das *Commentum* →Innozenz' IV. und die Werke Bernardus' de Botone bilden nun häufig die Grundlage für H.' Ausführungen. Später wird H.' *Commentum Lectura in V libros decretalium* genannt und mit seinem Kommentar zu den Novellen Innozenz' IV. (*Apparatus in novellam Innocenti quarti*) verbunden überliefert.

Obwohl Zeitgenosse, vielleicht Mitschüler von Innozenz IV., folgt

H. dennoch nicht den Ausdehnungstendenzen der päpstlichen Hierokratie; eher scheint er eine Kirche anzustreben, deren oberste Gewalt ein von den (Mit-)Bischöfen getragener Papst ist, somit eine Verteidigung des Status quo, die sogar ein rudimentäres Widerstandsrecht der Bischöfe anerkennt. In vielen Detailfragen bilden H.' Kommentierungen einen Abschluß, so auch bei der kanonistischen Aequitaslehre: Rechtsanwendung ohne Berücksichtigung der Aequitas ist nun Rechtsmißbrauch.

Seine Werke zeigen H. in perfekter Beherrschung von Kanonistik und Legistik. Gedankenfülle und Detailreichtum, die trotz Materialvielfalt und langer Entstehungsphase vorhandene logische Geschlossenheit, setzen auch den heutigen Betrachter in Erstaunen und nötigen Respekt ab.

Lit.: K. Pennington, in: Encyclopaedia Italiana 42, 758–763; M. Bertram, Handschriften und Drucke…, in: ZRG KA 75, 1989, 177–201; E. Vodola, in: Dict MA 6, 298–299.

J. Müller

Hotman (Hotomannus), François (1524–1590), arbeitete nach seinem Rechtsstudium in Orléans in der Pariser Anwaltskanzlei von →DuMoulin, dozierte an der dortigen Universität, mußte jedoch wegen kritischer Äußerungen zum katholischen Eherecht Paris verlassen und gelangte über Lyon nach Genf, wo er 1548 zum Calvinismus übertrat. Durch Vermittlung Calvins lehrte H. in Genf Latein und Griechisch und hielt sich 1555–63 in Straßburg auf, wo er 1556 den Institutionenlehrstuhl erhielt. Ein Jahr nach seiner Rückkehr nach Frankreich – unterdessen promovierte er 1558 bei Amerbach in Basel – erhielt er 1563 einen Lehrstuhl an der Universität zu Valence und nahm 1566 einen Ruf an die berühmte Reformuniversität zu Bourges an. Die Jahre 1566 bis 1572 waren durch wiederkehrende Vertreibungen aus Bourges durch die Katholiken geprägt, bis H. in der Bartholomäusnacht 1572 endgültig gezwungen war, Frankreich zu verlassen. Es folgten Aufenthalte in Genf (1572–78) mit Lehrtätigkeit und in Basel (1578–84) ohne Professur. Die wenig später auftretende Pest veranlaßte H. wiederum zur Rückkehr nach Genf, bis er 1589 wiederum nach Basel fliehen mußte, wo er verarmt und isoliert starb.

H.s wissenschaftlicher Werdegang, der zunächst aufgrund glänzender Schriften zum klassischen römischen Recht einen Höhepunkt in der Lehrstuhlnachfolge von Jacques →Cujas in Bourges fand, erfuhr durch seinen Übertritt zum Calvinismus und durch die sich zuspitzenden politischen Ereignisse eine zunehmende Radikalisierung. Schon sein Erstlingswerk *De gradibus cognationis et affinitatis* (1547) zeigt einen philologisch hochgebildeten, in seinen dogmatischen Aussagen zu radikalen Lösungen neigenden Gelehrten. Sein juristisches Sachwörterbuch *Commentarius verborum iuris* (1558) und seine Kommentare zu den Institutionen (1558) und zum XII-Tafel-Gesetz (1564) lassen rechtsantiquarisch ausgerichtete, textkritische Arbeiten erkennen. Neben einer Reihe von politischen Pamphleten entstand nach seiner endgültigen Flucht aus Frankreich die religiös motivierte Kampfschrift gegen den französischen König *Francogallia* (1573 lat., 1574 franz., engl. 1972), die zu den Klassikern der Politik zu zählen ist. Sein posthum 1603 erschienener *Antitribonianus*, eine unerbittliche Attacke gegen Justinians Beamten →Tribonian und das römische Recht, setzte in Frankreich und im protestantischen Deutschland bemerkenswerte Akzente, da H. darin die Anwendbarkeit des Corpus iuris civilis abstritt und den Aufbau nationaler Kodifikationen empfahl.

WW: Partitiones iuris civilis elementariae, 1560; Quaestionum illustrium liber, 1573; Consilia 1578.
Lit.: W. Vogel, F. H. und die Privatrechtswissenschaft seiner Zeit, Diss. 1960; D. R. Kelley, F. H., 1973; J. Dennert, Beza, Brutus, H. Calvinistische Monarchomachen, 1968 (deutsche Übersetzung d. Francogallia).

J. Otto

Hozumi, Nobushige (1855–1926). Rechtstheoretiker, Studium des englischen Rechts in Tôkyô; ab 1877 Aufenthalt in London, wo er dem King's College angehörte und sich im Middle Temple als Barrister qualifizierte; ab 1880 ein Jahr in Berlin, wo er u. a. Brunner, Bruns, →Gneist und Lasson hörte; 1882 Professor und Dekan in Tôkyô. 1890–92 Mitglied des Herrenhauses.

In Tôkyô trug er im Einvernehmen mit dem Rektor Hiroyuki Katô (1836–1916, Gesellschaftstheoretiker und Übersetzer von →Bluntschlis Allgemeinem Staatsrecht) zur Stärkung des deutschrechtlichen Einflusses bei, indem er junge Rechtswissenschaftler nach Deutschland schickte.

Grundlegend für H.s Theorie war eine von Darwin und Spencer inspirierte, krassem Biologismus abholde evolutionistische Rechts-

und Gesellschaftsauffassung, die er in Rekurs auf →Maine und auf die deutsche historische Rechtsschule (→Savigny) historisch wie komparatistisch untermauerte. Er wandte seine Entwicklungsstufenlehre sowohl auf ganze Rechtskreise (indisch, chinesisch, islamisch, englisch, römisch) als auch auf einzelne Rechtsinstitute (Ehe usw.) an. Im Kodifikationsstreit (→Boissonade) stand er dem Boissonade-BGB kritisch gegenüber. Die amtlichen Richtlinien zur Schaffung eines überarbeiteten BGB wurden durch H.s Theorie der Kodifikation – *Hôtenron* (1890) – maßgeblich beeinflußt. Mit →Tomii und →Ume war er Hauptredaktor des geltenden BGB (*The New Japanese Civil Code as Material for the Study of Comparative Jurisprudence*, 1912). Seine gemäßigt liberale, auf eine bourgeoise Privatrechtsgesellschaft abzielende, dem Wandel der gesellschaftlichen Verhältnisse gegenüber aufgeschlossene Haltung kontrastiert mit der seines Bruders →Yatsuka.

Weitere wichtige Werke sind: *Hôritsu-shinka ron* (Theorie der Rechtsevolution, 1924–1927); Gesammelte Aufsätze: *H. N.-ibunshû* (1932–34).

H.s Sohn Shigetô (1883–1951) lehrte Zivilrecht in Tôkyô und trug zum Take-off der japanischen Familienrechtswissenschaft wesentlich bei.

Lit.: S. Hozumi, Meiji-ichi-hôgakusha no shuppatsu, 1988; E. Hoshino, Nihon-minpôgaku no shuppatsuten, in: Ders., Minpô ronshû, 5, 1986, 145–213; K. Matsuo, H. N. no hôrigaku, in: Kôbe hôgaku zassi 17/3, 1967, 1–44. Zu H.s Nachlaß, der grundlegende Quellen zur japan. Kodifikationsgeschichte enthält, vgl. M. Fukushima (Hg.), H. N.-rippô-kankei-monjo no kenkyû, 1989.

A. Wani

Hozumi, Yatsuka (1860–1912), Bruder →N. Hozumis und Wortführer der monarchistisch-autoritären Richtung der Verfassungsrechtswissenschaft, studierte Politikwissenschaft in Tôkyô unter dem Einfluß der analytischen Jurisprudenz der →Austin-Schule, ging 1884 als Hoffnungsträger →Inoues nach Heidelberg, wo er sich jedoch ebensowenig mit H. Schulzes organisch-staatswissenschaftlicher Tendenz anfreunden konnte wie mit →Gneist, den er anschließend in Berlin hörte. So wechselte er nach Straßburg zu →Laband und →Sohm. Von Laband glaubte er die damals modernste juristische Methode übernommen zu haben, die er, 1889 zum Professor in Tôkyô ernannt, der bisher in Japan vorherrschenden organisch-staatswissenschaftlichen Richtung scharf entgegenstellte, wobei er Laband im Sinne eines fast schrankenlosen Monarchismus uminterpretierte (eine gewisse Parallele zu den «Neoabsolutisten» im Wilhelminismus). Labands Subtilität und Ausgeglichenheit war ihm fremd; H.s angeblich juristische Methode hat viel mehr mit dem zu extremen Begriffsbildungen neigenden Sohm gemeinsam, der H. in verschiedener Hinsicht beeinflußte, wenn H. auch Sohms grandiosen Willen zur Konsequenz vermissen läßt.

Hinter H.s brutalem Plädoyer zur Staats- bzw. Monarchenallmacht steckte die Furcht vor einem sich verschärfenden sozialen Verteilungskampf, dessen Neutralisierung er sich vom Staat erhoffte. Dieser Sorge lag wiederum H.s zutiefst pessimistisches Menschenbild zugrunde. Damit kaum vereinbar scheint seine Betonung der naturgemäßen sittlichen Überlegenheit der spezifisch japanischen Staatsform (kokutai), die vom Ahnenkult bestimmt sei, während dieser in Europa vom Christentum verdrängt worden und dem Individualismus gewichen sei (Fustel de Coulanges). Aus dieser Theorie wurde seine vehemente, publizistisch wirksame Attacke gegen das →Boissonade-BGB gespeist: «Erscheint das BGB, erstirbt Treue und Pietät» (in: *H. Y.-hakushi ronbunsû* [Gesammelte Aufsätze,] 1913). Die Übersteigerung der Monarchensouveränität führte zur Verneinung der Organqualität des Tennos, was die Polemik von →Minobe provozierte. Seine extrem monarchistische Theorie war zwar im Militär, in Schulen sowie im Umkreis des Hofes von nicht zu unterschätzendem Einfluß, konnte sich aber weder in der Wissenschaft noch in der damaligen Staatspraxis durchsetzen. Er fand zunächst außer seinem Lehrstuhlnachfolger, dem theoretisch schwächeren Shinkichi Uesugi (1878–1929), kaum Anhänger, bis er erst im Zeichen des Militarismus der dreißiger Jahre einen kurzlebigen posthumen Sieg erlebte.

Eine gewisse Tragik H.s liegt darin, daß bei ihm Gedankenelemente, die – wie z. B. der Absolutismus à la Ludwig XIV., der Staatssozialismus Bismarckscher Spielart usw. – in Europa unterschiedlichen Zeitschichten angehören, eine groteske Verbindung eingehen, obwohl sie für sich genommen intuitiv scharfsinnig in ihrem Wesen erkannt sind.

Hauptwerk: *Kenpô teiyô* (Institutionen des Verfassungsrechts, 1910).

Lit.: R. Nagao, Nihon-hôshisôshi kenkyû, 1981, 83ff.; S. Ienaga, Nihon-kindai kenpô-shisô kenkyû, 1967, 125ff.; R. H. Minear, Japanese Tradition and the Western Law, 1970.

A. Wani

Hube, Romuald von (1803–1890), wurde nach juristischem Studium in Warschau (1818–21) und Berlin (1823–25) und einer 1829 erfolgten Promotion o. Professor an der Warschauer Universität, wo er Rechtsgeschichte, Strafrecht und kanonisches Recht las. Nach der Schließung der Universität 1832 war er vorübergehend Staatsanwalt am Kriminalgericht in Warschau. 1833 wurde er als Mitglied der Sonderkommission für die Reform des Strafrechts im königlichen Polen nach St. Petersburg berufen.

H., Verfasser des neuen Strafgesetzbuches für das Zarenreich von 1845 und Polens (*Kodeks kar głównych i poprawczych*) von 1847, hatte mit anderen Kodifikationsentwürfen, u. a. des Zivilgesetzbuches für Polen an Stelle des dort geltenden Code Civil, keinen Erfolg. Neben seinen kodifikatorischen Arbeiten lehrte er 1841–45 an der Universität St. Petersburg Strafrecht und öffentliches Recht. Nach der Liquidierung der Kommission 1861 kehrte er nach Warschau zurück. Bis zu seiner Emeritierung 1867 übte er zahlreiche öffentliche Funktionen aus, u. a. war er einige Zeit Direktor der Kommission für Religionsfragen und Volksbildung.

H. hinterließ zahlreiche Schriften zum Strafrecht, römischen Recht, kanonischen Recht, zur polnischen Rechtsgeschichte und Rechtsphilosophie. Seine Hauptwerke *Historia prawa ruskiego* (Geschichte des russischen Rechts, 1870–72), *Polskie prawo w wieku XIII* (Polnisches Recht im 13. Jh., 1874), *Prawo Polskie w wieku XIV. Ustawodawstwo Kazimierza Wielkiego* (Polnisches Recht im 14. Jh. Die Gesetzgebung Kasimirs d. Gr., 1881), *Prawo Polskie w wieku XIV. Sądy i ich praktyka i stosunki prawne społeczeństwa ku schyłkowi XIV w.* (Polnisches Recht im 14. Jh. Die Gerichte und ihre Praxis und die Rechtsbeziehungen der Gesellschaft in der Endphase des 14. Jh.s, 1886) zeigen eine historisch-vergleichende Perspektive. Als Editor zahlreicher Rechtsquellen sowie als Gründer der juristischen Zeitschrift «Themis polska» erwarb er große Verdienste.

Lit.: R. Dareste, R. d. H., in: RHD 14, 1890, 941 ff.; A. Vetulani, Dzieje historii prawa w Polsce, 1948; PSB 10, 70–73.

W. Uruszczak

Huber, Ernst Rudolf (1903–1990), schloß sich in seinen Bonner Studienjahren als Schüler von Carl →Schmitt der Kritik am staatsrechtlichen Positivismus der Weimarer Zeit an. Erste Publikationen galten dem Staatskirchenrecht (Promotion 1926) und dem Wirtschaftsverwaltungsrecht (Habilitation 1931), zu dessen Etablierung als selbständigem Rechtsgebiet er entscheidend beitrug. 1933 wurde H. nach Kiel berufen; es folgten Rufe nach Leipzig (1937) und Straßburg (1941–44). Mit Georg Dahm und Karl →Larenz gehörte er in Kiel zum inneren Kreis der sog. Kieler Schule, die bemüht war, die durch die nationalsozialistische Machtergreifung geschaffenen politischen und rechtlichen Gegebenheiten in einem konservativ-ordnungsstaatlichen Sinne zu untermauern. V. a. in seinem *Verfassungsrecht des Großdeutschen Reiches* (1937/39) versuchte H. ein Schema zu entwerfen, wie die Konzeption des Führerstaates mit allen ihren Konsequenzen in rechtliche Form gebracht werden könne und als Legitimation allen politischen Geschehens einzusetzen sei; dadurch hatte er die nationalsozialistische Rechtsordnung mitgeprägt und andere dafür zu gewinnen gesucht. Aus diesen Gründen war H. bis 1956 aus der Staatsrechtslehrervereinigung ausgeschlossen und wurde erst 1962 in Göttingen wieder Ordinarius an einer juristischen Fakultät.

Vom Ende der dreißiger Jahre an wandte sich H. mit Entschiedenheit der Verfassungsgeschichte zu, die sein weiteres Werk bestimmte. Der zentrale Bezugspunkt seiner achtbändigen, monumentalen *Deutschen Verfassungsgeschichte seit 1789* (1957–90) ist die Herausbildung, die konstitutionelle Ausformung und das politische und gesellschaftsbestimmende Handeln des Staates als der maßgeblichen politischen Ordnungseinheit. So sehr es H. um die Erfassung der Wirklichkeit des staatlichen Lebens, der geistigen und sozialen Strömungen und der historischen Figuren zu tun war, so ging es ihm als Staatsrechtler letztlich doch um deren Rückbezug auf die ordnende Kraft der Normen und Institutionen des jeweils geltenden Verfassungsrechtes; dessen geschichtlicher Betrachtung eröffnete er damit eine zusätzliche kritische Dimension.

Obwohl H. auch nach dem II. Weltkrieg erfolgreich als Lehrer und (konservativer) Vertreter des öffentlichen Rechtes wirkte, wird er v. a. als Verfassungshistoriker ein Begriff bleiben.

Lit.: E.-W. Böckenförde, E. R. H. zum 70. Geburtstag, in: AöR 98, 1973, 255 ff.; H. H. Klein, Zum Gedenken an E. R. H., in: AöR 116, 1991, 112 ff.; W. v. Simon, E. R. H., in: NJW 1991, 893 f.

F. Herrmann

Huber, Eugen (1849–1923), war Professor in Zürich 1873, in Bern 1873–75 und 1892–1923, in Basel 1881–88 und in Halle 1888–92. Er gilt als Vertreter der historischen Rechtsschule germanistischer Richtung in der Schweiz. Als Mitredaktor der «Zeitschrift für Schweizerisches Recht» zeichnet er sich durch vielfältige schriftstellerische Tätigkeit auf dem Gebiet der Rechtsgeschichte – *Die historische Grundlage des ehelichen Güterrechts der Berner Handfeste* (1884); *Die Bedeutung der Gewere im deutschen Sachenrecht* (1894) – sowie der Rechtsphilosophie – *Recht und Rechtsverwirklichung* (1921); *Das Absolute im Recht* (1922) –, des Privatrechtes und der Gesetzgebung aus. Mit seinem vierbändigen Hauptwerk *System und Geschichte des schweizerischen Privatrechtes* (1886–93) schuf H. die herausragende wissenschaftliche Grundlage zur Privatrechtsvereinheitlichung in der Schweiz. Wichtigste kodifikatorische Leistung H.s war die Redaktion des am 1. 1. 1912 in Kraft getretenen Schweizerischen Zivilgesetzbuches, welches sich durch die Einfachheit der Gesetzestechnik und die Verständlichkeit der Sprache auszeichnet.

Lit.: F. Wartenweiler, E. H. Der Lehrer, Gesetzgeber und Mensch, 1933; D. Manaï, Le juge entre la loi e l'équité, 1985; Dies., E. H. – Jurisconsulte charismatique, 1990.

A. Hubli

Huber, Max (1874–1960), Zürcher Jurist und Diplomat. Nach einem Studium in Lausanne, Zürich und Berlin von 1894–97 und einer Stellung als Sekretär des Schweizerischen Handels- und Industrievereins «Vorort» unternahm er eine zweijährige Studienweltreise, die seine spätere Tätigkeit prägen sollte.

Nach seiner Rückkehr lehrte er von 1902–21 an der Universität Zürich Staats-, Völker- und Kirchenrecht.

Aufgrund seiner wissenschaftlichen Abhandlungen zum Völkerrecht, u. a. *Die soziologischen Grundlagen des Völkerrechts* (1910), schickte ihn der Bundesrat als Delegierten zur II. Friedenskonferenz nach Den Haag. Während des I. Weltkrieges war er Rechtsberater des Generalstabs und später Mitglied des Militärkassationsgerichts. Ab 1918 beriet H. den Bundesrat in außenpolitischen Fragen und war so maßgeblich am Beitritt der Schweiz zum Völkerbund beteiligt. Er vertrat 1919/20 die Schweiz auf der Friedenskonferenz in Paris und war 1920/21 deren Völkerbundsdelegierter. Durch die immer größer werdende diplomatische Belastung mußte H. seine Tätigkeit als Professor an der Universität Zürich 1921 aufgeben. Im selben Jahr wurde er zum Mitglied des neugeschaffenen ständigen internationalen Gerichtshofes in Den Haag gewählt, dessen Präsident er von 1925–27 war. Als Mitglied des ständigen internationalen Schiedsgerichtshofes trug er 1928 mit seinem Las-Palmas-Entscheid wesentlich zur Klärung und Weiterentwicklung des Völkerrechts bei.

1923 trat er dem Internationalen Komitee des Roten Kreuzes (IKRK) bei und stand ihm von 1928–44 als Präsident vor.

Seine christliche Grundhaltung prägte seine gesamte Tätigkeit. H. bekannte, daß entsprechend dem Zeitgeist seine früheren Arbeiten das Gepräge des soziologischen Positivismus und des Historismus trugen, während in den späteren die irrationalen und ethischen Elemente des geschichtlichen Geschehens in den Vordergrund traten.

Lit.: P. Vogelsanger, M.H. Recht, Politik, Humanität aus Glauben, 1967; Vom Krieg und vom Frieden, FS zum 70. Geburtstag von M.H., 1944; HB Lex Sch 4, 305; Schweizer Lexikon 3, 495.

M. Künzle

Huber, Ulrik (1636–1694). Geboren in Dokkum/Friesland, 1651 Studium in Franeker, zuerst Artes, dann Jura, 1654–55 in Utrecht, 1656 kurz in Marburg, dann in Heidelberg, dort 1657 Promotion, im selben Jahr zum Professor eloquentiae in Franeker ernannt (bereitet sich bei J.H. Böckler in Straßburg darauf vor), 1662 auch Rechtsunterricht, 1665 Professor für die Institutionen, 1667 Primarius, 1679 Gerichtsrat am obersten friesischen Gerichtshof, 1682 Rückkehr an die Universität Franeker, wo er als Ex-Senator keine öffentlichen Vorlesungen zu halten brauchte und nur privat über ius civile, ius publicum und ius statutarium (friesisches Recht) las.

Seine Hauptwerke beziehen sich auf diese drei Disziplinen. International am meisten verbreitet waren seine – teils aus Disputationen hervorgegangenen – *Praelectiones* zu den Institutionen (1678 u.ö.) und zu den Digesten (1689–90 u.ö.). Für seine Auffassungen über das römische Recht sind auch die *Digressiones Justinianeae* (1671 u.ö.) und die *Eunomia Romana* (posthum überarbeitet 1700 u.ö.) von Bedeutung. Im ius publicum ist sein Hauptwerk *De jure civitatis* (1672 u.ö., mit Anmerkungen von Ch. →Thomasius, 1708 u.ö.), das das ‹allgemeine Staatsrecht› behandelt. Zum friesischen Recht veröffentlichte H. zwei auf niederländisch geschriebene Werke; zuerst eine kurze Abhandlung, *Beginselen der rechtskunde, gebruikelijk in Frieslandt* (1684); *Heedendaegse Rechtsgeleertheyt, soo elders als in Frieslandt gebruikelijk* (1686 u. ö., engl. 1939); letzteres Werk ist grundlegend, nicht nur für das Privatrecht, sondern auch für das Straf- und Staatsrecht. Weitere Schriften von H. finden sich in den *Opera minora et rariora* (hrsg. v. Abraham Wieling, 1746, z. B. *Auspicia domestica*, 1682 u. ö.).

Einfluß hat H. nicht nur in den Niederlanden, Deutschland, Italien und Südafrika gehabt; auf dem Gebiet des internationalen Privat- und Strafrechts haben seine Auffassungen heute noch große Bedeutung im anglo-amerikanischen Konfliktrecht (‹Comity›-Doktrin); seine diesbezüglichen Ausführungen sind ins Englische, Portugiesische und ins Japanische übersetzt worden.

Lit.: NNBW 1, 1165–1168; T. J. Veen, Recht en nut, Studiën over en naar aanleiding van U. H., Diss. Groningen, 1974; Ders., in: Zestig juristen, 1987, 120–129.

R. Feenstra

Hübner, Martin (um 1723–1795), in Hannover geboren, kam schon als Kind nach Dänemark, wo er ein Universitätsstudium begann. 1761 wurde H. o. Professor an der Universität Kopenhagen, später hoher Beamter. Sein Hauptwerk *De la saisie des bâtiments neûtres, ou du droit, qu'ont les nations belligérantes d'arrêter les navires des peuples amis I–II* (1759) ist der wichtigste völkerrechtliche Beitrag der dänischen Rechtsliteratur. H. formuliert hier als erster den Grundsatz der Freiheit der Ladung auf neutralen Schiffen, der in der Pariser Deklaration von 1856 internationale Anerkennung fand. Ein früheres Werk ist der *Essai sur l'histoire du droit naturel* (1757/58).

Lit.: D. Tamm, Retsvidenskaben i Danmark, 1992, 86f.; F. Dahl, Geschichte der dänischen Rechtswissenschaft, 1940, 26f.

D. Tamm

Hughes, Charles Evans (1862–1948), Richter und später Vorsitzender Richter am amerikanischen Obersten Gericht, dessen Urteile maßgeblich dazu beitrugen, die verfassungsrechtliche Judikatur von einem wirtschaftlichen auf einen politischen Liberalismus zu verlagern.

Hughes, Charles Evans

Zunächst Anwalt für Handelsrecht in New York und für kurze Zeit Professor an der Cornell Universität, begann H. seine öffentliche Karriere als Leiter zweier Untersuchungsausschüsse, die Machenschaften in der Erdgas- bzw. Versicherungsbranche zutage brachten. Aufgrund seines dadurch gewonnenen Rufs als ‹progressiver› Reformer wurde H. 1906 als Kandidat der Republikanischen Partei zum Gouverneur des Bundesstaates New York gewählt. 1910 wurde er von W. H. Taft zum Richter am Obersten Gericht ernannt, wo es ihm oft gelang – z. B. «Miller vs. Wilson» und «East & West Texas Railway Company vs. US» –, die Vertragsfreiheit zugunsten staatlicher Regulierung – sowohl auf Landes- als auch Bundesebene – zu relativieren. Mit nur mäßigem Erfolg versuchte er auch, die rechtliche Stellung der Schwarzen und der Angeklagten zu verbessern. H. legte sein Amt 1916 nieder, um gegen den inzwischen amtierenden Präsidenten Woodrow Wilson zu kandidieren. Nachdem H. die Wahl knapp verloren hatte, arbeitete er wieder als Rechtsanwalt, bevor er 1921 Außenminister wurde. Nach seinem Rücktritt 1925 arbeitete H. nochmals als Rechtsanwalt, bis er 1930 von Herbert Hoover wieder – diesmal allerdings als Vorsitzender Richter – an das Oberste Gericht geschickt wurde. Im Zuge der katastrophalen wirtschaftlichen Lage und der Wahl Franklin D. Roosevelts zum Präsidenten 1932 wurden viele Gesetze erlassen, die darauf zielten, die freie Marktwirtschaft zu beschränken. Trotz H.' früherer Neigung als Richter, soziale Reformen als verfassungsmäßig anzuerkennen, verwarf das Oberste Gericht unter seinem Vorsitz ursprünglich alle wichtigen Maßnahmen zur Bekämpfung der Weltwirtschaftskrise – z. B. «Schechter Poultry Corp. vs. US». Dies führte 1937 zu einer politischen Konfrontation, die die Unabhängigkeit des Gerichts bedrohte. Nach einem Gesetzentwurf Roosevelts sollte die Zahl der Richter aufgestockt und damit die Mehrheitsverhältnisse am Obersten Gericht geändert werden. H. wehrte diesen direkten Angriff ab, indem er einerseits einen überzeugenden Protestbrief an den zuständigen Senatsausschuß schrieb und andererseits die Rechtsprechung des Gerichts anpaßte. Zwei von H. verfaßte Urteile von 1937 stellten einen bahnbrechenden dogmatischen Wandel dar: In «West Coast Hotel Co. vs. Parrish» mußte die Vertragsfreiheit einer wesentlich ausgedehnteren staatlichen Befugnis zur ökonomischen Regulierung weichen, und in «NLRB vs. Jones & Laughlin Steel Corp.» wurde die Bundeskompetenz für wirtschaftliche Regulierung erheblich erweitert. Damit gab das Oberste Gericht seine Rolle als Hauptverteidiger unternehmerischer Freiheit auf. Gleichzeitig machte das Gericht unter H.' Regie die ersten wichtigen Schritte zur Ausdehnung der Pressefreiheit, zur Erhöhung der Strafverfahrensgerechtigkeit und zur Überwindung der offiziellen Rassentrennung – z. B.: «Near vs. Minnesota», «Norris vs. Alabama» und «Missouri ex rel. Gaines vs. Canada». Es war eine massive Beschleunigung dieser erst von H. eingeleiteten Tendenz, die die historische Tätigkeit des Obersten Gerichts in den fünfziger und sechziger Jahren unter dem Vorsitz Earl →Warrens kennzeichnete.

Lit.: A. Cox, «H.' Court», in: L. Levy u. a. (Hg.), Encyclopedia of the American Constitution 4, 1986, 933–940; A. L. Higginbotham, Jr. u. William C. Smith, «The H.' Court and the Beginning of the End of the ‹Separate But Equal› Doctrine», in: Minn LR 76, 1992, 1099–1131; M. C. Pusey, Ch. E. H. 1951.

A. Tauber

Hugo, Gustav (1764–1844), kam in einem markgräflich-badischen Beamtenhaushalt zur Welt. Nach dem Schulbesuch in Mömpelgard und Karlsruhe studierte H. zuerst in Göttingen Rechtswissenschaft und Geschichte bei →Pütter, Feder und Spittler. 1786 wechselte er nach Halle. Gleichzeitig war er Prinzenerzieher am Hof von Anhalt-Dessau. In Halle wurde H. 1788 promoviert und sofort danach in Göttingen zum Professor ernannt. Dort wirkte er mit großem Erfolg als Lehrer und Wissenschaftler, mit zahlreichen Auszeichnungen und Titeln geehrt, bis zu seinem Tode.

Mit seinem auf Gedanken von Pütter zurückgehenden Grundsatz der Unterscheidung von dogmatischer, philosophischer und historischer Bearbeitung des Rechts hat H. die Grundlagen für die historisch-systematische Methode der historischen Rechtsschule von →Savigny und →Eichhorn gelegt. Das Programm von H. richtete sich sowohl gegen eine rein antiquarische Behandlung des Rechts als auch gegen eine unkritische, nur an der Praxis orientierte Rechtswissenschaft. Positiv gesehen bedeutete das eine starke Aufwertung der inneren Rechtsgeschichte, verbunden mit dem Einsatz einer naturrechtlichen Anthropologie als kritischem Maßstab für das historisch gewachsene positive Recht.

Auf der Grundlage dieses Programms entstand das *Lehrbuch eines civilistischen Cursus* in sieben vielfach überarbeiteten und neu aufgelegten Bänden, deren Hauptgegenstände Enzyklopädie, Naturrecht, Geschichte des römischen Rechts und heutiges römisches Recht bildeten. Außerdem umfaßt H.s literarisches Werk eine fast von ihm allein mit Beiträgen versorgte Zeitschrift mit dem Titel «Civilistisches Magazin» sowie rund 300 Rezensionen in den «Göttinger gelehrten Anzeigen», die später als *Beyträge zur civilistischen Bücherkenntnis* zusammengestellt wurden.

Lit.: A. Buschmann, Ursprung und Grundlagen der geschichtlichen Rechtswissenschaft, Diss. Münster, 1963; W. Ebel, G.H., Professor in Göttingen; 1964; HRG 2, 252–254; NDB 10, 26.

K. Luig

Huguccio de Pisa (um 1140–1210). Die Einschätzungen von H. – dem Andenken der Zeitgenossen fast entfallen, heute häufig als der bedeutendste der Dekretisten genannt – spiegeln stets auch den Stand der rechtshistorischen Kenntnis.

H. studierte Kanonistik und wahrscheinlich Theologie in Bologna, wo er ab ca. 1180 selbst über das Dekret →Gratians Vorlesungen hielt; Lothar von Segni, später der machtbewußte Papst Innozenz III., war vielleicht sein Schüler. 1190 wurde er ferner Bischof von Ferrara und war oft auch politisch als päpstlicher Legat tätig.

Scheint inzwischen seine Tätigkeit als Grammatiker auf einer späteren, jedoch vermutlich unzutreffenden Zuschreibung zu beruhen, so bleibt seine Autorenschaft theologischer Schriften unbestritten. H.s Hauptwerk ist jedoch sein Anteil an der unter seinem Namen bekannten *Summa super decretum*, im wesentlichen zwischen 1188 und 1190 geschrieben. Hier erreicht in der Dekretistik die Bearbeitung des Gratianischen Dekrets ihren Höhepunkt und Abschluß, denn H.s «Summa» ist die ausführlichste und kommentiert nicht nur in Auseinandersetzung mit den Vorgängern, u. a. →Rufinus, →Stephanus Tornacensis, sondern auch in Kenntnis der Legistik, u. a. Bulgarus, →Placentinus, der vorgratianischen Kanonistik und Theologie. Aufgrund dieser stupenden Kenntnis ist H.s «Summa» auch heute noch eine Quelle allerersten Ranges für die historische Kanonistik und Dogmengeschichte. Die Entwicklung der päpstlichen Hierokratie, päpstlicher Reservatrechte, des kanonischen Wahlrechts, die Stellung der Laien in der Kirche, das Eherecht – es gibt kaum ein Gebiet, zu dem sich darin nicht grundlegende Äußerungen finden lassen. Vertritt H. auch deutlich seine eigene Meinung, so entfernt er sich nie aus den Bindungen, die ihm sein kirchliches Amt auferlegt.

WW: Summa super decretum, demnächst.
Lit.: W. P. Müller, H., in: Viator 22, 1991, 121–152; R. Weigand, in: Lex MA 5, 181–182; T. Lehnherr, Der Begriff executio..., in: AkKR 150, 1981, 5–44, 361–420.

J. Müller

Hume, David (1711–1776), der schottische Diplomat und Historiker, war der bedeutendste Philosoph der britischen Aufklärungszeit. Er studierte Philosophie, Literatur und Jurisprudenz in Edinburgh und verbrachte mehrere Jahre in Frankreich. H. war danach Gesellschafter bei einem Marquis, Sekretär des Generals St. Clair, Bibliothekar, Gesandtschaftssekretär und schließlich Unterstaatssekretär im Außenministerium, bevor er sich 1768 ins Privatleben zurückzog.

H. schrieb eine sechsbändige Geschichte Englands. In seinem Hauptwerk, dem *Treatise of Human Nature* (1739/40), vollendete H. den bei →Locke grundgelegten Empirismus. Es besteht aus drei Teilen: Erkenntnistheorie, Psychologie und Moral. Da der erhoffte Erfolg ausblieb, veröffentlichte H. die einzelnen Teile später in abgewandelter Form – *Essays (Enquiry) Concerning Human Understanding* (1748), *Enquiry Concerning the Principles of Morals* (1751). Mit diesen Werken erreichte H. allgemeine Anerkennung.

H. stützt seine Philosophie auf Sinneswahrnehmung, Lust und Nutzen. Wie bei Locke gibt es keine angeborenen Begriffe. Da das Wesen der Dinge nicht erfahrbar ist, ist Kausalität im herkömmlichen Sinne wesensnotwendiger Wirkungen einer Ursache nicht erkennbar. Aufgabe der Ethik ist es nach H., die Unterscheidung von Gut und Böse begreiflich zu machen. Aus den Gemeinsamkeiten der Tugenden leitet H. die allgemeinen Prinzipien der Ethik ab. Den positiven Eigenschaften ist gemeinsam, daß sie dem Handelnden oder der Gemeinschaft Lust (Sympathie) und Nutzen bringen. Auf diese Prinzipien führt H. auch die Staats- und Rechtstheorie zurück. Weder die Berufung auf göttliches Recht noch ein Sozialkontrakt vermögen nach H., den Staat zu legitimieren und die Verbindlichkeit der Rechtsordnung zu begründen. Ein Gesellschaftsvertrag kann die Nachfahren nicht binden, weil sie nicht Vertragspartner sind. Insbesondere kann man nicht aus stillschweigendem Verbleiben im Staat auf Zustimmung zum Gesellschaftsvertrag schließen, weil kaum jemand die Wahl hat, das Staatsgebiet zu verlassen. Da der Mensch allein auf sich gestellt wegen der Güterknappheit nicht lebensfähig ist, ist es nützlich zu kooperieren. Um die Balance zwischen Gemeinwohl und Eigennutz zu halten, erweist sich die Konvention von Rechtsnormen als nützlich. Kern der Rechtsordnung sind Eigentum und Vertragstreue. Beide gründen auf Nützlichkeit und indirekter Sympathie, denn Verstöße sind (gemein-)schädlich. Staatszweck ist der Schutz der Interessen der Bürger. Die Macht und Legitimation der Regierung leitet H. aus der öffentlichen Anerkennung ab, und zwar aus der «opinion of interest», der Überzeugung von der Nützlichkeit, und der «opinion of right», der Überzeugung von der Rechtmäßigkeit, die hauptsächlich auf Gewohnheit beruht. Die staatliche Ordnung wird also akzeptiert, wenn sie individuellen und sozialen Interessen, Sympathie, Gewohnheit und opinion entspricht. Nach H. ist ein Staat, der Eigentum und Freiheit garantiert, der relativ beste. Absolutheitsansprüchen hat H. mit seiner Lehre den Boden entzogen. Die Philosophie H.s beeinflußte unmittelbar u. a. Adam →Smith, →Kant, Jeremy →Bentham und John Stuart Mill.

WW: Works of D. H., hrsg. v. T. H. Green/T. H. Grose, 1882–86 (ND 1964); Eine Untersuchung über den menschlichen Verstand, hrsg. v. J. Kulenkampff, 1984; Ein Traktat über die menschliche Natur, hrsg. v. R. Brandt, 1, 1989; 2, 1984.

Lit.: J. Kulenkampff, D. H., 1989; G. Streminger, D. H. Sein Leben und sein Werk, 1994.

T. Repgen

I

Iavolenus Priscus (C. Octavius Tidius Tossianus L. Iavolenus Priscus; um 100 n. Chr.), römischer Jurist aus der Zeit des Übergangs vom früh- zum hochklassischen Recht. I. P. ist ein Beispiel für den seit dem Kaiser Vespasian (69–79) neu entstehenden Juristentypus des besoldeten Staatsbeamten. Dementsprechend führte ihn seine Laufbahn, über die wir inschriftlich gut unterrichtet sind (CIL III 2864 u. 9960; VIII 23165 u. 27854), in zahlreiche militärische und politische Ämter: Befehlshaber einer Legion in Dalmatien, dann in Africa; iuridicus (Gebietsrichter) in Britannien, Konsul (ca. 87), Statthalter in Obergermanien, später in Syrien und Africa. Nach Rom zurückgekehrt, wurde er unter dem Kaiser Trajan (98–117) in das kaiserliche consilium berufen, dem er längere Zeit – vermutlich noch unter dem Kaiser Hadrian (117–138) – angehörte.

Sein nicht sehr umfangreiches, in den Digesten auszugsweise überliefertes Werk besteht aus vier Schriften. Drei davon enthalten Bearbeitungen der Werke älterer Juristen, nämlich der *libri posteriores* des →Labeo, des *ius civile* des →Cassius und der Schriften des Plautius. Der eigenständige Beitrag von I. P. beschränkt sich dort meist auf knappe Zusätze, in denen er den Meinungen der älteren Autoren zustimmt oder unter kurzer Begründung widerspricht. Bedeutender sind die *epistulae* (14 libri), ein Sammelwerk, in dem ohne systematische Anordnung praktische Rechtsfälle erörtert werden. Meist wird nach Mitteilung des Sachverhalts die Frage formuliert (quaero), auf die dann die mit einem «respondit» eingeleitete Antwort folgt. Die Fallösungen zeichnen sich durch Präzision und Scharfsinn aus. Zu dieser kasuistischen, problembezogenen Denkmethode paßt die bekannte warnende Sentenz des I. P., nach der jede Definition im Zivilrecht gefährlich ist, weil es selten vorkommt, daß sie nicht umgestoßen werden kann (Dig. 50,17,202). Obwohl I. P. nicht zu den häufig zitierten Juristen gehört (in den Dig. nur neunmal durch vier Juristen) und obwohl Plinius (*epistulae* 6,15) über ihn eine spöttische Anekdote erzählt, muß er bei seinen Zeitgenossen in hohem Ansehen gestanden haben. Er war Oberhaupt der sabinianischen Rechtsschule (Dig. 1,2,2,53); zu seinen Schülern zählte der große hochklassische Jurist →Julian (Dig. 40,2,5).

Lit.: A. Berger, Octavius, in: RE 17, 2, 1830ff.; Th. Mayer-Maly, I. P., in: RE

Suppl. 12, 500ff.; B. Eckardt, Iavoleni Epistulae, 1978, 15ff.; U. Manthe, Die libri ex Cassio des I. P., 1982, 16ff.

H. H. Seiler

Ibn Ḥanbal (780–855), mit vollem Namen Aḥmad ibn Ḥanbal, war Theologe, Jurist und Traditionarier und der jüngste unter den Juristen, auf den sich eine Rechtsschule – die Ḥanbaliten – zurückführt (→Mālik, →Abū Ḥanīfa, →Šāfiʿī, für die Schiiten: →Ǧaʿfar aṣ-Ṣādiq). Arabischen Ursprungs, lebte Ibn Ḥanbal in Baghdad, wo er zum Führer einer Volksbewegung gegen die abbasidische Staatsgewalt wurde, die er der «bidaʿ» (Neuerungen, Sg. «bidʿa») anklagte. Im Zentrum der Auseinandersetzung stand jedoch kein juristisches Thema, sondern das theologische Dogma von der Erschaffenheit des Koran, welches der Abbasidenkalif Ma'mūn i. J. 827 zur bindenden Lehre erklärt hatte. Damit stellte der Koran nicht das Reden Gottes selbst dar, sondern nur eine in der Zeit erschienene Manifestation der unerschaffenen göttlichen Eigenschaft des Redens. Ibn Ḥanbal verwahrte sich gegen dessen Anerkennung und die Sublimierung der Gottesvorstellung und brachte die Volksmeinung auf den Punkt, man müsse die Ausdrücke des Koran über Gott annehmen «ohne das Wie», d. h. ohne nachzugrübeln, wie sie zu verstehen seien. Er hat diese im Ergebnis staatsfeindliche Überzeugung mit insgesamt zwei Jahren Gefängnis bezahlen müssen.

In seiner juristischen Ausbildung orientierte er sich sowohl an →Šāfiʿī (den er wohl einmal in Baghdad auch getroffen hat) als auch an den Medinensern (→Mālik). In der Rechtstheorie hat er den Gebrauch von «ra'y», der eigenen Meinung, ausdrücklich verdammt. Ansonsten hat sich Ibn Ḥanbal jedoch nicht auf dem Gebiet der Rechtstheorie hervorgetan.

Sein Hauptwerk ist vielmehr der *Musnād* (hrsg. v. Aḥmad Šākir, 2. Aufl. 1949–1965, 15 Bde.), eine Sammlung von Traditionen des Propheten und seiner Genossen, welche jedoch nicht nur rechtlichen Ursprungs sind. Daneben sind die *Masā'il* zu nennen (wörtl. Fragen), die von ihm beantwortet wurden und neben dogmatischen und ethischen auch rechtliche Probleme umfassen (*Masā'il al-Imām Aḥmad ibn Ḥanbal*, hrsg. v. Z. aš-Šāwīš, Beirut/Damaskus 1981, übers. in Auszügen v. G.-H. Bousquet und P. Charles-Dominiques, in: «Hespéris», Bd. 39, 1952, S. 97ff.). Ibn Ḥanbal hat jedoch kein eigentliches Rechtswerk hinterlassen, ja, er hat sich sogar ausdrücklich gegen die Fixierung seiner Rechtsmeinungen in eigenen Abhandlungen gewandt, die für ihn die Gefahr in sich barg, an die Stelle von Koran und Prophetentradition («sunna», →Šāfiʿī) zu treten. Da das islamische Recht immer breiten Raum für unterschiedliche Rechtsmeinungen bot, befürchtete er, daß eine solche Fixierung möglicherweise den Charakter des islamischen Rechts ändern würde, der ja gerade in der Vielfalt der Rechtsmeinungen bestand. Gleichzeitig wandte sich Ibn Ḥanbal strikt gegen jede «bidʿa», worunter er Spuren des früheren Heidentums, Erfindungen späterer Generationen oder Infiltrationen von fremden Zivilisationen verstand. Während damit Ibn Ḥanbal im Vergleich zu →Mālik, →Abū Ḥanīfa und →Šāfiʿī eher als Theologe denn als Jurist gelten kann, sind die rechtlichen Grundlagen der Ḥanbaliten durch seine Nachfolger, allen voran durch seinen berühmten Schüler →Ibn Taimīya gelegt worden. Die Ḥanbaliten haben vor allem in Baghdad und später, unter Ibn Taimīya, in Damaskus eine Anhängerschaft sammeln können und existierten in kleineren Gemeinden in vielen Regionen der islamischen Welt.

Lit.: H. Laoust, Aḥmad b. Ḥanbal, in: EI² 1, 272–277.

I. Schneider

Ibn Ḥazm (994–1064), war der Sproß einer wohlhabenden und politisch einflußreichen Familie in Cordoba/Spanien. Sein Vater hatte ein hohes Amt am Kalifenhof in Cordoba inne, das er jedoch im Laufe innenpolitischer Auseinandersetzungen verlor. Auch Ibn Ḥazm selbst blieb durch politische Wechselfälle nicht von Einbrüchen in seiner Karriere verschont. Seine harten Attacken auf die staatstragende mālikitische Rechtsschule (→Mālik) und sein nonkonformistisches Verhalten waren Gründe dafür, daß er politisch in Mißkredit geriet und sich schließlich in die Privatsphäre zurückzog.

Ibn Ḥazm kann als eine der eigenwilligsten und ungewöhnlichsten Persönlichkeiten unter den muslimischen Juristen gelten. Wohl aus Opposition gegen die herrschenden Mālikiten schloß er sich einer kleinen Rechtsschule, der Ẓāhirīya, an, die ihren Namen von der «buchstäblichen» (ẓāhir) Interpretation des Korans und der Prophetentradition («sunna») ableitet. Ibn Ḥazm ist der bedeutendste Vertreter dieser Rechtsschule.

In seiner Rechtstheorie konzentrierte er sich entsprechend auf den Text von Koran und «sunna» (in der Form der «aḥādīṯ», Aussprüche und Taten des Propheten), wie er vorgegeben ist, und lehnte es ab, dahinter eine «verborgene» Bedeutung (bāṭin) zu entdecken. Von daher erklärt sich auch seine Verdammung des Analogieschlusses («qiyās»), eines der «Prinzipien des Rechts» (→Šāfiʿī), da er mit seiner Vorstellung von Ähnlichkeit zu einem im Text gegebenen Sachverhalt ein Element der Willkür beinhalte. Daraus ergibt sich, daß die von allen anderen Rechtsschulen angewendeten Analogien zu einem im Text gegebenen Verbot – etwa des Wuchers im Austausch von Gold, Silber, Weizen, Gerste, Datteln und Salz – auf alle wägbaren Waren oder alle Nahrungsmittel bei den Ẓāhiriten nicht gelten: sie beschränken sich auf die sechs genannten Produkte. Andererseits geht Ibn Ḥazm bei den fünf (auch von allen anderen Rechtsschulen anerkannten) Kategorien für alle Handlungen, nämlich geboten – verboten – empfohlen – abzulehnend – erlaubt, davon aus, daß in allen Fällen, in denen nicht eine der ersten vier Kategorien in einem Text ausdrücklich («ẓāhir», also buchstäblich) angegeben ist, die Handlung als erlaubt betrachtet werden muß. Auch wenn die ẓāhiristische Lehre in diesem Punkt toleranter erscheint, so muß sie dennoch in vielen Punkten als strikter als die Rechtslehre der anderen Rechtsschulen angesehen werden.

Bezüglich des Konsensus («iğmāʿ») der Gelehrten, des vierten «Prinzips» (aṣl, Pl. uṣūl, die vier Rechtsprinzipien, sind Koran, «sunna», Analogie und Konsensus), beschränkt sich Ibn Ḥazm auf den Konsensus der Prophetengenossen. Seine rechtstheoretischen Richtlinien hat er in seinem Werk: Die Vollendung der Prinzipien der Urteile (*Kitāb al-iḥkām fī uṣul al-aḥkām*, 5 Bde., Kairo 1925–29) festgelegt, seine Regelungen des Rechts in dem Werk: Das mit Traditionen Gesüßte (*Kitāb al-Muḥallā bi l-āṯār*, 11 Bde., Kairo 1928–33). Dabei ist festzustellen, daß Ibn Ḥazm die Rechtslehre der Juristen seit der Zeit nach dem Propheten Muḥammad (–632) und seinen Genossen ignoriert und nicht in Rechnung gestellt hat, daß der politische und soziale Wandel im Recht reflektiert werden muß. Denn für ihn ist Recht kein politischer oder sozialer Tatbestand, sondern ein religiöses Gebot, das dem Menschen die Möglichkeit gibt, Gottes Willen zu erfüllen. In vielen Fällen muß man deshalb Ibn Ḥazms Rechtsmeinungen als wirklichkeitsfremd bezeichnen.

Lit.: R. Arnaldez, Ibn Ḥazm, in: EI² 3, 790–799.

I. Schneider

Ibn Taimīya (1263–1328), wurde in eine Familie ḥanbalitischer Juristen (→Ibn Ḥanbal) hineingeboren. Er mußte seine Heimat Ḥarrān vor dem Mongolensturm verlassen und ging nach Damaskus. Dort erhielt er seine Ausbildung, lehrte lange Zeit Recht und lebte in der Folgezeit teilweise dort, teilweise in Kairo. Immer wieder geriet er wegen seiner Unnachgiebigkeit, seines moralischen Puritanismus, seines vehementen Eintretens gegen alle Neuerungen («bidaʿ», Sg. «bidʿa»), die er als häretisch betrachtete, und seines Anthropomorphismus in Konflikt mit anderen Theologen und der Obrigkeit. Mehrfach wurde ihm von der Staatsmacht verboten, Rechtsgutachten zu verfassen (seine Rechtsgutachten sind gesammelt in: *Maǧmūʿat fatāwā Šaiḫ al-Islām Aḥmad ibn Taimīya*, 30 Bde., Riyad 1961–64), und er ist oft ins Gefängnis geworfen worden. Dort entstand sogar ein Teil seiner Werke. Bald nachdem man ihm im Jahr 1328 Tinte und Papier entzogen hatte, starb Ibn Taimīya im Kerker der Zitadelle von Damaskus.

Ibn Taimīya ist als «konservativer Reformer» bezeichnet worden, der die Tradition, den Verstand und den freien Willen in ein harmonisches System zu bringen versuchte. Seine Bedeutung in der Rechtsgeschichte bestand darin, daß er dem «iǧtihād», der selbständigen Rechtsfindung, eine wichtige Rolle einräumte. Dabei ging er im Gegensatz zur überwältigenden Mehrheit der anderen sunnitischen Juristen (→Šāfiʿī) seiner Zeit davon aus, daß das «iǧtihād»-Tor nie geschlossen worden sei, legte jedoch zugleich die Regeln fest, die man bei der Ausübung des «iǧtihād» zu befolgen habe. «Iǧtihād» galt für ihn als unverzichtbar für die Interpretation der Texte (von Koran und Prophetentradition, also «sunna»), die jedoch immer Superiorität behielten. Entsprechend wandte er sich gegen den «taqlīd», die Übernahme von Meinungen anderer Gelehrter. Dem Konsensus (dem dritten Prinzip des Rechts, →Šāfiʿī) maß er keine große Bedeutung bei. Zahlreiche seiner Argumentationen fußen dagegen auf dem vierten Prinzip, dem Analogieschluß.

In seiner Staatstheorie (*Kitāb as-siyāsa aš-šarʿīya*, hrsg. v. Muḥammad al-Mubārak, Beirut 1966, engl. Übersetzung unter dem Titel *Ibn Taimīya on Public and Private Law in Islam or Public Policy in Islamic Jurisprudence* von Omar al-Farrukh, Beirut 1966) ging Ibn Taimīya – wie andere auch – von der unauflöslichen Verbindung zwischen Staat und Religion aus, wobei das Recht die Funktion hatte, die staatliche Organisation zu disziplinieren.

Sein persönlicher Einfluß war schon zu Lebzeiten groß. Vor allem aber lebten seine Ideen unter der Bewegung der Wahhabiten auf, die sich Ende des 18. Jh.s in Saudi-Arabien konstituierte und die Grundlagen für das heutige Königreich Saudi-Arabien legte. Sie übernahm von Ibn Taimīya die theologische und Rechtslehre, und damit die Ablehnung der «bidaʿ» (wobei sie sich vor allem gegen die Heiligenverehrung wandte) und des «taqlīd». Zugleich haben die Wahhabiten jedoch auch das ungeänderte positive ḥanbalitische Recht übernommen, so wie es in der Zeit vor Ibn Taimīya entwickelt worden war, offenbar ohne sich dieser Widersprüchlichkeit bewußt zu sein.

Ibn Taimīya kann damit als einer derjenigen Gelehrten gelten, deren Einfluß auf die moderne islamische Welt als sehr groß angesehen werden muß.

Lit.: H. Laoust, Ibn Taymiyya, in: EI² 3, 951–955; J. Schacht, An Introduction to Islamic Law, 1982, 72–73.

I. Schneider

Innes, James Rose (1855–1942), dessen Großvater väterlicherseits einer jener Lehrer und Geistlichen aus Schottland war, die Lord Charles Somerset an das seit 1806 britische Kap der Guten Hoffnung geholt hatte, schloß seine Ausbildung mit dem Erwerb des Bachelor of Laws (LL. B.) am South African College in Kapstadt ab und wurde 1878 zur dortigen Anwaltschaft zugelassen. Binnen kurzem baute er eine erfolgreiche Praxis auf. Seit 1884 war er zudem Mitglied des Cape House of Assembly. 1890–93 unter Cecil Rhodes und abermals 1900–02 unter Sir J. G. Sprigg hatte er das Amt des Attorney-General inne. 1901 wurde I. zum Ritter geschlagen und im darauffolgenden Jahr zunächst zum Präsidenten des Transvaal High Court, dann, mit der Etablierung des Transvaal Supreme Court, zum Chief Justice der englischen Kolonie Transvaal ernannt. Nach Gründung der Union von Südafrika gehörte er von Anfang an deren höchstem Gericht an, der Appellate Division of the Supreme Court. Nach dem Tod von →de Villiers wurde I. 1914 Chief Justice von Südafrika. 1927 trat er in den Ruhestand. Er widmete sich nunmehr v. a. einem nicht nach Rassenzugehörigkeit differenzierenden Wahlrecht für alle Südafrikaner und war einer der Mitbegründer der Non-Racial Franchise Association. Seine einzige Tochter war seit 1905 mit Helmuth Graf von Moltke verheiratet gewesen; aus dieser Ehe stammte der Widerstandskämpfer Helmuth James Graf von Moltke.

I. war der bis heute am längsten amtierende Chief Justice Südafrikas und hat schon damit einen außerordentlichen Einfluß auf das entstehende, gemein-südafrikanische Recht gehabt. Seine Reputation ist von dem berühmten Streit um die relative Bedeutung von englischem und römisch-holländischem Recht unberührt geblieben. I. ist nach wie vor der angesehenste Richter der südafrikanischen Rechtsgeschichte. Dies Ansehen beruht einerseits auf einer fast alle Zeitgenossen beeindruckenden persönlichen Geradlinigkeit und Integrität, andererseits auf einer unumstrittenen fachlichen Autorität. Mehr grundlegende Rechtsfragen als jeder andere Richter hat er in einer die Rechtsentwicklung bis heute prägenden Weise entschieden. Er war dabei im besten Sinne undoktrinär und hat sein Augenmerk weder ausschließlich auf die römisch-holländische Traditionsmasse noch auf das leichter zugängliche englische Recht gerichtet. Vielmehr ging es ihm um die schrittweise Herausbildung eines den modernen Bedürfnissen entsprechenden genuin südafrikanischen Rechtes.

Angesichts der Katastrophe des Apartheidstaates besonders weitsichtig und bemerkenswert – wenngleich im Ergebnis erfolglos – war I.' Engagement für soziale Gerechtigkeit und politische Gleichberechtigung. «South Africa stands at the parting of the ways», bemerkte er 1929, «She may take the path of repression, easy at first with its downward grade, but it leads to the abyss – not in our time, but in the time of our descendants, whose interests it is our sacred duty to guard. Or she may take the path of liberty, rugged and steep and full of difficulty, but it leads to the mountain tops.» Diese Berggipfel sind mehr als ein halbes Jahrhundert lang in immer weitere Ferne gerückt.

Lit.: J. R. I., Autobiography, hrsg. v. B. A. Tindall, 1949; E. Kahn, J. R. I., in: R. M. de Villiers (Hg.), Better Than They Knew, 2, 1974, 57ff.; H. Corder, Judges at Work, 1984, passim.

R. Zimmermann

Innozenz IV. (Sinibaldus Fliscus; um 1195–1254), hochbegabter Jurist, kühl abwägender Politiker, bedenkenlos in der Wahl seiner Mittel, zutiefst erfüllt von Rechten, aber auch Pflichten seines päpstlichen Amtes.

Aus einem genuesisch-ghibellinischen Geschlecht stammend, studierte I. Kanonistik in Bologna u. a. bei →Johannes Teutonicus und Legistik z. B. bei →Azo und →Accursius. 1218/19 folgte im Auftrag Papst Gregors IX. eine diplomatische Mission; 1226 war er Auditor litterarum contradictarum; 1227 Kardinalpresbyter und Inhaber weiterer Ämter an der Kurie. Nach der Wahl und der erfolgten Krönung als Papst 1243 berief er 1245 ein gegen Kaiser Friedrich II. gerichtetes Konzil ein.

Die ganze Lebensspanne I.' war überschattet von der Auseinandersetzung der einander ausschließenden Herrschaftsansprüche des staufischen Kaisertums und des Papsttums, die sich nicht allein in juristischen Implikationen erschöpfte. Hierbei straffte I. die kirchliche Hierarchie auf dem Gebiet der Gerichtsbarkeit, indem er mit seiner Dekretale «Romana ecclesia» vom 21.05. 1245 den Weg zu eigenständiger und effizienter bischöflicher Gerichtsbarkeit öffnete, zum anderen an der Rota, dem päpstlichen Appellationsgerichtshof, einen ständigen Auditor einsetzte und damit zur Verfestigung von Rechtsgang und Verfahren beitrug. Dem Primat, der Vorrangstellung des Papstes, diente die weitere Ausformung des Satzes «Papa est iudex omnium» und der «potestas absoluta» des Papsttums, was sich u. a. in der Fortbildung päpstlicher Reservat- und Dispensrechte niederschlug. Die dogmatische Durchdringung der Figur der juristischen Person hat durch I. ebenso Impulse erhalten wie die Theorie des gerechten Krieges.

Bilden schon I.' «Novellen» zwischen «Liber Extra» (1234) und *Sextus* (1298) das «bedeutendste Kapitel» (S. Kuttner) der Quellengeschichte des Kirchenrechts, so ist sein wichtigstes, zahlreiche neue Ideen enthaltendes Werk, der *Apparatus in quinque libros decretalium* (ca. 1250), der bahnbrechende Kommentar zum «Liber Extra». Die durch I. veranlaßte kanonistische Behandlung seiner eigenen Dekretalen zeigt, daß er die Rechtsfortbildung durch Dekretalenrecht nicht nur inhaltlich, sondern auch methodisch auf ein neues Niveau zu heben versuchte.

Lit: B. Rodberg, in: Lex MA 5, 437–438; M. Haust, in: BBKL 2, 1286–1289; V. Piergiovanni, Sinibaldo ..., in: SG 14, 1967, 125–154.

J. Müller

Inoue, Kowashi (1843–1895), genial-energischer Beamtenpolitiker und intellektueller Motor der Staatsbildung in Japan, wurde 1867 zum Studium der französischen Wissenschaften nach Edo (Tôkyô) geschickt; 1871 Beamter im Justizministerium unter Shinpei Etô; 1872/73 Aufenthalt in Frankreich (und in Berlin).

1875 machte er durch seine Übersetzung aus dem Französischen die preußische Verfassungsurkunde in Japan bekannt. Er ist überhaupt als Drahtzieher der Hinwendung zum «Modellstaat Deutschland» in den achtziger Jahren, die besonders intensiv das Rechtswesen ergriff, anzusehen. Als vertrauter Berater der führenden Politiker Tomomi Iwakura (1825–1883) und Hirobumi Itô (1841–1909) erstellte er 1881 entscheidende Richtlinien einer oktroyierten Verfassung mit starken monarchischen Prärogativen nach dem Muster der konstitutionellen Monarchie preußisch-deutschen Typs, um den Forderungen nach einem Parlamentarismus englischer Prägung entgegenzutreten.

An der Ausgestaltung der Meiji-Verfassung sowie des kaiserlichen Hausgesetzes (kôshitsu-tenpan) von 1889 hatte I. maßgeblichen Anteil. I. versuchte, in der Verfassung die konstitutionellen Prinzipien und die spezifisch japanische kaiserliche Herrschaftsideologie zu amalgamieren, was dem gesamten System eine verhängnisvolle Zweideutigkeit verlieh. Dabei so wie in verschiedensten anderen juristisch-institutionellen Fragen arbeitete I. eng mit H. →Roesler zusammen; diese oft sehr faszinierende geistige Auseinandersetzung zwischen beiden ist in I.s Nachlaß dokumentiert, der erstklassige Quellen zur Rechts-, Verfassungs- und Politikgeschichte enthält: *I. K.- den shiryô-hen* (1966–77); *Nihon-kindai hôsei shiryô-shû* (1979 ff.).

Im Bereich der Erziehungspolitik – 1893/94 war er Erziehungsminister – sorgte er für die Mobilisierung der nationalen Gesinnung, insbesondere als Verfasser des kaiserlichen Erziehungsedikts (*kyôiku chokugo*), einer Art Katechismus für Untertanen.

Lit.: Goin-bunko kenkyûkai (Hg.), Meiji-kokka keisei to I. K., 1992; Y. Sakai, I. K. to Meiji-kokka, 1983; S. Yamamuro, Hôsei-kanryô no jidai, 1984.

A. Wani

Irnerius (Guarnerius, Wernerius; –nach 1125), der erste bedeutende Rechtslehrer des Abendlandes, gilt als Gründer der Rechtsschule von Bologna, doch dürfte erst um 1135 mit den Quattuor doctores ein kontinuierlicher Rechtsunterricht entstanden sein.

I. hat als erster die Methoden der scholastischen Textinterpretation auf das ganze wiederentdeckte Corpus iuris civilis Kaiser Justinians (527–565), insbesondere auf die Digesten, angewendet. Die Auslegung geschah mündlich im Rechtsunterricht und schriftlich durch sog. Glossenapparate, d. h. Kommentare in Form von Anmerkungen zum Text (Glossen), die zwischen die Zeilen und auf die

Blattränder geschrieben wurden. Das Erhaltengebliebene und bisher Edierte gibt davon nur ein dürftiges Bild.

In Urkunden aus den Jahren 1112–13 erscheint I. als Rechtskenner (causidicus) in der Umgebung der mächtigen Markgräfin Mathilde von Tuszien. 1116–18 bezeugt er sich elfmal als Hofrichter Kaiser Heinrichs V. Er wurde mit dem Kaiser und dem Gegenpapst Gregor (VIII.) und dessen Anhängern 1119 auf dem Konzil von Reims von Calixt II. exkommuniziert. 1125 trat er noch einmal als Prozeßbeistand vor einem Schiedsgericht in Erscheinung.

Zu Unrecht wurden I. zugeschrieben: theologische Quaestionen, die *Summa Trecensis* (benannt nach der Handschrift in Troyes), die *Questiones de iuris subtilitatibus*, ein anspruchsvoller Lehrdialog, und ein Formularbuch für Notare.

Die ältesten namentlich bekannten Bologneser Rechtslehrer nach I. waren die Quattuor doctores, die «Vier Lehrer», nämlich Bulgarus (–um 1166), Martinus Gosia (–1158/66) sowie Hugo (–1168) und Iacobus de Porta Ravennate (–1178), die «durch fast gleichen Ruhm bei Zeitgenossen und Nachfolgern, durch gelehrte Streitigkeiten *(Dissensiones dominorum)* und durch gemeinsame Teilnahme an öffentlichen Angelegenheiten in mannigfaltiger Verbindung erscheinen» (Savigny). Ob sie unmittelbare Schüler des I. waren, ist nicht sicher. Friedrich I. betraute sie und 28 Richter auf dem Reichstag bei Roncaglia 1158 mit der Feststellung der von den lombardischen Städten usurpierten Regalien. Sie kommentierten das Corpus iuris durch Glossenapparate (ungedruckt und nur noch teilweise rekonstruierbar) und hinterließen Disputationen (quaestiones), Distinktionen und andere Schriften. Bulgarus, der in dem Lehensprozeß um die Provence vor dem Kaiser die Interessen der Grafen von Barcelona gegen die Herren von Baux vertrat und auch als delegierter päpstlicher Richter nachgewiesen ist, verfaßte 1141 auf Bitten des Kardinals Emmerich die erste Darstellung des Zivilprozesses. Er erscheint als Verfechter einer strengen Rechtsauslegung, während Martinus Gosia als Advokat der Billigkeit (aequitas) gilt. Entgegen einer alten Klischee-Vorstellung waren I. und die Vier Lehrer genauso wie ihre Nachfolger, alle sog. Glossatoren, keine «reinen Theoretiker», sondern durchaus praktisch orientierte und tätige Juristen. Dies allein erklärt den umwälzenden Erfolg des scholastischen Rechtsunterrichts.

WW: E. Besta, L'opera d'Irnerio 2, 1896; Dissensiones dominorum, hrsg. v. G. Hänel, 1834; Excerpta legum edita a Bulgarino causidico, in: Quellen zur

Geschichte des röm.-kan. Prozesses im Mittelalter, hrsg. v. L. Wahrmund, 4.1, 1925 (ND 1962).
Lit.: F. C. v. Savigny, Geschichte des römischen Rechts im Mittelalter, 2. Aufl., 1834–51 (ND 1956), 4, 9–193; 458–511; H. Kantorowicz, Studies in the Glossators of the Roman Law, 1938 (ND 1969); E. Spagnesi, Wernerius bononiensis iudex, 1970; P. Weimar, Die legistische Literatur der Glossatorenzeit, in: Coing, 1, 1973, 129 ff.; J. Fried, Die Entstehung des Juristenstandes im 12. Jh., 1974; G. Pace, Garnerius Theutonicus. Nuove fonti su Irnerio e i quattro dottori, in: Rivista internazionale di diritto comune 2, 1991, 123–133.

P. Weimar

Iulianus (Salvius I.; um 100–um 170), römischer Jurist aus der Mitte des 2. Jh.s n. Chr., also der Zeit des hochklassischen Rechts. Geboren in Hadrumetum (Nordafrika), vermutlich als Abkömmling einer aus Italien stammenden Kaufmannsfamilie. Über seine vielfältige und glänzende Ämterfolge sind wir durch die Inschrift auf einer zu seinen Ehren in Pupput (Tunesien) errichteten Bildsäule genau unterrichtet (CIL VIII 24094). Er war u. a. Quaestor des Kaisers Hadrian, Volkstribun, Prätor, Präfekt der republikanischen Staatskasse und der Kriegskasse, Konsul (148), danach Statthalter in Untergermanien, Nordspanien und Africa. I. war ferner Mitglied des kaiserlichen consilium unter Hadrian, Antoninus Pius, Marc Aurel und Verus sowie Oberhaupt der sabinianischen Rechtsschule (Dig. 1,2,2,53). I. ist neben →Celsus der bedeutendste Jurist der hochklassischen Rechtswissenschaft.

Seine Hauptwerke, auszugsweise überliefert in den Digesten Justinians, sind *Digesta* (90 libri), eine Sammlung von Rechtsfällen über zahlreiche Themen, in erster Linie des Privatrechts, vielleicht die bedeutendste römische Juristenschrift überhaupt, ferner *libri ad Urseium Ferocem* und *ad Minicium* (Kommentare zu zwei weniger bekannten Juristen), weiter ein *liber singularis de ambiguitatibus* sowie schließlich *quaestiones*, die unter dem Namen seines Schülers →Africanus herausgegeben sind.

Die Arbeitsweise von I. ist problembezogen («Literatur der Problemata», F. Schulz), d. h. es geht – ohne verbindenden Text – um isolierte Erörterungen schwieriger juristischer Einzelfragen. Bei der Problemlösung bewähren sich die Vorzüge und Eigenheiten klassischer Methode: Scharfsinn ohne Spekulation, Originalität neben Traditionsbewußtsein, sicheres Gefühl für ausgewogene praktikable

Ergebnisse. Die Meinungen von I. haben sich vielfach durchgesetzt und dadurch das Privatrecht maßgeblich geprägt. Kaiser Hadrian erkannte seine überragenden Fähigkeiten dadurch an, daß er ihm die abschließende Redaktion des prätorischen Edikts übertrug (edictum perpetuum; um 130 n. Chr.). Mehrere spätere Juristen haben seine Digesta mit notae neu herausgegeben. Er wird von den Spätklassikern am häufigsten zitiert (allein von →Ulpian ca. 540mal). Noch der Kaiser Justinian erwähnt seinen Namen deutlich hervorgehoben gegenüber anderen Juristen mit Hochachtung (Cod. Iust. 4,5,10,1: summae auctoritatis hominem).

Lit.: W. Kunkel, Herkunft u. soziale Stellung d. röm. Juristen, 2. Aufl., 1967, 157ff.; F. Schulz, Gesch. d. römischen Rechtswissenschaft, 1961, 124 u. a.; E. Bund, in: ANRW 2, 1976, 408ff.

H. H. Seiler

J

Jacobus de Ravanis (**Jacques de Révigny; 1230/40–1290**), studierte Zivilrecht in Orléans, bei Jean de Monchy sowie bei Guichard de Langres und Simon Parisiensis, und lehrte ebendort bis gegen 1280. Zu seinen Schülern zählen Jacques de Boulogne, Pierre de la Chapelle und Guy de la Charité. Angeblich wurde J. dann als Richter an die Rota Romana berufen, doch gibt es dafür keinen Beweis. Als Archidiakon von Toul wurde er 1289 von Papst Nikolaus IV. – weil es von seiten des Domkapitels zu einer Doppelwahl gekommen war – zum Bischof von Verdun ernannt und 1290 vom Papst selbst geweiht. Als Bischof lag J. ständig im Streit mit den Bürgern von Verdun, was ihn zu einer Reise nach Rom veranlaßte, auf der er starb.

Aus seinem Rechtsunterricht sind gehaltvolle, aber naturgemäß oft fehlerhafte Mitschriften (Reportationes) seiner Vorlesungen über die Digesta vetus und novum, den Codex, die Institutionen und das Autenticum sowie *Repetitiones* und *Quaestiones* erhalten geblieben; auch wird ihm das erste Rechtswörterbuch, das *Dictionarium iuris*, zugeschrieben. Die Codex-Vorlesung ist 1519 unter dem Namen des →Petrus de Bellapertica (NDe. 1967, 1968), die Institutionenvorlesung 1504 unter dem Namen des →Bartolus gedruckt worden. Zu Unrecht hat man J. eine *Summa feudorum* zugeschrieben.

Lit.: E. M. Meijers, L'Université d'Orléans au 13e siècle (1918–21), in: Ders., Études d'histoire du droit 3, 1959, 3 ff., 59–80; D. Maffei, Il giudice testimone e una «quaestio» di J. de R., in: TRG 35, 1967, 54–76; R. Feenstra, Quaestiones de materia feudorum de J. de R. (1972), in: Ders., Fata iuris Romani, 1974, 298–320; L. Waelkens, La théorie de la coutume chez J. de R., 1984; C. H. Bezemer, Les répétitions de J. de R., 1987.

P. Weimar

Jakob Ben Ascher (ca. 1270–1343), jüdischer Rechtsgelehrter deutscher Herkunft, wanderte mit seinem Vater Ascher Ben Jechiel 1303 nach Spanien aus und nahm in Toledo dauerhaften Wohnsitz.

Mehr als 100 Jahre nach →Maimonides unternahm er einen erneuten Versuch, das jüdische Recht unter Einschluß der nachmaimonideischen Entwicklungen umfassend zu kodifizieren, und schrieb das vierteilige Gesetzbuch *Arba 'at ha-Turim*. Im Unterschied zu Maimonides beschränkte er sich auf jene Gesetze, die für das jüdische Leben seiner Zeit von praktischer Bedeutung waren, und stellte bei den verarbeiteten Themen die unterschiedlichen Lehrmeinungen aus vergangenen Jahrhunderten ausführlich dar. J. B. A. verarbeitete neben der talmudischen Grundlage nicht nur die Lehrmeinungen der orientalischen Judenheit, sondern auch die Auffassungen spanischer, deutscher und französischer Autoritäten des 11. bis 14. Jh.s, die bei ihm in Form von zitierten Rechtsgutachten ausführlich zur Sprache kommen. Als Quelle zur Geschichte des mittelalterlichen jüdischen Rechts sind die *Arba 'at ha-Turim* eine viel brauchbarere Quelle als die zugegebenermaßen einfacher zu lesende *Mischne Tora* des Maimonides. Die einzelnen Teile seines Werkes haben folgenden Inhalt: Teil I (Orach Chayyim) behandelt u. a. die privaten und gottesdienstlichen Gebete sowie die Feiertagsheiligung; Teil II (Yore De'a) behandelt u. a. das weite Gebiet verbotener und erlaubter Speisen, die Beziehungen zur nichtjüdischen Umwelt, das Beschneidungsritual, Trauergebräuche, Eide und Gelübde; Teil III (Eben ha-'Ezer) beinhaltet das gesamte Eherecht, also Heirat, Ehescheidung, Leviratsehe und ehegüterrechtliche Vorschriften; Teil IV (Choschen ha-Mischpat) behandelt Straf- und Zivilrecht, zum Beispiel Diebstahl und Raub, auf der einen sowie das Erbrecht und Vertragsrecht auf der anderen Seite. Hinzu kommen für Richter geltende Gesetze und die Darlegung der Zivil- und Strafprozeßordnungen. Bei divergierenden Meinungen richtete sich J. B. A. grundsätzlich nach seinem Vater als letztlich maßgebender Autorität.

J. B. A.s Werk, das bei den europäischen Juden des Spätmittelalters und der frühen Neuzeit größeren Anklang fand als in der orientalischen Judenheit, bildete in seinem äußeren Aufbau und in Teilen seines Inhalts die Grundlage für den über zwei Jahrhunderte später folgenden *Schulchan 'Arukh* des Josef → Karo.

WW: Arba'a Turim, 1861 u. ö.
Lit.: M. Elon, Ha-Mischpat ha-'ibri 2, 3. Aufl., 1988, 1058ff.

H.-G. v. Mutius

Jason de Mayno (1435–1519), außerehelicher Sohn eines exilierten Mailänder Adligen, studierte in Bologna, v. a. bei → Alexander de Tartagnis, und lehrte seit 1467, meist in Pavia, 1485–88 jedoch in Padua und 1489 in Pisa. Unter seinen Schülern waren der Legist und Kanonist → Decius, → Diplovatatius, der Begründer der juristischen Gelehrten- und Literaturgeschichte (*De claris iuris consul-*

tis), und →Alciat, der Begründer der humanistischen Rechtswissenschaft.

Mit seinen umfangreichen Kommentaren, in denen er einzelne Abschnitte aus wenigen Titeln der Digesten und des Codex Iustinianus erläuterte (D. 1579), bildet J. «gleichsam den Schlußstein der alten Zeit» (Savigny). Er war als Gutachter (414 Gutachten, D. 1581) und als Redner – im Dienst des Herzogs von Mailand sogar vor Kaiser Maximilian I. und Papst Alexander VI. – hochberühmt, nach Savigny jedoch «ungemein gedankenleer und geschmacklos».

Lit.: F. C. v. Savigny, Geschichte des römischen Rechts im Mittelalter, 2. Aufl., 1834–51 (ND 1956), 6, 397–418; A. Belloni, Professori giuristi a Padova nel secolo XV, 1986, 221–227.

P. Weimar

Jaworski, Władysław Leopold (1865–1930). Ein juristisches Studium, das er mit der Promotion abschloß, absolvierte er in Krakau, Berlin und Paris. 1894 habilitierte er sich in Krakau mit der Arbeit *Prawo nadzastawu wedle ustawodawstwa austriackiego* (Das Pfandrecht nach der österreichischen Gesetzgebung). 1897 wurde er dort Professor für Zivilrecht. Gleichzeitig mit der wissenschaftlichen Laufbahn begann seine politische Tätigkeit für die Konservativen. 1901 wurde er deren Abgeordneter im Landtag von Galizien und 1911 zum Staatsrat in Wien gewählt. Beim Ausbruch des I. Weltkrieges stellte er sich an die Spitze des Polnischen Nationalkomitees, der politischen Repräsentation der Legionen Piłsudskis. 1918 zog er sich allerdings aus dem aktiven politischen Leben zurück und setzte die wissenschaftliche Arbeit, u. a. im Bereich des Verfassungsrechts, fort.

J., Wissenschaftler mit außergewöhnlich breitem Horizont, wurde vom Kritiker zum Anhänger der historisch-dogmatischen Methode. Zu seinen wichtigsten Werken gehören: *Zarys teorii wynagrodzenia szkody* (Umriß der Theorie des Schadenersatzes, 1921); *Komentarz do austriackiego kodeksu cywilnego* (Kommentar zum ABGB, 1900); *Prawo cywilne na ziemiach polskich* (Das Zivilrecht in den polnischen Gebieten, 1919–20); *Prawa państwa polskiego* (Rechte des polnischen Staates, 1921); *Nauka prawa administracyjnego* (Die Verwaltungsrechtslehre, 1924).

Lit.: K. Grzybowski, Normatywizm w filozofii prawa. W. L. J. (1865–1930) (Normativismus in der Rechtsphilosophie. W. L. J.), in: Studia z dziejów

Wydziału Prawa Uniwersytetu Jagiellońskiego, 1964, 103–116; PSB 11, 115–118.

W. Uruszczak

Jefferson, Thomas (1743–1826), nach Abschluß seines Studiums am William and Mary College (1760–62) setzte J. seine rechtswissenschaftliche Ausbildung bei dem angesehenen Anwalt und Gelehrten G. Whythe fort. Nach seiner Zulassung als Anwalt 1767 begann er 1769 als Parlamentarier in Virginia eine politische Karriere. Während des zweiten Continental Congress (1775–76), dem J. als Delegierter Virginias angehörte, verfaßte er die Unabhängigkeitserklärung der Vereinigten Staaten von Amerika. In der Zeit des Unabhängigkeitskrieges war J. Gouverneur Virginias (1779–81), danach Gesandter der USA in Frankreich (1784–89). G. Washington ernannte J. 1789 zum Secretary of State. J. legte dieses Amt 1793 nach Spannungen mit dem Secretary of the Treasury A. →Hamilton nieder und begab sich in die Opposition. Als zweitstärkster Kanditat der Präsidentschaftswahlen wurde J. 1796 Vizepräsident unter J. Adams, dem er 1801 als dritter Präsident der USA nachfolgte. Nach Ende seiner zweiten Amtszeit konzentrierte J. seine Bemühungen auf die Gründung der Universität von Virginia, deren erster Rektor er schließlich 1825 wurde.

Hinter diesen Daten steht ein Werk, das durch die Verbindung von staatsphilosophischen Gedankengängen mit ihrer politischen Umsetzung bedeutende Auswirkungen auf die Geschichte der USA hatte. Schon in der Unabhängigkeitserklärung drückt sich J.s Mißtrauen gegenüber einer starken Zentralgewalt aus, die die unabdingbaren Rechte des einzelnen – in Anlehnung an →Locke nannte J. sie «life, liberty and the pursuit of happiness» – gefährden könnte. Zur Klarstellung des Verhältnisses zwischen Zentralgewalt und Bundesstaaten sowie Bürgern befürwortete J. die Aufnahme eines Grundrechtskatalogs in die Verfassung. Mit der «Bill of Rights» erreichte er 1791 im nachhinein dieses Ziel. Um die Befugnisse des Bundes nicht ausufern zu lassen, vertrat J. grundsätzlich eine enge Verfassungsauslegung. Die Anpassung an historische Entwicklungen wollte J. durch regelmäßige Überarbeitung und erneute Legitimation durch das Volk und nicht durch Auslegung der Verfassung erreichen. Seine Bedenken vor der Überdehnung der Generalklauseln der Verfassung zugunsten von Bundesorganen unterstrich J. in seiner Ansicht, die Schaffung einer nationalen Zentralbank sei verfassungswidrig. Jedoch hielt J. später die «Louisiana Purchase» (1803), die das Gebiet der Vereinigten Staaten fast verdoppelte, für verfassungsmäßig, obwohl diese zumindest nicht ausdrücklich auf einer Kompetenz des Bundes beruhte. Als Reaktion auf die repressiven «Alien and Sedition Acts» (1798) formulierte J. die Theorie, daß die Bundesstaaten beschließen könnten, Bundesgesetze nicht anzuwenden. Die von ihm entworfenen «Kentucky Resolutions» forderten in diesem Sinne die anderen Bundesstaaten auf, die «Alien and Sedition Acts» für verfassungswidrig zu erklären. Jedoch vermied J., entgegen der während des Verfassungskonfliktes von 1828–33 vertretenen Auffassung, den einzelnen Bundesstaaten eine Kompetenz zur Nullifikation von Bundesgesetzen zuzubilligen.

Lit.: D. Malone, J. and His Time, 1948–81; N. E. Cunningham, In Pursuit of Reason: The Life of T. J., 1987; W. Heun, Die politische Vorstellungswelt T. J.s, in: HZ 258, 359ff.

F. Arndt

Jellinek, Georg (1851–1911). Neben C. F. v. →Gerber und P. →Laband ist J. der dritte herausragende Staatsrechtslehrer des 19. Jh.s, dem das Methodenprogramm des staatsrechtlichen Positivismus für die wissenschaftliche Bearbeitung des öffentlichen Rechtes unerläßlich schien. Seine dogmatischen Bemühungen galten dem Völker- und Bundesstaatenrecht, dem Gesetzesbegriff, v. a. jedoch dem «System der subjektiven öffentlichen Rechte», einem umfassend angelegten Versuch, die Rechte von Individuum, Verbänden und Staat als formal definierte Zustände, sog. Status (negativus, positivus, activus), zu fassen.

Der wissenschaftliche Anspruch rein juristischer Konstruktion verband sich bei J. – im Unterschied zum streng formalen Positivismus – mit dem Anliegen, philosophische, historische und politisch-soziale Bezüge auch juristisch zur Geltung zu bringen. Diese Erweiterung des Blickwinkels wurzelte in einem breitangelegten Studium, das der Sohn eines prominenten Rabbiners und Judaisten in Leipzig mit einer philosophischen (1872) und juristischen (1874) Dissertation abgeschlossen hatte. Nach der Habilitation für Rechtsphilosophie (1879) und allgemeines Staatsrecht und Völkerrecht (1882) in Wien blieb ihm dort jedoch die seiner wissenschaftlichen und didaktischen Befähigung einzig angemessene Position eines o. Universitätsprofessors aufgrund klerikal-antisemitischer Intrigen versagt.

Über Basel (1889) gelangte J. nach Heidelberg (1891), wo er 1907 das Prorektorat innehatte und bis zu seinem Tod 1911 äußerst erfolgreich lehrte. Anders als sein Vater, widmete sich Walter J. (1885–1955) vorwiegend dem deutschen Verwaltungsrecht.

In Heidelberg entstand auch J.s vielfach übersetzte und nachgedruckte *Allgemeine Staatslehre* (1900), in der J. den Staat zweiseitig, als Sozialphänomen («Allgemeine Soziallehre des Staates») und als Rechtsordnung («Allgemeine Staatsrechtslehre») erfaßte. Für ihn war der Staat einerseits «die mit ursprünglicher Herrschermacht ausgerüstete Verbandseinheit» (sozial-empirisch), andererseits die «Körperschaft seßhafter Menschen» (normativ-rechtlich). Die hier von J. in Anknüpfung an den Neukantianismus zugrunde gelegte erkenntnistheoretische Prämisse einer kategorialen Trennung zwischen Sein und Sollen radikalisierte → Kelsen in Abkehr von der «Zwei-Seiten-Theorie» zur Identität von Recht und Staat. Demgegenüber konnte J., für den sich die Rechtsordnung dem Staat verdankte, die Rechtsbindung des Staates nur mit seiner Selbstverpflichtungslehre erklären. Einem wertblinden Positivismus entgeht J., indem er Recht als «ethisches Minimum» begreift. Deswegen führte auch die von ihm diagnostizierte «normative Kraft des Faktischen» nicht zur Affirmation blanker Macht. Seine Begriffsbildungen waren auch außerhalb der Rechtswissenschaft folgenreich; den Freund Max Weber inspirierte er zur Lehre vom Idealtypus.

WW: Die Lehre von den Staatenverbindungen, 1882; Gesetz und Verordnung, 1887; System der subjektiven öffentlichen Rechte, 1892, 2. Aufl., 1905; Die Erklärung der Menschen- und Bürgerrechte, 1895; Ausgewählte Schriften und Reden, 2 Bde., 1911 (ND 1970).

Lit.: C. Jellinek, G. J., ein Lebensbild, in: G. Jellinek, Ausgewählte Schriften und Reden, 1, ND 1970, 5 ff.; M. J. Sattler, G. J. (1851–1911). Ein Leben für das öffentliche Recht, in: H. Heinrichs u. a. (Hg.), Deutsche Juristen jüdischer Herkunft, 1993, 355 ff.; I. Staff, Lehren vom Staat, 1981, 291 ff.; M. Stolleis, Geschichte des öffentlichen Rechts in Deutschland, 2, 1992, 450 ff.; M. Weber, Zu Georg J.s Gedächtnis, in: M. Weber, Max Weber. Ein Lebensbild, 1989, 481 ff.

Ch. Keller

Jhering, Rudolph von (1818–1892), einer der glänzendsten Vertreter der deutschen Pandektenwissenschaft, war gleichermaßen herausragend als Zivilrechtsdogmatiker, Rechtshistoriker und Rechtslehrer. Ebenso berühmt wie umstritten wurde er durch seine Angriffe gegen die sog. Begriffsjurisprudenz und durch seine rechtstheoretischen Arbeiten. In Fachkreisen erlangte er damit fast weltweite Wirkung. Wie kaum ein anderer Jurist seiner Zeit genoß J. auch im 20. Jh. noch fortdauerndes wissenschaftliches Interesse, das von erbitterter Ablehnung bis zu gläubiger Verehrung reicht.

J. habilitierte sich 1843 in Berlin, wurde 1845 Professor in Basel, 1846 in Rostock, 1848 in Kiel, 1852 in Gießen, 1868 in Wien, wo er in den Adelsstand erhoben wurde, und schließlich 1872 in Göttingen. Sein frühes Werk stand unter maßgeblichem Einfluß seines Lehrers →Puchta. Daneben wirkte die idealistische Geschichtsphilosophie →Hegels auf ihn, so daß sein Verhältnis zur historischen Rechtsschule →Savignys von Anfang an recht distanziert blieb. In dem Aufsatz *Unsere Aufgabe*, 1857 in seinen «Jahrbüchern für die Dogmatik» veröffentlicht, die er mit →Gerber herausgab, formulierte er das Programm einer «produktiven Jurisprudenz». Eingekleidet in die teilweise abstruse Terminologie seiner «naturhistorischen Methode», ging es letztlich um die entschiedene Modernisierung des überalterten Normbestandes des rezipierten römischen Rechts. Diesem rechtspolitischen Ziel, das ihn mit seinem Freund →Windscheid verband, sollte er treu bleiben. Dagegen brach er schon wenig später mit seinen eigenen methodischen Grundsätzen, die er seitdem als «Begriffsjurisprudenz» bekämpfte. Dabei handelte es sich allerdings nur zum geringen Teil um echte Selbstkritik, da er vor allem theoretische Verirrungen Savignys und Puchtas beklagte: *Vertrauliche Briefe eines Unbekannten an die Herausgeber der Preußischen Gerichtszeitung* (1861–66); *Scherz und Ernst in der Jurisprudenz* (1884); *Der Besitzwille* (1889). Seine rhetorisch blendenden Angriffe verspotteten treffend die Seltsamkeiten zweitrangiger Dogmatiker. Im Hinblick auf Savigny und Puchta und in ihrer Verallgemeinerung auf die Rechtswissenschaft des 19. Jh.s war die Kritik überzogen und wirkte irreführend. Durch die dramatische Umkehr erlitt J.s frühes Hauptwerk, *Der Geist des römischen Rechts auf den verschiedenen Stufen seiner Entwicklung* (2 Bde., 1852–65), einen inhaltlichen Bruch und blieb unvollendet. Ein ähnliches Schicksal erlitt auch sein zweites Hauptwerk, *Der Zweck im Recht* (2 Bde., 1877/83), das er als seine «eigentliche Lebensaufgabe» bezeichnet hatte. Der angekündigte dritte Band, auf den er in den ersten Bänden mehrfach verwies, weil dort der genaue Inhalt seines unklaren Zweckbegriffs klargestellt werden sollte, ist nicht erschienen. Es ist umstritten, ob dieses Werk gleichwohl einen grundlegenden Durchbruch zu einer zukunftweisenden, realistischen Methodenlehre darstellt oder ob es nicht nur im äußeren Rahmen, sondern auch «als geistiger Gesamtentwurf gescheitert» (Wieacker) ist. In jedem Fall wurde es zusammen mit der Kritik an der Begriffsjurisprudenz zum folgenreichen Anknüpfungspunkt für spätere Methodenlehren, insbesondere für die Interessenjurisprudenz (→Heck). Außer Frage steht auch J.s wegweisende Bedeutung für die deutsche Zivilrechtsdogmatik im 20. Jh., die über die bekannte «Erfindung» der vorvertraglichen Haftung aus culpa in contrahendo, veröffentlicht in den «Jahrbüchern für Dogmatik» (4, 1860, 1 ff.), weit hinausreicht.

WW: Abhandlungen aus dem römischen Recht, 1844; Das Schuldmoment im römischen Privatrecht, 1867; Der Kampf ums Recht, Vortrag 1872; Gesammelte Aufsätze, 1881–86.
Lit.: O. Behrends (Hg.), Privatrecht heute und J.s evolutionäres Rechtsdenken, 1993; F. Wieacker, R. v. J., in: ZRG RA 86/1969, 1 ff.; R. Ogorek, Richterkönig oder Subsumtionsautomat?, 1986, 21–232; U. Falk, «Ein Gegensatz principieller Art», in: RJ 9/1990, 221–240.

U. Falk

Jiménez de Asúa, Luis (1889–1970), spanischer Strafrechtler und Kriminalpolitiker im argentinischen Exil, Schulgründer, Enzyklopädist der Strafrechtswissenschaft und Strafrechtsvergleichung. Nach Ausbildung und Promotion an der Universidad Central de Madrid sowie Auslandsstudien in Paris, Genf und Berlin (bei v. →Liszt) lehrte J. ab 1918 Strafrecht auf der Cátedra de Derecho Penal in Madrid und unternahm Vortragsreisen ins In- und Ausland, so 1923 nach Argentinien und Uruguay. Während der Diktatur Primo de Riveras wegen Unbotmäßigkeit von der Universität entfernt, verzichtete J. 1929 aus Protest gegen die Unterdrückung der Wissenschaftsfreiheit auf sein Lehramt. Nach Ausrufung der Republik wurde er Abgeordneter der Partido Socialista Obrero Español (PSOE) in den Cortes und hatte als Vorsitzender des Verfassungs- und des Rechtsausschusses maßgeblichen Anteil an der Ausarbeitung der Constitución de la República Española von 1931 und des Strafrechtsreformgesetzes von 1932. Am Ende des Bürgerkrieges (1939) ging J. für immer ins argentinische Exil und bekleidete Lehrämter an den Rechtsfakultäten der Universitäten La Plata, Santa Fé und Buenos Aires. Unter seiner Leitung entwickelte sich in der Liberalisierungsphase nach dem Sturz Peróns (1955) das Institut für Strafrecht und Kriminologie der Universidad Nacional de Buenos Aires zu einem modernen rechtsstaatsorientierten, kriminalwissenschaftlichen Lehr- und Forschungszentrum mit eigener Zeitschrift, der «Revista de Derecho Penal y Criminologia», und paradigmatischer Ausstrahlung in ganz Lateinamerika.

Dem monumentalen Schriftwerk von J. liegt ein kriminalwissenschaftliches Programm zugrunde, das Intentionen des spanischen Krausismus und Korrektionalismus, des italienischen Positivismus und der Liszt-Schule in sich vereinigt und Universalität in der historischen Erfassung des Strafrechts der Zeit erstrebt. Der hispanoamerikanischen Welt erschließt es die strafrechtstheoretisch und strafrechtsvergleichend bedeutsamen Wissenschafts- und Gesetzgebungsentwicklungen des Jahrhunderts. Der *Tratado de Derecho Penal*, von J. als «Enzyklopädie der Strafwissenschaften» verstanden, ist das umfassendste systematische Werk über die Grundlagen und Dogmatik des Strafrechts, das die Literatur kennt.

WW: Libertad de amar y derecho a morir, 1928; Die Reform des Strafrechts in den Ländern spanischer Kultur, 1929; El Criminalista, Tomos I–XVII, 1941–1966 (darin u. a.: La ciencia penal española, Dorado Montero, Rafael Salillas, César Lombroso. Orígenes de la Filosfía Penal liberal. El Derecho penal totalitário en Alemania. Crónicas de Derecheo penal Hispanoamericano. El Derecheo penal Hispanoarabe. La Nueva Defensa social. La enseñanza universitaria y la especialización criminológica y penalista); Tratado de Derecho Penal, Tomos I–VI, 1950–56, Tomo VII, 1970; Estudios de Derecho penal y Criminologíca, Tomos I–III, 1961–66.
Lit.: Estudios Jurídicos en Homenaje al Profesor L. J. de A., 1964; Problemas actuales de las Ciencias penales y la Filosofía del Derecho. En Homenaje al Profesor L. J. de A., 1970; H. Mattes, L. J. de A. – Leben und Werk, in: ZStW 84, 1972, 149–197; E. Bacigalupo, J. de A.: Un exiliado que creó escuela. Cuadernos de la Fundación Españoles en el Mundo, 1993.

W. Paul

Johannes Andreae (um 1270–1348), geboren bei Florenz, studierte römisches und kanonisches Recht in Bologna, besonders bei → Guido de Baysio. Spätestens seit 1302 lehrte er kanonisches Recht an der Universität Bologna, der er mit einer kurzen Unterbrechung durch Lehrtätigkeit in Padua (1307–1309) bis zu seinem Tode treu blieb. Er war Bürger von Bologna und genoß hohes Ansehen, so daß er z. B. einer Gesandtschaft der Stadt an Papst Johannes XXII. 1328 angehörte. Dieser schätzte ihn als papsttreuen Kanonisten außerordentlich. Bemerkenswert ist auch seine Freundschaft mit Petrarca. J. starb 1348 in Bologna an der Pest; mit ihm endet das klassische Zeitalter des kanonischen Rechts.

Johannes Andreae

J. ist der bedeutendste Kanonist des 14. Jh.s, der auch als erster die Literaturgeschichte des kanonischen Rechts darstellte. Sein Hauptverdienst liegt in der maßgebenden Kommentierung der abschließenden Gesetzbücher des Corpus Iuris Canonici.

Seine Hauptwerke sind:

1. *Glossa in Sextum.* Dieser Standardkommentar wurde in den ersten Jahren des 14. Jh.s vor 1304 etwa gleichzeitig mit dem des Johannes Monachus publiziert. Er konnte sich gegenüber den konkurrierenden Werken als *Glossa ordinaria* zum Liber Sextus durchsetzen.

2. J. ergänzte zwischen 1336 und 1342 die *Glossa* durch Zusätze, in denen die seit dem Sextus erfolgten Änderungen des kanonischen Rechts berücksichtigt wurden. Dieses Supplement wird als *Additiones ad apparatum super Sexto* bezeichnet. Davon ist ein zwischen 1338 und 1342 verfaßter neuer Kommentar zum Sextus zu unterscheiden, in dem er die gesamte seit 1300 zum Sextus erschienene Literatur verarbeitete. Dieses letztere Werk, die *Novella in Sextum*, ist das bedeutendste Werk der Kommentarliteratur zum Gesetzbuch Bonifaz' VIII.

3. Die Clementinen von 1317, das letzte päpstliche Gesetzbuch des Mittelalters, wurden von J. in einem *Apparatus ad Clementinas* 1322 kommentiert. Es war der erste Kommentar und wurde als *Glossa ordinaria* des Gesetzbuchs rezipiert. Zwischen 1324 und 1330 ergänzte J. dieses Werk durch *Apostillae.*

4. Den Liber Extra Gregors IX. kommentierte J. in seinen *Novella in Decretales Gregorii IX.*, die durch bereits vor 1317 verfaßte *Additiones* zu den Dekretalen vorbereitet wurden. Das Werk verarbeitet die gesamte Kommentarliteratur des 13. Jh.s über die *Glossa ordinaria* hinaus. Es wurde um 1338 abgeschlossen.

5. Dem Prozeßrecht sind die *Additiones ad speculum Guillelmi Durantis* gewidmet, ein Supplement zum *Speculum* des →Duranti, dem wichtigsten Prozeßrechtshandbuch des Mittelalters. Dieses Werk gibt eine Fülle von Informationen zur Literaturgeschichte des kanonischen Rechts. Es wurde als letzte Schrift von J. 1346/47 vollendet.

6. Die *Quaestiones mercuriales* erörtern Fälle zu den «Regulae iuris» des Liber Sextus; zum mittelalterlichen Verständnis dieser abstrakten Regeln sind sie äußerst wertvoll. Hinzu kommen kleinere Monographien zum Eherecht.

J. ist vielfach zu Unrecht nur als geistig unselbständiger Kompilator bewertet worden. Die neuere Forschung (Kuttner) hat auch die geistige Selbständigkeit dieses größten Kanonisten der Epoche der Postglossatoren hervorgehoben.

WW: Novella in Sextum, 1499 (ND 1963), 1581 (ND 1965); Novella Commentaria in quinque Decretalium libros, 1581 (ND 1963); Quaestiones Mercuriales, 1581 (ND 1965).

Lit.: F. C. v. Savigny, Geschichte des römischen Rechts im MA, 6, 2. Aufl., 1850 (ND 1956), 98–125; J. F. v. Schulte, Die Geschichte der Quellen und der Literatur des canonischen Rechts, 2, 1877 (ND 1956), 205–229; S. Kuttner, J. A. and his «Novella» on the decretals of Gregory IX., in: The Jurist 24, 1964, 393–408; K. Pennington, J. A.s Additiones to the Decretals of Gregory IX., in: ZRG KA 74, 1988, 328–347.

P. Landau

Johannes Teutonicus (–1245), Scholar in Bologna, Verfasser der *Glossa Ordinaria* zum Decretum Gratiani, vielleicht Domherr in Halberstadt, das sind die Stationen des «ersten Juraprofessors deutscher Zunge» (P. Landau).

Erstaunlich wenig Biographisches vom bedeutendsten Dekretisten und Dekretalisten des frühen 13. Jh.s ist greifbar: Studium als Schüler von → Azo und ca. 1210–20 Lehrtätigkeit in Bologna. Wohl von niederer Geburt – nach lokaler Überlieferung Schustersohn –, war er ab 1220 Kanoniker in Halberstadt in verschiedenen Ämtern bis hin zum Dompropst und 1234 päpstlicher delegierter Richter in einem Prozeß des Klosters Lorsch.

Besser dokumentiert ist sein wissenschaftliches Œuvre. Auf Vorarbeiten aufbauend – vor allem der *Glossa Palatina* –, überarbeitete J. grundlegend unter Berücksichtigung der neueren Dekretalensammlungen sowie des vierten Laterankonzils von 1215 den Glossenapparat zum Gratianischen Dekret. Nach dem Herbst 1216 veröffentlichte er diesen Text, der sich aufgrund von Präzision bei gleichzeitiger Abstraktion sowie Aktualität sofort durchsetzte und als *Glossa Ordinaria* Lehre und wissenschaftlicher Bearbeitung zugrunde gelegt wurde.

So erfolgreich J. als Glossator war, so scheiterte er zunächst als Kompilator der *Compilatio Quarta*. Hier faßte er – ohne vom Papst eigens beauftragt zu sein – die Dekretalen Innozenz' III. von 1210–16 zusammen. Jedoch versagte der Papst dem Werk seine Zustimmung. Daß dieses dennoch nur nach kurzem Zögern in der zeitgenössischen Lehre und Forschung akzeptiert wurde, zeigt den geistigen Rang J.'. Noch auf seine Lehrtätigkeit in den letzten Jahren seines Wirkens in Bologna dürfte die Glossierung der *Compilatio Tertia* zurückgehen, die 1209 im Auftrag des Papstes verfaßt, publiziert und nach Bologna zum Rechtsunterricht gesandt wurde. Darüber hinaus sind kleinere Arbeiten, die sich bis 1219 datieren lassen, von J. überliefert.

Das Schweigen der Überlieferung zu J. nach 1219 wird der Zurückweisung durch Innozenz III. erklärt – der allerdings 1216 starb.

Lit.: F. Kalde, in: BBKl 3, 596–599; N. Höhl, in: Lex MA 5, 608.

J. Müller

Justi, Johann Heinrich Gottlob von (1717–1771), absolvierte ein rechtswissenschaftliches Studium zwischen 1742 und 1747 v. a. bei Augustin →Leyser in Wittenberg, wo er mit der älteren Naturrechtslehre und Aufklärungsphilosophie (Ch. →Wolff, →Thomasius, →Pufendorf) bekannt wurde. 1750 erhielt er einen Ruf an die neugegründete Wiener Ritterakademie und avancierte dort zum bedeutendsten Kameralisten seiner Zeit. Der aufgeklärte J. zog jedoch die Kritik der jesuitischen Reaktion auf sich. Zudem durch Fehlspekulationen im Silberbergbau, dem er als kaiserlicher Finanz- und Bergrat vorstand, kompromittiert, verließ er Wien. Nach einem Zwischenspiel als Bergrat und Polizeidirektor mit universitärer Lehrbefugnis in Göttingen (1755–57) gelang dem von Gläubigern verfolgten J. erst 1760 die Niederlassung als Publizist in Berlin. Dort entstand 1760/61 sein kameralistisches Hauptwerk *Die Grundfeste zu der Macht und Glückseligkeit der Staaten, oder ausführliche Vorstellung der gesamten Policey-Wissenschaft* (1760–61, ND 1965), das ihm 1762 die Ehrenmitgliedschaft in der bayerischen Akademie der Wissenschaften eintrug. Eine praktische Anwendung seiner merkantilistischen Kenntnisse ermöglichte ihm Friedrich der Große, der den schon erblindeten J. 1765/66 zum preußischen Berghauptmann und Oberaufseher über die Glas- und Stahlhütten des Landes ernannte. Allerdings scheiterte er erneut. J. wurde 1768 der Veruntreuung bezichtigt und bis zu seinem Lebensende in der Festung Küstrin inhaftiert.

In seinem die Kameralistik grundlegend verändernden Werk spiegelt sich der Wandel vom absolutistischen zum aufgeklärt-absolutistischen Polizeibegriff.

J. trat wie →Montesquieu für eine durch Grundgesetze gebundene absolute Monarchie als idealem Staat ein. Doch Träger eines politischen Gemeinwesens war ihm nicht mehr der Staat, verkörpert im monarchischen Souverän, sondern die Vielzahl der den Staat bildenden gesellschaftlichen Gliederungen. Deren ökonomischen Zustand begriff er als Grundlage individueller wie gemeiner Glückseligkeit. In seinem Frühwerk *Grundsätze der Policeywissenschaft in einem vernünftigen, auf den Endzweck der Policey gegründeten Zusammenhange* (1756, erweitert 1759, ND 1969) forderte er zwar noch ganz im Sinne der klassischen Kameralistik die Pflege des Staatsvermögens als Ziel obrigkeitlich-policeylichen Handelns, doch postulierte er schon in seinen *Grundfesten* wie auch in *Natur und Wesen der Staaten als die Quelle aller Regierungswissenschaften und Gesetze* (1760, ND 1969) den Vorrang von wirtschaftlichem Gemein- vor fiskalischem Staatsinteresse. Dem trägt er mit einem gewandelten Policeybegriff Rechnung. Policey hat nun v. a. die Schaffung der Rahmenbedingungen für privates ökonomisches Handeln zum Gegenstand. Dies beinhaltet einerseits traditionelle sozialdisziplinierende, sicherheitspolitische Verbote zur Wahrung des sozialen Friedens sowie ökonomische Maßnahmen (Peuplierung, Urbarmachung, Verkehrswege), andererseits aber den Rückzug des Staates aus der Normierung von Handel und Gewerbe. J. s. Denken trägt somit zum einen – wenn auch unbeabsichtigt – zur Liberalisierung des Wirtschaftslebens bei. Zum anderen bedingt die von ihm ausgehende Systematisierung des Policeybegriffs die Ausbildung einer Policeywissenschaft im Reich als universitär-wissenschaftlicher Lehre der Technik obrigkeitlichen Handelns – die Grundlage des späteren Verwaltungsrechts.

WW: Staatswirtschaft oder systhematische Abhandlung aller Oeconomischen und Cameral-Wissenschaften, die zur Regierung eines Landes erfordert werden, 1755, erweitert 1758 (ND 1963); Historische und juristische Schriften, 1760–61 (ND 1972); Gesammelte Politische und Finanzschriften über wichtige Gegenstände der Staatskunst, der Kriegswissenschaften und des Cameral- und Finanzwesens, 1760–64 (ND 1970).
Lit.: F. Frensdorff, Über das Leben und die Schriften des Nationalökonomen J. H. G. v. J., 1903 (ND 1970); R. Schulze, Policey und Gesetzgebungslehre im 18. Jh., 1982; P. Pren, Polizeibegriff und Staatszwecklehre, 1983; H. Maier, Die ältere Staats- und Verwaltungslehre, 3. Aufl., 1986; M. Stolleis, Geschichte des Öffentlichen Rechts, I, 1988.

I. K. Ahl

K

Kahn-Freund, Otto (1900–1979), wurde in Frankfurt a. M. geboren und starb 1979 geadelt als berühmter Arbeitsrechtler in England. Er studierte in Heidelberg, Leipzig und Frankfurt zunächst Geschichte, dann Rechtswissenschaft. K.-F. promovierte 1925 bei →Sinzheimer über den Umfang der normativen Wirkung des Tarifvertrages und die Wiedereinstellungsklausel. Seit 1922 war er Mitglied der SPD.

Nach dem Assessorexamen verbrachte er ein Jahr in den USA und England, bevor er 1928 in den preußischen Justizdienst eintrat. Von 1929 bis April 1933 war K.-F. Richter am Arbeitsgericht in Berlin. In dieser Zeit entstand die Studie *Das soziale Ideal des Reichsarbeitsgerichts*, in der auf die Parallelität der Rechtsprechung zur Konzeption der faschistischen «Carta del Lavoro» hingewiesen wurde. Die Hoffnung, sich bei →Heller habilitieren zu können, zerschlug sich 1933 wegen K.-F.s jüdischer Herkunft. Im Juni 1933 verließ K.-F. Deutschland und emigrierte nach England, wo K.-F. an der London School of Economics and Political Science englisches Recht studierte (LLM 1935). Er gehörte fortan in verschiedenen Funktionen dem Lehrkörper der LSE an. 1951 wurde K.-F. dort Professor und entwickelte sich zur bedeutendsten Autorität des englischen Arbeitsrechts. Er schuf mit seinen Betrachtungen der rechtlichen und politischen Grundlagen des kollektiven Arbeitsrechts das Instrumentarium für die Erfassung des Tarifvertrags. Dabei bediente er sich der Rechtsvergleichung, um typische Merkmale des Verhältnisses von Arbeitgeberseite und Gewerkschaften in den einzelnen Ländern herauszuarbeiten. 1964 wechselte er auf einen Lehrstuhl für Comparative Law an der Universität Oxford. Zahlreiche Ehrungen und seine Mitarbeit als Experte in verschiedenen internationalen Organisationen und Verbänden unterstreichen K.-F.s Bedeutung als «Doyen des internationalen Arbeitsrechts» (Gamillscheg). Genannt seien hier die Mitarbeit in den Sachverständigenräten der ILO und des Europarats sowie die Ehrendoktorwürde von sieben Universitäten. K.-F. war Mitbegründer und langjähriger Präsident der Internationalen Vereinigung für Arbeitsrecht und soziale Sicherheit.

In seiner letzten großen Studie *Labour and the Law* (1972), *Arbeit und Recht* (1979), untersucht K.-F. noch einmal die zentralen Felder des kollektiven Arbeitsrechts – Tarifwesen, Gewerkschaften und Arbeitskämpfe – im Vergleich der großen Arbeitsrechtsordnungen der westlichen Industrieländer. Nach K.-F. ist Recht eine Regelungstechnik gesellschaftlicher Macht. Das Arbeitsrecht reguliert, fördert und beschränkt die Macht des Managements und der organisierten Arbeit.

Lit.: W. Däubler, in: Streitbare Juristen; O. Kahn-Freund, Autobiographische Erinnerungen an die Weimarer Republik, in: KJ 1981, 183–200.

J. Seffzig

Kalligas, Pavlos (1814–1896), Jurastudium in Berlin und in Heidelberg. Schüler von Eduard →Gans und Fr. Carl v. →Savigny. 1837 Doctor iuris. 1838–43 Universitätsdozent für Naturrecht an der Athener Nationalen Universität; 1839 für Internationales Recht; später im gleichen Jahr für Pandektenrecht; 1843–79 Professor für römisches Recht; 1845, 1872 und 1877 Dekan der juristischen Fakultät und 1869/70 Rektor der Universität; 1851 Staatsanwalt beim Kassationsgericht; 1845 aus der Universität aus politischen Gründen ausgestoßen; 1854 Justizminister und erneut Universitätsprofessor; 1863 Mitglied der Verfassungskommission.

Abgeordneter der zweiten Nationalversammlung; 1863 und 1864 Außenminister; 1865 erneut Justizminister; 1882 Finanzminister; 1883 und 1885 Parlamentspräsident; 1890–96 Präsident der Nationalbank Griechenland.

K. war einer der bedeutendsten Zivilisten des 19. Jh. s. Mit P. →Paparregopoulos und V. Oikonomides hat er zur Übertragung der deutschen Rechtslehre, der historischen Rechtsschule, dann des Pandektenrechts und dadurch des Corpus iuris civilis nach Griechenland mitgewirkt. Ursprünglich zwar Gegner der Verabschiedung eines griechischen Bürgerlichen Gesetzbuches, hat er später aber als Mitglied der dazu berufenen Kommission beim Entwurf eines griechischen Zivilgesetzbuches mitgewirkt. Er hat sich schon früh in seiner *Abhandlung über das Gewohnheitsrecht* (1847) von der Lehre Savignys in mehreren Punkten abgegrenzt. Als erster hat er in Griechenland ein mehrbändiges *System des römischen Rechts* (insgesamt vier Ausgaben), angepaßt an die griechische Rechtstradition, verfaßt.

Neben seinen juristischen Werken hat er sich mit historischen und wirtschaftswissenschaftlichen Studien beschäftigt und auch in diesem Zusammenhang mehrere Veröffentlichungen geliefert.

WW: Perí syntáxeos Politikoú Kṓdikos eis tēn Elláda (Über die Verfassung des Bürgerlichen Gesetzbuches in Griechenland), 1839; Perí Ethímōn (Über das Gewohnheitsrecht) 1847; Sýstēma Rōmaikoú Dikaíou kath'a en Elládi politeúetai (System des römischen Rechts), 1848; Melétai kai Lógoi (Abhandlungen und Vorträge), 1882; Melétai Byzantinés Istorías (1204–1453) (Abhandlungen zur byzantinischen Geschichte), 1894.

Lit: K. Kairophylas, Paýlos Kalligás, ē zōé tou kai to érgo tou, 1937; El. Tsitseles, Paýlos Kalligás, 1904.

Ch. Argyriadis

Kaneko, Hajime (1906–1973), Zivilprozeßrechtler, 1931 ao., 1941 o. Professor in Tôkyô. Getreu seiner Überzeugung, daß man mit 50 emeritieren solle, schied er 1957 aus dem Amt aus, um Rechtsanwalt zu werden. K. hat, über die bloße Übernahme deutscher Dogmatik hinausgehend, zur Vertiefung der theoretischen Grundlagen des Zivilprozesses wesentlich beigetragen. Sein Lehrbuch *Minjisoshôhô taikei* (1954) besaß als Standardwerk sowohl in der Lehre als auch in der Praxis hohe Autorität.

Früh erregte er mit der von James Goldschmidts Auffassung vom Prozeß als Rechtslage inspirierten Lehre von der Prozeßnachfolge, der Theorie des Klagerechts als Recht auf Sachentscheidung (E. Bley) und mit der von W. Sauer, J. Binder und G. Husserl beeinflußten Theorie des Klagerechts Aufsehen.

In seiner Monographie *Jittaihô to soshôhô* (Materielles Recht und Prozeßrecht, 1957) geht er von der Hauptthese aus, daß allen Privatrechtsnormen eine soziale, vorjuristische Notwendigkeit der «Konfliktlösung» historisch wie auch theoretisch vorausgehe und daß diese den Zweck des Zivilprozesses ausmache, eine aller Normativität entblößte, auf die Aufrechterhaltung des gesellschaftlichen Friedens schlechthin abgestellte Grundauffassung des Zivilprozesses, die in Deutschland kaum ihresgleichen findet.

WW: Minjihô kenkyû (Gesammelte Abhandlungen), 1940–69.
Lit.: A. Mikazuki, Minji-soshô no kinô-teki kôsatsu to genshô-teki kôsatsu, in: Ders., Minjisoshôhô kenkyû, 1, 1967, 249–284; A. Ebihara, Funsô-kaiketsu to soken-ron, in: Jurist 958, 960, 961, 1990.

A. Wani

Kant, Immanuel (1724–1804), Begründer der insbesondere für die Rechtswissenschaft bedeutsamen wissenschaftskritischen Transzendentalphilosophie. 1724 in Königsberg geboren, verbrachte K. dort sein ganzes Leben: Studium von Mathematik, Naturwissenschaften und Philosophie (1740–46); Hauslehrer (1746–55); Promotion und Privatdozent an der dortigen Universität (1755); Vorlesungen in Philosophie, Naturwissenschaft, Geographie und Theologie; 1765 Bibliothekar an der Königlichen Schloßbibliothek; Ablehnung von Berufungen an die Universitäten Erlangen und Jena (1769); seit 1770 o. Professor für Metaphysik und Logik; 1780 Mitglied des akademischen Senates der Universität, 1786 und 1788 deren Rektor; 1792 Senior der philosophischen Fakultät sowie der gesamten Akademie; 1794 Konflikt mit der preußischen Zensurbehörde; 1797 Aufgabe der akademischen Lehrtätigkeit.

Die Kantische Philosophie teilt sich ein in den «vorkritischen» Abschnitt und – seit dem erkenntnistheoretischen Hauptwerk *Kritik der reinen Vernunft* (KdrV 1781/87) – in die «kritische» Phase; es folgen zwei weitere «Kritiken»: *Kritik der praktischen Vernunft* (KdpV 1788) sowie *Kritik der Urteilskraft* (KdU 1790). Unter den vorkritischen Frühschriften K.s sind zwei Abhandlungen hervorzuheben, zum einen die *Untersuchung über die Deutlichkeit der Grundsätze der natürlichen Theologie und Moral* (1763, auf die Preisfrage der Preußischen Akademie der Wissenschaften hin ausgezeichnet mit dem zweiten Preis – hinter Moses Mendelssohn) und zum anderen die Dissertation *Über Form und Prinzipien der sinnlichen und intelligiblen Welt*, mit der K. 1770 seine Professur antritt und in der sich bereits erste Hinweise auf den Weg zur kritischen Philosophie finden.

Den transzendentalphilosophischen Ansatz der theoretischen Philosophie übernimmt K. für die praktische Philosophie. Seine Lehre, die er selbst «Kopernikanische Wende» (KdrV, Vorrede zur zweiten Aufl., B XVI) nennt, überwindet die Wirklichkeitserkenntnis aus bloßen Begriffen und wendet sich der Bedeutung der Form des Erkennens zu. Für die theoretische Erkenntnis sind es die Erkenntnisformen, die Kategorien, die neben der Anschauung dem Ich die synthetische Leistung der Wirklichkeitserkenntnis ermöglichen. Für das praktische Erkennen wird, dem Ansatz entsprechend, ein System vorgegebener sittlicher Normen als Ausgang abgelehnt, ohne dabei in einen Skeptizismus zu verfallen. Die die sittliche Erkenntnis ermöglichende Form wird im Kategorischen Imperativ erfaßt: «Handle so, daß die Maxime deines Willen jederzeit zugleich als Prinzip einer allgemeinen Gesetzgebung gelten könne» (KdpV, § 7, A 54). Sie erweitert die Einsicht und das Handlungsvermögen über den theoretisch erkennbaren Bereich und bestimmt die Freiheit und

Selbstbegründung neu. In der Autonomie, d. i. in der Selbstgesetzgebung, hat der einzelne seine Würde, keinem Gesetz als demjenigen zu gehorchen, welches er zugleich selbst gibt. Von dieser neuen Selbständigkeit aus entwickelt K. seine Rechtsphilosophie.

Neben den drei *Kritiken* erscheinen seit 1781 wichtige Abhandlungen, die bis heute für Staats- und Rechtsphilosophie von gleichbleibend großer Bedeutung sind: *Grundlegung zur Metaphysik der Sitten* (GMdS, 1785); *Über den Gemeinspruch: Das mag in der Theorie richtig sein, taugt aber nicht für die Praxis* (1793); *Die Religion innerhalb der Grenzen der bloßen Vernunft* (1793/94); *Zum ewigen Frieden* (1795/96); *Die Metaphysik der Sitten* (MdS, 1797/98).

Mit der *Metaphysik der Sitten* schließt K. seine Bemühungen zur Begründung von Recht und Staat ab. In deren erstem Teil, der «Rechtslehre» (RL), genauer «Metaphysische Anfangsgründe der Rechtslehre», wird das ursprüngliche Konzept der Lehre der praktischen Vernunft in der GMdS und der KdpV in nochmals veränderter Form vorgestellt. Recht ist dann «der Inbegriff der Bedingungen, unter denen die Willkür des einen mit der Willkür des andern nach einem allgemeinen Gesetze der Freiheit zusammen vereinigt werden kann» (MdS [RL], AB 33). Es ist also nicht nur möglich, nach Prinzipien zu denken, sondern auch nach Prinzipien zu handeln; das hat zur Folge, daß die Beurteilung einer Handlung, z. B. ob sie als Straftat angesehen werden kann, sich nach diesen Prinzipien zu richten hat. Diese Erweiterung des «Kategorischen Imperativs» entspringt der Lehre der praktischen Vernunft; die Kraft der einzelnen Willen, die sich autonom gegenüberstehen, heben das äußere Verhältnis der Beteiligten in die Qualität des Rechtsverhältnisses. Die Aufrechterhaltung dieses Rechtsverhältnisses, das durch «Freiheit», «Gleichheit» und «Selbständigkeit» von K. positiv bestimmt wird, ist dann Rechtspflicht aller Beteiligten («Öffentliches Recht», Zweiter Teil der RL). Die Erhaltung des «rechtlichen Zustandes» entspricht somit der von ihm gegründeten praktischen Vernunft; denn es ist eine Frage des Willens, das «Provisorium» des Naturzustandes zu verlassen und gegenseitig in den «rechtlichen Zustand» zu treten: «Aus dem Privatrecht im natürlichen Zustande geht nun das Postulat des öffentlichen Rechts hervor: du sollst, im Verhältnisse eines unvermeidlichen Nebeneinanders, mit allen anderen, aus jenem heraus, in einen rechtlichen Zustand, d. i. den einer austeilenden Gerechtigkeit, übergehen.» (MdS [RL], § 42, A 157/B 156). Im Staat selbst – so K. – müsse jedem einzelnen die Möglichkeit eingeräumt werden, sich zur Selbständigkeit «empor arbeiten zu können». Mit der «kopernikanischen Wende» K.s wird auch die Rechtsbegründung von der Subjektivität abgeleitet: Das freie Subjekt wird Mittelpunkt des Denkens, und die Autonomie des einzelnen muß seit K. für jede nachfolgende Rechtsphilosophie grundlegend mitgedacht werden.

K.s Philosophie hatte bereits zu seinen Lebzeiten enorme Wirkung entfalten können; während anfangs das Interesse der Fachphilosophie vornehmlich auf die *Kritik der reinen Vernunft* (KdrV) gerichtet war, haben sich die Vertreter der Jurisprudenz im 19. und 20. Jh. insbesondere mit den Abhandlungen zur praktischen Philosophie beschäftigt. Die neuere Rechtsphilosophie rückt in den letzten Jahrzehnten die bis dahin eher vernachlässigte RL innerhalb der MdS mit besonderer Deutlichkeit in den Vordergrund eigener Überlegungen.

WW: Akademie-Ausgabe, K.s gesammelte Schriften, hrsg. v. der Preußischen Akademie der Wissenschaften, 1903 (teilweise ND 1968).
Lit.: Z. Batscha (Hg.), Materialien zu K.s Rechtsphilosophie, 1976; E. Cassirer, K.s Leben und Lehre, 1918 (ND 1975); J. Ebbinghaus, Das kantische System der Rechte des Menschen und Bürgers, in: Ders., Gesammelte Aufsätze, Vorträge u. Reden, 1968, 161–193; A. Gulyga, I. K., 2. Aufl., 1993; D. Henrich, Der Begriff der sittlichen Einsicht und K.s Lehre vom Faktum der Vernunft, 1960, in: G. Prauss (Hg.), K. Zur Deutung seiner Theorie von Erkennen und Handeln, 1973, 223–254; G.-W. Küsters, K.s Rechtsphilosophie, 1988; B. Ludwig, K.s Rechtslehre, 1988; W. Naucke, K. und die psychologische Zwangstheorie Feuerbachs, 1962; M. Sommer, Identität im Übergang: K., 1988.

R. Harzer

Kantorowicz, Hermann Ulrich (1877–1940). Die wissenschaftliche Karriere des in Posen geborenen K. nahm einen schwierigen Verlauf. Nach seinen Studienjahren (Rechtswissenschaft, Philosophie, Nationalökonomie) in Berlin, wo er im →Lisztschen Seminar mit dem jungen →Radbruch zusammentraf, und einem kurzen Aufenthalt in München mit Studien bei Lujo Brentano, dem führenden Kopf der linksliberalen Sozialreformer, promovierte K. bei Lilienthal in Heidelberg und habilitierte sich schließlich 1908 bei Richard Schmidt in Freiburg mit der rechtshistorisch und rechtstheoretisch ambitionierten Arbeit *Albertus Gandinus und das Strafrecht der Scholastik* für Strafrecht, Geschichte der Rechtswissenschaft und Rechtsphilosophie. Infolge seiner unverhohlenen gesellschaftskritischen Einstellungen und publizistischen Aktivitäten (etwa Engagement im Fall Fechenbach, Kritik der politischen Justiz, Stellungnahme gegen den verbreiteten Bismarck-Kult) sollte ihm erst 1929 ein Lehrstuhl zufallen, als er sich nach Radbruchs persönlicher Intervention endlich als dessen Nachfolger in Kiel etablieren konnte. Der jüdische Wissenschaftler K., der in der Weimarer Zeit der DDP politisch nahegestanden haben soll, wurde 1933 als einer der ersten aus politischen Gründen entlassen und durch Georg Dahm ersetzt. In der Emigration (zunächst New York, dann Cambridge) faßte er wissenschaftlich schnell Fuß und arbeitete bis zu seinem Tode u. a. an der Vorbereitung einer rechtskulturvergleichenden *Oxford History of Legal Science*, die er zusammen mit Francis de Zulueta herausgeben sollte.

So bewegt sein wissenschaftliches und politisches Leben auch verlaufen ist, so bemerkenswert z. B. seine Liszt-kritischen Positionierungen in der Strafzweckdiskussion auch erscheinen mögen, so sehr ist der Name K. doch bis heute mit seiner unter Pseudonym (Gnaeus Flavius) bereits 1906 veröffentlichten kleinen Schrift *Der Kampf um die Rechtswissenschaft* verbunden. Zusammen mit Eugen → Ehrlich und Ernst Fuchs wurde K. durch diese Arbeit zu einem der wichtigsten Autoren der Freirechtsbewegung. Zwar wollte K. in seinem letzten in Deutschland erarbeiteten Werk *Tat und Schuld* (1933) nochmals deutlich werden lassen, daß es ihm bei seiner Kritik einer mechanistischen Sicht der Rechtsanwendung nicht etwa um die Substitution der sprachgewaltig verworfenen «zweckblinden Begriffsjurisprudenz» durch eine «begriffsblinde Gefühlsjurisprudenz» zu tun gewesen sei; ein Gedanke, der schon in dem signifikanten Beitrag *Die Contra-legem-Fabel* von 1911 (in: DRiZ 3, 258ff.) zum Ausdruck gekommen war. All diesen langjährigen Richtigstellungen zum Trotz, daß lediglich einer in K.s Augen freilich mehr als überfälligen gesetzesrealistischen Wende in der Rechtstheorie zum Durchbruch verholfen werden sollte, konnte er sich aber doch des Rufs eines Frondeurs gegen das Prinzip legaler Bindung niemals wirklich entledigen. Mit den anderen Freirechtlern teilte K. das Interesse für die sich soeben erst disziplinär formierende Rechtssoziologie, als deren früher Promotor er mit dem Vortrag *Rechtswissenschaft und Soziologie* auf dem ersten deutschen Soziologentag 1910 in Erscheinung trat. Sein Ausspruch «Dogmatik ohne Soziologie ist leer, Soziologie ohne Dogmatik blind» bildete in der Folge das Credo jedweder Spielart soziologischer Jurisprudenz.

Lit.: M. Frommel, H. U. K. (1977–1940). Ein streitbarer Relativist, in: Streitbare Juristen, 243 ff.; K. Muscheler, Relativismus und Freirecht, 1984.

G. Bender

Kapras, Jan (1880–1947), studierte Rechtswissenschaft in Innsbruck und beendete sein Studium 1903 in Prag. 1905 habilitierte er sich für böhmische Rechtsgeschichte, wurde 1910 ao. Professor und 1917 o. Professor in Prag.

Nach 1918 entfaltete er eine intensive öffentliche Tätigkeit. 1929–35 war er für die Nationaldemokratische Partei als Senator im Oberhaus des tschechoslowakischen Parlaments, 1938/39 Minister für Schulwesen und Volksaufklärung in der letzten Vorkriegsregierung und in dieser Funktion März 1939 bis Januar 1942 in der Regierung des Protektorats Böhmen und Mähren. Trotz dieser Funktion wurde er von der Gestapo verfolgt und seines Amts enthoben. Nach 1945 kehrte er nicht mehr an die Universität zurück.

Er verfaßte zahlreiche Werke zur Rechtsgeschichte Böhmens sowie politologische Schriften. Außerdem gab er 1907 das zweitälteste böhmische Stadtbuch von Nový Bydžov und 1906 die Reste der Landtafel des Herzogtums Troppau heraus. Insbesondere mit seinem Hauptwerk, *Právní dějiny zemí Koruny české* (Rechtsgeschichte der Länder der böhmischen Krone, 1913–20 u. ö.) sowie über seine Schüler (F. Čáda, R. Rauscher, M. Boháček, R. Horna, V. Vaněček u. a.) übte K. nachhaltigen Einfluß auf die Rechtsgeschichte aus.

Lit.: Antologie české právní vědy, 1993, 44–47.

P. Kreuz

Karo, Josef (1488–1575), jüdischer Mystiker und Rechtsgelehrter, wurde als Kind mit seiner Familie aus Spanien vertrieben und lebte Jahrzehnte erst auf dem Balkan, dann in Safed in Obergaliläa, wo er von 1536 bis zu seinem Tode wirkte.

K. verfaßte einen Superkommentar *Bet Josef* zu den *Arba 'at ha-Turim* des →Jakob Ben Ascher, dessen Materialien er noch einmal erweiterte und rechtsgeschichtlich gliederte, um daraus erneut die für das Judentum seiner Zeit gültigen Gesetzesnormen zu evaluieren. Als Kurzform und Auszug aus diesem Riesenwerk erstellte K. den sogenannten *Schulchan 'Arukh*, der alle im *Bet Josef* getroffenen Entscheidungen zusammenfaßte und sich wie die *Mischne Tora* des

Moses →Maimonides durch prägnante Kürze in der Formulierung und durch Auslassung so gut wie aller Quellennennungen auszeichnete. Im äußeren Aufbau den *Arba 'at ha-Turim* folgend, versah K. die einzelnen Kapitel mit Überschriften, die auf die jeweils folgenden Inhalte hinwiesen und die zur Übersichtlichkeit seines Werkes wesentlich beitrugen. Noch zu Lebzeiten K.s verfaßte der Krakauer Rabbi Moses Isserles glossenartige Ergänzungen zum *Schulchan 'Arukh*, die die von K. nicht berücksichtigten Gesetze und Rechtsbräuche der deutschen und polnischen Judenheit einarbeiteten. Das Werk erlangte in dieser erweiterten Gestalt v. a. in den jüdischen Gemeinden Mittel- und Osteuropas allgemeine Anerkennung, wo es bis zum Zusammenbruch der Rabbinatsgerichtsbarkeit und der jüdischen Gemeindeautonomie im 18. und 19. Jh. als das autoritative Gesetzbuch schlechthin galt.

WW: Schulchan 'Arukh 'im Rabbi 'Aqiba Eger ha-schalem, 1977.
Lit.: R. J. Z. Werblowsky, J. K., Lawyer and Mystic, 1962; M. Elon, Ha-Mischpat ha-'ibri 2, 3. Aufl., 1988, 1087 ff.

H.-G. v. Mutius

Kasparek, Franciszek Ksawery (1844–1903), der 1862–66 in Lemberg und Krakau studierte, habilitierte sich 1871 in Krakau in Rechtsphilosophie und später Völkerrecht. 1872 erhielt er in Krakau eine ao., 1875 eine o. Professur für Rechtsphilosophie, Völkerrecht, Politisches Recht und Verwaltungsrecht, Fächer, in denen er bedeutende wissenschaftliche Arbeiten vorlegte. K. war mehrfach Dekan der juristischen Fakultät in Krakau und Rektor der Universität 1888/89. 1887 wurde er an das Institut für Völkerrecht nach Brüssel berufen.

Den größten Raum in seiner Tätigkeit nahm das Verfassungsrecht ein. Seine Hauptwerke – *Prawo polityczne z uwzględnieniem austriackiego razem ze wstępną nauką ogólną o państwie* (Das allgemeine politische Recht mit der Berücksichtigung des österreichischen Rechts in Verbindung mit der allgemeinen Staatslehre, 1877–81); *Podręcznik prawa politycznego* (Handbuch des politischen Rechts, 1888–94) – bilden das erste System des politischen Rechts in Polen. Wesentlich trug er auch zur Modernisierung des Völkerrechts in Polen sowie des internationalen Privatrechts bei: *Usiłowania najnowsze około reformy prawa międzynarodowego* (Die neuesten Versuche zur Reform des Völkerrechts, 1873); *Udział Polaków w upra-*

wie prawa międzynarodowego (Die Teilnahme der Polen an der Bearbeitung des Völkerrechts, 1885).

Lit.: L. Erlich, J. Langrod, Zarys historii nauki prawa narodów, politycznego i administracyjnego w Polsce 1948, 14–16, 33, 47f.; K. Grzybowski, Prawo państwowe 1872–1939; F. K./M. Rostworowski/M. Starzewski, in: Studia z dziejów Wydziału Prawa Uniwersytetu Jagiellońskiego, 1964; M. Patkaniowski, Dzieje Wydziału Praw Uniwersytetu Jagiellońskiego od reformy Kołłątajowskiej do końca 19 stulecia 1864, 365–373, 415–426; PSB 12, 176–178.

W. *Uruszczak*

Kavelin, Konstantin Dimitrievič (1818–1885), seit 1844 an der Moskauer, ab 1857 an der Petersburger Universität sowie seit 1877 an der Militär-Rechts Akademie Professor für Rechtsgeschichte und Zivilrecht. Der Grundgedanke seines Hauptwerkes von 1882 *Die Bauernfrage*, daß rechtliche Freiheit und Selbständigkeit des bäuerlichen Standes und die Entwicklung einer ländlichen Selbstverwaltung Voraussetzungen für die Entwicklung einer bürgerlichen Gesellschaft in Rußland sind, machte ihn zu einem der Väter des politischen Liberalismus in Rußland. Vor diesem Hintergrund ist auch sein Eintreten für eine Reform des russischen Zivilrechts, ja des gesamten russischen Rechts unter neuen Kodifikationsprinzipien zu sehen.

Der Ansatz seiner juristischen Arbeiten, als Grundlage aller Rechtsbeziehungen soziale Interessen zu sehen, eröffnete in Rußland einen neuen methodischen Ansatz zur Analyse der Rechtsverhältnisse. Seine besondere Aufmerksamkeit galt dabei der rechtlichen Reglementierung des Grundeigentums bzw. der Bodennutzung allgemein unter Berücksichtigung ihrer historischen Entwicklung vom Gemeinderecht der antiken Völker bis in K.s Gegenwart hinein. In *Blick auf die rechtlichen Gebräuche der alten Rus* (1847) wandte er die Ideen der historischen Rechtsschule F. C. v. →Savignys und seine Methode zur Analyse des römischen Rechts auf die russischen Rechtstraditionen an. Sein Werk *Blick auf die historische Entwicklung der russischen Ordnung zur gesetzlichen Erbfolge* (1860) untersuchte vor diesem Hintergrund die Entstehung des russischen Erbfolgerechts im Vergleich zur römischen, französischen und preußischen Gesetzgebung. Wesentliches Prinzip zur Interpretation des Zivilrechts – *Was ist das Zivilrecht und wo sind dessen Grenzen?* (1864) – war ihm die Verbindung von Rechtsnormen und Eigentumsbeziehungen. Seinen Vorschlägen zur Neukodifikation des Zivilrechts lag vor allen Dingen die Idee zugrunde, das Recht nicht nach formalen Prinzipien zu klassifizieren. Auch forderte er eine Aufgliederung des Zivilrechts in Eigentums- und Persönlichkeitsrecht. Diese Ansichten stießen zwar auf keine Zustimmung, trugen aber zu einer neuen Konzeption des Rechtsunterrichts bei.

WW: Naš umstvennyj stroj, 1989.
Lit.: A.D. Korsakov, K.D.K. Očerk žizni i dejatel'nosti, 1896; K.-D. Grothusen, Die Historische Rechtsschule Rußlands, 1961; A. Vuchinich, Social Thought in tsarist Russia, 1976; D. Offord, Portraits of early Russian Liberals, 1985.

A. N. Meduschewskij

Kawashima, Takeyoshi (1909–1992), Rechtssoziologe und Zivilrechtler, war der juristische Repräsentant der Nachkriegsaufklärung in Japan. 1932 Assistent bei →Wagatsuma; 1934 ao., 1945 o. Professor in Tôkyô.

K. entwarf in einem →Marx und Weber entlehnten, stark idealtypisierenden Verfahren ein Modell des Rechts der modernen, vom Kapitalismus durchdrungenen europäischen bürgerlichen Gesellschaft, deren normative Grundstrukturen (Privateigentum, Vertrag, Rechtspersönlichkeit) sich aus dem Begriff des Warenaustausches ergäben: *Shoyûken-hô no riron* (Theorie der Eigentumsrechtsordnung, 1949). Diesem Idealtypus stellte er die japanische, noch von vormodern-feudalen Momenten bestimmte Wirklichkeit als ein Negativbild entgegen, das überwunden werden solle. So kritisierte er mit großem Publikumserfolg die japanische Hausideologie: *Nihonshakai no kazokuteki-kôsei* (Die familiale Struktur der japanischen Gesellschaft, 1955). In dieselbe Richtung weist K.s Mitarbeit an der Familienrechtsreform in der unmittelbaren Nachkriegszeit; K. konnte sich mit seinen weitgehenden Konzepten zwar nicht durchsetzen, war jedoch als Gegengewicht gegen die konservativen Kräfte (u.a. →Makino) nicht ohne Bedeutung. In methodischer Hinsicht trat K. in *Kagaku to shiteno hôritsugaku* (1955) energisch für die Szientifizierung der Jurisprudenz nach naturwissenschaftlichem Muster ein, ein Programm, das aus K.s Aversion gegen die Irrationalismen vor 1945 wohl verständlich, in seinem Wissenschaftsverständnis jedoch als überholt angesehen werden muß. Anregend wirkten ferner K.s teils von der «realist jurisprudence» (J. →Frank) inspirierte Methodologie der Judikaturforschung sowie seine scharfsinnigen, wenn auch stark schematisierenden dogmatischen Fragestellungen (zur Anspruchskonkurrenz usw.).

Die von K. organisierten empirischen Forschungen in Dörfern (z. B. zum Allmende- [iriai] bzw. Thermalquellenrecht) waren repräsentativ für die soziologische Erforschung des «lebenden Rechts» in Japan, die jedoch inzwischen nach der konsequenten Industrialisierung und Verstädterung ins Stocken geraten ist.

WW: K. T.-chosakushû (Werkausgabe), 11 Bde., 1981–86.
Lit.: Jurist 1013, 1992, Hôritsu-jihô 65/1, 1993 (K. T. Sondernummern); K. T., Aru hôgakusha no kiseki (Erinnerungen), 1978.

A. Wani

Keessel, Dionysius Godefridus van der (1738–1816), geboren in Deventer, 1753 Studium in Deventer, 1756 in Leiden, 1761 Promotion, Rechtsanwalt in Den Haag, 1762 Professor der Rechte in Groningen, 1770–1815 in Leiden. 1789–90 unterrichtete er den späteren König Wilhelm I. 1790 wurde sein Lehrauftrag für römisches Recht um das ‹heutige› Recht erweitert, worüber er vorher schon privat gelesen hatte. Zu Lebenszeiten hat er kaum etwas von Bedeutung veröffentlicht, außer einem Vorlesungssyllabus, den *Theses selectae juris Hollandici et Zelandici, ad supplendam Hugonis Grotii Introductionem ad jurisprudentiam Hollandicam et definiendas celebriores juris Hollandici controversias* (1800, u. ö., engl. 1855). Der vollständige Text dieser Vorlesung zu → Grotius' *Inleidinge* wurde unter dem Titel *Praelectiones iuris hodierni* (1961–75) herausgegeben. Er gab den letzten Stand der Wissenschaft des römisch-holländischen Rechts wieder. Wegen ihrer Bedeutung für Südafrika sind auch andere Vorlesungen von v. d. K. neuerdings mit englischer Übersetzung herausgegeben worden: *Dictata ad Justiniani Institutionum libros quatuor* (1965–67) und *Praelectiones in libros 47 et 48 Digestorum, exhibentes jurisprudentiam criminalem ad usum fori Batavi applicatam... et in novum Codicem criminalem 1809* (1969–81). Auch die *allocutiones* zu seinen Studenten sind 1972 veröffentlicht worden.

WW: BGNR Leiden 271–292; Kronprinzenvorlesungen, 1974.
Lit.: NNBW 3, 674–675; A. Krikke/S. Faber, in: Zestig Juristen, 1987, 185–189.

R. Feenstra

Kelsen, Hans

Keller, Friedrich Ludwig von (1799–1860), Professor der Rechte in Zürich ab 1825, in Halle ab 1843 und Berlin ab 1847, war seit 1826 Amtsrichter und Führer der radikalen Bewegung in Zürich sowie 1831–37 Präsident des Zürcher Obergerichts. Der als Vertreter der historischen Rechtsschule in der Schweiz geltende K. unterstützte die Gründung der Universität Zürich und förderte das einheimische Zürcher Privatrecht auf romanistisch-methodischer Grundlage. Dabei übernahm er unter Einbeziehung seiner eigenen Erfahrungen als Richter die gemeinrechtliche Systematik. Er berücksichtigte auch die Verkehrssitten. Dadurch schuf er wesentliche Voraussetzungen für J. C. →Bluntschlis Kodifikation des Zürcher Privatrechts von 1854. 1827 erschien K.s Werk *Litis contestation und Urteil nach klassischem Römischem Recht*; 1828 folgte *Die neuen Theorien in der zürcherischen Rechtspflege*. Seine zunehmend rein wissenschaftliche Orientierung und sein herrschsüchtiges, leidenschaftliches Wesen zwangen ihn zum Verlassen der Schweiz. 1843 publizierte er das stark philologisch geprägte Werk *Semestria ad Ciceronem*.

Lit.: A. Beck, in: H. Schulthess (Hg.), Schweizer Juristen der letzten hundert Jahre, 1945, 107–133; F. Elsener, Die Schweizer Rechtsschulen vom 16. bis 19. Jh., 1975, 366ff.

L. Gschwend

Kelsen, Hans (1881–1973), in Prag geboren, studierte in Wien, habilitierte sich 1911; 1917 Ernennung zum ao. Professor, 1919 zum o. Professor an der Universität Wien. K. war als Konsulent der Staatskanzlei wesentlich an der Ausarbeitung des österreichischen Bundes-Verfassungsgesetzes 1920 beteiligt, insbesondere wirkte er maßgeblich an der Gestaltung der Verfassungsgerichtsbarkeit mit, der als erster die Prüfung der Verfassungsmäßigkeit von Gesetzen übertragen war. K. war Mitglied des VfGH, aus dem er – im Zuge einer Neubesetzung aus politischen Gründen – 1930 ausscheiden mußte. Im selben Jahr nahm K. einen Ruf an die Universität Köln an; diese mußte er wegen seiner jüdischen Abstammung 1933 verlassen. Nach Lehrtätigkeiten am Institut Universitaire des Hautes Etudes Internationales in Genf und einer kurzzeitigen Professur an der Deutschen Universität Prag emigrierte K. 1940 in die USA, wo er schließlich in Berkeley eine Professur antrat. K. starb 1973 in Berkeley.

Die von K. begründete «Reine Rechtslehre» versucht eine erkenntnistheoretische Grundlage für die Rechtswissenschaft zu schaffen, die die Jurisprudenz am Erkenntnisprogramm moderner Naturwissenschaft orientiert, dem Streben nach wertfreier Erkenntnis. Ausgangspunkte ist einerseits die nonkognitivistische Haltung, wonach eine objektive Erkenntnis von Werten nicht möglich sei; damit wendet sich die «Reine Rechtslehre» gegen Versuche der Begründung normativer Verbindlichkeit durch Rückgriff auf angeblich vorgegebene Werte (Naturrecht). Zweiter Ausgangspunkt ist die Unterscheidung von Sein und Sollen, d. h. die Einsicht, daß allein aus einem Faktum keine normative Verbindlichkeit abgeleitet werden kann. Damit stellt sich die «Reine Rechtslehre» gegen den älteren Positivismus, der ohne weiteres von der Verbindlichkeit effektiver Ordnungen ausging. Die «Reine Rechtslehre» lehnt es aber auch ab, das positive Recht als bloße soziologische Tatsache zu beschreiben («Realismus»), weil dadurch der spezifische Charakter der Rechtsordnung als einer Normenordnung nicht erfaßt werden könne. Die mit diesen Prämissen aufgeworfene Problematik, wie eine Rechtswissenschaft, der es um die wertfreie Erkenntnis einer normativen Ordnung geht, möglich sei, löst K. mit der Konstruktion der «Grundnorm». Dabei handelt es sich um eine Denkvoraussetzung, mit der angenommen wird, daß bestimmte Anordnungen der sozialen Autorität ein System von Normen darstellen. Diese Annahme hat – entgegen vielfachen Mißverständnissen – nicht die Bedeutung, daß damit eine «Verbindlichkeit» der betreffenden sozialen Ordnung postuliert würde, sondern allein erkenntnistheoretische Bedeutung, weil sie es ermöglicht, Anordnungssysteme so zu beschreiben, als ob sie gelten. Die Frage, ob man diesen Anordnungssystemen gehorchen soll, kann und will die «Reine Rechtslehre» nicht beantworten; dies ist eine moralische Frage, die jeder Mensch lösen muß. Ausgehend von diesen Grundlagen geht es K. um den Aufbau einer Rechtswissenschaft, die den Besonderheiten ihres normativen Gegenstandes angemessen ist; ohne Möglichkeit und Notwendigkeit soziologischer oder politologischer Untersuchungen rechtlicher Phänomene zu leugnen, betont K. die methodische Eigenart der Rechtswissenschaft gegenüber diesen anderen Wissenschaften, die es mit anderen Erkenntnisgegenständen zu tun haben und andere Methoden anwenden müssen. Diese «Reine Rechtslehre» hat wie kaum eine andere juristische Theorie weltweite Beachtung gefunden.

Neben der Rechtstheorie befaßte sich K. mit Völker- und Verfassungsrecht, insbesondere aber in ideologiekritischen Arbeiten mit verschiedenen politischen Theorien (Marxismus, Ständestaat, Demokratietheorie), wobei es ihm nicht um die Rechtfertigung einer bestimmten politischen Haltung ging, sondern um das Aufzeigen ideologischer Prämissen und innerer Widersprüche der einzelnen Auffassungen. Beherrschend war auch die lebenslange Beschäftigung mit verschiedenen Gerechtigkeitstheorien, denen K. vorwarf, daß sie nicht Erkenntnis einer objektiven Gerechtigkeit, sondern nur deren Illusion vermittelten.

WW: Sozialismus und Staat, 2. Aufl., 1923; Allgemeine Staatslehre, 1925; Vom Wesen und Wert der Demokratie, 2. Aufl., 1929; Reine Rechtslehre, 2. Aufl., 1960; Principles of International Law 1966; Allgemeine Theorie der Normen, 1979; Die Illusion der Gerechtigkeit, 1985.
Lit.: R. A. Métall, H. K. – Leben und Werk, 1969; R. Walter, H. K. – Ein Leben im Dienste der Wissenschaft, 1985.

R. Thienel

Kemper, Joan Melchior (1776–1824). Nach Studium am Athenaeum Illustre zu Amsterdam und Promotion 1796 in Leiden erhielt er 1798 eine Professur für ius civile und ius naturale an der Universität Harderwijk. K. trat, als Schüler von → Cras stark unter dem Einfluß der Aufklärung stehend, in seiner *Oratio de iure naturae immutabili et aeterno* (1799) und zahlreichen Vorträgen als Anhänger des alten absoluten Naturrechts auf. 1806 erhielt er eine Professur für ius civile am Amsterdamer Athenaeum Illustre. 1809 folgte K. einem Ruf für Natur-, Staats- und Völkerrecht an die Universität zu Leiden. Nach dem Abzug der Franzosen aus den Niederlanden 1813 nahm er aktiv am politischen Leben der Niederlande teil. K. beaufsichtigte die Vorbereitungen für die Rückkehr des späteren Königs Wilhelm I. Viele Proklamationen, unter ihnen auch die Souveränitäts-Proklamation Wilhelms I., haben K. zum Verfasser. Nach der Wiedereinsetzung des Hauses Oranien blieb K. eine der treibenden Kräfte beim Aufbau des niederländischen Staates. Er wirkte bei der Formulierung des Textes des Grundgesetzes mit, war seit 1817 Abgeordneter im Parlament und lange ao. Mitglied des Staatsrats (Raad van State). 1814 wurde er Vorsitzender der Kommission für den Entwurf eines nationalen niederländischen Bürgerlichen Gesetzbuches, das schon 1816 veröffentlicht wurde. Wegen der Vereinigung der nördlichen und südlichen Niederlande und der dadurch nötigen Neuverhandlungen mußte dieser umgearbeitet werden. Vier Jahre später wurde der sog. «Entwurf-

1820» veröffentlicht. In parlamentarischen Debatten wurde aber bei der Abstimmung Paragraph für Paragraph abgelehnt. Die dogmatische Struktur, die allgemeinen Prinzipien der Gesetzes-Auslegung und seine weitläufige naturrechtliche Systematik sprachen gegen diesen. Zudem war in der Form des französischen Code Civil von 1804 eine geeignete Alternative vorhanden.

WW: Verhandelingen, redevoeringen en staatkundige geschriften, hrsg. v. J. de Bosch Kemper, 1–3, 1835–36; BGNR Leiden, 293–328. Nachlaß im Algemeen Rijksarchief 's-Gravenhage.
Lit.: NNBW 2, 658–661; P.C. Kop, in: Zestig juristen, 1987, 201–208.

C.J.H. Jansen

Kent, James (1763–1847), war zunächst 1785–98 im Staate New York als Rechtsanwalt und 1794–98 und nochmals 1824–26 als Rechtsprofessor am Columbia College tätig, beides allerdings ohne wirklichen Erfolg. 1798 wurde er zum Richter ernannt und war von 1804 an auch Gerichtspräsident. 1814 bis zu seiner Pensionierung 1823 wurde er schließlich zum Richter am Chancery-Gericht des Staates New York berufen, dem für alle Equity-Fälle zuständigen Gericht. Die Unterscheidung zwischen Common Law und Equity, einem im Mittelalter zum Ausgleich von Härtefällen entwickelten Billigkeitsrecht, das sich zu einem eigenständigen Rechtssystem entwickelt hatte, und die damit einhergehende Errichtung besonderer Equity-Gerichte waren aus dem englischen Recht in das amerikanische übernommen worden. K. hat mit seinen Entscheidungen, die über New York hinaus Autorität erlangten, das englische Equity-Recht den amerikanischen Bedürfnissen angepaßt und eine Equity-Gerichtsbarkeit amerikanischer Prägung geschaffen.

Zwischen 1826 und 1830 veröffentlichte K. seine *Commentaries on American Law*, die in mehreren Auflagen erschienen und neben den Werken von →Story das wohl bedeutendste Werk der amerikanischen Rechtsliteratur der 1. Hälfte des 19. Jh.s sind. Die *Commentaries*, nach dem Vorbild von →Blackstones *Commentaries on the Laws of England* gestaltet, sind die erste systematische Darlegung des gesamten amerikanischen Rechts mit Ausnahme des Strafrechts. Das Werk erlangte schnell großes Ansehen als autoritative Darstellung des amerikanischen Rechts und hat viel zur Amerikanisierung des Rechts beigetragen.

Kidding, I. M.

Lit.: J. T. Horton, J. K.: A Study in Conservatism, 1763–1847, 1939; W. Kent, Memoirs and Letters of J. K., 1898.

M. J. Flessner

Kidding, I. M. (1843–1902), Richter am amerikanischen Obersten Gericht, dessen einziges Urteil eine verzögerte, aber große Wirkung auf die rechtliche Stellung der Schwarzen hatte.

Als Imre Miroslav Kiday wurde K., Sohn eines ungarischen Architekten und einer böhmischen Lehrerin, in Prag geboren. Seine Eltern, die nach der gescheiterten Revolution Europa 1849 verlassen mußten, sind mit K. nach Kalifornien ausgewandert, wo sie ihren Namen amerikanisieren ließen. K. machte sich den Traum seines Vaters von einem demokratisierten Vielvölkerstaat zu eigen, übertrug ihn aber vom habsburgischen Reich auf die Vereinigten Staaten. Begeistert von der Idee, Gleichheit und Freiheit mit einem Schlag herstellen zu können, zog K. 1861 als Freiwilliger auf seiten des Nordens in den amerikanischen Bürgerkrieg. Schwer verwundet in der Schlacht um Gettysburg und desillusioniert von Lincolns Politik den befreiten Sklaven gegenüber, fing K. 1864 als Praktikant in einer Kanzlei für Handelsrecht an. Innerhalb kurzer Zeit war K. angesehener Sachverständiger für Steuerrecht. Aufgrund dieses Renommees wurde er trotz seiner fehlenden akademischen Ausbildung 1881 an die Harvard Universität berufen.

Sein 1889 erschienenes Buch *Governmental Finance* blieb über eine Generation das maßgebende Werk. Neben seiner steuerrechtlichen Tätigkeit schrieb K. mehrere vergebliche Gutachten für schwarze Kläger, die darauf zielten, rassistische Ländergesetze über die «privileges and immunities»-Klausel der 14. Verfassungsänderung für nichtig erklären zu lassen.

1902 wurde K. von Theodore Roosevelt gegen den erbitterten Widerstand der Demokratischen Partei, deren weißer Südflügel seine Rassenpolitik abscheulich fand und deren proletarischer Nordflügel seine Wirtschaftspolitik für ebenso verwerflich hielt, zum Richter am Obersten Gericht ernannt. Sein abweichendes Urteil in «Domino vs. Montgomery» war zusammen mit dem von John Harlan in «Plessy vs. Ferguson» ein Eckstein der Rechtsprechung der fünfziger und sechziger Jahre, als das Oberste Gericht die offizielle Rassentrennung endlich aufhob.

K.s Amtszeit war die kürzeste in der amerikanischen Geschichte. Als er vier Monate nach seiner Berufung in einer Schneelawine ums

Leben kam, bemerkte ein rassistischer Senator ironisch: «Der weiße Tod paßt ihm gut.»

Lit.: A. Graf, Corporations and Incorporation. The Life and Work of I. M. K., 1979; H. Tauber, The Evolution of the Civil War Amendments from K. to Warren, in: Rockingham Law Review 9, 1984, 38–68.

R. Ruiz

Kistjakovskij, Bogdan Aleksandrovič (1863–1920), Studium in Berlin, Heidelberg und Straßburg, seit 1906 Lehrer für Staats- und Verwaltungsrecht am Handelsinstitut, seit 1909 an der Universität in Moskau und am Demidov-Lyzeeum in Jaroslavl, war eng mit den philosophischen, rechtlichen und soziologischen Traditionen Deutschlands vertraut. Seine Dissertation – *Gesellschaft und Einzelwesen – eine methodologische Untersuchung* (1899) – entstand in Deutschland. Vor allen Dingen der Neukantianismus, die Soziologie G. Simmels und F. Tönnies waren von großem Einfluß auf K.s Rechtsphilosophie. In seinen staatsrechtlichen Ideen orientierte er sich an G. →Jellinek, dem er auch eine Untersuchung widmete: *Georg Jellinek als Denker und Mensch* (1911).

Mit Max Weber, dessen Ansichten zur Reformierung des autokratischen Systems und zur Revolution in Rußland er teilte, verband ihn eine langjährige Freundschaft.

Die Idee K.s eines in sich geschlossenen Staatsrechts zählte zu den wesentlichen Äußerungen der konstitutionellen Bewegung in Rußland. In seiner publizistischen Tätigkeit verteidigte er das Ideal der Rechtsordnung und der Persönlichkeitsrechte als Hauptbedingungen des sozialen Fortschritts (z. B. *Zur Verteidigung des Rechts*, in: Wegzeichen, 1909; *Das Recht als soziale Erscheinung*; *Das Wesen der Staatsgewalt*, 1913).

In einer Zeit der Methodenkrise der Sozialwissenschaften begründete er eine Theorie des Rechts im Rahmen des Systems der Gesellschaftswissenschaften. Diesem Problem war sein Hauptwerk – *Sozialwissenschaft und Recht. Ein Abriß der Methodologie der Sozialwissenschaften und der allgemeinen Rechtstheorie* (1916) – gewidmet. Im Vordergrund stand darin die kritische Auseinandersetzung mit den Hauptrichtungen der Rechtswissenschaft seiner Zeit und die Entwicklung eines genauen erkenntnistheoretischen Apparates.

Lit.: A. N. Fateev, Russkij metodolog teorii prava, 1917; A. Walicki, Legal Philosophies of Russian Liberalism, 1987; D. Dahlmann, Die russische Intelligencija im Deutschen Reich, in: G. Huber/W. J. Mommsen (Hg.), Intellektuelle im Kaiserreich, 1993, 141–157; A. N. Meduschewskij, Max Weber i Rossijskij Konstitucionalizm, in: Otečestvennaja Istorija, 2, 1993.

A. N. Meduschewskij

Klein, Franz (1854–1926), Dozent des Zivilprozeßrechts 1885 und des römischen Rechts 1891 an der Universität Wien. Aufgrund der Reformschrift *Pro futuro* erfolgte 1891 die Berufung in das Justizministerium, wo er 1896 Sektionschef und 1905–08 Minister war. K. war bis 1918 Mitglied des österreichischen Herrenhauses. Auf legislatorischem Gebiet war K. v. a. als Schöpfer der österreichischen Justizgesetze, der Jurisdiktionsnorm und Zivilprozeßordnung von 1895 sowie der Exekutionsordnung von 1896 erfolgreich. Die besondere Leistung K.s besteht darin, daß er in diesen Gesetzen die liberalen Prozeßgrundsätze der Öffentlichkeit und Mündlichkeit gegenüber der deutschen ZPO von 1877 auf ein praktisch vertretbares Maß abschwächte sowie Beibringungsgrundsatz und Verhandlungsmaxime mit Elementen des Amtsbetriebs und der Inquisitionsmaxime verband, indem er insbesondere die richterliche Prozeßleitungspflicht im Interesse der wirtschaftlich schwächeren Partei stärkte. Auf diese Weise konnte K. den um die Jahrhundertwende herrschenden Denkweisen (Prozeß als Massenerscheinung; Sozialfunktion auch des Zivilprozesses) besser gerecht werden als durch Verfolgung eines rein liberalen Prozeßrechtsdenkens etwa von Adolf Wach.

Weitere Schwerpunkte der Reformtätigkeit K.s waren Jugendstrafrecht und Jugendfürsorge, Wohnrecht, insbesondere das Baurechtsgesetz von 1912, die Kartellgesetzgebung sowie Fragen der Staats- und Verwaltungsreform.

K.s Lebensabend war überschattet durch die Mißerfolge seiner zweiten Berufung zum Justizminister (31.10.–20.12. 1916) sowie als Mitglied der österreichischen Friedensdelegation 1919 in St. Germain.

WW: Pro futuro, Juristische Blätter 1890 und 1891; Der Zivilprozeß Österreichs (mit Ergänzungen von F. Engel), 1927.
Lit.: P. Böhm, in: W. Brauneder (Hg.), Juristen in Österreich, 1987, 234 ff.; H. Hofmeister (Hg.), Forschungsband F. K., 1988.

H. Hofmeister † / M. Neumair

Kofod Ancher, Peder (1710–1788), dänischer Jurist und Verfasser der ersten dänischen Rechtsgeschichte, *En Dansk Lovhistorie I–II* (1769–76). K. wurde 1741 zum Professor ernannt und hat auch eine Reihe von staatlichen Ämtern, u. a. das Amt des Generalauditeurs der Kriegsmarine, innegehabt.

Sein Hauptwerk liefert keine systematische Darstellung der dänischen Rechtsgeschichte, sondern ist eine Reihe von Abhandlungen, die in ihrer Gesamtheit einen Überblick über die ältere dänische Gesetzgebung vom Altertum bis zur Mitte des 15. Jh.s geben. Zu den behandelten Fragen gehört z. B., inwieweit das Jütsche Recht von 1241 vom Sachsenspiegel beeinflußt worden ist. Grundlegend vertrat K. unter dem Einfluß von →Montesquieu die Auffassung, daß das dänische Recht seine eigenen Wurzeln habe und nur in ganz beschränktem Umfang von fremdem Recht beeinflußt worden sei.

K. hat eine Reihe von kleineren Abhandlungen herausgegeben und eine weitverbreitete Einführung in die Rechtswissenschaft – *Anviisning for en Dansk Jurist* (1777) – verfaßt, ein Vorläufer der späteren juristischen Enzyklopädien. In der Schrift *De indole juris privati pro habitu imperii Danico-Norvegici* wies K. als Verteidiger der absoluten Monarchie in Dänemark den Vorwurf zurück, daß diese nach dem Maßstab Montesquieus als eine Despotie anzusehen sei. Seine wichtigsten Werke sind nach seinem Tode von J. F. W. Schlegel und Rasmus Nyerup als *Samlede uridiske Skrifter* (1807–11) herausgegeben und kommentiert worden.

Lit.: DBL 8, 151; D. Tamm, Retsvidenkaben i Danmark, 1992, 98–107; Ders., in: Die Bedeutung der Wörter (FS Sten Gagnér), 1991, 509 f.; F. Dahl, Geschichte der dänischen Rechtswissenschaft, 1940, 8.

D. Tamm

Kohler, Joseph (1849–1919), hat in seinem fast 2500 Titel umfassenden Lebenswerk bedeutende Beiträge zur Rechtsgeschichte, Rechtsphilosophie, Rechtsvergleichung und zum geltenden Recht hinterlassen. Nach seinem eigenen Programm, das sich sowohl gegen die Begriffsjurisprudenz der Periode Vangerow- →Windscheid als auch gegen das Freirecht von →Ehrlich richtete, hatte Rechtswissenschaft stets «philosophisch, geschichtlich, rechtsvergleichend und dogmatisch» zu sein.

Der Sohn eines Volksschullehrers studierte in Freiburg und Heidelberg, ohne sich einem Lehrer enger anzuschließen. Während seiner darauffolgenden Tätigkeit als Kreisgerichtsrat in Mannheim entstand seine 1878 publizierte Darstellung des deutschen Patentrechts, die ihm einen Ruf nach Würzburg einbrachte, von wo er 1888 nach Berlin wechselte. *Das deutsche Patentrecht* war das erste einer Serie grundlegender Werke zum Urheberrecht und gewerblichen Rechtsschutz, wofür K. den Begriff «Immaterialgüterrecht» prägte. Dabei ging es um die Erkenntnis, daß der rein vermögensrechtliche Begriff «geistiges Eigentum» um persönlichkeitsrechtliche Aspekte ergänzt werden mußte.

In der Rechtsphilosophie vertrat K. unter Verwertung von Gedanken von →Hegel und Schopenhauer eine kulturwissenschaftliche Auffassung des Rechts, die sich aus einer universalrechtsgeschichtlichen Schau der Dinge speiste und so bei einem «Naturrecht der jeweiligen Kulturperiode» endete. Im Zuge seiner rechtsphilosophischen Forschungen gelang K. die später geradezu als Wiederentdekkung bezeichnete Hervorhebung der Bedeutung der spanischen Naturrechtslehrer des 16. und 17. Jh.s, insbesondere von Francesco de →Vitoria. Die Rechtsvergleichung, für die er 1878 zusammen mit Bernhöft die «Zeitschrift für vergleichende Rechtswissenschaft» begründete, verdankt ihm in erster Linie die juristische Ethnologie.

Eine Anzahl bedeutender Quelleneditionen, teilweise in Zusammenarbeit mit anderen Gelehrten wie Liesegang und Ungnad, begründen K.s Ruf als Rechtshistoriker. Ediert hat er v. a. die von →Schwarzenberg verfaßte «Carolina», das Strafgesetzbuch Kaiser Karls V., sodann Rechtsgutachten Kölner Juristen aus dem 15. Jh., weiter auch assyrische und babylonische Rechtstexte, darunter insbesondere den Codex Hammurapi aus dem Jahre 1750 v. Chr., und endlich auch das Stadtrecht der kretischen Stadt Gortyn aus dem 5. Jh. v. Chr.

Lit.: HRG 2, 925; NDB 12, 425.

K. Luig

Kokoškin, Fedor Fedorovič (1871–1918), zunächst als Jurist in Straßburg, Paris, Berlin und London tätig, war ab 1897 an der Moskauer Universität und ab 1907 an der Sanjavskij Volksuniversität und dem Moskauer Handelsinstitut Professor für Staatsrecht.

K. gilt als einer der Väter des «Zemstvo Konstitutionalismus» und des liberalen «Bundes der Befreiung», aus denen sich später die Konstitutionell-Demokratische Partei entwickelte. Als Jurist und Politiker – K. war Führer der Kadettenpartei und Deputierter in der ersten Duma – nahm er wesentlichen Einfluß auf den Verlauf der ersten russischen Revolution und über die Verfassungsentwürfe seiner Partei auf die Gestaltung der russischen Verfassung in der konstituierenden Versammlung von 1917.

K. begriff Recht entgegen der Position des Positivismus als bedingt durch das sozio-politische System und verstand den Staat, entsprechend der damals in Deutschland vorherrschenden Ansicht, als juristische Person (*Zur Frage der rechtlichen Natur des Staates und der Organe der Staatsverwaltung*, 1896).

Als bedeutendstes seiner staatstheoretischen Werke gelten die *Vorlesungen zum allgemeinen Staatsrecht* (1912), die in die philosophischen Grundlagen des Staatsrechts einführen. Dabei stützte er sich weitgehend auf die deutsche Staatsrechtslehre, v. a. auf seinen Heidelberger Lehrer Georg →Jellinek.

Seine Konzeption eines russischen Staatsrechts im Übergang vom absoluten zum konstitutionellen System – *Über die Grundlagen der zu erstrebenden Organisation der Volksvertretung in Rußland* (1906) – suchte besonders die Berücksichtigung des Gegensatzes föderativer Strukturen und gesamtstaatlicher Souveränität. Seine Vorstellungen zur praktischen Ausgestaltung des Rechtsstaates in Rußland, zur Gewaltenteilung und zum Verhältnis von Recht und politischer Freiheit des Individuums bildeten die Grundlage für die konstitutionelle Bewegung im ausgehenden Zarenreich.

Lit.: G. Fisher, Russian Liberalism from Gentry to Intelligentsia, 1958; A. N. Meduschewskij, Stanovlenie i razvitie konstitucionno-pravovych Idej, in: Issledovanija po Istočnikovedenju Istorii Rossii, 1993, 166–187.

A. N. Meduschewskij

Kolderup-Rosenvinge, Janus Lauritz Andreas (1792–1850), ist besonders als dänischer Rechtshistoriker bekannt. Seine Darstellung der dänischen Rechtsgeschichte, *Grundrids af den danske Lovhistorie* (1822–1823), ist die erste systematische Rechtsgeschichte Dänemarks. Eine deutsche Übersetzung – *Grundriß der dänischen Rechtsgeschichte. Aus dem Dänischen übersetzt und mit Anmerkungen begleitet von C. G. Homeyer* – wurde 1825 herausgegeben. K. hat auch Lehrbücher zum Polizeirecht (1825), Völkerrecht (1829) und Kirchenrecht (1838–40) verfaßt. Wichtig für das Studium der Rechtsgeschichte waren zwei Quelleneditionen, die die ältere dänische Gesetzgebung, *Samling af gamle danske Love* (1821–46), und eine Auswahl von älteren Urteilen, *Udvalg af gamle danske domme, afsagte paa Kongens Retterting og paa Landsting* (1842–48), zusammentrugen.

Lit.: F. Dahl, Geschichte der dänischen Rechtswissenschaft, 1940, 57f.; DBL 8, 166; D. Tamm, Retsvidenskaben i Danmark, 1992, 148f.

D. Tamm

Koldín, Pavel Kristián von (1530–1589), studierte ab 1548 an der Artistenfakultät in Prag. Danach war er Rektor der lateinischen Oberschule zum hl. Heinrich in der Prager Neustadt. 1557 wurde er nobilitiert und wechselte zur Universität (Dekan 1561). 1563 wurde er Ratsschreiber der Prager Neustadt. In der Prager Altstadt wirkte er 1565–84 als Kanzler.

1565 wurde er mit dem Entwurf eines Gesetzbuchs des böhmischen Stadtrechts betraut. Damit sollten die Bereiche des Magdeburger (Leitmeritzer) Rechts und des Rechts der Prager Altstadt vereinheitlicht werden. Gleichzeitig sollte das neue Gesetzbuch die bisher gebrauchte, nicht mehr befriedigende Zusammenstellung des Stadtrechts von Brikcí von Licsko ersetzen. Diesen Entwurf legte K. 1569 vor. 1579 billigte der Landtag K.s Entwurf als einheitliches Stadtrecht für das Königreich Böhmen: *Práva městská Království českého* (Die Stadtrechte des Königreichs Böhmen). 1610 wurde es von allen böhmischen Städten angenommen, zudem 1697 auch in Mähren. Die zivilrechtlichen Bestimmungen galten bis zum ABGB von 1811.

WW: Codex juris bohemici 4, 3., in: Monumenta juris municipalis, 2; Jus municipale regni Bohemiae una cum compendio ejusdem juris, hrsg. v. J. Jireček, 1876.
Lit.: K. Schelle, Bibliografie k «Právûm městským Království českého» od P. K. v. K., in: Městské právo v 16.–18. stoleti v Evropě, hrsg. v. K. Malý, 1982, 341f.

P. Kreuz

Kołłątaj, Hugo (1750–1812), studierte zwischen 1761 und 1773 u. a. in Krakau, Wien und Rom, wo er, promoviert in kanonischem Recht und Theologie, 1775 zum Priester geweiht wurde. 1776 begann er seine Arbeit in der Kommission für Nationale Bildung in Warschau, für die er 1777–86 die Reorganisation der Universität

Krakau durchführte, die u. a. zur Gründung der «Szkoła Główna Koronna» (Schule des Königreichs) führte. K. war 1783–86 deren erster Rektor. Seit 1780 entfaltete K. eine publizistische Tätigkeit für eine Staatsreform auf dem Wege einer «sanften Revolution». Eine wichtige Rolle spielte er 1788–91 im sog. Vierjährigen Reichstag, der die Umwandlung Polens in eine parlamentarische Erbmonarchie betrieb.

In *Listy Anonima* (Anonyme Briefe, 1788–89) trat er als überzeugter Befürworter sozialer und politischer Veränderungen, ähnlich der Mitglieder «Kuźnica Kołłątaja», auf. Für die Verfassungskommission des Sejm schrieb er 1790 *Prawo polityczne narodu polskiego* (Politisches Recht der polnischen Nation). Ein von ihm vorbereiteter Verfassungsentwurf wurde zur Grundlage der Verfassung vom 3. Mai 1791.

Als Vizekanzler des Königreichs seit Mai 1791 trug er insbesondere zur Einführung eines neuen Kommunalrechts bei. Unter seinem Vorsitz wurde eine Kodifizierungskommission zur Vorbereitung eines Zivil- und Strafgesetzbuches tätig. Nach der Niederlage Polens im Krieg gegen Rußland und der Konföderation von Targowica, 1792–93, in der Polen zur Wiederherstellung der «alten Ordnung» und zur Angliederung an Rußland gezwungen wurde, ging K. nach Leipzig in die Emigration. Erst im Zusammenhang mit dem Kościuszko-Aufstand kehrte er nach Polen zurück und zählte – tätig u. a. im Höchsten Nationalrat (Najwyższa Rada Narodowa) in Warschau – als «polnischer Robespierre» zu den Anführern des Aufstandes. Nach der Niederlage der Aufständischen wurde er im Dezember 1794 verhaftet und bis Ende 1802 von den Österreichern in Olmütz gefangengesetzt. Nach seiner Befreiung nahm er im Großherzogtum Warschau seine publizistische Tätigkeit wieder auf, jedoch ohne eine größere Rolle zu spielen.

1810 veröffentlichte er sein wichtigstes, der Naturrechtsphilosophie gewidmetes Werk, *Porządek fizyczno-moralny* (Die physikalisch-moralische Ordnung, ND 1955). Es folgten eine Reihe von Skizzen zur Geschichte Polens und zur Geschichtsphilosophie.

Lit.: M. Chamcówna, Uniwersytet Jagielloński w dobie Komisji Edukacji Narodowej. Szkoła Głowna Koronna w okresie wizyty i rektoratu H. K. 1777–1786, 1957; A. Jobert, La Commission d'Education Nationale en Pologne, 1941; B. Leśnodorski, Polscy Jakobini, 1960; K. Opałek, Poglądy H. K. na panstwo i prawo, 1952; W. Smoleński, Kuźnica K., 1949; PSB 13, 335–346.

W. Uruszczak

Konarski, Stanisław Hieronim (1700–1773), 1717 in den Piaristenorden eingetreten, studierte 1715–22 am Piaristenkolleg in Podoliniec und 1725–27 am Nazereter Kolleg und an der Sapienza in Rom. 1730–32 bereitete er gemeinsam mit J. A. Załuski eine Ausgabe der gesamten polnischen Gesetzgebung – *Volumina Legum I–VI* (1732–39) – vor. Nach einer Zeit aktiver politischer Tätigkeit 1733–37 widmete sich K. der Reform der Piaristen-Schulen und der Schriftstellerei. 1740 wurde in Warschau auf Anregung von K. das Collegium Nobilium mit einem breiten und modernen Bildungsprogramm u. a. im Bereich des Zivilrechts und Völkerrechts eingerichtet, deren langjähriger Reformator er blieb. 1750–55 erfolgte eine Reform der Piaristen-Schulen.

1746 begann K. die Arbeit an seinem wichtigsten Werk, *O skutecznym rad sposobie* (Über die effektive Reform, 1761–63), in dem er den Verfassungsmechanismus des damaligen Polen beschrieb und die Methoden zur Verbesserung darstellte. Als offener Kritiker des im Sejm herrschenden Einstimmigkeitsprinzips, des liberum veto, trat er als Befürworter einer Verfassung nach dem Muster der englischen parlamentarischen Monarchie auf. Dieses Werk beeinflußte wesentlich das politische Denken Polens in der zweiten Hälfte des 18. Jh. s. In der Zeit der Barer Konföderation, 1768–72, engagierte sich K. für die Politik des Königs Stanislaw II. Poniatowski.

Lit.: W. Konopczyński, Polscy pisarze polityczni 18 w., 1966; H. Lemke, Die Brüder Załuski und ihre Beziehungen zu Gelehrten in Deutschland und Danzig, 1958; PSB 13, 471–476.

W. Uruszczak

Koni, Anatolij Fedorovič (1844–1927), Strafrechtswissenschaftler und politisch einflußreichster Jurist des Zarenreiches und Mitschöpfer der Justizreform von 1864. Staatsanwalt am Bezirksgericht Char'kov (seit 1867), Vizedirektor im Justizministerium (seit 1875), Vorsitzender Richter am Bezirksgericht St. Petersburg (seit 1878), Oberstaatsanwalt, Senator im Kriminalkassationsdepartement des Regierenden Senats (seit 1885), seit 1907 Mitglied des Reichsrates, zeitweilig auch Dozent an der Kaiserlichen Rechtsschule und der Universität in St. Petersburg.

K. führte 1878 den Vorsitz im Schwurgerichtsverfahren gegen die Terroristin V. Zasulič, das mit einem sensationellen Freispruch endete. Als führender Kopf des russischen Liberalismus im Dienste des autokratischen Staates war K. maßgeblich an der Entschärfung des zaristischen Strafrechts, zumal der Neufassung des Strafgesetzbuches 1903, beteiligt. In mehreren Reformkommissionen des 19. Jh.s führte K. die liberalen Verteidiger der Geschworenengerichtsbarkeit und der richterlichen Unabhängigkeit an. Seine bedeutendsten Schriften galten der Apologie des Geschworenengerichts. K. unterstützte die Forderung der Liberalen nach Einführung einer konstitutionellen Ordnung, lehnte es 1906 jedoch ab, als Justizminister der Konstitutionellen Demokraten in das Kabinett Stolypins einzutreten. Als Strafrechtler stritt K. gegen den formaljuristischen Positivismus →Bindings und vertrat in Anlehnung an →Liszt eine empirisch-historische Theorie des Strafens, die die gesellschaftlichen Folgen des Strafens in den Vordergrund stellte. Unter K.s Einfluß wurden Verbannungs- und Haftstrafen reduziert, Ende des 19. Jh.s auch mehrere Erziehungskolonien für jugendliche Straftäter eröffnet.

K. betätigte sich überdies als Schriftsteller, schrieb Literaturkritiken, Gedichte und verfaßte ein mehrbändiges Memoirenwerk.

WW: Sobranie sočinenij (Gesammelte Werke, 1966–1969); Otcy i deti sudebnyj reformy (1914).
Lit.: E. Ballantine, A. F. K. and the Russian Judiciary, 1864–1917, Diss. Yale Univ., 1986; V. I. Smoljarčuk, A. F. K. (1844–1927), 1982.

J. Baberowski

Korkunov, Nikolaj Michajlovič (1853–1904), seit 1878 Professor für Staatsrecht und Rechtstheorie an der Universität Petersburg, wird der «liberalen Schule» der russischen Jurisprudenz zugeordnet.

K., herausragender Vertreter des Rechtspositivismus in Rußland, sah in diesem die einzige Möglichkeit zur Überwindung der Krise des russischen Rechtssystems. Als Anhänger der Lehre Comtes, daß die Differenzierung der Wissenschaften letztlich auch deren Grenzen deutlich mache und damit eine Neuinterpretation erfordere, bemühte er sich um eine Neuformulierung des Rechtsbegriffs. Seine grundlegende Arbeit dazu (*Vorlesungen über allgemeine Rechtstheorie*) erzielte mehrere Auflagen.

K., Begründer der systematischen Rechtstheorie in Rußland, unterschied zwischen einer allgemeinen Rechtstheorie und den praktischen, auf die russischen Rechtsverhältnisse bezogenen Disziplinen des Rechts. Da die Enzyklopädie des Rechts die faktischen Rechtsmaterien in einem System vereine und die Rechtsphilosophie eine grundlegende Rechtslehre vermittele, müsse sich die Rechtstheorie der Aufgabe stellen, die elementaren Prinzipien der Rechtsordnung aus dem angehäuften empirischen Material herauszuarbeiten. Erst dabei könne ein grundlegendes Verständnis vom Recht gewonnen werden und die Probleme des Verhältnisses von Rechts-Subjekt und -Objekt, von privatem und öffentlichem sowie dem positiven Recht erörtert werden.

Eine völlig neue Perspektive für die russische Rechtswissenschaft eröffnete K.s Lehre vom psychologischen Faktor in der Rechtsentwicklung, gewonnen aus der Analyse des Verhältnisses von Gesellschaft und Person, des freien Willens und der ethischen Imperative. Er übte damit bedeutenden Einfluß auf die Entwicklung der russischen Staatsrechtslehre (*Russisches Staatsrecht*, 1899), vor allen Dingen auf die Interpretation des Verhältnisses von Gesetzgebung und Verwaltungsakt in Rußland (*Ukas und Gesetz*, 1894) aus.

Seine Idee der Grundlagen der Staatsordnung, seine Lehre von den Subjekten des Staates, der Gewalten, ihrer Organe und Funktionen, der Rechte und Pflichten von Monarch und Untertan prägten die russische Staatsrechtslehre entscheidend.

Lit.: V. N. Zor'kin, Pozitivistkaja teorija prava v Rossii, 1978; A. N. Meduschewskij, Die theoretischen Grundlagen des Konstitutionalismus. Die staatliche Schule in der russischen Historiografie, in: WZJ 1–2, 1990, 109–129.

A. N. Meduschewskij

Koschembahr-Łyskowski, Ignacy von (1864–1945), polnischer Romanist und Zivilist. K. studierte 1884–88 in Berlin bei Pernice und habilitierte sich in Breslau mit der Schrift *Die Theorie der Exceptionen nach klassischem römischen Recht* (1893). 1895–1900 war K. Professor für römisches Recht in Fribourg (Schweiz), 1900–15 in Lemberg und 1915–35 in Warschau. Sein romanistisches Hauptwerk ist *Die condictio als Bereicherungsklage im klassischen römischen Recht I* (1903)/*II* (1907). Im wiedererstandenen Polen wandte sich K. zunehmend dem Zivilrecht zu, das er im Sinne der «fonction sociale» →Duguits verstand. 1919 wurde er Mitglied und 1927 Vizepräsident der Gesetzgebungskommission der Republik Polen, welche die Rechtsvereinheitlichung nach der Periode der Teilungen zur Aufgabe hatte. In diesem Rahmen verfaßte K. einen Entwurf für den allgemeinen Teil eines Zivilgesetzbuchs: *Progetto di codice civile per la Repubblica Polacca*, in: «Rivista di Diritto Privato» I.1 (1931), 43–67, 125–132, *II.1* (1932), 308–310.

Lit.: J. Fedynskyj, Prominent Polish Legal Scholars of the Last One Hundred Years, in: W. J. Wagner (Hg.), Polish Law Throughout the Ages, 1970, 428–431; W. Wolodkiewicz, I. K.-Ł., in: Index 21, 1993, 7–15.

T. Giaro

Kovalevskij, Maksim Maksimovič (1851–1916), seit 1877 Professor für Staatsrecht an der Moskauer Universität, widmete sich v. a. dem Staatsrecht der europäischen Staaten sowie der Geschichte der europäischen Rechtsinstitutionen und gilt als Begründer der russischen Rechtsvergleichung.

Seine wissenschaftliche Ausbildung erhielt er in Berlin, Wien, Paris und London. Später pflegte er weitreichende Verbindungen, besonders zur deutschen Jurisprudenz, insbesondere zu R. v. →Gneist, dessen Schüler er in Berlin war. Seine frühen juristischen Arbeiten beschäftigten sich denn auch mit dem europäischen Verwaltungsrecht: seine *Geschichte der Polizeiverwaltung in den englischen Grafschaften* (1877) mit dem Polizeirecht Englands; sein *Versuch zur Geschichte der Jurisdiktion der Steuer in Frankreich*, ebenfalls 1877, mit der Steuergesetzgebung in Frankreich.

Von besonderem Interesse sind seine Arbeiten zum Verhältnis von Gewohnheits- und geschriebenem Recht der antiken Völker und der Genesis gesellschaftlicher Institutionen wie Familie, Privateigentum und Staat (*Der gegenwärtige Gebrauch antiken Rechts* und *Das ursprüngliche Recht*, beide 1886).

Sein Ansatz, ausgeführt in dem grundlegenden Werk *Die historisch-vergleichende Methode in der Jurisprudenz* (1880) an den Rechtsmaterien verschiedener europäischer Staaten, basierend auf den Ideen Mans, prägte auch seine Rechtssoziologie (*Soziologie*, 1908). Den theoretisch-analytischen Vergleich suchte er durch ethnographische Exkurse beispielsweise zum Gewohnheitsrecht zu ergänzen (*Gesetz und Gewohnheit im Kaukasus*, 1887).

Als bedeutender Staatsrechtler Rußlands legte K. v. a. in *Die Entstehung der modernen Demokratie* (1895–97) die sozialen und rechtlichen Grundlagen der liberalen Demokratie offen. Als Gegenstand einer besonderen Untersuchung – *Von der direkten zur repräsentativen Volksgerechtigkeit (von der patriarchalischen zur parlamentarischen Monarchie*, 1905/1906) – wählte er die Entwicklung der Rechtsmechanismen verschiedener politischer Systeme. Diese Ideen lagen seiner politischen Tätigkeit in der Duma, dem Kampf für die Idee des Rechtsstaates in Rußland, zugrunde.

Lit.: K. v. Beyme, Politische Soziologie im zaristischen Rußland, 1965; A. Vucinich, Social Thought in tsarist Russia, 1976; N. J. Kupric, K., 1978; N. Nowikow, Die Soziologie in Rußland, 1988.

A. N. Meduschewskij

Krbek, Ivo (1890–1966), der ein Jura-Studium in Zagreb, Wien, Berlin und in Paris 1919 mit der Promotion beendete, wurde zunächst höherer Verwaltungsbeamter, dann 1928 Dozent für Verwaltungslehre und -recht und 1930 o. Professor an der Zagreber Universität.

1929 erschien – wie alle seine Werke in kroatischer Sprache – das erste Buch seines *System des Verwaltungsrechts. Einführende und grundlegende Fragen*, das ihn zum Pionier der modernen systematischen Verwaltungsforschung Jugoslawiens machte. Es folgten zahlreiche Werke, darunter 1931 ein Kommentar zum «Gesetz über das allgemeine Verwaltungsverfahren», 1932 das zweite Buch seines Verwaltungsrechtssystems, *Die Organisation der öffentlichen Verwaltung*, 1937 bzw. 1939 umfassende Studien zum *Freien Ermessen* und der *Gerichtskontrolle der Verfügung*, im gleichen Jahr *Die Lehre von den Selbstverwaltungen* sowie 1943 seine *Gewaltenteilung*, die K. die Anerkennung in- und ausländischer Juristen einbrachte.

Neben seiner Lehrtätigkeit und wissenschaftlichen Arbeit war K. 1932–34 Bürgermeister von Zagreb und 1939–41 Unterbanus der Banschaft Kroatien. Wegen seiner demokratisch-jugoslawischen Überzeugungen wurde K. 1941 durch das Ustascha-Regime der Lehrstuhl entzogen, und er wurde verhaftet. K., der spätere Angebote zur Zusammenarbeit ablehnte, trat zu den kroatischen Partisanen über. 1944 wurde er Mitglied der Gesetzesabteilung des Antifaschistischen Landesrates der Volksbefreiung Kroatiens (ZAVNOH) und danach Mitglied der ersten jugoslawischen Verfassungskommission. 1945 konnte er seine Lehrtätigkeit in Zagreb wiederaufnehmen. Die zahlreichen Arbeiten – u. a. *Beitrag zur Theorie des Rechtsbegriffes* (1952); *Das Verwaltungrecht Jugoslawiens* (1955–58); *Verwaltungsakt* (1957); *Das Recht der jugoslawischen öffentlichen Verwaltung* (1960–61); *Die Verfassungsgerichtsbarkeit* (1960) sowie seine unvollendete *Souveränität* (1964–65) – und seine Mitarbeit im Rechtsrat Jugoslawiens machten ihn zum hervorragendsten jugoslawischen Verwaltungsrechtler bzw. Rechts- und Staatstheoretiker.

K. war zudem Mitglied des Ständigen Schiedsgerichtshofs in Den Haag.

Lit.: J. Andrassy, Zu K. s. *Freies Ermessen*, in: RDP, 1938, 882ff.; M. Horvat, L'academicien I. K., 1966; V. Ivančić, Zivot i rad prof. I. K., in: Zbornik Pravnog fakulteta u Zagrebu 11, 1961, 135ff.

Z. Pokrovac

Kreittmayr, Wigulaeus Xaverius Aloysius von (1705–1790), studierte in Salzburg, Ingolstadt, Leiden und Utrecht. Ab 1625 in kurbayerischen Diensten, stieg er zum Reichshofrat, Hofratskanzler, Vizekanzler und Kanzler auf. In dieser Eigenschaft wirkte er über drei Jahrzehnte nicht nur als Haupt der Verwaltung, sondern v. a. als Gesetzgeber. Er schuf zunächst ein Strafgesetzbuch (*Codex iuris Bavarici criminalis*, 1751), dann eine Zivilprozeßordnung (*Codex iuris Bavarici judiciarii*, 1753) und als Krönung ein Zivilgesetzbuch (*Codex Maximilianeus Bavaricus civilis*, 1756). Dieses bedeutende und in solcher Geschlossenheit nirgends sonst erreichte Kompendium samt seinen ausführlichen Kommentierungen ist K.s persönliches Werk. Es zeugt davon, daß K. über außerordentliche Rechtskenntnisse und die Fähigkeit zur Systematisierung verfügte. Ziele seiner Kodifikation waren weniger Reform als klare Feststellung des bewährten Rechts und die Beseitigung von Ballast. Das Strafgesetzbuch, das bis 1813 galt, entsprach dem politischen Kontext eines von der Aufklärung noch wenig berührten katholischen Territoriums um 1750; es war schon in der zweiten Hälfte des 18. Jh.s nicht mehr zeitgemäß. Die Zivilprozeßordnung hat sich immerhin bis 1869 bewähren können, und das wesentlich aus dem gemeinen Recht schöpfende Zivilgesetzbuch blieb, dann freilich sehr veraltet, bis 1900 in Kraft.

K. war Praktiker. Für Subtilitäten und rechtstheoretisch-naturrechtliche Exkurse hatte er wenig Sinn. Seine Kommentierungen und seine beiden Lehrbücher (*Grundriß der gemeinen und bayerischen Privatrechtsgelehrsamkeit*, 1768; *Grundriß des Allgemeinen, Deutschen und Bayerischen Staatsrechtes*, 1769) sind eine Fundgrube für realistische, direkte und oft humorvolle Bemerkungen zum geltenden Recht. Immer wieder hat K., der auch über richterliche Erfahrung verfügte, die für die Praxis brauchbare Lösung aufgesucht und diese gesetzlich fixiert.

Lit.: W. Peitzsch, Kriminalpolitik in Bayern unter der Geltung des Codex Juris Criminalis Bavarici von 1751, 1968; NDB 12, 741–743; Kleinheyer/Schröder, 150–154; B. Bauer/H. Schlosser (Hg.), W. X. A. Frhr. v. K. 1705–1790. Ein Leben für Recht, Staat und Politik, 1991.

M. Stolleis

Krzymuski, Edmund (1851–1928), studierte 1870–75 in Warschau und Heidelberg. 1879 sein Diplom an der Universität Krakau bestätigend, promovierte er 1880 zum Doktor der Rechte und habilitierte sich 1881 in Rechtsphilosophie. Nach weiteren Studien 1882–83 in Berlin und Leipzig erweiterte er 1884 mit seiner Arbeit *Zasady nauki o usiłowaniu przęstepstw* (Die Prinzipien der Lehre über die versuchte Straftat) seine Habilitation auf das Strafrecht. Kurz darauf wurde er Professor für Straf- und Strafprozeßrecht an der Universität Krakau, deren Rektor er auch kurz war. Als Mitglied der Kodifizierungskommission im wiedererstandenen Polen trug er wesentlich zur Kodifizierung des polnischen Straf- und Strafprozeßrechts bei.

Als wesentliche Werke dieses Repräsentanten des klassischen Strafrechts gelten: *Wykład prawa karnego* (Vortrag des Strafrechts, 1885–87); *Historia filozofii prawa do połowy XIX w.* (Geschichte der Rechtsphilosophie bis zur Mitte des 19. Jh.s, 1923).

Lit.: Księga Pamiątkowa ku czci E. K. (FS E. K.) 1929; Studia z dziejów Wydziału Prawa UJ 1965, 321 ff.; PSB 15, 558–59.

W. Uruszczak

Kubeš, Vladimír (1908–1988), studierte in Brünn, promovierte 1930 und wurde 1931 als Beamter in der Finanzverwaltung angestellt. 1934 habilitierte er sich in Brünn und wurde 1945 Professor für Bürgerliches Recht und Rechtsphilosophie. 1948 gewaltsam amtsenthoben, verfolgt und zeitweise im Gefängnis, wurde er Ende der sechziger Jahre rehabilitiert und wieder in seine akademischen Ämter eingesetzt, 1970 aber erneut entlassen. Ab 1974 war er Gastprofessor für Rechtstheorie in Wien.

K. ist v. a. als Rechtsphilosoph bekannt geworden: *Právní filosofie XX. stoleti* (1947); *Grundfragen der Philosophie des Rechts* (1977). Wichtige nach 1954 entstandene und noch ungedruckte Werke befinden sich im Nachlaß: *Theorie der Gesetzgebung und ihre Geschichte*; *Hans Kelsen und Franz Weyrs Leben und Werk*; *Ontologie des Rechts*; *System der Rechtsphilosophie*; *Sociologie práva.*

K.' Ausgangspunkt war die normative Theorie (F. → Weyr) bzw. die «Reine Rechtslehre» (H. → Kelsen). Später wurde er stärker von der kritischen Ontologie N. Hartmanns, den er 1932 in Berlin hörte, beeinflußt. Seine Philosophie ist optimistisch und idealistisch. Anders als Hartmann geht er davon aus, daß nicht nur die Individuen, sondern auch die Welt als Ganzes sich auf ein höheres Ziel der Gerechtigkeit und Sittlichkeit zubewege. Neben O. Weinberger war K. der am meisten anerkannte tschechische Rechtswissenschaftler der zweiten Hälfte des 20. Jh. s.

Lit.: J. Schulz, K šedesátinám V. K., in: Právník 107, 1968, 927 f.; Antologie české právní vědy, 1993, 158 f.

P. Kreuz

L

Laband, Paul (1838–1918), anknüpfend an die methodischen Grundlagen, die C. F. v. →Gerber gelegt hatte, avancierte L. trotz permanenter methodischer Grundsatz- und dogmatischer Detailkritik (am prominentesten aus der Feder O. v. →Gierkes) zum führenden Staatsrechtler des deutschen Kaiserreichs. Seinen wissenschaftlichen Ausgangspunkt hatte L. im Handelsrecht und in der Rechtsgeschichte genommen – Fächer, denen er zeitlebens literarische Aufmerksamkeit schenkte.

Den Auftakt zu seinem umfangreichen staatsrechtlichen Œuvre bildete die Budgetschrift von 1870, in der L. mit erheblicher Folgewirkung für die Dogmatik des Budgetrechts zwischen Gesetzen im formellen und materiellen Sinne unterschied, je nachdem, ob auf den Inhalt oder die Form des Zustandekommens abgehoben wird. Zwar bekräftigte L. mit seiner Position in diesem Fall die preußische Regierungspraxis, aber es gibt genügend Beispiele, in denen seine methodische und dogmatische Stringenz Ergebnisse hervorbrachte, die weder im Interesse der Regierung noch der Krone lagen. Gewiß war auch L. nicht von politischen Doktrinen frei, die bei ihm als juristische Dogmen erschienen, aber sein Selbstverständnis war immer ein wissenschaftliches. So diagnostizierte L., niemandem im politischen Raum sei «an der Aufrechterhaltung der Verfassung... gelegen, wenn die politischen Interessen... entgegenstehen; alsdann wird das Verlangen, daß die Verfassung beobachtet werde, als ‹Formalismus› leichtherzig beiseite geschoben» (DJZ 1903, 10). Formalismus und Begriffsjurisprudenz, das waren denn auch die Hauptvorwürfe, die die Kritik immer wieder erhob.

Es ging L. in der Tat schon deswegen um eine begriffsgestützte Rechtswissenschaft, weil er Denken und Kommunikation als Vorgänge begriff, die sich in der Sprache vollziehen. Dennoch waren für ihn Begriffe nicht mehr als Operatoren, die nach wissenschaftlichen Gesichtspunkten modelliert, fixiert und nach Bedarf verändert werden. Sein berühmtes, in der Vorrede zur zweiten Auflage des «Staatsrechts» aufgestelltes Methodenprogramm unterschied entsprechend zwei Stufen der Rechtsgewinnung: erstens «die gewissenhafte und vollständige Feststellung des positiven Rechtsstoffes», zu der er die Regelungsgeschichte ebenso wie die Normgenese heranzog und für die er Zweck- und Folgenbetrachtungen anstellte; zweitens «die logische Beherrschung desselben durch Begriffe», zu der für ihn «kein anderes Mittel als die Logik» existierte. Auf dieser Stufe erschienen ihm historische, philosophische, politische oder teleologische Betrachtungen wertlos; in diesem Sinne lag der «Zweck, welchem ein Rechtsinstitut dient, jenseits seines Begriffes».

Wäre es L. um Einfluß statt um Wissenschaft gegangen, hätte der Straßburger Professor (1872), der zuvor als Extraordinarius (1864) und Ordinarius (1866) in Königsberg gewirkt hatte, die Rufe bekannterer Universitäten, an das Reichsgericht oder das preußische Oberverwaltungsgericht angenommen.

L. blieb bis zu seinem Tode 1918 in Straßburg, war dort Rektor (1880), Mitglied im Staatsrat von Elsaß-Lothringen (1879–1911) und in der ersten Kammer (1911), und er blieb Wissenschaftler, edierte die fünf Auflagen seines fundamentalen *Staatsrecht des deutschen Reiches* sowie zentrale juristische Zeitschriften (AöR, JöR, DJZ, bis 1898 ZHR), die er fortlaufend mit eigenen Beiträgen versorgte.

WW: Das Magdeburger-Breslauer systematische Schöffenrecht aus der Mitte des 14. Jh.s, 1863; Die vermögensrechtlichen Klagen nach den sächsischen Rechtsquellen des Mittelalters, 1869; Das Budgetrecht nach den Bestimmungen der Preussischen Verfassungs-Urkunde unter Berücksichtigung der Verfassung des Norddeutschen Bundes, 1871; Das Staatsrecht des Deutschen Reiches, 5. Aufl., 1911/14; Abhandlungen, Beiträge, Reden und Rezensionen, 1980.

Lit.: P. v. Oertzen, Die soziale Funktion des staatsrechtlichen Positivismus, 1974; M. Herberger, Logik und Dogmatik bei P. L., in: E. V. Heyen (Hg.), Wissenschaft und Recht der Verwaltung seit dem Ancien Régime, 1984, 91–104; B. Schlink, L. als Politiker, in: Der Staat 31, 1992, 553–569; W. Pauly, Der Methodenwandel im deutschen Spätkonstitutionalismus, 1993; Ders., P. L. (1838–1918). Staatsrechtslehre als Wissenschaft, in: H. Heinrichs u. a. (Hg.), Deutsche Juristen jüdischer Herkunft, 1993, 301–319.

W. Pauly

Labeo filius (M. Antistius Labeo; 1. Jh. v./n. Chr.), römischer Jurist; Sohn von Pacuvius Antistius Labeo (→Labeo pater), Zeitgenosse des Kaisers Augustus (27 v. Chr. – 14 n. Chr.). Wie sein republikanisch gesinnter Vater war auch L. vermutlich Anhänger der senatorischen Opposition (Gellius, 13, 12, 1; Sueton, Aug. 54). Er durchlief die Ämterlaufbahn bis zur Prätur (Tacitus, Ann. 3, 75, 1), lehnte aber das Angebot des Augustus ab, Ersatzkonsul (consul suffectus) zu werden (Dig. 1, 2, 2, 47).

L. ist ein führender Jurist der frühklassischen Zeit und überhaupt einer der Großen der römischen Jurisprudenz und hat die Rechtsentwicklung nachhaltig beeinflußt, nicht zuletzt durch seine treffsicheren Definitionen (vgl. die dolus-Definition Dig. 4, 3, 1, 2). Er war Schulhaupt der Prokulianer (→Proculus, →Sabinus) und galt den späteren Juristen als vielseitig gebildet (Dig. 1, 2, 2, 47). Von seinem umfangreichen Werk sind mehr als 500 Fragmente erhalten. Am bedeutendsten sind seine Kommentare zu den Edikten des Stadtprätors und des Fremdenprätors. Sie sind in den Digesten Justinians nur durch Zitate späterer Juristen vertreten. Dies gilt auch von den *pithana* (griech., soviel wie regulae) und den *libri posteriores*, den nachgelassenen Schriften (Gellius, 13, 10, 2).

→Pomponius berichtet, L. habe sechs Monate jedes Jahres in Rom mit seinen Schülern verbracht und sich die übrigen sechs Monate aufs Land zurückgezogen, um Bücher zu schreiben (Dig. 1, 2, 2, 47).

Lit.: P. Jörs, «Antistius» (Nr. 34), in: RE I, 2548 ff.; C. Kohlhaas, Die Überlieferung der libri posteriores des Antistius Labeo, 1986; A. Pernice, Labeo, 1, 1873, 7 ff.

B. Kupisch

Labeo pater (Pacuvius Antistius Labeo; –42 v. Chr.), römischer Jurist der ausgehenden Republik; war der Vater des bedeutenden augusteischen Juristen M. Antistius Labeo (→Labeo filius). L. nahm an der Verschwörung gegen Caesar teil (Plutarch, Brut. 12, 25, 51), war 42 Legat des Brutus (Plutarch, ebd.) und ließ sich nach der Niederlage des Brutus bei Philippi von einem Sklaven töten (Appian, Bell. civ. 4, 135). Ob er juristische Schriften verfaßt hat, ist nicht bekannt.

Lit.: E. Klebs, «Antistius» (Nr. 35), in: RE I, 2557; W. Kunkel, Herkunft und soziale Stellung der römischen Juristen, 2. Aufl., 1967, 32 ff.; A. Pernice, Labeo, 1, 1873, 7 ff.

B. Kupisch

Laboulaye, Edouard-René Lefebvre de (1811–1883), mit 32 Jahren in die «Académie des inscriptions» gewählt, trat 1849 die Nachfolge von Lerminier, der sein Amt aufgegeben hatte, auf dem Lehrstuhl für vergleichende Gesetzgebung am Collège de France an. Dort erzielte er einen großen Lehrerfolg, v. a. wegen seiner aktualitätsbezogenen Darstellungsweise. Dreimal, 1863, 1866, 1869, bewarb er sich erfolglos um ein Abgeordnetenmandat. Seine eigentliche politische Karriere begann dann mit dem Zusammenbruch des Second Empire. Als Abgeordneter in der Nationalversammlung von 1871 war er maßgeblich an der Gründung der Republik beteiligt. Nachdem er 1875 Senator geworden war, nahm er die Lehrtätigkeit am Collège de France wieder auf, wurde dort Rektor und behielt seine Funktionen bis zu seinem Tod.

Sein Werk, das nicht mit normalem Maß gemessen werden kann, läßt sich nicht knapp kennzeichnen. Obwohl sehr breit, zeigt es doch eine innere Einheit. Es lebt aus einem zutiefst christlichen Geist. Es entfaltet sich durch den Gelehrten, den Politiker, der zugleich Moralist war, sowie durch den Rechtsvergleicher.

L. ist Rechtshistoriker, und zwar, neben Klimrath, der am meisten theoretisch orientierte seiner Epoche. Zwei große Ideen beherrschen ihn, zum einen die göttliche Vorsehung, deren Wirken man zu akzeptieren und zu begleiten habe, zum anderen die europäische Solidarität der Nationen. In diesem Sinn sieht er es als seine Aufgabe an, durch das Studium der Rechtsgeschichte die Brüderlichkeit unter den Nationen zu fördern und ihre Schicksale zu leiten, etwa durch institutionelle Reformen zur Vermeidung von Revolutionen. Er schreibt deshalb nicht im traditionellen Gelehrtenstil, sondern elegant, persönlich und lebhaft, weniger an die Gelehrten als an die politisch Handelnden gerichtet: *Histoire du droit de propriété foncière en Occident* (1839); *Recherches sur la condition civile et politique des femmes* (1843); *Essai sur les lois criminelles des Romains concernant la responsabilité des magistrats* (1845).

Als diese Werke zu Ende der Julimonarchie herauskamen, schien L. ein Gelehrtenleben bevorzustehen. Erst die Februarrevolution machte ihn zum politischen Autor: *Considérations sur la constitution* (1848); *La révision de la constitution* (1851). Von da an war eine wachsende Neigung zu politischen Gegenständen erkennbar. 1845 hatte er zunächst über die Beziehungen zwischen Kirche und Staat geschrieben. Im Second Empire erschien der vom Grauen vor den Revolutionären Ausschreitungen geprägte wesentliche Teil seines politischen Werkes. Die politischen Wünsche des liberalen Bürgertums artikulierend, stand im Zentrum seines Denkens der Versuch der Verbindung der Ideen von konstitutioneller Monarchie und Demokratie: *Le parti libéral, son programme et son avenir* (1863 u. ö.); *Discours populaires* (1869 u. ö.); *L'État et ses limites* (1863

u. ö.); *La liberté religieuse* (1858 u. ö.); *La liberté d'enseignement* (1880) sowie *Études morales et politiques* (1862 u. ö.).

L. war wohl v. a. Moralist. Er zeigte Sympathien gegenüber dem puritanischen Protestantismus, von dem er Emanzipation und individuelle Freiheit erwartete. Nachdem er Channing entdeckt hatte, setzte er sich nach dessen Vorbild für die Volksbildung ein und leistete darin Beträchtliches.

Wie viele Liberale seiner Zeit zeigte er großes Interesse am internationalen Austausch von Ideen, Institutionen und Sitten. Seine erste Lebenshälfte war stark von Deutschland, die zweite nach 1848 von einer enthusiastischen Zuwendung zu den USA bestimmt. Was Deutschland angeht, so ist L. wohl derjenige seiner Generation, der die meisten Kenntnisse über Deutschland an seine Landsleute vermittelt hat. In der Überzeugung, Frankreich müsse sich um des rechtswissenschaftlichen Fortschritts willen an Deutschland anschließen, propagierte er in seinem *Essai sur la vie et les doctrines de Frédéric-Charles de Savigny* (1842) das Denken von →Savigny und der historischen Schule, die ihm den Schlüssel für seine wissenschaftlichen und politischen Ambitionen zu bieten schien. Nach 1850 änderte sich sein Verhältnis zu Deutschland tiefgreifend. Auch wenn er noch einmal Aufsätze dazu veröffentlichte (*Études contemporaines sur l'Allemagne et les pays slaves*, 1856 u. ö.) und seine Werke ins Deutsche übersetzt wurden, wandte er sich nun Amerika zu: *Histoire politique des États-Unis* (1866; 6. Aufl., als *Histoire des États-Unis*, 1876–81).

Lit.: E. Dreyfus-Brisac, E. L., in: REns 5, 1883, 593–602; J. Flach, La vie et les œuvres de E. L., in: RPL 3, 7, 1884, 610–618; H. Wallon, Notice sur la vie et les travaux de E.-R. L.-L., in: Comptes rendus de l'Académie des inscriptions et belles-lettres 4, 15, 1888, 550–563.

O. Motte

Langdell, Christopher Columbus (1826–1906), Professor und Dekan der juristischen Fakultät an der Harvard Universität 1870–95. Mit den von ihm eingeführten Reformen (u. a. Aufnahmebedingungen, vorgeschriebener Studiengang, Abschlußexamen) wurde die juristische Ausbildung in Amerika professionalisiert und endgültig zur Sache der Universität gemacht. Bis dahin lernten die meisten amerikanischen Juristen ihren Beruf zum größten Teil als Praktikanten in Kanzleien. L.s 1871 erschienenes Buch *A Selection of Cases on the*

Law of Contracts und seine damit eng verbundene Lehrmethodik lösten eine pädagogische Revolution aus. Anstatt vorgegebene Maximen durch Vorlesungen und aus schlicht feststellenden Abhandlungen auswendig zu lernen, wurden Studenten aufgefordert, Prinzipien anhand ausgewählter juristischer Entscheidungen durch die sokratische Methode zu erlernen.

Seine Rechtstheorie hing mit seiner Pädagogik zusammen. L. betrachtete das Recht als eine Wissenschaft, was im angelsächsischen Rechtskreis eine eher ungewöhnliche, obwohl nicht vollkommen neue Einstellung war. Aufgabe des Rechtswissenschaftlers ist L. zufolge, die Prinzipien, die den bisherigen Entscheidungen zugrunde liegen, zu entdecken. Die dadurch gewonnenen Einsichten bilden wiederum die allgemeinen Grundsätze, von denen man dann konkrete Fallösungen ableiten könne. Die in der ersten Etappe induktive Herangehensweise unterschied seine Lehre von der herkömmlichen. Es war aber der zweite, deduktive Schritt, der die scharfe Kritik des amerikanischen Rechtsrealismus auf sich zog. Vertreter der rechtsrealistischen Schule wie Oliver Wendell →Holmes hielten L. vor, er begreife das Recht als ein zusammenhängendes, in sich abgeschlossenes System, in dem man Schlüsse einfach logisch ziehen könne, ohne die internen Widersprüche und außerrechtlichen Einflüsse ausreichend zu würdigen.

Obwohl der Rechtsrealismus über L.s als «Formalismus» beschimpfte Lehre im rechtstheoretischen Bereich obsiegte, bestimmen seine Fallmethodik und der sokratische Lehrstil die amerikanische Juristenausbildung noch heute.

Lit.: G. Gilmore, Ages of American Law, 1977; M. Speziale, L.'s Concept of Law as Science: The Beginning of Anti-Formalism in American Legal Theory, in: Vermont Law Review 5, 1980, 1–37.

A. Tauber

Larenz, Karl (1903–1993), bedeutender deutscher Zivilrechtler und Rechtsphilosoph. Als Schüler des Hegelianers Julius Binder (1870–1939) gehörte L., als er 1933 nach Kiel berufen wurde, zu der Gruppe jüngerer nationalistischer Hochschullehrer, die meinten, dem neuen Regime eine geistige Form geben zu können. L. tat dies durch hochgestimmte Artikel im Sprachduktus des an →Hegel orientierten objektiven Idealismus, der darauf zielte, die Gegensätze von Volk und Staat, Führung und Geführten, «Blut und Geist» dialektisch zu vermitteln und auf einer höheren Ebene «aufzuheben».

Als diese Illusion verflogen war, wandte sich L., der nach dem Kriege v. a. in München lehrte, in einflußreichen Lehrbüchern der Dogmatik des Zivilrechts zu: *Lehrbuch des Schuldrechts* (1953/56, derzeit 12./14. Aufl.); *Allgemeiner Teil des deutschen Bürgerlichen Rechts* (1960). Daneben verfaßte er eine verbreitete, den klassischen Kanon entwickelnde *Methodenlehre* (1960 u. ö.), die heute zwar überholt erscheint, aber den Stand der rechtstheoretischen Debatte der vier Nachkriegsjahrzehnte repräsentiert. In einem seiner letzten Werke, *Richtiges Recht* (1979), hat L. noch einmal eine philosophische Summe gezogen, in dem er seine idealistische Grundposition zwar modifizierte, aber nicht aufgab.

Lit.: U. Diederichsen, in: Juristen im Porträt, 1988, 495–510; R. Dreier, Julius Binder, in: Rechtswissenschaft in Göttingen, 1987, 435–455; J. Eckert, Was war die Kieler Schule?, in: F. J. Säcker (Hg.), Recht und Rechtslehre im Nationalsozialismus, 1992, 37–70; H. H. Jakobs, K. L. und der Nationalsozialismus, in: DJZ 1993, 805.

M. Stolleis

Łaski, Jan (1455–1531), wurde ohne Universitätsausbildung 1480 Notar, dann Sekretär in der Kanzlei des polnischen Königs und 1503 schließlich polnischer Großkanzler. Auf sein Engagement ging die vom Sejm 1505 erlassene Verfassung zurück.

Sein Hauptwerk, *Commune incliti Regni Poloniae privilegium constitutionum indultum publicitus decretorum approbatorumque*, eine 1506 veröffentlichte offizielle Sammlung der Gesetze des Königtums Polen, wurde als «Laskis Rechtsbuch» bekannt. Ł. inspirierte darüber hinaus die nicht beendeten Arbeiten Maciej Śliwickis zur Kodifizierung des Stadtrechts in Polen und Preußen von 1522.

1510 legte er nach der Übernahme des Erzbistums Gnesen das Amt des Kanzlers nieder. Als Erzbischof, der auch als Kunst-Mäzen wirkte, veranlaßte er in den *Statuta nova provinciae Gnesnensis* die Kodifizierung der polnischen Synodalgesetzgebung.

Lit.: Z. Kaczmarczyk, O kanclerzu J. Ł. 1955; E. Zivier, Neuere Geschichte Polens, 1, 1915; PSB 18, 229–36.

W. Uruszczak

Laurent, François (1810–1887). Der gebürtige Luxemburger begann 1827 ein altphilologisches Studium an der Universität Löwen, wo er 1828 einen Universitätspreis gewann, ging jedoch nach dem belgischen Aufstand im September 1830 an die Universität Lüttich, weil der Fortbestand der Löwener Hochschule in Frage gestellt schien. In Lüttich, wo die philosophische Fakultät inzwischen geschlossen worden war, wechselte er zum Jurastudium über, nachdem er sich – weil aus kleinen Verhältnissen stammend – zunächst auf eine Juristenkarriere wenig Hoffnung gemacht hatte, und wurde Schüler der Brüder Jean (1782–1842) und Antoine (1796–1841) Ernst. L. promovierte 1832 und ließ sich zunächst in Metzig (Messancy) als Advokat nieder. Antoine Ernst, inzwischen Justizminister, holte ihn 1834 als Ministerialrat in sein Ministerium, wo er bereits 1835 zum Ministerialdirigenten aufstieg. 1836 ernannte er ihn zum ao. Professor der juristischen Fakultät an der Universität Gent. Ihr blieb L., seit 1841 Ordinarius, bis zu seiner Emeritierung 1880 treu. Hier lehrte er zunächst allgemeine Rechtslehre (Encyclopédie du droit) und öffentliches Recht, später historische Grundlagen des bürgerlichen Rechts sowie positives bürgerliches Recht. 1879 erhielt er vom Justizminister Bara, Mitglied des liberalen Kabinetts Frère-Orban, den Auftrag, einen Vorentwurf zu einer Revision des Code civil zu verfassen, eine Arbeit, die 1885 fertig, aber von dem neuen, klerikalen Kabinett zur Seite gelegt wurde.

Das wissenschaftliche Werk L.s konzentriert sich auf vier opera magna. Aus den ersten fünfzehn Jahren seines Professorats existiert nur ein einziger Aufsatz, *De la législation sur la contrainte par corps* (1837); sein Wirken ging zunächst ganz in seiner Lehrtätigkeit auf, die er mit großem Erfolg ausübte.

Die 18bändige *Histoire de l'humanité* (1850–70, ursprünglich *Histoire du droit des gens et des relations internationales*) ist das Werk des Geschichtsphilosophen L. Von →Kant, Condorcet, Bunsen, Krause und Altmeyer beeinflußt, sieht er in der Geschichte der Menschheit die Verwirklichung eines unaufhörlichen moralischen und geistigen Fortschritts, in dem die Religionen, darunter das Christentum, nur eine Zwischenstufe sind. Sein Leugnen der Gottesnatur Christi im vierten Band führte 1856 zu einem politischen Skandal, der L. fast seinen Lehrstuhl gekostet und an die preußische Universität Bonn geführt hätte. Die 22bändigen *Principes de droit civil* (1869–79), von denen 1878 als *Cours Élémentaire de droit civil* eine Kurzfassung erschien, sind das Hauptwerk des Juristen L. und das einzige, mit dem er über die Grenzen seines Landes hinaus berühmt geworden ist. Nach den gleichartigen zivilistischen Gesamtdarstellungen der Franzosen Toullier, Duranton, →Aubry und Rau, →Demolombe, →Troplong, Marcadé und Taulier ist es das (vor Baudry-Lacantinerie) letzte große Werk der École de l'exégèse, die allein das positive Gesetz als Rechtsquelle gelten ließ und daher im Zivilrecht ausschließlich den Text des Code civil zum Ausgangs- und Endpunkt aller rechtsdogmatischen Überlegungen machte. Es brachte ihm 1876 den belgischen Staatspreis für Moral- und Staatswissenschaften ein. Im Unterschied zu fast allen seinen Vorgängern, die auch in der Stoffanordnung der Legalordnung folgen, entwickelt es seinen Gegenstand systematisch, hierin bereits die kommende École scientifique ankündigend. Sein Vorläufer in Belgien ist der deutsche Emigrant E. Arntz (1812–1884). Zu seinen Nachfolgern zählen P. Namur (1815–1890), V. Thiry (1817–1889), J. Van Biervliet (1841–1935) und G. Galopin (1849–1921). Mit dem *Droit civil international*, →Mancini gewidmet, schlägt L. die Brücke zwischen seinen beiden vorigen Werken. Es ist der Entwurf eines bürgerlichen Weltrechts, das durch völkerrechtliche Verträge verbindlich zu machen und in den Staaten einzuführen ist. Aus diesem Werk und schließlich aus seinem *Avant-projet de révision du Code civil* (1882–85, sechsbändig) spricht der Rechtspolitiker L. Der Revisionsentwurf verwirklicht alle wichtigen liberalen Forderungen seiner Zeit und gehört zu den fortschrittlichsten Gesetzbuchentwürfen des ausgehenden 19. Jh. s.

L. war nicht zuletzt ein engagierter Sozialpolitiker, der sich v. a. in Gent, wo er 1863–72 Mitglied des Gemeinderats war, für die Verbesserung der Lebensbedingungen der sozial Schwachen, insbesondere der Fabrikarbeiterinnen, und für die Abschaffung der Kinderarbeit eingesetzt hat.

Lit.: G. Baert, in: Liber memorialis F. L. 1989, 9 ff.; NBW 5, 1972, 502 ff.; R. Warlomont, in: Rechtskundig Weekblad 28, 1964/65, 601 ff.; Ders., F. L., 1948.

E. Holthöfer

Le Conte (Contius), Antoine (1517–1586), wurde als Sohn eines königlichen Beamten und als Vetter Calvins (dessen Bekenntnis er sich nicht anschloß) geboren, studierte in Bourges unter →Baron die Rechte, lehrte hier seit 1557 Kirchenrecht, erhielt 1558 den Pandektenlehrstuhl des vorübergehend nach Valence ausgewichenen →Cujas und wurde nach dessen Rückkehr 1560 ein von diesem hochgeschätzter Kollege und Streitgenosse in den Fakultätsquerelen mit →Doneau. 1570 wechselte er nach Orléans, kehrte jedoch 1574 nach Bourges zurück, wo auch Cujas sich bald wieder einfand.

Le C. ist der älteste jener sonst durch Cujas, →Hotman, Doneau und Brisson repräsentierten mittleren Generation französischer Juristen, die in der zweiten Hälfte des 16. Jh. s. die humanistische Rechtswissenschaft in Frankreich auf ihren Höhepunkt geführt haben. Unter ihnen hat sich Le C. vor allem als Textkritiker und Herausgeber verdient gemacht. Seine Aufmerksamkeit galt sowohl den römischen wie den kanonischen Rechtsquellen. Beiden Corpora hat er jeweils eine vollständige Ausgabe gewidmet, so dem Decretum Gratiani 1556, dem Codex und den Novellen 1559, den Institutionen 1560, dem Liber Sextus und den Extravaganten 1569, dem Liber Extra (*Epistolae Decretales*) 1570 und schließlich dem gesamten Corpus iuris civilis 1571. Die als *Antonii Contii... Opera omnia* erschienenen Gesamtausgaben besorgten Edmond Merille 1616 und Antonio Caraccioli 1725.

Lit.: H. E. Troje, in: Coing, 2, 1, 1977, 775 f.; R. Orestano, in: NDI 9, 1963, 574; J. F. v. Schulte, Geschichte der Quellen und Literatur des canonischen Rechts, 3, 1875 (ND 1956), 559.

E. Holthöfer

Leeuwen, Simon van (1626–1682), 1638 immatrikuliert in seiner Geburtsstadt Leiden, später Jura-Studium, 1649 Promotion, Rechtsanwalt in Den Haag, 1652 Sekretär des Dorfes Zoeterwoude und Rechtsanwalt in Leiden, 1670 Mitglied des Leidener Magistrats, 1681 stellvertretender Gerichtsschreiber beim Obersten Gerichtshof von Holland und Seeland.

Seine Bekanntheit als Jurist – er schrieb auch historische und politische Werke – verdankt er v. a. zwei Schriften, die trotz ihres zweifelhaften Wertes großen Einfluß auf das sog. römisch-holländische Recht gehabt haben. Die erste ist auf niederländisch geschrieben; eine erste Fassung erschien unter dem Titel *Paratitla juris novissimi, Dat is: een kort begrip van het Rooms-Hollandts-Reght waar in de Roomse wetten met den huydendaagse Neerlands regt... over een gebragt werden* (1652); eine zweite, stark umgearbeitete Fassung erschien 1664 u. ö. unter dem Haupttitel *Het Rooms-Hollands-Recht*; v. L.s Hauptwerk ist seine *Censura forensis theoretico-prac-*

tica, id est totius juris civilis Romani, usuque recepti et practici, methodica collatio (1662 u. ö.). Die Erstausgabe wurde sofort von dem Leidener Professor Adriaan Beeckerts van Thienen in einer *Epistola* (1662) stark kritisiert. Das Werk ist in der Tat ziemlich verworren und unzuverlässig. v. L. hat verschiedene kleinere juristische Schriften verfaßt und auch Werke anderer Juristen herausgegeben. International ist er v. a. bekannt als Herausgeber einer Folio-Edition des Corpus iuris civilis, 1663, Meisterwerk der Elzevier, jedoch mit vielen Druckfehlern; v. L.s Anmerkungen, auch in späteren Ausgaben abgedruckt, sind nach E. Spangenberg ‹erbärmlich›. Zu Unrecht ist v. L. das *Bellum juridicum ofte den oorlogh der advocaten* (1683) zugeschrieben worden.

WW: A. A. Roberts, A South African Legal Bibliography, 1942, 183–186; Dekkers, 101.
Lit.: NNBW 1, 1261–1263, Vorwort von M. Hewett, in: S. v. L., Censura (Part I, book V, engl.), 1991.

R. Feenstra

Leibniz, Gottfried Wilhelm (1646–1716), ist durch seine Arbeiten auf den Gebieten von Theologie, Philosophie, Naturwissenschaften, Mathematik, Geschichte, Philologie und nicht zuletzt der Rechtswissenschaft eine der wichtigsten Gestalten des europäischen Geisteslebens an der Wende vom 17. zum 18. Jh. L. wurde als Sohn eines Professors der Moral in Leipzig geboren. Er studierte Rechtswissenschaft und Philosophie in Leipzig und Jena. 1664 erwarb er das philosophische Baccalaureat in Leipzig. In Altdorf wurde er 1666 zum Dr. iuris utriusque promoviert. Danach trat er in die Dienste des Kurfürsten von Mainz, dem er sich durch eine Programmschrift über Rechtsstudium und Rechtswissenschaft empfohlen hatte. In Mainz begann L. mit der Ausarbeitung seiner Ideen zur Reform des römischen Rechts und zur Anfertigung einer modernen Kodifikation. Lange Reisen führten ihn nach Paris und London. Überall nahm er Kontakt mit den führenden Gelehrten der Zeit auf, denen er zum größten Teil lebenslang in ausgedehntem Briefwechsel verbunden blieb.

1676 wurde L. von Herzog Johann Friedrich von Braunschweig als Bibliothekar und Hofrat nach Hannover berufen. Zusätzlich bekam er die Aufgabe übertragen, die offizielle Geschichte des Welfenhauses zu schreiben. Die Funktion als Hofrat brachte es mit sich, daß die Jurisprudenz zur eigentlichen «Berufswissenschaft» von L. wurde. Doch die Aufgaben in Hannover hinderten ihn nicht an weiteren ausgedehnten Reisen und vielfachen Aktivitäten als Mitglied der Akademien in Paris und London, als Gründer der Akademie in Berlin, als Berater des Kaisers und des Zaren, als Diplomat in der deutschen Reichspolitik und der europäischen Mächtepolitik und als unermüdlicher Vorkämpfer für die Einheit der christlichen Kirchen.

L.' theologisch-philosophische Überzeugungen determinieren auch seine Prinzipien als Rechtsphilosoph und Staatsrechtslehrer. Grundlage ist die Monadenlehre, wonach die Welt aus einer Gesamtheit individueller Einheiten (Monaden) zusammengesetzt ist, an deren Spitze Gott als vollkommenste Monade steht. Gott hat die Welt als bestmögliche so geschaffen, daß eine vollkommene, «praestabilierte» Harmonie zwischen allen Monaden besteht. Diese Harmonie ist ein Naturrecht, eine Vernunftordnung, die mit dem Lichte der menschlichen Vernunft erkannt werden kann. Das Recht beruht auf der vernünftigen Natur der Dinge und ist damit unabhängig vom Willen Gottes. Das Gesetz, das dem Willen dessen entspringt, der die Macht im Staat hat, muß sich daran orientieren.

Das materiale Grundprinzip der Gerechtigkeit ist die «Liebe des Weisen» (caritas sapientis). Das bedeutet, daß alle Gerechtigkeit im gegenseitigen Wohlwollen der Menschen besteht, das die Menschen veranlaßt, einander Gutes zu tun. So ist die Tugend der Nächstenliebe zugleich das oberste Rechtsprinzip. Dank Gottes Schöpfungsplan ist die Welt aber so eingerichtet, daß die guten Folgen der anderen geleisteten Dienste immer auch auf den zurückfallen, der den Dienst erbracht hat. Dieses gegenseitige Wohlwollen, das auf Förderung des Nächsten zielt, steht bei L. an der Stelle des egoistischen Machtkampfes aller gegen alle. Der Staat («Optima Respublica») ist die Gemeinschaft, die alles das erst ermöglicht. Der perfekte Staat ist damit ein Gottesstaat, in dem das wahre Glück herrscht, nämlich die dauerhafte Freude am Glück des Nächsten. Nach diesem Ideal müssen Staaten auf Erden streben, können es aber nicht erreichen, weil der Staat letztlich doch Recht und Moral trennen muß, wenn er sich realistisch auf das Wesen der Menschen einstellen will. So unterscheidet L. zwischen der «iustitia universalis» mit dem Gebot des «honeste vivere» als Regel der moralischen Vollkommenheit und der erzwingbaren Rechtsordnung der «iustitia particularis». Letztere umfaßt wiederum die Regeln «suum cuique tribuere» und «neminem laedere». «Suum cuique tribuere» lautet die Regel der öffentlichrechtlichen Verteilungsgerechtigkeit in der Hand des Staates, der die

Maßstäbe von Tugend und Würdigkeit durchsetzt, also einen Teil der Ziele der «iustitia universalis» erforderlichenfalls mit Zwang verwirklicht. Das geht aber nur im beschränkten Umfange. Deswegen bleibt notwendigerweise Raum für die private Austauschgerechtigkeit nach der Regel des «neminem laedere». Die Grenzen der Freiheit bestimmt der Staat, der das Leitbild der Optima Respublica, in der «alle Güter in der Hand des Staates sind und die Menschen nur nach Tugend und Verdienst von den Gütern Gebrauch machen können», stets im Auge behält. Die Beschränkung auf das Gebot «neminem laedere» ist nur ein Notbehelf. Es gilt: «Die öffentliche Glückseligkeit besteht nicht nur darin, daß uns kein Leid geschehe, sondern daß wir für das Gemeinwohl arbeiten, was dann auf uns zurückströmt.»

Lit.: H.-P. Schneider, in: Staatsdenker, 197; K. Luig, Die Wurzeln des aufgeklärten Naturrechts bei L., in: O. Dann/D. Klippel (Hg.), Naturrecht–Spätaufklärung–Revolution, Studien zum 18. Jh., 17, 1994, 61–79.

K. Luig

Lengnich, Gottfried (1689–1774), 1707–10 am Danziger Gymnasium unterrichtet, absolvierte ein 1713 mit der Promotion abgeschlossenes Studium der Rechte in Halle. 1720 gründete er in Danzig die «Societas Litteraria» und wurde 1729 Professor für Rhetorik und 1749 für Recht und Geschichte am Danziger Gymnasium. 1750–74 gab er als Syndikus der Stadt Danzig seine Lehrtätigkeit auf.

L. hinterließ zahlreiche historische Schriften, u. a. eine *Polnische Geschichte* (1741) und eine *Geschichte der preußischen Lande königlich-polnischen Anteils seit dem Jahre 1526* (1722–55) sowie juristische Arbeiten zur Geschichte des Öffentlichen Rechts, wie sein *Ius publicum civitas Gedanensis oder der Stadt Danzig Verfassung und Rechte* (1760, D. 1900) und ein *Ius publicum Regni Poloniae* (1742–46).

Lit.: O. Günther, Vorwort, in: L., G., Ius publicum civitatis Gedanensis, 1900; W. Konopczyński, Polscy pisarze polityczni 18 wieku do Sejmu Czteroletniego, 1966; S. Salmonowicz, La littérature juridique du 18ème s. polonaise et les débuts de la science de l'histoire du droit, in: RHD 42, 1964; PSB 17, 46–48.

W. Uruszczak

Leu, Johann Jakob (1689–1768), Staatsmann, Wirtschaftspolitiker und Enzyklopädist. Der einer angesehenen Zürcher Familie entstammende L. trat nach einem rechtswissenschaftlichen Studium in Marburg in den zürcherischen Staatsdienst, im Verlaufe dessen er verschiedene wichtige öffentliche Ämter bekleidete, bevor er 1759 Bürgermeister von Zürich wurde.

Sein starkes wirtschaftspolitisches Engagement führte unter ihm als Mitbegründer zur Errichtung der ersten modernen Schweizer Bank. Vergeblich bemühte er sich allerdings, eine eidgenössische Münzeinheit durchzusetzen.

Am herausragendsten war L.s schriftstellerische Tätigkeit. Er besorgte eine überarbeitete Edition von Josias Simlers *Von dem Regiment der löblichen Eidgenossenschaft.* Sein *Das Eidgenössische Stadt- und Landrecht* (4 Bde., 1727–46) enthielt eine umfangreiche Darstellung des damals in der Eidgenossenschaft geltenden Privatrechts. Sein *Allgemeines, helvetisches, eidgenössisches oder schweizerisches Lexikon* (20 Bde., 1747–65) gilt als Krönung seiner umfangreichen wissenschaftlichen und sammlerischen Tätigkeit und trug ihm den Ruf eines Polyhistors ein.

Lit.: A. Cattani, J. J. L., 1955; C. Soliva, Das Eidgenössische Stadt- und Landrecht des Zürcher Bürgermeisters J. J. L., 1969; M. Vogt, J. J. L., Ein zürcherischer Magistrat und Polyhistor, 1976.

A. Hubli

Leyser, Augustin (1683–1752), vaterlos aufgewachsen, wurde von seinem Erzieher auf das Gymnasium in Gotha geschickt und studierte dann in Wittenberg und ab 1704 in Halle bei →Stryk und →Thomasius. Seine erste Professur erhielt er in Helmstedt, war gleichzeitig auch Hofgerichtsassessor in Wolfenbüttel und braunschweigischer Hofrat. Ab 1729 wirkte er in Wittenberg als o. Professor, Direktor des geistlichen Konsistoriums, Erster Beisitzer am Hofgericht und Schöppenstuhl sowie als Hofrat.

In einem Kurs von 18 Monaten Dauer mit zwei Vorlesungsstunden täglich trug L. die gesamte Rechtswissenschaft vor: die *Elementa iuris* nach →Struves *Jurisprudentia*, Pandekten, Praxis forensis, Naturrecht nach →Pufendorf, Feudalrecht nach Stryk, kanonisches Recht nach Schilter und öffentliches Recht nach Brunnemann. Dazu kamen praktische Übungen im Disputieren und im Entwerfen von Urkunden und Schriftsätzen. Den literarischen Niederschlag der Tätigkeit als Lehrer und Richter bildet eine Sammlung von mehr als 700 kleinen Ausarbeitungen über mehrere tausend Urteile und Sprüche. Dieses Material hat L. 1713–48 in elf Bänden in der Ordnung der Digesten unter dem Titel *Meditationes ad Pandectas* veröffentlicht.

L. gilt mit seinem am Naturrecht orientierten und auf praktische Verwertbarkeit gerichteten Rechtsdenken als Muster eines aufgeklärten Juristen des 18. Jh. s. Dabei soll er in freiem Umgang mit dem positiv geltenden römischen Recht, gestützt auf Naturrecht, «zuweilen die Grenze zwischen Richterkönigtum und Kadijurisprudenz» gestreift haben. Doch erweisen die «Meditationen», daß L. ein typischer Vertreter des jüngeren aufgeklärten usus modernus in der Nachfolge von Stryk war, der sich methodisch und inhaltlich nicht mehr Freiheiten gegenüber dem positiv geltenden Recht herausnahm, als es angesichts des Alters der Texte des römischen Rechts, der modernen Gesetzgebung des Fürstenstaates, überkommener ungeschriebener deutschrechtlicher Gewohnheiten – alles gesehen im Lichte der Lehren des Naturrechts – unumgänglich war. In diesem Rahmen war L. durchaus für den Vorrang des «ius scriptum» vor jeder «aequitas cerebrina». Weder der Rückgriff auf alte germanische Gewohnheiten, wie sie etwa Schilter und Thomasius befürworteten, noch der unmittelbare Einsatz von naturrechtlichem «System» und «mos geometricus» erschien L. legitim. So lehrte L. eine «iurisprudentia», wie sie sich für einen absolutistisch-monarchischen Staat ziemte. Ihr gab er den Vorrang vor einer «rhetorischen» Rechtspflege, die, wie er meinte, für eine Republik passend gewesen wäre.

Inhaltlich überwiegen die Wertungen des älteren ethisch gebundenen Vernunftrechts der Schule von Pufendorf und → Wolff. Das zeigt sich etwa an der strengen Durchführung des Äquivalenzprinzips im Vertragsrecht. Im Strafrecht blieb L. in Fragen von Folter, Zauberei und Sexualstrafrecht konservativ. Im öffentlichen Recht zeigte er sich als treuer Vertreter des territorialstaatlichen Absolutismus.

Lit.: K. Luig, Richtertum und Kadijurisprudenz im Zeitalter von Naturrecht und Usus modernus: A. L. (1683–1752), in: K. Luig/D. Liebs (Hg.), Wieacker-Symposium, 1980, 295–333; NDB 14, 437–439; F. Wieacker, Privatrechtsgeschichte, 221.

K. Luig

Li Kui (um 400 v. Chr.). L.s *Fajing* («Gesetzesklassiker») betiteltes Werk von ca. 400 v. Chr. ist angeblich der Prototyp aller späteren chinesischen Gesetzeskodices, in denen L., der Berater des Herzogs Wen von Wei (424–387 v. Chr.), die ihm bekannten Gesetzesvorschriften der Staaten seiner Zeit zusammengefaßt haben soll. Das *Fajing* soll um 350 v. Chr. von →Shang Yang überarbeitet worden sein. Auch wenn die angeblich aus diesem Werk stammenden Fragmente nur spätere Zuschreibungen sein dürften und der später unter diesem Titel publizierte Text eine Fälschung ist, so bleibt doch mit dem Namen L.s eine der frühesten, das Recht an Privateigentum schützenden Strafrechtskodifikationen verbunden, auf die sich spätere Kodices beriefen.

Lit.: T. Pokora, The Canon of Laws by Li K'uei, A Double Falsification, in: Archív Orientálni 27, 1959, 96–121.

H. Schmidt-Glintzer

Limnaeus, Johannes (1592–1663), wurde in Jena geboren, wo er auch Rechtswissenschaft studierte und Schüler von →Arumaeus wurde. Nachdem er seine Studien an der Universität Altdorf abgeschlossen hatte, bereiste er als Erzieher Westeuropa und lehrte kurzfristig 1620 in Altdorf und 1622 in Jena, ging aber schon 1623 als Hofmeister wieder in fürstliche Dienste. 1631–63 wirkte er als Geheimer Rat und Erzieher in Ansbach.

L. baute die im Kreis um Arumaeus empfangenen Anregungen auf dem Gebiet des Reichsverfassungsrechts zu einem der ersten großen Systeme des Staatsrechts aus (*Iuris publici Imperii Romano-Germanici libri IX*, 1629–34, *Additiones* 1650, 1660). Er orientierte sich nicht am römischen Recht, sondern an den «Grundgesetzen» des Reichs. In den Fragen, wem die Souveränität zustehe und welche Staatsform das Reich habe, führte er die herrschende Meinung an: Die Souveränität sei in «maiestas personalis» (Kaiser und Reichsstände gemeinsam) und «realis» (Reichsstände) zu unterscheiden. Er war also stände- und kurfürstenfreundlich und betrachtete absolutistische Tendenzen des Kaisertums mit Mißtrauen. Nicht zufällig hat er auch einen Kommentar zum Wahlrecht der Kurfürsten geliefert (*In Auream Bullam Caroli Quarti Observationes*, 1662) und die kaiserlichen Wahlkapitulationen behandelt (*Capitulationes Imperatorum et Regum Romano-Germanorum*, 1651). Die Staatsform des Reichs erklärte er als «status mixtus», eine Lehre, die bis zu →Pufendorfs Reichsverfassungsschrift von 1667 unerschüttert blieb.

Linden, Joannes van der

Lit.: R. Hoke, Die Reichsstaatsrechtslehre des J. L., 1968; Kleinheyer/Schröder, 161–164, m. w. Nachw.

M. Stolleis

Linden, Joannes van der (1756–1835). Geboren in Zuid-Scharwoude (Prov. Holland), 1770 Studium in Leiden, 1774 Promotion; Rechtsanwalt zuerst in Den Haag, seit 1797 in Amsterdam; 1827 Richter am Amsterdamer Landgericht.

v. d. L. hat nicht nur mehrere für die Praxis des römisch-holländischen Rechts äußerst wichtige Schriften veröffentlicht, sondern auch durch Abfassung von Entwürfen einen wesentlichen Beitrag zur Kodifikation des niederländischen Zivilrechts am Anfang des 19. Jh.s geleistet; überdies hat er große Verdienste als Herausgeber und Übersetzer juristischer Werke anderer erlangt. Seine *Korte schets der form van procedeeren voor de Hoven van Justitie in Holland gebruikelijk* (1781) wird als Bearbeitung des Manuskripts eines Anonymus präsentiert; erst 1959 hat Beinart diesen als Adriaan van Tangeren identifiziert. Eine stark überarbeitete neue Fassung erschien unter dem Titel *Verhandeling over de judiciele practijcq of form van procedeeren voor de Hoven van Justitie in Holland gebruikelijk* (1794–98). Inzwischen hatte er 1793 ein Supplementum zu den Büchern I–XI des *Commentarius ad Pandectas* von →Voet veröffentlicht. Sein Hauptwerk ist eine u. a. ins Englische mehrfach übersetzte Übersicht über das gesamte römisch-holländische Privat- und Strafrecht: *Regtsgeleerd practicaal en koopmans handboek* (1806). In einem Zitiergesetz der Zuid-Afrikaanse Republiek (= Transvaal) von 1858 ist es als oberste Autorität (‹Gesetzbuch›) ausgewiesen worden. v. d. L.s wichtigste kodifikatorischen Arbeiten sind seine Entwürfe zu einem Bürgerlichen Gesetzbuch *Ontwerp Burgerlijk Wetboek 1807/1808* (ND 1967). Von seinen Übersetzungen ins Niederländische sind v. a. diejenigen einiger *Traités* von R. J. →Pothier, 1801–06, zu nennen sowie des Code Napoléon und des Code de Commerce, 1811. Zum Nutzen englischer Juristen, die das römisch-holländische Recht in Südafrika anwenden mußten, übersetzte er →Grotius' *Inleidinge* ins Lateinische; bei seinem Tode waren zum Teil schon Korrekturen vorhanden, doch scheiterte die geplante Ausgabe; erst 1962 wurde sie realisiert.

WW: A. A. Roberts, A South African Legal Bibliography, 1942, 190–192; Dekkers, 101; Livres anciens de droit d'origine étrangère imprimés aux Pays-Bas, 1953, Nr. 375–378, 422–423, 427–428, 433 u. 443.

Lit.: NNBW 7, 769–770; P. C. Kop in: Zestig juristen, 1987, 196–200 (unvollständig); Vorwort von H. F. W. D. Fischer, in: Hugonis Grotii Institutiones iuris hollandici ... translatae a J. v. d. L., 1962; B. Beinart, The Source of v. d. L.'s Books on Procedure, in: Tydskrif vir Hedendaagse Romeins-Hollandse reg 22, 1959, 231–252; A. J. Middleton, V. d. L: 'n Kaapse eggo, in: ebenda 35, 1972, 160–170.

R. Feenstra

Lipski, Andrzej (1572–1631), studierte 1592–95 Rechte in Straßburg und Heidelberg. Danach war er in der Kanzlei des polnischen Königs Sigismund III. Wasa tätig, dessen Sekretär er 1601 wurde. Als Assessor wirkte er am Obersten Gericht der Städte. 1604 wurde er in Rom zum Priester geweiht und promovierte 1605 zum Doktor beider Rechte. Nach seiner Rückkehr blieb er im königlichen Dienst und erlangte zahlreiche kirchliche und staatliche Ämter. 1617 wurde er Bischof in Łuck/Wolynien, ein Jahr später Vize- und 1620 Großkanzler. Auf dieses Amt verzichtete er, als er auf den Bischofsstuhl in Kujawy berufen wurde. 1630 wurde er zudem Bischof von Krakau.

Als Jurist wurde er v. a. dank seiner zweibändigen Arbeit *Practicarum observationum ex iure civili et saxonico centuria prima* (1602) und ... *centuria secunda* (1619) bekannt. Er stellte in diesen die Tätigkeit des Assessorgerichts anhand praktischer Beispiele dar, die er im Lichte der Lehre und Quellen des römischen Rechts analysierte und erklärte. Beide Werke erfreuten sich großer Popularität in Polen.

Lit.: W. Borodziuk, A. L. ‹Observationes practicae›, Uwagi źródłoznawcze, in: Czasopismo Prawno-Historyczne 41, 1989, 69–85; PSB 17, 415–416.

W. Uruszczak

Liszt, Franz von (1851–1919), der bedeutende Kriminalpolitiker des 19. Jh.s studierte 1869–73 in Wien, Heidelberg und als Schüler von R. v. →Jhering in Göttingen. Auf die Habilitation 1875 in Graz folgten Professuren in Gießen, Marburg, Halle und schließlich 1899–1916 in Berlin. Darüber hinaus war er ab 1909 Abgeordneter im Preußischen Landtag und ab 1912 im Reichstag.

Sein 1871 erschienenes *Lehrbuch des deutschen Strafrechts*, das bis 1932 insgesamt 26 Auflagen erreichte, stellt – vom liberal-rechtsstaatlichen Modell ausgehend – eine systematische Strafrechtsdogmatik dar. Ausgangspunkt der kriminalpolitischen Wirkungsgeschichte sind das «Marburger Programm» (*Der Zweckgedanke im Strafrecht*, 1882, und die Anthologie *Kriminalpolitische Aufgaben*, 1889–92). Die Konzeption von Strafe und Strafrecht richtet sich gegen metaphysische Begründungen der Vergeltungsstrafe. L. möchte die bis dahin herrschenden Straftheorien →Kants und →Hegels überwinden. Er versucht, die Straftat durch Erforschung der Ursachen des Verhaltens des Straftäters zu erklären. Das Verbrechen ist nach L. sowohl unzweckmäßiges – gemeint ist sozial-schädliches – als auch sozial-bedingtes Verhalten; die Strafe sei von daher nur zweckmäßige, d. h. sozial-nützliche Reaktion, um auf den Täter und dessen soziale Bedingtheit einzuwirken. L. gilt insofern als der «Vater» der spezialpräventiven Straftheorie (Warnung, Besserung, Sicherung oder Unschädlichmachung des Straftäters). Seine kriminalpolitischen Forderungen lauten deshalb: Verbesserung der bestehenden gesellschaftlichen Verhältnisse und ein auf konkrete Resozialisierung des Täters ausgestalteter Strafvollzug.

L. ist 1881 Mitbegründer der «Zeitschrift für die gesamte Strafrechtswissenschaft» (ZStW). 1882 gründet er das «Kriminalistische Seminar» (ab 1899 «Kriminalistisches Institut»); gegen K. →Binding formt sich um L. die «Moderne Schule». 1889 ist er Mitbegründer der «Internationalen Kriminalistischen Vereinigung».

In den Strafrechtsreformen des 20. Jh.s werden zwar Forderungen von L. aufgegriffen (Abschaffung kurzer Freiheitsstrafen, primäre Verhängung von Geldstrafen gegenüber Freiheitsstrafen, Strafaussetzung zur Bewährung, Maßregeln der Besserung und Sicherung, resozialisierender Strafvollzug, besondere Maßnahmen gegenüber dem jugendlichen Straftäter), die Debatten zeigen aber auch, daß ein humanes Strafrecht ohne zusätzliche Überlegungen zur Straf-Gerechtigkeit über den bloßen «Zweckgedanken» nicht zu haben ist.

Lit.: K. v. Lilienthal, F. v. L., in: ZStW 40, 1920, 535–543; W. Naucke, Die Kriminalpolitik des Marburger Programms 1882, in: ZStW 94, 1982, 525–565; G. Radbruch, F. v. L. – Anlage und Umwelt, in: Elegantiae juris criminalis, 2. Aufl., 1950, 208–232.

R. Harzer

Littleton, Sir Thomas (1402–1487), Richter und Verfasser von *The Tenures* (1481), das als erstes umfassendes und systematisch gegliedertes Lehrbuch auf dem Gebiet des englischen Landrechts, insbesondere des Lehnrechts gilt.

Dessen Bedeutung liegt v. a. darin aufzuzeigen, daß das englische Recht unabhängig vom römischen Recht in der Lage war, ein in sich strukturiertes System zu formen. Er belegte, daß das Common Law nicht nur eine bloße Anhäufung von verfahrensrechtlichen Regelungen war, sondern vielmehr Prinzipien und Doktrinen besaß, die nicht nur wissenschaftlich exakt, sondern auch ausgesprochen praktisch waren.

Lit.: E. Wambaugh, L.'s Tenures, 1903; H. Levy-Ullmann, The English Legal Tradition its Sources and History, 1935.

F. Linden

Livingston, Edward (1764–1836), amerikanischer Jurist und Politiker, hat wesentlich zur Entwicklung des Rechts von Louisiana beigetragen. L. entwarf als Mitglied einer Gesetzgebungskommission für den Staat Louisiana das Zivilgesetzbuch von 1825, ein Gesetzbuch im kontinental-europäischen Sinne, dessen Grundlage der Code Napoléon war. Zuvor hatte er schon ein vorläufiges Verfahrensgesetzbuch geschaffen, das 1805–25 in Kraft war. Ein 1825 von ihm verfaßtes Strafgesetzbuch für Louisiana (*System of Penal Law for the State of Louisiana*) wurde vom Parlament nicht angenommen, brachte L., der sich besonders für das Strafrecht interessierte, aber internationales Ansehen. 1828 legte er auch auf Bundesebene im Senat der Vereinigten Staaten den Entwurf eines Strafgesetzbuches für die Vereinigten Staaten vor: *System of Penal Law for the United States*. Obwohl dieser Entwurf vom Kongreß nicht aufgegriffen wurde, hat er als Muster für die Strafgesetze mehrerer Einzelstaaten gedient. Die Arbeiten zum Strafrecht sind gesammelt in *Complete Works of E. L. on Criminal Jurisprudence* (1873).

L. war ursprünglich, ab 1785, Rechtsanwalt in New York, seit 1803 in New Orleans. 1795 begann seine politische Karriere. Bis 1801 gehörte er als Abgeordneter dem Kongreß der Vereinigten Staaten an. 1820 wurde er in das Parlament von Louisiana gewählt. 1822–29 war er Abgeordneter des Staates Louisiana im Kongreß der Vereinigten Staaten und 1829–31 Senator. 1831 wurde er unter Präsident Jackson zum Bundesaußenminister ernannt und 1833 zum amerikanischen Gesandten in Frankreich, welches Amt er bis 1835 innehatte.

L.s Bruder Robert R. L. (1746–1813) war Abgeordneter im Continental Congress und an der Ausarbeitung der Unabhängigkeitserklärung beteiligt. Er hat als Gesandter in Frankreich den Kauf von Louisiana durch die Vereinigten Staaten verhandelt.

Lit.: C. H. Hunt, Life of E. L., 1864; E. Smith, E. L. and the Louisiana Codes, in: Columbia Law Review 2, 1902, 25–36.

M. J. Flessner

Llewellyn, Karl Nickerson (1893–1962), schloß 1918 sein Studium an der Yale Law School ab und blieb dort zunächst als Lehrbeauftragter und Chefherausgeber des «Yale Law Journal». Um das Recht auch aus der Sicht der Praxis kennenzulernen, arbeitete er 1920–22 als Spezialist für Handelsrecht bei einer New Yorker Rechtsanwaltsfirma, kehrte dann aber aus Interesse am Unterrichten und wissenschaftlichen Arbeiten zur Yale Law School zurück. 1925 wechselte L. zur Columbia Law School über, 1951 nahm er einen Lehrstuhl in Chicago an.

L.s juristische Leistungen liegen auf einer ganzen Reihe von Gebieten. 1937–52 widmete er sich intensiv der Ausarbeitung des «Uniform Commercial Code», eines umfangreichen Gesetzgebungswerkes, das das amerikanische Handelsrecht den Bedürfnissen der Zeit entsprechend reformieren und vereinheitlichen sollte. Auch zur Rechtsanthropologie leistete L. einen großen Beitrag, nämlich durch das zusammen mit einem Anthropologen verfaßte Werk *The Cheyenne Way* (1941), in dem die Konfliktschlichtungstechniken der Cheyenne-Indianer anhand von Fällen untersucht wurden.

L.s besonderes Interesse galt der Erforschung der Rechtsprechung der Revisionsgerichte, der Methoden, nach denen sie vorgehen, und der Frage, welche Bedeutung die Rechtsnormen für die Entscheidungsfindung haben. Mit diesem Thema setzte er sich intensiv in *The Common Law Tradition – Deciding Appeals* (1960) auseinander. Dabei legte L. großen Wert auf eine umfangreiche empirische Untersuchung der tatsächlichen Vorgänge, des Verhaltens der am Entscheidungsprozeß Beteiligten. Diese Vorgehensweise, nämlich Normen und Prinzipien nicht isoliert vom wirklichen Geschehen zu betrachten, sie nicht als Selbstzweck, sondern stets als Mittel zum Zweck zu sehen, wurde von L. und anderen seit etwa 1930 als «legal realism» propagiert. Sie kann schlagwortartig mit den Postulaten «see it fresh» und «see it as it works» charakterisiert werden. Die Bedeutung von Normen für das Recht wird, indem ihnen das tatsächliche Verhalten der an der Rechtsfindung beteiligten Personen gegenübergestellt wird, deutlich relativiert, was aber, jedenfalls bei L., nicht so weit geht, sie ganz zu leugnen. Wenn er Rechtsnormen auch nicht als die Entscheidungen zwingend vorbestimmend betrachtet, so sieht er in ihnen doch zumindest eine Leitlinie für die Entscheidungsfindung, die eine relative Vorhersehbarkeit der Ergebnisse sicherstellt. Trotzdem wurde L.s antiformalistische Rechtsauffassung oft als Überbetonung des Faktischen kritisiert. Seine wichtigsten Stellungnahmen zum «legal realism» und zur Rolle und Funktion des Rechts in der Gesellschaft sind in *Jurisprudence-Realism in Theory and Practice* (1962) zusammengestellt.

Lit.: W. Twining, K. N. L. and the Realist Movement, 1973; N. Reich, Sociological Jurisprudence und Legal Realism im Rechtsdenken Amerikas, 1967; U. Drobnig/E. Rehbinder (Hg.), Rechtsrealismus, multikulturelle Gesellschaft und Handelsrecht. K. N. L. und seine Bedeutung heute, 1994.

B. Schäfer

Loccenius, Johannes (1598–1677), aus Holstein stammend, der in Helmstedt und Rostock studierte, in Leiden promovierte, wurde 1625 von Gustav II. Adolf von Schweden als Professor für Geschichte, Politik und Rhetorik an die reformierte Universität Uppsala berufen. 1628–42 «Professor Skytteanus», seit 1634 Professor für römisches Recht, wurde er 1648 Universitätsbibliothekar in Uppsala. 1666–69 war er als «Professor honorarius iuris Svecani» für die Ausbildung der Studenten im schwedischen Recht verantwortlich. 1673 wurde er geadelt, ohne daß er allerdings den Namen «Tigerklou» führte.

L. gehört neben →Stiernhöök als akademischer Lehrer und Verfasser mehrerer Lehrbücher zu den Begründern der schwedischen Rechtswissenschaft im 17. Jh. Seine wichtigste Arbeit, *Synopsis iuris ad lege Sueticas accomodata* (1648 u. ö.), behandelte das Zivil-, Straf- und Prozeßrecht aus römischrechtlicher, nicht gemeinrechtlicher Perspektive. Die Arbeit stützte sich auf zahlreiche Präjudikate der Hofgerichte, in denen schon römisches Recht rezipiert worden war.

Die dritte Auflage dieses Werkes, 1673 als *Synopsis iuris publici et privati*, schloß seine staatsrechtlichen Vorlesungen ein. Diese, bereits 1640 im Manuskript vorliegend, machten die kontinentale Staatstheorie in Schweden bekannt. Ausgehend von der Vertragstheorie des →Althusius' begriff L. jedoch die «leges fundamentales» als «unbestimmte Anzahl von grundlegenden Normen des Staatslebens».

1651 veröffentlichte er die seerechtliche Arbeit *De iure maritimo* und 1665, 1674 erweitert, ein rechtsenzyklopädisches *Lexicon iuris Sveo-Gothici.*

Lit.: J. E. Almquist, in: Svensk Juridisk litteraturhistoria, 1946, 111ff.; SBL 24, 77ff.; Å. Malmström, Juridiska fakulteten i Uppsala, 1985.

K. Å. Modéer

Locke, John (1632–1704), als Philosoph einer der Hauptvertreter des Empirismus, studierte in Oxford Philosophie und Medizin, lehrte später Griechisch und Rhetorik, war Arzt, Berater, Lehrer und Sekretär im Hause Shaftesbury. Mehrere Jahre verbrachte L. in Frankreich, wo er die Philosophie von Gassendi und Descartes kennenlernte, und in den Niederlanden, von wo er mit Wilhelm von Oranien nach England zurückkehrte. In kleineren Staatsämtern wirkte er als Berater.

Im *Essay Concerning Human Understanding* (1690) entwickelte L. die empiristische Erkenntnistheorie. Danach ist das menschliche Bewußtsein anfangs leer (tabula rasa). Durch Erfahrung gelangt es zu Inhalten (Ideen): «Nihil est in intellectu, quod non ante fuerit in sensu» (Nichts ist im Verstand, was nicht zuvor sinnlich wahrgenommen wurde). Das Wesen der Dinge ist verborgen. Beweisbare Aussagen sind selten, vermutete Zusammenhänge hingegen häufig. L. hat diese Thesen nicht konsequent auf seine politische Theorie übertragen, denn es ist nicht erkennbar, aus welchen Erfahrungen er die Aussagen über Naturzustand und -gesetz ableitet.

Weltgeschichtliche Bedeutung für die Entwicklung des modernen Staates, besonders der Gewaltenteilung, hatten L.s *Two Treatises of Government* (1690). In der ersten Abhandlung widerspricht L. der Ableitung der absoluten Monarchie aus göttlichem Recht. Die zweite Untersuchung enthält L.s eigene Staatstheorie: Die Menschen lebten im Naturzustand frei und nur dem Naturgesetz unterworfen, dessen Verletzung im Wege der Selbsthilfe geahndet werden konnte. Es herrschte, anders als bei →Hobbes, keine Anarchie. Die Güter standen zunächst im Gemeineigentum. Durch Be- oder Verarbeitung der Güter, also aufgrund der Arbeitsleistung, entstand Privateigentum. L. setzt sich damit von der seit →Grotius vertretenen Okkupationstheorie ab. Selbsterhaltung, Eigentum und eigenes Glück sind die wesentlichen Handlungsmotive. Zum Schutz vor Betrug und Gewalt einzelner, die der Vernunfteinsicht nicht gehorchen, schließen sich die Individuen durch einen Gesellschaftsvertrag zum Staat zusammen, der Leben, Freiheit und Eigentum schützen und so dem Gemeinwohl dienen soll. Der Obrigkeit wird die Ausübung der Souveränität übertragen, die als «pouvoir constituant» beim Volk verbleibt, so daß die Individuen die Herrschaft wieder an sich ziehen können, wenn der Staat nicht mehr seine Schutzpflichten erfüllt. Anders als bei Hobbes ist die Regierung bei L. dem Gesellschaftsvertrag unterworfen. Die Sicherung des Eigentums geschieht nicht durch Grundrechte, sondern durch das Wahlrecht, das nur den Besitzenden zukommen soll. Im Wege der Gesetzgebung des Parlaments werden dann die Interessen der Eigentümer verwirklicht. Um Machtmißbrauch zu verhindern, sind Legislative und Exekutive zu trennen. →Montesquieu griff diesen Gedanken später auf. Im *Essay concerning Toleration* (1667) und in den *Letters on Toleration* (1689/90) formulierte L. ein Menschenrecht auf Religionsfreiheit. Die Lehren L.s wurden großenteils in die «Fundamental Constitutions for the Government of Carolina», 1669, übernommen und haben Eingang in die Verfassung der USA gefunden. In der neueren Forschung ist umstritten, ob L. eher der stoisch-christlichen Tradition oder der modern-bürgerlichen Naturrechtslehre im Sinne von Hobbes zuzurechnen ist, was wohl auf innere Widersprüchlichkeiten bei L. selbst zurückzuführen ist.

WW: Zwei Abhandlungen über die Regierung, hrsg. v. W. Euchner, 1977.
Lit.: M. W. Cranston, J. L. A biography, 3. Aufl., 1985; W. Euchner, Naturrecht u. Politik bei J. L., 1969; R. Brandt, J. L. und die Auseinandersetzungen über sein Denken, in: Ueberweg, Grundriß der Geschichte der Philosophie, völlig neu bearbeitete Ausgabe. Die Philosophie des 17. Jh.s, Bd. 3, England, 9. Kapitel, §§ 29–30, 1988, 607–802.

T. Repgen

Loisel, Antoine (1536–1617), aus einer Notablenfamilie gebürtig, besuchte zunächst die Lateinschule, seit 1546 das Kolleg seiner Vaterstadt Beauvais, bezog 1549 das Collège de Prêle in Paris und ging 1554 zum Rechtsstudium nach Toulouse. Hier wurde er Schüler von →Cujas, dem er noch in demselben Jahr nach Cahors, 1555 nach Bourges, 1557 nach Paris und nach Valence, schließlich 1559 zurück nach Bourges folgte. Zusammen mit Pierre →Pithou, dem er auch später in Freundschaft verbunden blieb, gehörte er zu dessen begabtesten Schülern und wurde 1560 in Bourges zum Doktor der Rechte promoviert. Im selben Jahr wurde er in Paris unter die Advokaten aufgenommen. 1563 heiratete er die Nichte des Generaladvokaten am Parlement de Paris, Du Mesnil, wurde Substitut des Generalprocureurs, 1571 auch Advokat des Herzogs von Alençon, eines Bruders König Karls IX. Von dessen Nachfolger, Heinrich III., wurde er 1581 als General-Procureur der als königliches Sondergericht eingerichteten Chambre de Justice pour la Guyenne nach Bordeaux entsandt. 1584 nach Paris zurückgekehrt, verzichtete er auf sein Amt als Substitut des Generalprocureurs und beschränkte sich künftig auf seine Tätigkeit als Parlamentsadvokat.

L.s Hauptwerk sind die wohl um 1600 entstandenen, zunächst anonym veröffentlichten *Institutes coustumières ou Manuel de plusieurs et diverses règles, sentences et Proverbes tant anciens que modernes du Droit Coutumier et plus ordinaires de la France* (1607 u. ö.). Sie fassen die allen französischen Coutumes gemeinsamen, generalisierbaren Rechtssätze in selbstgefaßten, systematisch geordneten Regeln zusammen. Der Zweck dieser dem Regelwerk der letzten Bücher der Digesten nachgebildeten typologischen Neuschöpfung war rechtspolitisch und praktisch. Mit ihrer Hilfe sollte das Gericht im Falle des Schweigens der örtlich zuständigen Coutume in den Stand gesetzt werden, unter Vermeidung des römischen Rechts nach französischem Gewohnheitsrecht zu entscheiden, also eine Analogie zu verwandten Rechtsnormen an die Stelle subsidiärer Anwendung des römischen Rechts treten zu lassen. L. hat zusammen mit den etwas anders angelegten Werken seiner Zeitgenossen →Coquille, Le Caron (1536–1617) und de L'Hommeau (um 1600) die Grundlagen für die Synthese des «droit français» als einer kohärenten, sich in Konkurrenz zum römischen Recht behauptenden Rechtsmasse geschaffen. Die Regelwerke des «droit français» aus der zweiten Hälfte des 17. und 18. Jh.s, etwa von Claude de Ferrière (1639–1715), François Bourjon (1665/85–1751) und Michel Prévôt de La Jannès (1696–1760), knüpfen an sie an und vermitteln ihren Eingang in den Code civil, dessen Diktion man in dieser Literatur präformiert findet. Außer den «Institutes» hat L. noch Gerichtsreden sowie einige antiquarische Schriften hinterlassen, darunter einige quellenkritische Arbeiten zum römischen kanonischen und altfranzösischen Recht, die Claude Foly unter dem Titel *Divers opuscules* posthum herausgegeben hat (1652).

Lit.: M. Reulos, Etude sur l'esprit, les sources et la méthode des Institutes coutumières d'A. L., Thèse Paris, 1935; P. Henry, A travers la Coutume de Paris et les Institutes coutumières de L. Notes de droit civil rétrospectif, in: Rev Crit Jur B N. S. 28, 1899, 314–325; 29, 1900, 46–57; 30, 1901, 613–623; 32, 1903, 289–304; 33, 1904, 340–360; 36, 1907, 146–163; 39, 1910, 472–486; A. Demasure, A. L. et son temps, 1876.

E. Holthöfer

Lombroso, Cesare (1835–1909), war Professor für Strafrechtsanthropologie und Gerichtsmedizin in Turin und Leiter des Irrenhauses in Pesaro, wo er sich mit Geisteskrankheiten wissenschaftlich auseinandersetzte und die Ursachen der Pellagra erforschte. Er gründete 1860 das Organ «Geografia medica d'Italia», das als Ursprung der Gesundheitsgesetzgebung fungierte.

L. ist für seine Anthropologiestudien international bekannt geworden, die dem Strafrecht einen neuen Horizont eröffneten. L. begann das Verbrechen als biologisches Phänomen zu untersuchen und die Ursachen bestimmter Kategorien von Verbrechen in psychiatrischen und anthropologischen Abweichungen sowie Umwelteinflüssen zu erkennen. Er erneuerte damit die Lehren von Gall und Lamark auf experimenteller Grundlage.

Seine Annäherung an das Thema war jedoch deutlich positivistisch geprägt, wobei die Anthropologie dem historischen Verstand wie seinen strukturellen Ansprüchen, seinem Vertrauen in Statistik und Experiment entsprechend, und seinen materialistischen evolutionistischen Ideen angepaßt wurde. Sein Ansatz wirkte auf zahlreiche Wissenschaftszweige; seine Lehre wurde von Enrico Ferri in die Soziologie und von Raffaele Garofalo in die Rechtswissenschaften eingebracht.

L. gründete die Zeitschrift «Archivo di psichiatria e di antropologia», deren Herausgeber nach seinem Tod Mario Carrara wurde. Er war darüber hinaus als Philanthrop sowie als Patriot bekannt. Für seine Teilnahme an den italienischen Unabhängigkeitskriegen wurde er mehrfach ausgezeichnet.

Lit.: L. Bulferetti, C. L., 1975.

P. Calvino

Longchamps de Berier, Roman (1883–1941), polnischer Zivilist, promovierte 1906 an der Universität Lemberg, studierte 1906–07 in Berlin bei →Kohler und Kipp und habilitierte sich 1916 in Lemberg. 1920–41 war L. Professor für Zivilrecht an der Universität Lemberg, 1920–39 außerdem an der Katholischen Universität Lublin.

Sein *Wstęp do nauki prawa cywilnego* (1922) behandelte synthetisch die Grundsätze des damals in Polen geltenden französischen, österreichischen und deutschen Zivilrechts. Seit 1922 bereitete er – zunächst unter der Leitung von →Till und nach dessen Tode 1926 selbständig – den Entwurf des polnischen «Gesetzbuches der Schuldverhältnisse» von 1933 vor. Sein schuldrechtliches Hauptwerk *Zobowiązania* (1938, u. ö.) behielt teilweise sogar noch nach dem Erlaß des polnischen Zivilgesetzbuches von 1964 Aktualität.

L. betätigte sich auch auf rechtsvergleichendem Gebiet, wo er ein Verfechter der Vereinheitlichung des Obligationenrechts der slawischen Länder war. Er gab die Zeitschrift «Przeglad Prawa i Administracji» heraus.

Lit.: K. Przybyłowski, S. p. R. L., in: Państwo i Prawo 2.5–6, 1947, 64–68; J. Fedynskyj, Prominent Polish Legal Scholars of the Last One Hundred Years, in: W. J. Wagner (Hg.), Polish Law Throughout the Ages, 1970, 469–473.

T. Giaro

López de Tovar, Gregorio (1496–1560), Herausgeber und Glossator der *Siete Partidas*. 1503–10 Studium der Rechte und der Philosophie an der Universität Salamanca, 1510 Baccalaureat und 1515 juristisches Lizentiat; 1515 Bürgermeister in seinem Geburtsdorf Guadalupe/Extremadura, anschließend Verwalter des Hauses Béjar; 1539, nach kurzer Tätigkeit als Anwalt in Granada, Berufung zum Richter an eines der höchsten Gerichte, die «Chancillería» von Valladolid; 1540 Fiskal im Kastilienrat, 1542 Mitglied der neugegründeten Überseeverwaltung in Valladolid («Junta de Indias»), an deren Nachfolgeorganisation, dem sog. Indienrat, er später die Ämter eines Visitators und eines Rats («Consejero de Indias») innehatte.

L. edierte 1555 die noch unter Alfons X. Ende des 13. Jh.s in Auftrag gegebenen und von →Diaz de Montalvo 1491 neubearbeiteten *Siete Partidas*, eine Kompilation des damals geltenden Rechts. Dieses auf kastilisch verfaßte und alle Rechtsgebiete umfassende Werk lag zu diesem Zeitpunkt in verschiedenen Handschriften vor.

Auch nach dem damaligen Verständnis war Rechtssicherheit damit nicht zu erreichen. Diesen Mißstand konnte selbst die von Diaz de Montalvo auf nur eine Textversion gestützte Neubearbeitung nicht beheben. Daher überarbeitete L. die *Siete Partidas* anhand der verschiedenen Manuskripte der Ausgabe Diaz de Montalvos und verschiedener Glossen, um einen klaren, einheitlichen und damit zweifelsfreien Text zu erstellen. Dieser erschien 1565–1885 in sechzehn Neuauflagen und erhielt bald offiziellen Charakter, so daß noch 1860 der oberste Gerichtshof die Ausgabe von L. einer neueren Edition, die 1807 die «Academia de la Historia» herausgegeben hatte, den Vorrang einräumte. Obwohl die *Siete Partidas* schon seit dem *Ordenamiento de Alcalá de Henares* von 1348 nur subsidiär galten, bestimmten sie die spanische Rechtsordnung bis zum «Código civil» von 1888/89, ja hinterlassen noch im geltenden spanischen Recht Spuren. Darüber hinaus beeinflußten die *Siete Partidas* in der Ausgabe von L. weltweit und über vier Jahrhunderte hinweg das Rechtsverständnis in Lateinamerika, und zwar bis zu den Unabhängigkeitskriegen und den Kodifikationen zwischen 1857 und 1907. Auch die vormals zu Spanien bzw. Mexiko gehörenden Staaten der USA sowie die Philippinen wurden durch sie geprägt.

Lit.: J. Martínez Cardos, G. L., 1960; A. Wolf, in: Coing, 1, 669–675.

F. Ross

Lupold von Bebenburg (um 1300–1363), Sproß staufischer Reichsministerialen, absolviert ein kanonistisches Studium 1316 in Bologna bei →Johannes Andreae, wo er 1321/25 Doctor decretorum wird. Danach ist er u. a. Kanoniker in Würzburg, wo er 1332 als Offizial bezeugt ist, sowie in Mainz und Bamberg. 1353 wird er Bischof von Bamberg.

In politisch aufgewühlten Verhältnissen blieb L. ein klarer Denker. L. ist in vielen Missionen – u. a. für Kaiser Ludwig IV. – bezeugt und war gleichzeitig dem führenden Erzbischof des Reiches, Balduin von Trier, eng verbunden, ohne dessen politische Ziele zu teilen. Das Bistum Bamberg führte er in Ausgleich mit dem Kapitel zu wirtschaftlicher Gesundung.

Sein juristischer Ruhm jedoch gründet sich auf dem zukunftsweisenden Ausweg, den L. v. B.s *Tractatus de iuribus regni et imperii* (1340) dem in der Auseinandersetzung festgefahrenen Kaisertum und Papsttum eröffnete. Diese staatsrechtliche Schrift – gleichsam «der erste Versuch ein[es] System[s] des deutschen Staatsrechts» (R. Most) – argumentiert im Detail historisch, durchaus mit Quellenkritik, sowie kanonistisch und legistisch: 1. Das Kaisertum ist durch die «translatio imperii» den Deutschen übertragen. 2. Für diejenigen Reichsteile, die Karl der Große bereits vor der römischen Kaiserkrönung besaß, wählen die Kurfürsten ohne Einsprüche oder adprobatio eines Dritten (Papst) einen «imperator», der bereits als «electus» in den Kernländern des Reiches als Kaiser herrscht. 3. Das ‹römische› Kaisertum kann später hinzutreten. Das westeuropäische «rex imperator in regno suo» wird somit zum deutschen «imperator rex in imperio suo». Sowohl der Kurverein von Rhense (1338) als auch – nach neueren Forschungen – die «Goldene Bulle» (1356) sind von L. beeinflußt.

1341/42 ensteht sein *Libellus de zelo christianae religionis veterum principum Germanorum*, der historisch argumentierend die Verhandlungen mit dem Papsttum unterstützt. Die Schriften entfalteten schnell große Wirkung, u. a. bis zu →Nikolaus de Tudeschis.

Lit.: A. Wendehorst, in: Lex MA, 6, 14; J. Miethke, Politisches Denken..., in: Nationes 8, 1989, 121–144.

J. Müller

Lyon-Caen, Charles (1843–1935), lehrte zunächst in Nancy, wurde dann 1872 nach Paris berufen, wo er 1881 Professor für römisches Recht wurde. Von da wechselte er 1892 auf einen Lehrstuhl für Handels- und Seerecht sowie vergleichende handelsrechtliche Gesetzgebung, den er bis zu seiner Pensionierung 1919 innehatte.

L.-C. beschränkte sich freilich nicht auf diese Fächer, sondern nahm auf allen Gebieten und in allen Institutionen des Rechtswesens eine dominierende Stellung ein.

Sein Werk ist im wesentlichen dem internationalen Privatrecht sowie dem Handelsrecht gewidmet. Zusammen mit Louis →Renault schrieb er den *Précis de droit commercial* (1884–85), aus dem der *Traité de droit commercial* (1889–99 u. ö.) und der *Manuel de droit commercial* (1887 u. ö.) entstanden, und schließlich den *Traité de droit maritime* (1884–96).

Durch den *Précis* veränderte L.-C. das Handelsrecht völlig. Frühere Autoren hatten sich auf den Code de commerce beschränkt. L.-C. und R. dagegen führten nicht nur die Gesetze, die direkt das Handelsgesetzbuch modifizierten, sondern auch diejenigen, die, juristisch gesehen, den Handel sowie das industrielle Eigentum betreffen, ein. Der Rechtsprechung gewährten sie außerdem einen wesentlichen Raum. Letztlich wurde das Gebiet zum erstenmal ausführlich unter Einbeziehung der Rechtsvergleichung dargestellt. Das *Manuel* diente als Kurzfassung den Studenten, der *Traité* war eine breitangelegte Darstellung für die Theoretiker.

Neben diesen Werken hat L.-C. noch zahlreiche Übersetzungen von ausländischen Gesetzbüchern und Gesetzen herausgebracht, so von der österreichischen Strafprozeßordnung, 1875, vom deutschen Handelsgesetzbuch und Wechselrecht, 1881, sowie vom Rheinschifffahrtsrecht, 1922.

Lit.: A. Buisson, La vie et les travaux de Ch. L.-C., in: Séances et travaux de l'Académie des sciences morales et politiques 1937, 1, 481–519; J. Niboyet, Ch. L.-C., in: RDIP 31, 1936, I–XX; N. Politis (Hg.), Allocutions prononcées à la cérémonie d'inauguration du monument à Ch. L.-C., 1937.

O. Motte

M

Maciejowski, Waclaw Aleksander (1792–1883), polnischer Rechtshistoriker, war einer der bedeutendsten Vertreter des slawistischen Zweiges der historischen Rechtsschule.

M. studierte 1814–17 bei Unterholzner in Breslau, 1817–18 bei →Savigny in Berlin und 1818 bei →Eichhorn und →Hugo in Göttingen, wo er auch im römischen Recht promovierte. Seit 1819 bis zu deren Auflösung 1831 las er an der Universität Warschau römisches Recht in lateinischer Sprache (*Principia iuris romani*, 1820). Sein vierbändiges Hauptwerk *Geschichte der slawischen Rechte* wurde 1832–35 polnisch und 1835–39 in deutscher Übersetzung veröffentlicht (2. polnische Aufl., 1856, 6 Bde.). Die Entstehung dieses Werkes hing mit M.s Mitgliedschaft in der Kommission zur Reform des Zivilrechts Kongreß-Polens 1820 zusammen, welche den Code Civil durch das einheimische Recht ersetzen sollte, wobei M. im Sinne der historischen Rechtsschule auf das altpolnische Recht zurückgreifen wollte. In einer umfassenderen Perspektive sollte seine slawische Rechtsgeschichte dem geplanten freien Bund slawischer Völker eine Grundlage verschaffen. Die romantisch-slawophile Haltung M.s kam in seinen späten Jahren dem von Rußland propagierten Panslawismus nahe.

Lit.: J. Bardach, Einleitung zu: W. A. Maciejowski, Slavische Rechtsgeschichte, 1, 1835 (ND 1978), 1–17; J. Kodrębski, Prawo rzymskie w Polsce XIX w., 1990, 66f., 82–94.

T. Giaro

Mackenzie of Rosehaugh, Sir George (1636–1691), wurde nach dem zu seiner Zeit nicht unüblichen Studium in Frankreich 1659 Mitglied der Anwaltschaft (Advocate) am Court of Session, dem höchsten Gericht Schottlands. Außerdem war er Mitglied des Parlaments und des Privy Council. 1677 wurde M. Lord Advocate. In dieser Funktion hatte er auch die Aufgabe eines öffentlichen Anklägers und erwarb sich bei der Verfolgung der Convenanters, die die Freiheit der schottischen Kirche gegen Charles II. verteidigten, Verdienste, die ihm den Namen «Bloody Mackenzie» einbrachten. Doch wurde er unter James II. 1686 aus dem Amt entfernt, weil er sich gegen die katholikenfreundliche Politik des Königs stellte. Nach kurzfristiger Rückkehr in sein Amt fiel er 1689 wegen seiner Opposition gegen William and Mary völlig in Ungnade. Er zog dann aber nach Oxford, wo er sich seinen literarischen Ambitionen widmete.

Unsterblichen Ruhm erwarb sich M. 1682 als Dean mit der Gründung der Bibliothek der Faculty of Advocates, die mit ihren rund 1500 vorwiegend vom Kontinent stammenden juristischen Büchern zur Keimzelle der heutigen Nationalbibliothek von Schottland wurde.

M. veröffentlichte zahlreiche Schriften; u. a. einen Roman, politische Schriften zur Unterstützung der Monarchie in der Auseinandersetzung mit dem Parlament, ein Werk über forensische Rhetorik, eine völkerrechtliche Abhandlung über Wappenkunde, ein Lehrbuch des Strafrechts, eine Sammlung von Law Reports, Kommentare über Gesetze des Parlamentes zum Konkursrecht und schließlich nach dem Vorbild von →Stair kurze *Institutions of the Law of Scotland* (1684), die später von →Erskine of Carnock fortgesetzt wurden. In den *Institutions* wird das römische Recht geradezu als generell verwendbare subsidiäre Rechtsquelle anerkannt: «... it has great influence in Scotland, except where our own expressed law or customs have receded from it.» Dieses Werk hat aber nicht den fast offiziellen Rang eines «book of authority» in der Serie der Werke der Institutionalisten des schottischen Rechts erreicht.

Die gesammelten Werke von M. wurden in zwei Bänden 1716 und 1722 veröffentlicht.

Lit.: D. M. Walker, The Scottish Jurists, 1985, 158–172.

K. Luig

Madison, James (1751–1836), studierte in Princeton (1769–72). Durch sein rechtswissenschaftliches Studium wurde M. mit den rechtlichen Problematiken im Konflikt zwischen den amerikanischen Kolonien und England konfrontiert, durch die er Zugang zur Unabhängigkeitsbewegung fand. Nach Mandaten für das Parlament (1776) und die Exekutive (1778) von Virginia sowie den «Continental Congress» (1780–83) wurde M. 1787 Delegierter Virginias in der Verfassungskommission der USA. Für die Ratifikation der daraus entstandenen bundesstaatlichen Verfassung warb M. als Mitautor der *Federalist Papers* (→Hamilton). Im ersten Repräsentantenhaus wurde M. zunächst Sprecher der Mehrheitsfraktion, gründete dann aber 1792 die Republikanische Partei und wurde deren

Oppositionsführer. Bei den Wahlen 1800 gewannen die Republikaner die Mehrheit, und M. wurde von →Jefferson zum Außenminister ernannt. Zwei Legislaturperioden später folgte er Jefferson als vierter Präsident der USA (1809–17) nach. Bis kurz vor seinem Tod blieb M. als Rektor der Universität von Virginia (seit 1826) und Ratgeber aktiv, so auch bei seinem Mandat für die Verfassungskommission Virginias 1829.

Der Ausgleich zwischen dem Willen der Mehrheit und den Rechten der Minderheit war in M.s Augen die vornehmste Aufgabe von Regierungsgewalt. Bereits seine Beiträge in den *Federalist Papers* versuchen die Notwendigkeit einer Bundesregierung und die Wahrung von Rechten der einzelnen Bundesstaaten, in denen sich die Bürger allein wegen der geographischen Gegebenheiten direkter an politischen Entscheidungen beteiligen konnten, miteinander in Einklang zu bringen. Infolge der Ratifizierungsdebatte entwickelte M. die «Bill of Rights», die einerseits grundlegende Prinzipien des Minderheitenschutzes explizit festschrieb, andererseits die Position der Bundesstaaten stärkte, indem sie ihnen die Regelungskompetenz in allen nicht durch die Verfassung geregelten Fragen zubilligte. Damit dieser Kontrollmechanismus greifen konnte, erachtete M. eine enge Verfassungsauslegung, wie er sie im Konflikt um die Errichtung einer Nationalbank vertrat, für notwendig. Seine deutlichste Äußerung zu den Rechten der Bundesstaaten und der Ausübung von Regierungsgewalt durch das Volk findet sich in den «Virginia Resolutions» von 1798, in denen M. als Antwort auf die «Alien and Sedition Acts» die Bundesstaaten auffordert, diese Gesetze übereinstimmend für verfassungswidrig zu erklären und mit den verfassungsgemäßen Mitteln kooperativ aufzuheben. In dem daran anschließenden *Report of 1800* erklärte M. die Verfassungswidrigkeit der «Alien and Sedition Acts» durch eine grundlegende Interpretation des ersten Amendments und betonte, es sei Aufgabe der Bundesstaaten, solche Gesetze nicht widerspruchslos hinzunehmen. Aus M.s Theorie wurde während der Verfassungskrise von 1828–33 die Möglichkeit der Nullifikation durch die Legislative eines einzelnen Staates abgeleitet, die M., sein Bekenntnis zur Union bekräftigend, aber scharf zurückwies.

Lit.: I. Brant, J. M., 1941–61; R. A. Rutland, J. M. – the Founding Father, 1987.

F. Arndt

Maimonides, Moses (1138–1204), jüdischer Religionsphilosoph und Rechtsgelehrter, aus Córdoba gebürtig, wurde durch politische Wirren bis nach Ägypten verschlagen, wo er bis zu seinem Tode lebte.

Da das jüdische Recht im babylonischen Talmud thematisch oft nicht zusammenhängend behandelt und in weitschweifigen Erörterungen dargelegt war und die nachtalmudische Rechtsentwicklung in der orientalischen Judenheit eine Fülle von ergänzenden Bestimmungen hervorgebracht hatte, faßte M. im letzten Viertel des 12. Jh.s das gesamte ihm bekannte jüdische Recht in einem 14bändigen, nach Sachthemen gegliederten Werk unter dem Titel *Mischne Tora* zusammen. Die *Mischne Tora* enthält nicht nur Zivil- und Strafrechtliches, sondern auch den im Judentum so wichtigen rituellen Bereich wie u. a. die Gesetze zur Feiertagsheiligung, die Speisegesetzgebung und das Liturgierecht. M. behandelte in seinem Werk auch jene Vorschriften, die zu seiner Zeit keine aktuelle Bedeutung hatten, wie z. B. die Opfergesetze, die die Existenz eines Tempels voraussetzten, und das Königsrecht, das in einem restituierten jüdischen Staat Geltung haben sollte. Die Darlegung der gesetzlichen Bestimmungen erfolgte bei M. in größtmöglicher Kürze ohne Referierung der ihr zugrundeliegenden talmudischen oder außertalmudischen Diskussionen und ohne Benennung der rabbinischen Autorität oder Quelle, auf die die jeweilige Regelung zurückzuführen war. Bei kontroversen Auffassungen suchte sich M. diejenige heraus, die ihm als die richtige erschien, und unterließ in den meisten Fällen die Darstellung anderslautender Positionen. Obwohl ihm die Kritiker seines Werkes schon zu Lebzeiten alle diese Mängel vorhielten, sicherte die klare, leicht faßliche und rein hebräischsprachige Darstellungsweise der komplizierten Materie des jüdischen Rechts dem Gesetzbuch des M. eine gewaltige Rezeption auch in der abendländischen Judenheit.

WW: Mischne Tora hu ha-Yad ha-chazaqa, hrsg. v. M. D. Rabbinowitz u. a., 6. Aufl., 1985; The Code of Maimonides (= Yale Judaica Series), 1949 ff.
Lit.: M. Elon, Ha-Mischpat ha-'ibri 2, 3. Aufl., 1988, 977 ff.

H.-G. v. Mutius

Maine, Sir Henry James Sumner (1822–1888), besuchte das Christ's Hospital und Pembroke College, Cambridge, wo er sich in seiner Studienzeit einen Ruf als herausragender Altphilologe verschaffte. Nach Abschluß seines Studiums wurde er bereits 1847 auf den Lehrstuhl des Regius Professor of Civil Law in Cambridge berufen, den er bis 1854 innehatte.

Nachdem er 1850 als Anwalt zugelassen worden war, war er 1852 der erste, der an den bis dahin ausschließlich am Common Law orientierten Inns of Court in London Vorlesungen zum römischen Recht und zur allgemeinen Rechtslehre hielt. Diese Vorlesungen bildeten später die Grundlage seines ersten Buches, des 1861 veröffentlichten *Ancient Law, its Connection with the Early History of Society and its Relation to Modern Ideas*, in dem M. Stufen einer evolutionären Rechtsentwicklung aufzuzeigen versuchte, die er in einem Fortschreiten des Rechts von den als göttlicher Eingebung aufgefaßten Befehlen einzelner über das von einer privilegierten Gruppe verwaltete, ungeschriebene Gewohnheitsrecht hin zur geschriebenen Kodifikation sah, die der «spontanen» Entwicklung ein Ende setzt und künftig nur noch gezielt veranlaßte Veränderungen des Rechts erlaubt. Gleichzeitig damit habe sich auch der Inhalt des Rechts in fortschrittlicheren Gesellschaften verändert, wobei M. hier einen Wandel vom Status zum Vertrag konstatierte. *Ancient Law* gab der Wissenschaft der Rechtsvergleichung erstmals eine historische Grundlage, war aber auch auf dem Gebiet der politischen Theorie wie auch der Anthropologie von großem Einfluß. Kurz nach der Veröffentlichung von Darwins Arbeit erschienen, welche dem Evolutionsgedanken in der Naturgeschichte zum Durchbruch verholfen hatte, bot M.s Werk nun eine korrespondierende Methode für die Ideengeschichte.

Er wurde in den Staatsrat für Indien berufen, dem er 1862–69 angehörte und für den er Pläne zur Kodifikation des indischen Rechts ausarbeitete. Während dieser Zeit übte er auch das Amt des Vizekanzlers der Universität von Kalkutta aus.

Nach seiner Rückkehr nach England 1869 wurde er noch im gleichen Jahr auf den neugegründeten Lehrstuhl des Corpus Professor of Jurisprudence in Oxford berufen. Einige seiner Vorlesungen wurden später veröffentlicht, so 1871 *Village Communities* und 1875 *Early History of Institutions*, in welchen er seine in Indien gewonnenen Erfahrungen rechtsvergleichend verarbeitete.

1877 wurde er zum Master von Trinity Hall in Cambridge gewählt und gab daher im folgenden Jahr seinen Lehrstuhl in Oxford auf.

Die 1883 veröffentlichte Schrift *Dissertations in Early Law and Custom* war sein letztes Werk, das auf den Vorlesungen in Oxford aufbaute und mit welchem er seine mit *Ancient Law* begonnene

Reihe von Arbeiten abschloß. 1885 verfaßte er *Popular Government*, ein Versuch, seine historische Methode auf gegenwärtige politische Institutionen anzuwenden, welcher auf heftige Kritik stieß. M. folgte 1887 Sir William Harcourt auf den Lehrstuhl des Whewell Professor of International Law in Cambridge nach und hielt Vorlesungen zum Völkerrecht, welche 1888 posthum unter dem Titel *International Law* veröffentlicht wurden, aber weitgehend unbearbeitete Bruchstücke eines größeren, unvollendeten Entwurfs darstellen.

Lit.: M. E. Grant Duff, Sir H. M.: A Brief Memoir of his Life, 1892; J. W. Burrow, Evolution and Society, 1966; G. Feaver, From Status to Contract, 1969; R. C. J. Cocks, Sir H. M. A Study in Victorian Jurisprudence, 1988.

K. Lerch

Maitland, Frederic William (1850–1906), besuchte Eton und studierte mit Auszeichnung am Trinity College in Cambridge, bevor er in Lincoln's Inn eine juristische Ausbildung erhielt. Nach seiner Zulassung als Anwalt 1876 praktizierte er zunächst acht Jahre lang mit großem Erfolg, widmete sich daneben aber immer mehr der Rechtsgeschichte, der sein eigentliches Interesse galt. Durch die Lektüre von Stubbs *Constitutional History* auf die Veröffentlichungen der Record Commission hingewiesen, erkannte er bald, welche Möglichkeiten zur Erforschung der Geschichte des englischen Rechts dieses noch weitgehend unbearbeitete Material bot. M. setzte sich daraufhin zur Aufgabe, für das englische Recht das zu bewirken, was → Savigny für das römische Recht getan hatte. Diesem Vorhaben widmete er sich ausschließlich, nachdem er 1884 auf die neugeschaffene Readership in English Law an der University of Cambridge berufen wurde. 1887 wurde v. a. auf sein Betreiben hin die → Selden Society gegründet, die sich das Studium der Geschichte des englischen Rechts zur Hauptaufgabe machte und deren rechtshistorische Editionsarbeit M. für die nächsten zwanzig Jahre leitete. 1888 erhielt er den Ruf auf den Lehrstuhl des Downing Professor of the Laws of England in Cambridge, den er bis zu seinem Tode innehatte. Mit seiner Antrittsvorlesung *Why the History of English Law is not Written* gab er den Anstoß zur systematischen Erschließung v. a. der mittelalterlichen Rechtsgeschichte Englands.

M.s erstes rechtshistorisches Werk von Bedeutung war seine dreibändige Arbeit *Bracton's Note-Book* (1887), die die Edition eines Manuskripts enthielt, von dem M. zeigen konnte, daß es die ursprüngliche Materialsammlung →Bractons für dessen großen Traktat *De legibus et consuetudinibus Angliae* und eine der besten Quellen des englischen Rechts im Mittelalter darstellte. 1889 veröffentlichte er zwei wichtige Zeitschriftenbeiträge: *The Materials for English Legal History*, in dem er eine eingehende Analyse und Klassifikation allen bekannten und verfügbaren rechtshistorisch bedeutsamen Materials für die Zeit von Ethelbert bis Heinrich VIII. vornahm, und *The History of the Register of Original Writs*, in dem er die Entwicklung der Klageformen im Common Law darstellte. Des weiteren verfaßte er zusammen mit Sir Frederick →Pollock die als sein Hauptwerk geltende zweibändige *History of English Law before the Time of Edward I.* (1895), welche sofort als das einschlägige Lehrbuch der mittelalterlichen englischen Rechtsgeschichte akzeptiert wurde und für alle späteren Werke Vorbild war. Danach beschäftigte er sich mit dem Einfluß des römischen Rechts auf das englische Recht. 1895 erschien seine Schrift *Bracton and Azo* über den Einfluß des römischen Rechts im England des 13. Jh.s und nach verschiedenen Essays die Arbeit *Roman Canon Law in the Church of England* (1898), in der er gegen Stubbs nachwies, daß das vor der Reformation in England angewandte kanonische Recht durchgehend dem Recht der päpstlichen Dekretalen entsprach. Daneben war M. auch ein bedeutender Quelleneditor, in welcher Eigenschaft er für die Selden Society u. a. die *Select Pleas in Manorial and other Seignorial Courts, The Court Baron, The Mirror of Justices* und drei Bände aus der Reihe der «Year Books» herausgab. Die einflußreichste seiner zahlreichen eigenen Editionen war *Memoranda de Parliamento* (1893), die Dokumente des Parlaments von 1305, durch welche er nachweisen konnte, daß das mittelalterliche Parlament keine Ständeversammlung, sondern ein königlicher Gerichtshof war. Ein Großteil seiner kürzeren Schriften findet sich in den dreibändigen *Collected Papers* (1911), den *Selected Essays* (1936) und den *Selected Historical Essays* (1957). Viele seiner Werke, in denen M. zugunsten strukturgeschichtlicher Zusammenhänge auf narrative und personalistische Geschichtsschreibung verzichtete, gelten noch heute dank seiner einzigartigen Quellenkenntnis und seiner juristisch präzisen Analysen als «the latest, even the last word» (Elton).

Lit.: H. A. L. Fisher, F. W. M.: A Biographical Sketch, 1910; C. H. S. Fifoot, F. W. M.: A Life, 1971; S. F. C. Milsom, F. W. M., in: Proceedings of the British Academy 66, 1980, 265–281; G. R. Elton, F. W. M., 1985.

K. Lerch

Makarewicz, Juliusz (1872–1955), studierte 1889–96 in Krakau, Halle und Berlin. Der 1894 in Krakau Promovierte habilitierte sich 1897 dort mit der Arbeit *Idealny zbieg przestepstw w ustawie karnej* (Idealkonkurrenz der Straftaten im Strafgesetz). 1904 wurde er ao. Professor für Strafrecht an der dortigen Universität. 1907 wechselte er als o. Professor an die Universität Lemberg, deren Rektor er 1923/24 war und der er auch nach dem II. Weltkrieg verbunden blieb.

Seit 1919 war M. als Vorsitzender der Strafrechtssektion der Kodifizierungskommission der Republik Polen Hauptredaktor des polnischen Strafgesetzbuches von 1932. Seine wichtigsten Arbeiten – *Das Wesen des Verbrechens. Eine criminalsoziologische Abhandlung auf vergleichender und rechtsgeschichtlicher Grundlage* (1896); *Einführung in die Philosophie des Strafrechts auf entwicklungsgeschichtlicher Grundlage* (1906); *Prawo karne. Wykład porównawczy z uwzględnieniem prawa obowiązujacego w Rzeczpospolitej Polskiej* (Strafrecht. Ein vergleichender Vortrag mit Berücksichtigung des in Polen geltenden Rechts, 1924); *Kodeks karny z komentarzem* (Kommentar zum Strafgesetzbuch, 1932) – weisen ihn als Vertreter der soziologischen Strafrechtsschule aus.

Lit.: E. Janiszewska-Talago, Szkoła antropologiczna prawa karnego w Polsce (Die anthropologische Schule des Strafrechts in Polen), 1965; K. Opałek/W. Wolter, Nauka filozofii prawa i prawa karnego w Polsce (Lehre der Rechtsphilosophie und des Strafrechts in Polen), 1948; M. Patkaniowski (Hg.), Studia u dziejów Wydziału Prawa Uniwersytetu Jagiellońskiego, 1964; PSB 19, 211–213.

W. Uruszczak

Makino, Eiichi (1878–1970), Vorkämpfer der modernen Schule in der japanischen Strafrechtswissenschaft. Studium in Tôkyô, nach Tätigkeit als Richter und Staatsanwalt 1905 ao., 1912 o. Professor daselbst. 1910–13 Europaaufenthalt (in Berlin bei →Liszt; in Rom bei Ferri). Von N. →Hozumis Evolutionismus geprägt, erachtete M. die Entwicklung von der individualistischen, objektiven zur kollektivistischen, täterorientierten Strafrechtslehre als historisch notwendig. Die Theorie der Erziehungs- und Zweckstrafe fand jedoch bei M. – über Liszt hinausgehend – eine solche Radikalisierung, daß sie oft die rechtsstaatliche Garantiefunktion außer acht läßt (Auflockerung des Nulla-poena-Prinzips usw.) und heute auf allgemeine Ablehnung stößt.

Als eine Art Universaljurist äußerte M. sich zu verschiedenen

Rechtsgebieten. U. a. ist sein Eintreten für «unbegrenzte Auslegung» im Streit um die Freirechtsbewegung zu erwähnen sowie für die Aufrechterhaltung des spezifisch japanischen Haussystems nach dem II. Weltkrieg. In M.s oft blauäugig anmutendem Machtoptimismus geht der vermutlich von seiner Heimat im provinziellen Hida-Takayama/Gifu hergebrachte patriarchalische Familiarismus mit den modischen, auf soziale Integration abzielenden Rechtstheorien eine merkwürdige Verbindung ein.

WW: Keijigaku no shin-shichô to shin-keihô (Neue Strömungen in der Kriminalistik und das neue Strafrecht), 1909; Nihon-keihô (Japanisches Strafrecht), 2 Bde., 1916–17 u. ö.; Keihô-kenkyû (Strafrechtliche Studien), 20 Bde., 1919–67.

Lit.: K. Nakayama, M. E. no keihô-riron, in: Hôritsu-jihô 51/4–5, 1979; T. Tsuchimoto, M. E., in: Hôgaku-kyôshitsu 154, 1993, 88–89; K. Tokoro, M. E., in: T. Ushiomi/N. Toshitani (Hg.), Nihon no hôgakusha, 1975, 257–274.

A. Wani

Maleville, Jacques de (1741–1824), war bis 1770 Advokat am Parlament von Bordeaux. Danach zog er sich nach Domme im Périgord zurück. Parteigänger der Revolution, wurde er 1790 erst Mitglied, dann Präsident des Direktoriums im Departement Dordogne. 1791–94 war er Richter am Kassationsgerichtshof und wurde 1795–99 in den Ältestenrat berufen. 1800 schloß er sich Bonaparte an, der ihn erneut zum Richter am Kassationsgerichtshof ernannte, wo er bald auch Präsident der zivilrechtlichen Abteilung wurde. 1806 zum Senator sowie in den Grafenstand erhoben, stimmte er aber für die Entlassung Napoleons und die Rückkehr der Bourbonen. Nachdem er sich mit der Restauration verbündet hatte, wurde er 1814 Pair und 1817 Marquis.

Im Jahr VIII, am 24. Thermidor, wurde M. von Bonaparte, zusammen mit Tronchet, →Portalis und Bigot-Préameneu, beauftragt, einen Code civil auszuarbeiten. Obwohl er als Sekretär-Redakteur eingestellt war, wollten ihn seine Kollegen gleichberechtigt beteiligen. In der Kommission vertrat er das von ihm bewunderte römische Recht, auf dem er wohl zu einseitig beharrte, speziell auch im Engagement gegen die Gleichberechtigung der Frauen. Er sah sich als Verteidiger der Familie, der väterlichen Gewalt und der Testierfreiheit, und er lehnte die Ehescheidung und die Adoption ab (*Du divorce et de la séparation de corps*, 1801, auch als *Examen du divorce*, 1816).

1805 erschienen vier Bände der *Analyse raisonnée de la discussion du Code civil au Conseil d'État*, ein wenig tiefgehender, aber klarer Kommentar zur Herkunft der einzelnen Artikel, der den berühmten Ausspruch Napoleons verursachte: «Mon code est perdu». M. behandelte darin unparteiisch die am meisten kontroversen Fragen. Indem er dem Plan des Code folgte, gab er an, warum die eine oder andere Meinung vorgezogen worden war, wo und warum Lücken geblieben waren und inwiefern die neuen Lösungen vom früheren römischen Recht oder vom Gewohnheitsrecht abwichen.

1814 schließlich veröffentlichte M. ein politisches Werk, *Défense de la Constitution, par un ancien magistrat*, in welchem er seine Vorliebe für die konstitutionelle Monarchie ausdrückte, an der er seit dem Ende des Ancien Régime festgehalten hatte.

Lit.: J. Latour, J. de M., 1929.

O. Motte

Mālik ibn Anas (–795) ist Eponym der Mālikiten, einer der vier großen Rechtsschulen des sunnitischen Islam (→Abū Ḥanīfa, →Šāfiʿī, →Ibn Ḥanbal), die heute ihre Anhänger vorwiegend in Nordafrika hat. M. selbst wurde in Medina geboren und verbrachte hier auch sein ganzes Leben. Er ist damit in der Rechtstradition derjenigen Stadt großgeworden, in die sich der Prophet Muḥammad (–632) nach seinem Weggang aus Mekka i. J. 622 begeben hatte und wo er erstmals nicht nur als Prophet, sondern auch als politischer Führer und somit auch als Schiedsrichter in Rechtsfragen aufgetreten war. Die im Koran niedergelegten Rechtsentscheidungen – die weniger umfangreich sind, als gemeinhin angenommen –, die Tradition der frühen islamischen Gemeinde und das Gewohnheitsrecht noch aus vorislamischer Zeit bilden von daher die Grundlage in M.s Rechtslehre. Sein Werk, der «geebnete Pfad» *(al-Muwaṭṭa')*, versteht sich als Führer durch die Meinungsvielfalt früher muslimischer Juristen, die sich nicht nur auf ausgewählte Fragen einzelner Rechtsbereiche erstreckten, sondern auch rechtstheoretische Fragen umfaßten. Ziel M.s war es, der vorherrschenden Kasuistik Einhalt zu gebieten und das Rechtsleben mit religiösen und moralischen Ideen zu durchdringen.

Der *Muwaṭṭa'* ist das älteste erhaltene Rechtswerk des Islam und legt damit die Grundlagen der Šarīʿa, des islamischen Rechts. M. gibt darin einen Überblick über Recht, religiöse Praxis und Ritual nach dem Konsens der Rechtsgelehrten («iğmāʿ»), allerdings beschränkt auf Medina, und das medinensische Gewohnheitsrecht («ʿamal»). Zugleich enthält der *Muwaṭṭaʾ* aber auch eine Zusammenstellung und erste Ansätze einer Systematisierung des medinensischen Gewohnheitsrechts, welche von allgemeinen Prinzipien ausgeht und Rechtskonzepte bilden möchte.

In Fällen, in denen keine medinensische Rechtstradition («ʿamal») oder Konsensus vorlag, griff M. ohne weiteres auf seine eigene Rechtsmeinung ohne Begründung zurück («raʾy»).

M. selbst hat am *Muwaṭṭaʾ* nie eine Endredaktion vorgenommen, und so ist er in verschiedenen, teilweise erheblich voneinander abweichenden Rezensionen weitergegeben worden, von denen zwei erhalten sind (Rez. des Yaḥyā ibn Yaḥyā al-Masmūdī, hrsg. v. Muḥammad Fuʾād ʿAbdalbāqī, 2 Bde., Kairo 1951, übers. ins Engl. u. d. Titel: *Al-Muwatta of Imam Malik Ibn Anas* von Aisha Abdurrahman Bewley, London 1985; Rez. des Muḥammad ibn al-Ḥasan aš-Šaibānī, hrsg. v. ʿAbdalwahhāb ʿAbdallaṭīf, Kairo 1967). Die hohe persönliche Wertschätzung, die M. zu Lebzeiten genoß, setzt sich in der allgemeinen Anerkennung seines Werkes und seiner Lehre fort.

Lit.: J. Schacht, Mālik b. Anas, in: EI² 6, 262–265.

I. Schneider

Mancini, Pasquale Stanislao (1817–1888). Schon als Jüngling nahm er am Kampf um die Einigung Italiens teil und wurde dabei einer der Protagonisten. Sein ganzes Leben wurde geprägt von engsten Beziehungen zwischen Politik und Wissenschaft. M. blieb der Idee treu, daß der Erfolg des politischen Einigungsprozesses von der Neubegründung der Rechtswissenschaft ebenso abhänge wie von der Öffnung gegenüber den europäischen Erfahrungen. Von solchen Überzeugungen bewegt, richtete er schon während der bourbonischen Epoche die Anstrengung, sein kulturelles Programm zu realisieren, auf die Leitung von Zeitschriften und editorischen Aktivitäten, weil er hierin die wichtigsten Instrumente sah, um die wissenschaftliche Integration seines Landes zu bewirken.

Die Ereignisse des Jahres 1848 brachten seine Vorhaben einen Moment zum Stillstand. Seine Neigung zur konstitutionellen Bewegung und die Publikation der von der bourbonischen Herrschaft sofort verbotenen Zeitschrift «Il Riscatto» trieben M. ins Exil. Wie viele Juristen aus dem Süden zog er sich nach Turin zurück. Dort wurde ihm 1850 der gerade eingerichtete Lehrstuhl für öffentliches Recht und internationales Privatrecht übertragen. Im folgenden Jahr erschien, rechtzeitig zu Beginn des akademischen Unterrichts, das Werk *La nazionalità come fonte di diritto delle genti*, in dem er die Theorie der Nationalität, die zur politisch-juristischen Doktrin der nationalen Einigung werden sollte, entwickelte.

In jenen Jahren in Turin nahm M. lebhaften Anteil an verschiedenen herausgeberischen Aktivitäten, so am «Archivio storico italiano», am «Archivio Giuridico» und an der Gründung der «Annali della Giurisprudenza Italiana». 1855 wurde er zum Abgeordneten gewählt. Im gleichen Jahr brachte er, zusammen mit Antonio →Scialoja und Giuseppe →Pisanelli, den *Commentario del Codice di Procedura Civile per gli Stati Sardi, con la comparazione degli altri Codici italiani e delle singole legislazioni straniere* heraus. 1862 wurde er zum Unterrichtsminister und 1876, mit Unterstützung der politischen Linken, zum Justizminister ernannt. Seit 1872 war er Präsident des Institut de droit international in Genf. Im Mai 1881, kurz vor der Ernennung zum Außenminister, entwickelte er sein Programm einer *Enciclopedia giuridica italiana*. Das gewichtige verlegerische Unternehmen vereinte alle Bereiche des Rechts im Bestreben, das gesamte juristische Wissen der Nation zu sammeln. Während seiner vier Amtsjahre als Außenminister entfaltete M. wichtige Initiativen. Ihm ist die Einigung über den «Dreierbund» ebenso zu verdanken wie der Abschluß der Handelsverträge mit Frankreich und Deutschland.

Lit.: E. Jayme, P. S. M. Il diritto internazionale privato tra Risorgimento e attività forense, 1988; C. Vano, «Edifizio della scienza nazionale». La nascita dell'Enciclopedia giuridica italiana, in: A. Mazzacane/P. Schiera (Hg.), Enciclopedia e sapere scientifico, 1990.

St. Torre

Mansfield, Lord s. **Murray**

Marcellus (**Ulpius M.; 2. Jh.**), römischer Jurist; gehörte dem consilium der Kaiser Antoninus Pius (138–161) und Mark Aurel (161–180) an (Hist. Aug., Antoninus Pius 12, 1; Dig. 28, 4, 3 pr.)

Sein bedeutendstes Werk sind die 31 *libri digestorum*, entstanden zwischen 161 und 167, eine Sammlung von unterschiedlichsten Rechtsfragen, an den Digesten des →Julian orientiert, des prominentesten Hochklassikers. M. war ferner Autor von kritischen und weiterführenden notae zu den Digesten Julians (vgl. Dig. 4, 2, 9, 8). Seine eigenen Digesten sind Anlaß wiederum für notae späterer Juristen wie →Scaevola und vor allem →Ulpian gewesen, was den Rang des M. als Juristen erkennen läßt.

Lit.: Th. Mayer-Maly, «Ulpius» (Nr. 4), in: RE IX A, 570f.; P. Krüger, Geschichte der Quellen und Literatur des römischen Rechts, 2. Aufl., 1912, 213f.; J. Rastätter, Marcelli Notae ad Iuliani Digesta, Diss. Freiburg/Br. 1981.

B. Kupisch

Marshall, John (1755–1835). Nach seinem Dienst in der Kontinentalarmee (1775–79) studierte M. kurze Zeit am William and Mary College und erhielt 1780 seine Anwaltszulassung durch den damaligen Gouverneur Virginias T. →Jefferson. In der Folgezeit arbeitete M. zunächst erfolgreich als Anwalt. Seine politische Karriere begann 1782 als Parlamentarier in Virginia, 1788 war er Mitglied der Versammlung, die die Ratifikation der Bundesverfassung durch Virginia beschloß. Nach einer diplomatischen Mission in Frankreich (XYZ-Affäre, 1797/98) wurde M. in den Kongreß gewählt (1799–1800) und 1800 zum Außenminister ernannt. Seine Berufung zum Chief Justice des Supreme Court erfolgte 1801 in den letzten Monaten der Präsidentschaft von J. Adams, so daß M. bis zur Ernennung seines Nachfolgers durch T. Jefferson Ämter sowohl in der Exekutive als auch in der Judikative innehatte. Bis zu seinem Tod 1835 diente M. als Chief Justice.

Unter der Führung M.s festigte der Supreme Court seine Stellung als oberstes Gericht und unabhängige, dritte Gewalt. In der Entscheidung «Marbury vs. Madison» (1803) etablierte M. das Prinzip des «Judicial Review». Damit definierte der Supreme Court seine eigene Kompetenz, Gesetze des demokratischen Gesetzgebers auf ihre Verfassungsmäßigkeit hin zu überprüfen und gegebenenfalls für nichtig zu erklären. Der Supreme Court habe weiter die Befugnis zu beurteilen, ob eine politische Frage oder eine Rechtsfrage, die entschieden werden kann, vorliege. Jedoch übte M. regelmäßig «judicial self-restraint», um die Position des Supreme Court nicht zu gefährden. Aus dieser gestärkten Stellung heraus konnte M. grundlegende Prinzipien des amerikanischen Verfassungsrechts formulieren. So bestätigte M. in «McCulloch vs. Maryland» (1819) die weite

Verfassungsauslegung der Federalists in bezug auf die «implied powers». Diese Entscheidung ist Ausdruck von M.s Überzeugung, daß die Verfassung nie jeden erdenklichen Einzelfall regeln könne, sondern lediglich Leitlinien vorgebe. Durch M.s Argumentationen zieht sich der Gedanke, daß die Verfassung und die durch sie geschaffene Union dauerhaft existieren müßten. Deshalb dürften die durch das Volk legitimierten Bundesorgane nicht durch eine zu restriktive Verfassungsauslegung abhängig von dem Willen der Einzelstaaten sein. Ansonsten führe sich die Verfassung selbst ad absurdum und könne ihren Anspruch nicht erfüllen, das beständige «supreme law of the land» zu sein.

Lit.: L. Baker, J. M. – a life in law, 1974; A. J. Beveridge, The Life of J. M., 1916–19.

F. Arndt

Marshall, Thurgood (1908–1993), war 1961–65 Richter an einem Bundesberufungsgericht und wurde 1967–91 als erster Schwarzer an den Supreme Court berufen. Aber seinen Ruf als Jurist erhielt er hauptsächlich in seiner Karriere als Rechtsanwalt im Kampf gegen Rassendiskriminierung. Als Direktor der National Association for the Advancement of Colored People's Legal Defense Fund von 1938–61 und als Solicitor General (Vertreter des öffentlichen Interesses) der Vereinigten Staaten von 1965–67 erhob er 29 erfolgreiche von insgesamt 32 Klagen vor dem Supreme Court. Zu diesen Urteilen zählen manche der bedeutendsten Entscheidungen des Supreme Courts, wie «Brown vs. Board of Education» (1954), «Shelley vs. Kramer» (1948) und «Katzenbach vs. Morgan» (1966).

Sowohl als Rechtsanwalt als auch als Richter trat M. für Chancengleichheit ein, besonders im Bereich der Bildung. In seiner abweichenden Meinung zur «San Antonio School District vs. Rodriguez»-Entscheidung (1973), die viele für die wichtigste Entscheidung seit Brown halten, argumentierte er, daß Bildung Grundlage von Menschenrechten sei. Verbunden damit war seine Auffassung, eine zu große faktische Ungleichheit könne zur Verfassungswidrigkeit führen, weil sie die Chancengleichheit beeinträchtige. M. war also der Auffassung, daß traditionelle Abwehrrechte allein die Chancengleichheit nicht sichern können, daß vielmehr Teilhaberechte anerkannt werden müssen.

Als Richter am Supreme Court aber konnte er sich nicht durchsetzen. Nach seiner Ernennung änderten sich die Mehrheitsverhältnisse am Gericht. In 1881 abweichenden Meinungen wandte sich M. mit Bitterkeit gegen die starke konservative Tendenz in der Rechtsprechung. Tief enttäuscht trat er vom Gericht zurück.

Lit.: C. T. Rowan, Dream Makers, Dream Breakers: The World of Justice T. M., 1993. C. R. Sunstein, On M.s Conception of Equality, in: Stanf LR 44, 1992, 1267–1275.

J. Seitzer

Martínez Marina, Francisco (1754–1833). Der spanische Theologe und Staatsdenker studierte Latein und Philosophie, bekam die Titel des Bachiller en arte und des Bachiller en teología und graduierte an der Universität Toledo. Er war Rektor des Colegio Mayor de San Ildefonso sowie Bibliothekar und Kanoniker von San Isidoro/Madrid. M. M. wurde 1801 zum Rektor der Academia de la Historia gewählt, wo er sich der Edition der «Siete Partidas» annahm. In diesem Zusammenhang entstand sein *Ensayo histórico-crítico sobre la legislación y principales cuerpos legales de los Reinos de León y Castilla especialmente sobre el Código de las Siete Partidas de Don Alfonso el Sabio* (1806). Ausgehend von den «Siete Partidas» versuchte er in diesem Rahmen die Anfänge der spanischen Gesetzgebung historisch aufzuklären. Die Akademie für Geschichtswissenschaft sprach sich zunächst gegen die Publikation dieser Schrift aus, weil sie sich damit politisch zu kompromittieren glaubte.

An zweiter Stelle sind seine *Teorías de las Cortes* von 1813 zu nennen. In ihnen distanzierte er sich teilweise von der soeben erlassenen ersten liberalen Verfassung der spanischen Monarchie, wie sie die Cortes generales y extraordinarias 1812 in Cádiz beschlossen hatten. Aufgrund beider Schriften wurde M. M. beim reaktionären Consejo de Castilla und der Inquisition (Tribunal del Santo Oficio) angezeigt. Zu seiner Verteidigung schrieb er den *Juicio histórico-crítico de la Novísima Recopilación* (1829). Darin wird aufgezeigt, daß in der «Novísima Recopilación», welche das geltende positive Recht ganz Spaniens bis auf die indischen Besitzungen kompilieren und so die «Nueva Recopilación» von 1567 kritisch überarbeiten und zeitlich vervollständigen sollte, Fehler, die in der Recopilación des 16. Jh.s begangen worden waren, 1805 nicht berichtigt wurden. Diese Schrift wurde bereits 1817 abgeschlossen.

Lit.: J. García Soriano, M. M., in: Boletín de la Academia de la Historia 103, 1933, 401; J. Martínez Cardos, Estudio preliminar, in: Obras escogidas de M. M., 1, 1966, VII–LXIII; J.-M. Scholz, in: Coing, 3, 1, 435–436.

N. Reichardt

Martini, Karl Anton von (1726–1800). Nach Absolvierung des philosophischen Propädeutikums in Trient immatrikulierte sich M. 1741 an der Universität Innsbruck für Rechts- und Staatswissenschaften, wo er zum engeren Schülerkreis von Paul Joseph Riegger, einem der maßgeblichen geistigen Wegbereiter des Josephinismus, zählte. 1747 übersiedelte M. nach Wien, wo er sein Studium mit der Promotion abschloß. Eine ausgedehnte, langjährige Bildungsreise führte ihn durch Deutschland, die Niederlande, Frankreich sowie Italien und Spanien, wo er 1752/53 an der kaiserlichen Gesandtschaft in Madrid im Dienst stand.

1754 erfolgte schon, wohl auf Empfehlung Rieggers, die Berufung nach Wien auf die im Rahmen der von van Swieten angeregten Studienreform neugeschaffene Lehrkanzel für Naturrecht in Verbindung mit den Institutionen sowie der Geschichte des römischen Rechts.

Der Antritt des Lehramts markiert auch den Beginn von M.s schriftstellerischem Schaffen als Herausgeber sowie als wissenschaftlicher Autor. M. verfaßte v. a. einen *Ordo historiae juris civilis* (1755) als Lehrbuch für seine Vorlesungen zur Geschichte des römischen Rechts, zwei Lehrbücher über Natur- und Völkerrecht, und zwar die *Positiones de lege naturali* (1762) sowie die *Positiones de jure civitatis* (1768), zwei kleinere Lehrschriften *De usu auctoritatis in jurisprudentia naturali* (1759) und *Exercitationes sex de jure naturali* (1770).

1761 wurde er von Maria Theresia mit der Ausbildung mehrerer Kinder des Kaiserhauses betraut, darunter der spätere Kaiser Leopold II., den er in Rechts- und Staatswissenschaften unterwies. Dieser Unterricht motivierte ihn auch dazu, sein naturrechtliches Lehrbuch zu überarbeiten und als *De lege naturali positiones* (1767) neu herauszugeben sowie die *Positiones de jure civitatis* (1768) zu verfassen. Beide Lehrbücher legte er seit 1774 auch seiner Vorlesungstätigkeit an der Universität zugrunde. Die Naturrechtslehrbücher wirkten in deutschen Übersetzungen lange fort. Der *Lehrbegriff des Naturrechts zum Gebrauch in den öffentlichen Vorlesungen in den k. k. Staaten* (1799) wurde noch nach der Studienreform von 1810 offiziell neben → Zeillers Werken vorgeschrieben, inoffiziell später sogar noch die *Positiones* empfohlen.

1764 wurde M. Hofrat der Obersten Justizstelle. Er bekleidete dort ab 1788 den Rang eines Vizepräsidenten sowie von 1792 bis zu seinem Tod den eines zweiten Präsidenten. M.s Tätigkeit an der Obersten Justizstelle wurde zweimal unterbrochen, und zwar 1774–79 durch Versetzung zur politischen Hofstelle (böhmisch-österreichische Hofkanzlei) sowie von 1782–88 durch Berufung in den Staatsrat. Dort war er u. a. mit der Durchführung eines von Maria Theresia 1773 genehmigten Studienplans befaßt, den er seit 1760 als Mitglied sowie seit 1762 als Vorsitzender der Studienhofkommission ausgearbeitet hatte. Seine Bemühungen wurden zwar 1779 mit der Erhebung in den Freiherrenstand (v. Martini zu Wasserburg) honoriert, doch scheiterte sein fortschrittlicher Bildungsplan letztlich am Widerstand der konservativen Bürokratie. Den Bemühungen M.s um eine Studienreform war erst, aber nur vorübergehend, in der kurzen Regierungszeit Leopolds II. Erfolg beschieden. Der von ihm ausgearbeitete Studienreformplan, der im Bildungswesen weitgehende Autonomie vorsah, wurde 1790 genehmigt und er 1791 mit der Durchführung betraut. Im Staatsrat arbeitete M. seit 1785 u. a. an der Einführung einer neuen Gerichtsverfassung in Mailand und in den österreichischen Niederlanden.

M. war darüber hinaus seit 1764 in alle bedeutenden Gesetzgebungsarbeiten eingebunden, insbesondere seit 1771 als Mitglied der mit der Abfassung eines Bürgerlichen Gesetzbuches befaßten Kommission. 1790 wurde er als deren einziges Mitglied in die nach dem Regierungsantritt Leopolds II. neueingerichtete Hofkommission in Gesetzgebungssachen übernommen, wo er als Vorsitzender – zunächst auf Grundlage der Vorentwürfe seines Schülers Johann Bernhard Horten – die weiteren Arbeiten für die Kodifikation des Privatrechts leitete. Aus praktischen Erwägungen arbeitete er 1793–95 einen vollständig neuen Entwurf aus, der – wohl auch für ihn selbst überraschend – 1798 als Bürgerliches Gesetzbuch für (West-)Galizien und in der Bukowina in Kraft gesetzt wurde. In die für die Überarbeitung seines für den Gesamtstaat gedachten Entwurfs 1796 eingerichtete neue Hofkommission in Gesetzgebungssachen war M. nicht mehr berufen worden. Auf Initiative seiner Schüler Zeiller und Josef von →Sonnenfels wurde die ihm besonders wichtige Einleitung über Staatszwecke und -ziele 1801, sogleich zu Beginn der letzten Phase der Kodifikationsarbeiten, aus seinem Entwurf entfernt.

M. zählt zu den Hauptvertretern des sog. vorkritischen Naturrechts in Österreich. Seine natur- und staatsrechtlichen Schriften blieben in zahlreichen Neuauflagen und Übersetzungen über seinen

Tod hinaus von Bedeutung. Zur konkreten Durchsetzung kam M.s Denken über Staat und Recht nur in der kurzen Regierungszeit seines Schülers Leopold II. (1790–92). In der nachfolgenden Ära Franz' II. standen polizeistaatliches Denken und konservative Beamtenschaft der Verwirklichung von M.s Gedankengut im Wege, auch war es unter dem Eindruck der Französischen Revolution politisch untragbar geworden. Seine Lehrbücher fanden zwar noch in der Periode Franz' II. Verwendung, doch seine staats- und rechtsphilosophischen Grundsätze wurden aus dem ABGB-Entwurf entfernt. Lediglich die naturrechtlichen Anknüpfungen im Vertrags- und Schadensersatzrecht blieben unangetastet und wirken so bis heute fort. Dauernde Beiträge leistete M. auch im Bereich des Strafrechts, wo er, wie andere Naturrechtler auch, die Anwendung der Folter grundsätzlich ablehnte.

Lit.: W. Brauneder (Hg.), Juristen in Österreich, 1987, 77 ff.; W. Brauneder, Das Allgemeine Bürgerliche Gesetzbuch für die gesamten Deutschen Erbländer der Österreichischen Monarchie von 1811, in: Gutenberg-Jahrbuch 1987, 215 f., 225; Kleinheyer/Schröder, 174 ff.

Ch. Neschwara

Marton, Géza (1880–1957). Nach dem Studium in Ungarn und im Ausland wurde M. Rechtsanwalt und dann Rechtsakademieprofessor in Máramarossziget (1907) und in Kecskemét (1919), ao. Professor in Budapest (1913), o. Professor für römisches Recht in Debrecen (1921) und in Budapest (1937–57). Außerdem war er seit 1939 Mitglied der Ungarischen Akademie der Wissenschaften.

M. war der bedeutendste ungarische Romanist dieses Jh.s, der mit seiner Lehrtätigkeit und seinem anspruchsvollen Lehrbuch zur Verankerung des römischen Rechts, 1922, in den Curricula der ungarischen Universitäten entscheidend beigetragen hat. Aus seinen Studien zum Haftungssystem des klassischen römischen Rechts, in denen er die Entwicklung des Haftungsgedankens verfolgt hat, ging sein lebenslanger Kampf gegen das für ihn zu eng gewordene Verschuldensprinzip hervor. Er wollte den zwischen dem Verschuldens- und Verursachungsprinzip liegenden Grundsatz der zivilrechtlichen Haftung anhand einer synthetischen Methode ausarbeiten und bekanntmachen.

Die Ergebnisse seiner langen Forschungstätigkeit, während derer er nicht nur das römische, sondern auch die deutschen, französischen und sogar die sowjetrussischen Lösungen der zivilrechtlichen Haftung analysierte, faßte er in seinem Werk *Les fondements de la responsabilité civile. Révision de la doctrine essai d'un système unitaire* (1938) zusammen. Grundsätzlich vertrat er die Ansicht, daß die Haftungsgrundlage im Zivilrecht nur objektiv sein kann, aber daß diese objektive Haftung von verschiedenen Aspekten (Prävention, Gerechtigkeit, Rechtssicherheit, Risikofaktoren usw.) modifiziert wird. Seine Empfehlungen für das ungarische zivilrechtliche Haftungssystem veröffentlichte er im «Magyar Magánjog» (Ung. Privatrecht, hrsg. v. →Szladits) und in einem Privatentwurf, 1945–46.

WW: A furtum mint delictum privatum (Der Diebstahl als Privatdelikt), 1911; Gefährdungshaftung und Billigkeitshaftung im ung. Privatrecht, in: Das Recht, 1943; Versuch eines einheitlichen Systems der zivilrechtlichen Haftung, in: AcP 162, 1963; A polgári jogi felelősség (Zivilrechtliche Haftung), hrsg. v. J. Zlinszky, 1992.

Lit.: F. Eckhart, A Jog- és Államtudományi Kar története 1667–1935, 1936; K. Visky, Az antik római felelősségi rendszer Marton Géza tanításában, in: Antik Tanulmányok 1973, 65–74.; L. Asztalos, A civilisztika oktatásának és tudományának fejlődése a budapesti egyetemen 1945–1970, 1973; G. Hamza (Hg.), Tanítványok M. Gézáról, 1981.

B. Szabó

Marx, Karl (1818–1883). Der Philosoph des sozialen Zeitalters, Begründer des Marxismus, Analytiker des Kapitalismus und Künder des Sozialismus begann seinen Weg als Jurist. Der als preußischer Untertan geborene M. sollte nach dem Willen des Vaters Professor der Rechte werden und studierte 1835–39 in Bonn und Berlin. Er besuchte fast ausschließlich juristische Kollegs (u.a. «Pandekten» bei F.C. von →Savigny, «Kriminalrecht» und «Preußisches Landrecht» bei Eduard →Gans) und absolvierte ein gründliches Literaturstudium (→Hugo, Savigny, A. →Feuerbach, Grolmann, Gans, →Hegel), das zu einem ersten eigenen *Versuch einer Rechtsphilosophie* führte.

Das Recht ist wiederkehrendes Thema und eigentümlicher Untersuchungsgegenstand im gesamten Schriftwerk von M. Das gilt besonders für die frühen Arbeiten des philosophischen und politischen Schriftstellers, der sich in der Weise kritischer Infragestellung und dialektischer Entgegensetzung mit dem Recht der Zeit auseinandersetzte: mit der beherrschenden Rechtsphilosophie *(Kritik des Hegelschen Staatsrechts, Kritik der Hegelschen Rechtsphilosophie)*, mit der führenden Schuljurisprudenz *(Das philosophische Manifest der Historischen Rechtsschule)*, mit den Menschenrechten *(Zur Judenfrage)*, mit der Pressefreiheit in der preußischen Monarchie *(Bemerkungen über die preußische Zensurinstruktion, Debatten über die Pressefreiheit, Der Hohenzollersche Preßgesetzentwurf)*, mit der Strafgesetzgebung des Rheinischen Landtags *(Debatten über das Holzdiebstahlsgesetz)*, mit dem «Ehescheidungsgesetzentwurf» des preußischen Ministers für die Revision der Gesetzgebung Savigny, mit den «Geschwornengerichten». Seit den zusammen mit Friedrich Engels verfaßten *Die Deutsche Ideologie* (1845/46) und dem *Manifest der Kommunistischen Partei* (1848) bestimmt das Theorem vom Klassencharakter und der materiellen Determiniertheit der Ideen und Bewußtseinsformen M.' Analyse des Rechts des bürgerlichen Zeitalters. Im Rahmen seines wissenschaftlichen Hauptwerks, der monumentalen *Kritik der politischen Ökonomie (Das Kapital, Grundrisse)* wird die Rechtsform im kategorialen Ableitungszusammenhang mit der «ökonomischen Basis» und dem «ökonomischen Bewegungsgesetz der modernen Gesellschaft» erklärt und dieser materialistische Erklärungsansatz anhand zahlreicher Entstehungs-, Entwicklungs- und Funktionsanalysen v. a. des Eigentums- und Erbrechts, des Vertrags- und Arbeitsrechts, des Straf- und Verfassungsrechts demonstriert. Die Einheit des fragmentarischen juristischen Werks erschließt sich durch M.' eigentümliche Rechtstheorie einer «Kritik des Rechts», ein originäres Paradigma, das Ideologiekritik und sozialwissenschaftliche Analytik des Rechts mit der emanzipatorischen Perspektive der revolutionären Weltgeschichte der Menschheit verbindet. M.' Rechtstheorie erfährt in den weltgeschichtlichen Auseinandersetzungen des 20. Jh.s ein charakteristisches Schicksal: von bürgerlicher Jurisprudenz bekämpft und anathematisiert, wird sie in positivistischer Umdeutung durch den Marxismus-Leninismus zur Grundlagentheorie des sozialistischen Rechtskreises erhoben. V. a. diesem Umstand verdankt das Werk des in London als Staatenloser gestorbenen revolutionären Rechtsdenkers seine außerordentliche Verbreitung und Wirksamkeit.

WW: Werke–Schriften–Briefe, 1–7, hrsg. v. H.-J. Lieber/P. Furth, 1962; Marx-Engels-Gesamtausgabe (MEGA), 45 Bde., hrsg. v. Institut für Marxismus-Leninismus 1975–1989.
Lit.: E. Pašukanis, Allgemeine Rechtslehre und Marxismus, Versuch einer Kritik der juristischen Grundbegriffe, 1929; A. J. Vyšinskij; Fragen des Rechts und des Staates bei M., 1938; U. Cerroni, M. und das moderne Recht, 1974; N. Reich (Hg.), Marxistische und Sozialistische Rechtstheorie, 1972;

Marxistisch-Leninistische Staats- und Rechtstheorie, Lehrbuch, hrsg. v. Institut für Theorie des Staats und des Rechts der Akademie der Wissenschaften der DDR, 1975; W. Paul, Marxistische Rechtstheorie als Kritik des Rechts. Intentionen, Aporien und Folgen des Rechtsdenkens von K. M. – eine kritische Rekonstruktion, 1974; I. Szabó, K. M. und das Recht, 1981; H. Klenner, Der Jurist M. auf dem Wege zum Marxismus, in: Ders., Vom Recht der Natur zur Natur des Rechts, 1984, 68 ff.

W. Paul

Matthaeus I., Antonius (1564–1637). Die Familie M. ist während des 16. und 17. Jh.s eine bedeutende Gelehrtenfamilie gewesen, die viele juristische und medizinische Professoren hervorbrachte. Drei von ihnen trugen den Vornamen Antonius: neben A. M. I. sein Sohn →A. M. II. und sein Enkel →A. M. III. Geboren in Frankenberg, Studium hauptsächlich in Marburg, Heidelberg und Helmstedt und wiederum Marburg, wo er 1594 die Doktorwürde erhielt. Nachdem er schon Privatunterricht in Helmstedt und Marburg gegeben hatte, wurde er Professor der Rechte in Herborn (1594), Marburg (1605) und Groningen (1625).

Seine Publikationen sind alle aus dem Unterricht hervorgegangen. Sie sind zwar zahlreich, können aber in keinerlei Hinsicht als bahnbrechend betrachtet werden. Außer *Notae et animadversiones in libros IIII Institutionum* (1600 u. ö.) hat er nur Reihen von Disputationen für collegia geschrieben, hauptsächlich über die Institutionen (1604); *Collegium alterum* (1625); *Collegium tertium* (1632); zu den Digesten (1608) und dem Codex (1627). Nachdem diese schon gesondert erschienen waren, gab er noch kurz vor seinem Tod einen Sammelband der 164 unter seiner Leitung in Herborn, Marburg und Groningen verteidigten Disputationen unter dem Titel *Collegia iuris sex* (1637, 1647 sowie 1656 unter dem Titel *Disputationes iuris civilis*) heraus. Daß M. ein aktiver und beliebter Dozent gewesen ist, zeigt sich auch aus den vielen einzeln überlieferten Disputationen.

WW: Dekkers, 110–111.
Lit.: NNBW 7, 846–847; Stintzing/Landsberg, 709–710.

M. Ahsmann

Matthaeus II., Antonius (1601–1654), Sohn →A. M. I. und Vater →A. M. III. Geboren in Herborn, Studium in Marburg und Groningen, Doctor iuris ebenda 1628, Professor der Rechte 1629 in Harderwijk, 1634 in Utrecht (erster juristischer Professor, Primarius 1641).

Die meisten von M.' Schriften hängen engstens mit seinem Unterricht zusammen und behandeln Themen, die für die Praxis des Rechts von Bedeutung waren. Einige sind posthum von seinem Sohn A. M. III. herausgegeben worden: 17 *Orationes* (1655); *Paroemiae Belgarum* (1667, ND 1694; niederl. 1775). 1639 erschien eine Sammlung Disputationen über das römische Prozeß- und Beweisrecht (verschiedene ND). Auch in anderen seiner Disputationsreihen kommen praxisnahe Themen zur Sprache: *De successionibus, De matrimoniis, De tutelis* u. a.

Von großem Einfluß – bis auf den heutigen Tag – ist sein wichtigstes Werk, *De criminibus* (1644). Darin behandelt er die einzelnen Delikte anhand der Bücher 47 und 48 der Digesten mit Verweisen auf das Recht seiner Zeit. Seine Neuerung besteht darin, daß er eine systematische Einleitung hinzugefügt hat, in der er allgemeine Lehrsätze wie Vorsatz, Schuld usw. bespricht, ohne diese mit einem Delikt in Zusammenhang zu bringen. Viele Neudrucke (14 insgesamt) folgten, u. a. in Deutschland, der Schweiz und noch zu Beginn des 19. Jh.s in Italien. Außerdem erscheint seit 1987 in Südafrika in vier Bänden eine Ausgabe des Textes in englischer Übersetzung. Durch dieses Werk gilt M. als der prominenteste und aufgeklärteste Vertreter der Strafrechtswissenschaft seiner Zeit.

WW: BGNR Utrecht, Nr. 120–189.
Lit.: NNBW 7, 847–848; F. Schlüter, A. M. II. aus Herborn, 1929; M. van de Vrugt, in: Zestig juristen, 1987, 166–170.

M. Ahsmann

Matthaeus III., Antonius (1635–1710), Sohn und Enkel von →A. M. II. bzw. →I. Geboren in Utrecht, Studium in Groningen (1647 Artes), Utrecht und Franeker (1656); Promotion in Utrecht 1659. Nachdem er dort kurze Zeit Privatunterricht gegeben hatte, wurde er ebenda 1660 zum «Professor extraordinarius Institutionum et Pandectarum», 1662 zum Ordinarius ernannt. 1672 nahm er einen Ruf nach Leiden an. In demselben Jahr erschien ein – nicht vollständiger – Kommentar zu den Institutionen, mit vielen Verweisen auf das «ius hodiernum».

Mehrere Publikationen beziehen sich auf das Gebiet des Prozeßrechts: zwei Sammlungen *Observationes rerum judicatarum* (1673 und 1676); sein *De probationibus* (1678, später von J.S. Entrup bearbeitet), das als M.' wichtigstes juristisches Werk betrachtet wird, sowie *Manuductio ad jus canonicum* (1696). M.' Werk zeichnete sich jedoch durch große historische Kenntnisse aus. Die wichtigsten Schriften darunter sind: *De nobilitate* (1686) und *De jure gladii* (1689) über die Strafrechtspflege in der Provinz Utrecht. Weiter hat er zahllose Chroniken herausgegeben, u. a. *Veteris aevi analecta* (1698–1710). Zwar fehlt in dieser dickleibigen Publikation jede systematische Strukturierung, aber durch die Herausgabe zahlloser mittelalterlicher Quellen ist sie von großem Wert, namentlich für die Geschichte Utrechts.

WW: BGNR Leiden, Nr. 365–399; BGNR Utrecht, 40–41.
Lit.: NNBW 7, 848.

M. Ahsmann

Maunz, Theodor (1901–1993), Staats- und Verwaltungsrechtler, der in München promoviert und habilitiert wurde, dann Verwaltungserfahrung sammelte und 1935 nach Freiburg i. Br. berufen wurde. 1937 wurde er dort o. Professor. 1945–94 wirkte er in vielfältigen Funktionen, insbesondere als Gutachter, bei der staatlichen Neuordnung der Bundesrepublik mit. 1952 nach München berufen, wurde er 1957–64 bayerischer Kultusminister, stürzte aber als solcher wegen seiner literarischen Unterstützung des NS-Regimes. Kurz nach seinem Tod wurde bekannt, daß er etwa 1970–93 auch eine rechtsextreme Partei und Zeitung mit Artikeln, Gutachten und durch Beratung unterstützt hatte.

M., dessen Verdienste bis dahin in der Autorschaft des auflagenstärksten Lehrbuchs des Staatsrechts, in der Begründung des wichtigsten Kommentars zum Grundgesetz sowie in der Ausbildung zahlreicher Schüler im engeren Sinn gesehen wurde, geriet dadurch zum Exempel für die politische Instrumentierbarkeit der Staatsrechtslehre sowie für Konvergenzen zwischen der NS-Ideologie, nationalkonservativem bürgerlichen Denken und den damit vereinbaren Elementen der freiheitlichen demokratischen Verfassungsordnung.

Lit.: P. Lerche, Th. M., in: Juristen im Porträt, 1988, 553ff.; M. Stolleis, Th. M., in: KJ 1993, 393ff.

M. Stolleis

Mayans y Siscar, Gregorio (1699–1781). Der spanische Universalgelehrte und Jurist studierte 1706 Philologie in Barcelona, ab 1713 Philosophie und Rechtswissenschaften in Valencia. M. beschloß 1722 sein Jurastudium in Salamanca. Im selben Jahr wurde er Doktor beider Rechte in Valencia. Dort lehrte er zehn Jahre Digesten. 1733 wurde er königlicher Bibliothekar. Dieses Amt übte er sieben Jahre aus, bevor er in seinen Geburtsort Oliva/Valencia zurückkehrte und dort 1742 die Academia Valenciana gründete. M. gehörte vielen in- und ausländischen Akademien und Gelehrtenvereinigungen an, u. a. der Sociedad latina in Jena. Er beteiligte sich an der Gründung von wirtschaftlichen Vereinigungen, den sog. Sociedades Económicas de los Amigos del País, die ihrerseits für eine Reihe gleichartiger Unternehmungen der spanischen Aufklärung unter Carlos III. stehen. 1774 ernannte man ihn zum Domherrn an der Kathedrale von Valencia, ein Jahr später wurde er zum Rektor der dortigen Universität gewählt.

Neben seinen historiographischen Leistungen und Verdiensten um die spanische Sprache sind seine Versuche hervorzuheben, die spanischen Universitäten zu reorganisieren und dabei die Basis für ein nationales Recht (Derecho patrio) zu bereiten. Er wollte am klassischen Aufbau des Universitätsunterrichts nichts geändert wissen, trat aber entschieden für eine spanienweite Vereinheitlichung der Studiengänge und entsprechende institutionelle Absicherungen ein. Damit konnte er sich für die Universitäten Valencia und Cervera durchsetzen, teilweise auch in Salamanca. 1767 trat M. offen für einen eigenen Lehrstuhl des heimisches Rechts ein. Diese Lösung erschien ihm gegenüber den bisherigen Anstrengungen, eine selbständige und damit zeitadäquatere Rechtsordnung zu schaffen, aussichtsreicher, da hierbei das lokale Recht bestenfalls über Konkordanzen mit dem römischen Recht abgeglichen worden war. Eine derartige Catedra für vaterländisches Recht wurde 1786 im Studienplan für die Universität von Valencia vorgesehen. Das zugehörige offizielle Lehrbuch, die *Instituciones del Derecho civil de Castilla*, verfaßten I. Jordán de →Asso y del Rió und M. de Manuel y Rodríguez.

Lit.: G. M. y S., Epistolario, 4: Mayans y Nebot (1735–1742). Un jurista teórico y un práctico, transcripción, notas y estudio preliminar de M. Peset, 1975, IX–XCVIII; M. Peset/J. L. Peset, G. M. y S. y la reforma universitaria, 1975; A. Mestre Sanchis, Perfil biográfico de Don G. M. y S., 1981.

N. Reichardt

Mayer, Otto (1846–1924). Durch die Übertragung der von C. F. v. →Gerber und P.→Laband im Staatsrecht begründeten und angewandten «juristischen Methode» ins Verwaltungsrecht gelang es M., für dieses Rechtsgebiet bis heute relevante Grundbegriffe und Prinzipien zu prägen, u. a. den «Verwaltungsakt», den «Vorrang» und den «Vorbehalt des Gesetzes». Der Verwaltungsakt als «ein der Verwaltung zugehöriger obrigkeitlicher Ausspruch, der dem Untertanen im Einzelfall bestimmt, was für ihn Rechtens sein soll», strukturiert und domestiziert das staatliche Handeln und verfolgt auf diese Weise ebenso ein rechtsstaatliches Anliegen wie die Formeln vom Vorrang und Vorbehalt des Gesetzes, mit denen M. die strikte Gesetzesbindung der Verwaltung und das Erfordernis eines Parlamentsgesetzes für Eingriffe in Freiheit und Eigentum des Bürgers prägnant auf Begriffe brachte.

Wie v. a. die Figur des Verwaltungsaktes zeigt, die als «Urteil» in Verwaltungssachen konzipiert wurde, ließ sich M. bei der Findung jener in seinen Augen feststehenden und gleichbleibenden «Formen für die Erscheinung der öffentlichen Gewalt» stark von zivilrechtlichen Vorbildern leiten. Nicht minder wurde der Straßburger Privatdozent (1881), a. o. (1882) und dann o. Professor (1887), von der französischen Verwaltungsrechtswissenschaft inspiriert, die er 1886, also neun Jahre vor Erscheinen des ersten Bandes seines Hauptwerkes *Deutsches Verwaltungsrecht*, in einer richtungsweisenden Monographie über die *Theorie des französischen Verwaltungsrechts* darstellte. Allerdings ist die einseitige Ausrichtung seiner wissenschaftlichen Systembildung auf die obrigkeitlich auftretende, befehlende und eingreifende Verwaltung unübersehbar und immer wieder als defizitär kritisiert worden. Die auf dem Gebiet der Daseinsvorsorge tätige und leistende Verwaltung nimmt M. auch bei seinen grundlegenden Ausführungen zur öffentlichen Anstalt nicht ausreichend in den Blick. An dem Zentralbegriff des Verwaltungsaktes hat die auf diesem Sektor zu verzeichnende und über M. hinausführende dogmatische Entwicklung dennoch festgehalten. Gänzlich überholt ist heute die Ablehnung des öffentlich-rechtlichen Vertrages. Auch seiner Lehre vom öffentlichen Eigentum war wenig Erfolg beschieden. Demgegenüber ist die Unterscheidung von Beitrag, Gebühr und Steuer, wie sie schon 1919 in der Reichsabgabenordnung rezipiert wurde, nach wie vor Gemeingut des Finanzrechts.

Daß M. trotz seines formorientierten Denkens nicht realitätsblind werden konnte, dafür sorgte neben Grundeinsichten in die →Hegelsche Philosophie, die er 1866/67 in Berlin studiert hatte, seine ständige Einbindung in öffentliche Ämter. In Straßburg stand er der Bau- und Sozialverwaltung vor, wurde Gemeinderat und Vizebürgermeister; nach seinem Fortgang nach Leipzig (1903) trat er dort in das Stadtverordnetenkollegium ein und übernahm auch hier Funktionen in der Synode der evangelischen Landeskirche. Daneben ist er in Straßburg (1902) und Leipzig (1913/14) Rektor gewesen. Zeitlebens hat er unter dem Pseudonym «Eduard Dupré» Erzählungen veröffentlicht.

WW: Theorie des französischen Verwaltungsrechts, 1886; Die juristische Person und ihre Verwertbarkeit im öffentlichen Recht, FS P. Laband, 1908, 3–94; Das Staatsrecht des Königreichs Sachsen, 1909; Deutsches Verwaltungsrecht, 2 Bde., 3. Aufl., 1924; Kleine Schriften zum öffentlichen Recht, 2 Bde., hrsg. v. E. V. Heyen, 1982.

Lit.: A. Hueber, O. M. Die «juristische Methode» im Verwaltungsrecht, 1981; E. V. Heyen, O. M., 1981.

W. Pauly

McDougal, Myres Smith (geb. 1906), Begründer der «New Haven School of Jurisprudence» und der «Policy Sciences». Als universeller amerikanischer Rechtsdenker von klassischer Bildung ursprünglich Griechisch und Lateinisch unterrichtend, verfolgte er Rechtsstudien in Mississippi, seinem Heimatstaat, Oxford und Yale. Für mehr als vierzig Jahre als Fakultätsmitglied der Yale Universität entwickelte er, in Zusammenarbeit mit dem Politologen Harold D. Lasswell, eine umfassende rechtswissenschaftliche Theorie, die trotz sozialwissenschaftlicher und psychologischer Einflüsse eigenständigen Charakter hat: *Jurisprudence for a Free Society* (2 Bde., 1992).

Von humanitären Motiven ausgehend, ist Ziel seiner Lehren, eine weitgehende Verbreitung demokratischer Ideale auf weltweiter Ebene mit juristischen Mitteln zu erreichen. Hierzu gehören gemeinsamer Genuß bestimmter sozialer Grundwerte durch alle Menschen. McD. benennt acht Grundwerte, die sich auf die wesentlichsten Lebensbereiche beziehen – Macht, Wohlstand, Wissen, Können, Gesundheit, Zuneigung, Ansehen und Rechtschaffenheit. In Ablehnung des traditionellen Positivismus soll juristisches Denken auf die Gesamtheit sozialer Vorgänge gerichtet sein. Recht wird als ein ständiger Fluß von Entscheidungen verstanden. Aufgabe des Juristen ist es, Probleme klarzustellen und im Sinne des Gemeinwohls zu entscheiden und durchzusetzen. Hierbei ist Rechenschaft über faktische Machtausübung und Autorität abzulegen.

Trotz kritischer Aufnahme haben sich McD.s Theorien als einflußreich erwiesen, v. a. auch wegen seiner charismatischen Persönlichkeit und pädagogischen Begabung: mit H. D. Lasswell, *Legal Education and Public Policy: Professional Training in the Public Interest* (in: Yale LJ 52, 1943, 203–295). McD.s umfassendes Werk ist in enger Zusammenarbeit mit seinen Anhängern erschienen. Es erörtert nahezu jeden Bereich juristischer Probleme – auf lokaler, nationaler, internationaler Ebene, selbst hinsichtlich der Weltraumforschung.

Lit.: W. M. Reisman, M. S. McD., in: International Encyclopedia of the Social Sciences 18, 1979, 479–486; W. M. Reisman/B. H. Weston (Hg.), Toward World Order and Human Dignity. Essays in Honor of M. S. McD., 1976.

W. O. *Weyrauch*

Meijers, Eduard Maurits (1880–1954), geboren in Helder (Prov. Noord-Holland), 1897 Studium in Amsterdam, 1903 Promotion, Rechtsanwalt in Amsterdam, 1904–05 tätig beim Centraal Bureau voor sociale adviezen, 1910 Professor für bürgerliches Recht und internationales Privatrecht in Leiden, 1940 von der deutschen Besatzungsmacht als Jude entlassen, 1942–45 in deutschen Konzentrationslagern, 1945–50 als Professor erneut in Leiden; 1947 Auftrag zum Entwurf eines neuen bürgerlichen Gesetzbuches, von dem er einige Monate vor seinem Tode einen Teil veröffentlichte (Buch I–IV).

Schon vor 1940 war er neben →Scholten der führende Zivilist der Niederlande; durch seinen Gesetzentwurf ist sein Einfluß noch viel größer geworden. Auch international hatte er einen großen Namen, hauptsächlich durch seine rechtshistorischen Arbeiten. Diese beziehen sich auf die verschiedensten Gebiete. Am wichtigsten sind wohl seine Untersuchungen zum römischen Recht im Mittelalter, die sowohl die Quellengeschichte als auch die Dogmengeschichte betreffen. Zur ersten Gruppe gehören v. a. seine zum größten Teil auf unveröffentlichtem Material beruhenden Studien über den Rechtsunterricht an den Universitäten Orléans, Neapel und Toulouse im 13. Jh. Epochemachend sind seine Schriften über die Geschichte des internationalen Privatrechts, in denen er u. a. nachweist, daß sich an den hohen Gerichtshöfen in Frankreich und in den Niederlanden schon vor jedem italienischen Einfluß Regeln des IPR ausgebildet hatten. Umstritten sind seine Arbeiten zum ‹ligurischen Erbrecht›; er fand in weit auseinanderliegenden Gegenden eine Reihe von erbrechtlichen Grundsätzen, die er für unvereinbar sowohl mit den Grundsätzen des germanischen wie mit denen des römischen Rechts hielt; man habe es hier mit dem Recht eines uralten Volkes, möglicherweise der alten Ligurer, zu tun, das sich hauptsächlich in schwer zugänglichen Gebirgs- und Sumpfgegenden habe erhalten können. Obwohl seine Hypothese fast nur auf Widerstand gestoßen ist, wird der hohe Wert des von ihm hierzu veröffentlichten Quellenmaterials, insbesondere aus Flandern und Brabant, allgemein anerkannt.

Neben seinen wichtigen Beiträgen zur Geschichte der französischen, italienischen und spanischen Rechtsquellen soll auch seine Bedeutung für die niederländische Rechtsgeschichte hervorgehoben werden, v. a. wegen der von ihm auf dem Speicher eines Antiquars wiedergefundenen *Observationes tumultuariae* von →Bynkershoek.

WW: Erfrecht, in: C. Asser's Handleiding tot de beoefening van het Nederlandsch burgerlijk recht, IV, 1910–15 u. ö.; De algemene begrippen van het burgerlijk recht, 1948; Verzamelde privaatrechtelijke opstellen, 1954–55; Etudes d'histoire du droit, 1956–73; Etudes d'histoire du droit international privé, 1967; R. Feenstra (Hg.), Bibliographie der geschriften van Prof. E. M. M., 1957; Zusätze in: TRG 48, 1980, 373–376.

Lit.: BWN 1, 382–386; WPNR 111, 1980, 13–120 (Gedächtnisheft zum 100. Geburtstag); E. H. Hondius, in: Zestig juristen 1987, 252–256; Th. Veen, in: Ars Aequi 40, 1991, 1059–1077.

R. Feenstra

Melo Freire dos Reis, Pascoal José de (1738–1798). Der Begründer einer juristisch bestimmten Erforschung der Geschichte des portugiesischen Rechts und Wegbereiter von dessen nationaler Eigenständigkeit beschloß sein Rechtsstudium an der Universität von Coimbra 1757 mit dem Doktorgrad. Von seiner Lehrtätigkeit an der dortigen Juristenfakultät fanden die Vorlesungen über vaterländisches Recht, wie sie die Pombalsche Studienreform von 1772 ermöglicht hatte, das größte Echo. Daneben nahm M. F. höchste Ämter in Staat und Kirche wahr. Er wurde u. a. 1785 zum Richter an der Casa de Supplicacao und 1793 zum königlichen Rat ernannt, war ordentliches Mitglied der Real Academia das Ciências in Lissabon und Domherr an den Kapiteln von Faro, Guarda und Braga.

Sein juristisches Hauptwerk, das erste System des portugiesischen Rechts, geht auf den Lehrstuhl für Direito Pátrio zurück. Es umfaßt eine geschichtliche Einleitung, die *Historia juris civilis lusitani*

(1788), eine Gesamtdarstellung des öffentlichen und Zivilrechts in Anlehnung an das Institutionenschema und den deutschen «usus modernus pandectarum», die *Institutiones juris civilis lusitani cum publici tum privati* (1789) und die *Institutiones juris criminalis lusitani* (1789), bei denen →Beccaria und →Filangieri Pate standen. Diese Leistung brachte M. F. 1783 einen Platz in der «Junta do Novo Codigo» ein, welche die «Ordenaçoes Filipinas», das kompilierte portugiesische Recht vor 1603, und die kaum überblickbare Masse späterer Anordnungen endlich ablösen sollte. Im Ergebnis blieben hiervon v. a. M. F.s Vorarbeiten: sein *Projecto de Código de direito público* und sein *Projecto de Código de direito criminal*, beide posthum publiziert. Insgesamt war damit für Portugal bei der Ausbildung einer nationalen Rechtsordnung die Basis bereitet; spätere Institutionenlehrbücher – z. B. die *Prelecções* von R. R. Nogueira oder F. Coelho de Sousa Sampaio – haben diese Tradition fortgeschrieben. Als man 1805 die Hauptschriften M. F.s zur Pflichtlektüre für Jurastudenten erhob, wurde deren nachhaltige Wirkung amtlicherseits gesichert.

Lit.: M. J. de Almeida Costa, in: DHP 3, 13–15; J.-M. Scholz, in: Coing, 3, 1, 713 ff. u. 3, 2, 2466 f.

J.-M. Scholz

Menger (von Wolfensgrün), Anton (1841–1906), geboren in Maniów (Galizien); ab 1860 Studium der Rechte in Krakau und Wien (daneben auch Studium der Philosophie, Geschichte und Mathematik), 1865 Promotion zum Dr. jur. in Wien; zunächst Anwaltstätigkeit; 1872 Habilitation, 1877 o. Professor für österreichisches Zivilprozeßrecht in Wien; Dekan (1880–81, 1887–88) und Rektor (1895–96) der Universität Wien, 1899 emeritiert. Er starb 1906 in Rom.

M. gilt als einer der profiliertesten Vertreter des «Juristensozialismus», bekannt v. a. durch seine programmatischen Schriften, in denen er dogmatische Erörterungen mit rechtspolitischen Forderungen verband. In seinen drei rechts- und sozialpolitisch intendierten Hauptwerken formulierte er die sog. «ökonomischen Grundrechte des Sozialismus»: das Recht auf Arbeit und den vollen Arbeitsertrag sowie das Recht auf Existenz (1886), er forderte in seiner BGB-Kritik (1889/90) einen grundlegenden Umbau des bürgerlichen Rechts durch soziale Korrekturen und postulierte in seiner *Neuen*

Staatslehre (1903) den «volkstümlichen Arbeitsstaat» (in welchem letztendlich die Unterscheidung zwischen Privat- und öffentlichem Recht aufgehoben ist). Gerade letzteres Werk, das in vielem totalitäre Züge trägt, wurde von der Kritik heftig abgelehnt. Sein Ziel war eine neue «soziale Rechtswissenschaft», die die Anpassung der Rechtsordnung an die gesellschaftlichen Machtverschiebungen der jüngsten Zeit bewerkstelligen sollte, d. h. die Verwandlung sozialistischer Ideen «in nüchterne Rechtsbegriffe».

M.s Kritik fand zwar in mehreren europäischen Ländern Widerhall, bei einer Richtung, die etwa in Italien als «Socialismo giuridico», in Frankreich als «Socialisme juridique» bezeichnet wurde und deren Vertreter in ähnlichen Untersuchungen und Arbeiten soziale Korrekturen an der geltenden Rechtsordnung verlangten. Die praktische Wirkung seiner Ideen war zunächst – abgesehen von dem Einfluß, den er über seinen Schüler Franz →Klein auf die österreichische Zivilprozeßgesetzgebung ausübte – jedoch gering. Neben seinen juristisch-politischen Schriften verfaßte er etliche Arbeiten zur höheren Mathematik.

WW: System des österreichischen Civilproceßrechts in rechtsvergleichender Darstellung, 1876; Das Recht auf den vollen Arbeitsertrag in geschichtlicher Darstellung, 1886; Das bürgerliche Recht und die besitzlosen Volksklassen, (1889/90); Über die sozialen Aufgaben der Rechtswissenschaft (Rektoratsrede), 1895.

Lit.: K. H. Kästner, A. M. – Leben und Werk, 1974; D. Willrodt-Westernhagen, Recht und soziale Frage. Die Sozial- und Rechtsphilosophie A. M.s, 1975; H. Hörner, A. M. – Recht und Sozialismus, 1977; Quaderni fiorentini 3/4, 1974–75, I–II; Il «Socialismo giuridico» – Ipotesi e letture (Beiträge von N. Reich, G. Orrù, Th. Ramm u. a.); P. Caroni, in: W. Brauneder (Hg.), Juristen in Österreich, 1987, 212; A. Langer, in: Männer um die österreichische Zivilprozeßordnung 1895, 1990, 11 ff.

B. Dölemeyer

Menocchio (Menochius), Jacopo (1532–1607). Als Sproß einer aus Lucca stammenden, durch Kriegswirren verarmten und nach Pavia verschlagenen Familie, wo sein Vater Steuerpächter war, widmete er sich seit 1549 dem Rechtsstudium in Pavia, das er, als Schüler von Andreas →Alciat, Antonius Caimus (ca. 1500–1562), Joannes Cephalus (1510–1579) und Jacobus Mandellus (1510–1555), 1556 mit der Promotion abschloß. Im selben Jahr wurde ihm dort der Institutionenlehrstuhl übertragen, den er 1561 mit dem Kirchenrechtslehrstuhl in Mondovi, 1566 mit dem in Padua vertauschte, wo er Marcus Benavides Mantua (1489–1582), Guido Pancirolus (1523–1599) und →Deciano als Kollegen gewann und 1573 wieder auf einen Zivilrechtslehrstuhl zurückkehrte. Rufe nach Pisa und Bologna lehnte er ab, kehrte aber schließlich 1589, als Nachfolger von Nicolaus Gratianus, als Professor des Zivilrechts nach Pavia zurück. Noch vor 1592 berief ihn Philipp II. als Ratsherr in den Mailänder Senat, später zum Präsidenten des Magistrato straordinario delle entrate. Neben seiner Lehrtätigkeit übte er eine ausgedehnte Consiliarpraxis aus.

M., von den Zeitgenossen als →Bartolus seiner Zeit verherrlicht, war der berühmteste unter den vielen dogmengeschichtlich wichtigen italienischen Zivilrechts-Traktatisten des 16. und 17. Jh. s. Sein Themenspektrum reicht vom Besitzrecht, dem er die zwei sukzessiv erscheinenden Traktate «In omnes praecipuas recuperandae possessionis Commentaria» (1565) und «De adipiscenda et retinenda possessione Commentaria» (1571) widmet, über «De praesumptionibus, coniecturis et signis et indiciis» (1587) bis zu «De arbitrariis iudicum quaestionibus» (1569) und «De imperio et iurisdictione» (1609). Zu diesen Traktaten, von denen insgesamt mehr als hundert Ausgaben aus der Zeit zwischen 1565 und 1724 nachweisbar sind, kommen 1286 *Consilia sive Responsa* in 13 Foliobänden (1572/1608 u. ö.), ein Quantum, das nur von →Baldus übertroffen wird.

Lit.: E. Holthöfer, in: Coing, 2, 1, 1977, 326, u. a.; M. Ascheri, ebenda, 2, 2, 1976, 1214f.; L. Franchi, Memorie biografiche di G. M., in: Contributi alla storia dell'Università di Pavia, 1925, 327ff.; A. R. (Agostino Reale?), Sulla vita e sulle opere di J. M., 1845.

E. Holthöfer

Merlin de Douai, Philippe-Antoine (1754–1838), wurde 1775 als Advokat am Parlement von Flandern zugelassen, wurde in die Generalstände für Douai entsandt und nahm 1789 an der Nationalversammlung teil, wo er sich an den Gesetzgebungsarbeiten und v. a. an der Abschaffung des Feudalsystems beteiligte. Seine Karriere während der Revolution führte ihn schließlich in höchste Ämter: Präsident der Nationalversammlung, Wohlfahrtsausschuß, Ältestenrat, Justiz- und Polizeiminister. 1799 ging er als «procureur général» an den «Tribunal de cassation». Napoleon machte ihn zum Staatsrat, Reichsgrafen und zum Mitglied des Komitees für die Rechtsstreitigkeiten der Krone.

In der Restauration wurde er verbannt, ging nach Holland und Belgien, wo er sich bis zur Julirevolution aufhielt, um dann nach Paris zurückzukehren.

M. gehörte zwar nicht zu den Redaktoren des Code civil, beschäftigte sich aber direkt damit, auch als Mitglied des Tribunals, v. a. aber beriet er Napoleon in Rechtsfragen, was diesem erlaubte, neben Tronchet, →Portalis, Bigot-Préameneu und →Maleville eine gute Figur zu machen. In der Folge begleitete er als Oberstaatsanwalt die Anwendung des Gesetzgebungswerks aufs engste und wuchs in die Rolle eines führenden Fachmanns hinein, bei dem sich ein offenkundiger Traditionalismus mit einem Sinn für die praktischen Bedürfnisse verband. Was ihn nicht davon abhielt, kühne Lösungen zu empfehlen, von denen zahlreiche die Zukunft vorausnahmen. Er wurde so der erste Kommentator der Gesetzgebung der Revolution und des Empire. Da er die Rechte des *Répertoire universel et raisonné de jurisprudence* von Guyot, dessen wichtigster Mitarbeiter er gewesen war, erworben hatte, konnte er die 3.–5. Auflage 1807/08–1827/30 unter eigenem Namen veröffentlichen. Er vervollständigte sie durch den *Recueil alphabétique des questions de droit qui se présentent le plus fréquemment dans les tribunaux* (4. Aufl., 1827–30). Diese beiden Werke wurden von allen französischen Juristen in der ersten Hälfte des 19. Jh.s benutzt.

Lit.: M. Dagallier, 1888; L. Gruffy, La vie et l'œuvre juridique de M., 1934; M. Mignet, in: Revue de législation et de jurisprudence 2, 3, 1841, 458–476.

O. Motte

Mevius, David (1609–1660), stammte aus einer Greifswalder Professorenfamilie, wurde nach dem Studium an der dortigen Universität 1635 ao., 1636 o. Professor und war ab 1638 als Stadtsyndikus von Stralsund tätig. Von der Gründung des Obertribunals zu Wismar 1653 bis zu seinem Tode war er Vizepräsident dieses höchsten Gerichts für die schwedischen Besitzungen im Reich.

M. schuf eine Reihe von legislativen Werken, Gerichtsordnungen für das Wismarer Obertribunal und das Pommersche Hofgericht sowie den Entwurf eines mecklenburgischen Landrechts, verfaßte einen systematischen Kommentar zum Lübischen Stadtrecht (*Commentarii in Jus Lubecense*, 1642–43), der ersten wissenschaftlichen Behandlung eines überterritorialen Rechtskreises, und edierte ab 1653 chronologisch die Rechtsprechung des Wismarer Obertribunals mit den von ihm verfaßten Urteilsgründen (*Jurisdictio summi tribunalis regii*, 1666–75), die unter später geänderten Titeln (*Deciciones* und *Codex Mevianus*), nach der Systematik des Codex Iustinianus geordnet, erschienen sind. Seine Rechtsgutachten wurden posthum als *Consilia posthuma* 1680 herausgegeben. M. hat in einer gelungenen Synthese von rechtspraktischer Erfahrung und wissenschaftlicher Systematik dem Lübischen Rechtskreis und der Rechtsprechung des Wismarer Obertribunals großes Gewicht im ganzen Reich verschafft.

WW: Prodromus jurisprudentiae gentium communis, 1671; Discussio levaminum inopiae debitorum, 1653.
Lit.: Kleinheyer/Schröder, 354; Stintzing/Landsberg 2, 112–139; E. Döhring, Geschichte d. dt. Rechtspflege, 1953, 423.

J. Otto

Millar, John (1735–1801), wuchs in der Nähe von Glasgow auf, wo er auch Rechtswissenschaft studierte. Kurz nach dem Studium lernte er David →Hume kennen und wurde dessen Anhänger. 1760 wurde er Advokat, nahm aber bald einen Ruf als Professor an die Universität Glasgow an. Seine auf englisch gehaltenen Vorlesungen beschäftigten sich sowohl mit römischem Civil Law als auch mit dem Recht im allgemeinen. Er gab zusätzliche Kurse über die Regierung, das schottische Recht und zuletzt auch über das englische Recht.

M. war liberaler Whig, also im Schottland seiner Zeit in der Minderheit. Er sympathisierte mit der Trennung der amerikanischen Kolonien vom Mutterland, mit der Anti-Sklaverei-Bewegung und anfangs auch mit der Französischen Revolution. Außerdem plädierte er für parlamentarische Reformen und gegen einen Machtzuwachs der Krone.

Sein Buch *The Origin of the Distinction of Ranks* (1771 u.ö., dt. u. frz. Übersetzungen) erklärt die Entstehung unterschiedlicher Gesellschaftsschichten. Ein großangelegtes Werk ist auch seine *Historical View of the English Government from the Settlement of the Saxons in Britain to the Accession of the House of Stewart* (1787 u.ö.).

Lit.: DNB 37, 401.

R.-P. Sossna

Minobe, Tatsukichi (1873–1948), Öffentlichrechtler. Studium in Tôkyô, 1899–1902 Aufenthalt in den USA und Europa; 1900 ao., 1902–11 o. Professor für vergleichende Rechtsgeschichte in Tôkyô, ab 1908 für Verwaltungsrecht, ab 1920 auch für Verfassungsrecht; 1932–35 Mitglied des Herrenhauses.

In der Verfassungsrechtswissenschaft vertrat M. neben →Sasaki die liberal-konstitutionelle Richtung, interpretierte die Meiji-Verfassung von 1889 mit ihren starken Monarchenprärogativen im liberalen Sinne, indem er oft mit ihrem Wortlaut frei umging und auf die dem okzidentalen Konstitutionalismus gemeinsamen, M. zufolge auch in Japan rezipierten Verfassungsprinzipien teleologisch zurückgriff. M. polemisierte 1912/13 gegen den «verkappten Despotismus» der von Y. →Hozumi und Shinkichi Uesugi (1878–1929) repräsentierten, extrem monarchistischen Schule (sog. Tennô-kikan-setsu ronsô [Streit über die Organqualität des Monarchen]), was ihm während der liberalen Taishô-Ära die führende Stellung in der Staatsrechtswissenschaft eintrug. In dem veränderten politischen Klima der dreißiger Jahre wurde jedoch M.s Lehre vom Militär und von nationalistisch-rechtsextremen Kreisen heftig angegriffen (sog. Tennô-kikan-setsu jiken – Staatsorganlehre-Fall, 1935); dies führte zum Verbot seiner Hauptwerke (*Kenpô-satsuyô*, Grundzüge des Verfassungsrechts, 1923; *Chikujô kenpô seigi*, Kommentar zur Verfassung, 1927). Danach tritt er ins Verwaltungsrecht zurück. Nach dem II. Weltkrieg konnte er über die neue Verfassung publizieren, obwohl er gefühlsmäßig allzusehr in der konstitutionellen Monarchie verhaftet war. Im Staatsrecht lehnte sich M. an Georg Mayer und G. →Jellinek an (*Nihon-kokuhô-gaku*, Japanisches Staatsrecht, 1907), wobei der methodisch unreflektierte M. Jellinek in Richtung soziologischer bzw. soziopsychologischer Jurisprudenz uminterpretierte. M.s Staatspersönlichkeitstheorie geriet unter demselben Zeichen in eine gefährliche Nähe zur juristisch naiven, organologischen Auffassung. Eine bleibende Bedeutung erwarb M. in der Verwaltungsrechtsdogmatik, deren Niveau er im Anschluß an O. →Mayer, dessen *Deutsches Verwaltungsrecht* er 1903–07 übersetzte, wesentlich erhöhte (*Nihon-gyôseihô*, Japanisches Verwaltungsrecht, 4 Bde., 1908–16).

Lit.: S. Ienaga, M. T. no shisôshi-teki kenkyû, 1964; R. Nagao, Nihon-hôshisôshi kenkyû, 1981, 194–230.

A. Wani

Mitsukuri, Rinshô (1846–1897), stammte aus einer Gelehrtenfamilie, studierte chinesische Philologie, holländische Wissenschaften (rangaku) und darauf Englisch. Mit 15 Jahren wurde er Mitarbeiter des Instituts der Bakufu-Regierung für westliche Wissenschaften. Nach einem Crashkurs in Französisch absolvierte er ab 1867 als Dolmetscher einen einjährigen Frankreichaufenthalt. Unter der Meiji-Regierung wurde er mit der Übersetzung der napoleonischen Gesetzbücher beauftragt (erschienen 1870–74 als *France hôritsu-sho*).

Obwohl der rasche Versuch des Justizministers Shinpei Etô (1834–74), die japanische Fassung des Code civil sofort als Gesetz in Japan einzuführen, scheiterte, war M.s Übersetzung während der Zeit ohne systematische Gesetzbücher von großer praktischer Bedeutung, zumal den Richtern verordnet wurde, beim Fehlen gesetzlicher oder gewohnheitlicher Normen der Natur der Sache zu folgen, deren Inhalt sie oft in Rückgriff auf M.s Übersetzung ausfüllten. Noch verdienstvoller daran ist die Neuschaffung einer japanischen Terminologie für westliche Rechtsbegriffe, eine mühsame Pionierarbeit, die M., ohne juristisch ausgebildet zu sein, v. a. mit seinem feinen Sprachsinn und Bildungsreservoir bewältigte. Das *France hôritsu-sho* sowie die von M. übersetzten französischen Kompendien begleiteten die frühe, französisch-rechtlich bestimmte Rezeptionsphase in Japan. Es kam so zu einer Mitarbeit an verschiedenen Gesetzentwürfen, v. a. ab 1880 an →Boissonades Zivilrechtskodifikation. Nach dem Kodifikationsstreit wurde er Mitglied der Gesetzgebungskommission, in deren Plenarsitzung er oft den Vorsitz führte. 1888–91 war er Justizsekretär, 1890 Mitglied des Herrenhauses, 1891 Richter und 1896 Präsident des Verwaltungsgerichtshofs.

Lit.: F. Ôtsuki, M. R.-kun den, 1907; E. Yamanaka, M. R., in: T. Ushiomi/ N. Toshitani (Hg.), Nihon no hôgakusha, 1975, 1–26.

A. Wani

Mittermaier, Carl Joseph Anton (1787–1867), der bedeutende Strafprozessualist und einflußreiche Politiker der ersten Hälfte des 19. Jh.s studierte in Landshut, München und Heidelberg. 1807/08 war er zunächst als Sekretär bei →P. J. A. Feuerbach tätig, mit dem ihn später gemeinsame Arbeit und Freundschaft verband. 1809 erfolgte die Promotion in Heidelberg, 1811 bzw. 1819 der Ruf auf

Lehrstühle in Landshut bzw. Bonn und schließlich 1821 nach Heidelberg. M. war Lehrer von K. →Binding. Neben der wissenschaftlichen Tätigkeit arbeitete M. innerhalb der Heidelberger Gemeindevertretung, als Abgeordneter der Badischen Zweiten Kammer, zeitweise 1831–40 und 1846–50 als deren Präsident, und 1848 als einflußreicher Abgeordneter der Nationalversammlung.

Das deutsche Strafverfahren (1825); *Die Mündlichkeit, das Anklageprinzip, die Öffentlichkeit* (1845) sowie die frühe Schrift zur *Vertheidigungskunst* (1814) begründen die außerordentliche Stellung M.s in der Geschichte des deutschen Strafverfahrens.

M., der die Forderung eines reformierten Strafverfahrens mit seiner Neigung zur praktischen Erfahrung verband, formulierte entscheidende Positionen innerhalb der beginnenden Reformbemühungen zum Strafprozeß: Anklagegrundsatz und Einrichtung der vom Strafrichter unabhängigen Staatsanwaltschaft, Anerkennung und Verbesserung der Stellung des Verteidigers innerhalb des Strafverfahrens, Abschaffung der Verdachtsstrafe, Errichtung verschiedener Instanzen, freie Beweiswürdigung. Die moderne Umgestaltung des Strafverfahrens geht wesentlich auf das Wirken M.s zurück, auch wenn zu berücksichtigen bleibt, daß die endgültige Überwindung des alten Inquisitionsprozesses weder ihm noch in der späteren Entwicklung gelungen ist.

Seinen strafprozessual grundlegenden Abhandlungen folgten bedeutende rechtsvergleichende Studien – u. a. *Erfahrungen über die Wirksamkeit der Schwurgerichte in Europa und Amerika* (1865).

M. legte auch wesentliche Abhandlungen zum materiellen Strafrecht vor. Er gab seit 1826 das *Lehrbuch* von P. J. A. Feuerbach heraus. In *Über die Grundfehler der Behandlung des Kriminalrechts in Lehr- und Strafgesetzbüchern* (1819) wandte sich M. gegen jedes Festhalten an wirklichkeitsfremden Lehrmeinungen und somit gegen eine bloß einseitige Betrachtung strafrechtlicher Probleme. Er betonte außerdem in zahlreichen Schriften im «Neuen Archiv für Kriminalrecht», dessen Mitbegründer M. 1816 war, die Notwendigkeit umfassender Forschung zur Strafrechtsgeschichte.

Lit.: W. Küper (Hg.), C. J. A. Mittermaier. Symposium 1987 in Heidelberg. Vorträge und Materialien, 1988; K. Lüderssen, K. J. A. M. und der Empirismus in der Strafrechtswissenschaft, in: JuS 1967, S. 444–448; B. Malsack, Die Stellung der Verteidigung im reformierten Strafprozeß. Eine rechtshistorische Studie anhand der Schriften von C. J. A. M., 1992.

R. Harzer

Miyasawa, Toshiyoshi (1899–1976), führender Vertreter der Verfassungsrechtswissenschaft im Nachkriegsjapan. Studium der Rechts- und Politikwissenschaft in Tôkyô, 1925 ao., 1934 o. Professor daselbst. 1930–32 Aufenthalt in Frankreich, wo er starke Prägung durch die dortige, politologisch orientierte Verfassungsrechtswissenschaft erfuhr, darauf in Deutschland und in den USA.

Im Schatten des sog. Organ-Lehre-Falls von 1935, in dem sich sein methodisch nonchalanter Lehrer →Minobe politischen Angriffen aussetzte, versuchte M., vom neukantianischen Methodendualismus ausgehend, die Freiheit der wissenschaftlichen Theorien sicherzustellen, indem er sie in einen scharfen Gegensatz zu den einer authentischen Festlegung zugänglichen dogmatischen Lehren brachte (*Hôritsu-gaku ni okeru gakusetsu*, zuerst 1936, Buchausgabe 1968), was freilich M. hinsichtlich des Status der letzteren in eine Sackgasse führte.

Wertrelativist à la →Radbruch, rezipierte M. →Kelsen v. a. als Ideologiekritiker und wandte sich gegen das Auseinanderreißen von Liberalismus und Demokratie. Nach dem II. Weltkrieg erklärte er die Entstehung der neuen demokratischen Verfassung von 1946 mit der sog. Lehre der August-Revolution, nach der mit der unbedingten Kapitulation, rechtslogisch betrachtet, eine Revolution stattgefunden habe, die die Monarchen- durch die Volkssouveränität ersetzte. In Auseinandersetzung mit dem Rechtsphilosophen Tomoo Odaka (1899–1956), der den Kontinuitätsbruch von 1945 im Begriff der «Nomos»-Souveränität zu relativieren suchte, hielt M. am Entweder-Oder von Fürsten- und Volkssouveränität fest. Unter der neuen Verfassung trat M. mit seiner pragmatischen, dem gesunden Menschenverstand gemäßen Auslegung hervor (*Kommentar nihon-koku kenpô*, 1955; *Kenpô II*, 1959, 1971). Kurz vor seinem Tode wurde M. katholisch getauft.

Lit.: Jurist 634, 1977 (M.-Sonderheft).

A. Wani

Modestinus, Herennius (1. H. 3. Jh.), römischer Jurist, und zwar der letzte sicher datierbare Jurist der (spät-)klassischen Zeit. Er war Schüler des →Ulpianus (Dig. 47,2,52,20) und bekleidete (nach zu vermutender Absolvierung der unteren Ritterämter) zwischen 224 und 244 das Amt des praefectus vigilum (CIL VI 266). Dem 238 umgekommenen Sohn des Kaisers Maximinus Thrax (235–238) erteilte er Rechtsunterricht (Hist. Aug. 19 [Maximini], 27,5); 239 folgt Kaiser Gordian III. in einem Reskript (C.3, 42,5) dem Gutachten des M. Die Hauptwerke des M. sind zum einen die als Handbücher für Praxis und Unterricht, nicht aber als erschöpfende Kommentare angelegten und eine deutliche dogmatische Prägung (z. B. Dig. 44,7,52) aufweisenden 10 Bücher *Regulae*, 12 *Pandectae*, 9 *Differentiae* und zum anderen eine Sammlung seiner von hohem Niveau zeugenden Gutachten (*responsa*) in 19 Büchern. Dazu kommen mehrere Monographien, z. B. über Freilassungen, ausgewählte Fallösungen, «juristische Funde» (*de heurematicis*), Strafen (4 B.), die Form der Eheschließung, das pflichtwidrige Testament und insbesondere über Ablehnungsgründe (6 B., griechisch). Seine wissenschaftliche Autorität findet beredten Ausdruck darin, daß ihn das Zitiergesetz von 426 zu einem der fünf «Zitierjuristen» bestimmt (→Papinianus).

Lit.: St. Brassloff, in: RE 8, 668ff.; W. Kunkel, Herkunft u. soziale Stellung d. röm. Juristen, 2. Aufl., 1967, 259ff.; F. Schulz, Geschichte d. röm. Rechtswissenschaft, 1961, pass.

R. Knütel

Modrevius, Andreas Fricius (**Modrzewski; ca. 1503–1572**), war nach einem Studium 1517–22 in Krakau 1523–29 in der Kanzlei des Gnesener Erzbischofs Jan →Łaski sowie des Posener Bischofs Jan Latalski beschäftigt. Nur unterbrochen durch ein Studium 1531–34 an der lutherischen Universität in Wittenberg, blieb M. 1531–48 im Dienst der einflußreichen Familie Łaski, insbesondere des Reformators Jan Łaski, für den er 1536 in Basel die Bibliothek des Erasmus von Rotterdam kaufte. Im Mai 1537 nahm er an den Gesprächen Łaskis mit Philipp Melanchthon in Leipzig teil. 1540 erhielt er eine Pfarrei in Brzezina/Łódź. 1547 wurde er königlicher Sekretär, eine Stellung, die er bis zu seinem Tod bekleidete.

Als Berater begleitete er den Woiwoden von Sieradz, Stanislaw Łaski, auf einer Mission zu Karl V. zur Intervention für Albrecht von Brandenburg-Ansbach, Herzog des 1525 aus dem Deutschordensstaat gebildeten Herzogtums Preußen, für den M. mit anderen eine Verteidigungsschrift, *Innocentia Alberti Prusiae ducis*... (1548), verfaßte. 1548–53 engagierte sich M. in der sog. «executio iuris» für die überlieferten Rechte des polnischen Adels. 1549–50 nahm er an der Seite von Stanisław Hozjusz an einer Mission an den Habsburger Hof teil. 1553 ließ er sich in Wolborz nieder, wo er als Nachfolger seines Vaters das Vogtamt übernahm. Seine schriftstellerischen Arbeiten – einige unter dem Pseudonym «Philathes Peripatheticus» – nahmen ihren Anfang 1543 mit *Lascius sive de poenas homicidii oratio prima*, in der er härtere Strafen für Mord forderte. Mit diesem Thema beschäftigte er sich noch in *Oratio secunda de poena homicidii* (1544), *Oratio tertia* ... (1545) und *Querela de contemptione legis divinae in homicidas* (1546). Eine intensive theologisch-literarische Tätigkeit eröffnete 1549 seine *Disputatio de verbis Pauli* zum Zölibat. 1550 beendete er sein wichtigstes Werk, *De Republica emendanda libri quinque*, dessen erste drei Bände 1551 und 1554 vollständig erschienen.

Vom Ideal des vollkommenen Staates – eine Monarchie mit starker zentralistischer, dem Recht unterworfener Königsmacht – ausgehend, forderte er, daß alle Einwohner denselben Gerichten unterliegen sollten. Die Aufgabe des Monarchen sah er in der Förderung des Gemeinwohls, der Armenfürsorge und in der Sorge für die öffentliche Moral. Dem Staat sprach er die Aufsicht über das Bildungswesen und die Kirche zu.

M. forderte ferner eine polnische Nationalkirche. Seine *Republica* war weit verbreitet und wurde von den Staatsräson-Autoren des 16. und 17. Jh.s, u. a. von →Bodin, rezipiert. 1557 erschien eine von Wolfgang Wissenburg herausgegebene deutsche Übersetzung.

Zum Lebensende hin beschäftigte er sich vornehmlich mit der Theologie – *De Mediatore; De peccato originis; De libero hominis arbitrio* (1562); *Sylvae quattuor* (1566).

WW: Opera omnia, hrsg. v. K. Kumaniecki, 1953–60.
Lit.: C. Backvis, Le courant utopique dans la Pologne de la Renaissance, in: Les utopies à la Renaissance, 1963; A. Jobert, De Luther a Mohila. La Pologne dans la crise de la chrétienté, 1517–1648, 1974; D. Letocha, La première argumentation pragmatique chez F. M., in: G. Lafrance (Hg.), Pouvoir et tyrannie, 1986; A. Łuczak, W. Maliniak, A. F. M. Ein Beitrag zur Geschichte der Staats- und Völkerrechtstheorien, 1913; Die Staats- und Rechtslehre des polnischen Renaissancedenkens, A. F. M., 1966; T. Wyrwa, La pensée politique polonaise à l'époque de l'humanisme et de la renaissance, 1978.

W. Uruszczak

Möser, Justus (1720–1794), Sproß einer einflußreichen Familie des altständisch geprägten Fürstbistums Osnabrück, absolvierte ein juristisches Studium 1740–44 in Jena und Göttingen. Eine Karriere im

Staatsdienst des heimatlichen Kleinstaates scheint ihm vorbestimmt. Schon 1741 wurde er Sekretär der Ritterschaft, ab 1756 schließlich deren Syndikus.

Obwohl somit Interessenvertreter der Stände im Staat, bekleidete M. in der Folge wichtige Ämter auch in der landesherrlichen Regierung. Ab 1747 war er als «Advocatus Patriae» Vertreter des Landesherrn in Rechtsstreitigkeiten. Seit 1761 – unter dem minderjährigen Friedrich von York, Sohn des englischen Königs Georg III. – führte M. faktisch allein die bischöfliche Landesverwaltung. 1764 wurde er Konsulent der Regierung, 1768 Regierungsreferendar, 1783 Geheimer Referendar und Justizrat.

Dennoch fand der juristische Praktiker Zeit zu einem umfangreichen Œuvre. Seine Beiträge zu den «Wöchentlichen Osnabrückischen Anzeigen», ab 1774 veröffentlicht als *Patriotische Phantasien*, machten ihn im literarisch-publizistischen Leben des ausgehenden 18. Jh.s zu einer Institution. M. zählte Goethe, Lessing, Lichtenberg und Herder zu seinen Bewunderern. Seine *Osnabrückische Geschichte* (1768, 1780 und 1824), geprägt vom Göttinger Frühhistorismus, beeinflußte Gelehrte wie J. S. →Pütter, A. L. Schlözer, J. G. →Eichhorn, B. G. Niebuhr, J. v. Müller sowie F. C. v. →Savigny.

Nicht zuletzt jene Mittlerstellung zwischen Ständen und Territorialherr, sein Herkommen aus den altständischen Strukturen, bestimmte M. zum engagierten Kritiker an Absolutismus und Aufklärung. In seinen zahlreichen Auseinandersetzungen zum Thema Recht und Staat spielte er immer wieder die geschichtlich gewachsenen politischen Rechte und Privilegien der Stände gegen die egalitäre Naturrechtslehre der Zeit aus. Dennoch geprägt vom herrschenden naturrechtlichen Vertragsdenken, entsteht auch bei ihm der Staat durch Vertragsschluß, allerdings nur der Landeigentümer untereinander. Hierin ist jedoch mehr als der Versuch einer historischen Legitimierung des Grundeigentums zu sehen, da den Rechten der am Gemeinwesen Partizipierenden einer Aktie gemäß dezidierte Pflichten entsprechen (Wehr- und Steuerpflicht). Im Rahmen dieser «Aktientheorie» ist aber auch eine freiwillige Beteiligung Angehöriger der übrigen Stände an den Lasten der Gemeinschaft möglich und damit entsprechend auch die politische Teilhabe. Überhaupt billigt M. allen drei Ständen weitgehende Autonomie in der Erledigung ihrer Angelegenheiten zu, so daß sie zu Trägern der Hoheitsrechte des Staates werden. Zwar wird Landbesitz in diesem System ohne Zweifel als historisch begründet privilegiert, jeder Stand ist aber in einem solchen quasi genossenschaftlich organisierten Staat Träger eigener Rechte, jedoch gleicher. M.s Eintreten für eine ständische Rechtsform in einer vom Absolutismus geprägten politischen Landschaft offenbart sich somit nicht als rückwärts gewandter Konservativismus, sondern als Eintreten für eine die historischen Traditionen staatlichen Herkommens berücksichtigende, gemäßigte Verfassung, deren Grundlage die Freiheit der Standesgenossen gegeneinander ist.

Als ein größtmögliche Freiheit gewährendes System begriff M. auch die dualistische Verfassungsordnung des Reiches. Nur das Dach des Reiches gewährt den Bestand der im Westfälischen Frieden 1648 festgeschriebenen bikonfessionell-ständischen Verfassungsordnung Osnabrücks. Während mit dem Untergang des Reiches M.s Reichspatriotismus seinen Gegenstand verliert, erweist sich sein Eintreten für das geschichtlich gewachsene Recht als bedeutungsvoll für die Rechtsentwicklung im 19. Jh. Es findet in der Abneigung der historischen Rechtsschule gegenüber der rational-enzyklopädistischen, gesellschaftliche Vereinheitlichung suchenden Kodifikationsidee einen Nachhall. Ansätze seiner Vorstellung einer genossenschaftlichen Autonomie erkennt man in der Steinschen Kommunalreform – regionalistisch statt ständisch orientiert – sowie in der Genossenschaftstheorie →Gierkes wieder.

WW: Sämtliche Werke, 14 Bde., hrsg. v. d. Akademie d. Wissenschaften zu Göttingen, 1943–90; Briefwechsel, hrsg. v. W. F. Sheldon, 1992.

Lit.: J. Moes, J. M. et la France, 1990; M. Maurer, Aufklärung und Anglophilie in Deutschland, 1987; J. B. Knudsen, J. M. and the German enlightment, 1986; J. Schröder, in: Staatsdenker, 2. Aufl., 1987, 294 ff.; ders., J. M. als Jurist, 1986; K. Epstein, Die Ursprünge des Konservativismus in Deutschland, 1973, 345–391; L. Bäte, J. M. Advocatus patriae, 1961; P. Klassen, J. M., 1936.

I. K. Ahl

Mohl, Robert von (1799–1875), stammte aus altwürttembergischer Beamtenfamilie, studierte Rechtswissenschaft in Tübingen und Heidelberg. Nach einer Bildungsreise (1821–24), deren Ergebnis die beiden Arbeiten *Die öffentliche Rechtspflege des Deutschen Bundes* (1822) und *Das Bundesstaatsrecht der Vereinigten Staaten von Nordamerika I: Verfassungsrecht* (1824) waren, erhielt er eine staatsrechtliche Professur in Tübingen. 1827 wechselte er in die neue staatswissenschaftliche Fakultät. Danach entstanden seine Hauptwerke (*Staatsrecht des Königreichs Württemberg*, 1829–31; *Die Polizeiwissenschaft nach den Grundsätzen des Rechtsstaates*, 1832–34).

Das *Staatsrecht* wurde vorbildlich für zahlreiche Darstellungen des öffentlichen Rechts anderer Territorien im Frühkonstitutionalismus. Zum erstenmal wurden Verfassungs- und Verwaltungsrecht getrennt behandelt und zugleich sinnvoll aufeinander bezogen. Das Werk *Die Polizeiwissenschaft* führte den Terminus «Rechtsstaat» in ein breiteres Bewußtsein ein, schloß die Epoche der Polizeiwissenschaft ab und überführte sie in das neue Verwaltungsrecht. Es übertrifft vorausgegangene und zeitgenössische Arbeiten durch klare Systematisierung der traditionellen wohlfahrtsstaatlichen (kameralistischen) Stoffmassen, durch Behandlung der Verwaltungswirklichkeit zugleich mit den Rechtsgrundlagen und durch Herausarbeitung eines materialen Rechtsstaatsprinzips.

M. geriet 1845 bei seinem Eintritt in die Politik in eine oppositionelle Rolle; 1846 wurde er in die württembergische Kammer der Abgeordneten gewählt, 1847 ging er an die Universität Heidelberg. Als Mitglied der Frankfurter Nationalversammlung wurde er für neun Monate Reichsjustizminister. Nach dem Scheitern der Gründung des Nationalstaats wurde M. wieder badischer Abgeordneter und schließlich Präsident des Parlaments. 1861 schied er aus der Universität Heidelberg aus und fungierte bis 1865 als badischer Gesandter am Bundestag in Frankfurt, 1866–71 in dieser Rolle in München. Zuletzt war er noch Präsident der badischen Oberrechnungskammer und nationalliberaler Abgeordneter im Reichstag (1874/75).

Er hat trotz dieser vielen Ämter noch eine Fülle von Werken veröffentlicht. Zu nennen sind v. a. die wegen ihres Reichtums und ihrer kritischen Schärfe immer noch unentbehrliche dreibändige *Geschichte und Literatur der Staatswissenschaften* (1855–58), die *Encyklopädie der Staatswissenschaften* (1859), außerdem eine dreibändige Aufsatzsammlung *Staatsrecht, Völkerrecht und Politik* (1860–69).

M. gilt als herausragender Theoretiker der Staatswissenschaften – die von ihm 1844 gegründete «Zeitschrift für die gesamten Staatswissenschaften» besteht heute noch – sowie als einer der Mitbegründer der Gesellschaftswissenschaften. Frühe und hellsichtige Beiträge zu den Themen der Ministerverantwortlichkeit und des Rechtsstaats, zu Parteien, Bürokratie und zum Wahlrecht stammen von ihm. Er ist praxisorientierter rechtswissenschaftlicher Positivist, ausgezeichnet durch systematische Begabung und Beherrschung der Quellen. Politisch zählt er zu den liberalen Vertretern der konstitutionellen Monarchie, der einerseits Gegner des allgemeinen Wahlrechts blieb, andererseits aber die Gefahren der sozialen Frage und die Notwendigkeit staatlicher Intervention erkannte. Nach 1850 nahm er den zeittypischen Weg vom Liberalismus zum Nationalliberalismus. Sein letztes Werk war eine Analyse der neuen Reichsverfassung von 1871. Nach seinem Tod sind seine lesenswerten Lebenserinnerungen erschienen (1902).

Lit.: E. Angermann, R. v. M. 1799–1875. Leben und Werk eines altliberalen Staatsgelehrten, 1962; U. Scheuner, Der Rechtsstaat und die soziale Verantwortung des Staates. Das wissenschaftliche Lebenswerk von R. v. M., in: Der Staat 18, 1979, 1–30; M. Stolleis, in: HRG 3, 618–621, m. w. Nachw.

M. Stolleis

Molengraaff, Willem Leonard Pieter Arnold (1858–1931). Nach Promotion an der Universität Leiden 1880 wurde M. Rechtsanwalt in Amsterdam. Ende 1881 gründete er zusammen mit S. Katz (1845–1890) und H. L. Drucker (1857–1917) das «Rechtsgeleerd Magazijn». 1883 hielt M. das Hauptreferat auf dem Niederländischen Juristentag zum Unterschied zwischen bürgerlichem Recht und Handelsrecht. Noch im selben Jahr wurde er zum stellvertretenden Schriftführer des Regierungsausschusses für die Reform des Handelsgesetzbuches. Ein Jahr später erhielt er den Auftrag für den Entwurf einer Konkursordnung, die 1896 in Kraft trat. 1898 erschien dazu sein *De faillissementswet verklaard* (4. Aufl., 1951). 1885–1917 war er Ordinarius für Handelsrecht und Zivilprozeßrecht an der Universität zu Utrecht. In diesem Zeitabschnitt wurde sein *Leidraad bij de beoefening van het Nederlandsche handelsrecht* (1889–99 u. ö.) zum Standardwerk der handelsrechtlichen Literatur. Seit 1905 bereitete M. ein neues Seerecht vor. 1918 gründete er die «Vereeniging Handelsrecht», die eine Reform des völlig überholten «Wetboek van Koophandel» von 1838 befürwortete. Seit 1919 war er Mitglied des Regierungsausschusses «Burgerlijke Wetgeving» und Vorsitzender des Unterausschusses «Handelswetgeving». Auch war er politisch im progressiv-liberalen «Vrijzinnig-Democratische Bond» aktiv.

M.s Name wird mit der Reform des Handelsrechts verbunden bleiben, in praktischer Hinsicht, da er manches Gesetz vorbereitete, sowie in theoretischer, durch seine Erneuerung der Dogmatik auf dem Gebiete des Handelsrechts. Immer wieder mahnte er zur Beibehaltung des Prinzips von Treu und Glauben, des ungeschriebenen

Rechts im Privatrecht. M. befürwortete u. a. eine extensive Auslegung der Regelung der unerlaubten Handlung und einen weitreichenden Schutz Dritterwerber. Auch bemühte er sich um die Verbesserung der rechtlichen Position der Frau. Seine Bestrebungen für ein «Weltrecht» auf dem Gebiete des Handelsrechtes verdienen erwähnt zu werden.

WW: Keuze uit de verspreide geschriften van Mr. W. L. P. A. M. met levensbeschrijving en bibliografie, 1978.
Lit.: BWN 1, 396–399; E. H. Hondius, in: Zestig juristen, 1987, 240–243; C. J. H. Jansen, De Vereeniging Handelsrecht 1918–1993, 1993.

C. J. H. Jansen

Molina, Luis de (1535–1600), spanischer Theologe und Naturrechtler. Nach vierjährigem Lateinkurs (1551), einjährigem Studium der Rechte an der Universität Salamanca 1552–53 Logikstudium an der Universität Alcalá de Henares, dort Aufnahme in die Gesellschaft Jesu, 1553–55 Noviziat in Coimbra, 1555–59 Studium der Philosophie am dortigen «Collegio real das Artes e Humanidades», 1559–62 Theologiestudium am Jesuitenkolleg und 1560–61 philosophische Lehrtätigkeit am «Collegio Real»; 1562–63 theologisches Bakkalaureat und Lehrtätigkeit in Évora. 1563–67 lehrte M. Philosophie in Coimbra und zwischen 1568–83 und 1584–91 in Évora bzw. Lissabon Theologie. Nach einer Zwischenstation in Madrid zog sich M. 1592 an das Jesuitenkolleg in Cuenca zurück, lehnte 1595 einen Ruf nach Rom ab, übernahm jedoch 1599 den Lehrstuhl für Moraltheologie am Jesuitenkolleg in Madrid.

Neben zahlreichen ethischen und theologischen Schriften verfaßte M. mit dem seit 1593 in sechs Bänden erschienenen *De iustitia et iure* sein juristisches Hauptwerk (Gesamtausgabe 1613–14). Dieses Werk enthält sowohl eine Beschreibung des Naturrechts wie auch eine vollständige Darstellung des positiven Rechts (römisches, kanonisches und geltendes Recht Kastiliens). Gemäß scholastischer Tradition wird das Recht in ius naturale und ius positivum eingeteilt. Naturrecht ist göttliches Recht; es umfaßt nur die obersten Prinzipien. Freilich verstand M. unter Naturrecht nicht nur das, was mit Blick auf eine transzendentale Ratio immer und überall notwendig erscheint. Vielmehr kann Naturrecht orts- und zeitgebunden sein. Zwar sei die natura rerum überall die gleiche, doch seien die res nicht in allen Fällen identisch. Hiermit wird ein starres, unveränderliches Naturrecht verworfen. Anders als →Suárez und →Vázquez de Menchaca teilt M. überdies das ius gentium dem positiven menschlichen Recht zu. Zu dieser vorstaatlichen Rechtsübereinkunft der Völker gehöre auch das Eigentum. Dieses sei erst durch die Ausformulierung einer Privatrechtsordnung in Gemein- und Sondereigentum zerfallen. Deswegen müsse eine solche Ordnung unbedingt unter ethischen Gesichtspunkten gestaltet werden. Von daher konzipierte M. seine Lehre vom gerechten Preis und Lohn. Dank der wachsenden Internationalisierung des Handels gingen entsprechende Regeln in die damalige Wirtschaftsethik auch außerhalb des spanischen Weltreichs ein. Spätere Vernunftrechtler und Sozialethiker griffen immer wieder auf M.s Naturrechtskonstruktion zurück.

Lit.: F. Stegmüller, Geschichte des Molinismus, 1, 1935, 1–80; W. Weber, Wirtschaftsethik am Vorabend des Liberalismus, 1959, 69–143; O.W. Krause, Naturrechtler des 16. Jh.s, 1982, 48–57.

F. Ross

Montesquieu, Charles de (1689–1755). Auf dem Familiensitz La Brède bei Bordeaux wurde Charles-Louis de Secondat, Baron de la Brède et de Montesquieu 1689 geboren. 1705–08 studierte er Rechtswissenschaft in Bordeaux. Am dortigen obersten Provinzialgericht, dem «Parlement», wurde er 1714 Rat, 1716, als Erbe seines Onkels, dessen Präsident. Gleichzeitig betrieb M. naturwissenschaftliche und historische Studien, die er der Akademie von Bordeaux präsentierte. Schlagartig berühmt wurde der Provinzadelige 1721 durch die Veröffentlichung der *Lettres persanes*, einer Satire auf die sittlichen und politischen Zustände Frankreichs. Die kunstvolle Verbindung von Gesellschaftskritik und mondäner Eleganz öffnete ihm die Tore der Pariser Salons; 1728 wurde er in die Académie Française gewählt. Nach dem Verkauf seines Präsidentenamtes 1726 bereiste M. zwischen 1728 und 1731 halb Europa (u. a. Österreich, Italien und England). 1734 veröffentlichte er die *Considérations sur le causes de la grandeur des Romains et de leur décadence*; in diesem Essay untersuchte M. die klassische Frage nach den Ursachen des Untergangs des Römischen Weltreiches. 1748 erschien in Genf, als Ergebnis zwanzigjähriger Studien, sein Hauptwerk *De l'Esprit des lois* («Vom Geist der Gesetze»). 1751 wurde es, trotz M.s Verteidigungsschrift – *Défense de l'Esprit des lois* (1750) –, auf den päpstlichen Index gesetzt.

Mit seinem *Esprit des lois* bemüht sich M. um die wissenschaftliche Erforschung der überpositiven Normen der Gesetzgebung. Gegen →Hobbes' voluntaristisches Vertragsdenken beharrt er, an die aristotelische Tradition anknüpfend, auf der metaphysischen Begründung des Rechts. Die gerechte gesellschaftliche Ordnung ergibt sich für ihn aus der Übereinstimmung der positiven Gesetze mit den göttlich-naturgesetzlichen Normen, mit der «Natur der Dinge». Sind die menschlichen «Dinge», die sozialen und politischen Institutionen, ihrer Natur entsprechend eingerichtet, entsteht ein harmonisches Gleichgewicht und damit eine stabile politische Ordnung. Weil der Mensch jedoch die «Natur der Dinge» nicht immer erkennt, widersprechen die positiven Gesetze häufig der göttlich-natürlichen Ordnung. Die Aufklärung des Gesetzgebers über diese Irrtümer bildet das Ziel des *Esprit des lois*. Anders als die moderne Naturrechtslehre gewinnt M. seine überpositiven Normen jedoch nicht mit Hilfe eines hypothetischen Naturzustandes. Vielmehr besitzt die politisch-soziale Ordnung ihre eigene Gesetzlichkeit, deren Erforschung M. als «Newton der menschlichen Welt» (Goyard-Fabre) empirisch, durch Analyse der antiken und neueren Staatengeschichte, unternimmt.

Die wichtigste Determinante der Gesetzgebung bildet die Staatsform. M.s Modifikation der aristotelischen Staatsformenlehre unterscheidet zwischen Republik, Monarchie und Despotie. Die nochmals in Aristokratie und Demokratie unterteilte Republik ist Staatsform der griechisch-römischen Stadtstaaten und lebt von der Bürgertugend, von der Aufopferung der Eigeninteressen zugunsten des Gemeinwohls. Den Großstaaten der Gegenwart hingegen ist allein die Monarchie angemessen, welche Tugend durch Ehre ersetzt: Der «starke Arm» des Monarchen lenkt den selbstsüchtigen Ehrgeiz der Bürger in für den Staat nützliche Bahnen. Die Monarchie ist souveräne, aber an Grundgesetze gebundene Alleinherrschaft. Der Monarch ist Quelle aller öffentlichen Gewalt, sein Machtstreben wird jedoch durch die ausführenden Zwischengewalten – Adel, Klerus und Städte – beschränkt. Zudem gewähren die «Parlamente» eine gewisse Rechtssicherheit, indem sie neue Gesetze registrieren und an bestehende erinnern. Trotz ihrer Rechtsstaatlichkeit ist die Monarchie stets in Gefahr, zur Despotie – dem den asiatischen Großreichen zugeordneten regel- und schrankenlosen Willkürregiment – zu entarten. Monarch und Despot unterscheiden sich nicht durch Machtfülle, sondern nur durch den Grad der Aufklärung.

Die zweite wesentliche Determinante einer angemessenen Gesetzgebung ist die Geisteshaltung, der «esprit général» eines Volkes. Er wird durch naturhafte Voraussetzungen (Klima), durch Bewußtsein (Religion, Sitten und Bräuche) und Herrschaft (Gesetze und Regierungsmaximen) geprägt.

Die wissenschaftliche Intention des *Esprit des lois* wird beständig von M.s politischer Stellungnahme, dem Kampf gegen den Absolutismus, überlagert. In seiner von der konservativen Adelsopposition geprägten Perspektive erscheint die monarchische Zentralgewalt als permanente Bedrohung der Staatsform, während Zwischengewalten und Parlamente – innere Hemmnisse des Absolutismus – den Erhalt der monarchischen Verfassung garantieren. Dem drohenden «Despotismus» hält er eine Rückbesinnung auf die frühmittelalterlichen ständestaatlichen Verfassungsgrundlagen entgegen.

Neben dieser konservativen Lösung des Absolutismusproblems entwickelt M. einen liberalen Ausweg. Im berühmten England-Kapitel des *Esprit des lois* zeigt er, wie Freiheit als Ziel der Verfassung zu realisieren sei: Politische Freiheit bedeutet nicht Willensfreiheit, sondern Rechtssicherheit, das Recht, alles das zu tun, was die Gesetze erlauben. Diese Freiheit ist jedoch stets durch Macht bedroht, weshalb Macht zu beschränken ist. Sie ist derart anzuordnen, daß Macht durch Macht gebremst wird. Dies sieht M. in der englischen Verfassung verwirklicht. Hier werde willkürlicher Machtmißbrauch durch die verfassungsmäßig festgelegte Trennung der Gewalten in Legislative, Exekutive und Judikative verhindert. Vom Volk gewählte Repräsentanten geben, in eine Volks- und eine Adelskammer unterteilt, die Gesetze, die von der königlichen Regierung ausgeführt werden. Die Judikative bildet keine eigentliche Gewalt, denn Rechtsprechung ist ganz an den Gesetzestext gebunden und wird von aus dem Volk genommenen Richtern ausgeführt.

Diese idealtypische Interpretation der englischen Verfassung wurde zum Ausgangspunkt der Gewaltenteilungslehre und des modernen Konstitutionalismus. Über die Staatsrechtslehre hinaus verdanken zudem Sozial- und Politikwissenschaft M. wichtige Anregungen. Auch Liberalismus und Konservativismus wurden von seinem Denken tief geprägt.

WW: Œuvres complètes, hrsg. v. A. Masson, 1955 ff.; Vom Geist der Gesetze, hrsg. v. W. Weigand, 1974.
Lit.: R. Shackleton, M. A Critical Biography, 1961; L. Desgraves, M.; 1986 (dt. 1992); S. Goyard-Fabre, M., la Nature, les Lois, la Liberté, 1993.

U. Speck

Mortara, Ludovico (1855–1937). Befaßte sich mit dem Studium des öffentlichen Rechts, schlug die universitäre Laufbahn ein und war 1886–1903 Professor für Verfassungsrecht und Zivilprozeßrecht an den Universitäten Pisa und Neapel, gab dann die Lehrkanzel auf und wechselte als Ratsmitglied, Generalanwalt, erster Staatsanwalt und erster Präsident des Kassationshofes in Rom zu den Justizbehörden. Den römischen Kassationshof führte er viele Jahre lang mit ungewöhnlicher Autorität, gab desgleichen den Anstoß zur Ausbildung einer stabilen Prozeßrechtswissenschaft und nahm teilweise die Vorteile der späteren Vereinigung der Kassationsgerichte vorweg.

Das hohe Amt, das M. ausübte, die verdiente Verbreitung seines Zivilprozeßkommentars, *Commentario del codice e delle leggi di procedura civile* (6. Aufl., 1932), der lange Zeit das grundlegende Werk für Theorie und Praxis war, und sein richtungsweisendes Wirken in der «Giurisprudenza Italiana» seit 1891 verschafften seinem Namen weitreichende Geltung.

1900 zum Senator ernannt, regte der Jurist das Dekret vom 31. August 1901 zur Verwirklichung des Gesetzes über das summarische Verfahren an und saß der Königlichen Kommission vor, die mit dem Projekt der Schaffung eines Prozeßgesetzbuchs betraut war.

Als Justizminister im Kabinett Nitti 1919–20 verwirklichte er wichtige Reformen, wie die Einführung des Mahnverfahrens und die Neuordnung des Prüfungsverfahrens bei ausländischen Urteilen, deren Anerkennung beantragt war.

Des weiteren hatte M. auch das Amt des Staatsministers inne.

Im wissenschaftlichen Bereich begann er mit der Erneuerung des prozeßrechtlichen Studiums, indem er die gesamte Materie des Prozeßrechts neu überdachte. Er vertrat dabei eine eher organische Sichtweise der Institute und schenkte den Zusammenhängen zwischen prozessualem und allgemeinem öffentlichrechtlichem System größte Aufmerksamkeit in breitangelegter Verwendung der exegetischen Methode und mit großer Gründlichkeit, immer in enger Bindung an die praktischen Bedürfnisse der Fälle und den anzuwendenden Gesetzestext.

M. bestätigte das Prinzip der Einheitlichkeit der Rechtsprechung, des Rechtsprechungscharakters der V. Sektion des Staatsrates und der Grenzen richterlicher Kontrolle über das Verwaltungshandeln. Er festigte so fundamentale Aussagen über die Bestimmung der praktischen Grenzen der Kontrolle der Rechtsprechung bezüglich der Legalität der exekutivischen Gesetzgebungsakte.

Durch die faschistische Regierung wegen seiner oppositionellen

Einstellung in den Ruhestand versetzt, war der Jurist bis in seine letzte Lebensphase als Anwalt tätig.

Lit.: P. Calamandrei, L.M., 1937; F. Cipriani, Storie di processualisti e di oligarchi, 1991, 55 ff. u. pass.

P. Calvino

Mortati, Costantino (1891–1985). Nach einem juristischen Examen an der Universität Rom war M. 1920–36 am italienischen Rechnungshof tätig. 1936 wurde er zunächst Privatdozent und im selben Jahr noch o. Professor für Verfassungsrecht an der Universität Messina. Später lehrte er an der Universität von Macerata, deren Rektor er 1939–42 war, in Neapel und Rom. Im Juni 1946 wurde M. in die verfassunggebende Versammlung gewählt, im Dezember des Jahres wurde er Verfassungsrichter.

M.s juristische Bildung war breit ausgerichtet. Nach einem Studium der Pandektisten, besonders der Arbeiten Kormanns, von dem er das Interesse für die juristische Diagnose und Konstruktion übernommen hatte, setzte er sich, beeinflußt v. a. von →Smend, mit der Weimarer Reichsverfassung auseinander. Mit Interesse betrachtete er die von faschistischen Juristen vorgeschlagene Revision der bürgerlich-demokratischen Verfassung, insbesondere seines Lehrers Sergio Panuzio.

So zeigte sich in den Arbeiten M.s ein komplexes Denken von außerordentlichem kulturellem Reichtum, was sich sowohl auf seine politische und richterliche Arbeit, dem Versuch der Isolierung der mittleren sozialen Formationen, auswirkte sowie in seinem Verfassungsbegriff niederschlug. Sein Begriff der *Costitutione materiale* (1940) war wegweisend; er prägte einen neuen Grundnormbegriff, der es der Verfassung ermöglichte, sich aus der Verbindung mit dem Personenstaat zu lösen und qualitativ etwas anderes als eine bloße Manifestation von staatlicher Souveränität zu werden.

Lit.: M. Galizia/P. Grossi (Hg.), Il pensiero giuridico di C.M., 1990.

P. Calvino

Moser, Johann Jakob (1701–1785), gilt als die herausragende Figur der sog. Reichspublizistik, der deutschen Staatsrechtslehre des 18. Jh.s. M. hat über 500 Bücher über das ius publicum des Reichs und der Territorien geschrieben, Rechtsquellen gesammelt und geordnet, Zeitschriften herausgegeben, Gutachten erstellt und sich insgesamt einen Ruf als Orakel des öffentlichen Rechts und als eines unabhängigen, prinzipienfesten Rechtskundigen erworben. Seine Verwurzelung im württembergischen Ständeliberalismus, jahrelange Haft als Märtyrer des Rechts und seine pietistische Frömmigkeit machten ihn zum Symbol, das weit in das 19. Jh. hinein ausstrahlte. Seine reizvolle Autobiographie ist heute noch lesenswert.

M. begann sofort nach dem Jurastudium zu publizieren, während er wechselnde Stellungen in Wien, Stuttgart, Tübingen, Frankfurt/Oder einnahm. Einige Jahre lebte er als freischaffender Autor in Ebersdorf/Vogtland und war dann in Hessen-Homburg und schließlich wieder in Württemberg als Justitiar der Stände tätig. Sein Sohn Friedrich Carl von M. (1723–1798), ebenfalls Reichspublizist, machte eine eigene Karriere als Reichshofrat.

Das Werk M.s ist von kolossalem Umfang. Es belegt den generellen Zug deutscher politischer Verhältnisse zur «Verrechtlichung». Sein *Teutsches Staats-Recht* (1737–54) umfaßt 53 und sein *Neues Teutsches Staats-Recht* nochmals 43 Bände. Daneben sind zahlreiche staatsrechtliche Arbeiten separat erschienen. Eine zweite Werkgruppe behandelt die Reichsgerichtsbarkeit (Reichskammergericht, Reichshofrat), eine dritte die Staatsrechte der einzelnen Territorien, eine vierte das Völkerrecht. Die Gesamttendenz ist die Absicht einer «unpartheyischen» Darlegung der Quellen, der Distanz zum «spekulativen» Naturrecht, die durchgängig historisch-genetische Entwicklung der Rechtsfragen und das Bestreben, zwischen Kaiser und Reich, Landesherr und Ständen eine rechtlich gesicherte Balance herzustellen.

Lit.: R. Rürup, J. J. M. – Pietismus und Reform, 1965; E. Schömbs, Das Staatsrecht J. J. M. (1701–1785), 1968; A. Laufs, J. J. M., in: Staatsdenker, 284; M. Stolleis, Geschichte des öffentlichen Rechts, 1, 1988, 258–267.

M. Stolleis

Mpales, Georgios (1879–1957), Jurastudium an den Universitäten Athen und Berlin, 1925 Ordinariat für Zivilrecht an der Universität Athen, 1929–33 Vorsitzender der Anwaltskammer Athen, 1930 Mitglied der Athener Akademie, war einer der bedeutendsten Zivilisten Griechenlands im 20. Jh. Sein Beitrag besteht hauptsächlich in der Mitarbeit an der Verfassung des griechischen Zivilgesetzbuches. Beim Entwurf des Zivilgesetzbuches von 1922 hat er am Allgemeinen Teil, am Schuld- und Erbrecht mitgewirkt. Bei dem letzten Entwurf, der 1940 als griechisches Zivilgesetzbuch promulgiert wurde, hat er das Erbrecht entworfen. Er hat noch dazu die Einleitung verfaßt und dem abgeschlossenen Werk, vor seiner Verabschiedung, die Schlußform gegeben. Durch die Verabschiedung des griechischen BGB gelangten die mehr als 100 Jahre lang andauernden Bemühungen, ein Zivilgesetzbuch für Griechenland zu verfassen, an ein Ende. Ausschlaggebend für die griechische Rechtswissenschaft sind die Kommentare von M. zum Zivilgesetzbuch.

WW: Melétai epí tou ischýontos astikoú dikaíou (Abhandlungen über das geltende bügerliche Recht), 1916 u. ö.; Egcheirédion Klēronomikoú Dikaíou (Handbuch des Erbrechts), 1925 u. ö.; Genikaí Archaí tou Astikoú Dikaíou katá ton Kódika (Allgemeiner Teil des Bürgerlichen Rechts nach dem Bürgerlichen Gesetzbuch), 1941 u. ö.; Klēronomikón Díkaion katà ton Kódika (Erbrecht, nach dem [Bürgerlichen] Gesetzbuch), 1947 u. ö.; Emprágmaton Díkaion (Sachenrecht), 2. Aufl., 1951 u. ö.; Enochikón Díkaion, Genikón Méros (Schuldrecht, Allgemeiner Teil), 1952 u. ö.; Oikogeneiakón Díkaion (Familienrecht), 1956.
Lit.: N. Pantazopoulos, Apó tēs «logías» paradóseōs eis ton Astikón Kódika, 1947, 300ff.; K. M. Kallias, Geórgios Mpalés, 1960.

Ch. Argyriadis

Mucius Scaevola, Quintus (**ca. 140–82 v. Chr.**), römischer Jurist, Konsul 95, ermordet, war Angehöriger eines Geschlechts, dem Rom viele Juristen verdankt, unter ihnen sein bedeutender Vater (P. Mucius, Konsul 133). M. repräsentiert die Schlußphase der ersten, sog. vorklassischen Rechtswissenschaft Roms, deren Literatur Ende des 3. Jh.s beginnt und in der Zeit seines Vaters von einem bedeutenden Naturrechtsschub erfaßt wird. Sein Hauptwerk, 18 Bücher *De iure civili*, ist die letzte Gesamtdarstellung der Republik, die von dem komplementären Gegensatz ius civile (Bürgerliches Recht der individuellen Freiheit) und ius gentium (Naturrecht der menschlichen Völker) (Cicero, De officiis III 16,69) geprägt ist. Daneben ist von M. noch ein Buch, *Horoi* (Definitionen), bekannt.

Im System des M. hat die bona fides, der naturrechtliche (Treu und Glauben und guten Glauben umfassende) Vertrauensgedanke als schöpferisches und korrektives Rechtsprinzip eine zentrale Bedeutung. Mit Hilfe dieses Prinzips bekämpfte er als Statthalter von

Kleinasien (94 v. Chr.) die Wuchergeschäfte des römischen Ritterstandes. Das dem Naturrecht als eigene Ordnung gegenüberstehende bürgerliche Recht legte M. demgegenüber sehr strikt aus. Als M. diesen strengen Standpunkt, gestützt auch auf die Ansicht seines Vaters, in einem dem bürgerlichen Recht angehörenden Erbschaftsstreit, der causa Curiana, als Anwalt verfocht, verlor er den Prozeß gegen den berühmten Redner Licinius Crassus, der seinen freieren (§ 2102 BGB entsprechenden) Rechtsstandpunkt der älteren Jurisprudenz verdankte.

Nach seinem Tode wurde die Jurisprudenz des M. von der klassisch-institutionellen Rechtswissenschaft des →Servius Sulpicius verdrängt. Im Prinzipat gewann sein Werk wieder großen Einfluß. →Sabinus folgte ihm in seinem dreibändigen *Ius civile*, dem Grundbuch der sabinianischen Rechtsschule. Ferner wurde das Zivilrechtslehrbuch des M. in der hochklassischen Zeit mehrfach kommentiert und viel herangezogen.

Lit.: F. Wieacker, Römische Rechtsgeschichte, I, 1988, 597ff.; O. Behrends, Die Wissenschaftslehre im Zivilrecht des Q. M. S. pontifex, 1976; ders., Tiberius Gracchus und die Juristen seiner Zeit – die römischen Juristen gegenüber der Staatskrise des Jahres 133 v. Chr., in: D. Liebs/K. Luig (Hg.), Das Profil des Juristen in der europäischen Tradition, 1980, 25–121.

O. Behrends

Mudaeus (Van der Muyden), Gabriel (1500–1560), wurde bei Brecht (nahe Antwerpen) geboren. Er studierte zunächst Artes in Löwen, wo er im selben Kollegium wohnte wie Erasmus. Ab 1523 besuchte er als Präzeptor junger Adliger verschiedene französische Universitäten; 1531 Lic. iuris, 1539 Doctor iuris.

Sein Leben lang hat M. in Löwen doziert, zunächst ab 1537 Institutionen und ab 1547 als Primarius über das Digestum vetus und den Codex.

M. war nach Aussage seines Schülers M. →Wesenbeck ein ausgezeichneter und beliebter Professor. Seinen Erfolg verdankt er v. a. der neuen Unterrichtsmethode, die er in Löwen eingeführt hatte. Unter Einfluß der französischen Humanisten lenkte er in seinen Vorlesungen die Aufmerksamkeit auch auf die Sprachwissenschaft, die klassische Literatur (u. a. →Cicero) und die Geschichte des Altertums. Dennoch kann er nicht als ein radikaler Unterrichtsreformer betrachtet werden, da er nach wie vor auch die Forderungen der

Rechtspraxis im Auge behielt. Einsicht in seinen Unterricht verschaffen seine – posthum veröffentlichten – Kommentare, die alle den Inhalt seiner Vorlesungen wiedergeben. Daraus geht hervor, daß die Form traditionell geblieben ist und die mittelalterliche Literatur noch vielfach zitiert wird. 1563 erschienen seine Vorlesungen über vier für die Praxis wichtige Digestentitel, 1586 aufs neue herausgegeben, erweitert um einen Kommentar zu einem Digesten- und einem Institutionentitel. 1604 erschien ein Kommentar zu den Titeln aus dem sechsten Buch des Codex über Testamente.

M. wird allgemein als der Reformer der Rechtswissenschaft in den Niederlanden betrachtet, deren Wirkung sich nach Deutschland überträgt. Außer Wesenbeck gehören zu seinen Schülern Sigmund Feyerabendt, Andreas →Gaill, Joachim Hopper und François →Baudouin.

WW: R. Robaye, Droit romain en Belgique, œuvres et bibliographie de G. M., in: RIDA 3, 30, 1983, 193–209.
Lit.: B Nat Belg 15, 335–337; R. Dekkers, Het humanisme en de rechtswetenschap in de Nederlanden, 1938, 97–143; 550 jaar universiteit Leuven, 1976, 297–298.

M. Ahsmann

Munzinger, Walther (1830–1873), Sohn des Bundesrates Joseph M., Bruder des Afrikareisenden Werner M.-Pascha, wurde 1857 ao., 1863 o. Professor und 1865/66 Rektor der Universität Bern. M. lehrte u. a. Handels- und Wechselrecht, deutsches Privatrecht sowie schweizerisches Bundesrecht. Politisch war er ab 1872 für die «Freisinnigen» Mitglied des Nationalrats. Nachdem er 1865 mit dem Entwurf eines schweizerischen Handelsgesetzbuchs hervorgetreten war, wurde er vom Bundesrat 1869 mit der Redaktion des schweizerischen Obligationenrechts betraut, für das er 1871 einen Entwurf vorlegte. Beide Entwürfe wurden nach M.s Tod unter dem Einfluß des deutschen Rechts stark verändert.

Neben seinem Einsatz für die schweizerische Rechtseinheit trat M. nach Verkündigung des päpstlichen Unfehlbarkeitsdogmas 1869/71 als Führer der schweizerischen altkatholischen Reformbewegung, der «Christkatholiken», hervor, die sich gegen dieses Dogma stellte. M. verfaßte zahlreiche Rechtsgutachten und juristische Schriften, so u. a. *Die Pflege der Jurisprudenz im alten und neuen Bern* (1866); *Bundesrecht und Bundesgerichtsbarkeit* (1871) sowie *Studien über das eheliche Güterrecht der Schweiz* (1874). Daneben befaßte er sich in der Wessenberg gewidmeten Studie *Papsttum und Nationalkirche* (1860) auch mit kirchenrechtlichen Problemen. Als Pianist, Organist und Dirigent wirkend, vertonte M. Gedichte u. a. von Schiller und Körner, schrieb eine deutsche Messe und war Mitbegründer der bernischen Musikgesellschaft.

Lit.: HB Lex Sch 5, 208; P. Dietschi/L. Weber, W. M. Ein Lebensbild, 1874.

A. von Moos

Muromcev, Sergej Andreevič (1850–1910), seit 1875 Professor für römisches Recht an der Moskauer Universität, Führer der Kadettenpartei und Vorsitzender der ersten Duma, galt als Haupt der konstitutionellen Bewegung in Rußland. M., Autor eines liberalen Verfassungsentwurfs, wurde zu einer Symbolfigur des rechtlichen Ausweges aus der Revolution.

Als Jurist und Politiker wurde M. wesentlich durch R. v. →Jhering, mit dessen Ideen er während seiner Studienzeit in Göttingen bekannt geworden war, geprägt. In seiner Magister-Arbeit *Über den Konservatismus der römischen Jurisprudenz* (1876) und seiner Dissertation *Abriß der allgemeinen Zivilrechtstheorie* (1877) lehnte er sowohl einen metaphysischen als auch einen formal-dogmatischen Rechtsbegriff als lebensfremd ab. In seiner Arbeit *Die Bestimmung und grundlegende Einteilung des Rechts* sowie in zahlreichen folgenden Werken entwickelte er ein geschlossenes Konzept des Rechts bzw. der einzelnen Rechtsmaterien und bestimmte in diesem Zusammenhang die Bedeutung des Richters für die Rechtsschöpfung neu. Von diesem Zugang war vor allen Dingen seine polemisch zugespitzte Arbeit *Was ist das Rechtsdogma* geprägt. Seine späteren Arbeiten (*Das Zivilrecht des alten Rom*, 1883; *Die Rezeption des römischen Rechts im Westen*, 1885) sind ebenfalls in diesem Zusammenhang zu lesen.

Durch die wesentlich von M. ausgehende Verwissenschaftlichung der Rechtskultur wurde die Jurisprudenz in Rußland erst zur praktischen, auch das alltägliche Rechtsleben bestimmenden Wissenschaft. Der von ihm eröffnete neue Zugang bestand darüber hinaus darin, ganz in Anlehnung an Jhering, Recht als Verwirklichung gesellschaftlicher Interessen – des Stammes, der Sippe, der Familie, der Religion, des Staates, also aller gesellschaftlichen Erscheinungen – zu verstehen. M. gilt als Begründer der Rechtssoziologie in Rußland.

Lit.: V. Leontovich, Geschichte des Liberalismus in Rußland, 1957; S. V. Utechin, Russian political Thought, 1963; V. D. Zor'kin, M., 1980.

A. N. Meduschewskij

Murray, Sir William, Lord Mansfield (1705–1793), besuchte Westminster School und studierte am Christ Church College in Oxford. An der Universität lernte er den späteren Baron Foley kennen, der ihn mit den Mitteln ausstattete, eine juristische Karriere an Stelle einer kirchlichen Laufbahn einzuschlagen, für die er als jüngerer Sohn eines schottischen Peers an sich vorgesehen war. Er trat daraufhin in Lincoln's Inn ein und wurde 1730 als Anwalt zugelassen. Seine schottische Herkunft führte dazu, daß er außer einigen schottischen Landsleuten zunächst nur wenige Mandanten hatte, bis er die Stadt Edinburgh in einer «cause célèbre» erfolgreich verteidigte und mit einem Schlag zu einem der führenden Anwälte Englands wurde. 1738 heiratete er Lady Elizabeth Finch, die Tochter des Earls of Winchelsea, der nach dem Sturz Walpoles Erster Lord der Admiralität wurde und sich im Kabinett für M. einsetzte. 1742 wurde er Kronanwalt (Solicitor General) in Lord Wilmingtons Kabinett und trat noch im gleichen Jahr auch ins Parlament ein. Nachdem er sich sowohl in den Verfahren gegen die aufständischen Jakobiner bewährt als auch durch mehrere brillante Reden im Parlament ausgezeichnet hatte, war er ab 1748 anerkanntermaßen der erste Mann im House of Commons. 1754 wurde er Justizminister (Attorney General) der Regierung des Duke of Newcastle. Am 8. November 1756 wurde M. als Lord Chief Justice der King's Bench vereidigt und mit der Würde eines Baron versehen; noch am darauffolgenden Tag stürzte die Regierung des Duke of Newcastle. Nach der Bildung der Regierung des Duke of Devonshire wurde M. in den Kronrat aufgenommen. Während des politischen Interregnums amtierte er als Schatzkanzler (Chancellor of the Exchequer) und trat dann ungeachtet seiner Stellung als höchster Richter Englands 1757 in das Kabinett Pitts und Newcastles ein, dem er bis 1765 angehörte. Er blieb auch nach seinem Ausscheiden aus der Regierung eines der führenden Mitglieder des House of Lords und erhielt 1776 den Titel eines Earl of Mansfield. 1788 trat er aus Gesundheitsgründen von seinem Amt als Chief Justice zurück.

M. gilt neben Sir Edward → Coke und Sir Matthew → Hale als die herausragende Richterpersönlichkeit des Common Law. Während der 32 Jahre seiner Richterschaft übte er einen bestimmenden Einfluß auf die englische Rechtsprechung aus. M. führte neue Verfahrensregeln ein, durch die die Bedeutung der Juries eingeschränkt und dem Richter eine größere Einflußnahme auf das Verfahren ermöglicht wurde. Er machte die Urteilsabfassung zu einem wesentlichen Vehikel der Rechtsdiskussion im Common Law und unterstützte die an seinem Gericht tätigen Berichterstatter hinsichtlich einer möglichst genauen Wiedergabe der Entscheidungen, um so die Rechtsfortbildung durch Präjudizien zu befördern. Seine bedeutendste Leistung liegt auf dem Gebiet des Handelsrechts, das bis zu M.s Zeit ein Gewohnheitsrecht der Kaufleute und kein Bestandteil des Common Law war.

M. bemühte sich im Interesse größerer Rechtssicherheit für die englische Kaufmannschaft um die Integration des Handelsrechts in das Common Law. Er förderte die Bildung von ausschließlich aus Kaufleuten zusammengesetzten Juries in handelsrechtlichen Verfahren, um so die Verfahren von den Kaufmannsgerichten zur königlichen Gerichtsbarkeit abzuziehen, und gestattete die Darlegung der handelsüblichen Gewohnheiten durch Kaufleute als zulässigen Beweis für das Vorhandensein entsprechender Rechtssätze. Durch diese Erfassung der im internationalen Handel anerkannten Handhabung des Versicherungs-, Wechsel- und Scheckwesens in seinen Entscheidungen gelang ihm die systematische Umsetzung der kaufmännischen Gewohnheiten in richterliche Rechtssätze. M., der aus diesem Grund als «Vater des Handelsrechts» bezeichnet wird, hatte darüber hinaus auch entscheidenden Anteil an der Weiterentwicklung des Vertrags-, Kondiktions- und Konkursrechts und zeigte sich trotz seines Widerwillens gegenüber gesetzgeberischen Veränderungen des Rechts stets bereit, das englische Recht durch Entscheidungen fortzubilden und umzugestalten. M. führte so in das Common Law eine bis dahin ungeahnte Dynamik ein und gilt daher unbestritten als einer der Begründer des modernen englischen Rechts.

Lit.: C. H. S. Fifoot, Lord M., 1936; E. Heward, Lord M., 1979; J. Oldham, The M. Manuscripts and the Growth of English Law in the Eighteenth Century, 1993.

K. Lerch

Mynsinger von Frundeck, Joachim (1514–1588), Schüler von → Zasius, pflegte während seines Studiums in Freiburg intensiven Kontakt zum süddeutschen Humanistenkreis, erlangte 1536 dort eine Professur und war mehrfach Dekan und Rektor der Universität. 1548 erfolgte der Wechsel zum Reichskammergericht, und ab 1556 war M. Kanzler der Herzöge von Braunschweig in Wolfenbüttel. In dieser Funktion wirkte er sehr fördernd für die schließlich 1576 eröffnete Universität zu Helmstedt. Nach seinem Ausscheiden 1573 zog M. sich, gelegentlich unterbrochen von herzöglichen Aufträgen, als Privatgelehrter zurück.

M. begründete mit der Edition einer kleinen Entscheidungssammlung des Reichskammergerichts, den *Singularium observationum Iudicii Imperialis Cameriae centuriae quattuor* (1563), die in vielen weiteren, stark ergänzten Auflagen erschien, die sog. Kameralistik. Unsystematisch bei Gericht angelegte kurze Aufzeichnungen spiegeln den Meinungsstand des Reichskammergerichts wider. Das Wagnis, gegen die Geheimhaltungspflicht des Reichskammergerichts verstoßen zu haben, öffnete der Publikationspraxis anderer deutscher Obergerichte schließlich den Weg. Für die Vorlesungen an der Freiburger Universität verfaßte M. zur Einführung in das Studium des römischen Rechts einen Kommentar zum römischen Klagesystem, die *Scholia in tit. Inst. de actionibus* (1544), der später in einen umfangreichen Institutionenkommentar, *Apotelesma sive corpus perfectum scholiorum ad quatuor libros Institutionum iuris civilis* (1555) eingefügt worden ist und europaweite Verbreitung fand. Seine Rechtsgutachtensammlung, *Responsorum juris, sive consiliorum Decades sex* (1573), zeigt einen vielseitig rechtspraktisch tätigen Juristen. Den Juristen weniger bekannt sind seine *Poemata* (1585) und ein *Betbüchlein* (1590).

Lit.: Kleinheyer/Schröder, 355 f.; S. Schumann, J. M., 1983.

J. Otto

N

Nakada, Kaoru (1877–1967), Rechtshistoriker. Nach einem Studium der Rechts- und Politikwissenschaft in Tôkyô wurde N. 1902 ao. Professor daselbst. 1908–11 hielt er sich in Deutschland und Frankreich auf. 1911 löste N. als Ordinarius für vergleichende Rechtsgeschichte den kaum rechtshistorisch veranlagten Öffentlichrechtler →Minobe ab.

Während der Pionier der modernen japanischen Rechtsgeschichte, Michisaburô Miyazaki (1855–1928), von →Grimms Rechtsaltertümern inspiriert, die Methode der vergleichenden Sprachwissenschaft auf die Rechte des ostasiatischen Altertums anwandte, behandelte sein Schüler N. – von der Lektüre →Montesquieus angeregt und unter Einfluß Otto von →Gierkes – mit einer breit angelegten komparatistischen Methode zunächst das mittelalterliche Japan, das er stark zur fränkischen Zeit in Parallele setzte. Seine epochemachenden Erstlingsarbeiten zur japanischen Grundherrschaft (shôen) sind grundlegend für die langdauernde Debatte über das mittelalterliche «Sachenrechtssystem» geblieben.

Seit 1923 verlagerte sich der Schwerpunkt auf die neuere Zeit. N.s These, das japanische Dorf (mura) sei von der frühen Neuzeit bis zur Einführung der neuen Gemeindeverfassung von 1888 ein der deutschrechtlichen Genossenschaft wesensverwandter Verband gewesen, beeinflußte die dogmatische Behandlung des allmendeähnlichen «iriai»-Rechts nachhaltig.

N. zeichnete sich durch scharfe juristische Qualifikation der vergangenen Rechtserscheinungen aus, was ihm andererseits oft als Konstruktivismus und als Rückprojizierung zeitgebundener Dichotomien (öffentliches u. Privatrecht, Staat u. Gesellschaft) in die japanische Vergangenheit vorgeworfen wird. Er war ferner in der chinesischen, der griechisch-römischen Rechtsgeschichte sowie in verschiedenen antiken Rechten versiert. Aus seinem Umkreis sind bedeutende Rechtshistoriker hervorgegangen: Ryôsuke Ishii (1907–93, japan. RG.), Shinzô Jakayangi (1902–89, japan. RG.), Noboru Niida (1904–66, chinesische RG.), aber auch Keikichi Harada (1903–50, römische und antike RG.).

WW: Hôseishi-ronshû (Gesammelte Aufsätze), 4 Bde., 1925–64, ND 1971.
Lit.: R. Igeta, N. K., in: T. Ushiomi/N. Toshitani (Hg.), Nihon no hôgakusha, 1975, 219–240; R. Ishii, Taika-kaishin to kamakura-bakufu no seiritsu,

2. Aufl., 1972, 327–386; S. Ishii, N. K., in: K. Nagahara/M. Kano (Hg.), Nihon no rekishika, 1976, 116–125.

A. Wani

Nehrman-Ehrenstråle, David (1695–1769), studierte 1712–17 an den Universitäten Lund, Rostock, Halle und Leiden. Ab 1718 Auskultator am Hofgericht (Göta), erhielt er 1720 in Lund eine Professur für schwedisches und römisches Recht, die er bis 1753 – ab 1721 als Ordinarius – versah.

N.-E., unter Juristen der Repräsentant der frühen Aufklärung in Schweden, trat für eine Nationalisierung des schwedischen Rechtssystems ein. Aus einer wohlhabenden Malmöer Kaufmannsfamilie stammend, erhielt er die Möglichkeit, Schweden 1713–17 während des Nordischen Krieges für einen Studienaufenthalt in Deutschland zu verlassen. Besonders sein Studium in Halle bei Christian →Thomasius und Nikolaus Gundling prägte ihn entscheidend. Die Kenntnis des Lehrbuch Samuel von →Stryks bildete die Grundlage seiner römischrechtlichen Vorlesungen 1723 in Lund.

N.-E. gilt als der eigentliche Vater des universitären juristischen Studiums in Schweden, ja der neuzeitlichen schwedischen Rechtswissenschaft überhaupt. Seine Einführung in das schwedische Zivilrecht, *Inledning til then swenska iurisprudentiam civilem* (1729), der schwedische Beitrag zur europäischen Institutionenliteratur, ist – unter Betonung der Gegnerschaft gegenüber dem römischen Recht – die erste systematische Darstellung schwedischen Zivilrechts. Das Werk, nur wenige Jahre vor dem Inkrafttreten des Allgemeinen Gesetzbuches 1734 entstanden, stellt eine Übergangsphase in der schwedischen Rechtskultur dar. In geradezu historischer Methode vorgehend, erörterte er immer wieder, welche Gesetzesbestimmungen der mittelalterlichen Gesetzbücher das Rechtsleben seiner Zeit prägten oder obsolet waren. In zahlreichen Arbeiten nach 1734 orientierte er sich dagegen an der Systematik des neuen Gesetzbuches.

Das rechtswissenschaftliche Studium aus utilitaristischem Blickwinkel betrachtend, vertrat er die Auffassung, daß an Universitäten nur solche Kenntnisse vermittelt werden sollten, die auch im Berufsleben Verwendung finden könnten. Seine Arbeiten wandten sich demzufolge nicht nur an Studenten, sondern auch an schon praktisch tätige Juristen. Seinem Vorschlag zur Reform des juristischen Studiums von 1723 lag die Einführung juristischer Examina zugrunde. Bei weitem nicht alle seine Vorlesungen, die er als erster Universitätslehrer in Schwedisch hielt, beispielsweise die zum ius publicum oder ius oeconomicum, liegen bisher gedruckt vor.

Nach seiner Emeritierung verließ N.-E. Lund und zog sich auf sein Gut Säby/Nordsmåland zurück, blieb aber literarisch tätig.

Lit.: SBL, 12, 385 ff.; K. Å. Modéer, Einleitung zu: D. N., Inledning Til Then Swenska Iurisprudentiam Civilem, 1726 (=Acta Societas Juridicae Lundensis 35, 1979), 26 ff.; B. Palmgren, D. N.-E. inför nutiden, in: SvJT 1969, 909 ff.

K. Å. Modéer

Neratius (Lucius N. Priscus; um 55/60–nach 133), römischer Jurist aus der Zeit des Übergangs vom früh- zum hochklassischen Recht. Herkunft aus Saepinum in Samnium. Laufbahn (inschriftliche Belege: CIL IX Nr. 2455; AE 1969/70 Nr. 152; AE 1978 Nr. 287): Ende der siebziger Jahre Militärtribun in Vetera (Xanten); um 83/84 Quästor, um 88 Volkstribun, ca. 88/89 Prätor; 97 Suffektkonsul (Dig. 1,2,2,53), ab 97/98 VII vir epulonum (Priesterkollegium zur Organisation öffentlicher Mahlzeiten bei Götterfesten), 97/98–101 Statthalter in Niedergermanien, 102–106 in Pannonien. Von Kaiser Trajan (98–117) wurde N. in das kaiserliche consilium berufen (Dig. 37,12,5), dem er auch unter Kaiser Hadrian (117–138) noch lange angehörte. Die in der *Historia Augusta* (1 [Hadr.], 4, 8–10) überlieferte Nachricht, N. sei von Trajan zum Thronfolger ausersehen worden, ist wenig glaubhaft. Neben dem jüngeren →Celsus war N. Haupt der Rechtsschule der Prokulianer (Dig. 1,2,2,53). Im Corpus Iuris Civilis sind teils unmittelbare, teils mittelbare Auszüge aus seinem recht umfangreichen schriftstellerischen Werk überliefert. Sein Hauptwerk sind 7 Bücher *membranae*, deren Titel das Material (Pergamentblätter) oder die Anlage des Werkes als Skizzensammlung betreffen wird. Sie enthalten – zumeist nach dem Schema: Sachverhalt, Entscheidung, Begründung sowie aufgebaute Gutachten – Erörterungen von Streitfragen oder allgemeinen Rechtssätzen und Definitionen. Daneben stehen eine Gutachtensammlung (3 B.), ein (vermutlich nach personae, res, actiones gegliedertes) Lehrwerk (regularum libri XV), *epistolae* (zumindest 4 B.) sowie *libri ex Plautio* und ein Buch über die Ehe. Bei den Anmerkungen, die der spätklassische Jurist →Paulus zu N. verfaßt hat, ist unklar, ob sie an ein bestimmtes Werk oder an eine Werkauswahl anknüpfen. Auffällig sind das Interesse des N. an Auslegungsfragen, seine Begründungen durch unmittelbaren Rückgriff auf die aequitas sowie gewisse Vorlieben für subjektive Aspekte und argumenta ad absurdum. Bekannt ist seine Lehre vom ius finitum (Dig. 22,6,2), deren Ursprünge in der griechischen Philosophie zu suchen sind (vgl. Plato, Nomoi 943 e, 944 a; Aristot., Eth. Nic. V. 14/1137 b 29ff.).

Lit.: A. Berger, in: RE 16, 2549ff.; W. Kunkel, Herkunft u. soziale Stellung der römischen Juristen, 2. Aufl., 1967, 144f., 410; J. Maifeld, Die aequitas bei L. N. P., 1991.

R. Knütel

Nerva filius (M. [?] Cocceius Nerva; 1. Jh. n. Chr.), römischer Jurist; Sohn des M. Cocceius Nerva (→Nerva pater), Vater des Kaisers Nerva (96–98). Ersatzkonsul (consul suffectus) ca. 39/41 n. Chr. (CIL VI, 9005). N. erteilte bereits mit 17 Jahren Rechtsgutachten (Dig. 3, 1, 1, 3). Wie schon sein Vater war N. Angehöriger der prokulianischen Rechtsschule (→Proculus, →Sabinus), allerdings nicht Schulhaupt. Seine Schriften sind nur aus Zitaten späterer Juristen bekannt. Der einzige uns überlieferte Werktitel sind die von →Papinian erwähnten *libri de usucapionibus* (Dig. 41, 2, 47).

Lit.: P. Jörs, «Cocceius» (Nr. 15), in: RE IV, 132f.; W. Kunkel, Herkunft und soziale Stellung der römischen Juristen, 2. Aufl., 1967, 130; Ch. Meier, War M. Cocceius Nerva, der Vater des späteren Kaisers, Konsul? (abgedruckt bei W. Kunkel, a.a.O., 378ff.)

B. Kupisch

Nerva pater (M. Cocceius Nerva; –33 n. Chr.), römischer Jurist; Vater des Juristen Cocceius Nerva (→Nerva filius) und Großvater des Kaisers Nerva (96–98), Freund und Berater des Kaisers Tiberius (14–37), vgl. Tacitus, Ann. 4, 58, 1, Ersatzkonsul (consul suffectus) des Jahres 22 (CIL VI, 1539). N. begleitete im Jahre 26 als einziger Angehöriger des Senats den Kaiser Tiberius nach Campanien (Tacitus, Ann. 4, 58, 1). Er starb 33 durch Selbstmord (vgl. Tacitus, Ann. 6, 26, 1; Dio Cassius 58, 21, 4).

N. genoß als Jurist außerordentlich hohes Ansehen (Tacitus, Ann. 6, 26, 1) und war als Nachfolger des Labeo (→Labeo filius) Schulhaupt der prokulianischen Rechtsschule (→Proculus, →Sabinus). Seine Schriften sind in den Digesten Justinians nur durch Zitate späterer Juristen vertreten (Dig. 16, 3, 32); ihre Titel sind nicht überliefert.

Lit.: R. Hanslik, «Cocceius» (Nr. 5), in: Kleiner Pauly I, 1236; P. Jörs, «Cocceius» (Nr. 14), in: RE IV, 131 f.; W. Kunkel, Herkunft und soziale Stellung der römischen Juristen, 2. Aufl., 1967, 120.

B. Kupisch

Nettelbladt, Daniel (1719–1791), stammte aus einer Kaufmannsfamilie. Er studierte seit 1733 zunächst in Rostock Theologie. Schon früh von Ch. →Wolff begeistert, wechselte N. die Fachrichtung und widmete sich der Rechtswissenschaft. 1740, kurz vor dem Wechsel Wolffs nach Halle, kam N. nach Marburg, um Wolff und Cramer zu hören. Von 1741 an lebte er in Halle, zuerst im Hause Wolffs. Er wurde 1744 promoviert und begann danach mit Vorlesungen. Von pädagogischem Elan getrieben, widmete sich N. der Umsetzung der «demonstrativen» Methode Wolffs in die praktische Rechtswissenschaft. 1746 erhielt N. eine Professur in Halle.

1749 erschien erstmals sein *Systema elementare universae jurisprudentiae naturalis*..., das eine Zusammenfassung des Wolffschen Naturrechts darstellt. In demselben Jahr veröffentlichte N. auch das *Systema elementare universae jurisprudentiae positivae*..., das die positive Rechtswissenschaft zum Gegenstand hat. Einer allgemeinen Propädeutik, zu der auch geschichtliche Grundkenntnisse zählen, folgt eine überblickartige Darstellung aller Gebiete des geltenden Rechts.

Wenngleich im 19. Jh. wiederholt die kompromißlose Durchführung der Bildung «allgemeiner Teile» bei N. kritisiert wurde, so ist diese Darstellungsmethode doch von bleibender Bedeutung. N. sah das Ziel juristischer Ausbildung nicht mehr in der Erziehung zu tugendhafter Lebensweise, sondern er begründete einen objektiven Begriff der Rechtswissenschaft. Die Jurisprudenz vermittelt nach N. objektive Kenntnisse über die Wahrheiten, die Rechte und Pflichten betreffen. In Erfüllung seines enzyklopädischen Anspruchs, den er in *Unvorgreifliche Gedanken von dem heutigen Zustand der bürgerlichen und natürlichen Rechtsgelahrtheit*... formuliert hatte, schrieb N. auch eine bio- und bibliographische Geschichte der Rechtswissenschaft: *Initia historiae literariae juridicae universalis* (1764). Zu den bedeutenden Schülern N.s zählen die Redaktoren des ALR, v. Carmer, →Svarez und Klein.

Lit.: F. Wieacker, Privatrechtsgeschichte, 2. Aufl., 1967, 321; D. Willoweit, in: HRG 3, 951–952; J. Schröder, Wissenschaftstheorie und Lehre der «praktischen Jurisprudenz» auf deutschen Universitäten an der Wende zum 19. Jh., 1979, 46 ff.

T. Repgen

Nevolin, Konstantin Alekseevič (1806–1855), Professor für Rechtsenzyklopädie und Staatsrecht an der Universität Kiew und seit 1843 an der St. Petersburger Universität, gilt als einer der Begründer der wissenschaftlichen Rechtslehre in Rußland. N. ist Autor erster allgemeiner Arbeiten zum russischen Recht sowie systematischer Vorlesungskurse. Seine gesamte wissenschaftliche Arbeit wird vom Bemühen um eine Kodifikation der Rechtsmaterien in Rußland getragen. Im Zentrum seiner Interessen standen Fragen der römischen und germanischen Rechtsgeschichte, der Geschichte und Theorie des Staatsrechts in Rußland, des modernen preußischen Rechts sowie des europäischen Völkerrechts. Als Mitglied der Kodifikationskommission, die zum «Svod Zakonov» führte, war er einer der bedeutendsten Rechtspolitiker seiner Zeit.

In seiner wissenschaftlichen Ausbildung wurde N. vor allen Dingen durch den Petersburger Zivilrechtslehrer A. P. Kunicyn sowie F. C. v. → Savigny, dessen Schüler er in Berlin war, geprägt.

1835 promovierte N. an der Universität St. Petersburg mit einer Arbeit *Über die Gesetzgebung der Antike*. 1844 untersuchte er *Die Ausbildung der Verwaltung in Rußland von Ivan III. zu Peter dem Großen*, deren Entwicklung er in engem Zusammenhang mit der Ausbildung der Rechtslandschaft in Rußland sah. Dabei richtete er sein Augemmerk hauptsächlich auf die territoriale Gliederung der Verwaltung.

Seine beiden 1849/50 und 1851 erschienenen Hauptwerke, *Enzyklopädie der Gesetzgebung* und *Geschichte der russischen Zivilgesetze*, ausführliche Auseinandersetzungen mit der russischen Rechtstradition und ihren Quellen, waren von wesentlicher Wirkung auf die russische Rechtslehre. Diese Arbeiten zielten auf die Überwindung der Ideen des Naturrechts und des Hegelschen Rechtsbegriffs und suchten die Ideen der historischen Rechtsschule in der russischen Jurisprudenz einzuführen. In der Frage der Herkunft der Gesetze ganz den Ideen Savignys folgend, unterschied er scharf zwischen Gewohnheitsrecht und positivem Recht.

Lit.: G. F. Šeršenevič, Nauka grazdanskogo prava v Rossii, 1893; K.-D. Grothusen, Die historische Rechtsschule Rußlands, 1961; R. S. Wortman, The Development of a Russian legal Consciousness, 1976.

A. Meduschewskij

Nicolai, Pierre-Thomas (1763–1836). Der Sohn eines Richters am Schöffengericht in Aubel absolvierte die Lateinschule in Herve, das Athenaeum in Lüttich und widmete sich dann dem Rechtsstudium an der Universität Reims, wo er zum Doktor der Rechte promoviert wurde. Zunächst Advokat beim Hohen Rat von Limburg, dann Richter am dortigen Lehngerichtshof, wurde er nach dem Anschluß an Frankreich 1795 Richter am Zivilgericht des Ourthe-Departements, 1797 außerdem Dozent für Gesetzgebung an der École centrale des Departements. 1800 rückte er zum Richter, 1810 zum Vorsitzenden Richter einer der Zivilkammern des Appellhofs in Lüttich, 1822 zum Präsidenten des dortigen Gerichtshofs auf. 1820–26 war er Mitglied, 1822/23 und 1825/26 Präsident der Zweiten Kammer, 1826–30 Mitglied der Ersten Kammer der Generalstaaten des Königreichs der Niederlande. 1821–26 gehörte er der Kommission zur Revision des Code civil in den Niederlanden an.

N. war Wortführer der belgischen Opposition gegen allzu weitgehende Eingriffe in den Code civil oder gar dessen Ersetzung durch ein eigenständiges niederländisches Zivilgesetzbuch. Als Gegenspieler zum Holländer →Kemper war er neben diesem der einflußreichste Zivilrechtspolitiker der niederländischen Restaurationszeit und wohl einer der genialsten Taktiker der Kodifikationspolitik des 19. Jh. s. Er hat dafür gesorgt, daß der Code civil zur Grundlage des niederländischen Zivilgesetzbuchentwurfs gemacht wurde, aus dem mit gewissen, nach 1830 angebrachten Änderungen das 1838 in Kraft getretene Burgerlijk Wetboek hervorgegangen ist. Auf seine Politik ist es zurückzuführen, daß die Niederlande auch weiterhin im französischen Rechtskreis verblieben sind. Seine Bedeutung für die niederländische Rechtsgeschichte ist daher mindestens ebenso groß wie für die des späteren Belgien. Das 1830 selbständig gewordene Belgien hat er vor allem vor einer Majorisierung durch holländische, dem Code civil feindlich gesinnte Rechtspolitiker und vor dessen Ersetzung durch ein von restaurativem Geiste erfülltes Gesetzbuch bewahrt. Durch seine Opposition gegen den ursprünglichen, Kemperschen Zivilgesetzbuchentwurf hat er die Fertigstellung des niederländischen Zivilgesetzbuchs so weit hinausgezögert, daß es erst zu einem Zeitpunkt in Kraft treten konnte, als Belgien sich bereits von den Niederlanden getrennt hatte. Auf diese Weise blieb hier der unrevidierte Code civil in Geltung und gilt, wenn auch inzwischen durch zahlreiche Novellen verändert, wie in Frankreich bis heute fort.

N. ist das früheste Beispiel jener großen Parlamentarier-Juristen, die in Belgien – mehr noch als in anderen europäischen Ländern – die Rechtsentwicklung im 19. Jh. v. a. geprägt und das Land in dieser Zeit mit vorzüglichen, innerhalb des französischen Rechtskreises mustergültigen Gesetzen versorgt haben. Veröffentlichungen aus seiner Hand sind nicht bekannt.

Lit.: E. Holthöfer, in: Coing, 3, 1, 1982, 1310; J. Gilissen, De belgische commissie van 1816, in: TRG 35, 1967, 383 ff. u. 413 ff.; E. Van Dievoet, Het burgerlijke recht in Belgie en in Nederland van 1800 tot 1940, 1943, 23 ff.

E. Holthöfer

Nikolaus de Tudeschis (Panormitanus; 1386–1445), geboren in Catania, studierte kanonisches Recht in Bologna. Seit 1412 war er als Rechtslehrer in Bologna, Parma und Siena tätig. 1432 ernannte ihn Eugen IV. zum Mitglied einer Gesandtschaft an das Konzil von Basel, die 1433 einen rasch gescheiterten Vermittlungsversuch zwischen Papst und Konzil unternahm. Da N. die intransingente Haltung des Papstes gegenüber dem Konzil nicht billigte, zog er sich aus dessen Dienst zurück, wurde aber schon 1434 von König Alfons V. zum Erzbischof von Palermo ernannt – daher sein Beiname! Als dessen Gesandter nahm er 1436–39 wiederum am Baseler Konzil teil, nunmehr in Konfrontation zu Eugen IV. Der Gegenpapst Felix V. erhob ihn 1440 zum Kardinal. 1441–43 weilte N. erneut auf dem Konzil und wurde 1442 zum Frankfurter Reichstag entsandt, wo es zu einem Rededuell mit Nikolaus Cusanus kam. Er erlebte noch die Aussöhnung Alfons' V. mit Eugen IV.; starb dann in Palermo an der Pest.

Sein Hauptwerk, die *Commentaria in quinque decretalium libros*, wohl zwischen 1420 und 1430 verfaßt, ist die bedeutendste Leistung der Kanonistik im 15. Jh. Außerdem verfaßte N. zahlreiche *Consilia* und einen *Thesaurus singularium in iure canonico decisivorum*, eine Art Repertorium der Rechtsansichten anderer Dekretalisten. Hinzu kommen Quaestionensammlungen und Streitschriften zum Problem der Autorität des Konzils.

N. schrieb in einer Zeit, in der sich bereits eine erhebliche Wechselwirkung zwischen Legisten und Kanonisten entwickelt hatte, aus der das «ius commune» entstanden war. Er übernahm in bezug auf allgemeine Rechtsbegriffe vielfach Ideen des →Bartolus. In Fragen der Kirchenverfassung vertrat er einen gemäßigten Konziliarismus, den er mit dem Prinzip der plenitudo potestatis des Papstes vereinbaren wollte. Seine Lösung bestand darin, daß die oberste Gewalt der im Konzil repräsentierten universalen Kirche zukomme, jedoch die Ausübung (exercitium) dieser regelmäßig dem Papst zustünde. Diese Lehre ist Ausdruck eines differenzierten Repräsentationsdenkens in der spätmittelalterlichen Kanonistik.

Lit.: DDC 6, 1195–1215; K. W. Nörr, Kirche und Konzil bei N. de T. (= Forschungen z. kirchlichen Rechtsgeschichte u. z. Kirchenrecht 4), 1964.

P. Landau

Noodt, Gerard (1647–1725), begann seine Studien in seinem Geburtsort Nijmegen mit der cartesianischen Philosophie und ging danach zum Jura-Studium über. Nach einem kurzen Aufenthalt 1668 in Leiden erwarb er 1669 in Franeker den Doktorgrad. Er wurde Advokat in Nijmegen, 1671 Professor ebenda, 1679 in Franeker, 1684 in Utrecht und 1686 in Leiden. Mit seinem ersten bedeutenden Buch, einer Sammlung humanistischer, philosophisch-historischer Essays, *Probabilia* genannt (1674, erheblich erweitert 1679), wird deutlich, daß er zum ‹antiquarischen Zweig› der sog. Holländischen Schule, wozu später auch sein Schüler A. →Schultingh gehörte, zählt. In zwei Antrittsreden widmete er der Organisation des Studiums Aufmerksamkeit. In seiner Franeker-Rede, *De civili sententia*, befürwortete er die Aufnahme des Naturrechts in das Curriculum, während er in seiner Utrechter-Rede, *De caussi corruptae jurisprudentiae*, ein humanistisches Studienprogramm propagierte und sich als Gegner des Gebrauchs von Kompendien erwies. Am meisten zu seinem internationalen Ruhm haben seine zwei Leidener Rektoratsreden beigetragen. In *De iure summi imperii et lege regia* (1699) machte N. die römische Lex Regia zur Grundlage einer Theorie der Volkssouveränität. Schon 1707 erschien die erste Übersetzung ins Französische durch Jean →Barbeyrac, englische und niederländische Übersetzungen folgten. Ein kräftiges Plädoyer für die Religionsfreiheit hielt er in De *religione ab imperio iure gentium libera* (1706). Auch hier folgten niederländische, französische und englische Übersetzungen, aber auch eine deutsche. N.'s *De foenore et usuris libri tres* (1698) wird als sein bestes Buch betrachtet. In diesem systematischen Traktat spricht N. sich gegen das vieldiskutierte päpstliche Zinsverbot aus und zeigt sich dabei als ingeniöser Textkritiker und Kenner des römischen Rechts. N. hat noch verschiedene weitere dogmatische öffentlichrechtliche, zivilrechtliche Monographien geschrieben, u. a.: *De iurisdictione et imperio libro duo* (1690); *Ad legem Aquiliam liber singularis* (1690); *Observationum libri duo* (1706); *De forma emendandi doli mali* (1709); *De usufructu libri duo* (1713). In diesen Schriften, wie auch in seinem Pandektenkommentar von 1716–24 (leider nur die Bücher 1–28), steht N. – im Gegensatz zu seinem Zeitgenossen J. → Voet – völlig in der humanistischen Tradition. Durch seine kritisch-rationelle Einstellung gehörte N. mit seinem Werk zur Vorhut der Aufklärung, und so bleibt sein Ruhm während des ganzen 18. Jh.s groß.

WW: BGNR Leiden, Nr. 419–480; BGNR Utrecht, 41–42.
Lit.: NNBW 2, 999–1001; G. C. J. J. van den Bergh, in: Zestig juristen, 1987, 135–140; ders., The Life and Work of G. N., 1988.

M. Ahsmann

Novgorodcev, Pavel Ivanovič (1866–1924), Professor an der Moskauer Universität für Rechtsenzyklopädie und Rechtsphilosophie seit 1904, Direktor des Moskauer Handelsinstituts seit 1906 und Dekan der russischen juristischen Universität in Prag seit 1922, widmete sich insbesondere der philosophischen Begründung der Rechtsstaatsidee. Er gilt als einer der wichtigsten Vertreter der neueren Naturrechtsschule in Rußland.

Zahlreiche Arbeiten – beispielweise *Aus den Vorlesungen zur allgemeinen Rechtstheorie* (1904) oder *Vorlesungen zur Geschichte der Rechtsphilosophie – Die Lehren der Neuzeit vom 16.–19. Jahrhundert* (1914) – versuchten die Notwendigkeit zu konstitutionell-demokratischen Reformen in Rußland rechtstheoretisch und rechtsphilosophisch zu begründen. Die Naturrechtslehre sowie die Ideen der Enzyklopädisten des 18. Jh.s, v. a. die Idee der Volkssouveränität und der Individualrechte, die er als gedankliche Basis der Französischen Revolution begriff, bildeten den Ausgangspunkt seiner Arbeiten.

In seiner Untersuchung der Wechselbeziehung der Rechtstheorien → Kants und → Hegels, *Kant und Hegel in ihren Studien über Recht und Staat* (1901), suchte er beide zu einer Synthese zu verbinden.

Die Beziehung der Hegelschen Rechtsphilosophie zur historischen Rechtsschule → Savignys trug seiner Auffassung nach wesentlich zur Überwindung des metaphysischen Naturrechtsbegriffs bei, wobei N. das Recht als kontinuierlichen historischen Prozeß der Entwicklung von Rechtsnormen und -institutionen begriff.

Die Naturrechtslehre war ihm in seiner 1909 erschienenen Arbeit *Die Krise des modernen Rechtsbewußtseins* wesentlicher Ansatz zur Neubelebung des Rechtslebens in Rußland. Schon in seinen frühen Arbeiten zur Rechtsphilosophie wie in seinem Alterswerk *Über die gesellschaftlichen Ideale* (1917) sah er die Naturrechtsidee als sittliche Grundlage einer Gesellschaftsreform in Rußland an.

Lit.: S. V. Utechin, Russian political Thought, 1963; A. Walicki, Legal Philosophies of Russian Liberalism, 1987; A. N. Meduschewskij, Francuzkaja Revolucija i Političeskaja filosofija russkogo konstitucionalizma, in: VF 10, 1989, 90ff.

A. N. Meduschewskij

O

Ofner, Julius (1845–1924), geboren in Hořenice (Horschenz, Böhmen). Nach dem Jura-Studium in Prag und Wien übte er ab 1885 eine Anwaltstätigkeit in Wien aus; er war Mitglied des österreichischen Reichsgerichts und ab 1919 ständiger Referent beim Verfassungsgerichtshof in Wien. O. engagierte sich als niederösterreichischer Landtagsabgeordneter (1896), als Reichsratsabgeordneter (1901–18) und ebenso durch Mitarbeit in mehreren sozialpolitischen Vereinen besonders in der Rechts- und Sozialpolitik. 1918–19 war er Mitglied der provisorischen Nationalversammlung. O. leistete durch die Veröffentlichung des Urentwurfs und der Beratungsprotokolle zum österreichischen ABGB einen wichtigen Beitrag zur Rechtsgeschichte und war an der Entstehung der Teilnovellen zum ABGB (1914–1916) beteiligt. Hier wie in anderen legislativen Arbeiten erwarb er sich Verdienste um die Rechtsfortbildung im Sinne der «sozialen Aufgabe» des Rechts und der Anpassung an neue wirtschaftliche und gesellschaftliche Verhältnisse (unter Berücksichtigung der Erkenntnisse der Soziologie), so v. a. im Arbeitsrecht, im bürgerlichen Recht (Eherecht, Gleichberechtigung) und Strafrecht. Als «Signatur» der neuen Zeit sah er den Kampf gegen die Lehre von der sog. «positiven» Rechtswissenschaft. Er forderte die Erneuerung der Juristenausbildung im Sinne der Verbindung des Rechts mit dem realen Leben («je näher dem Leben, desto stärker im Recht») sowie die Erweiterung der Jurisprudenz in Richtung einer «Gesetzgebungswissenschaft».

WW: Das Recht auf Arbeit, 1885; Der Grundgedanke des Weltrechts, 1889; Studien sozialer Jurisprudenz, Wien 1894; Das soziale Rechtsdenken, 1923; Recht und Gesetz. Vorträge und Aufsätze, hrsg. W. Eckstein, 1931.
Lit.: W. Eckstein, Einleitung in: Recht und Gesetz, 1931; Biogr. Lexikon z. Geschichte d. böhm. Länder II, 92; ÖBL 7, 217; W. Brauneder, Leseverein und Rechtskultur, 1992.

B. Dölemeyer

Oldendorp, Johann (ca. 1488–1567), studierte in Rostock, Köln und Bologna, hielt ab 1516 Vorlesungen in Greifswald, promovierte dort 1518 und erlangte 1521 eine Professur. Während seines Rostocker Aufenthaltes, wo er 1526 zum Stadtsyndikus und Professor ernannt wurde, konvertierte er zum Protestantismus, mußte in den

Wirren von 1534 nach Lübeck fliehen und übte dort für zwei Jahre wieder das Amt eines Stadtsyndikus aus. Nach einer kurzen Zwischenstation in Frankfurt/Oder wurde er 1538 Professor in Köln, wechselte nach zwei Jahren an die Marburger Universität, kehrte 1543 wieder nach Köln zurück, mußte aber wegen seines Glaubens noch im gleichen Jahr seinen Lehrstuhl verlassen und nahm das Angebot Landgraf Philipps II. für eine Professur auf Lebenszeit in Marburg an.

O.s herausragende Leistung, die unterschiedlichen Strömungen innerhalb der Rechtswissenschaft der frühen Neuzeit zu einer Reform des juristischen Studiums verbunden zu haben, trug ihm 1553 den Titel «Reformator der Universität Marburg» ein. Zunächst bestimmten einführende Unterrichtsschriften sein Œuvre. Den Einfluß der humanistischen Jurisprudenz mit ihrem Anspruch auf Reinigung der ursprünglichen Texte des Corpus iuris civilis, verknüpfte O. mit dem protestantischen Suchen nach einem originalen Urtext (z. B. die Bibel). Seine Rekonstruktion der römischen XII-Tafel-Gesetze erwies sich letztlich als Irrweg, führte jedoch bei O. zur Vorstellung, daß unverrückbare, juristische Grundwahrheiten, die auch historisch nachvollziehbar sind, existieren müßten: *Eisagoge iuris naturalis* (1539). In einem frühen naturrechtlichen Ansatz, zunächst skizzenhaft formuliert in einer kleineren Schrift, *Wat byllich unn recht ys* (1529), verband O. in einer erweiterten Fassung die Suche nach allgemeingültigen Gerechtigkeitsvorstellungen mit rechtspraktischen Anwendungsmöglichkeiten. Seine Schrift *De iure et aequitate forensis disputatio* (1541) war schließlich bahnbrechend für die Entwicklung der freien Beweiswürdigung des Richters. Gedrängt auch durch die mangelnde juristische Ausbildung der Richter, verfaßte O. eine Reihe von Unterrichtsschriften, die der rechtspraktischen Ausbildung innerhalb des Studiums verpflichtet waren: u. a. *Practica actionum forensium* (1540). O. kann zu Recht als Vorreiter der allgemeinen Juristenausbildung, der «Befähigung zum Richteramt», angesehen werden.

WW: Opera omnia, 2 Bde., 1559 (ND 1966).
Lit.: Kleinheyer/Schröder, 199 ff.; E. Wolf: Große Rechtsdenker, 4. Aufl., 1963, 138 ff.

J. Otto

Olivecrona, Karl (1897–1980), schloß ein juristisches Studium 1928 in Uppsala mit der Promotion ab und wurde zunächst dort Dozent für Zivilrecht und römisches Recht, 1933–64 dann Professor für Prozeßrecht in Lund. Er gehörte mit seinem Lehrer Vilhelm Lundstedt zur sog. Uppsalaer-Schule des skandinavischen Rechtsrealismus. Vor allen Dingen Lundstedts Vorlesungen 1918/19 sowie das Seminar Axel Hägerströms vergegenwärtigten O. die Unwissenschaftlichkeit der rechtwissenschaftlichen Begriffe Schuld und Gerechtigkeit. In seiner Dissertation *Stüdier över begreppet juridisk person i romers och modern rätt* (Studien zum Begriff der juristischen Person im römischen und modernen Recht, 1928) zeigte sich diese Beeinflussung. Nach Übernahme der Professur für Prozeßrecht suchten seine Arbeiten die Verbindung von Zivil- und Prozeßrecht, von materiellem wie formellem Recht. Zwar als akademischer Lehrer wegen seiner brillanten Vorlesungen und klaren Lehrbücher hochgeschätzt, geriet er durch seine deutschfreundliche Haltung in Kritik. In seinen beiden Arbeiten *England eller Tyskland* (England oder Deutschland, 1940) und *Europa och Amerika* (Europa und Amerika 1941) plädierte er für ein stabiles europäisches Machtsystem unter Hegemonie des faschistischen Deutschland und kritisierte das Völkerrecht als metaphysisch. Gegen Ende des II. Weltkriegs distanzierte er sich allerdings, unter dem Hinweis, Ideologemen aufgesessen zu sein, von seinem prodeutschen Standpunkt.

Nach dem Krieg nahm O. aktiv an der Debatte um eine Strafrechtsreform teil. Seine Rechtsauffassung, von Strenge und Konsequenz geprägt, orientierte sich kriminalpolitisch an Lundstedts Idee der Abhängigkeit der Strafrechtspflege von der Existenz einer allgemeinen Moral.

International bekannt wurde er v. a. durch seine rechtsphilosophischen Arbeiten. *Law as Fact* (1939; *Om lagen och staten*, 1940) wurde in zahlreiche Sprachen – auch ins Deutsche – übersetzt. Seinen internationalen Ruhm als Vertreter des skandinavischen Rechtsrealismus dokumentiert eine 1964 für O. erschienene Festschrift amerikanischer und europäischer Juristen.

Lit.: P. O. Ekelöf, En rättsvetenskaplig tragedi, in: FS H. Hessler, 1985, 131 ff.; SBL 28, 1993, 211 ff.; H. H. Vogel, Der Skandinavische Rechtsrealismus, Diss. Hamburg, 1972.

K. Å. Modéer

Opzoomer, Cornelis Willem (1821–1892). Nach einer juristischen Promotion in Leiden 1845 erhielt O. 1846 einen Ruf nach Utrecht als ao. Professor der Philosophie, bis er schließlich 1854 dort Ordinarius wurde. Obwohl er nicht an einer juristischen Fakultät lehrte, beschäftigte er sich schon bald mit rechtlichen Problemen. Als Privatrechtler gehörte er – wie auch G.→Diephuis – der Strömung des «Legismus» an. O. war der Auffassung, daß bei der Rechtsentwicklung dem Richter keine selbständige Aufgabe zukomme; es ist der Gesetzgeber, der die Lücken im Gesetz zu schließen und der die Gesetzgebung den Erfordernissen der Zeit anzupassen habe. In seiner Rechtsquellenlehre räumte er dem Gewohnheitsrecht keinen Platz ein. Auch bei O. begegnen wir der bei den Legisten des 19. Jh.s üblichen Aufmerksamkeit für die Auslegungsmethoden.

Er war Autor zweier maßgebender Arbeiten zum niederländischen Bürgerlichen Gesetzbuch von 1838: *Het Burgerlijk Wetboek. Aanteekening op de artikelen die thans nog verklaring behoeven* (1849–53) und *Het Burgerlijk Wetboek verklaard* (I–XI, 1865–87, XII–XVI, hrsg. v. J. A. Levy, 1892–1911). Er schrieb ferner ein von vielen benutztes Buch zur Problematik der Rechtsquellen und des Verhältnisses von Gesetzgeber und Richter, *Aanteekening op de Wet, houdende algemeene bepalingen der wetgeving van het Koninkrijk* (1848). O. verfaßte auch einflußreiche theologische, philosophische und politisch-staatswissenschaftliche Werke. Er beherrschte außer dem bürgerlichen Recht auch das Staats- und Strafrecht.

Als Philosoph gehörte O. zu den Anhängern des empirischen Positivismus, den er auf dem Wege der Naturwissenschaft und der aufkommenden Soziologie weiterzuentwickeln suchte. Als Quelle der Erkenntnis betrachtete er «Sinnesdaten» bzw. die Wahrnehmung. Entsprechend begriff O. die Rechtswissenschaft als einen Teil der Wissenschaft des Menschen in der Gesellschaft, der Soziologie.

Lit.: NNBW 6, 1080–1082; P. C. Kop, in: Zestig juristen, 1987, 218–224; P. C. Kop, C. W. O. (1821–1892) als theoloog, wijsgeer en jurist, in: G. van Dievoet-G. Macours (Hg.), Justicie ende Gerechticheyt, 1983, 129–162; G. Diephuis/C. W. O. 1892–1992, 1992.

C. J. H. Jansen

Orlando, Vittorio Emanuele (1860–1952), lehrte Verwaltungsrecht an der Universität von Palermo (1888–1901), erhielt dann einen Ruf nach Rom, wo er zunächst den Lehrstuhl für öffentliches Recht und dann, 1921–31, den Lehrstuhl für Verfassungsrecht innehatte.

Mit seinen berühmten Werken, *Ordine giuridico ed ordine politico* (1885), *Sulla necessità di una ricostruzione giuridica del diritto costituzionale* (1886), *Criteri tecnici per la ricostruzione del diritto pubblico* (1889), legte er die Grundlage für das wissenschaftliche Programm, auch das öffentliche Recht aus normativ abgeleiteten und systematisch aufgebauten Rechtsprinzipien zu konstruieren. So wurde er Gründer der italienischen Schule des öffentlichen Rechts und Anreger einer Reihe von Zeitschriften, etwa des «Archivio di diritto pubblico» und der «Rivista di diritto pubblico e della pubblica amministrazione», in denen zahlreiche Studien von der Erneuerung der publizistischen Disziplinen durch ihn zeugen. Grundlegend waren seine verfassungs- und verwaltungsrechtlichen Handbücher und die von ihm herausgegebenen Abhandlungen.

Auf dem Feld der Politik hatte er zahlreiche Ämter inne, etwa das des Erziehungsministers (1903–05), des Justizministers (1907–09) und des Innenministers (1916–17). Nach dem Mord an Matteotti (1924) gab er sein Abgeordnetenmandat auf, und nur während des II. Weltkriegs übernahm er von neuem das bereits 1919/20 ausgeübte Amt des Parlamentspräsidenten. Er betrieb wichtige Gesetzesreformen, v. a. jene über die Grundschulen und das Gerichtsverfassungsgesetz.

Lit.: G. Cianferotti, Il pensiero di V. E. O. e la giuspubblicistica italiana fra Ottocento e Novecento, 1980.

St. Torre

Örsted, Anders Sandøe (1778–1860), wird oft als der Vater der dänischen Rechtswissenschaft betrachtet. Mit seinem Bruder, dem später als Physiker bekannten H. C. Ö., dem Entdecker des Elektromagnetismus, wuchs er auf Langeland als Sohn eines Apothekers auf. 1793 zogen die beiden Brüder nach Kopenhagen, machten ihr Abitur, und Ö. begann mit seinen juristischen Studien, die er 1799 vollendete. 1801 trat er eine Laufbahn als Richter in Kopenhagen an, nachdem er sich ohne Erfolg um eine Dozentur an der Universität Kopenhagen beworben hatte.

1798 hatte Ö. eine Preisschrift über ein Thema der kantischen Philosophie geschrieben. Seine ersten rechtsphilosophischen Arbeiten zeigen, wie sehr er von der Philosophie →Kants und Fichtes beeinflußt worden ist. 1810 wurde Ö. zum Richter am obersten Gerichtshof ernannt, schon 1813 trat er aber als Deputierter in die dänische Kanzlei, das Herz der dänischen Zentralverwaltung, ein, wo er als hoher Beamter bis 1848 wirkte. 1825 wurde er Generalprokureur und war damit für die Ausarbeitung der Gesetzgebung verantwortlich. Nachdem durch Verordnungen von 1831 und 1834 eine Ständeverfassung eingeführt worden war, war Ö. als sog. Kommissarius der Vertreter der Zentralverwaltung in der Versammlung und trug mit seinen ausführlichen Überlegungen zu juristischen und politischen Fragen wesentlich zur Debatte in den Versammlungen bei.

Politisch war Ö. Anhänger des dänischen Gesamtstaates und mußte daher 1848 zurücktreten, nachdem eine neue liberale Regierung mit einem eiderdänischen Programm ernannt worden war. Nach der Einführung der konstitutionellen Monarchie 1849 war Ö. 1850–53 Mitglied der zweiten Kammer und 1853–55 Premierminister. Er wurde mit seinem Ministerium wegen einiger als verfassungswidrig angesehener Dispositionen angeklagt, aber freigesprochen.

Seine literarische Tätigkeit begann Ö. schon in jungen Jahren. 1802–30 gab er eine Reihe von juristischen Zeitschriften heraus und verfaßte zahlreiche Abhandlungen über grundlegende Fragen der Rechtswissenschaft. Ö. war in diesen Jahren von ausländischer Rechtswissenschaft und Gesetzgebung, besonders vom ALR, Code Civil und ABGB, stark beeinflußt. Im Strafrecht orientierte er sich an →Feuerbach. Auch der fast gleichaltrige F. C. von →Savigny und die Ideen der historischen Schule haben ihn tief beeinflußt, ohne daß er doch als deren Anhänger angesehen werden kann. Auch das bayerische Hypothekenrecht war Ö. bekannt. Das neue Strafgesetz für Bayern veranlaßte ihn zu einem Streit mit dem bayerischen Juristen →Gönner. Seine Schriften sind in deutscher Sprache als *Abhandlungen aus dem Gebiete der Moral- und Gesetzgebungsphilosophie* 1823–26 herausgegeben worden. Sein privatrechtliches Hauptwerk war das sechsbändige *Haandbog over den danske og norske Lovkyndighed* (1818–35).

Der Einfluß Ö.s erstreckt sich über fast alle Teile der damaligen Rechtswissenschaft: Privatrecht, Strafrecht, Prozeß, Kirchenrecht und Rechtsphilosophie. Auch in der Gesetzgebung hat er Wichtiges geleistet, z. B. bei der Einführung eines neuen Grundbuchsystems, neuer Strafgesetze und eines neuen Erbgesetzes. In späteren Schriften hat er sich auch mit Verfassungsfragen beschäftigt. Seine ausführlichen Erinnerungen *Af mit Livs og min Tids Historie* (1851–57) sind eine wichtige Quelle zur zeitgenössischen Geschichte.

Ostrorog, Jan

Lit.: D. Tamm (Hg.), A. S. Ö. 1778–1978, 1978, mit Werkverz., Bibl. u. einer Reihe von Abh. mit dt. Zusammenfassungen; F. Dahl, Geschichte der dänischen Rechtswissenschaft, 1940, 34–46; D. Tamm, Fra «Lovkyndighed» til «Retsvidenskab», 1976; DBL 16, 188f.

D. Tamm

Orzechowski, Stanisław (1513–1566), studierte zwischen 1526 und 1540 in Krakau, Wien, Wittenberg, Leipzig, Padua und Bologna. 1541 wurde er – ohne die Zölibatsgelübde abzulegen – zum Priester geweiht.

In zahlreichen populären Arbeiten trat O. polemisch scharf als Kritiker der herrschenden Verhältnisse auf: *Fedelis subditus* (1543, D. 1584); *De bello adversus Turcas* (1543); *Ad Sigismundum Poloniae Turcica secunda* (1544). Entschieden trat er in *De lege coelibatus* (1547) und *Epistola de coelibatu* (1548), die beide in Basel durch Oporinus 1551 erneut herausgegeben wurden, dem Zölibat entgegen. Seine Heirat 1551 ohne kirchlichen Dispens führte zum Konflikt mit der kirchlichen Obrigkeit und zu zahlreichen Prozessen. Trotzdem blieb er dem Katholizismus treu, zu dessen Verteidigung gegen die Reformation er vieles – u.a. seine *Chimera* (1562) – geschrieben hat. In *Quicunx* (1564) verteidigte er die theokratische Konzeption der Staatsgewalt und verurteilte Häresien als Quelle sozialer Störungen. Das Königreich Polen hielt er für das beste Beispiel einer rechtmäßig regierten Republik, gemäß den Idealen von Platon, Aristoteles und →Cicero. Er war Gegner des Absolutismus und des römischen Rechts, das er als tyrannisch verurteilte, und unterstützte die Arbeiten zur Kodifizierung des polnischen Rechts Jakub →Przyłuskis. O. beeinflußte damit die öffentliche Meinung, insbesondere die des höheren Adels, stark.

Lit.: P. Mesnard, L'Essor de la philosophie politique au 16e siècle, 1969.

W. Uruszczak

Ostroróg, Jan (nach 1430–1501), studierte 1450 in Wien, 1453 in Erfurt und schließlich in Bologna, wo er – 1459 promoviert zum Doktor beider Rechte – 1458–60 Lektor der Edikte und Rektor Ultramontanorum war. Seit 1461 arbeitete er in der Kanzlei des polnischen Königs, wo ihm diplomatische Missionen, u.a. 1466 nach Rom, anvertraut wurden. Danach bekleidete er einige hohe

Staatsämter, die ihm einen Sitz im königlichen Rat verschafften; 1466 wurde er Burgvogt von Międzyrzecze, 1477 von Posen. 1493–98 bekleidete er das Amt des großpolnischen Generallandrats. 1500 wurde er Woiwode in Posen.

O. wurde bekannt als Verfasser eines juristisch-politischen Traktats (*Monumentum pro comitiis generalibus regni sub rege Casimiro pro Reipublicae ordinatione congestum*, um 1477; ND in: «Starodawne Prawa Polskiego Pomniki» V, 1877), in dem er Reformen des Staates im Geist des tschechischen Hussitismus forderte. Darin sprach er sich für eine durch die Rechte der Stände eingeschränkte Monarchie aus und forderte die Kodifizierung des Rechts auf römischrechtlicher Grundlage, die Vereinfachung des Prozesses sowie die Beseitigung der Anerkennung der durch Folter erzwungenen Geständnisse.

Lit: C. Bakcvis, Szkice o kulturze staropolskiej, 1975, 652–5; M. Bobrzyński, J. O., in: Studia i szkice historyczne 2, 1922, 12–87; L. Gumplowicz, Geschichte der Staatstheorien, 1905, 159–162; W. Sobociński, Memoriał J. O. a początki reformacji w Polsce, in: Odrodzenie i Reformacja w Polsce, 3, 1958, 9–52; T. Wyrwa, Les idees politique et juridiques des J. O., humaniste polonais du 15ème, in: RHD 53, 1975, 5–35; PSB 24, 502–505.

W. Uruszczak

Ostrowski, Teodor (1750–1802), dem Orden der Piaristen angehörend, studierte die Humaniora in Rzeszow und Theologie 1771–74 in Warschau. 1773–84 lehrte er dort am Collegium Nobilium Geschichte und Naturrecht.

Der juristische Autodidakt war Verfasser eines Sachregisters zum VII. und VIII. Band der «Volumina legum» (1732–39), einer Sammlung der Rechte des polnischen Königtums. 1780 begann er sein *Prawo cywilne albo szczególne narodu polskiego* (Das Zivilrecht oder Sonderrecht der polnischen Nation, 1784; dt. *Civilrecht der polnischen Nation*, hrsg. v. F. B. Bröcker, 1797–1802). Als bedeutender Befürworter der Aufklärung im Strafrecht übersetzte er u. a. W. →Blackstones *Commentaries on the Laws of England* ins Polnische: *Prawo kryminalne angielskie przez Wilhelma Blackstona zebrane i uwagami do prawa polskiego stosowanymi pomnożone* (Das von W. B. gesammelte englische Kriminalrecht mit den zum polnischen Recht verwendeten Anmerkungen, 1786).

O. nahm an den Vorbereitungen zum Gesetzbuch des polnischen Rechts, des «Stanisław Poniatowskis Kodeks» von 1791 sowie des

Landgerichtsrechts 1793 teil. Im gleichen Jahr veröffentlichte er *Dzieje i prawa Kościoła w Polsce* (Geschichte und Rechte der Kirche in Polen).

In den letzten Lebensjahren bekleidete er eine Reihe von Ämtern im Piaristenkloster Podoliniec.

Lit.: Z. Zdrójkowski, T. O. (1750–1802), pisarz dawnego polskiego prawa sądowego... jego projekty reformy prawa karnego w Polsce oraz ich związek z europejskim ruchem humanitarnym, 1956.

W. Uruszczak

Otto, Everardus (1685–1756). Geboren in Hamm, Studium in Hamm, Bremen, Steinfurt und Halle, 1714 Professor in Duisburg, 1720 in Utrecht, 1739 Stadtsyndikus von Bremen. Schon vor 1720 stand er mit niederländischen Gelehrten in Verbindung, 1717 schlug er einen Ruf nach Harderwijk ab; deshalb und wegen seiner 19jährigen Tätigkeit in Utrecht, wo er trotz zweier Rufe nach Halle und Göttingen blieb und seine wichtigsten Werke verfaßte, wird er meistens als Vertreter der sog. Holländischen Schule bezeichnet.

Er ist hauptsächlich wegen des von ihm auf Anregung und unter Mitwirkung von →Bynkershoek veröffentlichten *Thesaurus juris Romani* (1725–35) bekannt geworden. Diese Sammlung enthält hauptsächlich Werke von französischen, italienischen und spanischen Autoren der antiquarischen Richtung. O. hat in seinen Vorreden diese Werke ausführlich besprochen und mit Nachträgen, Zusätzen und Verbesserungen versehen. Unter O.s eigenen Schriften sind zuerst diejenigen zu Leben und Werk einiger römischer Juristen hervorzuheben: zu →Papinian (1718), zu →Servius Sulpicius und Alfenus Varus (1735). Er veröffentlichte 1729 weiter eine Institutionenausgabe mit kritischem Kommentar. Zur Geschichte des Staatsrechts schrieb er verschiedene Abhandlungen. Einen Teil findet man in seinem *Dissertationum juris publici et privati pars prima* (1723); aus seinen Vorlesungen stammen die *Notitia praecipuarum Europae rerumpublicarum*, 1738; Vorauflagen unter *Primae lineae notitiae rerumpublicarum* (1726 u. ö.). Ebenfalls aus seinem Unterricht hervorgegangen sind Noten zu →Pufendorfs *De officio hominis et civis* (1728 u. ö.). Er hielt auch Vorlesungen über kanonisches Recht, denen er →Böckelmanns *De differentiis juris civilis, canonici et hodierni* zugrunde legte (Text dieser Vorlesungen in seiner Ausgabe von Böckelmanns Werk, 1737). Am Ende seines Lebens war er an der

Ausarbeitung der Gerichtsordnung der Stadt Bremen 1751 beteiligt.

WW: BGNR Utrecht, Nr. 204–279.
Lit.: NNBW 2, 1040–1041; Stintzing/Landsberg 3, 1, Text 173–175, Noten 117–120.

R. Feenstra

P

Pacheco, Joaquín Francisco (1808–1865). Der spanische Jurist und Politiker war bis 1823 Schüler am Colegio de la Asunción in Córdoba und studierte danach sechs Jahre Rechtswissenschaften in Sevilla. 1834 wurde P. für zwei Jahre Direktor von «La abeja», einer politischen Zeitschrift. 1836–41 war er Mitherausgeber des «Boletín de legislación y jurisprudencia», der ersten juristischen Zeitschrift Spaniens. In diesen Jahren wirkte P. auch noch an weiteren Kulturzeitschriften mit ausgesprochen politischem Charakter mit. Ab 1836 war er Parlamentsabgeordneter (Cortes).

Seine *Lecciones de Derecho penal* stammen aus dem Jahr 1838. Er kommentierte außerdem die Aufhebung der Majorate und damit die für die Modernisierung Spaniens zentrale Gesetzgebung zur neuen Eigentumsverfassung: *Comentario a las leyes de desvinculación* (1842–43). Zwischen 1843 und 1847 war er mehrfach zum Fiscal am Tribunal Supremo ernannt worden, 1843 weiterhin zum Mitglied der Comisión General de Codificación. 1844 erhielt er den Lehrstuhl am Madrider Ateneo, dem bedeutendsten Debatierklub der hauptstädtischen Intellektuellen und Politiker. Sein Kommentar zum Strafgesetzbuch verschaffte ihm besonderes Ansehen. 1862 erschienen seine Erläuterungen zu den «Leyes de Toro» von 1505.

Lit.: J.-M. Scholz, in: Coing, 3, 1, 640–643; F. Tomás y Valiente, estudio preliminar, in: Lecciones de Derecho político, 1984, IX–LV.

N. Reichardt

Paparregopoulos, Petros (1817–1891), Jurastudium in München und Heidelberg; 1839 Doctor iuris an der Universität Heidelberg; Dissertation mit dem Titel *Epirroé tōn tychērōn eis ta synallágmata* (1839). 1841 Landrichter in Griechenland; Präsident des Landgerichtes, Richter am Kassationsgericht, anschließend Staatsanwalt am Oberlandesgericht Athen bis 1860. 1840 Dozent an der Universität Athen. Unter Mitarbeit von Herzog publizierte er eine Übersetzung des 34. Kapitels der *History of the Decline and Fall of the Roman Empire* von Edward Gibbon. 1845 Ordinariat für Zivilrecht. 1848 Mitglied der Kommission für den Entwurf eines Zivilgesetzbuches. 1862 Rektor der Universität Athen.

Neben →Kalligas und Oikonomides hat er ebenfalls zur Rezeption des römischen Rechts in Griechenland beigetragen.

WW: Enochikón Díkaion (Schuldrecht), 2. Aufl., 1875 u. ö.; To en Elládi ischýon astikón díkaion (Das in Griechenland gültige Zivilrecht), 3. Aufl., 1878 unter dem Titel Sýstēma Rōmaikoú dikaíou kath'a en Elládi politeúetai plēn tōn Ioníōn nésōn (System des in Griechenland gültigen römischen Rechts außer den Ionischen Inseln) 1878; To en Elládi plēn tōn Ioníōn Nésōn ischýon Astikón Díkaion (Das in Griechenland außer den Ionischen Inseln gültige Zivilrecht), 1880; Ta emprágmata dikaiómata epí tōn kat idían ktēmátōn, 2. Aufl., 1891.

Ch. Argyriadis

Papinianus, Aemilius (um 150–212), römischer Jurist aus der Anfangszeit des spätklassischen Rechts. Seine Herkunft bleibt unsicher; schwache Indizien sprechen für Afrika, noch schwächere für Syrien. Zum Beginn seiner Laufbahn ergibt sich aus einer inhaltlich nicht unwahrscheinlichen Glosse zur *Historia Augusta* (13 [Carac.], 8, 3), daß er zusammen mit dem späteren Kaiser Septimius Severus (geb. 146) Schüler des Cervidius →Scaevola war und ihm (unter Mark Aurel) als advocatus fisci nachfolgte. Unter Septimius Severus (193–211) war er zunächst assessor der Gardepräfekten (Dig. 22,1,3,3), sodann Leiter der kaiserlichen Kanzlei für die Eingaben von Privatleuten (magister libellorum, Dig. 20,5,12 pr.) und ab 203/205 schließlich praefectus praetorio, also Gardepräfekt und damit Vertreter des Kaisers und höchster Reichsbeamter. Der Überlieferung nach war er mit Septimius Severus eng befreundet; über dessen zweite Gemahlin (oder seine eigene zweite Frau) soll er mit ihm verschwägert gewesen sein, und es soll dieser ihm seine Söhne Caracalla und Geta besonders ans Herz gelegt haben (Hist. Aug. 13 [Carac.], 8, 2–3). Als Caracalla nach dem Tode des Septimius Severus seinen Bruder Geta hatte umbringen lassen, soll P. Caracallas Aufforderung, die Tat im Senat und vor dem Volk zu rechtfertigen, mit den Worten zurückgewiesen haben, ein Brudermord lasse sich leichter begehen als rechtfertigen. Der Kaiser ließ ihn daraufhin hinrichten (Hist. Aug. 13 [Carac.], 8,5–7; 10 [Sev.] 21, 8).

Seine Hauptwerke sind die *Quaestionum libri XXXVII* (Rechtsfragen, dogmatische Erörterungen und Kasuistik enthaltend, mit Anmerkungen von →Paulus) und die *Responsorum libri XIX* (Gutachten mit Anmerkungen von Paulus und von →Ulpian), hinzu kommen *Definitiones* (2 B.) sowie 2 Bücher über den Ehebruch, eine Einzelschrift mit demselben Titel und ein (griechisches) Buch über den Astynomikos (Beamter der Straßenaufsicht). Das juristische

Denken des P. zeugt von höchst genialer Eigenständigkeit und großer Originalität; seine Argumentationen sind dogmatisch fundiert, tiefdringend und scharfsinnig bis hin zur Spitzfindigkeit, zugleich in der Formulierung von äußerster Knappheit und meisterhafter Präzision, im Stil jedoch oft ungewöhnlich und gekünstelt. In ihrem Zusammenwirken erschweren diese Eigenschaften die Lektüre der deshalb des öfteren als dunkel kritisierten Schriften erheblich. Häufiger als andere Juristen führt P. ethische Erwägungen an (verecundia, pietas, existimatio, aequitas etc.).

Viele Artikel der modernen Zivilgesetzbücher beruhen auf von ihm entwickelten Lösungen. Die Spätantike hielt P. auch wegen seines Märtyrertodes für den größten Juristen überhaupt. Das Zitiergesetz von 426 (CTh. 1, 4, 3) erklärte bei Meinungsverschiedenheiten unter den «Zitierjuristen» (→Gaius, Papinianus, Paulus, Ulpianus, →Modestinus) die Mehrheitsansicht für maßgeblich, bei Stimmengleichheit sollte die Meinung des P. den Ausschlag geben. Justinian hat zu Ehren seines «gewaltigen Talents» u. a. den Aufbau der Digesten so gestaltet, daß die Studenten des dritten Jahres, die «Papinianisten», die Lektüre mit Texten des P. aufnahmen und beendeten (Const. Omnem § 4, Const. Deo auctore § 6). Die Hist. Aug. (10 [Sev.], 21, 8) nennt ihn den Hort des Rechts und die Schatzkammer der Gesetzeswissenschaft (asylum et doctrinae legalis thesaurus). Im 17. Jh. hat Gryphius, im 18. Jh. →Gravina eine Tragödie über P. verfaßt.

Lit.: P. Jörs, in: RE 1, 573 ff.; W. Kunkel, Herkunft u. soziale Stellung der römischen Juristen, 2. Aufl., 1967, 224 ff., 326; H. Ankum, Papiniano, un jurista oscuro?, in: Seminarios Complut. de derecho rom., Madrid, Fac. de Derecho, 1, 1990, 33 ff.

R. Knütel

Pappoulias, Demetrios (1878–1932), Jurastudium in Athen, 1898 Doctor iuris an der Universität Athen; anschließend zehnjähriger Aufenthalt in Deutschland; weiteres Studium in Leipzig, wo er Schüler von Ludwig Mitteis gewesen ist; 1912 Professor für römisches Recht an der Nationalen Universität Athen; Rektor der juristischen Fakultät Athen 1923–24; o. Mitglied der Athener Akademie seit 1926.

Als Vertreter der historischen Schule hat er das Recht als Resultat einer geschichtlichen Entwicklung gedeutet. Nach der Lehre von

Mitteis hat er sich bemüht, die Einwirkung des griechischen Rechts auf das römische darzustellen. Dies demonstriert er besonders in zwei in Leipzig erschienen Studien. Nach P. bestand das griechische Recht von der Antike bis zur neuesten Zeit ununterbrochen fort und hat sich nicht vom römischen Recht ersetzen lassen. Sein Konzept, das er mehrfach vorgetragen hat (vgl. z. B. *Über den Auftrag der griechischen Juristen*, 1928), hat die griechischen Juristen nicht nur tief beeindruckt, sondern auch unter ihnen führende Rechtshistoriker der nächsten Generation hervorgebracht. Sein rechtshistorisches Interesse galt dem römischen Recht. Er hat das Archiv für die Geschichte des griechischen Rechts bei der Athener Akademie gegründet. Das angestrebte Ziel bestand in dem Studium der Quellen des griechischen Rechts.

Obwohl Vertreter der historischen Schule, hat er an zwei Kommissionen (1911 und 1915) für den Entwurf eines griechischen Zivilgesetzbuches mitgewirkt.

WW: Ēmprágamtos aspháleia katá to ellēnikón kai to rōmaïkón díkaion, Leipzig, 1909; Istoriké exélixis tou arrabónos en tō enochikó dikaíō, Leipzig, 1911; To ellēnikón astikón díkaion en tē istoriké autoú exelíxis (Das griechische Zivilrecht in seiner historischen Entwicklung), 1912; Griechisches Recht und griechische Rechtsgeschichte, 1912; Genikaí archaí tou astikoú dikaíou (Allgemeiner Teil des Zivilrechts), 1921; Eisēgéseis tou rōmaïkoú dikaíou, 1921 u. ö.; Perí tēs apostolés tōn elleinōn nomikón en tē ereúnei tēs istorías tou ellēnikoú dikaíou (Über den Auftrag der griechischen Juristen in der Forschung der Geschichte des griechischen Rechts), in: Epísēma Praktiká tou prótou synedríou tōn dikēgorikón syllógōn tou krátous, 1928.
Lit.: N. I. Pantazopoulos, Apó tēs logías paradóseōs eis ton astikón Kódika, 1947, 9 ff., 19; Ders, To diá tēs Epanastáseōs tou 1821 thespisthén díkaion kai oi Ellēnes nomikoí, 52 ff.; A. Petros, Aná ton kósmon tēs epistémēs kai tēs philanthrōqpías. Dēmétrios Pappoúlias, o epistémōn kai o philánthrōpos, 1932.

Ch. Argyriadis

Pašukanis, Evgenij Bronislavovič (1881–1937), 1922 gründet er mit P. I. →Stučka die Sektion Rechtswissenschaft der Kommunistischen Akademie; seit 1931 Direktor des dortigen Instituts für sowjetischen Aufbau und Recht; 1936 stellvertretender Justizminister; 1937 als «Volksschädling» aus allen Positionen entfernt, seitdem verschollen.

P. ist neben Stučka der bekannteste Rechtstheoretiker der frühen Periode des Sowjetrechts. Seine 1924 erschienene *Allgemeine*

Pašukanis, Evgenij Bronislavovič

Rechtstheorie und Marxismus – Versuch einer Kritik grundlegender juristischer Begriffe (dt. 1929/1966) leitet gemäß der Basis-Überbautheorie die Rechtsform aus der Warenform ab. Konsequenterweise gelangt die Rechtsform in der bürgerlichen Gesellschaft, in der sich die Warenform in ihrer allgemeinsten und reinsten Weise durchsetzen kann, zu ihrer größten Blüte. Sie zeichnet sich durch vollständige Verrechtlichung gesellschaftlicher Verhältnisse aus: «Nur die bürgerlich-kapitalistische Gesellschaft schafft alle notwendigen Bedingungen dafür, daß das juristische Moment in den gesellschaftlichen Beziehungen vollständige Bestimmtheit erlange.» Die Rechtsform findet ihren Ausdruck in der Vertragsbeziehung zwischen formal gleichen Rechtssubjekten als abstrakten Warenbesitzern.

Dabei setzt P. Recht mit dem Zivilrecht gleich: «Die grundlegenden Bestimmungen des Privatrechts sind nichts anderes als die Definitionen des Rechts überhaupt.» Da mit der Entwicklung des Sozialismus die Warenform verschwindet und durch bewußte gesellschaftliche Planung ersetzt wird, stirbt auch die (Zivil-)Rechtsform ab und wird durch technische Regelungen, etwa Pläne ersetzt. Das juristische Moment wird aus den Beziehungen der Menschen zueinander verschwinden (sog. Absterbetheorie des Rechts).

P. macht sich als Kritiker am bürgerlichen Rechtsdenken einen Namen und wird zum Gründer einer radikalen marxistischen Rechtstheorie, die die historische Bedingtheit der (bürgerlichen) Rechtsform behauptet, welche mit der sie begründenden bürgerlichen Gesellschaft mit Notwendigkeit absterben muß. Rechtstheorie wird damit zur Ideologiekritik der Rechtsform. Kritisch ist gegen P. anzumerken, daß er einen reduktionistischen, ausschließlich am Zivilrecht entwickelten Rechtsbegriff einführt.

Mit der Stalinisierung werden die Positionen von P. einer intensiven parteioffiziellen Kritik unterzogen. P. muß «Selbstkritik» üben und sich bereits 1931 von der «Absterbetheorie» lossagen, weil sie die Einwirkung des «Überbaus» in Gestalt der von der Sowjetmacht erlassenen Gesetze auf die ökonomische Basis nicht erklären kann. P. bezeichnet in völliger Umkehrung seiner früheren Lehre jetzt als Recht die «Form der Politik der herrschenden Klasse». Theoretisch ist diese Wendung weder von P. selbst noch von seinen zahlreichen Anhängern begründet worden; sie ist eher Ausdruck eines parteiamtlichen «Opportunismus» als Ergebnis theoretischer Reflexion. Damit bereitet P. die spätere, von →Vyšinskij begründete sowjetische Rechtslehre vor, die einen hoheitlich-normativen Rechtsbegriff verficht.

Eine von →Vyšinskij 1937 eingeleitete Kampagne gegen P. als «Volksschädling» führt zu seiner Entfernung aus allen Ämtern und zum gewaltsamen Tod, dessen Umstände bis heute nicht aufgeklärt sind. Die Rehabilitierung erfolgte erst in den achtziger Jahren durch Neuausgabe seiner Werke. Der Untergang des Sowjetstaates und -rechts hat auf paradoxe Weise seine Absterbetheorie bestätigt – allerdings nicht in dem von P. vorgesehenen Sinne!

Lit.: Ch. Arthur (Hg.), Law and Marxism – A General Theory by E. B. P., 1978; H. Kelsen, The Communist Theory of Law, 1955; L. S. Javic, Suscnost' prava, 1985; N. Reich (Hg.), Marxistische und sozialistische Rechtstheorie, 1972, 107–111; ders., Sozialismus und Zivilrecht, 1972, 194–201; R. Sharlet/P. Maggs/P. Beirne (Hg.), Selected Writing on Soviet Law and Marxism, 1988.

N. Reich

Paulus de Castro (1360/62–1441), studierte bei →Baldus in Perugia und bei dem originellen Christophorus de Castiglione (1345–1425) in Pavia und erwarb 1385 in Avignon den Doktorgrad. Er lehrte Zivilrecht in Avignon, Siena, Florenz, Bologna und Padua und hinterließ Kommentare zu den Digesten und dem Codex Iustinianus (D. 1576). →Alexander de Tartagnis, Bartholomaeus Caepolla (–1477) und Antonius Mincuccius (–1468) waren seine Schüler. Praktisch wirkte P. v.a. als Gutachter (3 Bde. Gutachten, D. 1581), ferner als Untersuchungsrichter (Auditor) des Kardinals Pietro Corsini (–1405) in Avignon, als Podestà von Viterbo (1404), bei der Reformation der Statuten von Florenz (1414) und als Redaktor einer neuen Sammlung der Statuten von Siena (1425). P. war mit einer Nichte des Kanonisten Petrus de Ancharano (1416) verheiratet; einer der Söhne, Angelus, war ebenfalls ein angesehener Jurist.

Lit.: F. C. v. Savigny, Geschichte des römischen Rechts im Mittelalter, 2. Aufl., 1834–51 (ND 1956), VI, 281–293, 522–528; DBI 22, 227–273; G. D'Amelio/N. Del Re, P., dottore della verità, in: Stud Sen 82, 1970, 194–236; A. Romano, La giurisprudenza consulente e P., in: RSDI 61, 1988, 141–170.

P. Weimar

Paulus, Iulius (3. Jh.), römischer Jurist aus der Zeit des spätklassischen Rechts. Herkunft, Geburts- und Todesdatum sind unbekannt; sein Tod fällt in die Regierungszeit des Alexander Severus (222–235). P. war Schüler des Cervidius →Scaevola und ist zuerst bezeugt als Advokat (Dig. 32,78,6); später war er mit →Ulpianus Assessor des Gardepräfekten →Papinianus (Hist. Aug. 11, [Pesc.], 7, 4; Hist. Aug., 18 [Alex.], 26, 6, vgl. Dig. 12,1,40), sodann wurde er Leiter der kaiserlichen Kanzlei a memoria (Personalverwaltung und Archiv) und Mitglied des kaiserlichen consilium von Septimius Severus und Caracalla (vgl. u. a. Dig. 4, 4, 38 pr.; Dig. 29, 2, 97). Unter Elagabal wurde er vom Hofe verbannt (Aurel. Victor, Caes. 24,6); doch berief der Kaiser Alexander Severus ihn wieder in das consilium (Hist. Aug. 18, [Alex.], 68, 7). Ob er das Amt des Gardepräfekten, also eines höchsten Reichsbeamten und Vertreters des Kaisers, erlangt hat (Hist. Aug. 11, [Pers.], 7, 4, vgl. Hist. Aug. 18, [Alex.], 26, 5), ist zweifelhaft.

Die Schriften des P. umfassen das gesamte Gebiet des Rechts in einem nur von →Labeo filius übertroffenen Umfang. Sein Werk ist kennzeichnender Ausdruck des spätklassischen Bestrebens, das im Laufe der Jahrhunderte in der vorklassischen und klassischen Rechtsliteratur zusammengekommene Material zu sammeln, zu sichten und in Gesamtdarstellungen zu vereinigen. In dem Œuvre, das mit ca. 86 Titeln, von denen wenige gefälscht sein werden, in insgesamt etwa 305 libri überliefert ist, sind die Hauptwerke die Kommentare zum prätorischen Edikt (80 B.), zu den *iuris civilis libri* III des →Sabinus (16 B.) und zu dem das Honorarrecht betreffenden Werk des Plautius (18 B.) sowie die aus seiner Respondiertätigkeit hervorgegangene Gutachtensammlung (*responsa*, 23 B.) und die *Quaestionen* (26 B.), die in gedrängter Kürze eingehende Erörterungen oft sehr schwieriger Rechtsfragen bieten und hohe Anforderungen an den Leser stellen. Hinzu kommen wohl 6 Bücher über kaiserliche Entscheidungen mit Fallerörterungen aus dem consilium. Daneben stehen eine Fülle von Einzelschriften zu verschiedensten Gegenständen des Zivil-, Straf-, Prozeß- und öffentlichen Rechts, eine Gruppe von Elementarschriften (insbes. 2 B. *institutiones*, 7 B. *regulae*, 3 B. *manualia*) und die Bearbeitung von Werken älterer Juristen in Form von wiederholt recht spitzfindig differenzierenden Anmerkungen. Seine Kommentierungen und Erörterungen sind, auch wenn er vorwiegend das vorhandene und glänzend beherrschte Material zusammenträgt, selbständig und kritisch, oft recht selbstbewußt. Systematische Zusammenhänge berücksichtigt er stärker als →Ulpianus, wie auch seine Entscheidungen dogmatisch besser abgesichert sind. In der Auslegungslehre tendiert er zu weitgehender Anerkennung des Parteiwillens. Seine Darstellung bereitet oft Schwierigkeiten, insbesondere wegen seines lakonischen Stils, bei dem er viel voraussetzt. Die Spätantike bewahrte ihm ein glänzendes Ansehen. Die weitestverbreitete und einflußreichste Juristenschrift der Spätantike, die *Pauli Sententiae*, die den Nachruhm des P. sehr gefördert hat, ist allerdings nicht sein Werk, sondern erst im späten 3. Jh. entstanden. P. zählt zu den «Zitierjuristen» (→ Papinianus); Auszüge aus seinen Schriften haben nach denen Ulpians am häufigsten Aufnahme in die Digesten Justinians gefunden und über diese Sammlung nachhaltigen Einfluß auf das abendländische Rechtsdenken gewonnen.

Lit.: A. Berger, in: RE 19, 690ff.; P. Krüger, Geschichte der Quellen und Literatur des römischen Rechts, 2. Aufl., 1912, 227ff.; F. Schulz, Geschichte der römischen Rechtswissenschaft, 1961, pass.; D. Liebs, Die Jurisprudenz im spätantiken Italien, 1987, pass.

R. Knütel

Pessina, Enrico (1828–1916), verlor seinen Vater im Alter von zwei Jahren und wurde durch seinen Onkel, Giuseppe P., Leiter einer Privatschule, zum Studium geführt. Seine juristische Bildung, früh vollendet und breit angelegt, richtete sich intensiv auf die philosophischen, historischen und literarischen Grundlagen des Rechts. Unter seinen Lehrern stand ihm Francesco Trinchera, bei dem er Rechtsphilosophie und politische Ökonomie hörte, besonders nah. 1842–44 besuchte er die private Rechtsschule von → Mancini und 1845 diejenige von Roberto Savarese, bis er 1846 einen juristischen Wettbewerb gewann. Er war noch sehr jung, als er sein erstes Werk, das *Manuale di Diritto pubblico costituzionale* (1849), veröffentlichte und es Trinchera widmete.

1851 tat er sich als Anwalt hervor, indem er Trinchera, Saverio Barbarisi und Stefano Mollica, als Teilnehmer am Aufruf von 1848 angeklagt, vertrat. Dieser couragierte Auftritt, zugleich mit der Publikation des *Manuale*, brachten P. von Oktober 1852 bis Februar 1853 ins Gefängnis. 1855 nahm er seine Tätigkeit als Anwalt wieder auf und begann mit Privatunterricht im Strafrecht. 1858–59 brachte er den *Trattato di penalità generale secondo le leggi delle Due Sicilie* heraus. Da er von der bourbonischen Regierung mit Mißtrauen betrachtet wurde, v. a. nach seiner Heirat mit Giulia Settembrini, wurde er seines Amtes enthoben und gezwungen, 1860 in Bologna neu zu beginnen. Nachdem die Bourbonenherrschaft zusammengebrochen war, kehrte er sofort nach Neapel zurück, wo er mit bedeutenden öffentlichen Aufgaben betraut wurde. Im folgenden Jahr erhielt er den Lehrstuhl für Strafprozeßrecht, den er bis zu seinem Tod innehatte. 1861–1910 publizierte er zahlreiche Reden zur Eröffnung des akademischen Jahres; sie erschienen gesammelt als Zeugnis seiner juristischen und philosophischen Überzeugungen. Mit gleicher Intensität widmete er sich seinem Beruf als Anwalt in Straf- und Zivilsachen. Ebenfalls 1861 wurde er Abgeordneter und engagierte sich damit auf einem weiteren Feld neben der Wissenschaft und der Anwaltstätigkeit. Nachdem er zunächst Minister für Landwirtschaft und Handel in der Regierung Cairoli war, wurde er 1884 Justizminister in einer der Regierungen Depretis. Seine Amtszeit betrug zwar nur sieben Monate, aber in dieser Zeit brachte er das Projekt des Strafgesetzbuches voran, das der Justizminister Zanardelli dann 1889 erließ.

Seine vielfältigen Aktivitäten verminderten sein Interesse an der Wissenschaft nicht. 1865 kam die erste Auflage der *Elementi di diritto penale sul Codice del 1859* heraus, eine Ergänzung des erwähnten *Trattato*. Dann publizierte er für Unterrichtszwecke das *Manuale del diritto penale italiano sul codice del 1890* (1893–95); es erlebte mehrere Auflagen (1899, 1903–05). Schließlich wurde er Nachfolger von Mancini bei der Redaktion der *Enciclopedia giuridica italiana* sowie Leiter eines weiteren Unternehmens, der *Enciclopedia del diritto penale*. P. wurde so einer der großen Figuren des italienischen Strafrechts des 19. Jh.s. In den Jahren, in denen die positivistischen Strömungen triumphierten, wehrte er sich energisch gegen die Überschwemmung des Strafrechts durch anthropologische und soziologische Tendenzen.

Lit.: E. Mazzola (Hg.), Nel I. centenario della nascita di E. P., 1928; M. Sbriccoli, La penalistica civile. Teorie e ideologie del diritto penale nell'Italia unita, in: A. Schiavone (Hg.), Stato e cultura giuridica in Italia dall'Unità alla Repubblica, 1990, pass.

St. Torre

Petražickij, Lev Iosifovič (1867–1931), russischer Jurist polnischer Nationalität, Mitglied des Zentralkomitees der Konstitutionellen Demokraten und Abgeordneter der Staatsduma, Mitherausgeber der juristischen Wochenzeitschrift «Pravo», seit 1897 Professor für Enzyklopädie und Philosophie des Rechts an der Universität St. Petersburg, nach 1921 an der Universität Warschau. Begründer der psychologisch-soziologischen Rechtsschule in Rußland, die die Abkehr vom Rechtspositivismus in Rußland einleitete. P. leitete seinen psychologischen Rechtsbegriff aus dem Rechtsgefühl des Individuums, nicht aus staatlichem Zwang oder ökonomischen Determinanten ab. Das individuelle Rechtsbewußtsein schafft rechtliches Verhalten, welches nicht auf staatlichen Zwang gegründet ist. Die Rechtswissenschaft gewinnt so die Kategorien der Norm, des Subjekts und des Rechtsverhältnisses. Das individuelle Rechtsempfinden aller begründet Normen des sozialen Miteinanders und konstituiert die allgemein verbindliche Rechtsordnung. Die allgemeine Rechtsordnung wirkt wiederum auf das Rechtsempfinden des einzelnen zurück. P. unterschied zwischen positiven und intuitiven Rechtsnormen. Das positive Recht ist stabil und formalisiert, das intuitive Recht ergibt sich aus dem sozialen Milieu des Individuums. Zwischen beiden Rechtsformen besteht eine Wechselwirkung, die zu Konflikten führen kann. Welcher der rechtlichen Ausdrucksformen der Vorzug einzuräumen sei, ließ P. offen. P.s Unterscheidung von positivem und intuitivem Recht hatte seinerzeit eine eminent politische Bedeutung. Sie ermöglichte eine Relativierung der Geltung staatlichen (zaristischen) Rechts zugunsten eines intuitiven Gerechtigkeitsrechts. Die Rechtstheorie P's. bereitete den Boden für eine wissenschaftliche Rechtspolitik, die das alltägliche Rechtsempfinden zum Maßstab der Gesetzgebung erhob.

Wichtige Werke P.s: *Law and Morality*, 1955; *Prava dobrosovestnago vladel'ca na dochody c tocek srenija dogmy i politiki grazdanskago prava* (Die Rechte des gewissenhaften Eigentümers auf Einkünfte vom Standpunkt des Dogmas und der Politik des Zivilrechts), 1897; *Wstep do nauki polityki prawa* (Einführung in die Wissenschaft der Rechtspolitik), 1968.

Lit.: M. A. Rejsner, Teorija Petrazickogo, marksizm i social'naja ideologija (Die Theorie Petrazickijs, der Marxismus und die soziale Ideologie), 1980; K. B. Baum, L. P. und seine Schüler, 1967; A. Walicki, Legal Philosophies of Russian Liberalism, 1987; J. Gorecki, (Hg.), Sociology and Jurisprudence of L. P., 1975.

J. Baberowski

Petrus de Bellapertica (Pierre de Belleperche; –1308), einer der berühmtesten «Legisten» Philipps des Schönen, studierte in Orléans bei Raoul d'Harcourt, einem Schüler →Jacobus' de Ravanis, und lehrte ebendort seit etwa 1280. 1296 stellte er sich ganz in den Dienst des Königs. Er wurde Mitglied des Parlement von Paris und nacheinander Domherr in Auxerre, Bourges und Chartres, Domdechant von Paris und 1306 Bischof von Auxerre und Kanzler von Frankreich. Von seinen Schriften liegen gedruckt vor: Vorlesungen über einzelne Titel des Digestum novum und Repetitionen zum Digestum vetus und zum Codex, die sog. *Commentaria* (D. 1571, ND 1968); Vorlesungen über die Institutionen, insbesondere den Titel «De actionibus» (D. 1536, ND 1972), sowie Distinktionen, die sog. *Questiones auree et singulares* (D. 1517, ND 1970). Die Codexvorlesung ist ungedruckt; das 1519 unter P.' Namen publizierte Werk hat Jacobus de Ravanis zum Verfasser.

Lit.: E. M. Meijers, L'Université d'Orléans au 13e siècle (1918–21), in: ders., Études d'histoire du droit, 3, 1959, 3 ff., 95–106, 128–132; R. Feenstra, L'École de droit d'Orléans au treizième siècle et son rayonnement dans l'Europe médiévale, in: Revue d'histoire des Facultés de droit et de la science juridique 13, 1992, 23 ff., 36–39.

P. Weimar

Philipp von Leyden (1326/1327–1382), geboren in Leiden, ab 1339/40 Studium in Orléans, hauptsächlich kanonisches Recht, aber auch Zivilrecht und Theologie, 1349 als «licentiatus in decretis» und Procurator der Picardischen Nation erwähnt, 1351/52 Rückkehr nach Holland in den Dienst des Grafen Wilhelm V. von Holland in Den Haag, 1357 als Gesandter des Grafen nach Avignon, wo er ab 1358 im Dienst von Wilhelms Bruder Albrecht bis etwa 1363 blieb, 1365 erwähnt in Paris als «legens decretales», 1366 in Leiden Gründer eines Kapitels, 1369 Doctor decretorum in Paris, 1371–78 Vikar und Berater des Bischofs von Utrecht.

Er hat testamentarisch angeordnet, daß seine Bibliothek v. a. zum Nutzen von Verwandten und Stadtgenossen, die Jura studieren wollten, in seiner Leidener Wohnung zur Verfügung gestellt werde, wo sie sich bis ins 16. Jh. befand. Ph. v. L. ist der erste nordniederländische gelehrte Jurist, von dem uns Werke überliefert sind. Sein Hauptwerk, ein Traktat *(De cura reipublicae et sorte principantis)*, ist in seiner ersten Fassung wahrscheinlich am Anfang seiner Karriere in gräflichem Dienst zustande gekommen. Weder von dieser noch von der endgültigen Version, in die er auch historisches und sogar autobiographisches Material eingearbeitet hat, besitzen wir eine Handschrift; nur eine alte gedruckte Ausgabe von 1516 (ND 1971; unzulängliche ‹kritische› Ausgabe, 1900) ist erhalten. Das Werk besteht aus 85 «casius», deren Urtext «casius» im Sinne des traditionellen mittelalterlichen Rechtsunterrichts darstellten; sie beziehen sich hauptsächlich auf die «Tres Libri» (Codex Justinianus, Bücher 10–12) und das «Authenticum». Sie betreffen also v. a. das Staatsrecht des Corpus iuris civilis. Ph. v. L. machte diese «casius» jedoch aktuellen politischen Zwecken dienstbar; sie sollten dem Grafen von Holland – dem die Urfassung gewidmet war – u. a. Argumente liefern für die Rücknahme von Privilegien, die er als junger und unerfahrener Herrscher verliehen hatte. Im allgemeinen empfiehlt Ph. v. L. dem Grafen, daß er sich, nachdem das (römische) Imperium «auseinandergerissen» ist, als ein «imperator in regno suo» benehme und eine feste Zentralgewalt gründe.

Lit.: NNBW 1, 1273–1274; HRG 3, 1746–1749; C. M. Cappon, in: Zestig juristen, 1987, 91–96; R. Feenstra, Ph. of L. and his treatise De cura, 1970 (ND in: Le droit savant au moyen âge et sa vulgarisation, 1985); P. Leupen, Ph. of L.: A fourteenth century jurist, 1981; R. Feenstra, Ph. v. L. en zijn bibliotheek, 1994.

R. Feenstra

Picard, Edmond-Désiré (1836–1924), Sproß einer alten Brüsseler Juristenfamilie, besuchte das dortige Athenäum, ging dann als Matrose zur Handelsmarine, die er 1856 mit dem Leutnantspatent verließ, widmete sich anschließend an der Freien Universität Brüssel dem Rechtsstudium und wurde dort 1860 promoviert. Im selben Jahr wurde er daselbst zur Advokatur zugelassen, war zunächst Stagiaire bei dem späteren Justizminister Jules Lejeune und plädierte später vor dem Appellhof, seit 1880 vor dem Kassationshof. 1884 wurde er Gründungsmitglied und Professor der Brüsseler École des Hautes Etudes. 1893–1917 war er, vom Provinzialrat des Hennegaus gewählt, Mitglied des Senats.

Zu seinen bleibenden Verdiensten gehören die Gründung und langjährige redaktionelle Führung des «Journal des tribunaux» (1882 ss.), der bis heute verbreitetsten frankophonen juristischen Zeitschrift des Landes, sowie der «Pandectes belges» (seit 1878), einer 136 Bände erreichenden, erst 1949 abgeschlossenen Rechtsenzyklopädie, für die er selbst eine größere Anzahl einleitender Kapitel geschrieben hat, und deren periodischer Begleitung, der «Pandectes périodiques» (1888 ss.). Unter seinen über hundert juristischen Schriften ragen die *Essais sur le droit naturel* (1864), der *Traité des brevets d'invention* (1866), das *Manuel de la profession d'avocat* (1869), der *Traité général de l'expropriation pour cause d'utilité publique* (1876), der große Aufsatz *De la confection vicieuse des lois en Belgique et des moyens d'y remédier* (1881), v. a. aber seine beiden späten, theoretischen Hauptwerke, *Le droit pur* (1899) und *Les constantes du droit* (1921), hervor.

P. ist wohl der anregendste und originellste juristische Autor, den das moderne Belgien hervorgebracht hat. Noch radikaler als z. B. der um eine Generation ältere → Faider erteilt er dem Reduktionismus der École de l'exégèse (→ Laurent) eine Absage und wird – zusammen mit dem Strafrechtler Adolphe Prins (1845–1919) und dem Staatsrechtler Maurice Vauthier (1860–1931) – zum Wegbereiter der späteren École scientifique. Für P. ist das Gesetz nicht – noch dazu einzige – Rechtsquelle, sondern, zusammen mit Gewohnheitsrecht, Rechtslehre und Spruchpraxis, bloße Erkenntnisquelle eines von ihm als dynamisch verstandenen Rechtsganzen, das die Resultante sich stets verändernder realer und ideeller Kräfte in der Gesellschaft ist. Der Einfluß → Jherings auf das Rechtsdenken P.s ist unverkennbar.

Der Politiker P. war in seinen jungen und mittleren Jahren progressiv-liberal, bevor er sich am Anfang der neunziger Jahre des 19. Jh.s der neugegründeten Arbeiterpartei anschloß. Neben Paul Janson und Emile Vandervelde war er einer ihrer mächtigsten Wortführer und 1893–1907 auch fester Mitarbeiter von «Le Peuple». Auch um die Poesie, das Theater und die bildende Kunst hat P. sich als Anreger und Mäzen verdient gemacht.

Lit.: L. Ingber, E. P. Du droit pur au droit nouveau, in: M. Magits (Hg.), Lopend rechtshistorisch onderzoek. Handelingen van het 8e Belgisch-Nederlands Rechtshistorisch Colloquium, 1984, 59 ff.; NBW 6, 773 ff.; BNatBelg 34, 644 ff.; A. Pasquier, E. P., 1945.

E. Holthöfer

Pilius (um 1150 – nach 1207), folgte spätestens 1180, nach dreijähriger Lehrtätigkeit in Bologna, einem Ruf nach Modena, hat dort aber, durch einen Treueid an Bologna gebunden, nicht gelehrt; 1192 war er Hofrichter Kaiser Heinrichs VI.

P. war einer der originellsten Schriftsteller der Glossatorenschule. In Modena führte er die unvollendete *Summa* über die letzten drei

Bücher des *Codex Iustinianus* von →Placentinus weiter (C. 10,39–11,40; gedruckt mit den Summen von →Azo), verfaßte den ersten Glossenapparat zum *Liber feudorum* und das bedeutendste zivilrechtliche Brocarda-Werk, den *Libellus disputatorius* (2. Ausg. um 1195, ungedruckt; es handelt sich um Argumente zur Lösung von Rechtsfällen in Schule und Praxis), und schrieb Disputationen, *Quaestiones disputatae* (D. 1560, ND 1967), sowie *Quaestiones* zu *Digestum novum* und *Codex*, Distinktionen und Monographien wie *De violento possessore*.

WW: A. Rota, L'apparato di P. alle Consuetudines feudorum, in: Studi e mem. per la storia dell'Univ. di Bologna 14, 1938, 1–170; A. Padoa Schioppa, Le ‹Questiones super Codice› di P. da Medicina, in: SDHI 39, 1973, 239–280; Tractatus de violento possessore, hrsg. v. P. Weimar, in: Ius commune 1, 1967, 61–103; Summula de reorum exceptionibus, hrsg. v. H. Hoehne, ebd. 9, 1980, 139–209 u. a.

Lit.: F. C. v. Savigny, Geschichte des römischen Rechts im Mittelalter, 2. Aufl., 1834–51 (ND 1956), 4, 312–353; J. Fried, Die Entstehung des Juristenstandes im 12. Jh., 1974 (dazu P. Weimar in: ZRG RA 96, 1979, 429–435); G. Santini, Università e società nel XII sec.: P. da Medicina e lo Studio di Modena, 1979; Ders., «P. Medicinensis legis doctor» (1169–1207): la figura storica di P. da Medicina, in: Rassegna per la storia dell'Univ. di Modena 8, 1981, 109–121; A. Belloni, Le questioni civilistiche del sec. XII, 1989, 38–58, 97–122; E. Conte, Tres libri Codicis. La ricomparsa del testo e l'esegesi prima di Accursio, 1990, 71–91; P. Weimar, Die Handschriften des Liber feudorum und seiner Glossen, in: Riv. internaz. di diritto comune 1, 1990, 31–98.

P. Weimar

Pisanelli, Giuseppe (1812–1879), früh vaterlos, erhielt im Seminar von Ugento, dann im Jesuitenkolleg von San Giuseppe in Lecce seine Erziehung und wurde schließlich vom Stiefvater veranlaßt, ein Rechtsstudium zu beginnen, das er in Neapel beendete. Nach dem Abschluß des Studiums pflegte er Kontakt zu Carlo Poerio und der gemäßigten liberalen Bewegung der bourbonischen Hauptstadt und besuchte die meistbeachteten Vertreter der neapolitanischen Rechtsschule, unter ihnen Domenico Capitelli und die Brüder Manna. Mit Roberto Savarese gründete P. 1839 eine der wichtigsten privaten Rechtsschulen, die, in Konkurrenz mit der Universität, charakteristisch für die juristische Lehre in Neapel waren.

Die Schule orientierte sich unter anderem an der Lehre Vicos und setzte sich das Ziel, das juristische Studium zu erneuern und für

Geschichte und Philosophie zu öffnen. P. lehrte dort Zivilprozeßrecht.

Der Rechtsgelehrte war in der Verfassungsbewegung aktiv und 1848 im neapolitanischen Parlament, in dem er sich in Gesetzesvorhaben für die Abschaffung der Todesstrafe und für eine Regelung der Ehrendelikte einsetzte. 1849 floh er vor der bourbonischen Reaktion, die in der Zwischenzeit Poerio und viele andere mit Arrest bestraft hatte. Das Exil führte P. zunächst nach Turin und dann, 1850, nach Paris, wo er sich dem Studium des öffentlichen Rechts zuwandte und Verbindungen zu dem katholischen Philosophen Vincenzo Gioberti knüpfte. In der Folge gab der Jurist seine gemäßigte neu-guelfische Linie zugunsten einer monarchisch-unitarischen auf. 1852 kehrte er deshalb nach Turin zurück, wo er sich mit den anderen im Exil lebenden Neapolitanern des Risorgimento verband und intensiv an den Gesetzgebungsarbeiten des savoyischen Staates mitarbeitete.

1849 erschien als gemeinsames Werk P.s, →Mancinis und →Scialojas der berühmte *Commentario al Codice di procedura civile degli Stati sardi*. Im Jahr darauf gab P. den Band *Dell'istituzione dei giurati* in Druck, dem unter anderen von C. J. A. →Mittermaier große Wertschätzung entgegengebracht wurde.

1860 kehrte der Jurist noch einmal nach Neapel zurück, leitete das Justizministerium nach der Ernennung durch Garibaldi und erhielt durch königliches Dekret den Lehrstuhl für Verfassungsrecht an der friderizianischen Universität Neapel. Weiter war er Berater der Statthalterei Farini, um dann, mit den Wahlen im Januar 1861, als Abgeordneter des Kollegs von Tarent in das erste nationale Parlament einzutreten, wo er unter den Repräsentanten des rechten parlamentarischen Flügels saß und zu den entschiedensten Verfechtern der Politik Cavours gehörte.

P.s Engagement, v.a. als Justizminister zwischen 1862 und 1864 in den Regierungen Farini und Minghetti, zeigte sich besonders bei der Herstellung der Gesetzgebungseinheit des geeinten Italiens und konkretisierte sich in den Entwürfen von 1863, die die 1865 publizierten Gesetzbücher für das Zivilrecht und das Zivilprozeßrecht grundlegten.

P. exponierte sich auch in der Frage der Beziehung zwischen Staat und Kirche, zuerst mit der Reform der Kultusverwaltung 1864 und dann 1871 im Zuge der Diskussion des Garantiegesetzes.

Bei den Wahlen von 1876 teilte er das unglückliche politische Schicksal der Rechten.

WW: O. Confessore (Hg.), Lettere inedite di G. P., 1979.

C. Vano

Pithou (Pithoeus), Pierre (1539–1596). Nach dem Rechtsstudium in Bourges und Valence bei →Cujas, auf dessen Rat er 1559 eine These verfaßte, wurde er Anwalt am Parlement de Paris. Dort plädierte er jedoch nur in einem einzigen Fall. Er widmete sich v. a. der Beratung in Rechtsangelegenheiten und zahlreichen gelehrten Arbeiten, die hohe Anerkennung durch Cujas fanden. Dabei ließ er sich auch nicht durch die religiösen Wirren unterbrechen, die ihn zwangen, aus Paris zu fliehen. Sein erstes Werk, *Mélanges rassemblés à ses heures perdues* (*Adversaria subsesciva*, 1565 u. ö.), enthält 40 Abhandlungen über Jurisprudenz, Literatur und Geschichte verschiedener Autoren.

P. interessiert sich ebenso für römische und mosaische Gesetzgebung (*Mosaicarum et Romanarum legum collatio*, 1571) wie für Germanenrechte (Ausgabe des «Edictum Theodorici» und der «Leges Wisigothorum» 1579) und für die Coutumes (Aufzeichnung der Coutumes de Sedan auf Veranlassung des Herzogs von Bouillon, 1567; Kommentar zu den Coutumes der Baillage von Troyes, 1600 u. ö.). Aber auch die königlichen Gesetze, und zwar die alten (Edition der Kapitularien Karls des Großen und Ludwigs des Frommen, 1588, ergänzt durch ein Glossar seines Bruders François) wie die zeitgenössischen, fanden in ihm einen Bearbeiter. Nach seiner Rückkehr zum Katholizismus (1573) wurde er Amtmann (bailli) von Tonnerre und veröffentlichte die «Articles de règlement». Bei diesen handelt es sich um Auszüge aus Edikten und Ordonnanzen des Königs und aus Entscheidungen der Cour de parlement für die Baillage von Tonnerre (1584).

1580 erhielt er die Stellung eines Substituten des Generalprokurators beim Parlement de Paris, wo sein Bruder im selben Jahr unter die Parlamentsanwälte aufgenommen wurde. In dieser Funktion äußerte P. anläßlich eines Streits zwischen König und Papst über die «Ordonnance de Blois» von 1579 seine Sympathien für den Gallikanismus.

1582–84 war er Generalprokurator der Chambre souveraine de Guyenne. Von verschiedenen Seiten wurde er nunmehr um Rat und Rechtsauskunft gebeten, von den Großen des Königreichs (Prince de Condé, Herzog von Montpensier, Herzog von Bouillon) oder von Ausländern (Großherzog der Toskana). →Hotman erwählte ihn als Schiedsrichter in einem Rechtsstreit mit Cujas.

Seine Feindseligkeit gegenüber der Liga ließ er in Äußerungen durchblicken, die er d'Aubray in der *Satyre Ménippée* in den Mund legte. 1589 verläßt er das Parlement de Paris wieder und widmet sich ganz der Ausgabe eines «Corpus iuris canonici» (gemeinsam mit seinem Bruder, seit 1577) und der Veröffentlichung eines *Codex canonum vetus Ecclesiae romanae* (1609). Nach dem Übertritt Heinrichs von Navarra zum katholischen Glauben betont er erneut seine gallikanischen Überzeugungen in einer Stellungnahme von 1593, in der er anerkennt, daß nur die Erzbischöfe des Königreichs die Exkommunikation des Königs von 1586 aufheben können. Im folgenden Jahr schreibt er sein *Ecclesiae Gallicane in Schismate Status et actis publicis* und seine 78 Artikel umfassende *Libertés de l'Eglise gallicane*, woraus später fast wörtlich die Erklärung der «Vier Artikel» von 1682 übernommen wird.

Andererseits bezeugt →Loisel seinen großen Einfluß auf die Entscheidung zur Lex Salica (28.7. 1593). Sein Bruder François hat später einen *Glossaire sur la loi salique* verfaßt (1602).

Lit.: Pasquier ou Dialogues des Advocats du Parlement de Paris. Avec une introduction et des notes, la suite chronologique des plus notables advocats depuis l'an 1600... et des notices biographiques sur Pasquier, Loisel et les frères P., hrsg. v. A. M. J. J. Dupin, 1844; J. P. Grosley, Vie de P. P. avec quelques mémoires sur son père et ses frères 1–2, Paris 1756. L. de Rosanbo, P. P., in: RSS 15, 1928, 279–305 u. 16, 1929, 301–330.

L. Montazel

Placentinus (–1192), lehrte Zivilrecht, zuerst in Mantua, dann, wohl als erster gelehrter Jurist, in Montpellier, nämlich 1163/65–1184/85 und ab 1190/91, dazwischen zwei Jahre in Bologna und vier Jahre in Piacenza. P. war scharf antikaiserlich gesinnt. Er bearbeitete den Kommentar zum Digestentitel «De regulis iuris» (Dig. 50,17) seines Lehrers (?) Bulgarus (→Irnerius), schrieb über Klagen (*Libellus de actionum varietatibus*, um 1160), Codex- und Institutionensummen (um 1165, D. 1536, ND 1962) sowie eine *Summa Trium librorum* (1191, unvollendet, ab C. 10,39 fortgesetzt von →Pilius; gedruckt mit den Summen von →Azo), ferner Distinktionen und Disputationen (*Quaestiones disputatae*). Glossen mit der Sigle «p» kommen in Handschriften aller Teile des Corpus iuris civilis vor; Glossenapparate wurden aber bisher nicht identifiziert.

WW: Libellus de actionum varietatibus, in: Quellen zur Geschichte des röm.-kan. Prozesses im Mittelalter, hrsg. v. L. Wahrmund, 4. 3, 1925 (ND 1962).
Lit.: F. C. v. Savigny, Geschichte des römischen Rechts im Mittelalter, 2. Aufl., 1834–51 (ND 1956) 4, 244–285, 537–543; P. de Tourtoulon, P. La vie, les œuvres, 1896 (ND 1972); H. Kantorowicz, The Poetical Sermon of a Medieval Jurist. P. and His «Sermo de Legibus» (1938), in: ders., Rechtshistorische Schriften, 1970, 111–135; A. Gouron, Comment dater la venue de P. à Montpellier? in: Mém. de la Société pour l'histoire du droit et des institutions des anciens pays bourguignons, comtois et romands 45, 1988, 187–194; ders., P. et la somme «Cum essen Mantuae», in: Papers in European Legal History, Trabajos ... en homenaje a F. Valls i Taberner, 5, 1992, 1335–1352.

P. Weimar

Planck, Gottlieb (1824–1910). Der deutsche Richter und liberale Politiker wurde bekannt als Mitarbeiter an der Kodifikation des BGB und als Herausgeber des ersten großen Kommentars zu diesem Gesetz. Er begann seine Laufbahn 1848 im Justizdienst des Königreichs Hannover. Wegen aktiver Teilnahme an der Paulskirchenbewegung und seines Protests gegen die Änderung der Verfassung von Hannover auf dem Verordnungsweg 1855 wurde er dreimal strafversetzt, 1859–63 sogar zwangsweise «beurlaubt», wobei man ihm zugleich die Zulassung als Anwalt verweigerte. 1863 im Zuge der Liberalisierung erfolgte die Wiederanstellung als Obergerichtsrat, 1867 die Wahl in den Reichstag und in das preußische Abgeordnetenhaus für die Nationalliberale Partei. 1868 wurde er Appellationsgerichtsrat in Celle; 1871 Mitglied der Kommission zur Beratung der Zivilprozeßordnung. 1874 wurde er in die erste BGB-Kommission berufen, für die er trotz vollständiger Erblindung den Teilentwurf für das Familienrecht ausarbeitete. Dieser Entwurf brachte in vielen Einzelfragen erhebliche Verbesserungen der Rechtsstellung von Ehefrau und Kindern, obwohl er grundsätzlich, gemäß dem Auftrag, den die Kommission erhalten hatte, an den traditionellen Grundlinien des damals geltenden Rechts festhielt. Dort entstand P.s enge Beziehung zu → Windscheid. 1890 wurde er zum Generalreferenten der zweiten BGB-Kommission bestellt. Insgesamt dürfte er unter den zahlreichen Mitarbeitern an der Kodifikation einer der einflußreichsten gewesen sein. Schon 1889 war er zum Honorarprofessor in Göttingen ernannt worden. Nach Abschluß der Gesetzgebungsarbeiten 1896 entfaltete er dort bis zu seinem Tod eine umfangreiche Lehr- und Vortragstätigkeit. In dem von ihm herausgegebenen Kommentar, *Das*

Bürgerliche Gesetzbuch (6 Bde., 1897–1902), bearbeitete er selbst in mehreren Auflagen den Allgemeinen Teil und das Allgemeine Schuldrecht.

Lit.: M. Coester, G. P. Ein Vater des neuen bürgerlichen Rechts, in: F. Loos (Hg.), Rechtswissenschaft in Göttingen, 1987, 299–315.

U. Falk

Planiol, Marcel (1853–1931), wurde, nach kurzen Aufenthalten 1880 in Grenoble und 1881 in Rennes, 1887 an die juristische Fakultät nach Paris berufen, wo er 1895 Professor des Zivilrechts wurde. Wegen einer schweren Krankheit mußte er 1920 seinen Lehrstuhl aufgeben.

Seine Interessen richteten sich zunächst auf die Rechtsgeschichte, speziell die seiner bretonischen Heimat, über die er von 1888–96 zahlreiche Studien verfaßte. Seit er den Lehrstuhl für Zivilrecht innehatte, konzentrierte er sich aber darauf: *Traité élémentaire de droit civil* (3 Bde. 1900–01 u. ö.). Das Werk begann ab 1899 in Teillieferungen zu erscheinen. Das Datum ist insofern von Interesse, als das Inkrafttreten des deutschen BGB bevorstand und das französische Zivilrecht wegen seines Alters und der Sterilität seiner exegetischen Debatten bedroht schien. P. hat zweifellos das Studium des französischen Zivilrechts erneuert. Er war nicht nur – wie andere vor ihm – überzeugt, der Zivilrechtler müsse genauestens die Rechtsprechung studiert haben, sondern auch davon, daß sie, wie echtes Gewohnheitsrecht betrachtet, als Rechtsquelle des Privatrechts dienen könne.

P. gestaltete infolgedessen mit seinem Werk die Methoden der Interpretation und der Lehre des Zivilrechts um. Parallel hierzu nahm das Werk in seinen allgemeinen Bemerkungen zur Geschichte der Institutionen, zum Studium der vergleichenden Gesetzgebung und zur Ökonomie eine bedeutende Stelle ein. Der Text des Code civil ist dadurch nicht mehr isoliert, sondern wird im Kontext der Tradition, der leitenden Ideen dargestellt und begrenzt, erweitert und modifiziert durch die Rechtsprechung.

Obwohl einige Thesen von P., zu kühn und an das Paradoxe grenzend, mit Reserviertheit aufgenommen wurden und man ihm seinen zu großen Traditionalismus vorwarf – → Duguit schrieb, sein *Traité* sei der Schwanengesang eines überlebten Liberalismus –, wurde sein Werk in der Lehre doch dauerhaft erfolgreich und spielte in der Rechtsprechung eine bedeutende Rolle.

P. gab auch mit G. Ripert einen *Traité pratique de droit civil français* (14 Bde., 1925–34) heraus, wobei allerdings Ripert die eigentliche Leitung innehatte.

Lit.: H. Berhélemy u. a. (Hg.), M. P., 1931.

O. Motte

Polak, Karl (1905–1963), aus streng jüdischer, bäuerlicher Familie. Jurastudium in Frankfurt a. M. ab 1925, Kontakt zu marxistischen Gruppen, Referendarzeit in Berlin.

Nachdem P. 1933 wegen «nichtarischer» Abstammung entlassen worden war, emigrierte er nach Moskau. Zuvor hatte er noch bei Erik Wolf (Freiburg) mit *Studien zu einer existentiellen Rechtslehre* promovieren können.

In Moskau arbeitete P. zunächst im Rechtsinstitut beim Generalstaatsanwalt der UdSSR, später bei der Akademie der Wissenschaften. Dort kam P. in den Einflußbereich →Vyšinskijs, in dessen Anwesenheit er 1946 seine (in der DDR geheimgehaltene) strafrechtstheoretische Dissertation verteidigte und den sowjetischen Grad eines «Kandidaten der juristischen Wissenschaft» erwarb.

Während der Emigration hatte P. keine organisatorisch-politischen Beziehungen zur KPD-Emigrantengruppe in Moskau. Er sah sich rückblickend als bürgerlichen Intellektuellen, dessen politische Entwicklung erst in der Sowjetunion begonnen habe (Lebenslauf v. 1. 2. 1954). Empfohlen von der Rechtsabteilung der SMAD, wurde P. von Ulbricht zum Leiter der Abteilung Rechtsfragen der KPD eingesetzt, nach Gründung der SED: Abteilung Justiz. Zur gleichen Zeit trat P. in die KPD ein und begann eine Karriere, die ihn bis in den 1960 gebildeten Staatsrat führte.

Basis von P.s Wirken war der zentrale Parteiapparat der SED, in dem er als juristischer Ratgeber und Ghostwriter Ulbrichts eine besondere Position besaß. P. diente der Partei nicht nur mit der Konstruktion staats- und rechtsideologischer Argumentationsfiguren, er bediente auch das Personenkultbedürfnis Ulbrichts.

P. war ein hochbegabter Jurist mit scharfem Verstand. Sein Hauptinteresse galt der Staatslehre und dem Verfassungsrecht (*Marxismus und Staatslehre*, 1947; *Zur Lage der Justiz in Deutschland*, 1947; *Das Verfassungsproblem in der geschichtlichen Entwicklung Deutschlands*, 1948; *Die Weimarer Verfassung, ihre Errungenschaften und Mängel*, 1948; *Volk und Verfassung*, 1949; *Die Demokratie der Arbeiter- und Bauernmacht*, 1957). Sein Credo lautete, Staats- und Rechtswissenschaft könne man sinnvoll nur von einer machtpolitischen Position aus betreiben (*Gesellschaftliche Gesetzmäßigkeit und Völkerrechtswissenschaft*, 1962; *Zur Dialektik in der Staatslehre*, 1959, 3.erw. Aufl. 1963). Folgerichtig band er sein Wirken auch an die Macht und die Mächtigen. Er war Mitte 1948 bis Anfang der fünfziger Jahre (teilweise nebenamtlich) Professor in Leipzig. Nach seiner Wahl in den Staatsrat wurde er 1961 o. Mitglied der Akademie der Wissenschaften.

P. konzipierte maßgeblich die sog. Babelsberger Konferenz (April 1958), die für die Staats- und Rechtswissenschaft der DDR eine Zäsur bedeutete. Er entwarf Ulbrichts Rede und brachte die Wirkungsgeschichte dieser Konferenz in ihre verheerenden Bahnen. Die Kernthese der Konferenz, Grundlage der Staats- und Rechtswissenschaft und Kriterium ihrer Wissenschaftlichkeit seien die Parteibeschlüsse, enthält in nuce P.s eigene staats- und rechtswissenschaftliche Konzeption, deren letzte Gestalt sich in der Abhandlung *Gesellschaftliche Gesetzmäßigkeit und staatliche Leitungstätigkeit* findet.

WW: Reden und Aufsätze, 1968; Staat, Demokratie, Leitung, 1985 (beides a. d. Nachlaß, bearbeitet).
Lit.: K.-H. Schöneburg, Wissenschaft von der Geschichte der Staats- und Rechtstheorie: Notwendigkeit, Konzeption, Aufgabe, Zum 70. Geb. von K. P., in: Staat und Recht 1975, 1457 ff.; Wegbereiter der marxistisch-leninistischen Staats- und Rechtswissenschaft der DDR, 1986; E. Poppe/W. Weichelt, K. P. Zum 80. Geb., 1987.

K. A. Mollnau

Politeo, Ivo (1887–1956), der seit 1919 als Rechtsanwalt in Zagreb arbeitete, trug wesentlich zur Entstehung einer freien Rechtsanwaltschaft in Jugoslawien bei und wurde v. a. mit seinen 1921 veröffentlichten *Grundlagen des Rechtsanwaltsgesetzes* zum Haupt der Bewegung für die gesetzliche Regelung anwaltlicher Autonomie. Das Rechtsanwaltsgesetz, das in vielen Landesteilen erst eine selbständige Anwaltschaft ermöglichte, wurde nach mehreren Verzögerungen 1929 verabschiedet. P. – von 1929–41 erster Präsident der kroatischen Anwaltskammer – arbeitete intensiv an der Gründung eines Rechtsanwaltsbundes, der ab 1931 unter seinem Präsidium alle Anwaltskammern zusammenfaßte. In vielen Veröffentlichungen verteidigte er die anwaltliche Autonomie nicht nur als professionelles Privileg, sondern auch als Verpflichtung gegenüber dem Beruf und der

Gesellschaft. Um diese zu sichern, kämpfte P. auch für eine richterliche Unabhängigkeit, die 1929 durch die Königsdiktatur abgeschafft wurde.

Die Kodifikation der anwaltlichen Berufsethik war ein weiteres Anliegen P. s. Für die Union internationale des Advocats, deren Ehrenpräsident er 1956 wurde, legte er 1954 den Entwurf eines anwaltlichen *Code de morale professionelle* vor.

Seit 1921 Redakteur der einflußreichsten kroatischen juristischen Zeitschrift «Mjesecnik» und 1927–41 Hauptredaktor des «Odvjetnik» (Rechtsanwalt) wurde P. dreimal als unabhängiger Volkssozialist wegen seines Kampfes für eine demokratische Verfassung verhaftet. Als Strafverteidiger in berühmten politischen Prozessen, z. B. 1921 gegen den Attentäter des jugoslawischen Innenministers Drasković, im «Bombenattentäter-Prozeß», 1928 gegen Tito sowie 1946 im Prozeß gegen Kardinal Stepinac erlangte P. Ansehen. Er war 1936–56 Präsident des jugoslawischen Juristenkongresses.

1939–45 war er Honorardozent für Arbeitsrecht an der juristischen Fakultät der Universität Zagreb. Zahlreiche Veröffentlichungen, u. a. *Handels- und andere Angestellte* (1932); *Von der Notwendigkeit einer Arbeitsrechtskodifikation* (1937); *Recht in der Praxis* (1938); *Einführung in das Arbeitsrecht* (1940) sowie mehrere Gesetzeskommentare (Konkursordnung, Unlauterer Wettbewerb), waren von breiter Wirkung.

Lit.: M. Kalođera, Dr. I. P., in: Odvjetnik/Zagreb 18(33), 1968, 166ff.; M. Kolar-Dimitrijević, Dr. I. P. i ustavna pitanja, in: Odvjetnik/Zagreb 63, 1990, 4ff.; A. Vičić u. a., Referate am runden Tisch über P., in: Odvjetnik/Zagreb 60, 1987, 7ff.

Z. Pokrovac

Pollock, Sir Frederick (1845–1937), begann seine Ausbildung in Eaton und Cambridge, wo er zahlreiche Auszeichnungen als Student erhielt. Common Law studierte er im Lincoln's Inn, einem der vier Inns of Court in London. P. wurde 1871 als Anwalt zugelassen.

Seine Berufung war jedoch nicht der Anwaltsberuf, sondern die Tätigkeit als Autor, Hochschullehrer und Herausgeber. Sowohl sein erstes, 1876 erschienenes Buch *Principles of Contract at Law and in Equity* als auch *The Law of Torts* wurden Klassiker der rechtstheoretischen Darstellung. Seine 1880 veröffentlichte Dissertation zu Spinoza wurde als herausragende Arbeit gelobt. 1883–1903 hatte P.

eine Professur für Rechtstheorie in Oxford inne. Daneben lehrte P. das Common Law auch an den Inns of Court (1884–90) und in Indien, mit dessen Rechtskultur er sich auch im Rahmen einer Neuauflage von →Maines *Ancient Law* beschäftigte. 1895 erschien die bis heute als Standardwerk bekannte *History of English Law* in Zusammenarbeit mit P.s langjährigem Freund →Maitland. Obwohl P. nur ein Kapitel zum anglo-sächsischen Recht beisteuerte, wurde das Buch unter beider Namen veröffentlicht.

Ein weiterer Schwerpunkt von P.s Wirken lag in der Begründung und Herausgabe des «Law Quarterly Review» (1885–1919). Außerdem wirkte er 1895–1935 an der Veröffentlichung der englischen Gerichtsentscheidungen in Form der «Law Reports» mit. Auch die englische Regierung griff bei zahlreichen Gesetzesvorhaben auf P.s Mithilfe zurück. Für P. war die englische Rechtsordung die sensibelste, freiheitsliebendste und menschlichste der Welt.

Lit.: DNB Suppl. 5, 710ff.; Simpson, 421ff.

Ch. Köckler-Beuser

Polygenēs, Kōnstantinos E. (1862–1935), Jurastudium an der Universität Athen. Anschließend fünfjähriges Studium an deutschen Universitäten, wo er Schüler von B.→Windscheid gewesen ist. 1891 Sekretär der Universität Athen. 1895 Ordinariat für römisches und byzantinisches Recht, als Nachfolger von P. →Paparregopoulos. 1921 wurde er Erziehungsminister.

Im Bereich des Zivilrechts war er einer der bedeutendsten Anhänger des Pandektenrechts in Griechenland. Im Sinne der Lehre von Mitteis war er der Ansicht, daß die griechische Philosophie und die christliche Religion einen nicht bloß marginalen Einfluß auf das römische Recht gehabt haben. Er hat bedeutend zur Einführung des Pandektenrechts in Griechenland beigetragen. In seiner Abhandlung über das Dotalrecht demonstriert er die altgriechischen Wurzeln des römischen Dotalrechts. In der Übersetzung des Lehrbuchs des Pandektenrechts von Windscheid hat er im erbrechtlichen und familienrechtlichen Teil das römische Recht durch die griechische Gesetzgebung und Rechtswissenschaft angereichert.

WW: Perí tēs apagoreúseōs tōn dōreón metaxý syzýgōn (Über das Verbot der Schenkungen unter Eheleuten), 1890; Pragmateía perí proikós (Abhandlung über die Dos) 2 Bde., 1891–94 u. ö.; Übersetzung mit Zusätzen des Lehr-

buchs des Pandektenrechts von B. Windscheid, Didaskalía tou dikaíou tōn Pandektón, mehrere Ausgaben.
Lit.: Pantazopoulos, To diá tēs Epanastáseōs tou 1821 thespisthén díkaion kai oi Ellēnes nomikoí, 2. Aufl., 1972, 56f.

Ch. Argyriadis

Pompe, Willem Petrus Joseph (1893–1968). P.s Leben und berufliche Tätigkeit stehen im Zeichen der Idee der Mitmenschlichkeit, die teils von seinem römisch-katholischen Glauben und teils von seiner Sympathie mit dem Sozialismus inspiriert wurde. Nach Promotion 1921 in seiner Heimatstadt Utrecht war er von 1921–23 in Amsterdam und Deventer als Rechtsanwalt tätig. 1921 erhielt er einen Ruf an die katholische Universität Nijmegen als ao. Professor für Straf-, Strafverfahrensrecht und Kriminologie. Ab 1926 war er dort Ordinarius. 1928 folgte er einem Ruf nach Utrecht.

P. arbeitete nach dem II. Weltkrieg intensiv mit dem Kriminologen G. Th. Kempe (1911–1979) und dem Gerichtspsychiater P. A. H. Baan (1912–1975) zusammen, die die berühmte «Utrechtse School» begründeten, deren Beitrag zur Milderung des Strafklimas und zur Humanisierung des Strafverfahrens in den Niederlanden von weitreichender Wirkung wurde.

Die Auffassungen von P. zum Straf- und Strafverfahrensrecht finden sich in seinem Hauptwerk *Handboek van het Nederlandse Strafrecht* (1935) wieder. Er trat dabei deutlich in die Spuren seines Lehrers D. Simons, dessen *Leerboek van het Nederlandse Strafrecht* er auch bearbeitete. P. widmete der rechtlichen Position des Straftäters und der Begrenzung, die das Strafrecht sich infolge des Wirkungsbereiches des Legalitätsprinzips auflegen muß, viel Aufmerksamkeit. Für P. lag der Sinn der Strafe in der Vergeltung, da der Mensch selber für sein Handeln moralisch verantwortlich sei und er die Aufgabe, das begangene Unrecht wiedergutzumachen, selber bewältigen müsse. Er gehörte zu den einflußreichsten niederländischen Strafrechtsjuristen der dreißiger bis sechziger Jahre.

WW: Vijf opstellen, 1974; Bibliografie in: Tijdschrift voor Strafrecht 72, 1963, 497–507.
Lit.: BWN 1, 466–467; C. Kelk, in: Zestig juristen, 1987, 345–350; C. Kelk, W. P. J. P. 1893–1968, Grondlegger van de Utrechtse School en voorvechter van een humaan strafrecht, in: G. C. J. J. van den Bergh u. a. (Hg.), Rechtsgeleerd Utrecht, 1986, 203–215.

C. J. H. Jansen

Pomponius (Sextus P.; Mitte 2. Jh. n. Chr.), römischer Jurist der Zeit des hochklassischen Rechts. Zuverlässige Daten über seine Lebensumstände sind nicht bekannt, insbesondere fehlen Nachrichten über eine Beschäftigung in Staatsämtern. Seine umfangreiche literarische Tätigkeit fällt in die Zeit zwischen den Kaisern Hadrian (117–138) und Marc Aurel (169–177). Man nimmt an, daß er in erster Linie als juristischer Schriftsteller und Lehrer, nicht als Praktiker und Responderjurist tätig gewesen ist. P. gehört zu den – am Umfang seines Werks gemessen – produktivsten Autoren der klassischen Rechtsliteratur (ca. 300 libri). Seine Schriften zeichnen sich durch Klarheit und strenge Sachbezogenheit, weniger durch Originalität aus. Ihren Zwecken nach geht es um Sammlung, Ordnung und Einführung. Von seinen Werken – auszugsweise in den Digesten überliefert – sind zunächst drei umfassende Kommentare zu nennen, und zwar zu den beiden Darstellungen des ius civile von →Mucius Scaevola (*ad Q. Mucium*; 39 libri) und von →Sabinus (*ad Sabinum*; 35/36 libri) sowie zum Edikt (*ad edictum*; nur durch Zitate bei anderen Juristen überliefert). P. schrieb ferner Monographien über das Fideikommiß (*de fideicommissis*; 5 libri), die Stipulation (*de stipulationibus*; 8 libri) und Senatsbeschlüsse (*de senatusconsultis*; 5 libri) sowie zwei Fallsammlungen (*epistulae*, *lectiones*). Einen besonderen Rang nimmt schließlich sein *Enchiridium* (Handbuch; offenbar ein Einführungslehrbuch) ein. Der eindrucksvollste Teil dieses auszugsweise in einigen Fragmenten der Dig. enthaltenen Werkes ist eine rechtsgeschichtliche Einleitung (Dig. 1,2,2), die in drei Abschnitte gegliedert ist. Der erste beschreibt die Rechtsquellen von der Frühzeit bis zur Zeit des P., der zweite die römischen Ämter, und der dritte bringt eine Übersicht über die römischen Juristen vom Beginn der Republik bis zu →Julian. Dieses große Fragment ist trotz seiner knappen Informationen die grundlegende antike Quelle zur Geschichte des römischen Rechts.

Lit.: G. Wesenberg, Sex. P., in: RE 21, 2, 2416ff.; W. Kunkel, Herkunft u. soziale Stellung d. römischen Juristen, 2. Aufl., 1967, 170f.; F. Schulz, Gesch. d. römischen Rechtswissenschaft, 1961, 203ff.; D. Nörr, in: ANRW 2, 15, 1976, 497, 509ff.

H. H. Seiler

Pontes de Miranda, Francisco C. (1893–1979), brasilianischer Universalrechtsgelehrter und Humanist, Gesellschaftswissenschaftler und Philosoph, Mentor des brasilianischen Rechtspositivismus, Verfasser der führenden Lehrkommentare zum brasilianischen Privat- und Prozeßrecht. Aus der klassischen Faculdade de Direito do Recife hervorgegangen, fand der aus einer angesehenen Familie des Nordostens (Maceió-Alagoas) stammende P. M. seinen Lebensmittelpunkt in Río de Janeiro, wo er als Richter wirkte, sich hauptsächlich aber der sozial- und rechtswissenschaftlichen Forschung widmete. Sein riesiges, u. a. von eingehender Beschäftigung mit deutschen Paradigmen geprägtes Werk (Lehr- und Forschungsauftrag am Kaiser-Wilhelm-Institut in Berlin 1930 und 1932) bezeugt die eindringliche wissenschaftliche Auseinandersetzung mit allen aktuellen Diskursen und Strömungen der Zeit: auf dem Gebiete der Erkenntnistheorie mit dem deutschen Idealismus, dem Wiener Kreis und der Relativitätstheorie (*O Problema Fundamental do Conhecimiento*, 1937); dem der Soziologie u. a. mit Simmel, v. Wiese, Weber (*Introdução a Sociologia Geral*, 1926; *Método de Análise Socio-Psicológica*, 1925); dem der Politik mit Marxismus und Sozialismus (*Anarquismo, Comunismo, Socialismo*, 1933; *Democracia, Libertade, Igualdade*, 1945) – sowie dem der Rechtsphilosophie und Rechtstheorie u. a. mit →Somló, →Kelsen, Stammler (*Sistema de Ciência Positiva do Direito*, 1922 u. ö.).

Das Zentrum des Schaffens von P. M. bildet das monumentale Traktat- und Kommentarwerk, das das gesamte Privatrecht, Prozeßrecht und auch das Verfassungsrecht Brasiliens zur dogmatischen, von nationaler wie internationaler Doktrin und Rechtsprechung durchleuchteten Darstellung bringt. In den 60 Bänden seines *Tratado de Direito Privado* (1954–69) begründet P. M. das System des gesamten Privatrechts Brasiliens, das unter Wahrung der klassischen liberalen Gehalte sich dem sozialen und rechtsstaatlichen Geist der neueren Privatrechtsentwicklung verpflichtet. P. M. gilt als authentischer Vermittler des Privatrechtsbildes der modernen lateinamerikanischen Gesellschaften und wurde 1970 als Förderer deutsch-brasilianischer Rechtskultur mit dem Großen Verdienstkreuz der Bundesrepublik Deutschland ausgezeichnet.

WW: Rechtsgefühl und Begriff des Rechts, 1922; Begriff des Wertes und soziale Anpassung, 1922; Introdução à Política Científica ou Os Fundamentos da Ciência Positiva do Direito, 1924; Das Obrigações por Atos Ilícitos, 1927; Fontes e Evolução do Direito Civil, 1928; Einleitung, in: K. Heinsheimer (Hg.), Die Zivilgesetze der Gegenwart 3, 1928; F. Schlegelberger (Hg.), Rechtsvergleichendes Handwörterbuch für das Zivil- und Handelsrecht des In- und Auslandes, 1, 1929; Tratado dos Testamentos, 1930; Os Novos Direitos do Homen, 1933; Direito à Subsistência e Direito ao Trabalho, 1933; Direito à Eduação, 1933; Novos Fundamentos Atuais do Direito Constitucional, 1932; Comentários à Constituição › de 1934, 1934; › de 1937, 1947; › de 1967, 1971; A Ação Rescisoria contra as Sentenças, 1934 u.ö.; Tratado de Direito Internacional Privado, 1935; Historia e Prática do Arresto ou Embargo, 1937; Comentários ao Código de Processo Civil, 2. Aufl., 1962; Direito de Familia, 1947; Tratado de Direito Predial, 2. Aufl., 1953; Tratado de Direito Cambiario, 1954–55; Epiküre der Weisheit, 2. Aufl., 1973.

Lit.: D. Menezes, A Teoria Científica do Direito de P. de M., 1934; M. Reale, 100 Anos de Ciência do Direito no Brasil, 1972; P. Dourado de Gusmão, As Ideias do Jovem P. de M.; L. Vilanova, A Teoria do Direito em P. de M., in: Em homenagem a P. de M., 3 Congresso Brasileiro de Filosofia do Direito, Fundação Espaço Cultural da Paraiba, João Pessoa, 1988, 123 ff., 321 ff.

W. Paul

Portalis, Jean-Etienne-Marie (1745–1807), war 1765–89 Advokat in Aix-en-Provence. Die Revolution betrachtete er mit Zurückhaltung, zog sich erst nach Lyon zurück und wurde dann in Paris verhaftet. Kurz nach dem 9. Thermidor (1794) befreit, wurde er in den Ältestenrat gewählt und dort Präsident. Nach dem Staatsstreich vom 18. Fructidor (1797) floh er in die Schweiz und kehrte nach dem 18. Brumaire (1799) nach Frankreich zurück. 1800 wurde er Staatsrat, arbeitete als solcher maßgeblich am Konkordat und den Organischen Artikeln mit, wurde dann 1804 Kultusminister sowie kurzfristig mit dem Innenministerium beauftragt.

Zusammen mit Tronchet, Bigot-Préameneu und →Maleville bildete er das erste Redaktionskomitee des Code civil. Dort erlangte er eine bedeutende Stellung, die es ihm, obwohl dem römischen Recht weniger systematisch verbunden als Maleville, erlaubte, oft entscheidend zu dessen Gunsten einzugreifen. Er redigierte die Einleitungsabhandlung zum Code, in der er seine Absichten über die Kodifizierung erläuterte. Als Mitglied des Staatsrats arbeitete er an der Schlußredaktion mit und präsentierte der gesetzgebenden Versammlung das Eherecht, das Eigentumsrecht, das Kaufrecht und die «aleatorischen Verträge». Scheidungsrecht – entschlossen äußerte er sich dagegen – und Testierfreiheit – die er verteidigen wollte – zogen während der langen Debatten seine Aufmerksamkeit besonders an, aber er wirkte auch bei weniger wichtigen Gegenständen mit. Er verteidigte intensiv die Bestimmungen, die den Ehepartnern Bestimmungsfreiheit einräumen, soweit noch kein Ehevertrag vorliegt; er diskutierte lebhaft die Frage der Vertragsauflösung beim Immobiliarkauf, erklärte sich gegen «aleatorische Verträge» und v. a. Lebensversicherungen, verteidigte das System «des substitutions en ligne collatérale» und gab der Publizität der Hypotheken den Vorrang.

Seine *Discours, rapports et travaux inédits sur le code civil* wurden durch seinen Enkel, F. Portalis, 1844 veröffentlicht.

Lit.: R. Lavollée, P., sa vie, ses œuvres, 1869; F. Portalis, Notice sur la vie de l'auteur in: J.-E.-M. Portalis, De l'usage et de l'abus de l'esprit philosophique durant le dix-huitième siècle, 1820, 1, 1–39; L. Schimséwitsch, P. et son temps, 1936.

O. *Motte*

Posada de González, Adolfo (1860–1944). Der spanische Soziologe, Staats- und Verwaltungsrechtler studierte zunächst an der Universität Oviedo, dann an der Madrider Institución Libre de Enseñanza, die sich von der Amtsuniversität abzusetzen suchte. Mit 22 Jahren erhielt P. die Professur für öffentliches Recht an der Universität Oviedo, die er 20 Jahre lang ausüben sollte. 1902 wurde er vom spanischen Parlament gebeten, eine die spanische Arbeitswelt und ihre Konflikte reorganisierende Institution, das Instituto del Trabajo, den Erfordernissen anzupassen. Nachdem dieses Projekt fehlgeschlagen war, wurde P. 1904 an das neugegründete Instituto de Reformas Sociales berufen. Dort wirkte er bis zu dessen Auflösung 1928. Von hier aus war P. auch an den Vorbereitungen zu einer allspanischen Kodifikation des Arbeitsrechts beteiligt. P. wurde überdies 1910 auf den Madrider Lehrstuhl für vergleichendes Kommunalrecht (Derecho municipal comparado) berufen, später auch auf den für öffentliches Recht. Er vertrat Spanien 1919 anläßlich der internationalen Arbeitskonferenz.

P. ist dem spanischen Idealismus zuzurechnen, dem es u. a. um eine Verwissenschaftlichung des Staats- und Verwaltungsrechts auf der Grundlage der Philosophie K. Chr. F. Krauses ging. So setzte er sich für eine Umbildung der drei Staatsgewalten ein, begleitet von einer Reform des Verwaltungsapparates, insbesondere auf der lokalen

Ebene, wo sich seiner Meinung nach seit dem Ancien Régime wenig geändert habe: *Evolución legislativa del régimen local en España* (1910). Im Sinne der Schule von F. →Giner de los Rios und G. de →Azcárate verpflichtet auf eine dezentrale Staats- und Gesellschaftsorganisation, arbeitete P. an der Vorbereitung eines Gesetzes für die kommunale Selbstverwaltung mit: *Ley de bases del régimen local* (1912). Er verabschiedete in seinem in fünf Auflagen erschienenen Hauptwerk *Tratado de derecho político* (1893–1935) die Trennung von Staat und Gesellschaft. Der neue Staat sei vielmehr als eine Gesamtheit organisch verfaßter, rechtsstaatlich korrelierter individueller und sozialer Personen zu begreifen.

Neben Darstellungen zum europäischen und südamerikanischen Verfassungsrecht (*Guía para el estúdio y aplicación del Derecho Constitucional de Europa y América*, 1894) fanden seine Überlegungen zur Krise von Demokratie und Parlamentarismus, wie sie Europa und Spanien im ersten Drittel des 20. Jh.s erfaßt hatte (*La crisis del constitucionalismo*, 1925), allgemeine Anerkennung. Auf der Suche nach einem Ausweg aus den Schwierigkeiten, die der Liberalismus mit sich gebracht hatte, setzte P. als Schlußfolgerung aus der krausistischen Ethik dem formalen, aller Inhalte entleerten Rechtsstaat, dessen Theorie er durch seine Übersetzung und Kommentierung des Werkes von G. →Jellinek in Spanien bekannt machte, den materiell fixierten Rechtsstaat entgegen. Mit Blick auf die Gewerkschaften stellte sich P. in Einklang mit der krausistischen Harmonie- und Organismustheorie autonome Vereinigungen vor. Diese hätten gesellschaftliches Handeln zu koordinieren. In *La reforma constitucional* (1931) schlug er schließlich vor, eine besondere Kammer für Interessenvertretungen in die republikanische Verfassung aufzunehmen, was aber letztlich an der Radikalisierung der Parteienlandschaft scheiterte. Darüber hinaus beschäftigte sich P. intensiv mit der sozialen Frage. Er setzte sich für eine sittliche, schulisch gesicherte Erziehung ein, und zwar als fundamentale Notwendigkeit und unter Verweis auf die krausistische Freiheitsdoktrin: *Breve historia del Krausismo español* (1935 u. 1981). Des weiteren trat er durch eine Abhandlung zum Feminismus hervor. Solche sozialen Aktivitäten waren stets begleitet von rechtswissenschaftlichen Unternehmungen, etwa Übersetzungen und Besprechungen ausländischer Staatsrechtler (z. B. →Jhering, →Menger oder Chironi) sowie Darstellungen zum spanischen Staats- und Verwaltungsrecht als Mitarbeiter führender europäischer Zeitschriften des öffentlichen Rechts.

Lit.: Bibliographie, in: Fundación Fr. Ebert (Hg.), Reivindicación de Krause, 1982, 137–139; J.-M. Scholz, Legitimationspraktiken krausistischer Dezentralisierungspolitik, in: Ius Comune 12, 1984, 117–163; J. J. Gil Cremades, Die politische Dimension des Krausismo in Spanien, in: K. M. Kodalle (Hg.), K. Chr. F. Krause, 1985.

M. Dlugosch

Pound, Roscoe (1870–1964), studierte zunächst Botanik und arbeitete erfolgreich auf diesem Gebiet, verlagerte seinen Tätigkeitsschwerpunkt dann aber mehr und mehr in die Rechtswissenschaft und wurde zu einem der vielseitigsten und bedeutendsten Juristen seiner Zeit. Nach einem Studium an der Harvard Law School (1889–90) praktizierte P. als Anwalt, wurde 1899 Assistant Professor of Law an der Universität Nebraska und 1901 für zwei Jahre Commissioner (eine Art Hilfsrichter) am Supreme Court of Nebraska. 1903–07 war er Dekan der Law School of Nebraska; es folgten Rufe an die Northwestern University (1907), die University of Chicago (1909) und an die Harvard Law School (1910), deren Dekan P. 1916–36 war. Nach seiner Emeritierung 1947 ging er als Berater des chinesischen Justizministeriums nach China und war nach seiner Rückkehr noch 1949–53 als Gastprofessor an der University of California tätig.

Am bekanntesten wurde P. als führender Vertreter der «sociological jurisprudence», deren Ziele und Aufgaben er in der im «Harvard Law Review» erschienenen Artikelreihe *The Scope and Purpose of Sociological Jurisprudence* (24, 1911, 591 ff.; 25, 1912, 140 ff., 489 ff.) darstellte. P. forderte darin, das Recht als gesellschaftliches Phänomen anzusehen, das nicht losgelöst von den gesellschaftlichen Gegebenheiten, aus denen heraus es entstanden ist und auf die es angewendet werden muß, betrachtet werden kann. Er hat das berühmte Wort vom Recht als «social engineering» geprägt, als Mittel, möglichst viele Interessen möglichst reibungslos miteinander in Einklang zu bringen. Um dieses Ziel zu erreichen, hielt P. es für besonders wichtig, daß Gesetzgeber und Richter als Rechtsschöpfer und -anwender immer die sozialen und wirtschaftlichen Folgen ihres Handelns im Auge behalten.

P.s Interesse galt auch in hohem Maße der Rechtsphilosophie und der Rechtsgeschichte, außerdem der Rechtsvergleichung und dem internationalen Recht. Zu seinen wichtigsten Werken gehören *Introduction to the Philosophy of Law* (1922); *Law and Morals* (1926);

The History and System of the Common Law (1939); *Social Control through Law* (1942) und sein fünfbändiges Hauptwerk *Jurisprudence* (1959).

Lit.: P. Sayre, The Life of R. P., 1948; N. Reich, Sociological Jurisprudence und Legal Realism im Rechtsdenken Amerikas, 1967; W. Fikentscher, R. P. Von der Zweckjurisprudenz zur «sociological Jurisprudence», in: FS K. Larenz 1973, 93–108.

B. Schäfer

Proculus (20/10 v. Chr. – 50/70 n. Chr.), bedeutender römischer Jurist. Seit dem Jahre 33 war P. Schulhaupt der nach ihm benannten Rechtsschule der Prokulianer. P. nimmt aber im Streit der Rechtsschulen (→Sabinus) eine eher vermittelnde Stellung ein, weil er den Juristen der eigenen Schule, vor allem →Labeo filius und →Nerva pater, häufig widerspricht und den Autoritäten der gegnerischen Sabinianer zustimmt (Dig. 8, 3, 24; Dig. 16, 3, 32). Sein wichtigstes Werk sind die *epistulae* in wohl 12 Büchern. Zitate des P. finden sich ferner bei →Paulus, →Ulpian, →Pomponius, →Gaius und →Javolen, was die große Wirkung des P. auf die folgenden Juristengenerationen bezeugt.

Lit.: A. M. Honoré, Proculus, in: TRG 30, 1962, 485 ff.; C. Krampe, Proculi Epistulae. Eine frühklassische Juristenschrift, Diss. Freiburg, 1970; W. Kunkel, Herkunft und soziale Stellung der römischen Juristen, 2. Aufl., 1967, 123 ff.

B. Kupisch

Przyłuski, Jakub (1512–1554), studierte 1528–31 in Krakau. Während des Studiums trat er in den Dienst des polnischen Großmarschalls Piotr Kmita, dem er bis zu seinem Lebensende verbunden blieb. Daneben war er Richter am Amtsgericht in Przemyśl und am Landgericht in Krakau.

1548 veröffentlichte er als Entwurf einer systematischen Sammlung des polnischen Rechts seine *Statuta Regni Poloniae methodica dispositione … conscripta*, die die Grundlage für sein Hauptwerk, *Leges seu statuta ac privilegia Regni Poloniae omnia* (1553) wurden. Dieses systematische Kompendium des polnischen Rechts (Gewohnheits- und Statutarrechts) mit umfangreichen Anmerkungen, die sich auf römisches und kanonisches Recht beriefen, dokumentieren die persönliche Meinung P.s u. a. in den Angelegenheiten der Kirche und des Glaubens. Seine Hoffnung auf Anerkennung seiner Sammlungen durch König und Sejm als offizielle Kodifikation des polnischen Rechts wurde nicht verwirklicht, sie beeinflußte aber spätere, analoge Rechtssammlungen.

Lit.: H. Grajewski, Prawo zwyczajowe w «Leges seu statuta ac privilegia Regni Poloniae» J. P., 1967; B. Ulanowski, J. P. i jego statut, «Reformacja w Polsce», 2, 1922; PSB 29, 206–209.

W. *Uruszczak*

Puchta, Georg Friedrich (1798–1846), war einer der bedeutendsten Dogmatiker und Rechtstheoretiker der deutschen Pandektenwissenschaft und neben →Savigny zugleich der führende Vertreter der jüngeren historischen Rechtsschule. Er war ao. Professor in Erlangen 1823, 1828 o. Professor in München, 1835 in Marburg, 1837 in Leipzig und schließlich 1842 in Berlin als Nachfolger Savignys. Ferner war er seit 1844 Geheimer Rat am Obertribunal und seit 1845 Mitglied des preußischen Staatsrats und der Gesetzgebungskommission.

Unter dem anhaltenden Einfluß der Polemik →Jherings gilt P. üblicherweise als der Begründer der sog. Begriffsjurisprudenz. Dies ist zwar im Ansatz nicht völlig falsch, häufig wird dabei jedoch P.s Gesamtbild so stark überzeichnet, daß es einer Karikatur nahekommt. Eine grundlegende Korrektur erfolgt erst in den letzten Jahren. Im rechtspolitischen Kern verband P.s Rechtstheorie liberale Vorbehalte gegen staatliche Eingriffe in die Rechtsordnung (insbesondere durch eine umfassende Kodifikation) mit konservativ-monarchischen, nicht aber absolutistischen Ordnungsvorstellungen. Dies trug zu scharfen Auseinandersetzungen mit →Beseler und →Gans bei. Seine Lehre vom «Recht der Wissenschaft» bot auf der Grundlage dogmatisch-begrifflicher Konstruktionen der Rechtsprechung und Lehre große Freiräume zur Rechtsfortbildung. Daran knüpfte v. a. →Thöl bei der Entwicklung eines zeitgemäßen Handelsrechts an.

WW: Das Gewohnheitsrecht, 1. u. 2. Theil, 1828/37; Lehrbuch der Pandekten, 1838; Cursus der Institutionen, 2 Bde., 1841/42.

Lit.: R. Ogorek, Richterkönig oder Subsumtionsautomat?, 1986, 198–221;

Pütter, Johann Stephan

P. Landau, Die Rechtsquellenlehre in der deutschen Rechtswissenschaft des 19. Jh.s, in: Rättshistoriska Studier XIX, 1993, 69–89, 1988, 69–85.

U. Falk

Pütter, Johann Stephan (1725–1807), gilt in der zweiten Hälfte des 18. Jh.s als der berühmteste Vertreter des Reichsstaatsrechts, das er während seiner 60jährigen Lehrtätigkeit an der juristischen Fakultät der Göttinger «Georgia Augusta» vertreten hat. Seine wissenschaftliche Bedeutung geht jedoch weit über dieses Fach hinaus. Die Anziehungskraft der aufklärerischen Reformuniversität Göttingen wurde einerseits entscheidend mit durch ihn geprägt, andererseits war er selber als Jurist führender Exponent des modernen enzyklopädisch-pragmatischen Wissenschaftsmodells, das dieser Universitätsgründung (1737) durch den Hannoverschen Minister Freiherr von Münchhausen vorgegeben war. Sein wissenschaftliches und persönliches Lebensbild hat P. in einer beeindruckenden *Selbstbiographie* (1798) veröffentlicht.

Er besuchte bereits mit 12 Jahren die Universität Marburg (1738), hörte dort unter anderen bei Christian →Wolff reine Mathematik und Metaphysik, wechselte (1739) nach Halle zu →Heineccius, J.H. →Böhmer und J.P.v. Ludewig, ging dann nach Jena (1741), wo er vor allem bei Estor →Mosers *Teutsches Staatsrecht* hörte und Achenwall kennenlernte, mit dem er 1750 die *Elementa iuris naturae* verfaßte. Als Schüler Estors ging er mit diesem 1742 wieder nach Marburg, erwarb dort 1744 das juristische Lizentiat und wurde 1746 nach Göttingen berufen, wo er 1757 den Lehrstuhl von J.J. Schmauss übernahm.

Zum weiten Feld seiner Vorlesungstätigkeit gehörten neben dem Reichsstaatsrecht Reichsgeschichte, Reichsprozeß, Privatfürstenrecht, gelehrte Geschichte der Jurisprudenz, Naturrecht, deutsches Privatrecht, Literatur des deutschen Staatsrechts, Einführung in die juristische Enzyklopädie und staatsrechtliches Praktikum, für die er sämtlich auch Lehrbücher und Abhandlungen verfaßte (vgl. die 849 Titel und Auflagen umfassende Bibliographie bei Ebel, 124–185). Die Universität verdankte es seiner Anziehungskraft, daß 1774 von insgesamt 894 Studenten allein 563 Juristen waren. Seine juristischen *Practica* begründeten den berühmten «mos Gottingensis», nach dem er v.a. Fragen des Reichs- und Territorialstaatsrechts sowie Prozeßrechts anhand von tatsächlichen Aktenvorgängen praktisch bearbeiten ließ. Seiner historisch-genetischen Analyse zeitgenössischer Verfassungszustände lagen aktuelle Erfahrungen und Aktenabschriften von den zentralen Verfassungsinstitutionen des Alten Reiches zugrunde, die er bei Reisen (1746/47) zum Reichstag, Reichshofrat, Reichskammergericht, schwäbischen Kreistag und zur Kaiserwahl nach Frankfurt akribisch gesammelt und zu Tabellen mit systematischen Abhandlungen zusammengefaßt hatte. Die analytische Verarbeitung des umfangreichen empirischen Materials erfolgte aufgrund einer aufklärerisch-pragmatischen Systematik, die «eine ganze Wissenschaft so viel möglich sowohl in richtigen Begriffen und Grundsätzen als in der richtigsten Ordnung zu fassen» sucht: *Neuer Versuch einer Juristischen Encyclopädie und Methodologie* (1767). Das in pädagogischer Absicht geschriebene Buch gilt als folgenreicher Weichensteller in der Systemgeschichte der deutschen Rechtswissenschaft. P. trennt konsequent Staats- und Privatrecht von ihrer «pragmatischen Geschichte», die nur noch als Erklärungshilfe dient. Dem «Rechte der Natur» wies er die «erste Stelle» nur zur Ermittlung der «allgemeinen Begriffe und Grundsätze» zu, um Rechtspraxis und Normenbestand ordnen zu können, nicht um das positive Recht zu ersetzen. Innerhalb der verschiedenen Teile des positiven Rechts war deshalb das «Staatsrecht billig vor dem Privatrecht zu erörtern» und eine «systematische bessere Ordnung» für das römische Recht und das deutsche Privatrecht unter Einbeziehung der Gerichtspraxis anzustreben. Zur Schaffung einer optimalen Rechtsordnung forderte er als erster die vergleichende Beobachtung «aller Rechte jeder Völker und Zeiten» als rationales und universelles Erkenntnismittel und bereitete so die moderne Rechtsvergleichung vor. Im Bereich des Privatrechts entwickelte P. (*Der Büchernachdruck nach ächten Grundsätzen des Rechts geprüft*, 1774) den Begriff des geistigen Eigentums als Grundlage für das moderne Urheberrecht. Innerhalb des Staatsrechts bildete das Gemeinwohl als ordnendes Prinzip das Kernstück seiner Staatszwecklehre, die die Hoheitsrechte funktional sah, im Vorrang des Reichsrechts vor den Landesrechten den Begriff des modernen Bundesstaats entwickelte und in der Trennung von Gefahrenabwehr und Wohlfahrtsförderung den liberalen Polizeibegriff schuf. P. sieht die politische Dimension des «ius publicum», argumentiert aber im Sinne der altständischen Gesellschaftsordnung rein juristisch. Das hat ihm im 19. Jh. (→Mohl) den Vorwurf politischer Reformfeindlichkeit eingetragen.

Lit.: R. v. Mohl, Die Geschichte und Literatur der Staatswissenschaften, 2, 1856, 425–438; W. Ebel, Der Göttinger Professor J. St. P. aus Iserlohn, 1975;

Chr. Link, J. St. P. (1725–1807). Staatsrecht am Ende des alten Reiches, in: F. Loos, Rechtswissenschaft in Göttingen. Göttinger Juristen aus 250 Jahren, 1987.

H. Mohnhaupt

Pufendorf, Samuel (1632–1694), kam in einer Pfarrersfamilie zur Welt. Er besuchte die angesehene Fürstenschule zu Grimma und nahm 1650 in Leipzig das Studium der Theologie auf, das er jedoch bald gegen Philosophie und Jurisprudenz eintauschte. Seine geistigen Lehrmeister waren →Grotius und →Hobbes. Ab 1656 setzte P. das Studium in Jena bei E. Weigel fort, dem Vorkämpfer einer an Descartes orientierten geometrischen Methode in der Ethik. Nach Abschluß des Studiums trat P. eine Stelle als Hauslehrer beim schwedischen Botschafter in Kopenhagen an. Dort wurde er wegen des schwedischen Angriffs auf Dänemark interniert und benützte die Zeit zur Abfassung seiner *Elementorum iurisprudentiae universalis libri duo*, die er 1660 auf Vermittlung eines Sohnes von Hugo Grotius dem Kurfürst Karl I. Ludwig von der Pfalz widmete. Der Kurfürst bot daraufhin P. einen neu geschaffenen Lehrstuhl für Natur- und Völkerrecht in der philosophischen Fakultät der Universität Heidelberg an. Dies war überhaupt der erste Lehrstuhl für die neue Wissenschaft vom Naturrecht. P. hätte aber die juristische Fakultät vorgezogen. Um seine Qualifikation als Jurist zu beweisen, verfaßte er unter dem Pseudonym «Severinus de Monzambano» die Schrift *De statu imperii germanici* (1667) mit scharfer Kritik an der Reichsverfassung. 1667 folgte P. einem Ruf an die juristische Fakultät der Universität Lund. Dort publizierte er 1672 sein großangelegtes System des Naturrechts, *De iure naturae et gentium libri octo*, und im Jahre darauf unter dem Titel *De officio hominis et civis iuxta legem naturalem libri duo* eine für den Rechtsunterricht bestimmte Kurzfassung (Übersetzung ins Deutsche von K. Luig als *Über die Pflicht des Menschen und des Bürgers nach dem Gesetz der Natur*, 1994). Dieses Buch wurde in zahllosen Auflagen und Übersetzungen für mehr als 100 Jahre das wichtigste Lehrbuch des Naturrechts. Von Lund ging P. als Hofhistoriograph nach Stockholm und von dort 1688 in gleicher Funktion nach Berlin. An der Neugründung der Universität Halle wollte er sich nicht beteiligen.

In seinem Naturrecht entwarf P. eine Rechtslehre, die auf der empirisch erfahrbaren Natur des Menschen basierte. Der Mensch folgt seinem Selbsterhaltungstrieb (amor proprius), ist aber zugleich auch schwach (imbecillitas) und kann auf sich allein gestellt nicht überleben. Aus dieser Einsicht ist, ähnlich wie bei → Leibniz, die Folgerung zu ziehen, daß die Menschen zur «socialitas» verpflichtet sind und sich gegenseitig unterstützen müssen. Die Unterstützungspflicht besteht bereits im Urzustand der natürlichen Freiheit. Die Erfüllung der Pflicht muß aber, damit der einzelne Gewißheit hat, durch Verträge gesichert werden, sowohl durch Verträge zwischen den einzelnen Individuen beim Austausch von Eigentum und Dienstleistungen als auch ganz besonders durch einen Gesellschaftsvertrag, der eine staatliche Gemeinschaft begründet, so daß der Staat die Erfüllung der gegenseitigen Hilfspflichten als Staatsaufgabe in die Hand nimmt, teils durch Überwachung des Austauschs, teils aber auch durch direkte Intervention. So schafft die zentrale Institution des Vertrages die Grundlage dafür, daß die Erfüllung der Hilfspflichten durch Rechtspflichten gelenkt und organisiert wird.

Im einzelnen gibt es drei Arten von Pflichten: Pflichten gegen Gott, Pflichten gegen sich selbst und Pflichten gegen andere Menschen.

Aufgabe der Religion ist es, das Prinzip der gegenseitigen Hilfe den Menschen durch Erziehung einzuschärfen. Das verbirgt sich hinter den Pflichten gegen Gott. An zweiter Stelle stehen die Pflichten, die der Mensch gegenüber seiner eigenen Person hat. Sie erhalten ihren Sinn dadurch, daß der einzelne verpflichtet ist, dafür zu sorgen, daß er seine Pflichten in der Gesellschaft erfüllen kann. An dritter Stelle steht dann die Pflicht, auf die die ersten beiden überhaupt erst ausgerichtet sind, die Pflicht nämlich, anderen nach Kräften zu nützen. Diese Pflicht ist teilweise eine moralische Pflicht. Sie ist aber auch das Ziel aller Rechtspflichten.

Lit.: H. Denzer, in: Klassiker des politischen Denkens 2, 1968, 29; N. Hammerstein, in: Staatsdenker, 1987, 172 ff.; M. Stolleis, Geschichte des öffentlichen Rechts, 1, 1988, 232, 282; HRG 4, 105.

K. Luig

R

Rabel, Ernst (1874–1955), war nach juristischem Studium in Wien bis zu seiner Emigration 1937 in die USA Professor in Leipzig, Basel, Kiel, Göttingen, München und Berlin.

Er gab entscheidende Anstöße für eine Methode der Rechtsvergleichung, welche beinhaltet, «daß die Rechtssätze eines Staates oder einer sonstigen rechtssetzenden Gemeinschaft mit den Rechtssätzen einer anderen Ordnung auseinandergesetzt werden oder auch mit möglichst vielen anderen aus Vergangenheit und Gegenwart». R. knüpfte an Überlegungen E. Zitelmanns und J. →Kohlers zu einer Universalrechtsgeschichte an, allerdings ohne den neuhegelianischen Ansatz des letzteren zu übernehmen. Die geschichtliche Komparation war bei R. durch den Romanisten L. Mitteis veranlaßt, der R.s Dissertation und Habilitation betreut hatte. Von Mitteis in die juristische Papyruskunde eingeführt, behandelte R. deren griechische und ägyptische Elemente vergleichend mit mittelalterlichen Quellen. Auch lernte R. bei Mitteis, im geschichtlichen Geschehen die Rechtsinstitute auf ihre Funktion zu prüfen. Diese Arbeitsweise übertrug R. auf die Erforschung moderner Rechtssysteme. Man habe nicht bloß einzelne Gesetzesparagraphen zu vergleichen, sondern vielmehr zu untersuchen, «welche Lösungen sich aus der Gesamtheit des ganzen vollen Rechtslebens in dem einen und dem anderen Staat in den gleichen Lebensfragen ergeben und warum und mit welchem Erfolg sie sich ergeben» (von R. sog. dogmatische/systematische Rechtsvergleichung). Um dieses umfangreiche Sachmittel und Mitarbeiter benötigende Vorhaben durchführen zu können, setzte sich R. für die Errichtung von Forschungsinstitutionen ein. Noch während des I. Weltkriegs gelang ihm die Gründung des Instituts für Rechtsvergleichung an der Universität München, wobei er für die Erforschung ausländischer Rechte warb, indem er die praktische Bedeutung dieser Kenntnisse für Staats- und Handelsverträge hervorhob. Die Rechtsprechung der gemeinsamen Schiedsgerichte, die für Rechtsstreitigkeiten im Zusammenhang mit dem Versailler Vertrag gebildet wurden, beobachtete R. dann nicht nur in Urteilsanmerkungen, sondern er gestaltete diese auch praktisch als Richter am deutsch-italienischen Schiedsgerichtshof mit. Im übrigen war er auch als Richter an schweizerischen und deutschen Gerichten sowie später zeitweise am internationalen Gerichtshof in Den Haag tätig. 1926 wurde R. mit dem Aufbau des Kaiser-Wilhelm-Instituts für ausländisches und internationales Privatrecht in Berlin beauftragt, als dessen Organ er die Zeitschrift für ausländisches und internationales Privatrecht (später RabelsZ) herausgab, die ein Forum für die Unterrichtung über ausländische Gesetzgebung, Rechtsprechung und Literatur sowie rechtsvergleichende Forschung wurde. Zu dieser Zeit trat für R. der rechtspolitische Aspekt in den Vordergrund, durch rechtsvergleichende Arbeit übernationale Rechtsvereinheitlichungen vorbereiten zu können. Verwirklichen konnte R. diesen Gedanken insbesondere seit 1927 als Mitglied des Instituts für Vereinheitlichung des Privatrechts, welches von der italienischen Regierung dem Völkerbund gestiftet worden war. Hier trat R. führend für eine Vereinheitlichung des Rechts für internationale Warenkäufe ein. In seinem in diesem Zusammenhang entstandenen Werk *Das Recht des Warenkaufes* (Bd. 1, 1936, Bd. 2, 1958) führt er exemplarisch seine rechtsvergleichende Arbeitsweise durch, Regelungen verschiedener Rechtskreise nicht nur darzustellen, sondern auch die einzelnen Rechtsfragen durch die verschiedenen Rechtsordnungen hindurch zu verfolgen. In den im Anschluß daran entstandenen Gesetzesentwurf für ein einheitliches Kaufrecht (die Grundlage für das Haager Kaufrechtübereinkommen von 1964) brachte R., der sich schon in seinen frühen Arbeiten immer wieder gesetzeskritisch mit dem Unmöglichkeitsrecht des BGB auseinandergesetzt hatte, auch seine Gedanken zum Recht der Leistungsstörungen ein.

Ein rechtsvergleichender Ansatz kennzeichnet auch R.s Arbeit auf dem Gebiet des IPR. Erkannte er dabei eine Weltkodifikation von einheitlichen Normen, die das anzuwendende nationale Recht bestimmen, als Illusion, so trat R. hinsichtlich der Auslegung der nationalen Kollisionsnormen für einen Vergleich mit Begriffen anderer Ordnungen ein. Materiellrechtliche Regelungen und kollisionsrechtliche Bewertung analysiert R. dann in seinem weiteren Hauptwerk *The conflict of Laws, a comparative study* (1945–58).

WW: Gesammelte Aufsätze, 1965–1971, Bd. 3 mit ausf. Schriftenverzeichnis.

Lit.: G. Kegel, E. R. – Werk und Person, in: RabelsZ 54, 1990, 1 ff.; D. S. Clark, The influence of E. R. on American law, in: M. Lutter/E. C. Stiefel/H. H. Hoeflich (Hg.), Der Einfluß deutscher Emigranten auf die Rechtsentwicklung in den USA und in Deutschland, 1993, 107 ff.

S. Hofer

Radbruch, Gustav (1878–1949). Der in Lübeck geborene R. studierte ab 1898 in München, Leipzig und Berlin Jura und legte 1901 sein Referendarexamen ab. R. promovierte 1902 in Berlin bei F. v. →Liszt und habilitierte sich 1903 in Heidelberg bei v. Lilienthal, einem Vertreter des Lisztschen Kreises, mit einer Arbeit zum strafrechtlichen Handlungsbegriff.

Unter großem Einfluß des sog. südwestdeutschen Neukantianismus begann R. eine Lehrtätigkeit in Heidelberg zunächst als Privatdozent, später als ao. Professor. 1910 erschien seine vielfach übersetzte *Einführung in die Rechtswissenschaft* und 1914 sein Hauptwerk *Grundzüge der Rechtsphilosophie*, das 1932 neubearbeitet als *Rechtsphilosophie* veröffentlicht wurde. Nach Teilnahme am I. Weltkrieg folgte R. 1919 einem Ruf nach Kiel. Von 1920–24 gehörte er als Sozialdemokrat dem Reichstag an, er war 1921/22 Reichsjustizminister im Kabinett Wirth, dann 1923 unter Stresemann. In R.s Amtszeit fielen wichtige gesetzgeberische Arbeiten wie die Zulassung von Frauen zu den Justizberufen oder, nach der Ermordung Rathenaus, das sog. Republikschutzgesetz. Als Strafrechtslehrer und Kriminalpolitiker stand R. in der Tradition der Lisztschen Reformidee von der Zweckstrafe. Nicht Vergeltung, sondern Sicherung und Resozialisierung sollten die Ziele des modernen Strafrechts sein. Dieser Ansatz schlug sich in dem Strafgesetzbuchentwurf seines Ministeriums von 1922 nieder, der, damals nur sehr begrenzt umgesetzt, für die Strafrechtsentwicklung nach 1945 wieder an Bedeutung gewann. Eine dritte Berufung zum Justizminister lehnte R. ab und setzte seine Tätigkeit als Hochschullehrer zunächst in Kiel, dann ab 1926 wieder in Heidelberg fort. Nachdem R. bereits im Mai 1933 von den Nationalsozialisten aus dem Lehramt entlassen worden war, zog er sich aus dem öffentlichen Leben zurück und widmete sich v. a. kulturhistorischen Arbeiten. So entstanden die Biographie P. J. A. →Feuerbachs und strafrechtshistorische Studien. Schon im September 1945 wurde R. wieder in sein Professorenamt eingesetzt und als Dekan mit dem Wiederaufbau der Heidelberger Fakultät betraut. Bis in die Entscheidungen der obersten Gerichte hinein wirkte die von R. 1946 präsentierte These vom «gesetzlichen Unrecht», das dem «übergesetzlichen Recht» zu weichen habe. R. vollzog damit zwar keinen Bruch mit der von ihm vor 1933 vertretenen relativistischen Wertlehre, nahm aber eine deutliche Akzentverschiebung vor. Nach dem Zusammenbruch der DDR zeigte sich erneut die Wirkungsmacht der «Radbruchschen Formel» vom gesetzlichen Unrecht.

Lit.: A. Kaufmann (Hg.), Gedächtnisschrift für G. R., 1968; G. Spendel, G. R. Lebensbild eines Juristen, 1967; H.-P. Schneider, G. R.'s Einfluß auf die Rechtsphilosophie der Gegenwart, in: G. R., Rechtsphilosophie, 8. Aufl., 1973, 351 ff.

M. Kayßer

Randa, Antonín (1834–1914), schloß 1856 das rechtswissenschaftliche Studium in Prag ab und habilitierte sich 1860 dort. 1862 wurde er ao. Professor, 1868 o. Professor für bürgerliches, Handels- und Wechsel-Recht. 1864 wurde er zum Mitbegründer und ersten Vorsitzenden der Vereinigung der Rechtsgelehrten zur Herausgabe von tschechischen juristischen Büchern und Zeitschriften. Er war auch Mitglied des Reichsgerichts in Wien. 1883 wählte man ihn zum zweiten Rektor der 1882 errichteten Prager Tschechischen Universität. 1898 in den Ritterstand erhoben, wirkte er 1904–06 als Minister für tschechische Angelegenheiten («Minister-Landsmann») in der Regierung Körber.

R. gehörte zu den herausragenden Vertretern der österreichischen Privatrechtswissenschaft. Er gab eine Reihe von Werken über allgemeine Fragen des bürgerlichen Rechts, z. B. *Der Besitz nach österreichischem Rechte mit Berücksichtigung des gemeinen Rechtes, des preußischen, französischen und sächsischen Gesetzbuches* (1865), allgemeine und spezifische Probleme des Handelsrechts, z. B. *Soukromé právo obchodní rakouské* (Österreichisches Privathandelsrecht, 1875) sowie des Wechsel-, Grundbuch- und Wasserrechts heraus. R. war Anhänger der historischen Schule. Es gelang ihm, die Absicht seines Vorgängers →Unger zu realisieren, der das ganze bürgerliche Recht bearbeiten wollte.

R. war der bedeutendste tschechische Rechtswissenschaftler des 19. Jh.s. Er beeinflußte für einige Jahrzehnte die weitere Entwicklung der tschechischen bzw. tschechoslowakischen Zivilistik.

Lit.: Antologie české právní vědy, 1993, 113–115; R. jubilejni památník, 1934.

P. Kreuz

Raymundus de Penyafort (um 1180–1275), Ordensgeneral, Jurist, Schutzpatron der Kanonisten, so läßt sich Leben und Wirkung des R. beschreiben.

Raymundus de Penyafort

Aus katalanischem Hochadel stammend, war R. erst Schüler, dann Lehrer an der Kathedralschule von Barcelona für Theologie und Philosophie, studierte ab ca. 1210 in Bologna beide Rechte, promovierte 1216 und lehrte 1218–21 Kanonistik. Nach seiner Rückkehr trat er in den jungen Dominikanerorden ein. Ab 1230 war er Pönitentiar (Bußpriester) an der Kurie. Dort darüber hinaus auf vielfache Weise tätig, wurde er 1238 zum Generalmagister der Dominikaner gewählt. Die von ihm überarbeitete Regel des Ordens blieb in wesentlichen Teilen bis 1924 in Kraft. 1240 kehrte er jedoch resigniert nach Spanien zurück und ordnete die wissenschaftliche Ausbildung innerhalb seines Ordens. Daneben weisen ihn zahlreiche Rechtsgutachten als exzellenten und hochangesehenen Juristen aus.

Buße und Beichte haben R. lebenslang beschäftigt, das zeigen seine überlieferten Schriften, deren erfolgreichste seine *Summa de casibus poenitentiae* (ca. 1222–29) ist. Dieses für den Beichtpriester gedachte Werk bevorzugte erstmals bei der Vermittlung der Materie legistische und kanonistische Argumente, die bei weiteren Auflagen der aktuellen Rechtsentwicklung angepaßt wurden. Es wuchs damit der Einfluß der kirchlichen Beichtpraxis auf die dogmatische Entwicklung des öffentlichen Strafrechts. R.' juristisches Hauptwerk ist jedoch der «Liber Extra», den er 1230–34 im Auftrag Gregors IX. zusammenstellte, um Rechtssicherheit zu schaffen. Hier finden sich wichtige, seit dem Decretum Gratiani erlassene Dekretalen mit ihren entscheidenden Teilen – redigierend von R. eingegriffen – in einer einheitlichen, widerspruchsfreien Sammlung von fünf Büchern in 185 Titeln eingeordnet. Sowohl Material als auch Methode übernahm R. von Vorläufern. Neu jedoch war, daß die so entstandene Sammlung durch päpstliche Verordnung für exklusiv erklärt wurde. Die Rechtssetzungskompetenz des Papsttums erreichte somit durch R.' Sammlung ihren Höhepunkt. In vielen Punkten ist die Sammlung abschließend, so z. B. beim Eherecht, und wegweisend, so z. B. bei Inquisitionsprozeß und Häretikerverfolgung – letzteres vielleicht durch das persönliche Interesse R.' an Juden- und Maurenbekehrung bestimmt.

Lit.: S. Kuttner, in: Studies in the History of Medieval Canon Law, 1990, X–XII, Retractationes 11–19.

J. Müller

Rebuffi (Rebuffus), Pierre (1487–1557), Sproß einer alten, amtsadeligen Juristenfamilie – ein Ahnherr hatte um 1400 in Montpellier die Rechte gelehrt –, absolvierte die Humaniora in Montpellier und widmete sich an der dortigen Universität dem Rechtsstudium, das er 1518 in Toulouse, bald nach 1520 in Cahors fortsetzte. Hier begann er schon mit dem Abhalten von Vorlesungen und wurde 1527 zum Doctor utriusque iuris promoviert. In demselben Jahr wechselte er als Professor nach Poitiers, 1529 nach Bourges (→Alciat) und zog schließlich 1534 nach Paris, wo er auf den Kirchenrechtslehrstuhl berufen worden war und für kurze Zeit Kollege des Zivilisten →Duaren wurde. In Paris, wo er bald auch als Parlamentsadvokat praktizierte, blieb er bis zu seinem Lebensende, unter Verzicht auf einen Sitz in der römischen Rota, den Papst Paul III. ihm angeboten hatte. Auch einen Sitz in den Parlamenten von Rouen, Bordeaux, Toulouse und auch Paris und selbst im Sacrum Regium Consilium Neapels lehnte er ab. 1547 wurde er zum Priester geweiht.

R. gehört zusammen mit seinem Weggenossen André →Tiraqueau, der wie er selbst noch der Bartolistenschule zuzurechnen ist, und den Frühhumanisten →Budé und →Baron zu jenen im letzten Drittel des 15. Jh.s geborenen Juristen, mit denen die Rechtswissenschaft in Frankreich wieder europäische Bedeutung erlangt hat. Mit Tiraqueau und →DuMoulin, die im Unterschied zu ihm selbst reine Praktiker waren und zur gleichen Zeit wie er in Paris gewirkt haben, zählt er zu den dogmengeschichtlich ergiebigsten Juristen des 16. Jh.s und hat, wie diese, zur Fortbildung des gelehrten Rechts mehr beigetragen als mancher Humanist. An der Pariser Universität, die zu seiner Zeit ganz im Schatten von Bourges, auch von Cahors, Toulouse und Valence stand, ist er außer Duaren, der nur drei Jahre blieb, während des ganzen 16. Jh., ja bis ins 19. Jh. hinein der einzige Jurist von europäischem Rang gewesen. Obwohl er in seinen Pariser Jahren nur kanonisches Recht lehrte, ist sein literarisches Werk, nicht anders als das des DuMoulin, sowohl diesem als auch dem römischen und dem modernen Recht gewidmet. Das «ius gallicum» verdankt ihm eine der ersten Sammlungen der königlichen Gesetzgebung und den ersten umfassenden Kommentar dazu. Die *Ordonnances, loix, statuts et edicts royaux* (1547 u. ö.) enthalten, systematisch geordnet und mit Rechtsprechungszitaten versehen, die Gesetze aus der Zeit Ludwigs des Heiligen bis zu R.s Gegenwart, die *Commentarii in constitutiones seu ordinationes regias* (1554/55 u. ö.) ausführliche Erläuterungen dazu.

Sein wohl berühmtestes Werk ist die erst wenige Jahre vor seinem

Tode erschienene *Praxis beneficiorum* (1553 u. ö.). Sie stützt sich zum Teil auf seine schon früher erschienenen Werke zu Einzelthemen dieses Rechtsgebiets und ist der erste große Traktat zum Benefizialrecht. Hinzu kommen weitere kanonistische Werke, wie das *Compendium alienationum rerum ecclesiae* (1537) und der *Tractatus de decimis* (1549 u. ö.). Unter seinen Schriften zum römischen Recht sind hervorzuheben die *Practicabilis atque perutilis l. divus Dig. de SC.Sillaniano Repetitio* (1527), die gleichfalls frühe, noch aus den Professorenjahren in Bourges stammende, dogmengeschichtlich wichtige *Subtilissima necnon utilissima l. unica Cod. de sententiis quae pro eo quod interest proferuntur... Repetitio* (1548), dann v. a. sein civilistisches Hauptwerk, die *In tit. Dig. De verborum et rerum significatione Commentaria* (1576 u. ö.), und schließlich sein nach bartolistischer Manier gearbeiteter Digestenkommentar zu den ersten vier Büchern, die *Explicatio ad quatuor primos Pandectarum libros* (1589). Die meisten seiner Einzelrepetitionen und kleineren Traktate sind gleichfalls posthum noch einmal gesammelt erschienen als *Tractatus novem* (1564 u. ö.) und als *Repetitiones variae* (1585 u. ö.). Zeugnis seiner praktischen Tätigkeit sind 200 v. a. dem Benefizialrecht geltende *Responsa et Consilia* (1587 u. ö.). Angeblich gibt es eine Gesamtausgabe seiner Werke in neun Bänden von 1580/89.

Lit.: DDC 7, 475–477.

E. Holthöfer

Regneri ab Oosterga, Cyprianus (1614–1687), stammte aus Friesland, wurde aber in Zwolle erzogen (deshalb oft «Zwollensis» genannt), hat seine Ausbildung in Groningen und Leiden (ab 1632) bekommen; 1637 wurde er in Leiden Doctor juris. Als er 1641 zum «Professor Institutionum» ernannt wurde, hatte er schon einige Jahre in Leiden als Privatdozent Erfahrungen gesammelt und dort 1638 eine *Demonstratio logicae verae juridica* veröffentlicht (ND 1986), in der er versuchte, die cartesianische Logik auf das Recht anzuwenden. In fünf Abhandlungen polemisierte er gegen zwei Leidener Professoren, Claudius Salmasius und Jacobus Maestertius. Gegen letzteren schrieb er *De iniustitia quarundam legum Romanarum* (1640); dabei wies er auf die Unbilligkeit einiger Teile des römischen Rechts hin. Eine ähnliche kritische Haltung legte er in einem sehr umfangreichen Werk, der *Censura Belgica*, an den Tag. Alle Teile des Corpus iuris civilis sowie des Corpus iuris canonici «zensierte» er in derselben Weise; sie werden von den mores Belgii, dem ius divinum, res iudicatae usw. «konfirmiert, illustriert und refutiert». 1648 erschien der erste Teil, der von den Institutionen handelte, danach von den Digesten (Bücher 1–25) 1661, Codex 1666, Digesten (Bücher 26–50) 1669. All diesen Ausgaben fügte er eine große Anzahl von Disputationen hinzu. 1669 erschien der Teil über die Novellen und die «Libri feudorum». Der letzte Teil – auch 1669 – behandelte das kanonische Recht, das im Zusammenhang mit dem Weiterbestehen der fünf Utrechter Kapitel dort eine große politische Bedeutung hatte. R. war zwar nicht so hochgebildet wie z. B. sein Schüler G. →Noodt, aber ihm gebührt wohl das Verdienst, daß er als erster in seinem Unterricht systematisch die Unterschiede zwischen dem römischen und dem einheimischen Recht zur Sprache gebracht hat und sich damit als ein deutlicher Vertreter des «usus modernus Pandectarum» erwies.

WW: BGNR Utrecht, Nr. 294–322.
Lit.: NNBW 2, 1179–1180.

M. Ahsmann

Reinkingk, Dietrich (1590–1664), besuchte Schulen in Westfalen, wobei er 1611 am Gymnasium illustre in Stadthagen *De iustitia et iure* disputierte. Anschließend studierte er in Köln sowie in Gießen, wo er unter dem Einfluß von Gottfried Antonius (1571–1618) seine künftige Linie im entstehenden öffentlichen Recht fand. Nach kurzfristiger Lehrtätigkeit ging R. zunächst als Rat nach Hessen-Darmstadt, 1632 als mecklenburgischer Kanzler nach Schwerin, 1636 als Kanzler des Erzbischofs nach Bremen, in dessen Dienst er auch am Westfälischen Frieden mitwirkte.

1619 erschien sein Hauptwerk, der *Tractatus de Regimine Seculari et Ecclesiastico* (5. Aufl. 1651). Es handelt sich um eine biblisch begründete Lehre von der rechten Herrschaft, zugleich um ein Lehrbuch lutherischer kaisertreuer Reichsstaatsrechtslehre. Für R. ist das römisch-deutsche Reich gemäß der Weissagung des Propheten Daniel die letzte der vier Universalmonarchien der Weltgeschichte. Die Souveränität liegt beim Kaiser, aber beim «modus administrandi» wirken die Stände mit. Die Reichsfürsten sind nachrangige Lehensträger des sakral gedeuteten Kaisers. Der fromme Lutheraner R. wendet sich insgesamt gegen die Säkularisierung der Politik, gegen Machiavellismus, Staatsräson und aufkommendes rationales Naturrecht, so etwa auch in seinem Alterswerk *Biblische Policey* (1653). Noch zu seinen Lebzeiten wurden seine reichsverfassungsrechtlichen Positionen durch die politische Entwicklung (1648) überholt.

Lit.: Kleinheyer/Schröder, 233–235; Ch. Link, in: D. R., Staatsdenker, 78–99 m. w. Nachw.

M. Stolleis

Rejsner, Michajl Andreevič (1868–1928), russischer marxistischer Jurist, Professor der Rechte an den Universitäten Tomsk (1898–1903) und St. Petersburg (seit 1907), während des Bürgerkrieges stellvertetender Volkskommissar für Justiz, Mitbegründer der Kommunistischen Akademie der Sowjetunion, Schüler L. v. →Petrażyckis und Vertreter der psychologisch-soziologischen Rechtsschule.

R. bemühte sich bereits vor der Revolution um eine marxistische Umdeutung der Lehre Petrażyckis. Dabei geriet R. in einen Gegensatz zur offiziellen bolschewistischen Rechtsdoktrin der zwanziger Jahre. Im Gegensatz zu →Stučka und →Pašukanis begriff R. Recht nicht als Ausdrucksform ökonomischer Verhältnisse. Recht erweist sich als Intuitivrecht, das klassenspezifisch inhaltlich variiert. Im Unterschied zu Petrażycki verstand R. Intuitivrecht nicht als Individual-, sondern als Klassenrecht, das Vorrang gegenüber dem staatlichen Zwangsrecht hat. Das Gerichtsdekret Nr. 1 von 1917, das das revolutionäre Rechtsbewußtsein der Volksrichter zur Richtschnur der Rechtsprechung erklärte, sanktionierte gleichsam unbeabsichtigt R.s Rechtslehre. R. widersprach der Theorie vom Absterben des Rechts. Die Rechtsordnung der NEP charakterisierte R. als konfligierendes Nebeneinander proletarischen und bürgerlichen Intuitivrechts. Das proletarische Intuitivrecht erfaßt nach R. in der Periode der Diktatur des Proletariats das staatliche Recht, verdrängt das bürgerliche Intuitivrecht und wird in der kommunistischen Phase zum Recht allgemein. R.s Thesen stießen im offiziellen Rechtsdiskurs der frühen Sowjetunion auf Ablehnung.

WW: Gosudarstvo i verujuščaja ličnost (Der Staat und die glaubende Persönlichkeit, 1905); Russkij absoljutizm i evropejskaja reakcija (Der russische Absolutismus und die europäische Reaktion, 1906); Teorija L. I. Petražickogo, marksizm i social'naja ideologija (Die Theorie Petrażyckis, der Marxismus und die soziale Ideologie, 1908); Gosudarstvo (Der Staat, 1912); Pravo – Naše pravo, čužoe pravo, obščee pravo (Das Recht – Unser Recht, fremdes Recht, allgemeines Recht, 1925); Gosudarstvo, buržuazija i RSFSR (Der Staat, die Bourgeoisie und die RSFSR, 1923).

Lit.: K.B. Baum, L.P. und seine Schüler, 1967; H.W. Babb/J.N. Hazard, Soviet Legal Theory, 1951.

J. Baberowski

Renault, Louis (1843–1918), gehörte zunächst zur juristischen Fakultät von Dijon, wurde dann aber 1873 nach Paris berufen, wo er von 1881 bis zu seinem Tode den Lehrstuhl für Völkerrecht innehatte. Er beschränkte sich keineswegs auf die Lehre, sondern war auf breiter Basis auch in der Praxis des Völkerrechts tätig. 1890 wurde er Rechtsberater des Außenministeriums und vertrat als bevollmächtigter Minister ehrenhalber von 1903–14 Frankreich auf den meisten internationalen Konferenzen. Nachdem er 1907 Mitglied der ständigen Schiedskommission geworden war, erhielt er in jenem Jahr auch noch den Friedensnobelpreis.

Die Konzeption seiner Lehre ist in seiner *Introduction à l'étude du droit international* (1879) enthalten. Er brach darin mit seinen Vorgängern, die das Fach historisch oder philosophisch aufgefaßt hatten, insofern, als er das Völkerrecht verwissenschaftlichte und in ihm die juristische Methode, die diesem bis dahin fremd geblieben war, Anwendung finden ließ. Die *Introduction* war eigentlich als Vorrede zu einem nie veröffentlichten *Traité du droit des gens ancien et moderne* gedacht, aber das größere Werk blieb Fragment. Außer wenigen Monographien sind zahlreiche Gutachten, Berichte und Kurzbeiträge aus der Arbeit des Praktikers zu nennen. Daraus ist zwar kein großes Handbuch, wohl aber 1932 aus seinem reichen und vielfältigen Lebenswerk ein zweibändiges Sammelwerk, *L'Œuvre internationale de Louis Renault*, entstanden.

Aus der engen Freundschaft mit Charles →Lyon-Caen sind gemeinsame Werke (*Traité, Précis* und *Manuel de droit commercial*; *Traité de droit maritime*) entstanden, die sich schnell an den Rechtsfakultäten durchgesetzt haben.

Lit.: P. Fauchille, L. R., sa vie, son œuvre, in: RGP 25, 1918, 1n-147n; F. Larnaude, L. R., in: REns 72, 1918, 229–235; Ch. Lyon-Caen, L. R., in: Séances et travaux de l'Académie des sciences morales et politiques 90, 1, 1920, 35–64.

O. Motte

Reyvaert (Raevardus), Jacob (1534/1535–1568), geboren in Lissewege (nahe Brügge), studierte ab 1549 in Löwen Artes und Jura unter G. →Mudaeus und J. Hopper, ab 1554 in Orléans (1555 Lizentiat). Nach seiner Rückkehr bekleidete er verschiedene Stadtämter in Brügge. 1565 wurde er Professor der Rechte (Institutionen) in Douai, mußte aber das Amt gesundheitshalber schon 1566 aufgeben. Seine erste bedeutende Schrift *Ad leges XII Tabularum* erschien 1563; darin bespricht er die sog. Zwölf Tafeln nach philologischen, historischen und juristischen Gesichtspunkten. Textkritik und gründliche Kenntnisse des Altertums zeigen sich auch in seinem *Variorum sive de juris ambiguitatibus libri V* (1564) sowie seinen *Conjectaneorum libri III* (1601). Diese Schriften, wie auch sein *De auctoritate prudentum liber singularis* (1566), werden allgemein als Meisterwerke betrachtet. Obschon er selber als Jurist v. a. praktisch tätig gewesen ist, haben seine Werke für die Praxis keine Bedeutung gehabt. R. war durch und durch Wissenschaftler. Die Schriften, die er in seinem kurzen Leben veröffentlichte, können durchaus als humanistisch betrachtet werden. Der Humanist J. Lipsius gab ihm den Beinamen «Belgii nostri Papinianus». Nach seinem Tod wurden mehrere seiner Werke namentlich im Ausland (Deutschland, Frankreich, Italien) neu aufgelegt; 1779 erschienen in Neapel seine *Opera omnia*.

WW: Dekkers, 143–144.
Lit.: B Nat Belg 19, 238–242; NBW 3, 698–703; R. Dekkers, Het humanisme en de rechtswetenschap in de Nederlanden, 1938, 144–190; G. van Dievoet, J. R., in: Politica 8, 1958, 247–254.

M. Ahsmann

Richert, Johan Gabriel (1784–1864), der ab 1800 in Lund studierte, praktizierte zunächst bis 1814 als Richter. 1814–32 war er Mitglied der 1811 eingesetzten Gesetzeskommission. 1832 trat er ein schon 1822 erhaltenes Amtsrichteramt in Westergotland an; 1844 wurde er Mitglied einer neuen Entwurfskommission zur Kodifikation des schwedischen Rechts. Mit dem Ende der Arbeiten 1851 kehrte er auf sein Richteramt zurück und verkörperte für die Judikatur des ausgehenden 19. Jh.s in Schweden den Typ des autonomen, liberalen Richters.

R. gilt zudem als der bedeutendste Jurist Schwedens im 19. Jh. und als «Vater des schwedischen Liberalismus». Schon als Sekretär einer

Prüfungskommission für Universitätsverfassungen 1818 polemisierte er in einer 1822 anonym erschienenen Schrift heftig gegen die konservativen Professoren Uppsalas und plädierte für eine Abschaffung des Zunftwesens und der privilegierten Sondergerichte. 1830 veröffentlichte er zusammen mit C. H. Anckarsvärd einen *Entwurf zu einer Nationalrepräsentation*, in dem er eine moderne, in begrenzter direkter Wahl zustande gekommene Volksrepräsentation für Schweden forderte.

Als Mitglied der Gesetzeskommission spielte er eine bedeutende Rolle. Er war Hauptredakteur des Zivilrechtsentwurfs von 1826 sowie des Strafrechtsentwurfs von 1832. Unter der bestimmenden Position der historischen Rechtsschule in Schweden wurden die progressiven Entwürfe allerdings heftig kritisiert. Einen ersten Erfolg markierte jedoch das 1845 im Reichstag verabschiedete Gesetz eines gleichen Erbrechts für Söhne und Töchter. Die von ihm geprägten Entwürfe zum Kriminalgesetzbuch fanden erst kurz vor seinem Tod 1863 ihre Umsetzung.

Lit.: J. E. Almquist, Svensk juridisk litteraturhistoria, 1946, 44 ff.; St. Jägerskiöld, Den historiska skolan i Sverige, in: K. Å. Modéer (Hg.), Den historiska skolan och Lund (=Acta societas Juridicae Lundensis) 1982, 53 ff.; W. Sjögren, R. som lagförfattare, in: HTS 1905; Svenska män och kvonnor 6, 1949, 274 f.; K. Warburg, J. G. R. Lefnad och uttalanden, 1905.

K. Å. Modéer

Ripert, Georges (1880–1958), lehrte zunächst ab 1906 an der juristischen Fakultät in Aix-en-Provence, wo er auch studiert hatte, dann ab 1918 an der juristischen Fakultät in Paris, wo er 1921 den Lehrstuhl für Zivilrecht von Marcel →Planiol einnahm. 1933 wechselte er auf den Lehrstuhl für vergleichendes Handelsrecht und Seerecht von Charles →Lyon-Caen. 1940 wurde er Staatssekretär für das Erziehungswesen, behielt aber sein Amt nur drei Monate, wurde aber dennoch 1945–48 aus dem Lehramt entfernt.

Als junger Professor hatte er 1914 von Thallers *Traité général théorique et pratique de droit commercial* eine knappe Zusammenfassung zum *Droit maritime* gegeben. 1939 vervollständigte er sie durch einen *Précis de droit maritime*. Schließlich veröffentlichte er 1948 den *Traité élémentaire de droit commercial*. Seinen Ruf erwarb er vor allem als Nachfolger von Planiol, dessen *Traité élémentaire de droit civil* er ab 1925 in vielen Auflagen auf den letzten Stand brachte. Von Planiol übernahm er auch die Aufgabe, den dreibändigen *Traité* zu einem großen Werk auszuarbeiten: *Traité pratique de droit civil français* (14 Bde., 1925–34).

R. war kein Rechtsdogmatiker. Er hielt sich mehr an die Beobachtung der Fakten. Das soll nicht heißen, daß er keine eigenen Ideen hatte, aber was ihn kennzeichnet, ist ein konstantes Mißtrauen in bezug auf die Gesetze, von denen er meinte, sie seien zu zahlreich, qualitativ schlecht und verursachten Unordnung und Ungerechtigkeit, soweit sie nicht ohnehin der Moral zuwiderliefen. Der Kampf, den er gegen sie führte, v. a. im Bereich des Eigentums und des Schuldrechts, führte ihn zur Überzeugung, daß der Jurist sich mit der Kommentierung der Gesetze nicht zufriedengeben dürfe. Er sei vielmehr dem Gesetzgeber überlegen und müsse ihre Richtung ändern, wenn sie sich als schlecht erwiesen. In dieser Weise bildet R. den Gegenpol zur École de l'exégèse.

Diese Konzeption hat R. letztlich dazu geführt, dem Juristen eine Art Mission zuzuschreiben. Sie bestehe v. a. darin, die Freiheit gegen die Staatsmacht in einer Welt zu verteidigen, die von Etatismus bedroht ist und in der das Recht des Individuums eine letzte Schranke bildet.

R. hat diese Ideen auch in einer Reihe von Werken ausgedrückt, die stärker seine persönliche Handschrift tragen und Verbindungen zur Philosophie, Soziologie, Ökonomie und Politik herstellen: *La règle morale dans les obligations civiles* (1925); *Le régime démocratique et le droit civil moderne* (1936); *Les aspects juridiques du capitalisme moderne* (1946); *Le déclin du droit* (1949) und schließlich *Les forces créatrices du droit* (1955), sein intellektuelles Testament.

Lit.: A. Rouast, L'œuvre civiliste de G. R., in: RTDC 57, 1959, 1–9; M. Rousselet, Notice sur la vie et les travaux de G. R., 1960; H. Truchy u. a., Discours prononcés à l'occasion de la remise de l'épée d'académicien à G. R., 1937.

O. Motte

Rocco, Alfredo (1875–1935), Jurist und Politiker, lehrte 1899 als Privatdozent Handelsrecht an der Universität Pavia, 1899–1902 an der Universität Urbino, 1902–05 an der Universität Macerata und schließlich 1911–24 an der Universität Padua.

Darüber hinaus lehrte er 1906–07 an der Universität Parma und 1908–10 an der Universität Palermo Zivilprozeßrecht.

1925 erhielt er den Lehrstuhl für Wirtschaftsgesetzgebung und Arbeitsrecht an der Universität Rom, deren Rektor er auch war.

In seinen juristischen Studien widmete sich R. vornehmlich dem Konkurs- und Wechselrecht.

Von seinen ersten, dem Seerecht gewidmeten Arbeiten an, über die Arbeit *Società commerciali in rapporto al giudizio civile* (1898) bis zu den *Principi di Diritto Commerciale* (1928), war dem Juristen daran gelegen, eine Verbindungslinie zwischen den Prinzipien des Handelsrechts, des Zivilrechts und des öffentlichen Rechts zu ziehen. Die Einheit des Rechts sollte das Fundament einer vollständigen Juristenausbildung liefern und gleichzeitig die Forschungsmethode sein, anhand derer es möglich wäre, die Institute und Probleme der Einzeldisziplin mit juristischen Fragen von genereller Bedeutung in Zusammenhang zu bringen. Besonders in den *Principi* unternahm der Autor für den Bereich des Handelsrechts eine breitangelegte Untersuchung der Nützlichkeit der pandektistischen Methode.

In der Politik galt er in der Ära Giolitti als einflußreicher Vertreter des Nationalismus. Als Anhänger der faschistischen Ideologie bekleidete R. ab 1924 so bedeutende politische Ämter wie das des Parlamentspräsidenten und das des Justizministers.

Mit seinen juristischen Fachkenntnissen wirkte er grundlegend bei der Ausarbeitung einiger wichtiger faschistischer Gesetze mit, so etwa bei dem Gesetz über die Kompetenzen und Vorrechte des Regierungspräsidenten von 1925.

Weiter war der Jurist aktiver Mitarbeiter bei der Redaktion der Lateranverträge und unterzeichnete in seiner Eigenschaft als Justizminister das Strafgesetzbuch und das Strafprozeßgesetzbuch von 1930, als deren geistiger Urheber sein Bruder Arturo R. gilt.

Lit.: P. Ungari, A. R. e la ideologia giuridica del Fascismo, 1963.

St. Torre

Roesler, Hermann (1834–1894), Verwaltungs- und Handelsrechtler sowie Nationalökonom. Nach einem Studium der Rechts- und Wirtschaftswissenschaften in Erlangen und München erfolgte 1860 Doppelpromotion (juristische in Erlangen, staatswissenschaftliche in Tübingen) und 1861 Habilitation an der Erlanger philosophischen Fakultät (*Von dem Einfluß der Besteuerung auf den Arbeitslohn*, 1860; vgl. *Zur Kritik der Lehre vom Arbeitslohn*, 1861) sowie die Berufung nach Rostock als o. Professor für Staatswissenschaften.

R. attackierte wegen mangelnder sittlich-normativer Fundierung vehement sowohl den Smithianismus als auch den Sozialismus, der eine Konsequenz des ersten darstelle (*Über die Grundlagen der von Adam Smith begründeten Volkswirtschaftstheorie*, 2. Aufl., 1871), und plädierte für eine soziale Harmonisierung von Besitz und Arbeit teilweise in Sympathie für W. E. Kettlers katholische Soziallehre. In seinem juristischen Hauptwerk *Soziales Verwaltungsrecht* (2 Bde., 1872/73, japan. 1884) versuchte R., Rechtsphänomene der zwischen Staat und Individuum sich etablierenden, aus Verbänden und Körperschaften bestehenden Sphäre der Gesellschaft in ein Recht und Wirtschaft, öffentliches und Privatrecht umgreifendes System zu bringen, ein eigenwilliger Versuch (in gewisser Nähe zu O. v. →Gierke), der angesichts der damals fortschreitenden Ausdifferenzierung der Disziplinen auf allgemeine Ablehnung stoßen mußte. Nach seiner Konversion zum Katholizismus verließ R. 1878 Rostock, um zum juristischen Berater der japanischen Regierung zu werden. In Japan entwarf er ein HGB (das alte HGB oder kyû-shôhô von 1890), das jedoch infolge des Kodifikationsstreits (→Boissonade) nur teilweise in Kraft trat (*Entwurf eines Handels-Gesetzbuches für Japan mit Commentar*, 3 Bde., 1884). Er setzte sich in engster Zusammenarbeit mit →Inoue für die Hinwendung zum «Modellstaat Deutschland» ein und erstattete für diesen zahlreiche öffentlichrechtliche bzw. rechtspolitische Gutachten: «*Nihon-kindai hôsei shiryô-shû. R.-tôgi* (6 Bde., 1979–83). So erfolgte auch eine intensive Mitarbeit an der Entstehung der Meiji-Verfassung von 1889, die er aus verschiedenen, v. a. deutschen Verfassungen unter starker Akzentuierung der monarchischen prärogativen Wesensmerkmale der konstitutionellen Monarchie herausdestillierte.

Es ist, als hätte R., der in seinem Vaterland als konvertierter Katholik und Bismarck-Kritiker Außenseiter blieb, in Japan seine Idealvorstellung von der deutschen konstitutionellen Monarchie zu verwirklichen versucht. 1893 kehrte er nach Europa zurück. Nach dem II. Weltkrieg erfolgten nicht ganz unproblematische Versuche, R. als katholisches Pendant zu L. v. →Stein oder als Vorläufer der Interdisziplinarität erneut zu würdigen.

Lit.: A. Rauscher, Die soziale Rechtsidee und die Überwindung des wirtschaftsliberalen Denkens, 1969; J. Siemes, Die Gründung des modernen japanischen Staates und das deutsche Staatsrecht, 1975; J. Murakami, H. R. to Robert von Mohl no shakai-riron, in: La conception du droit en orient et en occident (FS Y. Noda), 1983, 157–183.

A. Wani

Romagnosi, Gian Domenico (1761–1835), ging nach dem juristischen Examen an der Universität Parma 1786 nach Piacenza, wo er als Notar tätig war.

1791 veröffentlichte er die erste bedeutende Arbeit seiner außerordentlich reichen wissenschaftlichen Produktion, die *Genesi del Diritto Penale*, welche 1807 und nochmals 1821 neu aufgelegt wurde.

1799 wurde R. des Jakobinismus bezichtigt, verhaftet und in das Gefängnis von Innsbruck überführt, wo er mit einem Staatsprozeß überzogen wurde. Er saß dort bis Ende Juli 1800 ein, als er in Folge der Kaiserlichen Resolution von Franz II. freigesprochen wurde.

1806 erhielt er die Aufforderung zur Teilnahme an der mit der Bereitstellung eines Entwurfes für ein Strafgesetzbuch für das italienische Königreich beauftragten Kommission. Im folgenden Jahr wurde er zum Berater des Justizministeriums ernannt und erhielt einen Lehrauftrag für Zivilrecht an der Universität Pavia.

Ab 1809 lehrte R. an der Scuola di alta legislazione nei suoi rapporti alla pubblica amministrazione, die 1808 in Mailand gegründet worden war. 1811 gründete der Rechtsgelehrte dann im Auftrag der Regierung das «Giornale di Giurisprudenza universale», ein Informationsorgan der Verwaltungs- und Zivilrechtswissenschaft für die Beamten des Reiches. Drei Jahre später (1814) veröffentlichte er die *Istituzioni di Diritto amministrativo. Principi fondamentali di Diritto amministrativo per tesserne le istituzioni.*

Ab 1817, mit der Schließung der Scuola di alta legislazione, war R. gezwungen, die Ausübung seines Richteramtes wiederaufzunehmen.

Er war Mitarbeiter zahlreicher milanesischer Periodika, darunter der «Biblioteca italiana».

Erneut aus politischen Gründen verhaftet, wurde er 1821 zunächst in das Gefängnis von S. Michele di Merano gebracht, aber dann von der Anklage freigesprochen.

1826 schrieb R., auf Einladung von Giovanni Valeri, toskanischer Jurist und Mitarbeiter für die von Vieusseux geleitete Zeitschrift «Antologia», *Dell'ordinamento della scienza della cosa pubblica.* Kurz darauf begann er, sich für die «Annali Universali di Statistica» zu engagieren. Zwischen 1827 und 1835 veröffentlichte er dort zahlreiche Artikel, die sein Interesse an der Auseinandersetzung mit der neuen Rechtsphilosophie bezeugen. R. war der in der Restaurationszeit am meisten geschätzte und von der Generation des Risorgimento meistzitierte Jurist.

Lit.: L. Mannori, Uno Stato per R., 2 Bde., 1984–87; E. A. Albertoni (Hg.), I tempi e le opere di G. D. R., 1990.

St. Torre

Romano, Santi (1875–1947), lehrte verschiedene Disziplinen des öffentlichen Rechts, v. a. aber Verwaltungs- und Verfassungsrecht in Camerino (1899–1902), Modena (1902–08), Pisa (1908–24), Mailand (1924–28) und schließlich in Rom.

Seine wissenschaftliche Produktion begann mit vier verwaltungsrechtlichen Monographien, die in den ersten drei Bänden des von V. E.→Orlando 1897–1908 herausgegebenen *Trattato* erschienen: *La teoria dei diritti pubblici soggettivi; Le giurisdizioni speciali amministrative*; *I giudizi sui conflitti delle competenze amministrative*; *Il comune: parte generale*. Ebenfalls auf dem Gebiet des Verwaltungsrechts erschien das erste Werk allgemeinen Charakters, von herausragender Bedeutung in Neuheit und Klarheit der Zusammenfassung, die *Principi di diritto amministrativo* (1902).

Ein größeres, wissenschaftlich reifes Werk sind die *Principi di diritto costituzionale generale*. Die eindrucksvolle wissenschaftliche Produktion wurde überwölbt von einem juristischen Grundgedanken, der insbesondere in zwei Schriften niedergelegt wurde: *L'ordinamento giuridico* (1917) und dem knappen Entwurf *Frammenti di un dizionario giuridico* (1947). In der ersten dieser Schriften vereint R. seine rechtstheoretischen Reflexionen der früheren Jahre. Er entwickelte dort sein institutionelles Verständnis der Rechtsnorm und wurde auf diese Weise ein Pionier des juristischen Pluralismus in Europa.

Seine Berühmtheit als Jurist wurde nicht dadurch beeinträchtigt, daß er während des Faschismus öffentliche Funktionen bekleidete: Präsident des Staatsrats (1928–44) und Senator ab 1934.

Lit.: A. Mazzacane (Hg.), I giuristi e la crisi dello Stato liberale in Italia tra Otto e Novecento, 1986, pass; W. Fioravanti, Costituzione, amministrazione e trasformazioni dello Stato, in: A. Schiavone (Hg.), Statoe cultura giuridica in Italia dall' Unità alla Repubblica, 1991, pass.

P. Calvino

Ross, Alf (1899–1979), ist einer der bekanntesten neueren nordischen Rechtsphilosophen. Nach einem längeren Aufenthalt in Österreich, Frankreich und England hat R. 1926 unter deutlichem Einfluß von Hans →Kelsen seine Abhandlung *Von der Theorie der Rechtsquellen* vorgelegt. Diese wurde als Habilitationsschrift von der Universität Kopenhagen nicht angenommen. Darum veröffentlichte R. das Buch erst 1929, nachdem es zur Erlangung eines philosophischen Doktorgrades an der Universität Uppsala anerkannt worden war. Dort wurde R. von Axel Hägerström und der Schule der skandinavischen Realisten beeinflußt. Dieses neue Forschungsprogramm wurde mit den beiden Abhandlungen *Kritik der sogenannten praktischen Erkenntnis* (1933) und *Virkelighed og Gyldighed i Retslæren* (1934) realisiert. 1938–69 war er Professor an der Universität Kopenhagen. In seinem späteren Hauptwerk *Om Ret og Retfærdighed* (1953, als *On Law and Justice*, 1958) hat er diese antimetaphysische Linie in einer analytischen Rechtsphilosophie fortgesetzt.

Die Regeln des positiven Rechts sind als «Deutungsschema» anzusehen, welches die Realitäten des Rechtslebens erklärt. Aufgabe der Rechtswissenschaft ist es, Aussagen über geltendes Recht zu treffen, nicht aber Prognosen zur Rechtsanwendung zu geben. Seine realistische Rechtsquellenlehre war für die dänische Rechtswissenschaft von großer Bedeutung.

R. hat außerdem Lehrbücher zum Völkerrecht und Verfassungsrecht geschrieben. In seinen späteren Jahren widmete er sich auch strafrechtlichen Fragen (*On Guilt, Responsibility and Punishment*, 1974; *Über den Vorsatz*, 1979). Seine letzte größere philosophische Arbeit, *Directives and Norms* (1968), setzte sich mit deontologischer Logik auseinander.

Lit.: DBL 12, 400f.; D. Tamm, Dansk retsvidenskabs historie, 1992, 243–249.

D. Tamm

Rossi, Pellegrino (1787–1848), studierte die Humaniora am Collegio civico in Correggio und ging 1803 zum Rechtsstudium nach Pisa, das er 1804 in Bologna fortsetzte und 1806 als Dr. iur. abschloß. Nachdem er zunächst mit wachsendem Erfolg in Bologna als Advokat praktiziert hatte, wurde er 1813 auf den Institutionen-Lehrstuhl des dortigen Lyceums berufen. 1814 rückte er auf den Lehrstuhl für

Strafrecht und Strafprozeßrecht, 1815 auf denjenigen für Zivilprozeßrecht an der dortigen Universität auf. In demselben Jahr wurde er von Murat, dem Hoffnungsträger einer Einigung Italiens nach dem Sturz Napoleons, zum Zivilkommissar eingesetzt. Als die Österreicher die Stadt besetzten, mußte er deswegen fliehen und fand in Genf Zuflucht. 1819 wurde er, in demselben Jahr wie →Bellot, Professor für römisches Recht und Strafrecht an der dortigen Akademie, 1820 Abgeordneter im Conseil représentatif des Kantons. 1832 als Tagsatzungsbote seines Kantons nach Luzern entsandt, wurde er Mitglied der Kommission zur Revision des Bundesvertrages von 1815 und legte im folgenden Jahr in Zürich einen Verfassungsentwurf vor, der die Schweiz in einen demokratischen Bundesstaat verwandeln sollte. Als dieser scheiterte, wandte er Genf und der Schweiz den Rücken zu. Noch 1833 wurde er als Professor der Nationalökonomie an das Collège de France, 1834 auf den neu eingerichteten Lehrstuhl für Verfassungsrecht an der Universität Paris berufen, 1836 als Nachfolger von Siéyès Mitglied der Académie des sciences sociales et politiques und 1839 in die Chambre des pairs aufgenommen. Nachdem er 1845 beim Heiligen Stuhl die Zustimmung zur Vertreibung der Jesuiten aus Frankreich erwirkt hatte, wurde er 1846 französischer Botschafter in Rom. 1848 von der Februar-Revolution seiner Ämter enthoben, trat er in päpstliche Dienste. Der Reformpapst Pius IX., auf dessen Wahl R. selbst Einfluß genommen hatte, machte ihn zu seinem Ministerpräsidenten. Die von R. in demselben Jahr geschaffene römische Verfassung machte aus dem Kirchenstaat eine konstitutionelle Monarchie, in welcher nun auch Laien höchste Staatsämter bekleiden konnten. Sein Ziel, die italienischen Staaten zu einem Bundesstaat, mit Rom als Zentrum, zu vereinen, scheiterte an den unüberbrückbaren Gegensätzen zwischen den Anhängern der alten Ordnung und den Radikalen, die einen italienischen Einheitsstaat und die Beseitigung des Kirchenstaats forderten. Deren Haß kostete ihn schließlich das Leben. Auf dem Weg vom Quirinal zum Palazzo della Cancelleria wurde er von revolutionären Freischärlern ermordet.

R. ist einer jener für das 19. Jh. so kennzeichnenden Männer, die, in der Rechtswissenschaft und in der Nationalökonomie gleichermaßen zu Hause, ihre Gelehrsamkeit in den Dienst der Rechtspolitik gestellt haben. Er hat, durch die wechselhaften politischen Entwicklungen seiner Zeit zu einem Wanderdasein gezwungen, die seltene Gelegenheit gehabt, seine Wirkung nacheinander in drei verschiedenen Ländern entfalten zu können, und ist insofern wie wenige andere ein europäischer Jurist gewesen. Genf verdankt ihm eine an den Ideen →Beccarias und →Feuerbachs orientierte Reform des Strafverfahrens und Strafvollzugs, auch die Wiedereinführung der Zivilehe geht auf seine Initiative zurück. Durch sein und Bellots Wirken wurde Genf zum Reformvorbild für die ganze romanische Schweiz. Um die Gesamtschweiz hat er sich durch seinen Bundesverfassungsentwurf verdient gemacht, der damals zwar keine Mehrheit fand, aber später zur Grundlage für die Bundesverfassung von 1848 geworden ist. In Frankreich war er der erste, der, in einem 1836 vor der Académie des sciences morales et politiques gehaltenen Vortrag, sich für eine umfassende Revision des Code civil einsetzte. Der Kirchenstaat verdankte ihm den Eintritt in die Reihe der Verfassungsstaaten, und seine Idee, Italien als Bundesstaat zu organisieren, hatte zwar – anders als in der Schweiz – damals noch keine Zukunft, gewinnt aber neuerdings durch die jüngsten Entwicklungen dieses Landes eine unerwartete posthume Aktualität.

Unter den wissenschaftlichen Werken R.s sind hervorzuheben der *Traité de droit pénal* (1829), der *Cours de droit constitutionnel* (1866/67), der *Cours d'économie politique* (1840/54) und die *Mélanges d'économie politique, de politique, d'histoire et de philosophie* (1857). Er war Gründer und, zusammen mit Bellot, Herausgeber der Genfer «Annales de législation et de jurisprudence» (1820–23) sowie Mitarbeiter der französischen «Revue de législation et de jurisprudence» («Revue Wolowski»), der französischen «Thémis» und der «Revue des Deux Mondes». Der Jurist R. ist von Beccaria, Feuerbach und →Savigny, der Staatswissenschaftler von Adam →Smith, →Bentham und Le Say beeinflußt. Savigny rühmte ihn als den ersten großen Genfer Rechtsgelehrten nach Jacques →Godefroy.

Lit.: J. Graven, P. R. Grand européen, 1948; P. E. Schazman, P. R. et la Suisse, Thèse Paris, 1939; C. A. Biggini, Il pensiero politico di P. R. di fronte ai problemi del risorgimento italiano, 1937; L. Ledermann, P. R., L'homme et l'économiste. 1787–1848, 1929.

E. Holthöfer

Rufinus (– vor 1192). In seinen Äußerungen eher konservativ, bewahrend, in seiner Methode ein zukunftsweisender Neuerer, so erscheint R. als Dekretist.

Nur wenig Biographisches ist von R. bekannt. Vielleicht in Umbrien geboren, wahrscheinlich nicht vornehmer Herkunft, studierte und lehrte er in Bologna Kanonistik und wurde Bischof von Assisi. Als solcher hielt er – eine große Auszeichnung – 1179 die Eröffnungsansprache auf dem dritten Laterankonzil. Zwischen 1180 und 1186 wurde er Erzbischof von Sorrent.

Eine vielleicht von einem rückwärtsgewandten Bildungsideal bestimmte, theologische, teilweise monastische Sichtweise zeichnet seine Arbeiten aus, und trotzdem gilt R. als der bedeutendste der frühen Dekretisten. Entscheidend hat er mit seinem Hauptwerk, der *Summa decretorum* (→Gratianus), geschrieben ca. 1164, zur Ausbildung der Summe als kanonistischer Literaturgattung beigetragen. Von da an konnten die kommentierenden Texte auch ohne das zugrundeliegende Dekret Gratians verbreitet und fortentwickelt werden. Schon allein durch den Umfang seiner Arbeit leistete er Grundlegendes zur kanonistischen Durchdringung des Gratianischen Texts. Älteres Recht, z. B. das Dekret des Wormser Bischofs Burchard, die «Lombarda», und neueres Recht, z. B. zeitgenössische Summen der Legisten, waren ihm bei der Abfassung seiner «Summa» vertraut, beeinflußten seine Argumentationen. Damit stellte er einen Text zur Verfügung, der seinen Zeitgenossen und Nachfolgern, z. B. Johannes Faventinus, in steter Auseinandersetzung die dogmatische Entwicklung eines «ius novum canonicum» ermöglichte. Dies rechtfertigt es, in R. den eigentlichen Gründer der Bologneser Dekretistik zu sehen.

Lit: R. Weigand, Frühe Kanonisten…, in: ZRG KA 76, 1990, 138–140; A. Gouron, Sur le sources…, in: BMCL NS 16, 1986, 55–70; H. Singer, R. von Bologna' «Summa Decretorum», 1902.

J. Müller

S

Sabinus (Masurius S.; 1. Jh.), einflußreicher römischer Jurist; stammte im Gegensatz zu den meisten anderen römischen Juristen aus ärmlichen Verhältnissen. Er wurde von seinen Schülern unterhalten und erreichte erst mit 50 Jahren den Ritterstand (Dig. 1, 2, 2, 50). Kaiser Tiberius verlieh ihm das Privileg, öffentlich Rechtsgutachten zu erteilen (Dig. 1, 2, 2, 48; 50). Nach dem Zeugnis des →Gaius war S. noch unter dem Kaiser Nero (54–68 n. Chr.) als Jurist tätig (Gaius, Inst. 2, 218).

Sein Hauptwerk sind die *libri tres iuris civilis*, eine Darstellung des ius civile nach dem von S. entwickelten sog. Sabinussystem: Stoffanordnung in der Reihenfolge Erbrecht, Personenrecht, Umsatzgeschäfte, unerlaubte Handlung sowie ungerechtfertigte Bereicherung. Dem S.-System folgen die *libri ad Sabinum (ex Sabino)* des →Pomponius, des →Paulus und des →Ulpian. Anhand dieser Kommentare kann das S.-System heute weitgehend rekonstruiert werden.

Vermutlich seit dem Jahre 22 war er Haupt der Rechtsschule, deren Mitglieder nach S. als Sabinianer oder nach →Cassius Longinus als Cassianer bezeichnet und als solche von den Prokulianern, den Anhängern der nach →Proculus benannten Rechtsschule, unterschieden wurden. Die Frage nach dem Wesen der beiden Rechtsschulen und nach der Ursache der anhand vieler Einzelfragen dokumentierten Kontroversen zwischen Prokulianern und Sabinianern ist noch immer offen. Neben der bisher vorherrschenden, eher ablehnenden Haltung gegenüber einer philosophischen Begründung des Schulgegensatzes wird neuerdings vorgeschlagen, die Unterschiede der Rechtsschulen in methodischen oder philosophischen Gegensätzen zu sehen.

Lit.: O. Behrends, Institutionelles und prinzipielles Denken, in: ZRG RA 95, 1978, 187ff.; D. Liebs, Rechtsschulen und Rechtsunterricht im Prinzipat, in: ANRW II 15,1976, 197ff.; A. Steinwenter, «Sabinus» (Nr. 29), in: RE I A 2, 1600ff.

B. Kupisch

Šāfiʿī, aš- (767–820), gehörte dem Stamme der Quraiš an, war also mit dem Propheten Muḥammad weitläufig verwandt. Geboren in Gaza und aufgewachsen in Mekka, begab er sich schon früh nach

Medina, um bei →Mālik Recht zu studieren. Nach dessen Tod i. J. 795 traf er in Baghdad auf den Ḥanafiten Šaibānī (→Abū Ḥanīfa). Er lebte zeitweilig in Baghdad und schließlich in Ägypten, wo er auch starb.

Š. ist sicher die herausragendste Figur unter den frühen muslimischen – sunnitischen wie schiitischen – Rechtsgelehrten (→Mālik, →Abū Ḥanīfa, →Ibn Ḥanbal, →Ǧaʿfar aṣ-Ṣādiq). Denn er gilt als der Begründer der Rechtstheorie, der sog. Prinzipien der Rechtslehre («uṣūl al-fiqh»). Grundlage und Methodik derselben behandelt er in seinem Werk *ar-Risāla* (hrsg. v. Aḥmad Muḥammad Šākir, o. O. u. o. J., übers. ins Engl. von M. Khadduri unter dem Titel: *Al-Imām Muhammad ibn Idris al-Shāfiʿi's al-Risāla fī Uṣūl al-Fiqh*, Cambridge 1987). Neu gegenüber den Medinensern (→Mālik) und Irakern (→Abū Ḥanīfa) ist vor allem sein Konzept der «sunna». Hatte man darunter früher die allgemeine Rechtspraxis (im Falle Māliks: die Medinas) verstanden, so schränkte Š. diesen Begriff auf die Traditionen des Propheten, also seine normativen Taten und Aussagen, ein, die in Form der sog. «aḥādīṯ» (Sg. «ḥadīṯ«) vorliegen. Diese müssen durch eine Kette von vertrauenswürdigen Gewährsleuten bezeugt sein, die die Nachricht von Generation zu Generation weiterreichen. Š. akzeptierte sie auch dann, wenn sie nur durch einen einzigen Überlieferer in jeder Generation bezeugt waren. Davon ausgehend, daß der Koran dieser «sunna» des Propheten nicht widersprechen könne, benutzte er letztere, um den Koran an unklaren Stellen zu interpretieren. Seine Kritik an seinem Lehrer →Mālik und an →Abū Ḥanīfa und seinen Schülern konzentriert sich denn auch darauf, daß diese ihre eigene Meinung («ra'y») zur Grundlage des Rechts erhoben hätten, wo doch Prophetenurteile den Weg weisen würden.

Daneben erarbeitete er strikte Regeln für den Analogieschluß («qiyās») und lehnte den Konsensus der Gelehrten allgemein (so von den Irakern, →Abū Ḥanīfa, vertreten) und auf Medina beschränkt (wie bei →Mālik) ab. Er vertrat statt dessen die Meinung, daß der Konsensus der gesamten muslimischen Gemeinde in Rechnung gezogen werden müsse, denn diese könne nie in einem Irrtum übereinstimmen. Mit Ausnahme dieses letzten Punktes – in dem man zum überregionalen Konsensus der Gelehrten zurückkehrte – haben sich die von Š. ausgearbeiteten Rechtsprinzipien bei allen Rechtsschulen durchgesetzt. Ab dem 9. Jh. anerkennt man daher im islamischen sunnitischen Recht vier Prinzipien des Rechts: Koran, «sunna» des Propheten, Analogieschluß und den Konsensus der Gelehrten. Unabhängige Rechtsfindung («iǧtihād») wird eingeschränkt, die eigene Meinung («ra'y»), von →Mālik und →Abū Ḥanīfa in bestimmten Fällen noch akzeptiert, wird rigoros unterbunden und nur in der Form der Schlußfolgerung auf der Basis von Texten – also Koran und «aḥādīṯ» – erlaubt.

Die Mālikiten haben sich allerdings im «istiṣlāḥ» (das öffentliche Interesse in Rechnung stellen), die Ḥanafiten im «istiḥsān» (für gut halten, anerkennen) einen, wenn auch beschränkten, Freiraum für die Anwendung der eigenen Rechtsmeinung erhalten. Allgemein ist jedoch festzustellen, daß sich die Unterschiede zwischen den Rechtsschulen, also Ḥanafiten, Mālikiten, Šāfiʿiten und Ḥanbaliten auf Abweichungen im Recht beschränken. Hier allerdings sind die Unterschiede auch innerhalb einzelner Rechtsschulen manchmal erheblich. Eine Kodifikation des islamischen Rechts wurde erst im 19. Jh. unter →Aḥmad Čevdet Paša vorgenommen.

Š. Rechtslehre wurde von seinem Schüler ar-Rabīʿ (gest. 884) in dem riesigen Kompendium *Kitāb al-umm* (Bde 1–7 in 4, Kairo 1987) zusammengetragen.

Zwar scheint sich Š. selbst dagegen verwahrt zu haben, eine Rechtsschule zu gründen. Dennoch wurde er sehr schnell zum Namensträger einer solchen. Erst nach der Konstituierung der Šāfiʿiten haben sich die Medinenser auf Mālik bezogen und die Iraker auf Abū Ḥanīfa. Die šāfiʿitische Rechtsschule ist heute nach der ḥanafitischen die zweitgrößte Rechtsschule und findet sich in Ägypten, Jordanien, im Ḥiǧāz, in Indien, Indochina und Indonesien.

Lit.: W. Heffening, ash-Shāfiʿī, in: EI[1] 4, 271–273; J. Schacht, An Introduction to Islamic Law, 1982, 46–48.

I. Schneider

Saint-German (Germain), Christopher (ca. 1460–1540), begann seine Ausbildung in Oxford, später wurde er Mitglied am Inner Temple, einem der vier Inns of Court, an denen seit dem Mittelalter die Juristenausbildung auf dem Gebiet des Common Law stattfand, und wurde als Anwalt zugelassen. Bedeutend wurde St.-G. durch seine schriftstellerische Arbeit. Hier ist zunächst sein *Dialogus de Fundamentalis Legum et de Conscientia* aus dem Jahre 1523 zu nennen. Dessen englische Übersetzung, *Dialogues between a Doctor of Divinity and a Student of the Common Law* (1530/31), entwikkelte sich zu einem Standardwerk des englischen Rechts, das über

30 Neuauflagen erfuhr, die letzte 1874 in den USA. Das Werk stellt einen Dialog zwischen einem «Doctor of Divinity», also einem in Theologie und kanonischem Recht ausgebildeten Geistlichen, und einem Studenten des englischen Common Law dar. St.-G. zeigt anhand der beiden Juristen, daß das kanonische Recht und das Common Law einander unvereinbar gegenüberstehen. Deutlich wird dies schon, da der Geistliche das «Law French», die Sprache der Common Lawyer dieser Zeit, nicht verstehen kann. Von besonderer Bedeutung war es daher, daß St.-G.s Werk bald in Englisch erschien, der Sprache, die beiden Juristen gemeinsam war. Durch seine gründlichen Kenntnisse des Civil Law war es St.-G. möglich, mit Hilfe des Dialogs seiner Protagonisten eine rechtsvergleichende Studie vorzulegen, die auch die Ursprünge beider Rechtssysteme behandelt und so gemeinsame Grundlagen und -gedanken aufzeigt. So unterscheidet St.-G. zwischen dem unabänderlichen, allen Völkern und Rechtskreisen gemeinsamen überpositiven «Law of Reason» und «Law of God» und den einzelnen «Human» oder «Positive Laws», die in den unterschiedlichen Rechtsordnungen differieren können. Das englische Recht wird hier nicht als isolierte Ordnung begriffen, sondern in einen rechtlichen Gesamtzusammenhang gestellt, ein Ansatz, der später von vielen Civilians aufgegriffen werden sollte. St.-G.s Werk erschien unmittelbar vor der Abkehr Heinrichs VIII. von der katholischen Kirche im Jahr 1540. Da das Studium des kanonischen Rechts ab diesem Zeitpunkt verboten war, wurde die Darstellung St.-G.s genutzt, um dessen Prinzipien für das Gebiet der «Equity» fruchtbar zu machen. Ein anderes Werk, in dem sich St.-G. mit der Trennung von Geistlichkeit und Weltlichkeit beschäftigte, führte zu einer vielbeachteten Auseinandersetzung mit dem damaligen Lordkanzler Thomas Morus.

Lit.: DNB 50, 127f.; Simpson, 458; D. R. Coquillette, The Civilian Writers of Doctors' Common, 1988, 48ff.

Ch. Köckler-Beuser

Saínz de Andino, Pedro (1786–1863), spanischer Jurist und Verfasser des ersten Handelsgesetzbuches; studierte ab 1800 Theologie am Colegio de San Bartolomé in Sevilla, im folgenden Jahr auch Rechtswissenschaften an der dortigen Universität, wo er 1806 den Doktortitel erwarb und 1807 in den Senat gewählt wurde. Zwischen 1813 und 1821 lebte er im französischen Exil. Neben der Rechtsanwaltstätigkeit war er 1821 Staatsanwalt (Promotor fiscal) in Tortosa und später am erstinstanzlichen Gericht von Tarras.

S. A. wurde 1827 von Fernando VII. beauftragt, das spanische Handelsrecht zu kodifizieren und danach an einem ähnlichen strafrechtlichen Projekt mitzuwirken. 1830 ernannte ihn der König zum Mitglied des Consejo Supremo de Hacienda und der Cámara de Castilla, den höchsten Justiz- und Verwaltungsinstanzen auf dem Gebiet des Finanzwesens bzw. der Personalverwaltung der königlichen Bürokratie. Kraft des Dekrets vom 30. 5. 1831 beaufsichtigte er die vorbereitenden Arbeiten für ein neues Zivilgesetzbuch. 1847 wurde S. A. Senator im spanischen Oberhaus.

S. A. trat sowohl für ein systematisch geordnetes als auch für ein spanienweites positives Recht ein. Dabei hätten ausländische Modelle Vorbild zu sein. Inwieweit er sich damit durchsetzen konnte, geht daraus hervor, daß er nicht nur der Kommission zur Ausarbeitung eines Código de comercio mit Stimmrecht angehörte, sondern auch einen dahingehenden eigenen Entwurf verfaßte, für den man sich letzten Endes entschied. Dank dieses zentralistischen Handelsgesetzbuches, das im Aufbau dem französischen Code de commerce ähnelt und in der Folge immer wieder novelliert werden sollte, erhielt Spanien 1829 ein einheitliches Verfahren in Handelssachen und übergreifende materiellrechtliche Regelungen auf diesem Gebiet.

Lit.: J. Rubio, S. de A. y la codificación mercantil, 1950, 27ff.; J.-M. Scholz, in: Coing, 3, 2, 2436–2437.

N. Reichardt

Saleilles, Raymond (1855–1912), lehrte in Grenoble (1884), Dijon (1885) und Paris (1895), wo er nach seiner Ernennung zum o. Professor zunächst einen Lehrstuhl für Zivilrecht (1898), dann 1905 aber einen auf seine Anregung geschaffenen Lehrstuhl für vergleichende Zivilgesetzgebung – allerdings wegen seiner schlechten Gesundheit nur unregelmäßig – innehatte. Die Daten der Universitätskarriere sind jedoch für diese ungewöhnliche Persönlichkeit wenig aussagekräftig. S. war Anreger, Organisator und v. a. Erneuerer. Er verausgabte sich ohne Rücksicht auf sich selbst, und er dominierte an den jeweiligen Fakultäten.

In Dijon hatte er die «Revue bourguignonne de l'enseignement supérieur» sowie die Gesellschaft der Freunde der Universität gegründet. Nach seiner Ankunft in Paris war er Gründer der «Revue trimestrielle de droit civil» und der «Société des études législatives» und Förderer des Kongresses über vergleichende Gesetzgebung während der Weltausstellung 1900 und über den Code civil 1904; gleichzeitig legte er im Komitee für ausländische Gesetzgebung den größten Teil einer Übersetzung des deutschen BGB vor.

Aus diesen intensiven Aktivitäten sind eine Vielzahl von Werken, Broschüren, Artikeln und Berichten hervorgegangen. Sie widmen sich v. a. dem deutschen Recht, aber S.' Interessen waren darauf nicht begrenzt. Sein Œuvre beginnt in Dijon mit den Gebieten, die er zu vertreten hatte, dem Verfassungsrecht und der Rechtsgeschichte. In Paris las er Strafrecht und schrieb dort das kriminalpolitische Werk *Individualisation de la peine* (1898 u. ö.). Nachdem er auf den Lehrstuhl seines Schwagers Bufnoir berufen war, fügte er zu diesen breiten Interessen noch das Zivilrecht und das Handelsrecht hinzu.

Obwohl das deutsche Recht das Herzstück seines Werkes bildet und er 25 Jahre seines Lebens sich mit den großen deutschen Juristen und deren Werk beschäftigt hatte, hat er Deutschland niemals kennengelernt. Sein Interesse daran war rein intellektuell, genährt von einer tiefen Wahlverwandtschaft mit dem Denken jenseits des Rheins. Er war einer der letzten Vertreter der historischen Schule in Frankreich; zwar nannte er sich Schüler →Savignys, aber er entfernte sich auch von ihm. V. a. aber beschäftigten sich seine vergleichenden Überlegungen mit dem BGB. Auf diesem Feld kann man seine Arbeiten in zwei Kategorien einteilen, von denen jede ein Hauptwerk aufweist: Den *Essai d'une théorie générale de l'obligation d'après le projet de Code civil allemand* (1890 u. ö.) und die Abhandlung *De la déclaration de volonté* (1901).

Während er sich tiefer als sogar seine deutschen Zeitgenossen in die großen zivilrechtlichen Theorien zum Bürgerlichen Gesetzbuch versenkte, richtete er seine Energie auf dessen französische Übersetzung, formell unter der Leitung seines Schwagers und als dessen Mitarbeiter, in Wirklichkeit aber als die eigentliche Seele des Unternehmens, innerhalb dessen er das Schuldrecht übernommen hatte (4 Bde., 1904–08). Darüber hinaus wollte er auch noch eine zusammenfassende Darstellung des Ganzen und der wesentlichen Ideen liefern. Nachdem er zunächst eine kurze *Notice sur le Code civil pour l'Empire d'Allemagne* (1897) veröffentlicht hatte, ließ er eine *Introduction à l'étude du Code civil allemand* (1904) folgen. Nichts drückt besser den Wert seines Werkes aus als die umgehende deutsche Übersetzung, die in Deutschland dazu beitrug, das Verständnis für die Bedeutung jenes gesetzgeberischen Monuments zu wecken.

Lit.: R. Beudant u. a., L'œuvre juridique de R. S., 1914; E. Gaudemet, R. S., in: RB 22, 1912, 161–263; A. Tissier, R. S., in: RTDC 11, 1912, 293–303.

O. Motte

Salgado de Somoza, Francisco (–1664). Der spanische Jurist und Verfasser eines selbst international nachwirkenden Konkursrechtssystems war nach dem Rechtsstudium als Anwalt an den königlichen Gerichtshöfen La Coruña und Madrid tätig. Später leitete er das Vikariat des Erzbistums Toledo, wurde Richter in kirchlichen Angelegenheiten für das Königreich Sizilien und kehrte am Ende auf die spanische Halbinsel als hoher weltlicher Richter zurück, nämlich an die «Chancillería» von Valladolid. In der Folge sollte er sogar zum Rat am kastilischen Finanzhof und beim obersten Kastilienrat aufsteigen. Als Abt des Klosters Alcalá la Real/Andalusien zog sich S. schließlich aus dem öffentlichen Leben zurück.

In seinem Werk *Labyrinthus creditorum concurrentium* (1651) formulierte S. die in Spanien allgemein gültigen und sich u. a. auf die «Siete Partidas» (→López de Tovar) stützenden Grundsätze des Konkurses aus. Im Gegensatz zum italienisch-französischen Konkurssystem, das eine genossenschaftliche Gläubigertätigkeit bevorzugt, wird hier die gerichtliche Verwaltung und Verteilung des verbleibenden Vermögens in den Vordergrund gestellt. S. zufolge hat für den Fall des Konkurses das Gericht von Amts wegen tätig zu werden. Es leitet nicht nur das Verfahren, sondern nimmt auf seinen Fortgang entscheidend Einfluß, indem es alle anhängigen Verfahren des Schuldners an sich zieht, die Reihenfolge der Gläubiger in bezug auf deren Befriedigung festsetzt und die Entscheidungen des Konkursverwalters von sich abhängig macht. Auch soll der Konkurs die persönliche Ehre des Schuldners nicht mehr berühren.

Zwar hatte S. nur an die Situation gedacht, daß ein in Konkurs gefallener Schuldner sein Vermögen den Gläubigern freiwillig abtritt (cessio bonorum). Das war aber später kein Hinderungsgrund, um nicht die übrigen Vorschläge auch auf andere Verfahren auszudehnen. Hierfür verwies man auf die Schuldnerfreundlichkeit und den klar geregelten Gerichtsgang. Praktisch wurde so im Laufe der Jahre der italienisch-französische Konkurs verdrängt. S. beherrschte geradezu dann die rechtswissenschaftliche Diskussion des 17. und 18. Jh.s (Brunnemann, Ludovici). Seine Lehren gingen auch in die deutschen Partikularrechte ein, wie z. B. in die preußische Hypotheken- und Konkursordnung (1722), den *Codex juris Bavarici judi-*

ciari (1753), das *Corpus juris Fridericianum* (1781) und, noch 1850, in die Hannoversche Zivilprozeßordnung. Da jedoch die Gerichte von Amts wegen einzuschreiten hatten, machte sich nach und nach ein wachsender Bürokratismus störend bemerkbar, weswegen um die Mitte des 19. Jh.s dem effizienteren französischen Konkursrechtssystem doch wieder der Vorzug gegeben wurde, zuerst in der preußischen Konkursordnung von 1855, später in der allgemeinen deutschen Konkursordnung von 1877 (→Kohler).

Lit.: N. Antonius, Bibliotheca hispana nova, I, 1783, 471–472; J. Kohler, Leitfaden des deutschen Konkursrechts, 2. Aufl., 1903, 23–29, 34–38.

F. Ross

Sanhūrī, as- (1895–1971), stammt aus Alexandria und studierte Recht in Kairo, wo er auch am Aufstand gegen die Briten 1919 teilnahm. Danach unterrichtete er Recht in Asyut. 1921 ging er nach Frankreich und promovierte dort, wobei sich schon hier sein Interesse an einer Reform des Rechtssystems der arabischen Länder zeigte. Die Abschaffung des osmanischen Kalifates im Jahr 1924 war für ihn – wie für die gesamte arabische und islamische Welt – ein großer Schock. Er entwickelte daraufhin eine These für eine Wiedereinrichtung des Kalifates in revidierter Form, welches auch ein revidiertes Rechtssystem der islamischen Länder erforderte. Durch eine Revision, so glaubte er, könne und müsse das islamische Recht (Šarīʿa) den modernen Erfordernissen angepaßt werden. Vergleichende Rechtsstudien haben ihn von daher immer beschäftigt, und das Thema blieb für sein wissenschaftliches Schaffen zentral.

Nach seiner Rückkehr aus Frankreich lehrte er in Ägypten und im Irak Recht. Als in den dreißiger Jahren in beiden Ländern die Notwendigkeit immer deutlicher wurde, das Zivilrecht zu reformieren, konnte er seine Lehre in die Tat umsetzen. Es ist sogar relativ sicher, daß seine Lehre und Arbeit über Rechtsvergleichung Regierungskreisen erste Denkanstöße für eine notwendige Reform gaben.

In seiner Arbeit bemühte er sich, Grundsätze des Vertrags- und Schuldrechts herauszuarbeiten. Dazu benutzte er u. a. die von →Aḥmad Ǧevdet Paša redigierte *Meǧelle*. Auch wenn er als Ausgangsbasis damit eine Kodifikation des klassischen islamischen Rechts nahm, so war ihm doch bewußt, daß eine Revision des Rechts sich am modernen europäischen Recht und der Rechtsgeschichte eines jeden Landes orientieren mußte. In jedem Recht versuchte er deshalb den «Geist» des jeweiligen Landes zu entdecken. So mußte im Irak, wo die *Meğelle* die Grundlage des Zivilrechtes war, ein neuer Rechtskodex «islamischer» ausfallen als in Ägypten, wo man seit einem halben Jahrhundert französisches Recht benutzt hatte. Das Ergebnis war das ägyptische Zivilgesetzbuch, das neben Schuld- und Sachenrecht auch das Internationale Privatrecht enthält. Unter Einbeziehung der ägyptischen Rechtsprechung und Lehre bildet das ZGB eine Kodifizierung des damals in Ägypten geltenden Vermögensrechts. Dieses ägyptische ZGB ist für den ganzen arabischen Raum von größter Bedeutung geworden. Mehr oder weniger wörtlich wurde es in Syrien (1949), im Irak (1951), in Libyen (1953), in Somalia (1973) und Algerien (1975) übernommen. Auch die neuen Zivilgesetzbücher von Jordanien (1976), Kuwait (1980) und Afghanistan (1977) sind unter Einbeziehung des Rechts der *Meğelle* anhand des ägyptischen Zivilgesetzbuches konzipiert worden. Zwar gab es zu dieser Zeit Kritik daran, der ägyptische Zivilkodex sei nicht «islamisch» genug. Eine genaue Prüfung zeigte jedoch, daß der Kodex sich stärker an die Šarīʿa anlehnte, als S. selbst beansprucht hatte. Er kann als erfolgreiche Verbindung westlicher und ägyptischer Elemente im Recht gelten. Neun Jahre nach seinem Tod, im Jahre 1980, erhielt die ägyptische Verfassung einen Zusatz, wonach die Šarīʿa nicht nur eine, sondern die Quelle des Rechts sei. In diesem Zusammenhang wurde der Zivilkodex von S. einer Durchsicht unterzogen und als noch voll gültig bezeichnet. S.s Revision des Zivilkodex war jedoch nicht sein einziger Beitrag zur ägyptischen Rechtskultur. Er verfaßte zahlreiche theoretische Werke zum Vertrags- und Schuldrecht. Sein größtes Werk über islamische Jurisprudenz sind die *Maṣādir al-ḥaqq fī l-fiqh al-islāmī* (Quellen des Rechts in der islamischen Rechtsprechung, 6 Bde. in 2 Teilen, Kairo 1964–59) und *al-Wasīṭ fī šarḥ al-qānūn al-madanī al-ğadīd* (Der mittlere Kommentar zum neuen Zivilrecht, 12 Bde. in 10, Kairo 1952–70). Daneben war S. in der Mağlis ad-daula beschäftigt, Ägyptens Verwaltungsgerichtshof, der als Beratungsinstanz in Rechtsfragen für die Regierung galt. Dort war er von 1949–1954 Präsident. Auch hier wie in seiner rechtlichen Arbeit als Gelehrter, Jurist, Gesetzgeber und Politiker versuchte er das islamische Erbe mit der Modernität in Einklang zu bringen. S. hat sich aber auch auf internationalem Forum für die Anerkennung der Šarīʿa als für die Moderne relevante und wichtige Quelle für vergleichende Rechtsstudien eingesetzt. So hat er sich zusammen mit anderen ägyptischen Juristen auf internationalen Konferenzen über vergleichende Rechtsstudien in Den Haag 1932 für eine stärkere Berücksichtigung des islamischen Rechts ausgesprochen.

Lit.: E. Hill, Al-Sanhuri and Islamic Law, 1987; K. Dilger, Tendenzen zur Rechtsentwicklung in: W. Ende/U. Steinbach, Der Islam, 2. Aufl., 1989, 170–197, hierzu 181–186.

I. Schneider

Saripolos, Nikolaos N. (1876–1944), Sohn des Professors für Verfassungsrecht und Völkerrecht N. I. S. 1893 Jurastudium in Paris. Schüler von A. →Esmein und F. Larnaude. 1899 Doctor iuris. Weiteres Studium an der École pratique des Hautes Études, an den Universitäten Berlin, Heidelberg, Bonn und München, wo er Vorlesungen hört bei G. →Jellinek, G. →Meyer, Heinrich v. Treitschke, Max v. Seydel u. a.

1899 Dozent für Verfassungsrecht an der Universität Athen. 1910–23 o. Professor für Verfassungsrecht an der gleichen Universität. Professor für Völkerrecht (1910–16).

S. hat zahlreiche Ämter im öffentlichen Dienst bekleidet, so als Generalsekretär des Justizministeriums (1910), hat den Entwurf der Revision der Verfassung von 1864 ausgearbeitet, war Mitglied des Prisengerichtshofs (1912–13).

S. hat die «Juristische Methode» und den Gesetzespositivismus, nach G. →Laband, im griechischen öffentlichen Recht eingeführt. Er hat sich weiterhin der rechtsvergleichenden und historischen Methode bedient. Mehr als jeder andere hat S., gestützt auf die in Westeuropa bekannten zeitgenössischen wissenschaftlichen Methoden, zur Fundamentierung des griechischen öffentlichen Rechts im 19. Jh. beigetragen. Die Anwendung der juristischen Methode macht sich hauptsächlich in seinem *Griechischen Verfassungsrecht* bemerkbar.

WW: La démocratie et l'élection proportionnelle, 1899; Ellēnikón Syntagmatikón Díkaion (Griechisches Verfassungsrecht), 3. Aufl., 1915; Sýstēma Syntagmatikoú Dikaíou kai Genikoú Dēmosíou Dikaíou, 1 Bd., 1903; Perí tou dikastíriou Leión kai tēs epharmogés tou Dikaíou tou katá thálassan polémon, 1913; dt. Der griechische Prisengerichtshof und die Anwendung des Seekriegsrechts in den Balkankriegen, in: Jahrbuch des Völkerrechts, 1914; Perí Politeías kai tōn stoicheíōn autés en génei (Über das Staatswesen und seine Bestandteile im allgemeinen), 1921; Das Staatsrecht des Königreichs Griechenland, in: P. Laband, G. Jellinek und K. v. Piloty (Hg.), Das öffentliche Recht der Gegenwart, 1909; To sýstēma tés koinobouleutikés kybernéseōs en tē neotátē autoú exelíxei (Das parlamentarische Regierungssystem in seiner letzteren Entwicklung), 1921.

Lit.: E. Tsirimokos, Nikólaos N. Sarípolos, Lógos Epimnēmósynos, 1947.

Ch. Argyriadis

Sasaki, Sôichi (1878–1965), Studium in Kyôto; 1903 Dozent, 1906 ao., 1909 o. Professor daselbst. Unter der Meiji-Verfassung von 1889 vertrat er mit →Minobe eine gemäßigt liberal-konstitutionelle Richtung im Gegensatz zur extrem monarchistischen Schule von Y. →Hozumi und Shinkichi Uesugi: *Nihon-kenpô yôron* (Grundzüge des japanischen Verfassungsrechts, 1930).

Im Unterschied zu Minobe bzw. zu der von diesem repräsentierten sog. Tôkyôer Schule, die zur teleologisch freien Interpretation der Meiji-Verfassung neigte, hielten S. und seine Kyôtoer Schule an einer streng logisch-systematischen Auslegung fest, eine Abstinenz, die S. eine gewisse Stabilität gegen unvorsichtige Politisierungen verlieh, ohne jedoch S.s publizistisches Eintreten für den Konstitutionalismus zu verhindern. Als engagierter Protagonist der universitären Selbstverwaltung schied er im Fall →Takikawa aus Protest gegen die Verletzung der akademischen Freiheit aus dem Amt und wurde darauf Rektor einer Privathochschule. Der Entwurf zur Verfassungsreform, den S. unmittelbar nach dem II. Weltkrieg in amtlichem Auftrag anfertigte, blieb Episode.

Lit.: S. Tabata (Hg.), S.-kenpôgaku no kenkyû, 1975; Ders., S.-hakushi no kenpôgaku, 1964.

A. Wani

Šaukānī, aš- (1760–1832), war Jemenit. Sein voller Name lautet Muḥammad ibn ʿAlī aš-Šaukāni. Er hat nie, auch nicht zu einer Pilgerfahrt nach Mekka, seine Heimat verlassen, wobei er dies damit begründet, er sei zu sehr mit dem Studium beschäftigt gewesen. Dabei las er Bücher auf eigene Faust: eine für das damalige, auf die Tradition der vorangegangenen Gelehrtentraditionen fixierte Lehrsystem abwegige Idee. 1795 wurde er zum Oberrichter ernannt und übte dieses Amt bis zum Ende seines Lebens aus. Ursprünglich Anhänger der Zaiditen, einer schiitischen Untergruppe, erkannte er schon relativ früh, daß das Festhalten an einer einzigen Rechtsschule im Widerspruch zum wahren Islam stehe. Im Gegensatz zu denjenigen, vor allem sunnitischen Gelehrten, die die «Schließung des Tores des iğtihād» ab dem 11. Jh. propagiert hatten (→Šāfiʿī, →Ibn Taimīya, dagegen →Ḥilli für den schiitischen iğtihād-Begriff), vertrat er geradezu die Meinung, «iğtihād» sei Pflicht für jedermann mit ausreichendem Wissen. Dieses «ausreichende Wissen» ist für ihn in einem kurzgefaßten Lehrbuch zusammengestellt. Man hat die Vorschriften des Koran und der Prophetentradition («sunna») zu befolgen, und zwar unabhängig davon, was die Gelehrten im Lauf der Geschichte dazu geschrieben haben. Diese Abkehr vom Traditionalismus der vorangegangenen Jahrhunderte machen Š. zu einem Fundamentalisten im eigentlichen Sinn. Damit ist Š. der radikalste Vertreter für eine Wiederbelebung des «iğtihād» in seiner Zeit neben Ibn ʿAbdalwahhāb (1703/4–1792) und Šāh Walīallāh (1703–1762). Diese Idee ist dann vor allem in Kreisen von Reformtheologen des 19. Jh.s wie Jamāladdīn al-Afġānī (1838/39–1897) und Muḥammad ʿAbdūh (1849–1905) aufgegriffen worden und sollte dem sunnitischen Islam eine gewisse Flexibilität in der Auseinandersetzung mit europäischem Gedankengut verleihen.

Lit.: R. Peters, Erneuerungsbewegungen im Islam vom 18. bis zum 20. Jahrhundert und die Rolle des Islams in der neueren Geschichte: Antikolonialismus und Nationalismus, in: W. Ende, U. Steinbach, Der Islam in der Gegenwart, 1989, 91–131, hierzu 101–103.

I. Schneider

Savigny, Friedrich Carl von (1779–1861), Professor für römisches Recht, Preußischer Staatsrat, Richter und Minister für Gesetzrevision. S. verdient bis heute einen großen Namen wegen der Fruchtbarkeit, Spannweite und Tiefe seiner Lebens- und Werkgestaltung und unbeschadet der Vergänglichkeit auch seiner Leistungen.

S. studierte 1795–99 in Marburg, 1796/97 in Göttingen in einem Kreis lebenslang wichtiger Freunde aus Philosophie, Philologie, Theologie, Geschichte und Dichtung. Sensationell für ‹einen Mann von Geburt›, wählte er die Wissenschaft als Beruf, 1801–03/04 in Marburg, dann befreit für Forschungsreisen, 1808/09–1810 in Landshut als o. Professor des römischen Zivilrechts, bis ihn Wilhelm von Humboldt nach Berlin zog. Dort wirkte er 1810/11–1841/42 als gefeierter Lehrer und bis 1848 zugleich in Universitätsämtern, Regierung und Politik. Zur häuslichen Totenfeier 1861 erschienen u. a.

König Wilhelm mit sämtlichen Prinzen und die Professoren der Universität im Talar.

Mit S. verknüpft man geistesgeschichtliche Glanzstücke wie «geschichtliche Rechtswissenschaft», historische Schule, Historismus, Neuhumanismus, Romantik, Idealismus, Naturrecht, Rechtsmetaphysik, Volksgeistlehre, Gesetzgebungskritik, konservative Reform und schon «Formalismus» (Welcker 1829), «Positivismus» (Reyscher 1846) und «Begriffsjurisprudenz» (→Jhering 1884). Diese großräumigen Assoziationen ergeben noch keine verständliche Charakteristik. S. war v. a. Jurist. Aber er stellte der Jurisprudenz eine wissenschaftliche Aufgabe, formulierte ihr 1814 in berühmten wirkungsreichen Sätzen einen «Apparat allgemeiner Ideen» (Jhering 1861) und arbeitete dieses Programm aus. In alledem war er nur Zeitgenosse. Erst die Richtung, die er hier in seiner Zeit nimmt, ergibt seine geschichtliche Stellung.

Er gab der Jurisprudenz eine doppelte Orientierung auf. Sie mußte zugleich historisch (positiv, konkret) und philosophisch (absolut, systematisch, allgemein) sein. Diesen methodisch und philosophisch spezifischen Anspruch prägte er seiner Epoche auf in vier wesentlichen, noch heute grundlegenden und nachgedruckten Werken (Besitz, 1803, Beruf, 1814, Geschichte, 1815 ff., System, 1840 ff.), als Lehrer mehrerer Juristengenerationen und als Wissenschaftspolitiker. Schon seine Zeitgenossen zog er damit in eine intensive Abgrenzungsdebatte bis weit in die Fachphilosophie und -historie (etwa →Hegel, →Gans und →Marx, der «Kantianer» Fries, die Historiker Niebuhr, Ranke, Dahlmann).

S. sprach scheinbar einfach von «eigentlich historisch», «wahrhaft historisch» (1814/15), deutlicher von «historisch-systematisch» (1814) oder «historisch-philosophisch» (1802/03, 1804). Seine Pointe liegt in der Verbindung. So und nur so kann seine Rechtswissenschaft über das bloße Faktum der Geschichte und die reine Philosophie hinauskommen und das Erkennen aus bloß Geschichtlichem adeln zur Wissenschaft eines nach «Prinzipien geordneten Ganzen» (→Kant) und zum «einzigen Weg» (1815). Erkenntnistheoretisch und ontologisch läßt sich diese Verbindung aus einem parallel zu Schelling, Hegel und F. Schlegel ansetzenden ‹objektiven› Idealismus ernst nehmen. S. beansprucht, «historisch» anzusetzen, also im diachron und synchron lebenden ‹positiven› Recht selbst, und nur hier in der realen Mischung von Allgemeinem und Individuellem die Idee und zugleich die Wirklichkeit des Rechts aufzufinden. Daß in der Wirklichkeit gerade etwas wie die Hegelsche «Vernunft» erscheine, bestritt er ebenso vehement wie andere das Ideelle in S.s Konzeption. Allem Recht ließ er aber (seit 1808 klar faßbar) eine Doppelnatur zukommen, eine objektive, «innerlich notwendige» und eine «individuelle», äußerlich zufällige Seite. Es ist «natürliches Recht in einem anderen Sinne als unser Naturrecht» (1814). Mit solchem Gegenstand und bei solcher Methode konnte von Rechtswissenschaft die Rede sein. S. unterstrich, daß die dafür notwendige «Idee eines Ganzen» aus den Quellen und nur aus ihnen kommen solle und könne. Daß aber dieses Ganze «natürlich» in den Quellen liegt oder in sie kommt, versteht sich nicht von selbst. Dazu braucht und nimmt S. Philosophie.

Konsequent konstruiert er seine juristischen Grundbegriffe. In der berühmten Grundsatzschrift *Vom Beruf unserer Zeit für Gesetzgebung und Rechtswissenschaft* (1814) gegen →Thibaut und analog später im «System» (1840ff.) fallen umwälzende Sätze zu Rechtsbegriff, Rechtsquellen, Staat, Recht und Volk und Freiheit und Sittlichkeit, Juristenrolle, Methode und Auslegung u. a. m. Die «Idee des Ganzen» kleidet S. in die historisch ansetzende Form einer Entstehungsgeschichte (Beruf, Kap. 2). Danach entsteht alles Recht unsichtbar und wahrhaft in «innerer Notwendigkeit» «organisch», «natürlich», ohne Revolution und nicht eigentlich aus bewußtem Gesetz und ist dadurch «wirkliches Recht». In der «Zeit der Cultur» aber erwachse es aus dem «doppelten Lebensprincip» Volksleben und Juristenwissenschaft, «politisch» und «technisch». Abgesichert wird dies analog zu dem Entwicklungsschema für Sprache und Kunst (Hölderlin). Das Recht sei zunächst ungetrennter Teil der «Natur» eines «Volkes». Im Stande der «Cultur» mit ihrem «unermeßlichen Detail» entwachse es notwendig dem «gemeinsamen Bewußtseyn», werde Inhalt abgesonderter «Thätigkeit des Volkes» und falle «dem Bewußtseyn» der zum Stand gewordenen Juristen anheim. Trotz dieser Absonderung (Entzweiung) von Natur und Bewußtsein (Natur/Geist) ist es als Produkt von Volk und Juristen (als Kunst-Natur) aus dem «Zusammenwirken dieses (nun) doppelten Lebensprincips» zu begreifen. So folgt: «Die Summe dieser Ansicht also ist, (...) daß alles Recht (...) überall also durch innere stillwirkende Kräfte, nicht durch die Willkür eines Gesetzgebers» entsteht. Hier hat es seine Einheit und ist es «wirklich», nur hier ist es daher wissenschaftlich-erkennend erfaßbar. Staat sei daher nicht als künstlich zu begreifen, sondern nur als «leibliche Gestalt der (gegebenen) geistigen (nicht bloß natürlichen!) Volksgemeinschaft». Staatsvertragslehren erscheinen so verfehlt wie das hochmütige revolutionäre

Gesetz. Dieses wirkliche Recht diene als Regel der äußeren Freiheit der freien Entfaltung der Sittlichkeit, freilich wieder geschichtlich-individuell im Sinne der durchgedrungenen «christlichen Lebensansicht» (1840). Im Privatrecht meint das zwar grundsätzlich «freie Entfaltung», sie kommt aber jedem doch nur «notwendig zugleich... als Glied eines höheren Ganzen», als «höhere gemeinsame Freiheit» statt «besondere Willkür» (1815) zu. Im Familienrecht und Eheverständnis kann daher wie bei Hegel ohne Bruch der Aspekt des höheren sittlichen Ganzen dominieren.

S.s vieldiskutierte geschichtliche Stellung ist heute in alten und neuen Quellen deutlich als solche historisch-philosophische Doppelorientierung faßbar. Sein Ruhm als gelehrter Forscher entspricht seiner Arbeit am Positiven, Geschichtlichen und Gegebenen. Wissenschaftler von Rang wird er durch die Energie, mit der er dies Positive auf Einheit, Prinzip und System durchdringt. Diese doppelte Qualität zeigt v.a. sein dogmatisch-historisches Jugendwerk über das *Recht des Besitzes*, in dem er die römischen Quellen in Detail und Prinzip scharfsinnig vereinigt. Seine wenigstens seit 1808 greifbare und spätestens 1810 als Einleitung zum Geschichtswerk geplante Programmschrift *Vom Beruf* unterbaut die beiden späteren Hauptwerke in Gegenstand und Methode. Trotz aller Polemik seit Gans verfolgte seine epochale *Geschichte des Römischen Rechts im Mittelalter* (1815–31) nicht ohne Erfolg die schwierige Gesamtidee eines Fortlebens des römischen Rechts auch ohne Staat und erbringt zugleich eine Unmasse bis heute grundlegender Stoffsichtung. Paralleles leistet S. im *System des heutigen Römischen Rechts* (1840–49) und in *Das Obligationenrecht als Theil des heutigen Römischen Rechts* (1851/53, unvollendet). Er durchdachte die dogmatische Tradition und besonders die römischen Quellen neu und brachte sie in oft genialer Reduktion und Geltungskritik in ein wirkliches, ‹heutiges System›, eben ein nach Prinzipien für 1840 geordnetes juristisches Ganzes, aber nicht ohne eine Fülle «politischer Winke» (Hugo). Thema waren allgemeinste Lehren des Rechts, des Privatrechts und des Prozeßrechts. Das Ergebnis beeindruckt schon wegen des drastischen Abstands zu heutiger handwerklicher Juristerei. S.s wissenschaftlich-prinzipieller Anspruch kann freilich als Deutungslinie überzogen werden. Denn je konkreter er juristische Fragen angeht, etwa Verjährung, desto mehr tritt die philosophisch-metaphysisch-notwendige Seite am Positiven zurück. Fruchtbar bleibt aber stets die systematische Anstrengung.

Nicht zuletzt bewährt sich das Stichwort Doppelorientierung als

Inhaltsschlüssel. S. kommt dann zu ‹modernen›, liberalen Konzepten, wenn er Probleme als primär «privat» begreift, wie im reinen Verkehrsrecht. Umgekehrt dominiert im Familienrecht und bei Streitfragen wie Selbstmord, «Urrechte» auf sich selbst oder juristische Person, das allgemeine «sittliche Element» des Rechts. Es führt ihn auch auf soziale Aufgaben im «öffentlichen Recht»(1840). Ein Prinzip für das Vorwalten des einen oder anderen Aspekts gibt S. nicht an. Er beruft sich dann etwa auf eine nun einmal «durchgedrungene» Entwicklung oder eine «natürliche» Einsicht. Diesem Innehalten des hier philosophisch vorsichtigeren «historischen» Juristen hielten dann Philosophen wie Hegel, Gans, Marx, Kohler ihre vermeintlich überlegenen Methoden und tieferen Einsichten in die Vernunft in der Geschichte entgegen – bis heute.

Ohne etwas Wirkungsgeschichte begreift man heutige Diskussionen um S. nicht. Sein Blick ging bewundernswert und prinzipiell gleichmäßig aufs Notwendig-Allgemeine wie aufs Zufällig-Individuelle, auf philosophische Grundlagen wie konkrete juristische Dogmatik und immanente politische Wertungen. Spätere verlieren teils diese Fähigkeit, teils den philosophischen Willen und Glauben dazu, so die mehr philosophische sog. Begriffsjurisprudenz und der mehr historische Quellenpurismus. Dank S.s doppelter Orientierung und Leistung kann man sich bis heute an seinem das volle juristische Detail erobernden Systemwillen belehren. Eine ähnlich doppelte Orientierung durch Begriff oder Hypothese und Anschauung oder Fakten konstituiert ja auch modern unmetaphysisches, forschendes Verstehen. Es müssen aber auch die Differenzen vermerkt werden. Die methodische Doppelorientierung S.s steht und fällt mit ihrer philosophisch-metaphysischen Grundlage. Seine noch so allgemeinen oder quellenmäßigen Rechtslehren sind Kind ihrer Zeit, wie er sie auffaßte: also bei Rechtsquellen und Auslegungslehre im wesentlichen ohne den Kontext von Verfassung und Rechtsstaat, mit recht abhängigen königlichen Richtern, mit einem schmalen Juristenstand, mit schwankenden Gesetzgebungsinstitutionen, aber mit hohem Wissenschafts- und Universitätsethos, im Dogmatischen z. B. mit spezifischen Lagen des Besitzes, der moralisch-juristischen Personen, der Eheverhältnisse usw.

WW: Vermischte Schriften, 1850 (ND 1968, 1981).

Lit.: J. Rückert, Idealismus, Jurisprudenz und Politik bei F. C. v. S., 1984; ders., Das «gesunde Volksempfinden» – eine Erbschaft S.s?, in: ZRG GA 103, 1986, 199–247; HRG 4, 1990, 1313–23; Kleinheyer/Schröder,

239–46; H.H. Jakobs, Die Begründung der geschichtlichen Rechtswissenschaft, 1992; J. Rückert, S.s Konzeption von Jurisprudenz und Recht, ihre Folgen und ihre Bedeutung bis heute, in: TRG 61, 1993, 65–95.

J. Rückert

Scaccia, Sigismondo (16./17. Jh.), war Advokat in Rom. Seine ersten Schriften galten prozeßrechtlichen Fragen, doch beruhte sein Ansehen v. a. auf dem 1618 zuerst gedruckten und bald weitverbreiteten *Tractatus de commerciis et cambio*. Damit wurde S. neben B. →Stracca einer der Begründer des modernen Handelsrechts. Noch stark beeinflußt von moraltheologischen Autoren, erörtert S. zunächst die einzelnen Handelsgeschäfte unter dem Gesichtspunkt ihrer Vereinbarkeit mit dem kirchlichen Zinsverbot. Den größten Teil seines Werkes widmet er aber dem Wechselrecht, das er hinsichtlich all seiner moraltheologischen, juristischen und praktischen Probleme mit einer bis dahin unbekannten Ausführlichkeit erörtert.

Lit.: K.O. Scherner, Die Wissenschaft des Handelsrechts, in: Coing, 2, 1, 1977.

Ch. Bergfeld

Scaevola, Q. Cervidius S. (2. Jh.), römischer Jurist; im Jahre 175 praefectus vigilum (CIL XIV, 4502). S. war zeitweise auch Mitglied im consilium des Kaisers Mark Aurel (161–180) sowie dessen wichtigster Berater (Dig. 36, 1, 23 pr.; Hist. Aug., Mark Aurel 11, 10). S. ist vermutlich der Lehrer des →Paulus gewesen.

Wichtige Schriften des S. sind die 40 *libri digestorum* sowie die 6 *libri responsorum*. Beide Werke enthalten überwiegend Rechtsgutachten und Einzelentscheidungen in der hochklassischen Tradition des Celsus (→Celsus filius) und des →Julian. Von →Paulus sind *notae* zu den Responsen überliefert (Dig. 5, 2, 13).

Lit.: P. Krüger, Geschichte der Quellen und Litteratur des Römischen Rechts, 2. Aufl., 1912, 215 ff.; W. Kunkel, Herkunft und soziale Stellung der römischen Juristen, 2. Aufl., 1967, 217 f.; F. Schulz, Geschichte der römischen Rechtswissenschaft, 1961, 294 f.

B. Kupisch

Schlyter, Carl Johan (1795–1888), erwarb nach einem Studium von 1810–13 in Lund 1814 in Rostock den Magistergrad. Seit 1816 Dozent für Kriminalrecht in Lund, erhielt der 1820 dort promovierte Sch. 1838 eine Professur für allgemeine Rechtsgelehrsamkeit und 1840 die neu eingerichtete für Gesetzesgeschichte (Laghistoria) in Lund. Schon seit 1822 zusammen mit H. S. Collin (1833) mit der Aufgabe betraut, die mittelalterlichen Gesetze Schwedens in neuen kritischen Ausgaben zu edieren, wurde er ab 1852 von seiner Professur ständig beurlaubt.

Sch., erster moderner schwedischer Rechtshistoriker, war von der historischen Rechtsschule stark beeinflußt. Seine Rechtsquellenedition, *Samling af Sweriges Gamla Lagar – Corpus iuris Sueo-Gotorum antiqui*, in dreizehn Bänden bis 1877 erschienen, verglich in philologischer Hinsicht vorbildlich ca. 800 Gesetzeshandschriften. Sch. begriff diese rechtshistorische Arbeit als wesentliche Vorstufe eines neuen schwedischen Gesetzbuches, ja sah – ganz der historischen Schule gemäß – die Pflicht rechtswissenschaftlichen Bemühens überhaupt in der Schaffung einer nationalen Kodifikation. Die liberal geprägten Entwürfe eines Zivil- (1826) und eines Kriminalgesetzbuchs (1832) wurden von ihm in Vorlesungen wie in Beiträgen für internationale bzw. deutsche Zeitschriften («Kritische Zeitschrift für Rechtswissenschaft und Gesetzgebung des Auslandes») heftig kritisiert. Seine Mitarbeit an der Gesetzeskommission 1844–47 blieb ohne Auswirkung. Dessen überragende Bedeutung ist in seiner 55jährigen Editionsarbeit begründet.

Der stark religiöse Sch. war Anhänger der Bewegung des Lunder Propstes Henrik Schartau, dessen Arbeiten er auch publizierte.

Lit.: J. E. Almquist, C. J. Sch., in: SvJT 1945, 1 ff.; G. Hasselberg, Rättshistoriens dilemma, in: Rättshistorika studier 3, 1969, 298 ff.; K. Å. Modéer, C. J. Sch. i ett hundraårigt perspektiv, in: SvJT 1979, 1 ff.; Ders. C. J. Sch. – rättsvetenskapens Mozart, in: Rättvisa och trevnad, Om rättskultur i förändering, 1993, 91 ff.; M. Sandström, Die Herrschaft der Rechtswissenschaft (= Rättshist. Bibliothek 44, 1989); Th. Wisén, Minne af C. J. Sch. (= Svenska Akademiens Handlingar 4), 1890.

K. Å. Modéer

Schmitt, Carl (1888–1985), studierte Rechtswissenschaft in Berlin, München und Straßburg, promovierte 1911 und habilitierte sich 1916 in Straßburg für Staats- und Verwaltungsrecht, Völkerrecht und Staatstheorie. Es folgten Rufe nach Greifswald (1921), Bonn (1922) und an die Handelshochschule Berlin (1928). 1933 wechselte Schmitt nach Köln und wieder zurück nach Berlin, wurde Preußischer Staatsrat, Mitglied der NSDAP und der Akademie für Deutsches Recht sowie Fachgruppenleiter im NS-Juristenbund. 1934 übernahm er die Herausgeberschaft der Deutschen Juristen-Zeitung. 1936/37 wurde er aus den Reihen der SS angegriffen und legte seine Parteiämter nieder. Nach 1945 lebte Sch. zurückgezogen in seinem Heimatort Plettenberg im Sauerland.

Hinter diesen Daten verbirgt sich ein ungewöhnliches Intellektuellenleben, ein weit über die Rechtswissenschaft hinausreichendes Werk sowie Aktivitäten im Hintergrund des politischen Geschehens zwischen 1929 und 1936, so die Vertretung der Reichsregierung im Staatsgerichtshofverfahren um den sog. Preußenschlag Papens vom 20. 7. 1932. Sch.s Denken war antibürgerlich, antiliberal und antidemokratisch, autoritär bis in den Sprachduktus hinein. Er entwickelte seine Leitgedanken antithetisch aus den Extremen oder im dialektischen Dreischritt, und er präsentierte seine Ergebnisse gerne mit der Attitüde kalter Distanziertheit als «realistisch». Der «Ausnahmefall», die «Entscheidung» und die «Grenze» lockten sein Denken zeitlebens ebenso wie die Nähe zur Macht. Politische Verantwortung meidend, aber fasziniert von der Schaffung von Ordnung, war er – unter wahrhaft chaotischen Zeitumständen – auch zu hellsichtigen Diagnosen fähig (Ende des klassischen Staatsbegriffs oder des herkömmlichen Völkerrechts europäischer Prägung). Daß er sich schneller als andere dem Nationalsozialismus in die Arme warf und sogar dessen Antisemitismus mittrug, hat ihn moralisch ruiniert. Mit seinen destruktiven Analysen von Parlamentarismus und Pluralismus, liberalem «bürgerlichem Rechtsstaat» und staatsrechtlichem Positivismus, mit seinen Plädoyers für den zur existentiellen «Entscheidung» gegen seine Feinde fähigen starken Staat erweist sich Sch. aber nicht nur als Opponent der Weimarer Republik, sondern in einem tieferen Sinn als Gegner des Fortschrittsoptimismus der Aufklärung, der sich ihm als bequemes, bourgeoises Sekuritätsdenken präsentierte.

Die Fortwirkungen des Werkes von Sch. sind, v. a. auch in Spanien und Italien, bedeutend. Nachdem sein Name in Staatsrechtslehre und Politikwissenschaft jahrzehntelang tabuisiert wurde, während sich gleichzeitig auch in der politischen Linken ein fester Zirkel von Anhängern bildete, hat nun die Phase seiner Historisierung und wissenschaftlichen Aufarbeitung begonnen.

WW: Politische Romantik, 1919; Die Diktatur, 1921; Politische Theologie, 1922; Die geistesgeschichtliche Lage des heutigen Parlamentarismus, 1923; Verfassungslehre, 1928; Der Hüter der Verfassung, 1931; Legalität und Legitimität, 1932; Staat, Bewegung, Volk, 1933; Über die drei Arten des rechtswissenschaftlichen Denkens, 1934; Der Leviathan in der Staatslehre des Thomas Hobbes, 1938; Der Nomos der Erde im Völkerrecht des Jus Publicum Europaeum, 1950; Verfassungsrechtliche Aufsätze aus den Jahren 1924–54; 1958; Glossarium. Aufzeichnungen der Jahre 1947–51, hrsg. v. E. Frhr. v. Medem, 1991.

Lit.: H. Hofmann, Legitimität gegen Legalität. Der Weg der politischen Philosophie C. Sch.s, 2. Aufl., 1992; J. W. Bendersky, C. Sch. Theorist for the Reich, 1983; D. van Laak, Gespräche in der Sicherheit des Schweigens. C. Sch. in der politischen Geistesgeschichte der frühen Bundesrepublik, 1993; P. Noack, C. Sch. Eine Biographie, 1993. Nachlaß im Nordrhein-Westfälischen Hauptstaatsarchiv, Düsseldorf.

M. Stolleis

Scholten, Paul (1875–1946), Leben und Tätigkeit von Sch. sind mit Amsterdam – dort geboren und aufgewachsen, studierte er an der dortigen Universität bis zur Promotion 1899 Jura – engstens verknüpft. Seine juristische Laufbahn begann dort in einer Kanzlei. Seit 1903 Richter-Stellvertreter am Amsterdamer Landgericht (Arrondissementsrechtbank), wurde er 1915 Gerichtsrat-Stellvertreter beim Oberlandesgericht (Gerechtshof). 1907 folgte er einem Ruf der Universität Amsterdam und wurde Ordinarius für römisches Recht und 1910 Nachfolger seines Lehrers für Privatrecht und Zivilprozeßrecht. Seine Lehrtätigkeit wurde zwischen 1914 und 1921 um das Fach Einführung in die Rechtswissenschaft und niederländische Rechtsgeschichte, ab 1927 um die Rechtsphilosophie ergänzt. Sch. war sehr aktiv in der Niederländischen Reformierten Kirche.

Sch. gehörte zu den bekanntesten niederländischen Zivilrechtlern und Rechtsphilosophen. Sein in der bekannten Asser-Handbuchreihe erschienener *Algemeen Deel* (1931), der erste Band der *Handleiding tot de beoefening van het Nederlands burgerlijk recht*, gilt als klassisches Werk zur Methodik des Privatrechts und insbesondere zur Rolle des Richters bei der Rechtsfindung. Kennzeichnend für die richterliche Entscheidung sei die Feststellung des Verhältnisses von

Sollen und Sein. Weil in der Entscheidung immer Gerechtigkeit gesucht und das Sollen nur im Gewissen erfaßt werde, sei jede richterliche Entscheidung eine Gewissensentscheidung und könne niemals vollständig logisch gerechtfertigt werden. Über seine Entscheidung müsse der Richter umfassend Rechenschaft ablegen, u. a. mit der Hilfe der Interpretationsmethoden. Die Geltung des Rechts beruhe auf einem außerpositiven Maßstab. Die Begründung der ethischen Anforderungen an das Recht solle man in den evidenten Rechtsprinzipien suchen.

Die Aktivitäten von Sch. im Bereich des Privatrechts bezogen sich auf alle Teilbereiche. Besonders als Mitglied der Redaktion des «Weekblad voor Privaatrecht, Notarisambt en Registratie» (=WPNR) und als Kommentator der Entscheidungen des obersten Gerichtshofs, des Hoge Raad, in der Zeitschrift «Nederlandse Jurisprudentie» hat er die privatrechtliche Rechtsentwicklung in den Niederlanden entscheidend gelenkt, etwa bezüglich des Mißbrauchs eines Gesetzes, des Kausalgeschäftes, des Schutzes eines gutgläubigen Dritten bei Entziehung des Besitzes vom Eigentümer und der Wirkung von Treu und Glauben im Schuldrecht.

WW: Verzamelde Geschriften, 1–4, 1949–1954 (Neuaufl. 1980; mit Bibliografie).

Lit.: P. Sch. in: WPNR 106, 1975, 465–609; BWN 1, 536–539; N.H.M. Roos, in: Zestig juristen, 1987, 244–251; J.J.H. Bruggink, Wat zegt Sch. over recht. Een rechtsfilosofische studie rond het «Algemeen Deel», Diss. Utrecht, 1983; C.J.H. Jansen/E. Poortinga, Het onderwijs in de rechtsfilosofie van P. Sch., in: Recht en kritiek, 1993, 191–206.

C.J.H. Jansen

Schultingh, Anton (1659–1734), geboren in Nijmegen, 1675 Studium in Leiden, zuerst Philologie, dann Jura, 1683 Promotion. Obwohl als Rechtsanwalt in Den Haag eingeschrieben, blieb er als Privatdozent in Leiden und kam dort unter den Einfluß →Noodts, mit dem er sein ganzes Leben befreundet war. 1691 wurde er Professor der Rechte in Harderwijk, 1694 in Franeker, 1713 in Leiden.

Sch. war neben Noodt der bedeutendste Vertreter des antiquarischen Zweigs der sog. Holländischen Schule (‹der niederländische →Cujas›). Seinen Ruhm bis in die heutige Zeit verdankt er v. a. seiner *Jurisprudentia vetus antejustinianea* (1717). Seine umfangreichste Schrift besteht aus zwei Reihen von Disputationes zu den Digesten, die er in Franeker gehalten hat. Die erste Reihe (100 Disputationen) stammt von 1695–1708, die zweite (41 Disputationen) von 1708–13. Von beiden Reihen sind uns die ursprünglichen Fassungen als Disputation, mit den Namen der Respondenten auf der Titelseite, überliefert. Sch. hat selbst – aber erst in Leiden – eine überarbeitete Fassung der zweiten Reihe, die nur die ersten 4 Bücher der Digesten umfaßt, unter dem Titel *Enarratio partis primae Digestorum* 1720 veröffentlicht. Nach seinem Tode hat sein Nachfolger J.C. Rücker, neben einer 2. Auflage der *Enarratio* (1738) unter dem Titel *Thesium controversiarum juxta seriem Digestorum decades centum*, die erste Reihe – die bis Dig. 22,5 reicht – als Werk von Sch. herausgegeben. Beide Sammlungen erschienen 1774 als Band III und IV von Sch.s gesammelten Werken. Die Disputationen von Sch. wurden von Bavius Voorda, Professor in Leiden und Franeker, so geschätzt, daß er 1761 eine eigene Reihe begann, dort, wo Sch. aufgehört hatte. Die *Notae* von Sch. zu den Digesten wurden 1804–35 posthum von Nicolaus Smallenburg herausgegeben.

WW: BGNR Leiden, Nr. 598–630; BGNR Utrecht, 44.
Lit.: NNBW 1, 1462–1464.

R. Feenstra

Schwarzenberg, Johann von (1463/65–1528), aus fränkischem Rittergeschlecht, war ab 1500 Hofmeister und Vorsitzender des Hofgerichts in Bamberg und 1522–24 Mitglied des Reichsregiments.

Sch. wird als herausragender Strafrechtsreformer des frühen 16. Jh.s angesehen, der es verstand, deutschrechtliches Gedankengut mit römisch-rechtlichem zu verbinden. Er sah im Recht nicht nur eine Möglichkeit zur Förderung des Gemeinnutzes; vielmehr hatte er die Vorstellung von der Durchsetzung der Gerechtigkeit mit dem Mittel des Rechts. Das von ihm geschaffene gesetzgeberische Werk, die Bambergische Peinliche Halsgerichtsordnung, die *Constitutio Criminalis Bambergensis* von 1507, war Grundlage und Vorbild der 1532 in Kraft getretenen Peinlichen Gerichtsordnung Kaiser Karls V., der *Constitutio Criminalis Carolina*. Durch die *Carolina*, deren erster Entwurf 1521 von Sch. stammte, wurde die weitere Entwicklung der Strafrechtspflege wesentlich beeinflußt. Sch. wandte sich gegen die «privatrechtliche» Auffassung von Verbrechen und Strafe, die er zugunsten der amtlichen Strafverfolgung zurückdrängte. Die *Bambergensis* befreite das Strafverfahren von förmlicher wie sachlicher Willkür und goß es – zur Herstellung größerer Rechtssicherheit

– in festere Formen. Mit der *Carolina* sollte die Strafrechtspflege für das gesamte Reichsgebiet vereinheitlicht werden. Obwohl diese an der Möglichkeit der Privatklage festhielt, gelang der Sch.schen Reform die zunehmende Verlagerung der Strafverfolgung auf den Staat. Zwar konnte das Ziel – Herstellung der Rechtseinheit in der Strafrechtspflege und damit die Bindung aller Straforgane an ein einheitlich geltendes Reichsstrafgesetz – mit der *Carolina* noch nicht erreicht werden, weil die Stände die Reichsgerichtsordnung erst nach Einfügung der «salvatorischen Klausel» billigten, wodurch die *Carolina* gegenüber den Partikular- und Gewohnheitsrechten subsidiär blieb. Jedoch führte sie zu dem vom Untersuchungsgrundsatz beherrschten Inquisitionsprozeß und war im gesamten Reichsgebiet von erheblicher und lang anhaltender Bedeutung. Insofern war die von Sch. miteingeleitete Reform ein Meilenstein auf dem Weg zur Säkularisierung des Strafrechts. Seine Reformgedanken führten zu erheblichen Veränderungen des Verfahrensrechts, u. a. seine Beweis- und Indizienlehre zwecks Bindung des Gerichts an feste Beweisregeln, sowie auch zu einer ansatzweisen Grundlegung allgemeiner Strafrechtslehren im materiellen Recht, der Bildung von Versuchs- und Notwehrbestimmungen, Unterscheidungen nach Art und Grad des Verschuldens hinsichtlich der tatbestandlichen Einordnung des Delikts und seiner Rechtsfolgen. Dies darf aber nicht darüber hinwegtäuschen, daß Sch. keinen Beitrag zu einer Humanisierung des Strafensystems leistete. Dieses war sowohl in der *Bambergensis* als auch in der *Carolina* von Grausamkeiten – Todesstrafe, verschärfte Todesstrafen wie Verbrennen u. Vierteilen, verstümmelnde u. a. Leibesstrafen, Pranger, Landesverweisung – gekennzeichnet. Da die Verhängung der Rechtsfolgen weitgehend im Ermessen des Richters blieb, war trotz der Reform Willkür nicht ausgeschlossen.

WW: Cicero Officien, 1531; Der Teutsche Cicero, 1534; Die Carolina, hrsg. v. F.-C. Schroeder, 1986.
Lit.: Kleinheyer/Schröder, 247–250.

C. Pott

Schweigaard, Anton Martin (1808–1870), aus einer armen Kaufmannsfamilie in Kragerø, 1818 Waise, mußte aus wirtschaftlicher Not 1819 die Schule verlassen. Zunächst Seemann (1821–22), lebte er bis 1824 bei einem Pfarrer in Westerholt (Ostfriesland), wo er die deutsche Sprache erlernte. Dieser entdeckte seine außerordentlichen

Fähigkeiten und legte der Familie nahe, die Möglichkeit zu einer Universitätsausbildung zu suchen. Nach drei Jahren auf dem Gymnasium in Skien konnte er sich auf der Universität in Christiania (Oslo) immatrikulieren. Zum Jahreswechsel 1831/32 wurde er cand. jur. mit dem äußerst seltenen Prädikat «laudabilis prae ceteris». Er setzte seine juristischen und ökonomischen Studien fort, nahm an der gesellschaftlichen Debatte teil und ernährte sich als Repetitor, bis das Parlament ihm ein angemessenes Stipendium für einen längeren Studienaufenthalt im Ausland bewilligte (1833–34 Berlin, Paris). 1835 wurde er in seiner Heimat Lektor für Rechtswissenschaft und 1840 Professor für Rechtswissenschaft, Staatswirtschaft und Statistik. Als Abgeordneter von Christiania wurde er 1842–69 in alle Parlamente gewählt und saß von 1851 bis zu seinem Tod als Mitglied im Magistrat von Christiania.

Sch.s erste juristische Veröffentlichung waren seine jugendlich-kritischen *Betragtninger over Retsvidenskabens nærværende Stilling i Tyskland* (Betrachtungen über die gegenwärtige Stellung der Rechtswissenschaft in Deutschland, in: Bd. 23 Juridisk Tidsskrift). Eine Fortsetzung findet sich in dem Aufsatz über *La philosophie allemande* (1835), in dem er Kritik am deutschen Idealismus übte.

Sch.s juristische Hauptwerke sind der *Commentar over den Norske Criminallov* (Kommentar zum norwegischen Strafgesetzbuch, von 1842, 1841–46) und *Den Norske Proces* (Der norwegische Prozeß, 3 Bde. 1849–51 u. ö.). Sie sind in erster Linie als Handbücher für die Praxis zu sehen. Juristische Vorlesungen hielt er nach 1841 in Form von Kommentaren zu Ferdinand Mackeldeys *Lehrbuch des römischen Rechts*.

Seine wesentliche Leistung als Jurist und Staatsökonom erbrachte Sch. als Mitglied des Parlaments, weiter als Berichterstatter in dem zentralen Ausschuß des Parlaments für ökonomische Fragen und als Berichterstatter oder Mitglied in allen wichtigeren gesetzesvorbereitenden Ausschüssen von 1842 bis zu seinem Tod. Kein norwegischer Politiker zwischen 1840 und 1870 genoß gleiches Ansehen wie Sch., was seine Statue (1883) am Platz der Universität an der Hauptstraße Oslos noch heute bestätigt.

Lit.: NFL 5, 1908; Ø. Sørensen, Anton Martin Schweigaards politiske tenkning, 1986; J. Arup Seip, A. M. Schweigaard og liberalismens dilemma, in: ders., Politisk ideologi. Tre lærestykker, 1988.

G. Sandvik

Scialoja, Antonio (1817–1874) **und Vittorio** (1856–1933). Der Wirtschaftswissenschaftler und Politiker A. S. stand bis Ende der dreißiger Jahre den kulturellen und verlegerischen Unternehmungen von P. S. →Mancini nahe, mit dem er die Erfahrung des Risorgimento teilte.

Als Vertreter der konstitutionellen Bewegung von 1848 wurde er dann in Neapel verhaftet und verurteilt und teilte so das Schicksal anderer Patrioten; 1849 wurde die Strafe durch Gnadenakt in Exil umgewandelt, im Zuge dessen er sich nach Turin begab. Dort hatte er bereits 1846 Wirtschaftswissenschaft gelehrt und besorgte nun, zusammen mit Mancini und Giuseppe →Pisanelli, die Publikation des *Commentario al codice di procedura civile per gli Stati sardi*, der einen Versuch darstellte, die italienische Rechtswissenschaft von der Notwendigkeit des ständigen Rückgriffs auf die ausländische, insbesondere die französische Kommentarliteratur unabhängig zu machen. Ab 1862 war A. S. Senator im Parlament des vereinten Italien, wurde dann 1865–67 Finanzminister und leitete schließlich zwischen 1872 und 1874 das Justiz- und Kultusministerium.

Während der Zeit seines Exils in Turin wurde sein Sohn Vittorio S. geboren, der als Staatsmann und Romanist internationale Anerkennung erlangen sollte. Dieser folgte seiner Familie in die wechselnden Hauptstädte des Königreichs Italien und schloß schließlich in Rom sein Studium mit dem rechtswissenschaftlichen Examen ab. Auf Anraten des Vaters und Silvio Spaventas erlernte V. S. während seines Studiums der Rechte und der alten Sprachen auch das Deutsche. Dadurch wurde es ihm möglich, sich gründliche Kenntnisse der Lehre der historischen Rechtsschule anzueignen, was sich als wegweisend für seinen intellektuellen Werdegang erweisen sollte. Insbesondere das Werk →Savignys blieb für den Juristen von dauerhafter Faszination, was ihn dazu veranlaßte, sich der Übersetzung dessen Systems – *Sistema del diritto romano attuale* (1886–98) – zu widmen.

Der Rechtswissenschaftler nahm an der deutschen Romanistik stets aktiv Anteil, so widersprach er etwa heftig der auf Verfälschung basierenden Kritik von Gradenwitz und kommentierte das Werk Lenels. Schon in seiner Antrittsvorlesung «Über positives Recht und Gerechtigkeit» (*Del diritto positivo e dell'equità*, 1880) hatte er in Camerino begonnen zu lehren und damit sehr früh seine akademische Karriere eingeleitet, die ihm, nach einem kurzen Aufenthalt in Siena, kaum 28jährig den Lehrstuhl für römisches Recht in Rom einbrachte. Er verschaffte der Universität Rom mit der Gründung des Instituts für römisches Recht 1887 und des im Jahr darauf ins Leben gerufenen dazugehörigen «Bulletino», dessen ständiger Schriftführer er blieb, wieder eine führende Rolle in der Romanistik. V. S. verband die Berufung als Romanist mit einem starken Interesse für die praktische Rechtsverwirklichung, der er sich in verschiedenen Rollen widmete; bis in die letzten Jahre seines Lebens war er praktizierender Anwalt, und dreißig Jahre lang übte er das Amt des einzigen Berufungsrichters der Republik San Marino unter dem Regime des gemeinen Rechts aus. Überdies betätigte sich der Jurist im Bereich des kodifizierten geltenden Rechts des Königreiches als Interpret und war an der Gesetzgebung beteiligt.

S. bekleidete, oft als Minister und seit 1904 als Senator, zahlreiche öffentliche, politische wie akademische Ämter, darunter den Vorsitz der Accademia dei Lincei, des Obersten Rates für das öffentliche Unterrichtswesen und der königlichen Kommission für die Reform des Zivilgesetzbuches.

Noch in fortgeschrittenem Alter wurde er zum Förderer des europäischen Legislativbündnisses und hatte dort den Vorsitz in der italienisch-französischen Kommission inne, die innerhalb eines Jahrzehnts den Entwurf für ein Obligationengesetzbuch (1927) vorlegte.

Im Senat vertrat S. das faschistische Italien, in dem er sich in zahlreichen Diskussionen zu Wort meldete, die von Mitarbeitern dann, genau wie der größte Teil seiner Produktion, die zu drei Vierteln mündlich war, für den Druck gesammelt wurden.

Lit.: S. Riccobono, V. S., in: BIDR 1934, 1 ff.; ebenda, Notizie biografiche di V. S., 22 ff.; F. Cipriani, Storie di processualisti e di oligarchi, 1991, 55 ff. u. passim.

C. Vano

Sclopis di Salerano, Federico Paolo (1798–1878), legte 1818 an der juristischen Fakultät der Universität Turin sein Examen ab. Nachdem er kurze Zeit im Innenministerium beschäftigt war, trat er in die Dienste der Justizbehörden und wurde Generalanwalt im Senat von Piemont.

S. nahm am universitären Leben teil, machte sich aber auch außerhalb der Universität durch seine gesetzgeberische, rechtspolitische und historische Arbeit einen Namen. So gehörte er zu den aktivsten Mitgliedern der für die albertinische Zivilrechtskodifikation zuständigen Kommission und war Präsident des Ausschusses für die Reform der juristischen Fakultät.

Im Bereich der Gesetzgebungspolitik galt der Jurist als hartnäckiger Verfechter der Kodifikation (*Discorsi sopra la legislazione civile*, 1833–35). Diesbezüglich befand er sich im Gegensatz zu → Savigny, dessen großer Bewunderer er ansonsten war und dessen Werk er in Piemont und Italien zu verbreiten half.

S. gilt als Inspirator der albertinischen Verfassung und ist der Verfasser ihrer Präambel.

1848 begann sein politisches Engagement: Er war 1848 Justizminister im ersten verfassungsgemäßen Ministerium, 1849 Senator und 1863–64 Senatspräsident. Zeugnis von seiner politischen Aktivität geben die *Discorsi parlamentari* (1852–70).

Daneben verdient aber auch sein wissenschaftliches Werk Beachtung. So arbeitete er über die Rechtsquellen der Spätantike und des Mittelalters. Studien zu den Gemeindestatuten bildeten den Grundstock für die *Storia dell'antica legislazione del Piemonte* (1833) und die *Storia della legislazione italiana* (1840–57 u. ö.). In diesen beiden Werken zeigt sich sehr deutlich das neuentstandene Interesse an rechtshistorischer Forschung in Italien.

In seiner Eigenschaft als Mitglied zahlreicher italienischer und ausländischer Akademien – er hatte die Präsidentschaft der Akademie der Wissenschaften und der Deputation für vaterländische Geschichte in Turin inne, war Mitglied der Accademia dei Lincei und des Institut de France – veröffentlichte S. zahlreiche anspruchsvolle Schriften. Die in der Bibliothek der Akademie der Wissenschaften von Turin neben den Handschriften erhaltene Briefsammlung belegt die internationale Bedeutung des Rechtsgelehrten, der immer auch der Rechtswissenschaft jenseits der Alpen verbunden war, in Frankreich hauptsächlich mit → Laboulaye, in Deutschland mit → Mittermaier.

S. zählte zweifellos, sowohl vor als auch während der italienischen Einigung, zu den herausragenden Rechtswissenschaftlern der Halbinsel.

Lit.: V. Sclopis, Della vita e delle opere del Conte F. S. di S., 1905; P. Pirri (Hg.), Diario segreto di Federico S., 1959; A. Erba, L'azione politica di F. S. Dalla giovanezza alla codificazione albertina (1798–1837), 1960.

L. Moscati

Scott, John, Earl of Eldon (1751–1838). Wie sein Bruder → William Scott Lord Stowell und auf dessen Veranlassung hin studierte S. in Oxford. Er beabsichtigte zunächst Kleriker zu werden, heiratete aber bald und wandte sich der Jurisprudenz zu. S. wurde 1773 Mitglied im Middle Temple, 1776 wurde er als Rechtsanwalt zugelassen und lehrte daneben in Oxford. 1782 wurde S. Mitglied des Queen's Council, und im gleichen Jahr begann mit seiner Wahl in das House of Commons seine lange politische Karriere. 1788 wurde S. zum stellvertretenden Kronanwalt (Solicitor-General) ernannt, 1793 wurde er Kronanwalt (Attorney-General). 1799 wurde er oberster Richter am Court of Common Pleas, in den Adelsstand erhoben und übernahm einen Sitz im House of Lords. 1801 schließlich stieg er zum Lord Chancellor auf. Nach William Pitts Tod wurde der 1805 entlassene S. schon 1807 in dieses Amt wieder eingestellt, trat aber 1827 aus Protest gegen die Politik des Premierministers Canning zurück.

An S.s Tätigkeit als Kronanwalt und Lord Chancellor wird v.a. seine feindselige Haltung gegenüber Reformen kritisiert. Auch gegen allseits als notwendig erachtete Gerichtsreformversuche trat er heftig auf. Seine großen Verdienste als Chancellor lagen auf dem Gebiet der Equity begründet. Er stellte das Verhältnis der Common Law-Ordnung zu den Regeln der Equity klar und half so, das von → Finch und → Yorke erarbeitete System der Equity weiter zu verfeinern.

Lit.: DNB 51, 49 ff.; Simpson, 463 f.; W. S. Holdsworth, A History of English Law, 8, 595 ff.

Ch. Köckler-Beuser

Scott, William, Baron Stowell (1745–1836), studierte in Oxford und hielt als Tutor bis 1785 mit großem Erfolg Vorlesungen in alter Geschichte ab. Sein Wunsch war es aber, als Anwalt zu arbeiten, und so wurde er 1762 Student am Middle Temple, einem der berühmten vier Inns of Court in London, an denen seit dem Mittelalter die Juristenausbildung auf dem Gebiet des Common Law stattfand. Nach dem Tode seines Vaters trat S. 1776 für kurze Zeit in die väterliche Reederei ein, was ihm später als Richter in Seestreitigkeiten von Nutzen sein sollte. Nach dem Erwerb des Titels eines Doctor of Civil Law wurde er 1780 als Anwalt zugelassen und trat dem Doctors' Common, der Vereinigung der im römischen Recht ausgebildeten Juristen, der Civilians, bei. Hier begann S.s steile Karriere als Jurist. 1782 wurde er zum Ankläger am Gerichtshof für Seestreitigkeiten (Advocate-General for the Office of Lord High Admiral). Aufgrund seiner Ausbildung im Civil Law konnte er 1788 als Richter zum kirchlichen Consistory Court nach London berufen werden, wo ausschließlich Civilians arbeiteten. 1798–1828 war er Richter am High Court of Admiralty, dem Gericht für Seestreitigkeiten. Neben seiner Tätigkeit als Jurist beteiligte sich S. wie sein Bruder →John Scott, Earl of Eldon, als konservativer Abgeordneter aktiv am politischen Leben. 1784 war S. erstmals Mitglied des House of Commons. Er blieb dies bis zu seiner Erhebung in den Adelsstand 1821, woraufhin er ab 1822 einen Sitz im House of Lords hatte.

S. wird mit →Hale und →Mansfield als einer der bedeutendsten Richter Englands angesehen. Die Entscheidungen, die er als Richter am Court of Admiralty fällte, bildeten wegen ihrer logischen Schärfe den Grundstein für das System des modernen Seerechts. 1799 regte er die Veröffentlichungen der Entscheidungen seines Gerichts als sog. reports an, wodurch sich die große Verbreitung und Wirkung seiner Urteile erklärt. Eine vergleichbare Leistung erbrachte S. während des Seekriegs gegen Frankreich auf dem Gebiet des Prisenrechts. Seine see- und prisenrechtlichen Entscheidungen waren in Amerika wegweisend.

Auch zu grundlegenden Fragen des Eherechts fällte S. mehrere Entscheidungen, die für lange Zeit die Rechtsprechung auf diesem Gebiet bestimmten.

Lit.: DNB 51, 108ff.; Simpson, 464ff.; W.S. Holdsworth, A History of English Law, 13, 668ff.

Ch. Köckler-Beuser

Seabra, António Luís Visconde de (1798–1895). Der Verfasser der ersten portugiesischen Privatrechtskodifikation entstammte einer Richterfamilie. Er studierte 1815–20 an der juristischen Fakultät in Coimbra. Sein beruflicher Werdegang führte 1821 vom Richter in der Provinz Trás-os-Montes über die Relação in Porto (um 1845) bis zum obersten Gerichtshof, dem Supremo Tribunal de Justiça. 1866–68 war er Rektor der Universität Coimbra.

Der professionelle Aufstieg wurde von einer steilen politischen Karriere begleitet. Als liberaler Parteigänger nahm er an den Revolutionen von 1828 und 1846 teil und mußte in den frühen dreißiger Jahren nach Belgien emigrieren. 1834–61 war er Abgeordneter, ab

1862 Mitglied des Oberhauses und 1852 sowie 1868 Justizminister. 1865 wurde er geadelt. Entsprechend vielfältig war S. auch intellektuell tätig. Er übersetzte und kommentierte Horaz und Ovid, veröffentlichte eigene Poesie und Prosa und gründete vier politische Zeitschriften. Sein allgemeines philosophisches Interesse mündete in eine rechtsphilosophische Schrift *A Propiedade. Philosophia do Direito para servir de introducção ao comentaria sobre a Lei dos foraes* (1850). Zugunsten eines im Verlauf der «Regeneração» langsam erstarkenden Bürgertums wurden errungene Positionen unter Rückgriff auf krausistisches Gedankengut überhöht und bei Zentrierung auf den Eigentumsbegriff juristisch ausgeformt und hierdurch zusätzlich gerechtfertigt.

Auch dank dieser Publikation wurde S. 1850 zum alleinigen Redaktor eines umfassenden portugiesischen Zivilrechtsgesetzbuches ernannt, das, 1856 beendet, 1867 als «Código civil portuguez» in Kraft trat. Damit war gleichermaßen nationale Einheit gestiftet worden wie politökonomischen Einsichten Rechnung getragen, sollten dem Besitzbürgertum Freiheitsräume garantiert (Willensprinzip) und trotzdem gesellschaftlicher Frieden begründet werden. Inhaltlich bestimmte Rechtsreform statt Revolution beispielsweise den Kompromiß in Fragen der Zivilehe wie bei der Beschränkung des testierbaren Vermögens.

Lit.: J. Dias Ferreira, Elogio histórico do Visconde de S. na associação dos advogadodos de Lisboa aos 4 de dezembro de 1895, 1895; J.-M. Scholz, Eigentumstheorie als Strategie portugiesischen Bürgertums von 1850, in: QuF 5–6, 1976–1978, 339 ff.; Ders., in: Coing, 3, 1, 723 ff.

J.-M. Scholz

Seckendorff, Veit Ludwig von (1626–1692), aus einem alten, früh lutherisch gewordenen fränkischen Adelsgeschlecht, studierte 1642–45 in Straßburg Philosophie, Geschichte und Jurisprudenz. Eine Verwaltungskarriere, zunächst in Diensten des Herzogs Ernst von Sachsen-Gotha, führte ihn schließlich bis ins Amt des Kanzlers. 1665 wechselte er in gleicher Funktion zu Herzog Moritz nach Sachsen-Naumburg-Zeitz. Erst nach dessen Tod 1681 erfolgte der lang erwünschte Rückzug S.s vom sächsischen Fürstendienst, um sich verstärkt wissenschaftlichen Aufgaben zu widmen. Er publizierte den sich vorwiegend mit theologischen Fragen beschäftigenden *Christen-Stat* (1685) und den *Commentarius historicus et apologeticus* *de Lutheranismo* (1688–92). 1692 ging er noch einmal als Kanzler an die Universität Halle, konnte dieses Amt aber nur wenige Wochen bis zu seinem Tod wahrnehmen.

Der 1656 erschienene *Fürstenstaat* war S.s Hauptwerk. Das Buch erlebte zwischen 1656 und 1754 zwölf Auflagen; an den Universitäten wurde auf seiner Grundlage unterrichtet. Repräsentativ für das lutherische Staatsdenken und die Polizeiwissenschaft des 17. Jh.s, zeichnet es sich v. a. durch seine Systematik und – bedingt durch S.s parallele Mitarbeit an der großen Landesordnung von Sachsen-Gotha von 1653 – durch seine Praxisnähe aus. Der Gattung nach über weite Strecken Fürstenspiegel, wendet es sich mit pragmatischen, u. a. Kameralistik, Statistik und die frühneuzeitliche Hofhaltung streifenden Handlungsanweisungen aber an alle in fürstlichen Diensten stehenden Verwaltungsbeamten. Transzendiert wird diese Verwaltungslehre nach S.s Intention von christlichen Idealen: Letztes Ziel aller Staatstätigkeit ist es, die Ehre Gottes zu befördern. Entschieden antimachiavellistisch, fallen für S. auch Natur und Vernunft in Gott zusammen, daher lehnt er auch den Begriff eines vom göttlichen Recht getrennten Naturrechts ab. Insofern S. aber selbst nach weltlichen Zwecken systematisiert und differenziert, weist er der säkularisierten Verwaltungslehre des 18. Jh.s den Weg.

Auf die Staatslehre seiner Zeit gesehen, war S. Repräsentant eines kaisertreuen, kleinstaatlichen Frühabsolutismus: Die Territorialhoheit komme dem Landesfürsten zu, sie unterliege aber sowohl im Verhältnis zum Reich als auch zu den Ständen rechtlichen Beschränkungen, die unbedingt einzuhalten seien. Da er seine Staatslehre lutherisch-rechtstheologisch unterlegte, gab er einerseits der Herrschaft weitgehende Befugnisse, polizeilich-reglementierend ins Leben der Untertanen einzugreifen, andererseits sollte die christliche Grundhaltung beider Seiten Konflikte vermeiden helfen und von innen heraus die Gefahr einer mißbräuchlichen Machtausübung begrenzen.

WW: Teutsche Reden, hrsg. v. G. Braungart/M. Vec, 1995.
Lit.: M. Stolleis, in: Staatsdenker, 139 ff.

M. Vec

Selden, John (1584–1654), ist auf dem Kontinent in erster Linie als Gegenpart von Hugo → Grotius im Streit um die Freiheit der Meere von staatlichen Herrschaftsansprüchen bekannt. Das Völkerrecht stand aber keineswegs im Zentrum der Interessen des vielseitig gebildeten englischen Juristen, Altertumsforschers und Orientalisten, der nach einem kurzen Aufenthalt in Oxford (1600/01) und langer Ausbildung als Common Lawyer im Londoner Inner Temple 1612 als Barrister zugelassen wurde. 1617 veröffentlichte er, nach verschiedenen (auch rechts-)historischen Arbeiten, seine «Geschichte des Zehnten», *History of Tythes*, die ihm neben starken Anfeindungen aus der um ihre Einkünfte fürchtenden Kirche auch direkten Kontakt zum König verschaffte. James I. war es wohl auch, der S. 1618 aus aktuellem Anlaß zu einer ersten Fassung des *Mare Clausum* veranlaßte, diese aber aus Furcht, den dänischen König zu verstimmen, nicht publizieren ließ.

In der großen verfassungspolitischen Auseinandersetzung um die monarchische Prärogative, die Rechte des Parlaments und die Freiheitsrechte des einzelnen ab 1621 focht der mit den «precedents» wohlvertraute S., selbst mehrmals Abgeordneter, neben Sir Edward →Coke gegen den König und beriet in Konflikt mit Charles I. geratene Personen – mit dem «Erfolg» einer zweimaligen Inhaftierung, zuletzt 1629. Die nach seiner bedingten Entlassung 1631 kursierenden Gerüchte von einem Wechsel auf die Seite des Königs nahm später der Niederländer Graswinckel auf, als er das 1635 publizierte Werk *Mare clausum, seu de dominio maris libri duo* als Preis für die persönliche Freiheit diskreditierte.

Seine Unabhängigkeit stellte S. jedoch ab 1640 im Langen Parlament, nun als Vertreter der Universität Oxford, wiederholt unter Beweis. Am mit der Exekution Charles I. endenden Prozeß und dem Aufstieg Cromwells nahm er keinen Anteil mehr. Auch seine wissenschaftliche Arbeit, für die er neben der Tätigkeit als juristischer Berater und Politiker stets Zeit fand, war Ausdruck seiner persönlichen Interessen.

De Diis Syris, 1617 veröffentlicht, leitete die orientalischen Abhandlungen ein; in den dreißiger und vierziger Jahren erschienen die großen Schriften zum jüdischen Recht (u. a. *De jure naturali et gentium iuxta disciplinam Hebraeorum*, 1640). Zur Erforschung der englischen Rechtsgeschichte, der sich seit 1887 die Selden Society widmet, trug der Namensgeber mit den *Notes on Fortescue* (1616) ebenso bei wie 1647 durch die erstmalige Edition einer *Fleta* genannten und auf →Bracton basierenden frühen englischen Rechtsabhandlung, die er um eine gelehrte Einleitung bereicherte. Sein bekanntestes und weitverbreitetstes Werk wurde allerdings erst nach Einführung der Pressefreiheit 1689 publiziert: die von seinem Sekretär Milward gesammelten Äußerungen zu Zeitfragen, die *Table Talks*.

Lit.: E. Fletcher, J. S. 1584–1654, (Selden Society Lecture 1969), 1969; D. S. Berkowitz, J. S.'s Formative Years. Politics and Society in Early Seventeenth-Century England, 1988.

K.-H. Lingens

Sergeevič, Vasilij Ivanovič (1832–1910), seit 1871 Professor an der Moskauer und seit 1872 der St. Petersburger Universität, deren Rektor er ab 1897 war, ab 1907 Mitglied des Reichsrats, gilt als einer der Begründer der «juristischen Schule».

Sein wichtigstes wissenschaftliches Werk *Aufgaben und Methoden der Staatswissenschaften* (1871) suchte die theoretische Begründung des Staatsrechts unter strikter Abgrenzung von der «Wissenschaft der Staatskunst oder Politik». S.s Interesse galt dabei v. a. dem tatsächlich existierenden russischen Staatsrecht, seinen Grundzügen und seiner Entwicklung sowie der Funktionalität seiner Normen. Grundlage zu dieser Arbeit bildete die systematische Untersuchung der russischen Gesetze in *Volksversammlung und Fürst* von 1867.

Als eines der ersten Mitglieder der juristischen Schule entwickelte er eine vergleichende Rechtsmethodik, die die Normen des «Barbarenrechts», des römischen, angelsächsischen und germanischen Rechts zur vergleichenden Interpretation des slawischen Rechts heranzuziehen suchte. Die Auseinandersetzung mit den konkreten russischen Rechtsverhältnissen war auch bei ihm wesentlich von den Positionen der historischen Schule und des deutschen Positivismus bestimmt.

Die Vorstellung A. Comtes und J. S. Mills, daß die Rechtsordnung als Reflex der sozialen Lebenswelt gesehen werden müsse, beeinflußte auch S.s Rechtsbegriff deutlich. In seiner Arbeit *Die russischen Rechtsaltertümer* (1890–96), einer grundlegenden Untersuchung der russischen Rechtsquellen, versuchte er eine Systematisierung der vorgefundenen Normen nach Rechtsmaterien sowie die Herleitung der grundlegenden sozialen Rechtsinstitute – Stände, Pflichten, Landrecht.

Richtungsweisend wurde ferner seine Untersuchung der Entwicklung des Rechtsbewußtseins von den Normen des Gewohnheitsrechts bis hin zur bürgerlichen Gesellschaft in Rußland: *Vorlesungen und Forschungen zur Geschichte des russischen Rechts* (1883–99).

Lit.: M. A. Djakonov, V. I. S. i ego učenye trudy, 1912; K.-D. Grothusen, Die Historische Rechtsschule Rußlands, 1961.

A. N. Meduschewskij

Šeršenevič, Gabriel Feliksovič (1863–1912), seit 1888 Professor an der Universität von Kazan, danach an der Sanjavskij-Volksuniversität und am Handelsinstitut in Moskau. Als einer der Führer der liberalen Kadettenpartei und als Abgeordneter der ersten Staatsduma war Š. einer der Wegbereiter der Rechtsstaatsidee in Rußland. Er war ferner aktiv an der Diskussion um eine Kodifikation des Zivilrechts und der Untersuchung seiner Geschichte beteiligt.

Š., zur positivistischen Schule in der russischen Rechtswissenschaft zählend, widmete sich vor allen Dingen Problemen der Rechtssoziologie. Er gilt als der Begründer systematischer Vorlesungen zur Theorie des Rechts und der Rechtsphilosophie in der russischen Jurisprudenz. Sein Bestreben, bestehendes Recht deduktiv-logisch von grundlegenden Rechtsbegriffen abzuleiten und damit zu systematisieren, machten seine Arbeiten (*Geschichte der Rechtsphilosophie*, 1905; *Lehrbuch zum Zivilrecht*, 1905; *Allgemeine Rechtstheorie*) zu weitverbreiteten Lehrbüchern. Š. gilt als «Vater» zahlreicher Ausformungen des Zivilrechts (*Autorenrecht*, 1910) – sowie des Handelsrechts (*Konkursrecht*, 1898; *Lehrbuch des Handelsrechts*, 1907) in Rußland.

Im Zentrum seines Werkes standen Probleme der Wechselbeziehung zwischen Recht, Staat und Gesellschaft, die er in seinem Hauptwerk *Die Soziologie* (1910) untersuchte.

Lit.: B. A. Kistjakovskij, G. F. Š., 1912; V. D. Zor'kin, Pozivistskaja teorija prava v Rossii, 1978; N. Nowikow, Die Soziologie in Rußland, 1988.

A. N. Meduschewskij

Servius Sulpicius Rufus (ca. 106–43 v. Chr.), Konsul 51, war der Begründer der klassisch-institutionellen Richtung der römischen Rechtswissenschaft und der bei weitem bedeutendste Rechtsgelehrte seiner Generation. Wie sein Freund und Weggefährte →Cicero war er ein Zögling der philosophisch-rhetorischen Kultur der skeptischen Akademie, die Philon von Larissa, der Enkelschüler des Karneades, in seiner Jugend in Rom gelehrt hatte. Drei seiner Reden galten noch einem Quintilian als musterhaft.

Gestützt auf seine philosophisch-rhetorische Vorbildung, setzte er in der Rechtspraxis den systembildenden Gedanken durch, daß das Recht eine von Menschen geschaffene, mit den Mitteln eines durchdachten Begriffssystems (ars) gebildete gedankliche Einrichtung (institutio) ist, deren regelhafte Figuren und Sätze, als Recht in die vom Menschen geordnete Lebenswelt hineingedacht, die biologische Natur des Menschen ergänzen und Interessen und Werte des zivilisierten Zusammenlebens sichern. Soweit die Regeln des Rechts ihres Formalismus wegen diese Aufgabe nicht erfüllen können und die «natürlichen» Interessen und Werte des Privatrechts ungeschützt bleiben, greift in diesem System der Gerichtsmagistrat ein und ergänzt das Privatrecht durch faktische Regelungen, die allein kraft Amtsgewalt gelten und daher kein Recht (ius) sind. Diese ergänzenden faktischen Regelungen waren für die praktische Anwendung des institutionellen Systems unentbehrlich. Da sie neben den Rechtsbehelfen des Rechts regelmäßig im Edikt verheißen wurden, trat seit S. das Edikt in das Zentrum der Rechtswissenschaft (→Pomponius, liber singularis enchiridii, Dig. 1,2,2,44; Cicero, de legibus I 5,17). Grundlegend für das neue System war die Unterscheidung zwischen einem ius publicum, das die für das Gemeinwohl und die Werte des Zusammenlebens verantwortliche Magistratur einsetzte, und einem ius privatum, das die Interessen der einzelnen sicherte (→Ulpian 1 institutionum Dig. 1,1,1,2; vgl. Cicero, Brutus 41, 152; Partitiones oratoriae 38, 129–131; Topica 23, 90).

S. hinterließ 180 Bücher (Schriftrollen). Davon sind vier Werke individualisiert, darunter ein wissenschaftlicher Kommentar zum Edikt (der erste seiner Art) und eine Kritik an den Grundsätzen des größten Juristen der voraufgegangenen Generation, des →Mucius Scaevola; ein Zwölftafelkommentar wird vermutet.

Lit.: F. Wieacker, Römische Rechtsgeschichte, I, 1988, 602ff.; O. Behrends, L'anthropologie juridique de la jurisprudence romaine classique, in: RHD 68, 1990, 337–362; E. Vernay, S. et son École, Contribution à l'histoire des idées juridiques à la fin de la République, 1909.

O. Behrends

Shang Yang (ca. 390–338 v. Chr.), war zusammen mit →Shen Buhai der Begründer des Legalismus, der das vom und für den Herrscher geschaffene Gesetz (fa) in den Mittelpunkt stellte und der die politisch wirksamste geistige Strömung im alten China war. Als illegitimer Abkömmling des Herrscherhauses von Wei mit dem ursprünglichen Namen Gongsun Yang wurde S. wegen seiner Verdienste als Minister in Qin mit dem Fürstentum Shang belehnt. Sein strenges, auf drakonische Strafen und ein rudimentäres Überwachungs- und Bespitzelungswesen gebautes Regiment legte den Grundstein zur Beseitigung des Geblütsadels und der Umwandlung Qins zum Territorialstaat mit einheitlicher administrativer Ordnung. Nach dem Grundsatz gleicher Strafen ohne Rücksicht auf Rang und frühere Verdienste ließ S. einst auch die beiden Lehrer und den Vormund des Kronprinzen grausam bestrafen. Nach Erlangung der Macht rächte sich der Prinz. S. floh, fand aber keinen Unterschlupf, weil er nicht im Besitz eines von ihm selbst eingeführten Ausweises für Reisende gewesen sein soll. Er starb bei seiner Ergreifung und wurde gevierteilt.

Das nach S. benannte, wahrscheinlich im 4./3. Jh. v. Chr. zusammengestellte Buch *Shangjun shu* in 24 Kapiteln spiegelt das legalistische Herrschaftsmodell wider. Dessen Ziel bestand in der Unterordnung aller unter den Willen des Herrschers und in der nach militärischen Grundsätzen geordneten Gesellschaft, um den Staat stark und wohlhabend zu machen.

S.s legalistische Staatsethik war gekennzeichnet durch Antiintellektualismus sowie Verwerfung des Althergebrachten und der auf Tradition gegründeten Institutionen. Der Legalismus schuf die geistige Grundlage für die Rechtseinigung durch den Staat Qin im Jahre 221 v. Chr. und damit für das chinesische Kaiserreich als zentral und bürokratisch regierten Einheitsstaat, wurde aber nach dem Untergang der kurzlebigen Qin-Dynastie durch die konfuzianische Schule geächtet.

Lit.: J. J. L. Duyvendak, The Book of Lord S., 1928; L. Vandermeersch, La formation du Legisme, 1965.

A. Mittag

Shaw, Lemuel (1781–1861), war 1830–60 Präsident des obersten Gerichts von Massachusetts. Vorher war er seit 1804 als Rechtsanwalt tätig gewesen und hatte verschiedene öffentliche Ämter innegehabt, u. a. hatte er die erste Satzung der Stadt Boston verfaßt. Als Richter hat S. über dreißig Jahre hinweg die Entwicklung und Ausformung des Rechts in seinem Staat geprägt und beeinflußt wie kaum ein anderer Richter eines einzelstaatlichen Gerichts.

S. war Richter in einer Zeit großer wirtschaftlicher und gesellschaftlicher Veränderungen. Neue Industrien entstanden, v. a. das Eisenbahnwesen, Versorgungsbetriebe wurden gegründet, Geschäftsmethoden geändert. S. gelang es, durch seine Entscheidungen das auf ganz andere gesellschaftliche Verhältnisse zugeschnittene Common Law diesen Veränderungen anzupassen, Rechtsinstitute zu schaffen, Lehren zu begründen, die die rechtliche Bewältigung der industriellen Veränderungen erlaubten. Er hat damit nicht nur das Recht des Staates Massachusetts geformt, sondern die gesamtamerikanische Rechtsentwicklung beeinflußt. Seine Entscheidungen wurden zum Leitbild für die Gerichte anderer Staaten. S. etablierte z. B. die bis zu Beginn dieses Jh.s allgemein anerkannte Regel, daß Unternehmer nicht für Schäden haften, die ein Arbeitnehmer dem anderen zufügt, was eine Verlagerung der Kosten für Unfälle auf die Arbeitnehmer bedeutete und eine bewußte Förderung der industriellen Entwicklung darstellte (Farwell vs. Boston and Worcester Railroad Corp., 1842).

Die Entscheidungen des obersten Gerichts, an denen S. mitgewirkt hat, sind in Bd. 27–81 der «Massachusetts Reports» abgedruckt.

Lit.: F. H. Chase, L. S., Chief Justice of the Supreme Judicial Court of Massachusetts, 1918; L. W. Levy, The Law of the Commonwealth and Chief Justice S., 1957.

M. J. Flessner

Shen Buhai (–337 v. Chr.), gilt nach traditioneller Auffassung als eine der wichtigsten frühen Gestalten des chinesischen Legalismus (fajia). Die Bewertung und Einordnung seiner Lehren wird jedoch erschwert durch die Überlieferungslage. H. G. Creel hat aufgrund der 27 erhaltenen, dem S. zugeschriebenen Fragmente, die zusammen aus nur 1346 Schriftzeichen bestehen, die Position dieses Denkers zu rekonstruieren versucht. Danach setzte S. weniger als sein Zeitgenosse →Shang Yang auf die alleinige Bedeutung der Gesetze und auf Strafe und Belohnung zur Durchsetzung seiner politischen Ordnungsvorstellungen; er betonte statt dessen v. a. bürokratische Verfahren (shu). Daher stellte ihn H. G. Creel in Gegensatz zu Shang Yang und zu dem späteren →Han Fei und hob sein an Kooperation und Konfliktlösung sowie an Delegation von Machtkompetenzen interessiertes Konzept hervor. S. kann als der Vertreter einer praktischen politischen Philosophie nüchternen Verwaltungshandelns gelten, bei dem nicht Gesinnung, sondern Kompetenz und Tüchtigkeit die Auswahl der Funktionsträger bestimmen sollte.

Lit.: H. G. Creel, Shen Pu-hai. A Chinese Political Philosopher of the Fourth Century B. C., 1974 (enthält vollständige Übersetzung aller Shen Bu-hai-Fragmente).

H. Schmidt-Glintzer

Shen Jiaben (1840–1913), war der bedeutendste chinesische Rechtsgelehrte, Rechtshistoriker und Rechtsreformer des 19. und frühen 20. Jh.s, dessen Gedanken die Gesetzgebung der Republik China in der ersten Hälfte des 20. Jh.s nachhaltig prägten.

S., der einer Juristenfamilie entstammte, machte früh durch seine Rechtsexpertisen auf sich aufmerksam. Als Verwaltungsbeamter in verschiedenen wichtigen Funktionen kam er mit Aufstandsbewegungen, denen er mit drakonischen Strafen begegnete, ebenso in Berührung wie mit Konflikten zwischen Chinesen und christlichen Missionaren, womit besondere Rechtsfragen, insbesondere die Exterritorialität, berührt waren. 1902 wurde S. zusammen mit Wu Tingfang (1842–1922) vom Kaiserhaus mit der Planung einer Rechtsreform beauftragt. Beide zogen nicht nur ausländische Rechtsgelehrte hinzu, sondern erkannten auch den Mangel an professioneller juristischer Ausbildung in China und gründeten daher 1906 in Peking eine Rechtsakademie.

S. schug vor, das auf die Gesetzgebung der Tang-Zeit (→ Changsun Wuji) zurückgehende Recht der Qing-Dynastie zu entrümpeln und die körperliche Züchtigung zugunsten von Geld- und Haftstrafen abzuschaffen. Er verwarf die Folter zur Erzwingung von Geständnissen, außer bei Kapitalverbrechen, und plädierte für Individual-, statt Kollektivhaftung sowie für die Selbständigkeit der Rechtsprechung von der Exekutive. Im Frühjahr 1906 unterbreitete S. ein Gesetzeswerk, in dem zwischen zivil- und strafrechtlichen Tatbeständen unterschieden und eine geregelte Prozeßordnung eingeführt wurde. Im Jahr darauf folgte ein weitergehender Vorschlag, in dem Höchst- und Mindeststrafen festgelegt und zwischen Rechtstatbeständen einerseits und moralischen Urteilen andererseits unterschieden wurde. S.s Vorschläge, die eine radikale Abkehr vom traditionellen Fallrecht bedeuteten und die konfuzianischen Traditionen über Bord warfen, stießen auf erhebliche Widerstände, so daß S. versuchen mußte, seine Reformvorstellungen auf dem Wege einer

Revision des bestehenden Rechtskodex durchzusetzen. Das daraus hervorgegangene Gesetzeswerk von 1910, dessen Hauptmerkmal die Unterscheidung zwischen Zivil- und Strafrechtstatbeständen war und das nur in einigen Teilen die früheren Reformansätze verwirklichte, wurde sofort angenommen und behielt seine Gültigkeit bis 1929, als ein neues «Bürgerliches Gesetzbuch» eingeführt wurde.

Neben seinen Arbeiten zur Rechtsreform beschäftigte sich S. ausgiebig mit der Rechtsgeschichte Chinas und verfaßte eine grundlegende «Geschichte des chinesischen Strafrechts» (*Lidai xingfa kao*).

Lit.: H.L. Boorman (Hg.), Biographical Dictionary of Republican China 3, 1970, 95–99.

H. Schmidt-Glintzer

Simson, Eduard von (1810–1899), die wohl reinste Verkörperung des «politischen Professors» im 19. Jh. und der «geborene Präsident», wurde als Sohn eines jüdischen Kaufmanns und Wechselmaklers in Königsberg/Ostpreußen geboren. Seine Mutter stammte aus der bedeutenden Familie Friedländer. 1823 konvertierten er und seine Geschwister zur evangelischen Konfession. 1824 legte er am Collegium Fridericianum in Königsberg das Abitur ab. Anschließend studierte er in Königsberg Rechtswissenschaften, promovierte mit 18 Jahren und erhielt wegen glänzender Leistungen die «venia legendi». 1831 habilitierte er sich, 1833 wurde er zum ao. und 1836 zum o. Professor für römisches Recht ernannt.

S. leistete Bedeutendes als Hochschullehrer, Richter und Politiker, ohne allerdings viel publiziert zu haben (*De J. Paulli Manualium libris III*, 1829; *Exercitatio de capite minutis*, 1835; *Quaestiones ex iure Prussorum*, 1835). 1835 wurde er zu den Beratungen zur Revision des ostpreußischen Provinzialrechtes herangezogen. Gleichzeitig war er als Richter tätig: 1834 Hilfsrichter und ao. stimmberechtigtes Mitglied des Tribunals in Königsberg, 1846 Tribunalrat, 1860 Vizepräsident des Appellationsgerichtes in Frankfurt/Oder, 1869 dessen Präsident. Nachdem dieses Gericht infolge der Reichsjustizgesetze von 1877 aufgelöst und das Reichsgericht in Leipzig errichtet werden sollte, stimmten Bismarck und Kaiser Wilhelm I. darin überein, S. zum Präsidenten des Reichsgerichts zu ernennen. 1891 erbat er die Versetzung in den Ruhestand.

1848 wurde er in der deutschen Nationalversammlung, wo er der konstitutionell-liberalen Kasino-Partei angehörte, zum Schriftführer, zum Vorsitzenden des Wahlprüfungsausschusses und, als Nachfolger Heinrich von Gagerns, zum Präsidenten gewählt. Er führte die Deputation an, die dem preußischen König Friedrich Wilhelm IV. die Kaiserkrone antrug. Nach der Auflösung der Nationalversammlung war er Präsident der Versammlung in Gotha 1849 und des Erfurter Parlaments 1850. 1849–52 und wieder 1857–67 war er als Mitglied des preußischen Abgeordnetenhauses einer der Gründer der national-liberalen Partei. 1867 wurde er Präsident des Zollparlamentes. 1867–76, bis 1873 ebenfalls als Präsident, gehörte er dem neugeschaffenen Reichstag an. So konnte er am 18. Dezember 1870 dem preußischen König, nun Wilhelm I., die Bitte des Parlaments vortragen, die Kaiserkrone anzunehmen. 1888 wurde er in den erblichen Adelsstand erhoben.

Lit.: B. v. Simson, E. v. S., 1900; H. Kirchner, (Hg.), E. v. S., Reden und Aufsätze zu seinem Gedenken, 1985; G. Meinhardt, E. v. S., 1981; G. Pfeiffer, E. v. S., in: H. Heinrichs u. a.(Hg.), Deutsche Juristen jüdischer Herkunft, 1993.

C. Schuck

Sinzheimer, Hugo Daniel (1875–1945), jüdischer Rechtsanwalt (Tätigkeitsschwerpunkt politische Strafsachen und Vertretung der Gewerkschaften in arbeitsrechtlichen Streitigkeiten, seit 1903) und Honorarprofessor für Arbeitsrecht (ab 1920) und Rechtssoziologie (ab 1928) in Frankfurt a. M., Mitbegründer der dortigen Akademie der Arbeit, Chronist und Mitherausgeber der «Justiz», nach Vertreibung 1933 Honorarprofessuren für Rechtssoziologie in Amsterdam und Leiden/NL.

Nach kommunalpolitischem Engagement in verschiedenen liberalen Parteien trat S. um 1916 in die SPD ein und erhielt nach vorübergehender Tätigkeit als Polizeipräsident in Frankfurt a. M. ein Mandat in der Nationalversammlung. Dort gestaltete er als anerkannter Rätetheoretiker insbesondere die Wirtschaftsverfassung (Art. 165 WRV) mit. Nach seiner Berufung an die Universität Frankfurt kandidierte er nicht mehr für den Reichstag.

S. verfaßte mehrere arbeitsrechtliche Untersuchungen, darunter am einflußreichsten *Der korporative Arbeitsnormenvertrag* (1907/08). Die darin entwickelte Konstruktion der Rechtswirkungen des Tarifvertrags findet bis heute Anwendung, so daß S. als «Vater des Arbeitsrechts» gilt. Er schrieb frühe Gesetzesentwürfe zur Tarifvertragsordnung, auf die die arbeitsrechtlichen Kodifikationsversuche der zwanziger Jahre zurückgriffen, und später eines der ersten Lehrbücher zum Arbeitsrecht (*Grundzüge des Arbeitsrechts*, 1921). Zu seinen Frankfurter Schülern gehörten E. Fraenkel, O. →Kahn-Freund, F. L. Neumann und F. Mestitz.

S. stand der Freirechtsbewegung nahe; seine «soziologische Methode» verdeutlichte in Ergänzung zur gängigen «dogmatischen Methode» die Bedeutung der Rechtstatsachen für Rechtsanwendung und insbesondere Rechtsetzung. Das Arbeitsrecht, das die wirtschaftliche Unselbständigkeit des Menschen zur Kenntnis nimmt, sollte nach S.s Verständnis zum Mittel der Kritik und Überwindung des bürgerlichen Rechts werden, das die Unabhängigkeit seiner Subjekte voraussetzt und daher z. B. die Probleme sozialer Sicherung in der industrialisierten Gesellschaft nicht mehr erfassen kann. S. verdeutlichte diesen Gedankengang, indem er die dem bürgerlichen und dem Arbeitsrecht zugrundeliegenden Menschenbilder analysierte und verglich.

Im holländischen Exil befaßte er sich wieder verstärkt mit Rechtssoziologie, z. B. in *Die Aufgabe der Rechtssoziologie* (1935). Als Reaktion auf eine von Carl →Schmitt geleitete antisemitische Tagung schrieb er die bedeutende Porträtsammlung *Jüdische Klassiker der deutschen Rechtswissenschaft* (1938). Vor Vollendung seines Alterswerks *Theorie der Gesetzgebung* starb S., der mit seiner Familie seit 1940 von Freunden vor den Nationalsozialisten versteckt worden war, im September 1945 an Entkräftung.

WW: Arbeitsrecht u. Rechtssoziologie, 2 Bde., 1976.
Lit.: S. Knorre, Soziale Selbstbestimmung u. individuelle Verantwortung – H. S. (1875–1945) Eine politische Biographie, 1991; H.-P. Benöhr, H. S. (1875–1945) – Mitbegründer des Arbeitsrechts, in: H. Heinrichs u. a. (Hg.), Deutsche Juristen jüdischer Herkunft, 1994.

R. Schimmel

Smend, Rudolf (1882–1975), wuchs als Sohn eines protestantischen Theologieprofessors in Göttingen auf, promovierte dort 1904, habilitierte sich 1908 mit einer heute noch bedeutsamen Arbeit über das Reichskammergericht und wurde 1909 nach Greifswald berufen. Es folgten Berufungen nach Tübingen (1911), Bonn (1915) und Berlin (1922). 1935 wurde er nach Göttingen verdrängt. Seine bis 1918 zurückreichende Mitgliedschaft in kirchlichen Synoden und Leitungsgremien führte ihn nach 1933 auf die Seite der Bekennenden Kirche, 1941 in den Reformierten Kirchenausschuß, 1945 in das Moderamen des reformierten Bundes und in den Rat der Evangelischen Kirche in Deutschland. Für die Wiederbegründung des Evangelischen Kirchenrechts hat er die wichtigsten Anstöße gegeben. S. genoß wegen seiner staatsrechtlichen und historischen Gelehrsamkeit, der Unbestechlichkeit seines Charakters und wegen seines kirchlichen Engagements zeitlebens höchstes Ansehen. Die Bedeutung S.s liegt v. a. in seinen staatstheoretischen Thesen, die er weder ausschließlich normativ noch empirisch entwickelte, sondern aus einer intuitiv erfaßten Zusammenschau historischer und wertbestimmter Elemente. So begründete er die ungeschriebene Pflicht der Glieder des Bundesstaates zu «bundesfreundlichem Verhalten» aus den immanenten Prinzipien des föderativen Staatswesens. Die Gabe, das historisch Gewordene mit dem positiven Verfassungsrecht und den Anforderungen der aktuellen Rechtsfrage zu einer harmonischen Lösung zu bringen, erklärt S.s Einfluß auf die Verfassungsinterpretation der Bundesrepublik, vermittelt insbesondere durch das einflußreiche Lehrbuch seines Schülers Konrad Hesse.

Von der Linie des älteren staatsrechtlichen Positivismus hatte er sich durch seine historische und geisteswissenschaftliche Orientierung getrennt; zum neukantianischen Positivismus →Kelsens stand er in scharfem Gegensatz. Gleichzeitig hielt er aber Distanz zur antipositivistischen Wiederbelebung des Naturrechts, wie sie etwa Erich Kaufmann vertrat. Seine Interpretation des Rechts der freien Meinungsäußerung (Art. 118 WRV) bestimmt als Abwägung der durch die Meinungsäußerung sowohl geschützten als auch bedrohten Werte bis heute die Auslegung von Art. 5 GG. Sein Hauptwerk *Verfassung und Verfassungsrecht* (1928) stellte unter Zugrundelegung der Philosophie von Theodor Litt «das Sinnprinzip der Integration» in den Mittelpunkt. Staat und Verfassung wurden hier als sinnhaftes Ineinander geistiger Prozesse, als lebendige Hervorbringungen von Menschen und Menschengruppen gedeutet. Der soziologische Gedanke, daß überindividuelle Einheiten durch «Integration» erzeugt und erhalten werden, avancierte dabei zum Kern seiner Staatstheorie. Das Werk stieß auf eine gewisse zögernde Bewunderung, aber auch auf scharfe Ablehnung (Kelsen). Der fruchtbare Grundgedanke, daß nur die akzeptierte und praktizierte Verfassung die politische Kultur prägen kann und folglich mit dem Ziel einer Harmonisierung und Verlebendigung ihrer Normen zu interpretieren ist, wird erst seit 1949 voll gewürdigt.

WW: Das Reichskammergericht, 1911; Staatsrechtliche Abhandlungen, 2. Aufl., 1968.
Lit.: U. Scheuner, R. S. – Leben und Werk, in: FS für R. S., 1952, 433; P. Badura, Staat, Recht und Verfassung in der Integrationslehre. Zum Tode von R. S., in: Der Staat 16, 1977, 305–325; A. Frhr. v. Campenhausen, Zum Tode von R. S., in: JZ 1975, 621–625; M. Friedrichs, R. S., 1882–1975, in: AÖR 112, 1987, 1–25.

M. Stolleis

Smith, Adam (1723–1790), studierte in Glasgow und Oxford Griechisch, Mathematik und Philosophie. 1748–51 hielt er in Edinburgh Kurse über Jurisprudenz und Literatur. 1751 wurde er in Glasgow Professor für Logik, wechselte 1752 aber zur Moralphilosophie. 1764–66 begleitete S. den Herzog von Buccleuch auf einer Bildungsreise nach Frankreich, wo er mit den führenden Ökonomen (Quesnay, Turgot u. a.) zusammentraf. Seit 1778 war S. in Edinburgh Zollkontrolleur von Schottland.

Unter Anwendung der besonders von → Locke und → Hume entwickelten empiristischen Erkenntnistheorie, die nur die Erfahrung als Erkenntnisquelle gelten läßt, stellt S. in *The Theory of Moral Sentiments* (1759) die Moral als ein gesellschaftliches Phänomen dar. Moralische Urteile gründen danach auf Sympathie, d. h. einem die Handlungen anderer billigenden Gefühl. Die eigenen Handlungen unterliegen dem Gewissensurteil, indem man sich in die Situation eines unparteiischen Zuschauers (impartial spectator) versetzt. In *The Wealth of Nations* (1776) schildert S. die Entwicklung von Recht, Staat und Wirtschaft. Anknüpfend an → Montesquieu unterscheidet S. vier Stadien: Jäger, Hirten, Ackerbauern, Handel- und Gewerbetreibende. Erst auf der Stufe der Hirten entsteht Eigentum – nämlich an den Herden, die für künftige Ernährung gebraucht werden. Wirtschaftliches Wachstum beruht auf fortschreitender Arbeitsteilung und zeigt sich in Bildung von Kapital, Beschäftigungszunahme und Lohnanstieg. Ein natürliches, dem Eigeninteresse gehorchendes Verhalten gewährleistet wirtschaftliche Entwicklung. Dabei muß das Eigeninteresse mit dem Gemeinwohl übereinstimmen: «Jeder glaubt, nur sein eigenes Interesse im Auge zu haben, tatsächlich aber erfährt so indirekt auch das Gesamtwohl der Volkswirtschaft die beste Förderung. Der einzelne wird hierbei von einer unsichtbaren Hand geleitet, um ein Ziel zu verfolgen, das er keineswegs intendiert hat.»

Die *Lectures on Jurisprudence* (1778, ND 1978), die S. im Rahmen der Moralphilosophie hielt und die als Mitschriften erhalten sind, behandeln den Zweck des Rechts (justice), Rechtspolitik und Wirtschaft (police), Staatseinnahmen (revenue), Militär (arms) und Völkerrecht (law of Nations). Der Zweck des Rechts liegt im Schutz der Natur des Menschen, die durch Verletzlichkeit des Körpers, des Vermögens und Ansehens, durch Sozialität, Selbstinteresse als – nicht alleiniges – Handlungsprinzip, eingeschränkte Urteils- und Handlungsfähigkeit sowie ökonomische Ungleichheit charakterisiert ist. Ahndung von Rechtsverstößen, Vertragstreue und Eigentum sind die wesentlichen Rechtsinstitute eines voll entwickelten Staates. Auf der Stufe der Hirten wiegt z. B. ein Vertragsbruch leichter als auf der Stufe der Handel- und Gewerbetreibenden. Die Verfolgung eigener Interessen ist rechtlich durch den «impartial spectator» begrenzt.

S. fand schon zu seiner Zeit große Beachtung und ist zum Klassiker der Nationalökonomie geworden.

WW: Der Wohlstand der Nationen, hrsg. v. C. Recktenwald, 1978.
Lit.: D. Brühlmeier, Die Rechts- und Staatslehre von A. S. und die Interessentheorie der Verfassung, 1987; K. Haakonssen, The Science of a Legislator. The Natural Jurisprudence of David Hume and A. S., 1981; D. D. Raphael, A. S., 1991.

T. Repgen

Sohm, Rudolph (1841–1917), gelangte nach der Promotion in seiner Heimatstadt Rostock und der Habilitation in Heidelberg 1870 zunächst auf einen Lehrstuhl in Freiburg/Br., dann 1872 in Straßburg. An der dort neu gegründeten deutschen Universität gehörte S. zu den erfolgreichsten akademischen Lehrern. 1887 nahm er einen Ruf nach Leipzig an und begründete neben anderen berühmten Kollegen das Ansehen Leipzigs als führende juristische Fakultät um 1900. Politisch war S. als nicht ständiges Mitglied der zweiten Kommission zur Beratung des BGB und Reichstagsabgeordneter tätig und gehörte zu den Gründern des von Friedrich Naumann geführten Nationalsozialen Vereins 1896.

S.s wissenschaftliche Publikationen setzen zunächst mit Arbeiten zur deutschen Rechtsgeschichte und zum geltenden Zivilrecht ein, die ihn schon früh zu einem der führenden Germanisten unter den Juristen seiner Zeit machten. Sein erstes großes Werk *Der Prozeß der*

Lex Salica (1867) ist bis heute einflußreich als Versuch begrifflicher Erfassung des Verfahrensrechts der fränkischen Zeit. Es folgte 1871 die grundlegende Arbeit *Die fränkische Reichs- und Gerichtsverfassung*, in welcher er ausgehend von der Gerichtsverfassung ein Bild der Staatsverfassung des Reichs Karls d. Großen entwarf. Anders als sein Zeitgenosse →Gierke betrachtete S. das fränkische Reich als Staat im Sinne moderner Kategorien und sah das 1871 gegründete Reich in einer geistesgeschichtlichen Kontinuität zum Karolingerreich. Damit hing auch zusammen, daß nach seiner Auffassung das fränkische Recht ein dem römischen ebenbürtiges Rechtssystem enthalten sollte. S. gehört zweifellos zu den Juristen, die bei ihren verfassungsgeschichtlichen Aussagen besonders stark von zeitgenössischen Leitbildern beeinflußt waren.

Als Rechtshistoriker widmete sich S. auch dem römischen Recht, indem er das glänzend geschriebene Einführungslehrbuch *Institutionen. Geschichte und System des römischen Privatrechts* (1883; 17. Aufl., hrsg. v. L. Mitteis/L. Wenger, 1923) verfaßte. Dieses Werk ist bis heute das erfolgreichste Lehrbuch des römischen Rechts in deutscher Sprache geblieben.

Fragen des Kirchenrechts behandelte S. zuerst in seiner Studie *Die geistliche Gerichtsbarkeit im fränkischen Reich* (1870), sodann 1872 in dem zu Beginn des Kulturkampfs geschriebenen programmatischen Aufsatz *Das Verhältnis von Staat und Kirche aus dem Begriff von Staat und Kirche entwickelt* (Sonderdr. 1873). Diese grundlegende Arbeit beruht auf einer philosophisch-konstruierenden Methode, die den Begriff der Kirche aus einer idealistischen Staatsphilosophie entwickelt. Trotz seiner etatistischen Rechtslehre nimmt S. jedoch im Kulturkampf auch für das Eigenrecht der Kirche im Bereich der Eheschließung Stellung. Indem er der Rechtsüberzeugung der evangelischen Kirche Geltung verschaffen möchte, verteidigt er die kirchliche Trauung als von der Kirche erworbenenes «ethisches Gut». In einer umfangreichen Untersuchung *Das Recht der Eheschließung aus dem deutschen und kanonischen Recht geschichtlich entwickelt* (1875) konstruiert S. das Verhältnis der neueingeführten Zivilehe zur kirchlichen Trauung als Wiederaufleben des Verhältnisses von Verlobung und Trauung im alten deutschen Recht, da die deutsche Verlobung bereits die volle Wirkung einer Eheschließung gehabt habe.

Nachdem sich S. auch als Editor von germanischen Volksrechten im Rahmen der MGH bewährt hatte – Lex Ribuaria und Lex Francorum Chamavorum (MGH, Leges 5, 1883) –, wandte er sich nach 1885 immer stärker dem Kirchenrecht zu, wo er epochemachende

Thesen aufstellte. In seinem Hauptwerk *Kirchenrecht* (Bd. 1, 1892) formuliert er die berühmte Lehre, daß das Kirchenrecht ein Angriff auf das geistliche Wesen der Kirche sei, da ihr Wesen geistlich, das des Rechts aber weltlich sei. Folglich stehe das Wesen des Kirchenrechts mit dem Wesen der Kirche in Widerspruch. S.s Hauptthese beruht auf einem spezifischen Verständnis von Kirche und Recht, das er systematisch und historisch begründet. Das Recht sei an eine Form und die Tendenz zu zwangsweiser Verwirklichung gebunden; die Kirche hänge an der sachlichen Wahrheit der Verkündigung und der freien Aneignung des Göttlichen. Dem Christentum entspreche daher nur eine rein charismatische Ordnung, die er im Urchristentum verwirklicht glaubt. Die Ekklesia dürfe weder eine hierarchische noch eine nach dem Gemeindeprinzip organisierte Rechtsordnung haben. S. datiert den Anfang eines katholischen Kirchenrechts, das nach seiner Auffassung einen Abfall vom wahren Christentum bedeutet, auf den ersten Clemensbrief vom Ende des 1. Jh. s. Die Geschichte des katholischen Kirchenrechts bezeichnet S. als «Geschichte fortgesetzter Entstellung der christlichen Wahrheit». Aber auch das evangelische Kirchenrecht will er nur insofern anerkennen, als es als weltliches Recht verstanden werden könne.

S.s Fundamentalkritik hat weitreichende Wirkungen v. a. in der theologischen Diskussion zur Legitimität des Kirchenrechts bis zur Gegenwart gehabt, wobei an der Diskussion evangelische und katholische Autoren beteiligt waren. Trotz vieler Bemühungen um eine rechtstheologische Begründung des evangelischen Kirchenrechts ist im Selbstverständnis des Protestantismus der Einfluß S.s auch heute noch spürbar, während im katholischen Bereich die Herausforderung durch S. die Bemühungen um eine theologische Grundlegung des kanonischen Rechts verstärkte.

Häufig wird übersehen, daß er in seinem posthum veröffentlichten Alterswerk *Das altkatholische Kirchenrecht und das Dekret Gratians* (1918) seine Position erheblich modifizierte. Er unterscheidet hier in der Geschichte des Kirchenrechts ein «altkatholisches Kirchenrecht», das von den Ignatiusbriefen am Anfang des 2. Jh.s bis zu →Gratian im 12. Jh. reichen soll, und ein späteres «neukatholisches Kirchenrecht», das von der Kanonistik des hohen Mittelalters geschaffen sei. Das erstere sei genuin geistliches Recht, das man als sakramental erzeugtes göttliches und grundsätzlich unveränderliches Kirchenrecht verstanden habe. Die neukatholische Papstkirche habe hingegen ein körperschaftliches Recht ausgebildet. Dagegen habe sich das von S. mit Sympathie geschilderte altkatholische Recht in der orthodoxen Kirche erhalten, die auch anders als die westlichen Kirchen nicht eine Verchristlichung der Welt anstrebe. In diesem letzten von S. für die kirchliche Rechtsgeschichte entwickelten Modell rücken Katholizismus und Protestantismus in Nachbarschaft; er sucht hier die wahren Traditionen des Christentums im Osten, wobei er wohl von der Gestalt Tolstois bestimmt ist. Diese Spätlehre S.s hat den Rechtstheologen Hans Dombois (*Recht der Gnade*, 3 Bde., 1961–83) beeinflußt.

Politisch trat S. entschieden für eine aktive staatliche Sozialpolitik ein. Christliches Ethos, Nationalidee, soziale Gerechtigkeit, Freiheit der Einzelpersönlichkeit und elitäre Führungsstellung der Gebildeten werden in einer gedanklich problematischen Synthese verbunden. Trotz eines dem Zeitstil entsprechenden wilhelminischen Pathos ist andererseits Zukunftsweisendes zu finden, so daß S. ähnlich wie Naumann zu den geistigen Vätern der Tradition eines freiheitlichen Sozialstaates gehört. Neben →Jellinek und →Gierke ist er wohl der geistig bedeutendste deutsche Jurist der Zeit des Kaiserreichs.

Lit.: W. Böckenförde, Das Rechtsverständnis der neueren Kanonistik und die Kritik R. S.s, Diss. Münster, 1969; A. Bühler, Kirche und Staat bei R. S., 1965; P. Landau, Die Entstehung des neueren Staatskirchenrechts in der deutschen Rechtswissenschaft der zweiten Hälfte des 19. Jh.s, in: W. Schieder (Hg.), Religion und Gesellschaft im 19. Jh. (= Industrielle Welt 54), 1993, 47–51.

P. Landau

Somló, Félix (1873–1920), der in Ungarn den Vornamen Bódog verwendete, studierte in Budapest und Klausenburg und vervollständigte seine Ausbildung in Leipzig und Heidelberg. Kurz nach seiner Rückkehr erhielt er die Professur für Rechtsphilosophie und Völkerrecht an der Universität Klausenburg; später wechselte er nach Budapest.

Seine erste Schaffensperiode wurde von Spencers naturalistischer Soziologie geprägt. S. untersuchte die Grundkategorien der Gesellschaft mit naturwissenschaftlichen Methoden – *Törvényszerűség a szociológiában* (Die Gesetzmäßigkeit in der Soziologie, 1898) – und begründete die Notwendigkeit staatlicher Interventionen mit biologischen und psychologischen Argumenten. Die Vorlesungen des jungen Hochschullehrers über die Evolution beunruhigten die konservative Öffentlichkeit und führten sogar zu parlamentarischen Interpellationen wegen Mißbrauchs der Lehrfreiheit.

Nach einem längeren Forschungsaufenthalt in Brüssel erschien ein wirtschaftsanthropologisches Werk, das die erste Schaffensperiode abschloß. Ab 1910 versuchte S. die Kriterien des «Richtigen Rechts» im Anschluß an Stammler zu definieren (*A helyes jog elmélete*, Die Theorie des richtigen Rechts, 1914) und wurde zu einem der bekanntesten Rechtspositivisten Ungarns. Als Untersuchungsschwerpunkte wählte er unter dem Einfluß der Neukantianer die allgemeinen Erscheinungsformen des Rechts (Rechtsobjekt, -subjekt, -norm) und das Verhältnis von Staat und Recht. Sein Hauptwerk *Juristische Grundlehre* (1917, ND 1973) erschien auf Vermittlung von →Kelsen.

1920, während der ungarischen Staatskrise nach dem Friedensabkommen, beging S. Selbstmord am Grab seiner Mutter.

Lit: Gy. Moór, S.B., 1921; ders., Vorwort, in: S., Gedanken zu einer ersten Philosophie, 1926; Gy. Litván, Egy magyar tudós tragikus pályája a század elején, in: Valóság 8, 1973.

K. Gönczi

Song Ci (1181–1249), ein Karrierebeamter der südlichen Song-Dynastie (1127–1279), der mehr als zehn Jahre in der Justizverwaltung in den südlichen Provinzen Chinas tätig war, ist der Autor des ältesten bekannten Handbuches zur forensischen Medizin, das später mehrfach überarbeitet wurde und bis ins 19. Jh. in Gebrauch war. Das Werk, das die oft ungeregelte Praxis bei der Untersuchung von möglicherweise durch Mitwirkung Dritter zu Tode gekommener Personen auf eine sichere Grundlage stellte, trägt den Titel «Gesammelte Aufzeichnungen zum Reinwaschen von ungerechten Anschuldigungen» (*Xiyuan jilu*). Die erste Fassung aus dem Jahre 1247 hatte 5 Kapitel. Charakteristisch für die Rechtsentwicklung der Song-Zeit ist die Tatsache, daß gegenüber dem Strafrechtskodex, dem *Song Xingtong* von Du Yi (914–966) aus dem Jahre 963, das auf der Grundlage des *Xinglü tonglei* der späteren Zhou aus dem Jahre 958 beruhte und damit über einige Zwischenstufen auf das *Tanglü shuyi* von 637 (→Changsung Wuji) zurückging, die Präzedenzfälle immer mehr an Bedeutung gewannen. Zu Beginn der Song-Zeit wurden acht Gesetzessammlungen nebeneinander verwendet. Der Unsicherheit wurde durch eine Zunahme von Herrscheredikten und Entscheidungen des Herrschers zu begegnen gesucht, die wie Präzedenzfälle genutzt wurden. Gleichwohl finden sich in der Rechtskultur der

Song-Zeit unbestreitbare Errungenschaften, wie die Forderung nach Beachtung des Amtsermittlungsgrundsatzes und die Ermöglichung, gegen ein Urteil Berufung einzulegen. Bemerkenswert ist die Erörterung der Streitfrage, ob das Volk die Gesetze kennen solle.

WW: H. A. Giles, The «Hsi yüan lu» or «Instructions to Coronars», 1924 (Teilübersetzungen); B. E. McKnight, The Washing Away of Wrongs: Forensic Medicine in Thirteenth-Century China, 1981 (Vollständige Übersetzung). **Lit.:** H. Breitenstein, Gerichtliche Medizin der Chinesen, 1908; D. Bodde, Forensic Medicine in Pre-Imperial China, in: Journal of the American Oriental Society 102, 1982, 1–15.

H. Schmidt-Glintzer

Sonnenfels, Joseph von (1732/34–1817), Sohn eines zum Katholizismus übergetretenen Juden, besuchte Schulen in Nikolsburg und Wien, wo er 1745 das Studium an der philosophischen Fakultät aufnahm. 1749 zwangen ihn wirtschaftliche Gründe zum Studienabbruch; er trat in das Infanterieregiment «Hoch- und Deutschmeister» ein. 1754, nach seinem Abschied als Korporal, widmete er sich dem Studium der Rechte und beendete dieses 1758. Zu seinen Lehrern zählten Karl Anton von →Martini und Paul Joseph von Riegger. In der Folge war S. bis 1761 Adjunkt seines Vaters als Übersetzer orientalischer Sprachen für die niederösterreichische Regierung, dann 1761–63 Rechnungsführer der kaiserlichen Arcierenleibgarde. Er erhielt den neu errichteten Lehrstuhl für Polizei- und Kameralwissenschaft an der Universität Wien. In der Folge lehrte er auch am Theresianum und an der Savoyischen Ritterakademie. Daneben übernahm er, teilweise nur auf kurze Zeit, weitere Ämter; er wurde 1767 Sekretär der Akademie der bildenden Künste, dann 1811 deren Präsident, 1769 Sekretär des Kupferstichkabinettes, Vorsitzender in der Kommission zur Reinigung des Talmud, war 1770–72 Zensor am Deutschen Theater und Referent der Zensurhofkommission, ab 1773 Polizeireferent der niederösterreichischen Regierung. Als Illuminationsdirektor von Wien schuf er 1776 die erste ständige Straßenbeleuchtung Europas und erhielt dafür 1779 den Hofratstitel. 1780 wurde S. Wirklicher Hofrat und Mitglied der Studienhofkommission. 1791 aus Altersgründen von seiner Professur enthoben, war er 1794 und 1796 Rektor der Universität Wien.

Nach seiner Ernennung auf den Lehrstuhl für Polizei- und Kameralwissenschaft hatte S. mit der Arbeit am dreibändigen Lehrbuch *Grundsätze der Polizey, Handlung und Finanz* (1765–72) begonnen.

Dieses Hauptwerk blieb bis 1848 an den österreichischen Universitäten als Lehrstoff verbindlich. S. entwickelte darin ein System der Staatswissenschaft, unterteilt in Politik, Polizei-, Handlungs- und Finanzwissenschaft. Für die Handlungswissenschaft ist ferner S.' Arbeit *Vom Zusammenflusse* (1764) von Bedeutung.

Nach S.' System ist oberstes Ziel des Staates die Vermehrung der Zahl der Staatsbürger, deren Wohl durch einen aufklärerisch modifizierten Absolutismus sichergestellt werden solle.

Bedeutenden Einfluß erlangte S. ab 1781, als ihn Joseph II., obwohl er ihn im Gegensatz zu Maria Theresia persönlich wenig schätzte, mit der stilistischen Revision aller neu zu erlassenden Gesetze beauftragte. Dabei nahm S. freilich auch inhaltliche Überarbeitungen vor. Der verstärkten Übernahme legistischer Tätigkeiten entsprachen ab 1791 weitere Ämter: Referent der Hofkommission in Gesetzgebungssachen sowie auch der Kommission für die Sammlung der politischen Gesetze, 1808 wurde er deren Vizepräsident. In der Mitte der 1790er Jahre erreichte er den Höhepunkt seiner legislatorischen Tätigkeit, da er nun gleichzeitig an der Kodifikation des bürgerlichen Rechts, an der Redaktion des Strafgesetzes sowie auch an der Sammlung der Polizeiverordnungen und an den Vorarbeiten für einen «Politischen Kodex» mitwirkte.

Das weitere Hauptwerk *Über den Geschäftsstil* (1784) setzte dem barocken Kanzleistil ein Ende und wurde zum «Klassiker der österreichischen Rechtssprache» (Lentze).

Bleibenden Nachruhm erlangte S. im Bereich des Strafrechts durch seine Bemühungen um die Abschaffung der Folter und der Todesstrafe in den habsburgischen Erbländern. Als Reaktion auf vielfältige Kritik an der erst knapp zuvor, 1768, promulgierten «Constitutio Criminalis Theresiana» verbot ihm Maria Theresia in einem offiziellen Schreiben, sich über die Fragen der Folter und Todesstrafe weiter zu äußern. Eine von S. dennoch verfaßte Gegenschrift hatte zumindest teilweise Erfolg. 1776 wurde, über S.' Forderungen in seiner Arbeit *Über die Abschaffung der Tortur* (1775) hinausgehend, die Folter in den habsburgischen Erblanden vollständig abgeschafft. Noch 1804 kritisierte S. dies aber als zu weitgehend.

Weniger erfolgreich war S. mit seinem 1780 begonnenen Bemühen um die Zusammenfassung aller Verwaltungsgesetze zu einem großen «Politischen Kodex». Mit einer solchen Kodifikation hätte S. einen ersten Schritt auf dem Weg zu einer Konstitutionalisierung der Habsburgermonarchie getan. Das Projekt scheiterte an politischen, v. a. aber an sachlichen Problemen.

Die Bedeutung der Gesetzgebungslehre von S. sowie die seiner konkreten legislativen Tätigkeit v. a. für die Zivil- und Strafrechtskodifikationen stehen wohl gleichrangig neben den inhaltlichen Verdiensten etwa Franz v. →Zeillers. Die – durchaus neue – Gesetzgebungslehre brachte für die österreichischen Kodifikationen im Vergleich etwa zum ALR (→Svarez) einen gewaltigen Modernisierungsschub mit einer klaren, knappen und präzisen Textierung.

Neben seinen staatswissenschaftlichen und juristisch-legislativen Tätigkeiten gewann S. auch als Journalist Bedeutung. 1765–67 war er mit der Herausgabe der Wochenzeitung «Der Mann ohne Vorurteil» erfolgreich, die speziell für Frauen bestimmte Zeitschrift «Theresie und Eleonore» (1767) mußte jedoch bald wieder eingestellt werden.

Alle seine Tätigkeiten zeigen, daß S. die aufgeklärten Ideen mit den Mitteln des obrigkeitlichen Polizeistaates durchzusetzen versuchte. Er ist damit ein Hauptvertreter des Gedankengutes des aufgeklärten Absolutismus, der sich aber an der Wende zum 19. Jh. zu überleben begann.

Lit.: K. H. Osterloh, J. v. S. und die österreichische Reformbewegung im Zeitalter des aufgeklärten Absolutismus (= Historische Studien 409), 1970; H. Lentze, J. v. S., in: Österreich in Geschichte und Literatur, 1972, 297–306; W. Brauneder (Hg.), Juristen in Österreich, 1987, 82–87, 355–357; Kleinheyer/Schröder, 260–264; H. Reinalter (Hg.), J. v. S., 1988.

W. *Brauneder*

Sousa, Manuel de Almeida e (Lobão; 1744–1817). Dieser typische Vertreter der portugiesischen «Praxistas» studierte 1756–62 Jurisprudenz in Coimbra, um sich danach als Landadvokat in Lobão niederzulassen.

Das juristische Werk wird bis heute in seiner Tragweite unterschätzt. Aus dem Nachlaß herausgegebene Schriften abgerechnet, publizierte S. ca. 12000 Seiten juristischer Texte, vorzugsweise zum Bodenrecht, aber auch zum Prozeß- wie zum öffentlichen Recht. In Manuskriptform zirkulierten diese teilweise schon Jahre vorher. Aus dieser Produktion ragen seine *Notas a Melo* (1816) hervor, eine namentlich an G. A. →Struve und P. Müller, an dem älteren sog. usus modernus ausgerichtete Kommentierung der *Institutiones juris civilis lusitani cum publici tum privati* von →Melo Freire. Obgleich ab der Mitte des 19. Jh.s von einer sich zunehmend wissenschaftlich gebenden Jurisprudenz verachtet, gehören die Schriften S.s bis in die dreißiger Jahre des 20. Jh.s zum Grundstock juristischer Praktikerliteratur. Dahinter tritt zurück, daß er zur Übernahme des Code civil français beigetragen haben soll. Wichtiger erscheint der Versuch, die rein akademische Rechtslehre zu überwinden und damit auf den eigentlichen Beruf vorzubereiten – «unir a theoria com a praxe do foro» –.

Lit.: J. Pinto Loureiro, M. de A. e S., in: ders., Jurisconsultos portugueses do seculo 19, 1, 1947, 240–291; J.-M. Scholz, in: Coing, 2, 2, 308f.

J.-M. Scholz

Speranskij, Michajl Michajlovič (1722–1839), einflußreichster russischer Staatsmann und Reformer des frühen 19. Jh.s, Sekretär des Reichsrates, stellvertretender Justizminister unter Alexander I. und Leiter der Kodifikationsabteilung der zaristischen Kanzlei unter Nikolaus I., Mitglied des Reichsrates und Generalgouverneur von Sibirien.

S. gilt als bedeutendster Exponent des gouvernementalen Konstitutionalismus in Rußland. Russische Liberale beriefen sich stets auf S. zur Legitimation ihrer Forderungen nach Einführung konstitutioneller Reformen in Rußland. S. rezipierte die Kerngedanken der europäischen Aufklärung und suchte, ihre Ideen auf dem Wege einer Reform von oben zu verwirklichen. Die Möglichkeit des Rechtsstaates band S. an spezifische gesellschaftliche Voraussetzungen. Zu diesen zählte als Gegengewicht zur absoluten Monarchie historisch die Herausbildung einer gebildeten, dem Allgemeinwohl verpflichteten und mit dem Volk verbundenen Oberschicht. S. hatte zweifellos den englischen Adel und die Mediationsfunktion seiner parlamentarischen Institutionen im Blick. In der Reform der Institutionen ermöglichte sich im Verständnis S.s die politische Artikulation jener sozialen Beziehungen, die dem Rechtsstaat notwendig vorangehen. Er schien überzeugt, auf dem Wege institutioneller Reformen könnten diese sozialen Voraussetzungen gleichsam von Staates wegen geschaffen werden.

S.s Gewaltenteilungsprojekt von 1812, das u. a. die Einrichtung einer parlamentarischen Gesetzgebungskörperschaft empfahl, somit also die Einführung der konstitutionellen Monarchie antizipierte, kam nicht zur Ausführung. Es gelang nicht mehr als die Gründung von Ministerien 1802, die Eröffnung des Reichsrates als einer beratenden Körperschaft 1810 und eine Reorganisation des innerbürokratischen Karriereweges durch Einführung von Examina.

S.s größtes Verdienst war zweifellos die Kodifikation der Gesetze des Russischen Reiches (Polnoe sobranie zakonov Rossijskoj Imperii), die zwischen 1828 und 1830 abgeschlossen wurde, und die Kompilation der geltenden Gesetze des Russischen Reiches (Svod Zakonov) 1832. Sie ermöglichten eine moderne Rechtswissenschaft und Rechtsprechung im Zarenreich und bereiteten den Weg zur Justizreform des Jahres 1864.

WW: S. N. Valk (Hg.), M. M. S., proekty i zapiski (M. M. S., Projekte und Aufzeichnungen, 1961).
Lit.: M. Raeff, M. S., Statesman of Imperial Russia, 1772–1839, 1957; D. G. Christian, The Political Ideals of M. S., in: SEER 54, 1976, 192–213.

J. Baberowski

Stahl, Friedrich Julius (1802–1862), Politiker, Kirchenrechtler sowie Rechts- und Staatsphilosoph, wurde als ältestes von acht Kindern des aus Heidingsfeld bei Würzburg stammenden, begüterten jüdischen Kaufmanns Valentin Jolson geboren. Nach seinem Examen als Gymnasiallehrer 1819 konvertierte er zur evangelischen Konfession und nannte sich Stahl. Nach dem Studium der Rechte in Würzburg, Heidelberg, Erlangen und zwei Relegationsjahren wegen Mitgliedschaft in einer Burschenschaft promovierte St. 1826, habilitierte sich 1827 in München, wurde 1832 ao. Professor in Erlangen und Ordinarius für römisches Recht in Würzburg, 1834 für Staats- und Kirchenrecht in Erlangen. 1837 repräsentierte er die protestantische Professorenschaft Erlangens im bayerischen Landtag. Wegen der Auseinandersetzung mit dem bayerischen Ministerium über das ständische Steuerbewilligungsrecht wurde seine Lehrbefugnis auf das Zivilprozeßrecht beschränkt. 1840 nahm St. den von Friedrich Wilhelm IV. unterstützten Ruf auf einen Lehrstuhl für Staats-, Kirchenrecht und Rechtsphilosophie in Berlin an. Ab 1848 arbeitete er für die neugegründete konservative «Kreuzzeitung». Ab 1849 war er in der ersten preußischen Kammer (ab 1855 Herrenhaus) Führer der Hochkonservativen. 1850 gehörte er dem Erfurter Parlament an, ab 1852 war er Mitglied des preußischen Oberkirchenrats.

In Abkehr von naturrechtlichen Vertragskonstruktionen und der Hegelschen Trennung von Staat und Gesellschaft versuchte St. in seinem von Schelling beeinflußten zweibändigen Hauptwerk über die *Philosophie des Rechts* (1830–37), die historische Rechtsschule und die christliche Weltanschauung in einer konservativ-theistischen Rechtslehre zu vereinigen. Der Staat sei eine göttliche Institution, die der Mensch aufgrund seiner Persönlichkeit in der historisch gewachsenen Herrschaftsform mit Hilfe des Rechts zur göttlichen Weltordnung, zum sittlichen Reich ausformen solle. Demzufolge forderte St. «Autorität, nicht Majorität», ein durch ständische Vertretung gemäßigtes *Monarchisches Princip* (1845) statt Volkssouveränität und Legitimität in enger Bindung von Staat und Kirche unter Billigung lediglich eines passiven Widerstandsrechts gegen gottwidriges Recht. Durch seine Theorie der «Persönlichkeit» konnte St. als wohl einziger konservativer Rechtstheoretiker seiner Zeit für den Rechtsstaat und die verfassungsmäßige Gewährleistung von Grundrechten eintreten.

Entsprechend seinem christlich-konservativen Denken befürwortete St. in der *Kirchenverfassung nach Lehre und Recht der Protestanten* (1840) die Leitung der Kirche durch ein Episkopat.

In Übereinstimmung mit seiner politischen Theorie forderte St. den Verfassungseid des Königs und die Begrenzung seines Notverwaltungsrechts auf bloße Verwaltungsmaßregeln, bestärkte Friedrich Wilhelm IV. von Preußen in der Ablehnung der Kaiserkrone aus der Hand «gewählter Revolutionäre» und förderte 1848/50 den Übergang Preußens zu einem konstitutionellen Staat. Seine Bedeutung sank mit der «Neuen Ära». Seine Lehren ermöglichten es aber den Konservativen, den «konservativen Konstitutionalismus» der Nationalliberalen, dessen sich Bismarck ab 1866 bedienen konnte, geistig vorzubereiten, und blieben zum Teil über den I. Weltkrieg hinaus bestimmend.

Lit.: G. Masur, F. J. St. – Geschichte seines Lebens – Aufstieg und Entfaltung 1802–1840, 1930; Ch. Wiegand, Über F. J. St. (1802–1862) – Recht, Staat, Kirche, 1981; M. Stolleis, Geschichte des öffentlichen Rechts in Deutschland, 2, 1992, 152–156; Ch. Link, F. J. St. (1801–1862) – Christlicher Staat und Partei der Legitimität, in: H. Heinrichs u. a. (Hg.), Deutsche Juristen jüdischer Herkunft, 1993, 59–83.

I. Andres

Stair, James Dalrymple (1619–1695), studierte 1633–37 in Glasgow Philosophie. Ein Jurastudium war zu dieser Zeit in Schottland nicht möglich. 1638 nahm er als Soldat Partei für die Verteidigung der Freiheiten der schottischen Kirche gegenüber England. 1641–47 war er als Regens der philosophischen Fakultät in Glasgow einer der vier jeweils für einen Jahrgang verantwortlichen Professoren. Danach erwarb er 1648 die Zulassung zum Rechtsanwalt (Advocate) am obersten schottischen Gericht, dem Court of Session. Unter Cromwell wurde er 1657 Richter und blieb es auch nach dem Tode Cromwells unter Charles II. am wiederhergestellten Court of Session, dessen Lord President er 1671 wurde. Gleichzeitig war er Mitglied des Parlaments und hatte einen Sitz im Privy Council. In dieser Eigenschaft war er mit der Reform der Rechtspflege befaßt, nachdem ihm bereits früher schon seit Begründung der Personalunion mit England 1603 immer wieder verfolgte Pläne zur Kodifizierung des schottischen Rechts anvertraut worden waren. St. war stets in die große Politik verwickelt. Er wirkte auch bei einer Kommission mit, die die Vereinigung der Parlamente vorbereiten sollte, die aber erst 1707 verwirklicht wurde. Wegen seiner antikatholischen, gegen die Thronfolge des späteren Königs James II. gerichteten Politik im Zusammenhang mit dem «Test Act» mußte er 1681 nach Holland fliehen. Von dort kehrte er 1688 mit Wilhelm von Oranien, der ihn 1690 zum Viscount erhob, zurück und wurde wieder in sein Amt eingesetzt, das er bis zu seinem Tode verwaltete.

Während seines Aufenthaltes in Holland publizierte St. in zwei Bänden 1683 und 1687 die wichtigsten Entscheidungen des Court of Session aus den Jahren 1661–81. Dies war die erste gedruckte Sammlung schottischer «Law Reports». Mit dem Erscheinen seiner *Institutions of the Law of Scotland* (1681, ND 1981) wurde St. zum eigentlichen Begründer der schottischen Rechtswissenschaft. Bis zu diesem Zeitpunkt bestand die juristische Literatur Schottlands, abgesehen von einem Traktat über das Seerecht, den Wellwood 1595 verfaßt hatte, und Craigs Lehrbuch des Lehnrechts, *Jus feudale* (1650), dem unmittelbaren Vorläufer von St., nur aus als Manuskript zirkulierenden Rechtsprechungssammlungen (*Practicks*). Dazu kamen die Edition einiger mittelalterlicher Rechtssammlungen und Gesetze sowie Sammlungen der «Acts of Parliament».

Die *Institutions* von St. sind eine Darstellung des gesamten schottischen Privatrechts und Zivilprozeßrechts in einem von diesem unter Anlehnung an die Institutionen Justinians und Verwendung naturrechtlicher Anregungen entwickelten System von vier Büchern in der Ordnung Personen und Familie, Obligationen, Sachen, Erbrecht und Prozeß. Die leitenden Prinzipien und die grundlegenden Ordnungsbegriffe und Regeln stammen aus dem römisch-kanonischen Recht und dem Lehnrecht, die auch in Schottland rezipiert wurden.

Insofern handelt es sich nach den Worten von St. um «deduction from principles». Das römische Recht hat aber für St. keine gesetzliche Autorität, sondern ist nur wegen seiner Billigkeit verbindlich. Soweit eben möglich beruhen jedoch alle Aussagen über positiv geltendes Recht auf Urteilen des Court of Session. Hier herrscht also «authority». Die Urteile werden mehr in Form eines kurzen, in der Regel nur einen Satz umfassenden Berichtes über die vom Gericht gefällte Entscheidung wiedergegeben. Damit herrscht in der Sicht der schottischen Rechtshistoriker auf der Ebene der konkreten Detailregeln ein syllogistische Schlüsse erlaubendes Rechtsdenken im Stile des Civil Law.

St.s *Institutions* gehören zu einem Typ von Lehrbüchern des nationalen Rechts, wie sie im 17. Jh. in allen europäischen Ländern entstanden. Die ältesten Beispiele dafür stammen aus Frankreich (→Coquille, →Loisel). Der Prototyp dieser Literatur ist die *Inleidinge* von →Grotius. Die Werke von →Coke und →Cowell waren St. bekannt. Die *Institutions* wurden zum wichtigsten «book of authority» des schottischen Rechts. Bei Gericht wurde es fast wie eine Kodifikation verwendet. Nach der Vereinigung des schottischen Parlaments mit dem englischen drückte man das so aus, daß die *Institutions* dasselbe Gewicht hätten wie die Entscheidungen des Oberhauses. Nach dem Beispiel von St. schrieben im Verlaufe des 18. Jh.s zahlreiche schottische Juristen Lehrbücher, die jeweils für ihre Zeit die Rechtsprechung des Court of Session zu Institutionen zusammenfaßten und dann als Rechtsquelle zitiert wurden. Die wichtigsten Beispiele sind die Werke von →Mackenzie, Bankton, →Erskine of Carnock, Kames (→Home) und zuletzt →Bell.

Lit.: P. Stein, Legal Thought in Eighteenth Century Scotland, in: JR 1957, 1–20; D. M. Walker (Hg.), St. – Tercentenary Studies, 1981; D. M. Walker, The Scottish Jurists, 1985, 106–157.

K. Luig

Stang, Fredrik (1867–1941), stammte aus der höchsten politischen und juristischen Schicht Norwegens. Sein Großvater, Frederik St. (1808–1884), hatte nach einigen Jahren als Universitätslehrer und Staatsanwalt das norwegische politische Leben ein Menschenalter lang geprägt, erst als Staatsrat, dann als Staatsminister. Sein Vater Emil St. (1834–1912) gründete 1884 die Partei Høyre und galt als der Hauptarchitekt ihrer sozialkonservativen Richtung; er war ebenfalls in zwei Legislaturperioden Staatsminister. In seiner Zeit als Politiker (1906–12) setzte St. diese Tradition fort. Sein Bruder Emil St. (1882–1968), cand jur. 1908, war ebenfalls in jüngeren Jahren Politiker (1923–28 im Zentralkomitee der norwegischen Kommunistischen Partei), ab 1936 Richter im Höchstgericht und hier Justitiarius 1946–52.

1890 wurde St. cand. jur. Bis zu seiner Ernennung zum Professor 1897 war er als Anwalt tätig, was von Bedeutung für den praktischen Ansatz war, den er mit seinen juristischen Schriften zu befördern suchte. Ebenso wurde 1893 ein Studienaufenthalt an deutschen Universitäten für spätere rechtswissenschaftliche Arbeiten bedeutungsvoll. Paul →Labands Arbeit über Handelsgewohnheiten bildete eine wichtige Grundlage für seinen besten rechtsquellentheoretischen Beitrag, *Handelskoutumer* (Handelsgewohnheiten), gedruckt 1908 in der «Tidsskrift for Retsvidenskab». St. gab seinen Eindruck von der Diskussion zwischen Romanisten und Germanisten wieder, und seine privatrechtlichen Schriften wurden von einer (nicht immer gleich gut begründeten) Skepsis gegenüber dem römisch-deutschen Einfluß in der nordischen Privatrechtsliteratur geprägt. Ebenso skeptisch war er gegenüber der von ihm als konstruktiv angesehenen Richtung innerhalb der Rechtswissenschaft, weshalb er das Studium von Rechtsregeln in einen historischen und sozialen Kontext zu setzen suchte. Sein Vorhaben war die Darstellung des gesamten norwegischen Privatrechts nach einem derartigen Muster, doch konnte er nur den ersten Band *Indledning til formueretten* (Einleitung in das Vermögensrecht, 1911 u.ö.) herausbringen. Ebenso verfaßte er wichtige Arbeiten über das Schadensersatzrecht wie *Skade voldt af flere* (Von mehreren verursachter Schaden, 1918) und *Erstatningsansvar* (Erstattungsanspruch, 1919).

St. war Gegner einer umfassenderen Privatrechtskodifikation und trat statt dessen für die Abfassung von Einzelgesetzen ein. Dies zu realisieren gelang ihm durch seine langdauernde Teilnahme an der Gesetzgebungsarbeit. Besonders bedeutungsvoll war St.s Mitarbeit an der nordischen Gesetzgebungszusammenarbeit im Privatrecht. Er leitete den norwegischen Teil dieser Arbeit 1902–25. Das Ergebnis war u.a. ein neues Kaufgesetz (1907), ein neues Abzahlungsgesetz (1918) sowie ein neues Versicherungsabzahlungsgesetz (1930).

St. war darüber hinaus ein Forschungsorganisator mit großem Einfluß. 1917 gelang ihm die Errichtung eines für norwegische Verhältnisse sehr großen Forschungsfonds, welcher u.a. Mittel zur Gründung des ebenfalls viele Jahre von ihm geleiteten Instituts für vergleichende Kulturforschung bewilligte. Das Institut arbeitete international an allgemeinkulturellen Fragestellungen speziell der vor- und nichtstaatlichen Kulturformen. St. war von 1921 bis 1927 Rektor der Universität in Oslo und von 1922–36 Redakteur der «Tidsskrift for Rettsvidenskap». Er war ferner von 1922 bis zu seinem Tod Leiter der Parlamentskommission für die Verleihung des Nobelpreises.

Lit.: E. Solem, F. St., in: TR 1942, 1–16 (mit Bibliographie 46–57); dort findet sich 17–45 auch abgedruckt St.s eigene Darstellung *Mine juridiske arbeider*. Seinen politischen Lebenslauf hat Stang beschrieben in *Erindringer fra min politiske tid* (hrsg. 1946).

D. Michalsen

Stein, Lorenz von (1815–1890), studierte Rechtswissenschaft in Kiel, reiste 1841/42 nach Berlin und Paris und wurde 1845 ao. Professor der Staatswissenschaften in Kiel. 1848 engagierte er sich gegen Dänemark und wurde 1849 in die Landesversammlung gewählt. 1852 enthob ihn die dänische Regierung seines Amtes. 1855 erhielt er eine Professur für politische Ökonomie in Wien, wo er bis 1885 als staatswissenschaftliche Berühmtheit wirkte.

St.s Werk umfaßt Arbeiten zur Zeitgeschichte (*Geschichte der socialen Bewegung Frankreichs von 1789 bis auf unsere Tage*, 3 Bde., 1850), zur Soziologie, Volkswirtschaft und Finanzwissenschaft, zum Staats- und Verwaltungsrecht sowie zur Verwaltungslehre. Philosophisch im wesentlichen durch →Hegel geprägt, hat er sich der nach 1850 allgemeinen Wendung zum Positivismus und zur Herausarbeitung der Rechtsform nicht angeschlossen, sondern seine empirischen Kenntnisse in großangelegten Synthesen zu verarbeiten gesucht. Den idealistisch verstandenen Staat und die interessengeleitete Gesellschaft trennte er deutlich, wobei der Staat seinen «Willen» auf dem Wege der Verfassung äußerte und der Verwaltung die Realisierung durch die «Tat» oblag. Auf diese Weise war die Verwaltung verfassungsgeleitete «Arbeit». St.s verfassungspolitische Konzeption bewahrt die Ideen der deutschen konstitutionellen Monarchie mit ihrem Dualismus von monarchischer Gewalt, Regierung und (nur kontrollierender) Volksvertretung.

Hauptaufgabe der Verwaltung wurde es in der zweiten Hälfte des 19. Jh.s, den sozial Schwachen ausgleichende Gerechtigkeit und Fürsorge zu gewähren. Dabei setzte St. nicht auf gesellschaftliche

Selbstorganisation oder bürgerliche Selbstverwaltung, sondern auf die Rolle eines über den Klassen stehenden «neutralen» Königtums. Er hat auf diese Weise wesentlich dazu beigetragen, dem Staat die postliberale Verantwortung für die soziale Korrektur gesellschaftlicher Mißstände durch wohlfahrtsstaatliche Intervention aufzuerlegen. Diese etatistische und reformistische Lösung der sozialen Frage trennt St. von Karl →Marx, mit dem ihn im übrigen viel verbindet.

Der an →Hegel orientierte Duktus seiner Arbeiten hat zu entsprechenden Schwankungen seiner Wertschätzung geführt. Während er zur Zeit des rechtswissenschaftlichen Positivismus in Vergessenheit geriet, wuchs ihm allmählich der Ruhm eines Mitbegründers der Soziologie, eines Protagonisten des modernen Sozialstaats und des Schöpfers einer umfassend konzipierten Verwaltungslehre zu. Entsprechend groß ist das Interesse an seinem Werk auch im Ausland, v. a. in Frankreich, Italien sowie in Ostasien.

Lit.: R. Schnur (Hg.), Staat und Gesellschaft. Studien über L. v. St., 1978 (m. Bibliographie); die Pflege seines Werkes hat das L. v. Stein-Institut an der Universität Kiel übernommen.

M. Stolleis

Stephanus Tornacensis (1128–1203), vielgerühmter Prediger, großer Theologe, aber auch bedeutender Jurist und als solcher der Begründer einer französischen kanonistischen Tradition.

St. studierte vermutlich Theologie und Philosophie in Paris und anschließend zwischen 1150 und 1160 Kanonistik bei →Rufinus und Legistik bei →Bulgarus in Bologna. Nach seiner Rückkehr unterrichtete er in Chartres, wurde 1167 Abt von St. Euverte in Orléans, 1176 von St. Geneviève in Paris und 1192 Bischof von Tournai/Doornick.

Erhaltene Briefe zeigen St. in regem geistigen Austausch mit vielen bedeutenden Personen, in Bekanntschaft mit den Legisten Guilelmus de Cabriano und Albericus. Zwischen 1166 und 1169 verfaßte St. sein juristisches Hauptwerk, die *Summa decreti* (→Gratianus), die sich auf die Summen des Paucapalea, Rolandus und →Rufinus stützte, jene aber in juristischer Hinsicht aufgrund St.' legistischer Kenntnisse deutlich überragte. Jurisdiktion, Prozeßwesen und Schiedsgericht hat er, den Bedürfnissen der Zeit Rechnung tragend, tief gedanklich durchdrungen und vorangetrieben. Wesentlich ist sein Beitrag zur dogmatischen Figur der aequitas canonica. Zu praescriptio und consuetudo gab er unter Berücksichtigung legistischer Positionen wichtige Anregungen. Scheinen seine Überlegungen zum Naturrecht gleichsam am Übergang zur Theologie zu stehen, so sind sie dennoch in die römischrechtliche Tradition einzuordnen; dies gilt ebenso für das Gesetzgebungsrecht der Päpste, das St. aus dem Corpus Iuris Civilis mitbegründete. Ein Höchstrichteramt des Papstes erschien ihm bezeichnenderweise zweifelhaft. In vielen Fällen jedoch blieben St.' Überlegungen ein wichtiger Zwischenschritt in der Entwicklung der Kanonistik und ihrer Dogmatik.

In Frankreich trug St. entscheidend zur Modernisierung des juristischen Denkens bei, indem er Erkenntnisse und Methode der Bologneser Dekretistik einführte. Ungeklärt sind bis auf weiteres seine Verbindungen zur vorgratianischen Kanonistik, insbesondere zur Schule von Chartres.

Lit.: G. Conklin, St. of T..., in: Proceedings 8th Congr MCL, San Diego 1988, 1992, 369–386; R. Weigand, Studien..., in: ZRG KA 72, 1986, 349–361; H. Kalb, Studien zur Summa..., 1983.

J. Müller

Stiernhöök, Johann Olofson (1596–1675), erhielt eine juristische Ausbildung 1619–27 an den Universitäten von Uppsala, Leipzig, Jena, Wittenberg und Rostock. 1628 folgte eine Reise in die Niederlande und nach England. 1630–47 war er Assessor am Hofgericht von Turku, 1640–47 Professor an der neugegründeten dortigen Akademie. 1647–75 als Sekretär in der königlichen Kanzlei für Revisionssachen zuständig, entwickelte er das Amt 1665 als «Nedre Justitierevisionen». 1649 nobilitiert, erhielt er 1666 den Titel eines Hofrats.

St. gilt als der bedeutendste Jurist Schwedens im 17. Jh. Seine wichtigste Arbeit *De jure Sveonum et Gothorum vetusto* (1674, schwed. 1981), entstanden aus Turkuer Vorlesungen, gilt als Schlüsselwerk des Studiums der schwedischen Rechtskultur, da er das einheimische Recht dem rezipierten römischen gegenüberstellte. St. entdeckte auch den «Dalalag», das Rechtsbuch Dalarnas, das aber erst nach seinem Tod publiziert wurde.

Im 17. Jh., in dem die rechtliche Entwicklung Schwedens ihren Ausgang in den Hofgerichten und Revisionssachen nahm, war St. Mitglied sämtlicher Gesetzeskommissionen zwischen 1642 und 1669, in denen er nicht zuletzt aufgrund seiner Erfahrungen aus der Revisionskanzlei und seinen Untersuchungen und Entwürfen zum schwedischen Erb- und Familienrecht (Ärfdabalken und Giftersmalsbalken) eine wichtige Rolle spielte.

Lit.: J.E. Almquist, Bidrag till J. St. biografi, in: Svensk juridisk litteraturhistoria, 1946, 121ff.; Jägerskiöld, J. St. och den romerska rätten, in: Rättshist. Studien 4, 1974, 117ff.

K. Å. Modéer

Stooss, Carl (1849–1934), 1882–86 Professor für Strafrecht und Strafprozeßrecht in Bern und 1896–1919 in Wien, gilt als wichtigster Wegbereiter der schweizerischen Strafrechtseinheit. St. begründete 1888 die «Schweizerische Zeitschrift für Strafrecht». 1890 erschien sein Werk *Die schweizerischen Strafgesetzbücher zur Vergleichung zusammengestellt*, und 1892/93 folgten seine *Grundzüge des schweizerischen Strafrechts im Auftrage des Bundesrathes vergleichend dargestellt*. Im selben Jahr legte er einen Vorentwurf zum Allgemeinen Teil des Schweizerischen StGB vor. Dieser zeichnete sich durch ein kriminalpolitisch durchdachtes Maßnahmensystem sowie durch Einfachheit der Gesetzessprache aus. 1893–96 arbeitete er in der Expertenkommission zur Beratung des Entwurfs mit. 1908 erschien sein Lehrbuch des österreichischen Strafrechts.

Lit.: E. Hafter, C. St., in: H. Schulthess (Hg.), Schweizer Juristen der letzten hundert Jahre, 1945, 387ff.; H.v. Planitz (Hg.), Die Rechtswissenschaft in Selbstdarstellung, 1924.

L. Gschwend

Story, Joseph (1779–1845), der zu den einflußreichsten amerikanischen Juristen des 19. Jh.s gehört, war 1812–45 Richter beim Obersten Bundesgericht (Supreme Court) – mit 32 Jahren bis heute als jüngster Richter aller Zeiten berufen – und 1829–45 Dane-Professor für Jura an der Harvard Universität. St. beendete seine Studien 1798 in Harvard und wurde 1805 in das Parlament von Massachusetts gewählt. 1808 gelang ihm die Wahl in das Repräsentantenhaus der Vereinigten Staaten.

Als Richter hat sich St. für weitgehende Kompetenzen auf der Bundesebene eingesetzt. In St.s wohl berühmtestem Fall Martin vs. Hunters Lessee (14 U.S. 304/1816) vertrat er die Auffassung, daß das richterliche Prüfungsrecht des Supreme Court sich auch auf die

Entscheidungen der Gerichte der Einzelstaaten erstrecke. In Swift vs. Tyson (41 U.S. 1/1842) entschied das Gericht unter St., daß in «diversity» Fällen – Streitigkeiten zwischen Angehörigen verschiedener Einzelstaaten – die Bundesgerichte nicht an das auf Einzelstaatebene entstandene State Common Law gebunden waren, sondern ein auf Bundesebene entstandenes selbständiges «federal common law» entwickeln konnten. Bei Prigg vs. Pennsylvania (41 U.S. 539/1842) handelte es sich um den «Fugitive Slave Act», der die Voraussetzungen beschrieb, unter denen Sklavenbesitzer flüchtige Sklaven wieder zurückholen durften. Das Gericht führte aus, daß die Bundesregierung allein befugt war, das Gesetz durchzusetzen; den Gesetzgebungsorganen der Einzelstaaten wurde verboten, diesen Prozeß zu vereinfachen oder zu erschweren.

Als Wissenschaftler schrieb St. bedeutende Kommentare zum Verfassungsrecht und Handelsrecht, die systematische Abhandlungen der diversen Fälle enthielten. Seine Kommentare zum Handelsrecht, besonders diejenigen zum Equity-law und zu Kollisionsnormen, fanden bei Rechtsanwendern großen Beifall. Seine Kommentare zur Verfassung hatten viel Erfolg bei Juristen wie auch in breiteren Leserkreisen der Vereinigten Staaten und Europas.

Lit.: R. K. Newmyer, Supreme Court Justice J. St., 1985; J. T. McClellan, J. St. and the American Constitution, 1971.

M. Bhattacharyya

Stracca, Benvenuto (1509–1578), entstammte einer angesehenen, am Stadtregiment beteiligten Familie von Kaufleuten und Notaren in Ancona. Dort erhielt er eine gründliche humanistisch-philologische Ausbildung. Sein Lehrer war der aus Toledo stammende Ambrosio Nicandro. Als 1532 Ancona unter päpstliche Herrschaft geriet, mußte St. mit seiner Familie die Stadt verlassen. In den folgenden Jahren studierte er in Bologna.

1540 konnte er nach Ancona zurückkehren und wurde von Papst Paul III. in alle seine früheren Rechte wiedereingesetzt. Von nun an spielte er als Jurist eine wichtige Rolle in seiner Heimatstadt, wo er hohe Ämter innehatte.

St.s bedeutendstes Werk ist der 1553 erschienene *Tractatus de mercatura seu mercatore*. Er enthält die erste ausführliche wissenschaftliche Behandlung handelsrechtlicher Materien und steht damit am Anfang einer allmählichen Verselbständigung des Handelsrechts gegenüber der Moraltheologie, die sich bis dahin auch der theoretischen Erörterung einzelner Handelsgeschäfte gewidmet hatte. St.s Werk enthält v. a. Ausführungen zum Recht der Handelspersonen und zu einzelnen Handelsverträgen, darunter auch zum Gesellschaftsrecht. In der Folgezeit hat St. noch weitere Abhandlungen verfaßt, z. B. zum Seerecht, die späteren Ausgaben seines Tractatus beigefügt wurden.

Lit.: K. O. Scherner, in: Coing, 2, 1, 1977.

Ch. Bergfeld

Struve, Georg Adam (1619–1692), wurde als Sohn eines höheren Beamten und Gutsbesitzers geboren. Nach dem Studium von Philosophie, Geschichte (bei →Conring) und Jurisprudenz (bei Hahn, dem Kommentator von →Wesenbeck) wurde er 1645 Beisitzer am Schöffenstuhl in Halle, promovierte 1646 in Helmstedt und folgte im gleichen Jahre einem Ruf als Professor an die Universität Jena, wo er bis zu seinem Tode blieb. Der Praxis blieb er als Rat der Stadt Braunschweig und später als Hofrat in Weimar verbunden.

St. hat eines der meistbenutzten Lehrbücher des gemeinen römischen Privatrechts des 17. und 18. Jh. s verfaßt. Das Buch erschien zuerst 1670 unter dem Titel *Jurisprudentia romano-germanica forensis* und wurde bis 1771 vielfach neu aufgelegt und überarbeitet. Kurz «kleiner Struve» genannt, war dieses Buch 100 Jahre lang die beste Zusammenfassung des festetablierten Gebrauchs des römischen Rechts bei deutschen Gerichten (usus iuris romani in foro germanico). Die deutsche Version (1689, 1696) verrät die Verwandtschaft des Werkes mit Vorarbeiten für eine Kodifikation des Privatrechts in Institutionenform, wie sie auch Conring, der seinerseits →Grotius' *Inleidinge* vor Augen hatte, vorgeschwebt war. Damit hatte sich St. während seiner Tätigkeit als Hofrat in Weimar beschäftigt.

Von einem usus modernus pandectarum, wie bei dem jüngeren →Stryk, kann man bei St. nicht sprechen. Weder inhaltlich noch methodisch wollte er ein Neuerer sein. Doch gilt er in der Wissenschaftsgeschichte als der Begründer der später von →Nettelbladt überwundenen Lehre, wonach Rechtswissenschaft nicht die Erkenntnis (cognitio) der Rechtsregeln ist, sondern die praktische Fähigkeit (habitus practicus), das Recht auf bürgerliche Handlungen anzuwenden.

Die aus seiner Lehrtätigkeit hervorgegangenen Disputationen und Dissertationen stellte er auf die damals übliche Art zu Lehrbüchern zusammen, die als *Syntagma iuris feudalis* und *Syntagma iuris civilis* 1653 und 1658 gedruckt wurden.

Lit.: Kleinheyer/Schröder, 366; HRG 4, 52.

K. Luig

Stryk, Samuel (1640–1710), Sohn eines brandenburgischen Amtmannes, studierte ab 1658 in Wittenberg und Frankfurt/Oder bei Brunnemann. Nach einer akademischen Reise nach England und den Niederlanden begann er 1665 in Frankfurt/Oder mit seiner Lehrtätigkeit, die er unverzüglich in Publikationen umsetzte. In der Hierarchie der Fakultät und Universität stieg St. schnell auf, stand 1682 an der Spitze der Fakultät und übernahm dreimal das Rektorat. Nach einem Zwischenspiel in Wittenberg berief ihn der Kurfürst 1692 nach Halle, wo St. gemeinsam mit → Seckendorff und → Thomasius die Hauptlast beim Aufbau der neuen Universität trug, die das Modell einer Universität in der Zeit der Aufklärung werden sollte.

Mit seinem Kampf gegen Vorurteile, seiner religiösen Toleranz und seinen erzieherischen Ideen gehört St. zu den Anregern der Frühaufklärung. Im Strafrecht wurde seine Kritik am Unwesen der Hexenprozesse zum Vorbild für Thomasius. St.s eigentliches Feld aber war das Privatrecht. Sein Hauptwerk, ein als *Usus modernus pandectarum* bezeichneter Pandektenkommentar, der seit 1690 in mehreren Quartbänden nach und nach erschien, löste so exakt die der Zeit gestellte Aufgabe, daß sein Titel später zur Bezeichnung der ganzen Epoche der Rechtswissenschaft geworden ist. Ziel des Werkes ist die Darstellung des römischen Rechts in der Form, wie es damals in Deutschland und speziell in Brandenburg gelehrt und praktiziert wurde. Naturrecht spielt bei der Darstellung der Prinzipien und in der Durchführung der einzelnen Lehren allenfalls als gelegentlich angezogene «ratio naturalis» eine Rolle. Doch bezog St. seine Vorstellungen von dem, was Gegenstand eines «modernen» Privatrechts sein müsse, weithin aus den Lehren des Vernunftsrechts. Das gilt insbesondere für seine Vertragslehre, die auf dem Grundsatz der Klagbarkeit aller vertraglichen Absprachen beruhte.

Wichtigstes Anliegen von St. war der gerechte Ausgleich zwischen der römischen Grundlage des Privatrechts und den Regeln des einheimischen Rechts, die römisches Recht teils verdrängen und teils ergänzen. Eine Neudefinition des Verhältnisses dieser beiden Rechtsordnungen hielt er für erforderlich, nachdem →Conring die Rezeption des römischen Rechts zum ersten Mal genau beschrieben hatte. St. wollte die Prinzipien der herrschenden Rechtsquellen- und Rechtsanwendungslehre (Statutentheorie), wonach eine Vermutung für die Anwendbarkeit des römischen Rechts sprach, nicht umstoßen. Doch reklamierte er für alte deutsche Rechtsgrundsätze und moderne Rechtsprinzipien dieselbe Wertigkeit wie für das römische Recht. Obwohl St. die logische Unmöglichkeit dieser «via media» nicht ausdiskutierte, wurde dadurch der gerechte Ausgleich zwischen römischem und einheimischem Recht zu einer Aufgabe der Rechtswissenschaft, die die Pandekten Satz für Satz auf ihre Vereinbarkeit mit alten deutschen Gewohnheiten und modernen Rechtsentwicklungen hin zu überprüfen hatte. Dabei betonte St. durchaus den Wert des römischen Rechts für die «salus publica», die stets gegen die auf Treue (fides) gegründete Einfachheit und Billigkeit des deutschen Rechts abzuwägen war.

Lit.: R. Lieberwirth, Gedanken zu Fragen des Strafrechts bei S. St. in: WZUHW, Gesellsch.- u. Sprachwiss. 10, 2, 1961, 401–404; K. Luig, S. St. (1640–1710) u. d. «Usus modernus pandectarum», in: M. Stolleis (Hg.), Die Bedeutung der Wörter, FS St. Gagnér, 1991; G. Schubart-Fikentscher, S. St. – Jurisconsultus, in: WZUHW, Gesellsch.- u. Sprachwiss. 10, 2, 1961, 383–400.

K. Luig

Stučka, Petr Ivanovič (1865–1932), kommunistischer Funktionär in Lettland, nach der Oktoberrevolution zeitweilig stellvertretender Justizminister und von 1923–1932 Präsident des Obersten Gerichts der russischen Sowjetrepublik; Mitbegründer und seit 1931 Direktor des Rechtsinstituts der Wissenschaftsakademie der Sowjetunion.

St. ist v. a. als Theoretiker des revolutionären Sowjetrechts bekannt geworden. Dabei kritisiert er sowohl behauptete «rechtsnihilistische Tendenzen» auf der einen wie «bürgerliche Strömungen» auf der anderen Seite, indem er die Theorie eines eigenen «proletarischen», später sowjetischen Übergangsrechts entwickelt. Er stützt sich dabei v. a. auf die →Marxsche Kritik des Gothaer Programmes, wonach in der Übergangsgesellschaft vom Kapitalismus zum Kommunismus das Recht als «Recht der Ungleichheit, seinem Inhalte nach, wie alles Recht», zunächst noch fortbesteht; der «enge bürgerliche Rechtshorizont» kann nicht sofort beseitigt werden.

Das Recht ist demnach für St. «ein System gesellschaftlicher Verhältnisse, das den Interessen der herrschenden Klassen entspricht und von ihrer organisierten Gewalt aufrechterhalten wird». Dieses System wird durch ein Dreierschema von Rechtsverhältnissen konstituiert, deren eines konkret und zwei weitere abstrakt sind, nämlich konkret als Eigentumsverhältnisse, abstrakt im Sinne von Gesetz und Ideologie. Die Eigentumsverhältnisse, die nach Gesellschaftsformen verschieden sind, geben dabei gleichzeitig die «Basis» ab, Gesetz und Ideologie den «Überbau».

Daraus folgt die Theorie vom «Klassencharakter des Rechts», die St. insbesondere in seiner in den zwanziger Jahren weitverbreiteten Schrift *Die revolutionäre Rolle von Recht und Staat* (1921, dt. 1969) in Auseinandersetzung mit nicht-marxistischen Kritikern des bürgerlichen Rechts wie Lassalle, →Menger, Renner und Gojchbarg weiterentwickelt hat. St. galt damals neben →Pašukanis als der führende marxistische Rechtstheoretiker der Sowjetunion, wobei seine Theorie eine Mischung aus dem rein polit-ökonomischen Ansatz von Pašukanis und einer normativen Rechtstheorie darstellt. Dadurch will er den eigenständigen und gleichzeitig vorübergehenden Charakter des jungen Sowjetrechts «revolutionär-dialektisch» als Rechtsbindung zur Rechtsüberwindung deuten. Allerdings ist sein Rechtsbegriff wiederum so weit, daß die Spezifik des Rechts entfällt.

Die besondere Aufmerksamkeit St.s gilt dem durch die Kodifikation des ZGB von 1922 neugeschaffenen Zivilrecht (*Kurs sovetskogo grazdanskogo prava*, 1927–31), das die «bürgerliche Rechtsform» rezipiert hatte. Gleichzeitig stellt es in Art. 1 die Zivilrechtsgewähr unter den Vorbehalt einer generellen Einschränkung für den Fall, daß sie in «Widerspruch zu ihrer sozial-ökonomischen Bedeutung benutzt wird». St. lehnt insbesondere den von dem Redakteur des ZGB Gojchbarg gemachten Versuch ab, durch diese von →Duguit herrührende, in das Schweizer ZGB übernommene Lehre von den «Sozialfunktionen des Zivilrechts» die Eigentümlichkeit des ZGB für die Übergangsgesellschaft zu erklären. Vielmehr fordert er eine spezifische Einbruchsstelle für eine «eigene proletarische Politik in das Zivilrecht», insbesondere durch Bindung der rechtsanwendenden Volks-(= Laien-)Gerichte an die «allgemeinen Prinzipien der sowjetischen Gesetzgebung und die allgemeine Politik». Das Zivilrecht ist für ihn lediglich Übergangsrecht der Neuen Ökonomischen Politik (NÖP), das vom Wirtschaftsverwaltungsrecht abgelöst wird (sog. Zweisektorenlehre).

In der Zeit der Stalinisierung ab 1929 gerät St. selbst in die Kritik, weil seine Gleichsetzung von Rechtsverhältnissen mit Recht die neuentdeckte Selbständigkeit der «Rechtsform» als Rechtsnorm nicht hinreichend berücksichtige und er den eigenständigen Charakter des Sowjetrechts unterschätzt habe. In den sechziger Jahren setzt eine Renaissance der Beschäftigung mit den Arbeiten von St. sowohl in damals sozialistischen Ländern als auch in der kritischen Rechtstheorie ein, die bis zum Ende der Sowjetunion anhält.

Lit.: D. A. Loeber, Unbewältigte Vergangenheit im sowjetischen Zivilrecht – Zur Auseinandersetzung mit dem wissenschaftlichen Erbe von P. I. St., in: D. Frenzke/A. Uschakow (Hg.), Macht und Recht im kommunistischen Herrschaftssystem, 1965, 129–150; A. A. Plotnieks, Stonovlenie i razvitie marsistko-leninskoj obscej teorii prava v SSSR, 1978; N. Reich (Hg.), Marxistische und sozialistische Rechtstheorie, 1972, 33–38; ders., Sozialismus und Zivilrecht, 1972, 201–223; N. Sharlet/P. Maggs/P. Bierne (Hg.), P. St., Selected Writings on Soviet Law and Marxism, 1988; E. A. Skripilev/B. G. Grafskij, P. I. St. i aktualnye voprocy metodologii nauki prava N. 6, 137–138.

N. Reich

Suárez, Francisco de (1548–1617), studierte 1562–64 kanonisches Recht in Salamanca und trat 1564 in den Jesuitenorden ein. Während seines anschließenden Theologiestudiums in Salamanca (1566–70) hörte er bei J. Mancio, einem Schüler von de → Vitoria, bei J. de Guevara, einem Augustiner, und bei dem Jesuiten H. Henriquez. 1570–74 lehrte er Philosophie in Segovia und 1776–80 Theologie vor allem in Valladolid, wo er über das 1. Buch der *Summa theologica* des Th. v. Aquin las. Wegen abweichender Auslegungen des Aristoteles kam es oft zu Auseinandersetzungen zwischen ihm und der Ordensleitung. 1580 wurde er nach Rom berufen. Dort las er über das 2. und 3. Buch der *Summa theologica*. 1585 kehrte er nach Spanien zurück. Als Professor der Theologie in Alcalá wurde er Nachfolger des berühmten Theologen G. Vásquez. Wegen verschiedener Kontroversen, die er mit diesem hatte, verließ er Alcalá, als G. Vásquez nach dort zurückkehrte. 1597 las er auf Wunsch Philipps II. in Coimbra. 1604–16 hielt er sich nochmals in Rom auf, um sich wegen zahlreicher Anfeindungen im Zusammenhang mit dem sog. Gnadenstreit zu rechtfertigen. In Lissabon, wo er in einem Streit zwischen dem Nuntius und dem Vizekönig vermitteln sollte, ist er gestorben.

S. ist der bedeutendste Vertreter des jesuitischen Zweigs der spanischen Spätscholastik. Unter seinen theologisch-philosophischen

Werken stehen die *Disputationes metaphysicae* (1597) an erster Stelle. Seine Rechtslehre entwickelt S. v. a. im *Tractatus de legibus ac legislatore Dei* (1612) und in der *Defensio fidei* (1613). Wie seine theologischen Lehrer ist S. Thomist. Er löst sich aber von der zuvor herrschenden Darstellungsform des Kommentars der *Summa theologica* und behandelt einzelne dogmatische Fragen in einer fortlaufenden Abhandlung. Inhaltlich nähert er sich einigen nominalistischen Standpunkten. Die *Disputationes metaphysicae* standen auch an niederländischen und deutschen protestantischen Universitäten in hohem Ansehen. Ihr Einfluß läßt sich noch bei →Leibniz und Descartes nachweisen. Mit seiner klaren Unterscheidung von ius naturae und ius gentium und mit seinen ausführlichen Erörterungen zu Begriff und Inhalt des letzteren hat S. v. a. auf H. →Grotius gewirkt.

WW: Werke, 26 (28) Bde., 1856–61; Lat.-span. Ausg. der Disputationes metaphysicae I, 1960; Lat.-span. Ausgabe von De legibus 1–8, 1971–81.

Lit.: H. Rommen, Die Staatslehre des F. S., 1927; F. de P. Solá, S. y las ediciones de sus obras. Monografia bibliográfica, 1548–1948, 1948; J. Giers, Die Gerechtigkeitslehre des jungen S., 1962.

Ch. Bergfeld

Such, Heinz (1910–1976), o. Professor für Zivilrecht (1951) und Wirtschaftsrecht (1969) in Leipzig, Vertreter der Allgemeinen Rechtswissenschaft, der sowohl für die philosophische als auch theoretische Fundierung des Rechts eintrat; Mitbegründer der Zivilrechtswissenschaft und des Wirtschaftsrechts der DDR.

Ausgehend von der Frage nach der Gesetzlichkeit des Lebens, versuchte er, in den tatsächlichen Lebensverhältnissen der Menschen den objektiven Maßstab für die Erklärung des historischen Wandels der Rechtsnormen und -begriffe und die Grundlage für den Normbildungsprozeß zu finden. Unter Ausnutzung geschichtlich entstandener Rechtssysteme, insbesondere des bürgerlichen, begründete er in kritischer Auseinandersetzung mit der Begriffs- und Interessenjurisprudenz eine Rechtswissenschaft auf der Grundlage des dialektischen Materialismus (Neue Justiz, Berlin 1947, 229ff.; 1948, 61ff.; 203ff.). Im Ergebnis der Untersuchungen zu den historisch existierenden Eigentumsformen war er der erste, der den Begriff des Volkseigentums tiefgehend analysierte und insbesondere seinen rechtlichen Inhalt herausarbeitete (Neue Justiz 1949, 125ff.; 156ff.). Mit seinen grundlegenden Beiträgen zur sozialistischen Vertragstheorie entprach er der in der Sowjetischen Besatzungszone geschaffenen neuen Rechtswirklichkeit durch die Gestaltung organisierender, den Entwicklungsprozeß vorantreibender Rechtsformen: *Bedeutung des Vertragssystems* (1954); *Der Liefervertrag* (1962). Für das Zivilrecht lieferte er, neben der Erarbeitung des Besonderen Teils des Schuldrechts, die Grundlage für eine geschlossene Konzeption eines Allgemeinen Teils des Zivilrechts, der geeignet war, die letztlich aus dem Pandektensystem und seiner Anwendung stammende Aufgliederung der Rechtsmaterien zu überwinden (*Grundriß des Zivilrechts der DDR*, *Schuldrecht, Besonderer Teil*, 1956; *Zivilrecht der DDR*, *Die allgemeinen Bestimmungen über die Schuldverhältnisse*, 1964).

Als Mitbegründer des Wirtschaftsrechts war er bestrebt, die Theorie und Eigenständigkeit dieses Rechtszweigs durchzusetzen, ein Prozeß, der Ende der siebziger, Anfang der achtziger Jahre seine Vollendung fand (*Wirtschaftsrecht der DDR*, 1969; *Lehr- und Studienmaterial zum Wirtschaftsrecht*, 1972/74).

S. Ginnow

Suehiro, Izutarô (1888–1951), 1914 ao., 1920–46 o. Professor in Tôkyô. In seiner ersten, durch ein großes Schuldrechtslehrbuch *Saiken-kakuron* (1918) gekrönten Schaffensphase stand der Wortführer der soziologisch orientierten Zivilistik noch unter Einfluß seines streng begriffsjuristischen Lehrers Kaneshirô Kawana (1875–1914). Wegen des Weltkriegs, der ihm einen Deutschlandaufenthalt unmöglich machte, ging er Anfang 1918 nach Chicago; die Begegnung mit dem amerikanischen Recht – der «case method», dem fallrechtlichen Denken, den verfassungsrelevanten sozialen Gesetzgebungen usw. – veranlaßte ihn zur Abkehr von der Begriffsjurisprudenz. Nach einem Aufenthalt in Lyon und Paris wechselte er über Italien nach Bern, wo er →Ehrlich traf, von dessen Theorie des lebenden Rechts sowie der Entscheidungsnormen er stark geprägt wurde.

Heimgekehrt, leitete er 1920 im Sinne einer soziologisch orientierten Jurisprudenz eine vehemente, aufsehenerregende Kritik der von der deutschen Dogmatik dominierten japanischen Zivilistik ein. In seinem programmatischen Sachenrecht (*Bukken-hô*, 1921–22) plädierte er gegen die unreflektierte Übernahme ausländischer Dogmen und für eine Rechtswissenschaft, die eine «bodenständige Färbung» besitzt und das «seiende», der Gesellschaft innewohnende Recht zur

Kenntnis nimmt. Da dies nach S. besonders in der Rechtsprechung zum Ausdruck kommt, organisierte er zugleich an der Tôkyôer Fakultät eine Arbeitsgruppe zur – die Bedeutung der konkreten, dem jeweiligen Fall zugrundeliegenden Tatsachenverhältnisse akzentuierenden – Erforschung der zivilrechtlichen Entscheidungen des Obersten Gerichtshofs (Hanrei kenkyûkai). Die Hochblüte der Urteilsbesprechungen zählt heute zu den Besonderheiten der japanischen Jurisprudenz.

Angesichts der sozialen Unruhen der zwanziger Jahre (Proteste der Kleinpächter; Arbeiterbewegung) engagierte sich S., der seit seinem Auslandsaufenthalt arbeits- und sozialrechtlich interessiert war und als Begründer der japanischen arbeitsrechtlichen Wissenschaft gilt, in seinen weniger systematisch als essayhaft angelegten Schriften rechtspolitisch sowie publizistisch dafür, die Land- und Industriearbeiterschaft zur selbständigen Sozialpartnerin zu erziehen: *Nôson-hôritsu-mondai* (Rechtsprobleme des Dorfes, 1923); *Rôdôhô-kenkyû* (Arbeitsrechtliche Abhandlungen, 1925). Während des II. Weltkriegs entstand aus Anlaß der Feldforschung in chinesischen Dörfern S.s dynamisches Verständnis der Rechtsgewohnheit als Ausfluß des labilen Gleichgewichts verschiedener gesellschaftlicher Kräfte. S. gilt daher als Schrittmacher der japanischen Rechtssoziologie. In der von gespannten Kapital-Arbeit-Beziehungen gekennzeichneten Krisenzeit unmittelbar nach dem Krieg arbeitete er an den arbeitsrechtlichen Reformgesetzgebungen mit und übte als Vorsitzender des Zentralen Arbeitskomitees eine intensive Schlichtertätigkeit aus.

Lit.: T. Ushiomi, S. I., in: Ders./N. Toshitani (Hg.), Nihon no hôgakusha, 1975, 335–365; Hôritsu-jihô, 23/11, 1951 (S.-Sondernummer).

A. Wani

Svarez, Carl Gottlieb (1746–1798), führende Persönlichkeit der preußischen Aufklärungsgesetzgebung, gilt als Schöpfer des großen Kodifikationsprojekts im Ancien régime, des Allgemeinen Landrechts für die preußischen Staaten von 1794.

S. studierte 1762–65 Rechtswissenschaften an der Universität in Frankfurt/Oder, die geprägt durch Christian →Wolff als Zentrum der Naturrechtslehre galt. S., der nach seiner Referendarzeit in der preußischen Bürokratie Karriere machte, war ab 1771 maßgeblich am Aufbau der Verwaltung und des Rechtssystems der neuen schlesischen Provinzen beteiligt. 1780 wurde S. aus Anlaß der von Friedrich

d. Großen befohlenen, umfassenden Justizreform nach Berlin berufen. Zahlreiche Kodifikationen der folgenden Jahre – u. a. die Prozeßordnung des *Corpus Iuris Fridericianum*, 1781, eine Deposital- und Hypothekenordnung, 1782 und 1785, v. a. aber das *Allgemeine Gesetzbuch für die preußischen Staaten* – sind mit seinem Namen verbunden. 1790/91 wurde ihm die rechtswissenschaftliche Ausbildung des Kronprinzen, des späteren Friedrich Wilhelm III. anvertraut.

In Abkehr vom Wolffschen Gesetzesbegriff, der mathematisch-methodischen Ableitbarkeit des Rechts aus Begriffen, versuchte der zwischen 1784–88 veröffentlichte Entwurf des ALR gemäß einem aufklärerisch-enzyklopädistischen Anspruch in klarer und verständlicher Sprache die totale Erfassung aller aus römischem wie gemeinem Recht abgeleiteten Rechtsbeziehungen im Verhältnis Bürger-Bürger sowie Bürger-Staat. Einerseits einem reformerisch-aufgeklärten Bewußtein verpflichtet – S. war Mitglied der «Mittwochsgesellschaft», dem Kreis der Berliner Aufklärer um Mendelssohn –, sollte die Kodifikation der Objektivierung der Gesetzgebung und der Schaffung einer unabhängigen Justiz Vorschub leisten. Andererseits suchte das gesamte Kodifikationsprojekt auf dem Wege einer Rechtsvereinheitlichung die heterogenen preußischen Staaten im Sinne einer aufgeklärt-absolutistisch orientierten Politik zu verklammern und den ständischen Rechts- und Privilegienraum deutlich zu beschneiden bzw. diesen als Teil einer positiven, monarchisch gesetzten Rechtsordnung erscheinen zu lassen.

Der vorgelegte Entwurf fand ein breites Echo. Unter Berücksichtigung der eingegangenen Kritik wurde er revidiert, 1791 erneut publiziert und sollte 1792 in Kraft treten. Die konservativ-ständische Öffentlichkeit erreichte nicht zuletzt aufgrund des im ALR eigentlich traditionell naturrechtlich formulierten Bekenntnisses zu allgemeinen und natürlichen Rechten des Menschen (Einleitung, §§ 82, 83), das nun vor dem Hintergrund der Französischen Revolution von 1789 als Ausdruck eines bürgerlich-egalitären Freiheitsbegriffs verstanden wurde, dessen Suspension. Nur die erneute territoriale Erweiterung Preußens um die polnischen Teilungsgebiete von 1793 rettete das Gesetzeswerk. Nach erneuter Revision trat die Kodifikation am 1. Juli 1794 in Kraft.

Das ALR, das in Teilen bis 1900 Anwendung fand, verlor unter der bestimmenden Position der historischen Rechtsschule an Bedeutung. In seinem Anspruch zwar gescheitert – das ALR erlangte nur subsidiäre Geltung, was unzeitgemäß einer Respektierung der ständischen Rechtssphäre gleichkam –, beeinflußt der in ihm unternommene Versuch der «Einfriedung monarchischen Handelns» (G. Birtsch) die konstitutionalistische Verfassungsgesetzgebung Preußens bis zur preußischen Verfassung von 1851.

WW: H. Conrad/G. Kleinheyer (Hg.), C. G. S. – Vorträge über Recht und Staat (Vorträge vor Mittwochsgesellschaft u. sog. Kronprinzenvorträge), 1960; H. Hattenhauer/G. Bernert (Hg.), Allgemeines Landrecht für die preußischen Staaten von 1794, 1970.

Lit.: A. Stölzel, C. G. S., 1885; Kleinheyer/Schröder, 289 ff.; R. Koselleck, Preußen zwischen Reform und Revolution. ALR, Verwaltung und soziale Bewegung von 1791 bis 1848, 3. Aufl., 1981; A. Schwennicke, Die Entstehung des Preußischen Allgemeinen Landrechts von 1794, 1993.

I. K. Ahl

Svolos, Alexandros (1892–1956), Jurastudium in Konstantinopel und Athen. 1915 Doctor iuris an der Universität Athen mit einer Arbeit über das Koalitionsrecht und die Gewerkschaften in Griechenland (*To dikaíōma tou synaiterízesthai kai to díkaion tōn sōmateíōn katá to Sýntagma kai ton perí somateíōn nómon*). 1917 wird er Dozent der Nationalen Universität Athen. 1917–20 ist er am Ministerium für Nationalökonomie tätig. 1920 Stellvertreter der griechischen Verwaltung in Proussa, Kleinasien. 1929 Ordinariat an der juristischen Fakultät Athen am Lehrstuhl für Verfassungsrecht. 1935 wird er aus politischen Gründen aus der Universität ausgestoßen. 1936 kehrt er zur Universität wieder zurück. Am 4. August 1936, bei Ausbruch der Diktatur von I. Metaxas, wird er verhaftet, erneut aus der Universität ausgestoßen und vier Jahre lang verbannt. 1945 wird er endgültig aus der Universität Athen aus politischen Gründen ausgestoßen. Seit 1945 politische Karriere als Präsident der Sozialistischen Partei (ELD).

Schüler von N. N. →Saripolos. In Gegenüberstellung zu dem von diesem eingeführten Gesetzespositivismus und der rein juristischen Methode untersucht S. den Staat als Produkt sozioökonomischer Verhältnisse. Im Kontext der Arbeiterbewegungen der ersten Hälfte des 20. Jh.s führt er geschichtliche, sozialwissenschaftliche und philosophisch-politische Gesichtspunkte in die Rechtswissenschaft ein, ein Novum für die griechische Rechtswissenschaft. In der Abhandlung über die Zwangsveräußerung (*Ē anagkastiké apallotríōsis pros apokatástasin aktémónōn geōrgón ypo syntagmatikén kai oikonomikén ápopsin*) untersucht er die Agrarpolitik und Agrarökonomie des griechischen Staates. In seinen wissenschaftlichen Werken sowie durch seine Tätigkeit in der Verwaltung hat er die Genese des Sozialstaates in Griechenland dargestellt bzw. unterstützt. Ganz besonders hat er sich für die Bildung und Durchsetzung der Gewerkschaften (synaiterismoí) eingesetzt.

WW: Perí Politikés exousías kai kyriarchías, 1917; Perí germanikoú kai sobietikoú syntágmatos (Übersetzung und Einleitung der Weimarer Reichsverfassung [1919] und der sowjetischen Verfassung [1918]), 1921; Übersetzung v. Léon →Duguit «Le droit social, le droit individuel et la transformation de l'Etat», 1923; To néon Sýntagma kai oi báseis tou politeúmatos, 1928; Perí nomothetikón diatagmátōn, 1932; Syntagmatikón Díkaion, 1934–35; To Syntagma tēs Elládos, Ermēneía, Istoría Sygkritikón Díkaion (unter Mitarbeit mit G. K. Vlachos) 2 Bde., 1954–55, unvollendet.
Lit.: E. Tsirimokos, A. S. Ē diké mas alétheia, Athen 1962; Th. Tzortzakes, A. S., in: O Synetairistés, Februar 1956.

Ch. Argyriadis

Szászy-Schwarz, Gusztáv (1858–1920), stammte aus einer Bankiersfamilie und studierte Jura in Budapest, Leipzig, Halle und in Göttingen, dort insbesondere bei →Jhering. Danach praktizierte Sz. einige Jahre in Budapest als Rechtsanwalt und habilitierte sich gleichzeitig mit einer romanistischen Arbeit. 1894 erhielt Sz. einen Ruf als Ordinarius an die Budapester Universität und lehrte dort v. a. römisches Recht, ab 1900 zusätzlich Handels- und Wechselrecht.

Sz. forderte entschieden die Reformierung des noch feudal geprägten Sachen-, Familien- und Erbrechts in Ungarn und setzte sich so in Gegensatz zu seinem Kollegen →Grosschmid. Dabei betrachtete Sz. das römische Recht als Quelle des modernen Privatrechts und war so der erste ungarische Pandektist, der die Traditionen der deutschen Jurisprudenz in das ungarische Privatrecht umgesetzt hat. Gleichzeitig war Sz. – von Jhering inspiriert – ein Vertreter der Interessenjurisprudenz; später näherte er sich sogar dem Rechtspsychologismus.

Schon als Anwalt hatte sich Sz. intensiv an den Debatten zur Kodifikation des ungarischen Privatrechts beteiligt, insbesondere des Familienrechts. Als Hochschullehrer setzte er seine rechtspolitischen Tätigkeiten fort und verfaßte u. a. das Erbrechts-Kapitel im Entwurf des Zivilgesetzbuches von 1900. Zusätzlich führte er die Lehre von der juristischen Person mit einem gleichnamigen Werk in das ungarische Privatrecht ein (*A jogi személy magyarázata*, 1907) und ließ als Vorsitzender des Kodifikationsausschusses die ungarischen Reformideen von Vertretern der deutschen und österreichischen Privatrechtswissenschaft begutachten (*A magánjogi törvényről*, Über das Zivilgesetzbuch, 1909); *Indokolás a polgári törvénykönyv javaslatához* (Motive zum Entwurf des Zivilgesetzbuches, 1914).

In seinem bedeutendsten, allerdings unvollendeten Werk *Parerga* (1912) versuchte Sz. sein romanistisches Privatrechtssystem zusammenzufassen. Weitere grundlegende privatrechtliche Veröffentlichungen, u. a. *Új irányok a magánjogban* (Neue Richtungen im Privatrecht, 1911); *Rudolph Jhering et son œuvre* (1913), verschafften ihm ein Ansehen als «ungarischer Jhering». Seine Schüler → Szladits und → Marton wurden die bedeutendsten Vertreter der ungarischen Privatrechtswissenschaft zwischen den Weltkriegen.

Lit.: K. Szladits, Sz. G. emlékezete, in: Magyar Jogászegyleti Értekezések 6, 1934; F. Mádl, Die Kodifikation des ungarischen Privat- und Handelsrechts im Zeitalter des Dualismus, in: A. Csizmadia u. a.(Hg.), Die Entwicklung des Zivilrechts in Mitteleuropa (1848–1944), 1970, 110ff.; J. Zlinszky, G. Sz. (1858–1920), in: O. Behrends (Hg.), Rudolf von Jhering. Beiträge und Zeugnisse, 1992, 57f.

K. Gönczi

Szemere, Bertalan (1812–1869), studierte wie viele spätere liberale Politiker an der reformierten Hochschule in Patak. Schon der junge Sz. besuchte die Preßburger Reformlandtage. Nach seinem Studium arbeitete Sz. erst in der Komitatsverwaltung und stieg bis zum höchsten Amt der lokalen Selbstverwaltung (Vizegespan) auf. 1839 erstellte er im Auftrag der Komitatsverwaltung mehrere Gutachten zur Verbesserung der Strafvollzugsanstalten und vertrat ab 1843 als Gesandter den Landadel seines Komitats auf den Preßburger Reformlandtagen.

Schon bei seiner Tätigkeit in der Lokalpolitik war Sz. von liberalen Ideen geprägt, die er auf einer längeren Europareise kennengelernt hatte. Bei seinen theoretischen Arbeiten zur Reform des Strafvollzugs setzte sich Sz. anhand der Werke von Beaumont und Tocqueville intensiv mit dem US-amerikanischen Strafvollzugssystem auseinander. Seine Vorschläge (*A büntetésről s különösen a halálbüntetésről* (Über die Strafe, insbesondere die Todesstrafe, 1841) wurden u. a. wegen Geldmangels nicht verwirklicht, doch berücksichtigte die von → Deák geleitete nationale Kodifikationskommission später seine Thesen. Außerdem hat Sz. das erste ungarische Urhebergesetz entworfen und wirkte an der Bergbaugesetzgebung mit.

Inzwischen einer der führenden Liberalen, war Sz. Innenminister der ersten liberalen Regierung ab April 1848. Auch nach dem Rücktritt des Ministerpräsidenten im September 1848 blieb Sz. an der Seite von Kossuth in der Regierung tätig. Von Mai 1849 bis zur Niederschlagung des Freiheitskampfes im September 1849 war Sz. sogar gleichzeitig Ministerpräsident und Innenminister. Auf seine Initiative hin kam es in dieser Zeit zu einer gesetzlichen Regelung für die allgemeine Gleichberechtigung der Nationalitäten.

Nach dem Zusammenbruch des Freiheitskampfes emigrierte Sz., lebte in Istanbul, dann in Westeuropa und publizierte 1860 in Frankreich *La question hongroise 1848–60*. Bei den innerungarischen Auseinandersetzungen zur Frage eines Ausgleichs mit Österreich unterstützte er die dualistischen Positionen von Deák und wurde dadurch zum Gegner von Kossuth. Kurz nach seiner Rückkehr nach Ungarn starb er geistig umnachtet in Pest.

Lit: I. Z. Tóth, A Sz.-kormány nemzetiségi polititikája, in: Magyar Tudományos Akadémia Filozófiai és Történettudományi Osztályának Közleményei 2, 1952, 69 ff.; J. Ruszoly (Hg.), Sz. B. és kora, 1991; J. Ruszoly, Sz. B., in: Három borsodi örökhagyó, 1992.

K. Gönczi

Szladits, Károly (1871–1956), Beamter im Justizministerium (1895–1916), ao. (1908) und o. Professor (1917–1942) des ungarischen Privatrechts in Budapest, Mitglied der Ungarischen Akademie der Wissenschaften, war als Schüler und Anhänger von →Grosschmid die bedeutendste Persönlichkeit der ungarischen Privatrechtswissenschaft in der Zwischenkriegszeit. In einem grundlegenden Lehrbuch und in anderen Werken hat er die fortschrittlichen Lehren aus Grosschmids origineller Gedankenwelt mit der Interessentheorie von →Szászy-Schwarz erfolgreich auszusöhnen und zu vereinigen versucht. Er nahm an den Vorarbeiten zu zwei BGB-Entwürfen (1901, 1918–1928) teil. Seine größte, bis zum heutigen Tage nachwirkende Leistung war aber die wissenschaftsorganisatorische Tätigkeit, deren Ergebnis der sog. *Nagy-Szladits, Magyar magánjog* (Ungarisches Privatrecht I–IV, 1938–42), ein bisher nicht übertroffenes Handbuch des ungarischen Privatrechts, wurde. Zur Mitarbeit an diesem Buch konnte er die besten, meist jungen Kenner der einzelnen Rechtsgebiete gewinnen (u. a. →G. Marton, S. Beck, E. Nizsalovszky, I. Szászy). Durch seine organisatorische, herausgeberische und erzieherische Tätigkeit schuf er um sich herum eine Schule, die zum ersten Mal – obwohl deutschen Einflüssen gegenüber eher zurückhaltend – auch eine vergleichende rechtswissenschaftliche Tätigkeit in Ungarn ermöglichte. Er war Herausgeber mehrerer Zeitschriften und Entscheidungssammlungen. Nach dem Krieg war er Mitglied des internationalen Wahlgerichts in Den Haag.

Lit.: F. Eckhart, A Jog- és Államtudományi Kar története 1667–1935, 1936; E. Nizsalovszky, Sz. K., in: Magyar Tudomány 1956, I.; L. Asztalos, A civilisztika oktatásának és tudományának fejlődése a budapesti egyetemen 1945–70, 1973; Ders., Grosschmid tanítványok – S. iskola, in: A jogászképzés a magyar felsöoktatás rendszerében, 1984, 73–98.

B. Szabó

T

Tagancev, Nikolaj Stepanovič (1843–1923), russischer Strafrechtswissenschaftler, seit 1867 Dozent an der Kaiserlichen Rechtsschule, seit 1868 an der St. Petersburger Universität, 1881 Ernennung zum Mitglied der Konsultation des Justizministeriums, seit 1897 Präsident des Kriminalkassationsdepartements des Regierenden Senats, Herausgeber der Zeitschrift «Žurnal Grazdanskago i Ugolovnago Prava» (Zeitschrift für Zivil- und Strafrecht).

T. zählte neben A. F. →Koni und I. J. →Fojnickij zu den liberalen Protagonisten der Geschworenengerichtsbarkeit im Zarenreich, die in der Laienjustiz ein Korrektiv gegen den autokratischen Obrigkeitsstaat sahen. T. vertrat in den Kommissionen zur Strafrechts- und Gefängnisreform, die ihre Arbeit um die Jahrhundertwende beendeten, das Anliegen der liberalen Konstitutionalisten. Dies war zumeist deckungsgleich mit der Ablehnung des formalen Gesetzespositivismus und der Vergeltungstheorie. Die Milderung der Strafen in der Neufassung des Strafgesetzbuches 1903 und die Einführung des Resozialisierungsgedankens in die Strafvollzugspraxis lassen sich u. a. auf den Einfluß T.s zurückführen. T. war einer der bekanntesten Vorkämpfer für die Abschaffung der Todesstrafe im Zarenreich und verfaßte den bedeutendsten Kommentar zum Strafgesetzbuch von 1903. T. wurde nach der Oktoberrevolution aller Ämter enthoben.

WW: O prestuplenijach protiv žizni po russkomu pravu (Über die Verbrechen gegen das Leben nach russischem Recht, 1870); Kurs russkago ugolovnago prava (Lehrbuch des russischen Strafrechts, 1874–1880); Lekcii po russkomu ugolovnomu pravu. Čast' obščaja (Vorlesungen zum russischen Strafrecht, Allgemeiner Teil, 1887–1892); Smertnaja kazn' (Die Todesstrafe, 1913).

Lit.: N. S. Tagancev, Perežitoe (Erlebtes), 1919.

J. Baberowski

Takikawa, Yukitoki (1891–1962), Strafrechtler, wurde nach einem Studium in Kyôto und nach einer Richtertätigkeit 1918 ao., 1924 o. Professor daselbst. 1922–24 folgte ein Aufenthalt in Berlin, Frankfurt a. M. (bei M. E. Mayer) und Münster. Neben dem Tôkyôer Ordinarius Seiichirô Ono (1891–1986) Repräsentant der klassischen Schule in Japan, verhalf er der Tatbestandslehre zur herrschenden Stellung. T. war jedoch im Vergleich zum autoritär-ethisierenden Ono fortschrittlich und liberal gesinnt. Wegen der Äußerungen, in denen T. auf die Klassenbedingtheit des Strafrechts hinwies, wurde er des Marxismus bezichtigt, was zum Verbot seines Kurzlehrbuchs *Keihô dokuhon* (1932) und zu seiner Beurlaubung führte. Aus Protest erklärten sich sämtliche Professoren der Fakultät bereit, aus dem Amt auszuscheiden (Fall Takikawa, 1933). Er verließ die Universität, wurde Rechtsanwalt. 1946 erfolgte seine Rückkehr zur Kyôtoer Fakultät, deren Umbesetzung nach dem Systemwechsel T. als eine Art Gründungsdekan 1946–50 maßgebend bestimmte. 1953–57 war er Rektor der Universität.

WW: Werkausgabe T. Y.-keihô-chosakushû, 5 Bde., 1981.
Lit.: N. Toshitani u. a. (Hg.), Hôritsugaku to watashi, 1967, 195–262; T. Odanaka, T. Y. no keireki, gyôseki to keiji-tetsuzuki-ron, in: Hôritsu-jihô 52/6, 1980; K. Naitô, T. Y. no keihô-riron, in: Hôritsu-jihô 52/7–11, 1980.

A. Wani

Tammelo, Ilmar (1917–1982), studierte Rechtswissenschaft in Tartu/Dorpat, Freiburg, Marburg und Heidelberg und promovierte 1943 in Tartu (*Die Rechtsnorm und ihre Struktur*) und 1944 in Marburg (*Kritische Untersuchungen zur normativistischen Unterscheidung des Privat- und des Öffentlichen Rechts*). Es folgten 1951 der Master of Art/Political Philosophy in Melbourne (*Considerations about the Fundamentals of the Justice*) sowie 1961 der Master of Law in Sidney. T. habilitierte sich bei →Radbruch und Karl Engisch mit einer *Untersuchung zum Wesen der Rechtsnorm* für allgemeine Rechtstheorie und Rechtsphilosophie in Heidelberg.

1947–50 war er Privatdozent in Heidelberg, zwischen 1958 und 1973 zunächst Senior Lecturer, dann Reader in Sidney, bevor er von 1973–82 o. Professor für Rechtsphilosophie und -methodologie sowie der Allgemeinen Staatslehre in Salzburg war. 1979 wurde er Mitglied der Finnischen Akademie der Wissenschaften. T. war darüber hinaus Gründungspräsident der Australischen Gesellschaft für Rechtsphilosophie (1959–61), Mitherausgeber der «Sidney Law Review» (1953–73), der «Rivista Internationale de Filosfia de Diritto» (seit 1972), des «Kolleg Rechtstheorie» (seit 1974) sowie Präsidiumsmitglied der «Internationalen Vereinigung für Rechts- und Sozialphilosophie» (1967–75).

In seiner Rechtsphilosophie ging T. zunächst den doppelten Weg einer streng auf Logik gegründeten Wirklichkeitsanalyse, beendete diesen aber mit seiner Monographie *Modern Logic in the Service of Law* (1978), die – ähnlich dem Ansatz von P. Lorenzen – die Formulierung einfacher, aber gleichzeitig arbeitssicherer logischer Entscheidungsmethoden («Counter-Formula-Method») als Entsprechung der juristischen Entscheidung und des Arguments propagierte. Dieser Ansatz fand vor allen Dingen in den achtziger Jahren Anerkennung und eine Weiterentwicklung im Wiener IBM-Programm.

Des weiteren versuchte T. eine kosmische, eine gleichsam platonistische auf das Ganze und die Einheit gerichtete Schau – allerdings in beständiger Nähe zur natürlichen Mystik. T. selbst war Rosenkreuzler. In seinem Gerechtigkeitsbegriff – *Theorie der Gerechtigkeit* (1977) – zeigt er sich stark von der relativistischen Gerechtigkeitsphilosophie seines Lehrers Radbruch beeinflußt.

WW: The Works of I. T. (1939–43), hrsg. v. P. Järvelaid, 1993.
Lit.: W. Krawietz/Th. Mayer-Maly/O. Weinberger, Objektivierung des Rechtsdenkens. Gedächtnisschrift für I. T., 1984.

P. Järvelaid

Tanaka, Kôtarô (1890–1974), Handelsrechtler und Rechtsphilosoph, war ab 1917 ao. Professor, ab 1923–46 o. Professor in Tôkyô. 1925 konvertierte er von den japanischen Freikirchen zum Katholizismus. Er machte sich 1946–47 als Kultusminister um die Etablierung des neuen Erziehungssystems verdient. 1950–60 war er Präsident des Obersten Gerichtshofes und 1960–70 Richter am Haager Internationalen Gerichtshof. Gegenüber der pandektistischen Bearbeitung des japanischen HGB besonders durch seinen Lehrer Jôji Matsumoto (1877–1954) schritt T. zur soziologisch offenen Wesensschau der Handelsrechtsinstitute sowie zur allgemeinen Theorie des Handelsrechts, dessen Eigenart nach T. in der sich aus dem Wesen des Spekulativgeschäfts ergebenden «Handelsfärbung» der Handelsrechtstatbestände liegt. Als Vertreter des neothomistischen Naturrechts entwarf T. eine großangelegte, von Zitelmann angeregte Theorie des Weltrechts (*Sekaihô no riron*, 1932–34). Vor 1945 als liberal verleumdet, wurde T. in den fünfziger Jahren wegen der «law and order»-Orientierung des Obersten Gerichtshofs von den fortschrittlich Gesinnten als «reaktionär» heftig angegriffen.

Lit.: T. Suzuki (Hg.), T. K. hito to gyôseki, 1977.

A. Wani

Teixeira de Freitas, Augusto (1816–1883), brasilianischer Romanist, Kodifikationsjurist, Rechtsberater des Kaiserreiches und Anwalt. Nach Ausbildung an den jungen brasilianischen Juristenuniversitäten Olinda und São Paulo (gleichzeitig gegründet 1827) betätigt sich T. F. sein Leben lang als rechtsgelehrter Anwalt, gehört 1843 zum Gründerkreis der brasilianischen Anwaltsakademie (Instituto da Ordem dos Advogados), wird deren Präsident und Rechtsberater des Staatsrates der kaiserlichen Monarchie.

Im Auftrag der Regierung verfaßt T. F. die *Consolidação das Leis Civis* (1857 u. ö.), die die erste umfassende systematische Sammlung des Zivilrechts des unabhängigen Brasilien auf der Grundlage der fortgeltenden «Ordenacões Filipinas» von 1602 darstellt und die praktisch bis 1916, für länger als ein halbes Jahrhundert, die Autorität eines Zivilgesetzbuches innehat. 1860–64 erstellt er den *Esboço de Código Civil*, den systematischen «Grundriß» eines Zivilgesetzbuches, der römischrechtliche Traditionen und Figuren moderner europäischer Doktrin und Gesetzgebung zu einem originellen Ganzen vereint. Obwohl mit 4908 Artikeln unvollendet geblieben – die Regierung entbindet 1872 den erschöpften Juristen von seinem Auftrag –, stellt der *Esboço* aufgrund seines Konstruktionsprinzips (Aufbau nach Allgemeinem und Besonderem Teil, Gliederung nach Personen- und Sachenrechten), aufgrund seiner Alternativität zum legislativen Vorbild der Zeit, dem «Code Napoléon», und seiner zukunftsweisenden Aktualität (z. B. Deregulierung des Sklavenrechts) eine kodifikatorische Pionierleistung dar. Der «Grundriß» wird Grundlage der späteren Rechtsentwicklung in Brasilien und gewinnt über den Gesetzesentwurf von → Vélez Sársfield unmittelbaren Einfluß auf die Gestaltung des argentinischen Código Civil von 1869, der maßgebliche Teile übernimmt. Nach Ablehnung seines weitergehenden Plans einer einheitlichen Gesetzgebung für das gesamte Privatrecht Brasiliens ist T. F. vielgefragter juristischer Gutachter und Berater und veröffentlicht Lehrwerke: *Prontuário das Leis Civis*, *Regras de Direito*, *Vocabulário Jurídico*. Wegen seines originellen Stils und seiner wissenschaftlichen Gründerleistung gilt T. F. als inspirierender Geist aller amerikanischen Gesetzbücher.

WW: Aditamentos à Consolidação das Leis Civis e ao Código de Comércio, 1877; Código Civil – Esboço, 2. Aufl., 1952.

Lit.: M. A. de Savianna, A. T. de ... Traços Biográphicos, 1905; S. A. Meira, T. de F., o Jurisconsulto do Império, 1979; S. Schipani (Hg.), A. T. de F. e il Diritto Latinoamericano, 1988.

W. Paul

Thalelaios (**6. Jh.**), byzantinischer Rechtslehrer und Rechtsgelehrter aus der Regierungszeit Justinians (527–565), der aber schon vor Beginn der justinianischen Kodifikationsarbeit an der Universität von Konstantinopel Unterricht erteilte. Er zählt zur Gruppe der Antezessoren, jener Rechtsprofessoren, denen Justinian 533 seine abgeschlossene Rechtssammlung zur Vermittlung an die studierende Jugend anvertraute.

Über seine Herkunft und seine Person ist nichts bekannt. Sein Werk ist uns nur in groben Zügen aus den *Basiliken*, der großen Sammlung justinianischen Rechts in griechischer Sprache durch Leon VI. (886–912), bekannt. Dort ist es in Bruchstücken, die allerdings so zahlreich sind, daß ein bedeutender Teil des Werks rekonstruiert werden könnte, als «Anmerkungen» (= Scholien) am Rande vermerkt. Die Analyse dieser Überlieferung zeigt, daß T., der sich hauptsächlich mit der Kommentierung der Kaisergesetzgebung befaßte und Spuren seiner Arbeit mit der 1. und 2. Auflage des *Codex Iustinianeus* (529 und 534) hinterließ, die Schüler am lateinischen Text der Kaiserkonstitutionen unterwies. Er gab an, wie der Text interpungiert werden müsse, erläuterte die Fachausdrücke, diktierte den Eleven eine kurzgefaßte Inhaltsangabe des historischen Sachverhalts, der der kaiserlichen Entscheidung zugrunde gelegen hatte, und ordnete die leitenden Gesichtspunkte des Gesetzes dem rechtsdogmatischen Regelwerk zu. Außerdem benutzte er eine, nicht von ihm verfaßte, wörtliche griechische Übersetzung des Codex. Alle diese Texte sind später – vielleicht nicht einmal von ihm, sondern von den Schülern veranlaßt – zu dem «Codexkommentar des T.» zusammengewachsen, von dem noch die *Basiliken* zehren.

Als juristisch-dogmatischer Exeget war T. wie alle seine Kollegen konservativ hinsichtlich einer Flexibilisierung oder Änderung der Normen. Er konzentrierte sich darauf, die Rechtsüberlieferung zu erklären, die Vorzüglichkeit der tradierten Regeln darzulegen und sie pädagogisch aufzubereiten. Dazu bediente er sich der gleichen Methoden, wie sie die neuplatonische Schulphilosophie erfolgreich zur Erläuterung ihrer kanonischen Texte benutzte.

Lit.: D. Simon, Aus dem Kodexunterricht des Th., in: ZRG RA 86, 1969, 334–383 u. 87, 1970, 315–394; ders., in: RIDA 16, 1969, 283–308 u. 17, 1970, 273–311.

D. Simon

Theophilos (6. Jh.), Rechtslehrer in Konstantinopel, war einer der von Justinian I. zur Mitarbeit an der Kodifikation herangezogenen «antecessores». Er gehörte den Kommissionen für den ersten Codex (524) und für die Digesten (533) an und erhielt unter der Leitung von → Tribonian gemeinsam mit Dorotheos den Auftrag zur Abfassung der *Institutionen* (533), die in enger Anlehnung an das gleichnamige Werk des → Gaius entstanden. Aus seinem griechischsprachigen Unterricht über die Digesten sind nur wenige Fragmente überliefert. Seine kommentierende griechische Institutionenparaphrase liegt dagegen in einer fast vollständigen Schülernachschrift (?) vor und ist damit die einzige selbständig überlieferte Schrift aus dem griechischsprachigen Unterricht der Antezessoren. Als solche gibt sie einen guten Einblick in die Praxis der Rechtslehrer, die lateinischen Termini technici weitgehend unübersetzt zu lassen und sie allenfalls an das griechische Wortbildungssystem zu adaptieren. Als didaktisches Instrument setzt Th. – entsprechend dem elementaren Charakter des Institutionenunterrichts – insbesondere die systematische Vorbemerkung (protheoria) ein. Ähnlich wie der lateinische Institutionentext im Westen diente die griechische Paraphrase in Byzanz als systematische Einführung in das justinianisch-römische Recht.

WW: Institutionum graeca paraphrasis Th. A. vulgo tributa 1–2, hrsg. v. E. C. Ferrini, 1884, 1897 (ND 1967).

Lit.: J. H. A. Lokin, Th. A., in: TRG 44, 1976, 337–344; ders., Die Karriere des Th. A., in: Subseciva Groningana 1, 1984, 43–68.

L. Burgmann

Thibaut, Anton Friedrich Justus (1772–1840), Professor für römisches Recht, Badischer Geheimer Rat. Sein Ruhm beruht auf wesentlichen Beiträgen zur Rechtsdogmatik und -politik des frühen 19. Jh. s. Der Hugenottensohn studierte in Göttingen, Königsberg (→ Kant) und Kiel. Dort begann er die Universitätskarriere mit einer römischrechtlichen Promotion und Habilitation (1796), als ao. (1798) und o. Prof. für römisches Recht (1801). 1802 kam er in das eher absteigende Jena, 1805 in das kräftig aufblühende Heidelberg, kongenial neben Heise, Martin und → Zachariä. In diesem beliebten «Paradies Deutschlands» (T.) wurde er einer der erfolgreichsten Dozenten. Er starb 1840 nach einer großen Laufbahn in Universität, badischer Honoratiorenwelt und Politik und der geliebten romantischen Musikwelt (Singverein seit ca. 1814; *Über die Reinheit der Tonkunst*, 1825, 7. Aufl., 1843).

Sein bedeutendes und umfangreiches Werk galt juristischen Grundfragen (*Encyklopädie*, 1797; *Versuche über einzelne Teile der Theorie des Rechts*, 1798, 1801, 2. Aufl., 1806; *Theorie der logischen Auslegung*, 1797), dem sogenannten Pandektenrecht als aktuellem Zivilrecht (*System des Pandektenrechts*, 1803, 8. Aufl., 1834; und viele Einzelschriften) und der rechtspolitischen Frage einer Gesetzgebung (*Über die Notwendigkeit eines allgemeinen bürgerlichen Rechts für Deutschland*, 1814). In den Grundfragen vertrat er eine eher kantianische, erkenntniskritische Linie. Das führte zu betonter Abkehr von dem Gedanken eines substantiellen Rechts, von objektivistischen und historischen Vorstellungen eines Rechts im Recht, zu bewußter Dogmatisierung gerade des positiven Rechts als eigenständigem System und zu strenger Gesetzestreue bei gleichzeitig aktiver Rechtspolitik. In diesem Sinne steht er für eine sogenannte positivistisch-praktische Richtung (Landsberg 1910), eine zu Unrecht etwas abschätzige Bezeichnung. Sein *System des Pandektenrechts* hatte maßgebende Geltung bis zu →Windscheid. Es modernisierte das Fach, indem es von der römischen Legalordnung abging und eine wissenschaftlich prinzipielle Behandlung («System») anstrebte. Seine schwungvolle Flugschrift von 1814 gab im vielstimmigen sogenannten Kodifikationsstreit zwischen entschieden liberalen (→Feuerbach), vordemokratischen (Fries) und reformkonservativen Stimmen (→Savigny) einer gemäßigt liberalen, bürgerlich patriotischen Strömung Ausdruck, die spätestens 1817 zunächst politisch scheiterte. Er schrieb hier nicht in voller Antithese zu Savigny. Seine dogmatischen Einzelschriften verabschiedeten z. B. die Lehre vom geteilten Eigentum, objektivierten die Irrtumslehre oder erweiterten den Besitzschutz. Hier hat er vielfach den individualistischen Geist des jungen Jh.s auf privatrechtliche Formeln und Begriffe gebracht, wie die meisten damaligen Romanisten einschließlich Savigny. Der Untergang der Reichsverfassung und des Reichskammergerichts mit dem pluralistischen Rechtsquellensystem des Ancien régime hatte dafür den Weg bereitet. Elemente einer auch romantischen Transzendentalphilosophie übernahm T. in seiner Jurisprudenz, anders als Savigny, so gut wie nicht. Er soll gesagt haben, «die Jurisprudenz ist mein Geschäft, mein Musiksaal ist mein Tempel». Seine allgemeine Rechtslehre hat er weder in den Pandekten noch sonst zu einem Tempel ausgebaut. Sein zeitgemäßer Weltschmerz fand in der Musik seinen Trost, Savignys Weltfrömmigkeit in der Jurisprudenz ihren Gegenstand. Auf Reform durch System zielten beide. Die Ausführung fiel jedoch hier eigentlich-historisch-systematisch aus, dort schlicht-historisch-systematisch. Von ‹positivistisch› sollte man bei keinem von beiden sprechen.

WW: R. Polley, A. F. J. T. in seinen Selbstzeugnissen und Briefen, 1, 1982, 277 ff.
Lit.: Kleinheyer/Schröder, 297–300; J. Rückert, Heidelberg um 1804 oder: die erfolgreiche Modernisierung der Jurisprudenz durch T., Savigny, Heise, Martin, Zachariä u. a., in: F. Strack (Hg.), Heidelberg im säkularen Umbruch, 1987, 83–116.

J. Rückert

Thöl, Heinrich (1807–1884), leistete wegweisende dogmatische Beiträge zum Handels- und Wechselrecht und nahm großen Einfluß auf die Gesetzgebung zum Allgemeinen Deutschen Handelsgesetzbuch und zur Wechselordnung. 1829 promovierte er in Heidelberg unter Einfluß von →Thibaut und →Mittermaier. Die Habilitation erfolgte in Göttingen. Nach seinem öffentlichen Eintreten für die «Göttinger Sieben» um →Grimm verblieb er dort von 1837–41 als ao. Professor ohne Gehalt. 1842 wurde er o. Professor in Rostock. Ab Dezember 1848 war er Mitglied der Frankfurter Nationalversammlung; 1849–84 Professor in Göttingen.

Auf der Grundlage von →Puchtas Rechtstheorie erarbeitete T. mittels logisch-deduktiver Konstruktion möglichst genau definierte Rechtsbegriffe und -prinzipien. Wegen seiner Methodenstrenge wurde er von →Windscheid als «Mann mit dem eisernen Gedankenschritt» bezeichnet. Insoweit könnte man T. für den Musterfall eines sog. Begriffsjuristen halten. Seine «Begriffsjurisprudenz» war jedoch keineswegs weltfremd, praxisfern oder rechtspolitisch blind. T. verwertete sorgfältig die Entscheidungen des Oberappellationsgerichts Lübeck, des damals führenden deutschen Obergerichts, und versuchte, den Verkehrsbedürfnissen mit seinen Konstruktionen gerecht zu werden. Im Ergebnis schuf er tragfähige juristische Grundlagen in dem gesetzlich kaum geregelten, wirtschaftlich aber besonders bedeutsamen Bereich des Handelsverkehrs.

WW: Das Handelsrecht, 3 Bde., 1841, 1847, 1880.
Lit.: F. Gercke, H. T., 1931; R. Ogorek, Richterkönig oder Subsumtionsautomat?, 1986, 214–219.

U. Falk

Thomasius, Christian (1655–1728), der vielbewunderte Begründer der deutschen Frühaufklärung, begann mit 14 Jahren das Studium der Philosophie in seiner Vaterstadt Leipzig, wechselte aber nach der Lektüre der Werke von →Grotius und →Pufendorf zum Studium der Rechtswissenschaft über, das er 1679 mit einer Promotion bei →Stryk in Frankfurt/Oder abschloß. Kurze Zeit arbeitete T. als Rechtsanwalt und begann 1682 mit einer akademischen Lehrtätigkeit. Ab 1687 folgten die ersten Publikationen: *Der Diskurs von der Nachahmung der Franzosen*, eine Programmschrift zu der ersten Vorlesungsankündigung in deutscher Sprache in Leipzig; *Introductio ad philosophiam aulicam* (1688); *Institutiones iurisprudentiae divinae* (1687), eine Vorlesung über Pufendorf; die satirischen *Monatsgespräche*, die erste Monatsschrift in deutscher Sprache. Seine Kritik am herrschenden Lehrsystem war in den Augen seiner Gegner ein mit der Todesstrafe bedrohtes «Crimen laesae majestatis». Deswegen wechselte T. nach Halle. Dort wurde er neben Stryk einer der Gründungsväter der 1694 ins Leben gerufenen brandenburgisch-preußischen Staatsuniversität, der Modelluniversität des aufgeklärten Deutschland.

T. war Philosoph und Jurist. Die Philosophie von T. war eine christliche. Ihr Ansatz war die protestantische Lehre von der Verderbtheit des Menschen nach dem Sündenfall. Alle Gedanken blieben stets ausgerichtet auf das große Ziel der ewigen Seligkeit. Nach dem Vorbild von Descartes wandte er sich gegen Vorurteile und Autoritätenglauben. Das machte ihn zum Eklektiker. Grundlage seines eigenen Systems war ein psychologisierender Empirismus auf der Basis einer eigenen Anthropologie. Deren Kern war die Lehre von den drei Affekten Wollust, Habgier und Machtstreben, die den menschlichen Willen lenken, der seinerseits den Intellekt in Bewegung setzt. Das Entscheidende ist jedoch, daß der Intellekt in der Lage ist, die Affekte zu zügeln. Dabei spielen die Hoffnung auf Belohnung und die Furcht vor Strafe, die sich aus Normen ergeben, die Befehl (Imperium) und Rat (Consilium) umfassen, eine große Rolle.

Das wichtigste Ziel von T. war pädagogischer Natur: die «Ausbesserung des Verstandes» mit dem Ziel einer vernünftigen und natürlichen Lebensführung als Individuum und als Glied der Gesellschaft mit Pflichten gegen Gott, gegen sich selbst und gegen den Nächsten. T. unterschied drei Arten von Normen, die jeweils an verschiedenen Erscheinungsformen menschlichen Verhaltens ansetzen, die T. als Sittlichkeit, Wohlanständigkeit und Gerechtigkeit (honestum, decorum, iustum) bezeichnete.

T.' Rechtslehre ist das Naturrecht des aufgeklärten Absolutismus, wie es T. in den *Institutiones iurisprudentiae divinae* (1688) und den die Institutiones ergänzenden und korrigierenden *Fundamenta iuris naturae et gentium* (1705) entfaltet hat. Im Staatsrecht verfocht T. mit historischen Argumenten den Absolutismus der Territorialstaaten mit deutlicher Wendung gegen Kaiser und Reich nach außen und gegen die Rechte von Landständen und Kirche im Inneren. Aufklärung herrscht im Staat nur insofern, als der absolute Fürst verpflichtet ist, auf den Rat der Doktoren zu hören. Jedoch spricht eine Vermutung für die Freiheit und die Rechte des Individuums. Das setzt der Aufsicht des Staates über die Einhaltung der Moral der Untertanen enge Grenzen. Der Staat beschränkt sich auf das Verbot der Verletzung der Rechte Dritter. Dem entspricht ein im Kern liberales Strafrecht, das insbesondere die Bevormundung durch die Kirchen abstreifen sollte. Das Privatrecht dient dem Schutz individueller Rechtsgüter freier und gleicher Bürger. Im Bereiche des positiv geltenden Privatrechts wies T. nach dem Vorbild des Niederländers →Groenewegen in einer großen Anzahl von Dissertationen und deren Zusammenfassung zu *Notae ad singulos titulos Institutionum et Pandectarum* (1713) auf der Grundlage von →Conrings Deutung der Rezeption des römischen Rechts nach, daß alle Regeln des römischen Rechts, die seinen eigenen materialen Prinzipien entgegenstanden, nicht rezipiert und damit nicht geltendes Recht waren. Dadurch entstehende Lücken im Privatrechtssystem füllte T. durch eigene naturrechtliche Normen, die er dadurch als positives Recht legitimierte, daß er für sie Grundlagen im germanischen Gewohnheitsrecht suchte. Damit legte er die Grundlage für eine Wissenschaft des Deutschen Privatrechts, die später →Heineccius weiter ausbauen sollte.

Lit.: M. Cattaneo, Delitto e pena nel pensiero di C. T., 1976; F. Grunert, Bibliographie der Thomasius-Lit. 1945–1988, in: W. Schneiders (Hg.), C. T. 1655–1728, 1989; K. Luig, in: Staatsdenker, 227–256; W. Schneiders, Naturrecht und Liebesethik, 1971.

K. Luig

Thorbecke, Johan Rudolf (1798–1872), der sein Studium an der philosophischen Fakultät des Athenaeum Illustre zu Amsterdam und der Universität zu Leiden 1820 mit einer philologischen Promotion abschloß, verbrachte die Jahre zwischen 1820–24 hauptsächlich in

Göttingen. Dort durch die historische Schule und K. F. C. Krause (1781–1832) tief beeinflußt, entwickelte er eine eigene organisch-idealistische Geschichtsauffassung. Dabei ging er vom Vorhandensein eines Naturrechts, das sich im Laufe der Zeit ändere, aus.

1825 erhielt Th. einen Ruf nach Gent als ao. Professor für Politik, Urkundenlehre und Statistik. Nach dem belgischen Aufstand erhielt er 1831 eine zeitlich begrenzte ao. Professur für Verwaltungsrecht, niederländische Staats- und Rechtsgeschichte und auch positives Staatsrecht an der juristischen Fakultät der Universität Leiden, die 1834 in ein Ordinariat umgewandelt wurde. 1850, als Th. Minister wurde, legte er seine Professur nieder.

1839 veröffentlichte er einen Kommentar zum Grundgesetz – *Aanteekening op de Grondwet*; 1840 folgte *Proeve van herziening der Grondwet volgens de Aanteekening van Mr. J. R. Th.* Allmählich entwickelte er sich zu einem radikalen Liberalen und befürwortete u. a. Direktwahlen und die Einführung der Ministerverantwortlichkeit. Th. trat auch für die prinzipielle Trennung von Privatrecht und öffentlichem Recht ein. Als leidenschaftlicher Kämpfer für ein konstitutionelles System (u. a. in *Over het hedendaagsch Staatsburgerschap*, 1844) erachtete er eine prinzipielle Trennung des Privat- und öffentlichen Rechts für unerläßlich.

Von 1844 bis zu seinem Tod war Th. – unterbrochen durch zahlreiche Ministerämter (1849–53, 1862–66, 1871–72) – Abgeordneter im Parlament, der «Tweede Kamer» der General-Staaten, und leistete einen wichtigen Beitrag zur Begründung des liberal-demokratischen und konstitutionellen Rechtsstaates in den Niederlanden. Er gilt als der «auctor intellectualis» u. a. des Grundgesetzes 1848, des «Gemeentewet» (1851) und des «Provinciale wet» (1851).

WW: Historische Schetsen, 1860; Nachlaß im Algemeen Rijksarchief's-Gravenhage.

Lit.: NNBW 4, 1308–1328; H. van den Brink, in: Zestig juristen, 1987, 264–269; E. Poortinga, De scheiding tussen publiek- en privaatrecht bij J. R. Th. (1798–1872), Theorie en toepassing, Diss. Utrecht, 1987.

C. J. H. Jansen

Thyrén, Johan C. W. (1861–1933), wurde im Hause seines Großvaters, des Rechtshistorikers C. J. →Schlyter erzogen. Er studierte 1878–81 in Lund, Berlin, London und Wien, wurde 1883 bzw. 1886 Dozent für Philosophie und Geschichte, 1892 Professor für Rechtsgeschichte und 1896 für Strafrecht und Rechtsenzyklopädie in Lund. 1909 erhielt er den Auftrag zur Erarbeitung einer Strafrechtsreform in Schweden (*Principerna för en straffrättsreform I–III*, 1910 u. 1914), die den folgenden Gesetzesänderungen zugrunde gelegt wurden. 1916 gab er sein Reichstagsmandat auf, um Rektor der Universität Lund zu werden. 1926–28 war er Justizminister im liberalen Kabinett C. G. Ekmans.

T., ab 1896 Mitglied der Internationalen Kriminalistischen Vereinigung, war stark durch die soziologische Strafrechtsschule und das Marburger Programm (F. v. → Liszt) beeinflußt, was sich auch in seiner rechtspolitischen Tätigkeit als parteiloser Abgeordneter im Reichstag seit 1909 niederschlug. Seine erste Rede, die der Abschaffung der Todesstrafe gewidmet war, überzeugte die Parlamentarier. Der folgende Reichstagsbeschluß zur Ausarbeitung eines Gesetzesentwurfs führte 1921 zur Abschaffung der Todesstrafe. In seine Zeit als Justizminister fielen die gesetzliche Regelung zeitunbestimmter Strafen 1927 – Verwahrung oder Internierung unzurechnungsfähiger bzw. rückfälliger Straftäter – sowie die Revision der Tagesbuße 1931.

Bis zu seinem Tode arbeitete T. an einer großen Strafrechtsreform, die – im Bemühen seines Vetters, des sozialdemokratischen Justizministers Karl Schlyter nur eine Fortsetzung findend – erst im 1963 ergangenen Strafgesetzbuch zu einem Ergebnis führte.

Lit.: R. Bergendal, J. C. W. T., in: Nordisk Tidsskrift for Strafferet 21, 1933; Ch. Häthén, Straffrättenskap och kriminalpolitik. De europeiska straftheorierna och deras betydelse för svensk strafflagstiftning 1906–1931, Diss. Lund, 1990; K. Å. Modéer, J. C. W. T. – legendarisk lundaprofessor (Ausstellungskatalog), 1983.

K. Å. Modéer

Till, Ernest (1846–1926), polnischer Zivilist. T. habilitierte sich 1876 in Krakau und las seit 1877 bis 1917 an der Universität Lemberg österreichisches Zivilrecht. Zwischen 1884 und 1911 publizierte T. in mehreren Auflagen das erste vollständige System des österreichischen Privatrechts (*Prawo prywatne austryackie*, 6 Bde.) in polnischer Sprache. Er nahm auch auf die Teilnovellierung des ABGB in den Jahren 1914–16 Einfluß. Im wiedererstandenen Polen war T. Gründer und (1919–26) Herausgeber der Zeitschrift «Przeglad Prawa i Administracji», Vizepräsident der Gesetzgebungskommission der Republik Polen und Redaktor des Vorentwurfs des polnischen «Gesetzbuches der Schuldverhältnisse» von 1933.

Lit.: S. Grodziski, Nauki prawne, in: B. Suchodolski (Hg.), Historia nauki polskiej, 4, 3, 1987, 965 f., 969 f.; W. Brauneder (Hg.), Juristen in Österreich 1200–1980, 1987, 144, 200, 290.

T. Giaro

Tiraqueau (Tiraquellus), André (1488–1558), stammte aus französischem Adel, studierte in Poitiers und wurde zunächst Richter in seiner Heimatstadt Fontenay-le-Comte. Nach der Fortsetzung seiner Richterlaufbahn in Bordeaux am dortigen Parlement (1535) wurde er 1541 an das Parlement von Paris berufen.

T., ein humanistisch gebildeter Jurist, war stets bestrebt, in die Kommentierung der römischen Textstellen seine rechtspraktische Erfahrung einfließen zu lassen. Dieser forensische Schwerpunkt bewirkte eine breite Aufnahme seines Werkes vor allem im protestantischen Deutschland. Seine erstaunliche humanistische Bildung verdeutlichte T., als er den berühmten *Dies geniales* von Alexander de Alexandro (1461–1525) einen «apparatus criticus» beifügte (*Semestria in genialium dierum libris VI*, 1586). 1513 edierte T. Francesco Barbaros *De re uxoria* (1536) und im gleichen Jahr seine Kommentierung des eherechtlichen Teils des Coutume von Poitou (*De legibus connubialibus et jure maritali*, 1513–15). Das Werk ist allerdings überfrachtet mit Einfügungen klassischer Autoren, die in der Summe dem Werk abstruse Formen gaben, so daß es teilweise mehr wie eine Ehedisziplinierungsanleitung denn als juristischer Kommentar zu lesen ist. Gleichwohl hatte das Werk europaweit immensen Erfolg. 1543 folgte der Kommentar zum Gewohnheitsrecht von Poitou *Commentarii de utroque retractu et municipali et conventionali ex integris in Pictonum consuetudines commentariis*. Ebenso grundlegend wurde seine Monographie zum Stiftungsgeschäft *De privilegiis piae causae* (1560).

WW: De iure constituti possessorii tractatu, 1549; De nobilitate et iure primigeniorum, 1549; De poenis, 1559; Tractatus varii, 1559; Opera omnia 1588–89.
Lit.: J. Brajon de Lavergnée, A. T., in: DDC 7, 1965, 1255–1275; J. Brejon, Un Jurisconsulte de la Renaissance A. T. (1488–1558), 1937.

J. Otto

Tomii, Masaakira (1858–1935), Mitverfasser des japanischen BGB, begann 1877 sein Jurastudium in Lyon. 1880 wurde er dort Lizentiat und 1883 «docteur en droit» mit einer Arbeit zum Kaufrecht (*Des droits du vendeur non payé* [*en droit romain*] / *De droit des résolution du vendeur non payé* [*en droit français*], 1883). 1885–1902 war er Professor in Tôkyô, wo er 1908–18 wieder lehrte. Im Kodifikationsstreit gehörte er – untypisch für einen Französischrechtler – zu den Gegnern des →Boissonade-BGB. Im Dreigespann der BGB-Redaktoren kontrastierte der theoretisch solide, umsichtige T. mit dem scharfsinnigen und -züngigen →Ume, nach dessen frühem Tod T. zum Nestor der japanischen Zivilistik avancierte. 1894–1918 war er Mitglied des Herrenhauses. Ab 1928 leitete er die damals geplante Familienrechtsreform. Trotz seiner Ausbildung in Frankreich setzte er sich in Japan für die Einführung der deutschen Rechtswissenschaft ein, die er über die französische stellte, weil diese in der bloßen Kommentierung verharre, wobei die deutschrechtliche Kenntnis T.s doch französisch – u. a. durch →Saleilles – vermittelt war. Sein Hauptwerk, ein unvollendet gebliebenes systematisches Lehrbuch des bürgerlichen Rechts (*Minpô genron*, 1903–29, ND 1985), das sich durch die geraffte, prägnante Darstellung auszeichnet, gehört heute neben Umes *Minpô yôgi* zu den Klassikern.

Lit.: N. Sugiyama (Hg.), T.-danshaku tsuitô-shû (T.-Gedächtnisschrift), 1936; E. Hoshino, Nihon-minpôgaku no shuppatsu-ten, in: Ders., Minpô ronshû, 5, 1986, 145–213.

A. Wani

Triantafylloppulos, Konstantinos (1881–1967), 1897–1902 Jurastudium; 1902 Doctor iuris. 1903–06 weiteres Studium an den Universitäten Göttingen und Berlin bei E. Seckel und Th. Kipp. 1908–1911 Dozent für römisches Recht an der Universität Athen. 1913 Generalsekretär der Verwaltung der Ägäischen Inseln. 1917 Rechtsberater des obersten Kirchengerichtshofes. Seit 1918 Ordinariat für Zivilrecht an der Universität Athen. 1926, 1932 Justizminister.

Als Anhänger des Neukantianismus, insbesondere R. Stammlers, hat er zur Einführung rechtstheoretischer und philosophischer Fragestellungen in die griechische Rechtswissenschaft des 20. Jh.s beigetragen. Er gilt insoweit als der Gründer der rechtsphilosophischen

Forschung in Griechenland. Seine Lehre hat in diesem Sinne die griechische Rechtswissenschaft vom Positivismus des Pandektenrechts, der im 19. Jh. herrschend war, abgelenkt und in die Bahn der idealistischen Rechtsphilosophie geleitet. T. war Mitglied der Kommission für die Verfassung des griechischen Zivilgesetzbuches (1930). Nichtsdestotrotz hat er auf dessen Unzulänglichkeiten hingewiesen.

In seinen rechtshistorischen Abhandlungen hat sich T., entsprechend der Lehre Seckels, mit der eingehenden Kommentierung der römischen Rechtsquellen befaßt. Damit war er neben →Pappoulias der Gründer der rechtshistorischen Forschungen in Griechenland, jedoch mit unterschiedlicher Forschungsrichtung. Sein rechtshistorisches Interesse galt dem byzantinischen Recht, dem Gesetzgebungswerk der Donaumonarchien und dem Recht des neugriechischen Staates nach dem Befreiungskampf.

WW: O Phalkídios nómos, 1912; Le droit civil grec de 1869–1919, in: Les transformations du droit dans les principaux pays depuis 50 ans. Livre du Cinquantenaire de la Soc. de Législ. Comp., 1, 1922, 219 ff.; To ellēnikón idiótikōn díkaion katá ton dekaton énnaton aióna, in: Panell. Leúk. Ethn. Ekatontaet., 3, 1924, 227–233, Epistémai; Die Novelle des Patriarchen Athanasios über die Trimoiria, in: Byzant.-Neugr. Jahrb. 8, 1931, 136 ff.; Sur les sources du Code Civil Callimaque, in: Rivista Istorica Romana 1, 1931; De l'unification du droit privé des pays balkaniques, in: Rev. des Balkans 1931; To nomothétēma perí Armenopoúlou kai ethímōn kai ē ékthesis tēs nomothetikēs epitropés, in: Epis. Prakt. Pr. Syn. Dikēg. Syll. tou Krátous, 1928; To zétēma tōn dýo Astikón Kōdíkōn, in: Néon Díkaion, 2, 1946, 159 ff.
Lit.: I. Sontes, Kōnstantínos Triantaphyllópoulos, 1959; N. I. Pantazopoulos, Apó tēs «logías» paradóseōs, 307 ff.

Ch. Argyriadis

Tribonian (–541/543), oströmischer Jurist zur Zeit des Kaisers Justinian (527–565) und dessen bedeutendster juristischer Berater; stammte aus Pamphylien (Kleinasien), seine Muttersprache war Griechisch. T., hochgebildet und von großer Gelehrsamkeit, stieg zu höchsten politischen Ämtern auf: magister officiorum (Vorsteher der kaiserlichen Kanzlei), seit 529 zeitweise auch quaestor sacri palatii (Justizminister). Trotz seines gewinnenden und liebenswürdigen Wesens war T. beim Volk unbeliebt; er soll geldgierig gewesen sein und mit dem Recht Schacher getrieben haben; Justinian mußte ihn während des Nikaaufstandes im Jahre 532 vorübergehend fallenlassen (Procopius, De bello Persico I, 24, 16–18).

Tribonian

Der Name T.s ist untrennbar mit den gewaltigen Gesetzgebungswerken Justinians verknüpft, die im Abendland seit dem Hochmittelalter eine ungewöhnliche Renaissance erlebten und als Corpus iuris civilis (im Unterschied zum Corpus iuris canonici, dem kirchlichen Recht) die europäische Privatrechtskultur und das europäische Rechtsdenken überhaupt geprägt haben. 528/529 war T. Mitglied der Kommission, die den Codex Iustinianus zu erarbeiten hatte, eine mit erneuerter Gesetzeskraft ausgestattete Zusammenstellung kaiserlicher Konstitutionen von Hadrian (117–138) bis Justinian, die an die Stelle bisheriger Sammlungen trat und ihrerseits 534 durch eine revidierte Fassung ersetzt wurde. Seit 530 war T. als Leiter einer Kommission von Professoren und Anwälten mit der Herstellung der Digesten (Pandekten) betraut, die das Kernstück des Corpus iuris civilis bilden. In den Digesten wurden Ausschnitte, sog. Fragmente, aus den rechtswissenschaftlichen Schriften römischer Juristen der Zeit zwischen ca. 100 v. Chr. und 250 n. Chr. gesammelt. T. und seinen Mitarbeitern stellte sich hier die fast unlösbare Aufgabe, den Bedürfnissen der Gegenwart zu genügen (die zu diesem Zweck vorgenommenen Texteingriffe werden heute Interpolationen genannt) und gleichzeitig die authentische Darstellung der früheren Juristen nach Möglichkeit zu bewahren. Ende 533 wurden die Digesten als Gesetz erlassen, zusammen mit den Institutionen, einem in Anlehnung an die Institutionen des → Gaius entstandenen Anfängerlehrbuch, zu dessen Abfassung T. zusammen mit zwei Rechtslehrern berufen worden war. Auch an den Gesetzen Justinians nach 534, den zumeist in griechischer Sprache abgefaßten sog. Novellen (Novellae constitutiones), war T. bis zu seinem Tode beteiligt (vgl. zu allem die Einführungskonstitutionen zu den einzelnen Teilen des Corpus iuris civilis).

T. war, wie mit Recht gesagt worden ist, die Seele der justinianischen Kodifikation, «eines der größten Kulturwerke», auch wenn er gelegentlich nur als Sprachrohr seines Kaisers fungierte, von dem als sicher gilt, daß er auch in Einzelfragen erheblichen Einfluß auf die Gesetzgebung genommen hat. Für den heutigen Leser des Corpus iuris civilis wird z. Zt. eine neue Übersetzung (mit lateinischem Text) vorbereitet (hrsg. von O. Behrends, R. Knütel, B. Kupisch, H. H. Seiler). Erschienen sind bisher die Institutionen (1990, als Taschenbuch 1993) sowie von den Digesten die Bücher 1–10 (1994).

Lit.: A. M. Honoré, T., 1978; B. Kübler, «Tribonianus» (Nr. 1), in: RE VI A 2, 2419ff.; P. Krüger, Geschichte der Quellen und Literatur des römischen Rechts, 2. Aufl., 1912, 366f.

B. Kupisch

Troplong, Raymond Théodore (1795–1869), 1819 Hilfsrichter an den Gerichten von Sartène und Corte, dann 1820 am königlichen Gericht von Bastia, ging 1822 nach Alençon und wieder zurück nach Bastia, wechselte 1825 nach Nancy, wo er 1832 Kammerpräsident wurde, um schließlich, 1835 als Rat an das Kassationsgericht nach Paris berufen zu werden. Wegen seiner Verbindung zu Louis-Napoleon Bonaparte wurde er Ende des Jahres 1848 erster Präsident des Gerichts von Paris sowie, kurz nach dem Staatsstreich, Mitglied des Senats und dessen Präsident. In dieser Eigenschaft redigierte er das Gutachten vom 6. November 1852 über die Wiedererrichtung des Kaisertums und wurde im Monat darauf erster Präsident des Kassationsgerichts.

Von 1833 an hatte sich T. vorgenommen, das *Droit civil français* von Toullier fortzusetzen. Er kommentierte dort, beginnend mit dem Kauf, alle Titel des Code, indem er jedem einen oder mehrere Bände widmete, wobei er ab Art. 1582 einen erschöpfenden Kommentar lieferte, und vervollständigte ihn anschließend mit schon von Toullier behandelten Materialien – Ehevertrag, Schenkungen, Testamente. Das Ganze erhielt den Titel *Le droit civil expliqué suivant l'ordre des articles du code* (1833–55 u. ö.).

Das Werk ist das Abbild eines kraftvollen und phantasievollen Autors, der nicht nur sehr bewundert, sondern auch kritisiert wurde. Perspektivenreich, überquellend von Gelehrsamkeit, lebhaft geschrieben, ist es auch voller Abschweifungen, Widersprüche und Paradoxien. Es verbindet optimistische Bewunderung für die Unfehlbarkeit des Code civil als eines unüberbietbaren Meisterwerks mit einem absoluten Mangel an Wissenschaftlichkeit und macht alles zunichte, was durch Hinzuziehung von Philosophie, Geschichte und Ökonomie zum Verständnis des Rechts hätte beitragen können.

T.s Einfluß war groß, auch wegen seiner hohen Ämter. Gleichwohl blieben die «wahren» Juristen feindselig. Sie ließen sich durch seinen Enthusiasmus nicht mitreißen, sondern kreideten ihm Mangel an Genauigkeit, subjektive und oft sogar fantastische Interpretation an, so daß sein Werk ein «Roman des Rechts» genannt werden konnte.

Lit.: Conelly, Le Premier Président T., 1869; E. Dufour, T. son œuvre et sa méthode, 1869; F. Hélie, Discours prononcé aux funérailles de T., in: Séances et travaux de l'Académie des sciences morales et politiques 5, 18, 1869, 463–465.

O. Motte

Trotz, Christiaan Hendrik (1703–1773). Der aus Kolberg/Pommern gebürtige T. machte in der Republik der Vereinigten Niederlande Karriere. Nach einem Studium in Halle, Leipzig und Marburg schloß er seine akademische Ausbildung 1730 bei Everardus →Otto in Utrecht ab. 1730–41 war er dort als Privatdozent tätig. In dieser Zeit widmete er sich der Veröffentlichung textkritischer Ausgaben der Werke u. a. von J. →Godefroy. 1741 erhielt T. eine Professur für ius civile, ab 1743 auch für ius publicum an der Universität Franeker. Von 1755 bis zu seinem Tod war er Ordinarius für ius civile und für ius publicum Belgicum in Utrecht, ab 1756 darüber hinaus für Lehnrecht.

Obwohl die frühen wissenschaftlichen Aktivitäten von T. in einer humanistischen Tradition stehen, er sich aber energisch gegen eine allzu scharfe Textkritik wehrte, hatte er sich besonders mit dem ‹niederländischen› Recht in seinem *Jus agrarium foederati Belgii I–II* (1751–54) und mit dem einheimischen Staatsrecht beschäftigt. In seiner Utrechter Antrittsvorlesung *De jure foederati Belgii publico* (1755) befürwortete er eine geschichtliche Erforschung des öffentlichen Rechts. T. galt als aufgeklärter, liberaler Gelehrter mit einem offenen Blick für die Nöte der rechtlichen Praxis.

WW: BGNR Utrecht, 340–359.
Lit.: NNBW 2, 1453–1455.

C. J. H. Jansen

Tuhr, Andreas von (1864–1925), gilt als klassischer Vertreter der Dogmatik des Zivilrechts in der Tradition der deutschen Pandektenwissenschaft. Er wurde in St. Petersburg geboren. Sein Vater Nicolai v. T. war ein Onkel →Hecks, hochrangiger Jurist im russischen Staatsdienst. Nach Übersiedlung nach Deutschland studierte T. in Heidelberg, Leipzig (unter Einfluß von →Windscheid) und Straßburg, promovierte und habilitierte 1885 bzw. 1888 in Heidelberg als Schüler des großen Spätpandektisten Ernst Immanuel Bekker (1827–1916).

Ab 1891 sowohl beschäftigt am Oberappellationsgericht als auch als Universitätslehrer in Basel, wurde er 1898 nach Straßburg und schließlich 1918 nach Zürich berufen. Dort entstand seine letzte große Abhandlung *Der Allgemeine Teil des schweizerischen Obligationenrecht*s (2 Bde., 1924/25).

Begonnen hatte T. mit Arbeiten zum Gemeinen Recht: *Der Noth-*

stand im Civilrecht (1888), *Actio de in rem verso, zugleich ein Beitrag zur Lehre von der Geschäftsführung* (1895). Den Mittelpunkt seines Werks bildet sein umfangreiches zweibändiges Lehrbuch *Der Allgemeine Teil des Deutschen Bürgerlichen Rechts* (1910–18, ND 1957). Die systematisch geschlossene, ungemein materialreiche und vollkommen klare Darstellung verschaffte dieser Arbeit alsbald einen erstrangigen Ruf und bleibenden Einfluß.

Lit.: A.B. Schwarz, A.v.T., 1938; Ph. Heck, A.v.T., in: AcP 125, 1925, 257–262.

U. Falk

Ṭūsī, aṭ- (995–1067), mit vollem Namen Muḥammad ibn al-Ḥasan aṭ-Ṭūsī, aus Ṭūs im Ostiran, kann als einer der bedeutendsten Autoren und Juristen der 12er-Schia (→Ǧaʿfar aṣ-Ṣādiq) gelten. Zu einer Zeit, als das Baghdader Kalifat unter der politischen Kontrolle der schiitischen Dynastie der Būyiden (945–1055) stand, ging er nach Baghdad. Als ihm bei einem der häufigen anti-schiitischen Pogrome im Jahr 1065 das Haus über dem Kopf angezündet wurde, siedelte er zum Schrein von Naǧaf (dem Grab ʿAlīs, des Schwiegersohns und Vetters des Propheten und nach der Lehre der Schia der 1. Imām, also unfehlbarer Leiter der Gemeinde) über, wo er auch starb. Seine Hauptwerke sind: die Betrachtung der umstrittenen Überlieferungen (*al-Istibṣār fīmā uḫtulifa fīhi min al-aḫbār*, Naǧaf 1965) und die Revision der Entscheidungen (*Tahḏīb al-aḥkām*, 10 Bde, Naǧaf 1960). Diese beiden Werke gelten zusammen mit dem *Kāfī* des Kulainī (gest. 940/41) und dem *Man lā yaḥḍuruhu al-faqīh* des Ibn Bābūya (918–991) als die «vier kanonischen Bücher» der 12er-schiitischen Tradition. In seinen Werken setzte er sich vor allem die Aufgabe, die echte Überlieferung von der falschen zu scheiden. Dies war um so nötiger, als Ṭ. – ähnlich wie →Šāfiʿī – den nur von einem Gewährsmann überlieferten Traditionen wieder zu ihrem Recht verhalf, allerdings nur, wenn der Tradent eindeutig ein 12er-Schiit war. Auf dieser Basis konnte – mit einiger Verspätung gegenüber den gleichgerichteten Bestrebungen der Sunniten – die Systematisierung der schiitischen Rechtswissenschaft und die Präzisierung ihrer Prinzipien abgeschlossen werden. Sein Handwerkszeug der Prinzipien (*ʿUddat al-uṣūl*, Lith. Teheran, 1896) ist in diesem Zusammenhang zu nennen. Die «Autorität der Gemeinde» (šaiḫ aṭ-Ṭāʾifa), wie Ṭ. auch von den Schiiten genannt wird, hob dabei die Rolle der Überlieferung hervor und drängte die Rolle der Ratio im Gegensatz zu seinen Vorgängern stärker zurück. Er hat jedoch die Zulässigkeit des räsonnierenden Argumentierens nicht völlig rückgängig gemacht und damit eine Entwicklungsmöglichkeit offengelassen, die im schiitischen – im Gegensatz zum sunnitischen – Recht eine große Bedeutung erhalten sollte (→ Ḥillī, → Ḫomeinī).

Lit.: H. Halm, Die Schia, 1988, 66–67.

I. Schneider

U

Ulpianus, Domitius (gest. 223 n. Chr.), römischer Jurist aus der Zeit des spätklassischen Rechts. U. stammt aus Tyros in Phönizien (Dig. 50,15,1 pr.); 223 (und wohl nicht erst 228) wurde er bei einem Aufstand der Prätorianergarde ermordet.

Zusammen mit dem etwas älteren →Paulus war er Assessor des Gardepräfekten →Papinianus (also frühestens ab 203/205, Hist. Aug. 11, [Pesc.], 7, 4; Hist. Aug. 18, [Alex.], 26, 6). Über seine weitere Karriere bestehen viele Unsicherheiten. Er war vielleicht schon 205–209/11 Leiter der kaiserlichen Kanzlei für Eingaben von Privatleuten (a libellis, Hist. Aug. 11, [Pesc.], 7, 4; danach erst unter Severus Alex.); unter Caracalla (211–217) hat er offenbar den Schwerpunkt seiner Tätigkeiten auf schriftstellerische Arbeiten und Beratungen gelegt. Später, jedenfalls 222, war er Getreidepräfekt (C. 8, 37, 4, nach einigen schon unter Elagabal, unter dem er kurze Zeit verbannt gewesen sein soll, Hist. Aug. 17, [Hel.], 16, 4). Unter dem jungen Kaiser Severus Alexander stieg er noch 222 zum Gardepräfekten mit besonderen Rechten, etwa dem des persönlichen Zutritts zum Kaiser, und zum Mitglied des kaiserlichen consilium auf (Hist. Aug. 18, [Alex.],15, 6; 26, 5–6; 31, 2; 68, 1); er wurde damit der einflußreichste Mann im Reich. Seine Ermordung wird auf seine strenge Ahndung von Unbotmäßigkeiten der Prätorianergarde zurückgeführt. Sein außerordentlich umfangreiches Werk ist kennzeichnender Ausdruck des spätklassischen Bestrebens, die kaum noch zu überschauende Menge des überlieferten Rechtsstoffes in Gesamtdarstellungen zu vereinigen (→Paulus). Aus den Digesten ergibt sich – abgesehen von seinen notae – für ihn ein Werk von 26 Titeln mit insgesamt etwa 240 libri, von denen 3–5, insbesondere die 6 Bücher *Opiniones* ebenso wie die außerhalb des Corpus Iuris überlieferten *Tituli ex corpore Ulpiani*, überwiegend für unecht gehalten werden.

Sein Hauptwerk sind die beiden großen, weithin unter Caracalla geschriebenen Kommentare zum prätorischen und zum ädilizischen Edikt (83 B.) und zu den *iuris civilis libri III* des →Sabinus (51 B.); der letztgenannte ist unvollendet. Hinzu kommen umfangreiche Kommentierungen der augusteischen Ehe-, Ehebruchs- und Freilassungsgesetzgebung (29 B.). Daneben stehen Problemliteratur (Disputationes [Erörterungen]); *Responsa* [Gutachten] und *Pandectae*, (22 B.) sowie Elementarbücher, von denen die *Institutiones* (2 B.) mit ihren berühmten Texten über ius, ius naturale und iustitia hervorzuheben und die *Regulae* (7 B.) zu nennen sind. Die Monographien betreffen überwiegend öffentliches Recht, wobei mehrere Schriften über die Amtspflichten (*de officiis*) höherer Magistrate, v. a. über die Amtspflichten des Statthalters (*de off. proconsulis*, 10 B., mit dienst-, polizei-, zivil- und zivilprozeßrechtlichen sowie straf- und strafprozeßrechtlichen Ausführungen), einen Schwerpunkt bilden; daneben steht ein Werk über den Steuerzins (*de censibus*, 10 B.). Die Digesten des →Marcellus und die Responsen des →Papinianus hat U. mit offenbar zahlreichen erläuternden und verbessernden Anmerkungen versehen.

Im Vordergrund steht bei U. das Anliegen, «dem Praktiker eine Übersicht über die wichtigsten Ansichten zu geben und ihn anzuweisen, welcher von diesen er sich am besten anschließen sollte. Er wählt deshalb mit Vorliebe zwischen den verschiedenen Meinungen – häufig ohne seine Gründe anzugeben – und fügt das neuere Recht, das seine Vorlagen noch nicht kannten, hinzu» (Jörs). Infolgedessen liegt der Wert seiner Schriften v. a. in dem verarbeiteten Material, das er trotz mancher Wiederholungen, Widersprüche (die freilich zum Teil durch Eingriffe der Kompilatoren veranlaßt sind) und Abhängigkeit von der jeweiligen Vorlage insgesamt souverän beherrscht. Seine Argumentationen sind von unterschiedlichem Niveau und stehen in Selbständigkeit und dogmatischer Absicherung hinter denen seines Zeitgenossen →Paulus zurück; demgegenüber kommt seine flüssige Darstellungsweise wesentlich mehr als bei jenem dem Verständnis entgegen.

Auch U. stand in der Spätantike in höchstem Ansehen. Er zählt zu den «Zitierjuristen» (→Papinianus). Von ihm stammt mehr als ein Drittel aller in Justinians Digesten aufgenommenen Auszüge aus Juristenschriften; meist sind es die einführenden und grundlegenden Erörterungen zu den einzelnen Sachtiteln der Digesten, die seinen Kommentaren entnommen sind.

Lit.: P. Jörs, in: RE 5, 1435 ff.; F. Schulz, Geschichte der römischen Rechtswissenschaft, 1961, pass.; W. Kunkel, Herkunft u. soziale Stellung d. römischen Juristen, 2. Aufl., 1967, 245 ff.; T. Honorè, U., 1982; D. Liebs, Die Jurisprudenz der Spätantike in Italien, 1987, passim.

R. Knütel

Ume, Kenjirô (1860–1910), Privatrechtler, der begabteste und brillanteste Jurist Japans überhaupt, entstammte einer Arztfamilie und absolvierte nach einem Französischkursus das vierjährige Jurastudium im Ausbildungsinstitut des Justizministeriums (→Boissonade). Ab 1886 Doktorand in Lyon, erfolgte dort 1889 seine Promotion zum «Docteur en droit» mit einer von der Stadt Lyon preisgekrönten, in Frankreich noch heute zitierten Monographie über den zivilrechtlichen Vergleich im römischen, im altfranzösischen und im geltenden Recht (*De la transaction*, 1889), die ihn auch als einen ausgezeichneten Romanisten ausweist. Anschließend hielt er sich in Berlin auf, wo er u. a. Eck, →Kohler und H. Brunner hörte. Ab 1890 Professor in Tôkyô, bekleidete er daneben zahlreiche Ämter im Handels-, Justiz- und Kultusministerium, leitete ferner eine Privathochschule. Ab 1906 war er – als Vertrauensperson des führenden Politikers Hirobumi Itô – juristischer Berater im seit 1905 unter japanischem Protektorat stehenden Korea, wo er – überanstrengt – dem Typhus erlag.

U.s Hauptleistung stellt sein maßgebender Anteil an den Kodifikationen dar, die das japanische Rechtssystem nach kontinentaleuropäischem Muster modernisierten. Nach dem Kodifikationsstreit, in dem U. sich für das Boissonade-BGB energisch eingesetzt hatte, wurde er zusammen mit N. →Hozumi und →Tomii zum Verfasser des – in seinem vermögensrechtlichen Teil noch geltenden – BGB von 1896/98 sowie des geltenden HGB von 1899 (mit Keijirô Okano und Kaoru Tanabe). In den Plenarsitzungen der Gesetzgebungskommission, in denen die Redaktorenentwürfe zur Diskussion standen, brillierte U. durch seine Eloquenz und sein enzyklopädisches juristisches Wissen, was wesentlich zur Aufrechterhaltung seiner – und der Mitredaktoren – Entwürfe beitrug (vgl. *Hôten-chôsa-kai giji-sokkiroku*, Stenographische Sitzungsberichte der Gesetzgebungskommission, ND 1981). Sein wissenschaftliches Hauptwerk stellt ein Handkommentar zum japanischen BGB *Minpô Yôgi* (5 Bde., 1896–1900, ND 1984), dar, der zu U.s Lebzeiten große Wirkung und Ausstrahlungskraft (etwa 30 Aufl.) besaß. Daneben verfaßte er zahlreiche Kompendien, Aufsätze und – damals vielbeachtete – Urteilsbesprechungen. Er zeichnete sich trotz einer gewissen Versatilität durch – fast angeboren zu nennenden – juristischen Scharfsinn (N. Hozumi nannte ihn «eine natürliche und zugleich juristische Person»), blitzschnelle Auffassungsgabe, erstaunliches Gedächtnis sowie schneidige Rhetorik aus. Der frühe Tod U.s, der die vom gemäßigten Naturrecht im Sinne Boissonades geprägte französischrechtliche Richtung vertrat, markierte in der Geschichte der japanischen Zivilistik eine Zäsur, die die Dominanz des deutschen Einflusses besiegelte. Mit dem wachsenden Interesse am Gesetzgeberwillen greift man heute erneut intensiv auf U. zurück.

Lit.: T. Higashikawa, Hakushi U. K., 1917; E. Hoshino, Nihon-minpôgaku no shuppatsu-ten, in: Ders., Minpô ronshû, 5, 1986, 145–213; Waga-minpô no chichi U. K. (Erinnerungsgabe), Privatdruck Matsue 1992.

A. Wani

Unger, Josef (1828–1913), geboren in Wien; studierte zunächst Philosophie, dann Jura; Promotion zum Dr. phil. in Königsberg (1850) aufgrund der Arbeit *Die Ehe in ihrer welthistorischen Entwicklung*; Promotion zum Dr. jur. in Wien (1852); Übertritt vom Judentum zum Katholizismus; 1853 Privatdozent (aufgrund seiner – programmatischen – Kritik *Der Entwurf eines bürgerlichen Gesetzbuches für das Königreich Sachsen mit bes. Rücksicht auf das österreichische Allgemeine Bürgerliche Gesetzbuch*); im gleichen Jahr durch den Unterrichtsminister Leo Graf Thun-Hohenstein als ao. Professor nach Prag berufen, mit der Aufgabe, «der historischen Behandlung des österreichischen Civilrechts» – im Rahmen der Reform des juristischen Studiums – zum Durchbruch zu verhelfen. 1856 Extraordinarius, 1857 Ordinarius an der Universität Wien.

Sein Name ist mit der «Historisierung» bzw. «Pandektisierung» der österreichischen Zivilistik nach dem Vorbild der begrifflich-systematischen Methode →Savignys verbunden. U. erhoffte ein gesamtdeutsches Zivilgesetzbuch für die deutschen Bundesstaaten, wie er es 1855 in der Arbeit *Über den Entwicklungsgang der österreichischen Civiljurisprudenz* forderte, und propagierte auch unter diesem Aspekt eine Annäherung der österreichischen an die deutsche Zivilrechtswissenschaft. Nach der Abkehr von der Forderung einer Totalrevision des ABGB im Sinne der historischen Schule und nach Aufgabe der Idee vom nationalen deutschen Gesetzbuch unter Einbeziehung Österreichs initiierte er zu Beginn des 20. Jh.s mit seinem Aufruf *Zur Revision des ABGB* (1904) die Arbeiten an der Teilnovellierung des ABGB.

Ab 1870 wandte er sich zunehmend der Politik zu, wo er großen Einfluß gewann: 1867 Landtags-, dann Reichsratsabgeordneter; ab 1869 lebenslängliches Mitglied des Herrenhauses; 1871–79 «Sprechminister» (Minister ohne Geschäftsbereich). U. gehörte zu den ersten Mitgliedern des Reichsgerichts (Höchstgericht mit verfassungsrichterlichen Funktionen, konstituiert 1869) und wurde 1881 dessen Präsident; er war außerdem an der Errichtung des Verwaltungsgerichtshofs 1875/76 beteiligt. Bereits ab 1859 gab er zusammen mit Julius →Glaser die Sammlung der zivilrechtlichen Entscheidungen des Obersten Gerichts- und Kassationshofes (kurz «Glaser-Unger» genannt) heraus. U. war durch umfassendes Wirken in Wissenschaft, Legislative und Rechtsprechung der einflußreichste Jurist Österreichs in der 2. Hälfte des 19. Jh.s.

WW: Über die wissenschaftliche Behandlung des oesterreichischen gemeinen Privatrechts, Antrittsrede Prag 1853; System des österreichischen allgemeinen Privatrechts 1–2, 1856–1857/59; Zur Revision des allgemeinen bürgerlichen Gesetzbuches, in: GrünhutsZ 1904, 389 ff.

Lit.: E. Strohal, J. U. (Gedenkrede), 1914; H. Lentze, J. U. – Leben und Werk, in: FS H. Arnold, 1963, 219–232; W. Ogris, Die historische Schule der österreichischen Zivilistik, in: FS H. Lentze, 1969, 449–496; W. Brauneder, in: ders. (Hg.), Juristen in Österreich, 1987, 177 (m. w. Lit.).

B. Dölemeyer

V

Valin, René-Josué (1695–1765), wurde in La Rochelle geboren, wo er Advokat und «Procureur du Roi» am Admiralitätsgericht war. Er schrieb einen Kommentar zur *Coutume de la Rochelle et du pays d'Aunis* (1750), wurde aber v. a. bekannt durch seinen *Commentaire sur l'Ordonnance de la marine du mois d'août 1681*.

Dieses Werk enthält die erste ausführliche Kommentierung der Ordonnance von 1681. In seinen Erläuterungen der einzelnen Artikel behandelt er zunächst praktische Fragen der Anwendung des Gesetzes. Er verbindet sie aber auch mit weiterführenden Erörterungen einzelner seerechtlicher Materien, wobei er die gesamte see- und handelsrechtliche Literatur der Zeit berücksichtigt. In der Einleitung zu seinem Kommentar gibt er einen knappen Abriß der Geschichte des Handelsrechts und der Quellen der Ordonnance von 1681.

Lit.: K. O. Scherner, in: Coing, 2, 1, 1977.

Ch. Bergfeld

Vallarta, Ignacio Luís (1830–1893), mexikanischer Verfassungsjurist, Politiker und Richter. Als Abgeordneter im «Congreso Constituyente» von 1856 hat V. Anteil an der liberalen föderalistischen Reformverfassung Mexikos von 1857, die bis 1917 in Geltung ist. In den Jahren des Bürgerkrieges unterstützt er die Reformanliegen von Benito Juarez und übernimmt Regierungsfunktionen in Jalisco. Nach kurzer Emigration während des Interventionskrieges mit Frankreich wird er Abgeordneter (1869–71) und Gouverneur des Bundesstaates Jalisco (1871–75). Nach dem Staatsstreich von Porfirio Diaz («Revolution von Tuxtepec») wird er Minister für Auswärtige Beziehungen (1876–78) und Präsident des «Suprema Corte de Justicia de la Nación» (1878–82).

In dieser Funktion veröffentlicht V. zahlreiche «Votos», in denen er aktuelle Fragen des Verfassungslebens in systematischer Weise erörtert und auf der Grundlage des liberal föderalistischen Prinzips entscheidet.

Zu seinem juristischen Hauptwerk zählen ferner *Ensayos Críticos Comparativos* wie z. B. *El juicio de amparo y el writ of habeas corpus*; *La justicia de la pena de muerte*.

V. verschafft der Verfassungsgerichtsbarkeit Mexikos weitgehende

Anerkennung in ihrer politischen Funktion als stabilisierende Ordnungskraft und gilt heute als mexikanischer «Chief Justice John →Marshall», der durch gründliche Doktrin und überragendes Urteil für den lateinamerikanischen Konstitutionalismus maßgebend geworden ist.

WW: Cuestiones Constitucionales. Votos, hrsg. v. A. Vallarta, 1894–96; Obras., 2. Aufl., 1980.
Lit.: D. Moreno, El pensamiento jurídico méxicano, 2. Aufl., 1979, 383ff.; H. Fix-Zamudio, La ciencia del Derecho en el último siglo: México, in: M. Rotondi (Hg.), Inchieste di Diritto Comparato, 6, 1976, 467ff.

W. Paul

Vanderbilt, Artur T. (1888–1957), war 1948–57 Präsident des Obersten Gerichts von New Jersey. Er studierte Rechtswissenschaften an der Columbia Universität, war 1913–47 als Rechtsanwalt in Newark/New Jersey tätig und vor seiner Ernennung zum Präsidenten des obersten Gerichts ein Jahr lang Richter an einem unteren Gericht. 1917–48 war er außerdem Professor, seit 1943 auch Dekan an der New Yorker Universität.

V. hat sich v. a. um die Reform des amerikanischen Gerichtswesens verdient gemacht. Unter seiner Führung wurde im Staate New Jersey die Gerichtsstruktur reorganisiert und das Gerichts- und Verwaltungsverfahren verbessert und modernisiert. Auch auf Bundesebene war er Mitglied, in vielen Fällen Vorsitzender verschiedener Ausschüsse, die mit der Reform des Gerichtswesens und des Verfahrensrechts befaßt waren, und war an einer Neuorganisation der Bundesgerichte beteiligt. V. hat an dem Entwurf einer neuen Verfassung für den Staat New Jersey mitgearbeitet, der 1947 angenommen wurde.

Daneben veröffentlichte er zahlreiche Bücher, u. a. *The Doctrine of the Separation of Powers – Its Present Day Significance* (1953), *The Challenge of Law Reform* (1955), *Judges and Jurors, Their Function, Qualifications and Selection* (1956).

Lit.: D. F. Maxwell, Honorable A. T. V., in: Am J Leg Hist 1, 1957, 270; A. T. Vanderbilt II., Changing Law: A Biography of A. T. V., 1976.

M. J. Flessner

Vattel, Emer de (1714–1767), Neuenburger Natur- und Völkerrechtler, wurde nach einem Theologie-, Philosophie- und Jurastudium 1731–33 in Basel und Genf 1747 Ministerresident des Königs von Polen und Kurfürsten von Sachsen in Bern. Mangels Beschäftigung wurde er 1763 nach Dresden berufen, wo er mit den auswärtigen Angelegenheiten betraut wurde.

Mit seinem Hauptwerk *Le droit des gens ou principes de la loi naturelle appliqués à la conduite et aux affaires des nations et des souverains*, das bis ins 20. Jh. mehrfach aufgelegt und übersetzt wurde, wandte er sich an den politischen, juristischen Praktiker. Auf der Grundlage von Christian →Wolffs Werk wollte er ein praktisches Handbuch des Völkerrechts schreiben und mit eigenen Beispielen anreichern.

→Leibniz und Wolff bewundernd, vertrat V. die grotianische Richtung, wonach Naturrecht und positive Regelungen als Grundlagen des Völkerrechts gelten. Seine Ideen und Vorschläge werden von drei Grundsätzen geprägt: individuelle Freiheit, souveräne Gleichheit und Humanität. V.s Gedankengut verbreitete sich bis in die USA. Sein Werk diente als «authoritative statement» zur amerikanischen Verfassung. Noch 1916 wurde sein *Droit des gens* in Washington neu herausgegeben. V. setzte sich zeitlebens erfolglos für die Schaffung einer Akademie in Neuenburg ein.

Lit.: J. J. Manz, E. de V., Diss. Zürich, 1971; E. Béguelin, En Souvenir de V. 1714–67, 1929; P. P. Remec, The Position of the Individual in International Law according to Grotius and V., 1960; A. de Lapradelle, Einleitung zu «Le Droit des Gens», in: Carnegie Institution of Washington (Hg.), The Classics of International Law, 1916.

M. Künzle

Vazquez de Menchaca, Fernando (1512–1569), trat zunächst im Alter von 20 Jahren in die Finanzverwaltung ein, studierte nach dem Tod des Vaters in Valladolid und Salamanca römisches und kanonisches Recht und erwarb 1549 den Titel eines «licenciado» im römischen Recht. 1551 für kurze Zeit Inhaber des Institutionenlehrstuhls in Salamanca, wurde er 1552 zu einem der vier obersten Richter ernannt, wechselte 1553 (bis 1565) wieder an die oberste Finanzbehörde in Valladolid, begleitete 1561 Philipp II. als Berater zum Konzil von Trient und wurde schließlich 1567 zum weltlichen rechtskundigen Mitglied des Domkapitels von Sevilla ernannt.

Unter den zur «Schule von Salamanca» gezählten Theologen und Juristen ist V. der einzige weltliche Jurist. Er klärt alltägliche juristische Fragen (des Völkerrechts, des Eigentumsrechts, des Erbrechts) unter Einsatz einer beeindruckenden klassischen und theologischen Bildung und unter ständigem Rekurs auf naturrechtliche Argumentationsfiguren.

Als seine bedeutendste praktische Leistung darf die Herausarbeitung einer Konzeption von der «Freiheit der Meere» gelten, als seine herausragende theoretische Leistung die Weiterentwicklung eines Begriffs vom «subjektiven Recht» («dominium»).

V. hinterläßt drei Werke: *De successionum creatione, progressu, effectuque et resolutione* (1559); *Controversiarum usu frequentium* (1563); *Controversiarum Illustrium aliarumque usu frequentium* (1564); seit der Ausgabe 1688 werden die letzten beiden Werke meist zusammen als *Controversiarum Illustrium aliarumque usu frequentium* veröffentlicht. Formal löst sich V. in diesen Werken vom Typ des legistischen Kommentars, auch wenn er durchaus auf Vorbilder aus der Konsilienliteratur zurückgreifen kann. Seine Schriften sind Sammelwerke in offener Form, ähnlich →Alciats *Paradoxa*; es zeigen sich also Anklänge an humanistische Juristenschriften.

Lit.: B. Carpintero, Del derecho natural medieval al derecho natural moderno: V.F. de M., 1977; K. Seelmann, Die Lehre des F.V. de M. vom dominium, 1979.

K. Seelmann

Vélez Sársfield, Dalmacio (1800–1875), argentinischer Rechtsgelehrter, Anwalt und Staatsmann. Nach dem Rechtsstudium an der Universidad de Córdoba wird V.S. Anwalt in Buenos Aires, Abgeordneter im «Congreso General Constituyente» von 1824, Professor und Präsident der «Academía de Jurisprudencia». Nach dem Sturz des Diktators Rosas – V.S. mußte vor ihm ins Exil nach Montevideo flüchten – gelangt V.S. in höchste öffentliche Ämter. Er wird 1852 Abgeordneter im Parlament von Buenos Aires, 1854 Staatsminister, 1862–63 Senator und Finanzminister der Regierung Mitre, 1868–72 Innenminister der Regierung Sarmiento. Er redigiert zusammen mit Carlos Tejedor die Verfassung des Bundesstaates Buenos Aires von 1854 und zusammen mit Eduardo Acevedo den «Código de Comercio» von 1857. Im Auftrag des Congreso Nacional verfaßt V.S. 1864–69 den Entwurf des Zivilgesetzbuches, der, von beiden Kammern des Parlaments mit großer Mehrheit gebilligt, im Wortlaut unverändert Gesetz wird. Der Text, der weitgehend am *esboço* des Brasilianers →Teixeira de Freitas aus dem Jahre 1860/64 orientiert ist und bewährte europäische Doktrin mit lateinamerikanischer Tradition synthetisiert, erweist sich als dauerhaft und macht V. S. zum Klassiker der argentinischen Zivilistik.

WW: Derecho Público Eclesiástico. Relaciones del Estado con la Iglesia en la Antigua América Española, 1854; Prólogo y Apéndices de Instituciones de Derecho Real de España por el Doctor José Ma. Alvarez, 1934; Escritos Jurídicos, 1971.

Lit.: A. Chaneton, Historia de V. S., 1937; R. Levene, Manual de Historia del Derecho Argentino, 5. Aufl., 1985, 20 (Kap. 38); S. Schipani (Hg.), Diritto Romano, Codificazioni e Unità del Sistema Giuridico Latinoamericano, 1979.

W. Paul

Verdroß, Alfred (1890–1980), seit 1924 Professor für Völkerrecht, Rechtsphilosophie und internationales Privatrecht in Wien, gehört zu den angesehensten Völkerrechtlern des 20. Jh. s.

Als er 1961 die Wiener Internationale Diplomatenrechtskonferenz präsidierte, stand sein Name bereits auf der Schiedsrichterliste des Ständigen Haager Schiedshofs (seit 1957), war er u. a. Rechtskommissar der Vereinten Nationen (1957–65), Richter am Europäischen Gerichtshof für Menschenrechte (1958–76) und Erster Präsident des Institut de droit international (1959–61). Als ausgewiesener Kenner des positiven Rechts mit reichhaltiger Praxiserfahrung bemühte sich der Wissenschaftler V. von Beginn an um die theoretischen und philosophischen Fundamente des Rechts: Auf *Die Einheit des rechtlichen Weltbildes auf Grundlage der Völkerrechtsverfassung* (1923), einer Wendung gegen die auf dem staatlichen Souveränitätsdogma beruhende strenge Scheidung von nationalem und internationalem Recht (Dualismus H. Triepels), folgte 1926 *Die Verfassung der Völkerrechtsgemeinschaft*. Mit dieser Schrift leitete V. nach neukantianischen Anfängen in H. →Kelsens Privatseminar seinen «Kampf gegen den voluntaristischen Rechtspositivismus» ein. Dazu gehörte v. a. der Nachweis, daß außer dem Vertrags- und Gewohnheitsrecht auch die von den Kulturvölkern übereinstimmend anerkannten Rechtsgrundsätze eine Quelle des Völkerrechts bilden. Zusammen mit seinen Studien zur Grundnorm und zum «ius cogens» fanden diese Forschungen Eingang in V.' *Völkerrecht* (5. Aufl., 1964), das zuerst 1937 erschien und bald zum führenden deutschsprachigen Lehrbuch avancierte. Auch die *Abendländische Rechtsphilosophie. Ihre Grundlagen und Hauptprobleme in geschichtlicher Schau* (2. Aufl., 1963) wurde ein Standardwerk, das seine Entstehung nicht zuletzt dem Umstand verdankte, daß V. die Lehrerlaubnis für Rechtsphilosophie durch die Nationalsozialisten entzogen worden war. Nach dem II. Weltkrieg arbeitete V. u. a. an der theoretischen Grundlegung der österreichischen Neutralität; die durch die Vereinten Nationen in der Völkergemeinschaft eingetretenen Änderungen, an denen V. teils an führender Stelle beteiligt war, fanden schließlich in *Universelles Völkerrecht. Theorie und Praxis*, dem 1976 zusammen mit Bruno Simma verfaßten Spätwerk, ihren Niederschlag.

Lit.: A. V., in: Österreichische Rechts- u. Staatswissenschaften in Selbstdarstellungen, geleitet von N. Grass, 1952, 200–210; E. Mock, Die Erschließung der materialen Rechtsphilosophie durch A. V., B. Simma u. a., Der Beitrag von A. V. zur Entwicklung der Völkerrechtswissenschaft, beide in: Ius humanitatis. FS zum 90. Geb. von A. V., hrsg. v. H. Miehsler u. a., 1980, 9–22, 23–53; H. F. Köck, A. V. – ein österreichischer Rechtsgelehrter von internationaler Bedeutung, 1991.

K.-H. Lingens

Vídalín, Páll Jónsson (1667–1727), isländischer Rechtsgelehrter, Richter und Verwaltungsbeamter, hatte 1685–88 an der Universität Kopenhagen studiert und lehrte dann an der isländischen Domschule in Skálholt. 1690 wurde V. Rektor derselben und 1696 Sysselmann (Amtmann) im nordwestisländischen Dalasyssel, im Jahr darauf Varalagmann (Vizegesetzessprecher) für das Ost- und Südviertel von Island; von 1706 bis zu seinem Tod war er als Lagmann oberster Verwaltungsbeamter und Richter in dieser Hälfte Islands.

Bereits 1699 verfaßte V. ausführliche Vorschläge zur Verbesserung der isländischen Ökonomie, welche nachmals von Jón Eiríksson zusammen mit eigenen Gedanken als *Udtog af afgangne Lavmand Povel Vidalins Afhandling om Islands Opkomst, under Titel Deo, Regi, Patriae, samt nogle andres af samme Indhold anvendt paa nærværende Tider* (Auszug aus der Abhandlung des verstorbenen Gesetzessprechers Páll Vídalín über Islands Landesverbesserung, unter dem Titel «Deo, Regi, Patriae, samt einigem Anderen gleichen Inhalts fortgeschrieben auf die Gegenwart, 1768), publiziert wurde. Die bei dieser Arbeit gewonnenen Erkenntnisse kamen V. zugute, als er mit Arni Magnússon zwischen 1702 und 1712 die erste vollständige Landesaufnahme Islands vornahm. Dieser Landeskataster ist von unschätzbarem Wert für die Kenntnis der Eigentums-, Wirtschafts-, Verwaltungs- und Kulturverhältnisse Islands an der Wende des 17. zum 18. Jh. und erschien mehr als zwei Jahrhunderte später in 11 Bänden im Druck als *Jardabók Arna Magnússonar og Páls Vídalíns* (Erdbuch Arni Magnússons und Páll Vídalíns, 1913–1943). Wie Arni Magnússon über die isländische Literatur insgesamt, so sammelte auch V. anläßlich der für die Landesaufnahme erforderlichen Reisen und der dabei entfalteten, umfangreichen Rechtsprechungstätigkeit zahlreiche Nachrichten über die isländische Geographie und besonders das isländische Recht. Speziell zu dem geltenden Gesetzbuch, dem Jónsbók von 1281, verfaßte er ein bedeutendes und ausführliches Glossar, welches später als *Skyringar yfir Fornyrdi Lögbókar theirrar, er Jónsbók kallast, samdar af Páli lögmanni Vídalín* (Erklärungen unseres altnordischen Gesetzbuches, «Jónsbók» genannt, verfaßt von Lagmann P. V., 1854), auszugsweise als *Stútt agríp* . . . (bereits 1782) herausgegeben wurde. Als das erwähnte Gesetzbuch durch eine vollständige Kodifikation nach dem Muster von Christians V. «Norske Lov» von 1687 ersetzt werden sollte, wurde V. 1719 mit der Abfassung des Entwurfs betraut, der aber nicht in Kraft getreten ist. Zuletzt ist von V. ein Gutachten über isländisches Kirchenrecht *Lavmand Povel Vidalins Skrivelse til Biskop John Arnesen om Jus patronatus i Island* (Schreiben des Gesetzessprechers Páll Vídalín an Bischof Jón Arnason über das Jus patronatus auf Island, 1771) bekannt.

Außer als wissenschaftlicher Schriftsteller trat er als Dichter durch Epigramme, Gedichte und Psalmen hervor.

Neben dem Gesetzessprecher Ulfljótr aus der Landnahmezeit ist V. der wohl bekannteste und vielseitigste Jurist Islands, der, obwohl er wie die meisten zeitgenössischen nordischen Richter und Verwaltungsbeamten nicht professionell durch eine entsprechende Universitätsausbildung in die Rechtswissenschaft eingeführt worden war, doch durch eifriges Selbststudium, vielseitige praktische Erfahrungen und hohe Intelligenz das heimische Recht aufnehmen und in seinem eigenen Geist, der sich grundsätzlich von dem des gelehrten römischen Rechts unterschied, anwenden und weiterbilden konnte.

Lit.: Th. Sveinbjörnsson, Æfisaga Páls lögmanns Jónssonar Vídalíns, 1846, in: Ders. (Hg.), Skyringar yfir Fornyrdi Lögbókar theirrar, er Jónsbok kallast, samdar af Páli lögmanni Vídalín, 1854, 1–64; J. Olafsson Grunnavík, Um thá lærdu Vídalína, in: Vísnakver Páls lögmanns Vídalíns (1667–1727), hrsg. v. J. Thorkelsson, 1897; P. Sigurdsson, Danske og Norske Lov i Island, in: Danske og Norske Lov i 300 år, hrsg. v. D. Tamm, 350ff.

W. Wagner

Vidaurre y Encalada, Manuel Lorenzo de (1793–1841), panamesischer Gesetzgebungsjurist, Richter, Staatsminister und philosophischer Schriftsteller. In den von politischer Instabilität bestimmten Gründungsjahren von Perú übte V. hohe Ämter aus, war Präsident des Corte Suprema de Justicia, Staatsminister für innere und äußere Angelegenheiten, Abgeordneter der Provinz Lima in der verfassungsgebenden Versammlung, Bevollmächtigter Perús auf dem Gran Congreso de Panamá. Seine *Cartas Americanas, políticas y morales* (1823) sind politisch-moralische Aufrufe und Zeitzeugnisse, sein an Simon Bolivar gerichteter *Plan del Perú* bildet den Versuch, «Vernunftgrundlagen für den Bau der peruanischen Gesellschaft» zu schaffen, z. B. das «Eigentumsrecht in Harmonie mit den Gemeinwohlinteressen zu regeln», eine «ungleiche Verteilung der Güter der Natur zu vermeiden» und «die Richter durch Anbindung an die Gesetze vor Willkür zu bewahren».

Als Autor von Straf-, Zivil-, Kirchen- und Verfassungsreformgesetzen sowie als Präsident der Gesetzgebungskommission nimmt V. entscheidenden Einfluß auf die legislative Grundlegung des jungen Staates. V. gilt als Gründervater der peruanischen Rechtsstaatlichkeit.

WW: «Plan del Perú» y otros escritos. Edición y Prólogo de Alberto Tauro, in: Colección Documental de la Independencia del Perú, I, Los Ideólogos, 5, 1971; Cartas Americanas, ebd., 6, 1973.
Lit.: J. Guillermo Leguía, Contribución a la bibliografía de M. L. de V. y E., in: Boletín Bibliográfico 3, 5, 1928, 266–275; E. Núñes, M. L. V. jurista y codificador, in: La Crónica 16, 5, 1945; M. Jos, M. L. V., reformista peruano, in: Annuario de Estudios Americanos, 18, 443–545, 1961.

W. Paul

Vinding Kruse, Frederik (1880–1963), war nach der Habilitation 1913 von 1914–50 Professor an der Universität Kopenhagen. Sein wichtigstes Werk ist *Ejendomsretten I–V* (1929–33, dt. *Das Eigentumsrecht* I–V, 1931–35). V. K. kann als einer der Väter eines neuen dänischen Grundbuchsystems, das 1927 eingeführt wurde, angesehen werden. In einer Reihe von Werken aus den 1940er Jahren beschäftigte V.K. sich u.a. in *Retslæren* von 1943 mit rechtsphilosophischen Fragen. In deutscher Sprache ist auch seine Abhandlung *Erkendelse og Vurdering* (1942) als *Erkenntnis und Wertung* (1960) herausgegeben worden. Da seine Werke teilweise auch antiparlamentarische Gesichtspunkte äußerten, wurden diese in der dänischen rechtsphilosophischen Debatte entweder stark kritisiert oder gar nicht zur Kenntnis genommen.

Lit.: DBL 15, 589f.; D. Tamm, Retsvidenskaben in Danmark, 1992, 184f. u. 204f.

D. Tamm

Vinnius, Arnold (1588–1657), geboren in Monster, studierte Jura in Leiden und erwarb dort 1612 den Doktorgrad. 1633 wurde er als «Professor extra-ordinarius Institutionum» (1636 ordinarius) angestellt. Bis zu dieser Zeit hat er u.a. in Leiden Privatunterricht gegeben und einige Male versucht, dort eine Professur zu bekommen. 1618 gab er den Institutionenkommentar seines Lehrers Gerard Tuning heraus, der selber ein Schüler von H. →Doneau gewesen war.

Doneaus Einfluß macht sich in V.' erster großer Publikation *Jurisprudentia contracta* (1624–31), der dessen systematischer Methode zugrunde liegt, bemerkbar. Das Buch wurde in den Niederlanden nach 1664 nicht mehr neu aufgelegt, jedoch in Lyon (1748) und mehrere Male in Venedig und Florenz (noch im Jahre 1837); 1852 erschien sogar eine italienische Übersetzung. V.' «magnum opus» ist ein erstmals 1642 erschienener Kommentar zu den Institutionen. Dieser Kommentar war sowohl für den Unterricht («academicus») als für die Praxis («forensis») bestimmt. Durch dieses Werk wird V. als der wohl erste typische Exponent der niederländischen eleganten Schule betrachtet. Er liefert – von dem Text der Institutionen selbst abgesehen – eine philologische und historische Erklärung des Textes sowie viele Einzelheiten über das niederländische Recht aus dieser Zeit. Der Kommentar ist nicht nur in den Niederlanden, sondern auch im Ausland oft gedruckt worden. Seit der Lyoner Edition von 1666 sind diesem Kommentar die Fußnoten von V. zu den Institutionen hinzugefügt, die von ihm 1646 – mit dem Text Justinians – herausgegeben wurden. Diese kombinierte erste Ausgabe war sehr erfolgreich. Im 17. und 18. Jh. erschienen etwa 30 Drucke in den Niederlanden, Frankreich und Deutschland, seit Anfang des 18. Jh.s auch in Venedig und Madrid. 1726 hat J.G. →Heineccius, der kurze Zeit in

Franeker Professor war, den Text revidiert und um viele eigene Anmerkungen bereichert; eine spanische Edition, mit Hinweisen auf das spanische geltende Recht (‹Vinnius castigatus›), wurde sogar noch im 19. Jh. ins Spanische übersetzt. Daneben bleiben die *Notae* von V. zu den Institutionen im 17. und 18. Jh. eine beliebte selbständige Ausgabe, sowohl in den Niederlanden als auch in Deutschland, Frankreich und Italien. Auch einige von seinen kleineren Publikationen (*Tractatus* IV [1651] und *Selectae quaestiones* [1653] zusammen als *Tractatus quinque* [1664] erschienen) wurden im Ausland bekannt.

V. ist eine der Koryphäen der Leidener Fakultät gewesen, was er nicht an erster Stelle seinem Ruhm als Dozent verdankt, sondern vielmehr der Tatsache, daß von keinem Professor so viele ausländische Editionen erschienen sind.

WW: BGNR Leiden, Nr. 823–959A; BGNR Utrecht, 46–49.
Lit.: NNBW 3, 1312–1314; R. Feenstra/C. J. D. Waal, Seventeenth-century Leyden law Professors, 1975, 24–35 und 52–69; R. Feenstra, Het «Tractatus de pactis» van V., in: TRG 56, 1988, 199–208; M. Ahsmann, Collegia en colleges, Diss. Leiden, 1990, 18–21.

M. Ahsmann

Vitoria, Francisco de (1483/93–1546), studierte 1506–12 in Paris Philosophie und Theologie und lehrte zunächst in Paris (1512–23) und später in Valladolid (ab 1523) und in Salamanca (ab 1526) Theologie. Er zählt zu den Begründern der «Schule von Salamanca», die in enger Anbindung an die theologische Diskussion ihrer Zeit, auch in ihrer franziskanischen Tradition, gleichwohl eine breite Thomas-Renaissance einleitet. V. gilt als einer der ersten, die den Sentenzenkommentar des Petrus Lombardus durch die Summa Theologica des Thomas von Aquin als zentrales Lehrwerk ersetzten.

V. hat zu Lebzeiten keine eigenen Werke veröffentlicht. Berühmt wurde er durch fünfzehn Relectiones (Sondervorlesungen), die erstmals 1557 veröffentlicht wurden (*Relecciones Teológicas*, hrsg. v. L. G. A. Getino, 1933–35). Zu den bekanntesten zählen die beiden Relectiones *De Indis*, die zweite auch unter dem Titel *De iure belli* veröffentlicht, worin er den Krieg als eine legitime Sanktion für eine Verletzung des Völkerrechts erklärt und nicht nur zum Zwecke der Verteidigung für zulässig hält. Auch ein Völkerrechtsverstoß wie die Behinderung der Evangelisation oder die Verfolgung zum christlichen Glauben Konvertierter legitimiert danach den Krieg. Damit werden die Kolonialkriege zwar grundsätzlich gerechtfertigt, V. wendet sich aber gegen die Enteignung der Menschen in der Neuen Welt. Die Indianer seien wie Minderjährige zu behandeln, also unter «Protektorat» zu stellen. In diesem Zusammenhang entwickelt V. das ius gentium zu einem ius inter gentes und gilt deshalb als einer der Begründer des Völkerrechts. Erst in neuerer Zeit ist sein Kommentar zur *Secunda Secundae* der *Summa Theologica* aus Hörermitschriften veröffentlicht worden: *Comentarios a la Secunda Secundae de Santo Tomàs* (hrsg. v. B. de Heredia, 1932–52).

Lit.: J. Brown Scott, The Spanish Origin of International Law. F. de V. and his law of Nations, 1934; V. Beltran de Heredia, F. de V., 1939; R. Molinero, La Doctrina Colonial de F. de V. o del Derecho de la Paz y de la Guerra, 1993.

K. Seelmann

Vladimirskij-Budanov, Michajl Flegontovič (1838–1916), russischer Rechtshistoriker für vor-petrinisches Recht, Professor für Rechtsgeschichte am Demidov-Lyceum in Yaroslavl (seit 1868) und an der Universität Kiew (seit 1875).

V.-B. wurde berühmt durch seine dreibändige Quellenedition zur vor-petrinischen russischen Rechtsgeschichte, die zwischen 1872 und 1875 erschien (*Chrestomatija po istorii russkago prava*, Anthologie zur Geschichte des Russischen Rechts) und bis in die sowjetische Epoche als grundlegende Sammlung russischer Gesetze des 10.–17. Jh.s galt. V.-B. stand in der Tradition der Slavophilen. Im Gegensatz zu diesen sah V.-B. in den petrinischen Reformen jedoch keinen Bruch mit Traditionen russischen Rechts und russischer Staatlichkeit. Die Entstehung der Leibeigenschaft in Rußland erklärte V.-B. im Hinweis auf die Verschuldung der Bauern und widersprach damit der weitverbreiteten Auffassung, administrative Erfordernisse hätten die Zentralgewalt im 17. Jh. zur Einführung der Schollenbindung veranlaßt. V.-B. verwies auf die ökonomische Determination des russischen Familienrechts in der vor-petrinischen Epoche, so etwa die Verpfändung von Ehefrauen und der Verkauf von Kindern durch den Haushaltsvorstand.

WW: Gosudarstvo i narodnoe obrazovanie v Rossii s 17 veka (Der Staat und die Volksbildung seit dem 17. Jahrhundert, 1874); Obzor istorii russkago prava (Abriß der Geschichte des russischen Rechts, 1886); Očerki iz istorii litovsko-russkago prava (Skizzen aus der Geschichte des litauisch-russischen Rechts, 1893).

Lit.: F. V. Taranovskij, Pamjati M. F. Vladimirskago-Budanova, in: Juridičeskij Vestnik 2, 1916, 84–96.

J. Baberowski

Voet, Johannes (1647–1713), studierte Jura in seinem Geburtsort Utrecht, wo sein Großvater Gisbertus ein bekannter Professor der Theologie und sein Vater Paulus seit 1654 Professor der Rechte war, und promovierte wahrscheinlich 1668 in Frankreich. Schon 1670 wurde er Professor der Rechte in Herborn, 1674 «Professor Pandectarum» in Utrecht und akzeptierte 1680 einen Ruf nach Leiden. Als 1687 die Utrechter Universität versuchte, ihn zurückzuholen, gelang es ihm als erstem Leidener Professor, seinen Lehrauftrag um das «jus hodiernum» zu erweitern. Den Niederschlag dieser Vorlesungen findet man v. a. in seinem Hauptwerk, dem *Commentarius ad Pandectas* (1698–1704). Bei jedem Titel wird hierin nicht nur das antike römische Recht, sondern auch das «jus hodiernum» behandelt. Zur Verbreitung dieses Werkes in Europa hat sicher beigetragen, daß man in diesem Kommentar auch viel Naturrecht findet. Der Kommentar wurde im 18. u. 19. Jh. sehr oft nicht nur in den Niederlanden, sondern auch im Ausland gedruckt (1846–53 ital.). Das Werk ist noch immer in Ländern, in denen das römisch-holländische Recht einige Bedeutung hat, wichtig. Deshalb erschien eine um viele Entscheidungen aus der Praxis bereicherte englische Übersetzung noch 1955–58 in Südafrika. Außer einigen kleineren Schriften wie *De jure militari* (1670) und *De familia erciscunda* (1672) – mehrere Male auch im Ausland nachgedruckt –, verdankt V. seinen Ruf auch zwei Publikationen für Studenten. 1682 erschien sein *Compendium juris juxta seriem Pandectarum* und 1700 die *Elementa juris secundum ordinem Institutionum Justiniani*. Letzteres Werk hat durch eine Übersetzung ins Niederländische, mit Zusätzen aus A. →Vinnius' Kommentar entlehnt, auch Einfluß auf die Rechtspraxis gehabt. Mit seinem Kommentar, der den Markt völlig dominierte, war V. ein klarer Repräsentant des «usus modernus» Pandectarum.

WW: BGNR Leiden, 1015–1102; BGNR Utrecht, 50–51.
Lit.: NNBW 3, 1328–1329; R. Feenstra/C. J. D. Waal, Seventeenth-century Leiden law Professors, 1974, 35–44, 69–80; R. Feenstra, Dictata van J. V. en G. Scheltinga op de Inleidinge van H. de Groot, in: TRG 56, 1988, 93–133.

M. Ahsmann

Vollenhoven, Cornelis van (1874–1933). Als Begründer der Wissenschaft vom Adat, des Gewohnheitsrechts der Einheimischen im ehemaligen Niederländisch-Ostindien, genoß V. einen hervorragenden Ruf. Das Fundament seines phänomenalen Wissens auf diesem Gebiete legte er schon während seiner Leidener Studienzeit. Dort beschäftigte er sich seit 1891 mit fernöstlichen Sprachen, Philosophie, Staatswissenschaft und Rechtswissenschaft. Nach der Promotion 1898 mit einer Doktorarbeit *Omtrek en inhoud van het internationale recht*, die ein Klassiker auf dem Gebiete des internationalen öffentlichen Rechts wurde, war er im Kolonial-Ministerium tätig, wo er sich rasch mit den juristischen Problemen und der Problematik der Verwaltung Niederländisch-Ostindiens vertraut machte. Schon 1901 wurde er Professor für Staats- und Verwaltungsrecht der Kolonien, insbesondere für das Adatrecht.

Die wissenschaftliche Arbeit von V. wurde von seiner systematischen Erforschung des Adatrechts (*Het adatrecht in Nederlandsch-Indië*, I–III, 1918–1931-1933) beherrscht. In seinen Auseinandersetzungen beachtete er unter Verwendung empirischen Materials den sozialen und sprachlichen Zusammenhang, in den das Recht eingebettet ist. In *Miskenningen van het adatrecht* (1909) legte er ausführlich dar, daß die abendländische Rechtsauffassung nicht mit den einheimischen Rechtsvorstellungen übereinstimme. *De Indonesiër en zijn grond* (1919) wandte sich gegen ein Eigentumsrecht nach abendländischer Auffassung. Auch befürwortete V. eine Selbständigkeit der ostindischen, einheimischen Behörden. Seine ethische Betrachtungsweise des Kolonialsystems geriet ab 1925 in scharfe Konkurrenz zur neuen Beamtenausbildung für die Kolonialgebiete in Utrecht.

Die andere Disziplin, in der V. sich auszeichnete, war das Völkerrecht. Leidenschaftlich befürwortete er die Errichtung einer supranationalen Polizeimacht zur Wahrung einer internationalen Rechtsordnung im allgemeinen und einer internationalen Justizbehörde im besonderen. In seiner berühmten Schrift *De drie treden van het volkenrecht* (1918) zeigte er sich ganz von Hugo →Grotius (1583–1645) beeinflußt.

WW: Verspreide Geschriften, 1–3, 1934/35; Nachlaß im Algemeen Rijksarchief 's-Gravenhage.

Lit.: BWN 1, 625–627; N. H. M. Roos, in: Zestig juristen, 1987, 377–385; B. J. A. de Kanter – van Hettinga Tromp/A. Eyffinger, C. v. V. (1874–1933), 1992; Th. Veen, C. v. V. over onze nationale staatsrechtsstudie, in: TRG 1993, 411–435.

C. J. H. Jansen

Všehrdy, Viktorin Cornelius von (ca. 1460–1520), Sohn eines utraquistischen Bürgers, studierte an der Artistenfakultät in Prag (Bakkalaureus 1479, Magister 1483). 1484 wurde er Dekan derselben. 1487 wechselte er zum böhmischen Landesgericht. Um diese Zeit wurde er auch nobilitiert. 1493 wurde er stellvertretender Schreiber des Königreichs Böhmen. Schon 1497 wurde er aber von König Wladislaw Jagiello unter dem Vorwand, er hätte eigenwillig den Wortlaut der traditionellen Eidesformel in den Landtafeln geändert, seines Amtes enthoben.

1495 begann er seine Arbeiten an seinem grundlegenden rechtswissenschaftlichen Werk *O právích země české Knihy devatery* (Neun Bücher über die Rechtsordnung des Landes Böhmen), das er in erster Fassung 1499 vollendete. Es handelt sich um eine Darstellung des böhmischen Landrechts auf der Grundlage der Gerichtsentscheidungen, der Landtagsbeschlüsse und der älteren Rechtsbücher. Bei der Kodifikation des böhmischen Landrechts setzte sich seine Konzeption nicht mehr durch. Vielmehr sicherte sich der Adel 1500 eine privilegierte Stellung.

Nach seiner Absetzung wirkte V. in Prag als Advokat. Seine *Knihy devatery* arbeitete er 1502–08 um. Es ist das bedeutendste Werk der tschechischen spätmittelalterlichen Jurisprudenz und eines der Gipfelwerke der frühen, in tschechischer Sprache verfaßten Literatur des Humanismus.

WW: V. C. v. V. O právích země české Knihy devatery, hrsg. v. H. Jireček, 1874 (= Codex juris bohemici, 3, 3).
Lit.: Sborník praci k 500. výročí narození V. C. v. V., in: Právněhistorické studie 7, 1961, 51–324.

P. Kreuz

Vyšinskij, Andrej Januar'evič (1883–1954), juristisches Studium in Kiew. Zunächst Mitglied der Menschewisten; schließt sich nach der Revolution den Bolschewisten an. Seit 1931 Funktionär im Justizapparat, von 1935–39 Generalstaatsanwalt der UdSSR und dort Hauptankläger für die berüchtigten Schauprozesse gegen «Trotzkisten» und «Rechtsabweichler». Später (stellvertr.) Außenminister der UdSSR und zuletzt Vertreter der UdSSR bei der UNO.

V. gilt als Hauptvertreter der stalinistischen Justiz- und «Rechtstheorie», die fast ausschließlich damit beschäftigt war, «Volksfeinde» und «Schädlinge» auch in den Reihen der sowjetisch-marxistischen Rechtswissenschaft aufzuspüren. Ein berüchtigter Aufsatz aus dem Jahre 1937 *Zur Lage an der theoretischen Rechtsfront* leitet die parteiamtliche Kritik an →Stučka und v. a. →Pašukanis ein, die die Repräsentanten der frühen sowjet-marxistischen Rechtstheorie bis zur Entstalinisierung zu Unpersonen macht. Der Hauptvorwurf V.s liegt in dem angeblichen Rechtsnihilismus von Pašukanis, der die Möglichkeit eines eigenen sowjetisch-sozialistischen Rechts geleugnet habe. Diese Lehre wird als «dem Marxismus feindlich» bezeichnet, was mittelbar zu Pašukanis Ermordung 1937 führte. Stučka werden einerseits Verdienste bescheinigt, andererseits werden eine Reihe «ernster Fehler und anti-leninscher Positionen» festgestellt.

Bekannt geworden sind weitere Werke V.s zum Strafprozeß, die v. a. das Geständnis des Angeklagten als wichtigste Beweisquelle ansahen und die durch die von V. als Generalankläger in den Schauprozessen erzwungenen Selbstbezichtigungen auf makabre Weise «bestätigt» wurden. Nach der Entstalinisierung setzte in der sowjetischen Rechtswissenschaft eine intensive Kritik an den Positionen und Praktiken von V. ein. Die Wertlosigkeit seiner «theoretischen» Arbeiten ist unbestritten. Durch V. wird die sowjetische Rechtstheorie endgültig zur bloßen Legitimationswissenschaft umgestaltet – eine Funktion, von der sie sich bis zum Verschwinden eines eigenen Sowjetrechts durch Auflösung der Sowjetunion nicht mehr erholen sollte.

WW: A. J. V., The Law of the Soviet State, 1948; Zur Lage an der theoretischen Rechtsfront, 1937, dt., in: N. Reich (Hg.), Marxistische und sozialistische Rechtstheorie, 1972, 113–117.
Lit.: R. Conquest, Am Anfang starb Genosse Kirow, 1970; N. Reich, Sozialismus und Zivilrecht, 1972, 255–266; R. Sharlet/P. Beirne, In Search of V.: The Paradox of Law and Terror, in: International Journal of the Society of Law, 1984, 153–177; Sowjetische Beiträge zur Staats- und Rechtstheorie, 1953; A. Waksberg, Gnadenlos – A. J. V. – Mörder im Dienste Stalins, 1991.

N. Reich

W

Wagatsuma, Sakae (1897–1973), der einflußreichste Zivilrechtler im Japan des 20. Jh.s, studierte nach Ernennung zum ao. Professor in Tôkyô (1922) 1923 Soziologie in Chicago und hielt sich 1924–25 in Berlin auf, wo er sich in die sozialphilosophische bzw. soziologische Lektüre (M. Weber, M. Adler usw.) vertiefte. Seit 1927 war er o. Professor in Tôkyô.

W.s Hauptanliegen war, die von seinem Lehrer →Hatoyama übernommene logisch-systematische Bearbeitung des Zivilrechts mit den Impulsen, die von der soziologisch orientierten (→Suehiro) oder freirechtlichen (→Makino) Jurisprudenz der zwanziger Jahre ausgingen, zu vereinigen und zu einer Synthese zu bringen. Auf die soziologische Herausforderung reagiert W.s Versuch, den «die Entwicklung des Kapitalismus begleitenden Wandel des Privatrechts» zu erfassen, dessen – u. a. an K. Renner, W. Sombart und K. Diehl angelehntes – Ergebnis jedoch ein großangelegter Torso blieb (*Kindaihô ni okeru saiken no yûetsu-teki chii*, Der Primat des Forderungsrechts im modernen Recht, 1927–29, ND 1953). Eine dogmatische, zugleich aber die soziale Funktion der Rechtsinstitute miteinbeziehende Synthese stellt W.s unvollendet gebliebenes systematisches Lehrbuch *Minpô kôgi* (8 Bde., 1933 ff.) dar. Es gilt wegen der pragmatischen, die rechte Mitte haltenden Ausgewogenheit der darin vertretenen Lehren, der Elastizität der Dogmenformulierung sowie wegen der intensiven Berücksichtigung der Rechtsprechung als das Standardwerk der japanischen Zivilistik; es genoß nicht nur in der Lehre, sondern auch in der Praxis als Verkörperung der herrschenden Meinung hohe Akzeptanz und Autorität und ist noch heute eine unverzichtbare Arbeitsgrundlage. Nach dem II. Weltkrieg folgten verschiedene rechtspolitische Tätigkeiten, darunter eine mit seiner kompromißbereiten, gemäßigt fortschrittlichen Haltung maßgebende Mitarbeit an der Familienrechtsreform, der Abschaffung des spezifisch japanischen Haussystems.

WW: Gesammelte Aufsätze: Minpô kenkyû (Zivilistische Abhandlungen), 11 Bde., 1966–79.

Lit.: H. Wagatsuma/K. Bai, W. S.-sensei no hito to sokuseki, 1993; Jurist 563, 1974 (W.-Sonderheft); N. Toshitani u. a. (Hg.), Hôritsugaku to watashi, 1967, 1–98.

A. Wani

Wang Anshi (1021–1086), zwischen 1070 und 1076 zweimal zum Kanzler berufen, war der führende Kopf eines umfangreichen Gesetzgebungswerkes, dessen Inkraftsetzung den weitestgehenden Reformversuch im vormodernen China darstellte.

Die nach W. benannten, im Zeichen militärischer Bedrängung und leerer Staatskassen unternommenen Reformen zielten auf Stärkung der Rolle des Staates in der Wirtschafts- und Finanzpolitik, Förderung der Bauern, Ausbau und Rationalisierung der lokalen Verwaltung sowie Erhöhung der militärischen Widerstandskraft ohne Vergrößerung des stehenden Heeres. Einschneidende Reformen wurden auch im Schul- und Prüfungswesen durchgeführt. W.s Leitbild war der im Klassiker «Riten der Zhou» (*Zhou li*) entworfene Idealstaat des Altertums; zum anderen orientierte er sich an der 1043–44 durchgeführten, aber gescheiterten «Kleinen Reform». Nach dem Tod des Kaisers Shenzong 1085 war auch sein Reformwerk, das auf den erbitterten Widerstand seitens der konservativen Literatenbeamtenschaft, der Gentry und der Kaufleute gestoßen war, zum Scheitern verurteilt. Einzelne Reformmaßnahmen hatten dennoch eine erhebliche Nachwirkung.

Im Zuge von W.s Reformpolitik erhielt der Rechtsgedanke wachsende Bedeutung. So wurde 1073 ein juristisches Examen für alle Beamtenanwärter eingeführt, und seine Gegner verglichen W. mit →Shang Yang, dem in der konfuzianischen Geistestradition geächteten Begründer des Legalismus. Tatsächlich aber war W.s Verständnis von Gesetz und Rechtsprechung konfuzianisch geprägt, eingebettet in seiner politischen Lehre, daß eine gute Herrschaft allein in der moralischen Gesinnung des Herrschers begründet liege.

Lit.: J. T. C. Liu, Reform in Sung China: W. A. (1021–1086) and his New Policies, 1959; J. Th. Meskill (Hg.), W. A. Practical Reformer?, 1963; H. R. Williamson, W. A. – a Chinese Statesman and Educationalist of the Sung Dynasty, 1935/37.

A. Mittag

Warnkönig, Leopold August (1794–1866). Der Sohn eines fürstbischöflich speyerischen Steuereinnehmers war zunächst Schüler der Pestalozzischen Anstalt in Kislau, besuchte das Gymnasium in Bruchsal, das Lyceum in Rastatt und nahm 1812 das Rechtsstudium an der Universität Heidelberg auf, wo er u. a. Vorlesungen von Heise, →Thibaut und →Zachariä besuchte. 1815 wechselte er nach

Göttingen, wo er als Schüler →Hugos 1816 zum Doktor der Rechte promovierte und eine Lehrtätigkeit als Privatdozent aufnahm. 1817 folgte er einem Ruf an die Universität Lüttich, um dort römisches und Naturrecht zu lehren. 1821 wechselte er nach Löwen, zunächst als Chefbibliothekar der Universitätsbibliothek, seit 1827 als Professor der Pandekten, und wurde 1831 an die Universität Gent berufen, wo er den Lehrstuhl für Pandekten, allgemeine Rechtslehre und Rechtsgeschichte innehatte. 1836 verließ er Belgien wieder und folgte einem Ruf an die Universität Freiburg, wo er Rottecks Nachfolger wurde, schließlich 1844 einem Ruf auf einen Lehrstuhl für Kirchenrecht an der Universität Tübingen.

Die interessantesten und wirkungsgeschichtlich wichtigsten der zahlreichen Werke W.s sind der Geschichte, insbesondere der Rechtsgeschichte, gewidmet. Hervorhebung verdienen seine dreibändige *Flandrische Staats- und Rechtsgeschichte* (1835–42), die *Histoire du droit belgique contenant les institutions politiques et la législation de la Belgique sous les Francs* (1837), die *Beiträge zur Geschichte und Quellenkunde des lüttichischen Gewohnheitsrechts* (1838), die dreibändige *Französische Staats- und Rechtsgeschichte* (mit Lorenz von →Stein, 1845–48), die zweibändige *Histoire des Carolingiens* (mit P. A. F. Gérard, 1862) und die Programmschrift *Von der Wichtigkeit der Kunde des Rechts und der Geschichte der Belgischen Provinzen für die Deutsche Staats- und Rechtsgeschichte* (1837). Unter seinen theoretischen Schriften seien die dreibändigen *Commentarii iuris romani privati* (1825–32), die *Institutiones iuris romani privati* (1825) und die *Rechtsphilosophie als Naturlehre des Rechts* (1839) genannt. Ein Zeugnis seiner späteren, dem Kirchenrecht gewidmeten Tübinger Jahre ist sein Werk über *Die staatsrechtliche Stellung der katholischen Kirche in den katholischen Ländern des Deutschen Reichs, besonders im 18. Jh.* (1855).

Die das wissenschaftliche Profil W.s prägenden Jahre waren seine belgischen. Seine historische Bedeutung beruht darauf, daß er – Schüler von Thibaut, Zachariä und Hugo – als Dogmatiker die historische Rechtswissenschaft in Belgien bekannt und für etwa eine Generation heimisch gemacht und als Historiker die (niederländisch-)belgische Rechtsgeschichte als Forschungsdisziplin begründet hat. Er gehört zu den jungen deutschen Gelehrten, die die Regierung Wilhelms I. an die nach dem Sturz Napoleons und dem Anschluß des südlichen Teils der alten Niederlande an das oranische Königreich reorganisierten dortigen Universitäten berief oder die bald darauf als Emigranten im liberalen Belgien Zuflucht fanden wie der Zivilrechtler Egide Arntz

(1812–84) oder sonst für einen Ruf an eine der Universitäten des offenen, jungen Staates gewonnen werden konnten wie der Naturrechtler Heinrich Ahrens (1808–71).

Lit.: G. Wild, L. A. W. Ein Rechtslehrer zwischen Naturrecht und historischer Schule und ein Vermittler deutschen Geistes in Westeuropa, 1961; H. Vanderlinden, in: B Nat Belg 27, 86 ff.; ADB 41, 177 ff.

E. Holthöfer

Warren, Earl (1891–1974), der Sohn skandinavischer Einwanderer besuchte das College und die Law School der Universität von Kalifornien (1908–14) und erwarb nach Abschluß seines Studiums die Anwaltszulassung. In einer Kanzlei arbeitete W. jedoch nur bis zu seinem Militärdienst 1917. Danach ging W. in den Staatsdienst und begann 1919 seine Laufbahn als Staatsanwalt in Oakland. 1925 wurde W. zum District Attorney befördert und bei den darauffolgenden Wahlen als solcher bestätigt. Diese Position behielt W., bis er 1938 von Demokraten und Republikanern unterstützt zum Attorney General Kaliforniens gewählt wurde. Vier Jahre später gewann W. wie auch 1946 und 1950 die kalifornischen Gouverneurswahlen. Die Republikanische Partei nominierte W. 1948 als Vizepräsidentschaftskandidaten. 1953 wurde W. als Chief Justice zum Supreme Court berufen, gleichzeitig übernahm er den Vorsitz der «Judicial Conference» der USA. Nach dem Attentat auf Präsident Kennedy 1963 leitete W. die Arbeit der daraufhin eingesetzten Untersuchungskommission. W. trat 1969 in den Ruhestand.

Ein einzelner Fall begründete W.s Reputation als liberaler Verfassungsrechtler. In dem von W. verfaßten Urteil zu «Brown vs. Board of Education» (1954) erklärte der Supreme Court die Rassentrennung in öffentlichen Schulen für verfassungswidrig und hob somit die «separate but equal»-Doktrin auf. Die eigentliche Leistung W.s bestand in der Herbeiführung einer einstimmigen Entscheidung, die das Urteil gegen politische Angriffe absicherte. Wegweisend etablierte W. in «Miranda vs. Arizona» (1966) die Anwendung der Grundsätze der Bill of Rights im Polizeirecht, durch die er die Notwendigkeit rechtsstaatlicher Ermittlungsmethoden in einer freiheitlichen Demokratie ausdrückte. Mit seinen Voten gestaltete W. die politische Landschaft. Für keine andere Entscheidung trifft dies den Kern so sehr wie in dem «Reapportionment»-Urteil «Reynolds vs. Sims» (1964), das zur Wahrung des Gleichheitsgrundsatzes die Einteilung der Wahlbezirke ausschließlich nach Bevölkerungszahlen forderte und somit zu einer Revision der meisten Wahlkreise führte.

Lit.: G. E. White, E. W.: A Public Life. 1982; J. H. Pollack, E. W.: The Judge Who Changed America, 1979.

F. Arndt

Welzel, Hans (1904–1977), Professor für Strafrecht und Rechtsphilosophie. Nach der Promotion in Jena 1928 und der Habilitation in Köln 1935 hat W. durch sein Wirken in Göttingen seit 1937 und Bonn seit 1952 die Entwicklung auf seinen Fachgebieten im In- und Ausland nachhaltig geprägt.

W. weist der Strafrechtsdogmatik die Aufgabe zu, die Wirklichkeitsstrukturen zu erforschen, an die die gesetzlichen Wertungen anknüpfen. Mit diesem wegweisenden methodischen Ansatz gewinnt er aus der Einsicht in die «Sinnintentionalität» menschlichen Verhaltens den «finalen Handlungsbegriff» und entwirft auf der Basis einer personalen Unrechtslehre und der Schuldtheorie ein neues Bild des Strafrechtssystems. W. gibt auch anderen Teilen der Verbrechenslehre weiterführende Impulse und eröffnet mit dem Gedanken der «sozialen Adäquanz» für das Verständnis der Reichweite der einzelnen Strafbestimmungen neue Perspektiven. Vermittelt durch das *Lehrbuch des Deutschen Strafrechts* (11./14. Aufl., 1969) gehen wichtige Ergebnisse der Forschungen W.s in Rechtsprechung und Gesetzgebung ein; seine methodischen und systematischen Vorstellungen bewähren sich auch unter den andersartigen axiologischen Bedingungen ausländischer Strafrechtsordnungen.

In seinen rechtsphilosophischen Schriften (Hauptwerk *Naturrecht und materiale Gerechtigkeit*, 4. Aufl., 1962) wendet W. sich dem Zeitgeist zuwider gegen alle neuerlichen Versuche, konkrete Rechtsinhalte naturrechtlich zu begründen, und gegen alle «Ideologielehren», denen er auch den Rechtspositivismus zurechnet und denen er die Tendenz zur Dekomposition des Menschen zum Vitalwesen und des Rechts zum Machtverhältnis vorhält. Mindestvoraussetzung der Rechtsgeltung ist für W. die Anerkennung des Menschen als verantwortliche Person und der Weg, bei der Gestaltung der Sozialverhältnisse durch das positive Recht das immer mögliche Irren und Mißlingen zu überwinden, der Rekurs auf Vernunft und Gewissen sowie die geistige Auseinandersetzung in der parlamentarischen Demokratie.

Lit.: Armin Kaufmann, Strafrechtsdogmatik zwischen Sein und Wert, 1982, 279ff.; K.-H. Gössel, Wertungsprobleme des Begriffs der finalen Handlung, 1966.

W. Schöne

Werbőczy, Stephanus (ca. 1458–1541), nach wahrscheinlichem, aber unbelegtem Studium im Ausland («magister») wurde er Beamter der königlichen Kanzlei, dann Protonotar hoher ungarischer Gerichte (1502), Personalis (1517), Palatin (1525) und Kanzler. Mit seiner politischen Tätigkeit besonders auf den Reichstagen diente er mit Erfolg den Interessen des mittelständischen Adels gegenüber den Oligarchen des Landes. Mittels seiner Gerichts- und Beamtenlaufbahn wurde er wohlhabend und von den Ständen als Botschafter mehrmals ins Ausland geschickt (Rom, Nürnberg usw.). Angeblich versuchte er, in Worms 1521 Luther zu bekehren. W. bemühte sich vergeblich, eine Koalition gegen die Osmanen zustande zu bringen. Er nahm sehr aktiv an der Niederschlagung des Bauern- 1514 und eines Bergbauern-Aufstandes 1525 teil. 1526 wurde er auf Geheiß der Oligarchen seines Palatinamtes enthoben und als Verräter verurteilt. Später wurde er Kanzler des Königs János Szapolyai, Gegenkönig Ferdinands I. 1541 erhielt er von den Osmanen das Amt des Stadtrichters von Buda.

Seine Zusammenfassung des mittelalterlichen ungarischen Gewohnheitsrechts *Tripartitum opus iuris consuetudinarij inclyti regni Hungariae* (1514 u.ö.), eine historische Tat, hat formell nie Gesetzeskraft erlangt, weil die Magnaten die endgültige Promulgation des vom Landtag gebilligten und vom König privilegierten Werkes vereitelten, in dem W. sich für die Rechtsgleichheit des Kleinadels aussprach. W. hat darin mit wenigen Ausnahmen nur die Regeln des ungarischen Gewohnheitsrechts bearbeitet, die mit dem europäischen gemeinen Recht nicht im Einklang standen (J. Zlinszky). W. ließ das Werk auf eigene Kosten drucken und versandte es an die Komitate und Städte, worauf die Gerichte begannen, das *Tripartitum* anzuwenden. Es blieb in Teilen bis 1945 als anerkanntes Gewohnheitsrecht in Geltung.

Lit.: V. Fraknói, W.I., 1899; K. Csiky, W.I. és Hármaskönyve, 1899; E.P. Balázs (Hg.), W.I., 1942 (4 Studien mit dt. Auszügen); G. Bónis, Einflüsse des römischen Rechts in Ungarn, in: IRMAE V, 10, 1964; A. Wolf, in: Coing, 1; J. Zlinszky, W. jogforrástana, in: Jogtudományi Közlöny 1993, 374–376.

B. Szabó

Wesenbeck, Matthaeus (1531–1586), geboren in Antwerpen, studierte in Löwen seit 1545 bei G. →Mudaeus (lic. utr. iur. 1550), in Paris und wieder Löwen. Aus religiösen Gründen wich er nach Deutschland aus, wo er 1557 in Jena mit Vorlesungen begann und 1558 als erster zum Doctor juris promovierte. 1569 folgte er einem Ruf als «Professor Codicis» in Wittenberg, und dort hielt er seine berühmte Rede *De Papiniano*. In Wittenberg war W. ein gefragter Rechtsgutachter, Beisitzer des kurfürstlichen Hofgerichts, des Schöffenstuhls und des Konsistoriums, mit denen die Mitglieder der Fakultät institutionell verbunden waren (er verfertigte 1569–86 ca. 150 Spruchkonzepte pro Jahr).

Seine Bedeutung für die Rechtswissenschaft liegt v. a. im großen Einfluß zweier seiner Werke. 1576 erschien als Produkt seiner rechtspraktischen Arbeit eine erste Sammlung seiner Konsilien *Tractatus et responsa quae vulgo consilia appellantur*. Nach W.s Tod wurden die *consilia* erweitert herausgegeben, so daß das Werk 1601–24 auf 8 Bände anwuchs. Nicht das umfänglichste, aber sein einflußreichstes Werk war ein Kommentar zu den Pandekten (1563), von dem zuerst 1566 unter dem Titel *Paratitla in Pandectarum iuris civilis libros quinquaginta* eine autorisierte Ausgabe erschien; 1575 um W.s Kommentar zum Codex erweitert. Wegen W.s synthetischer Methode und seinen Ausführungen zur Praxis wurde das Werk in Deutschland und den nördlichen Niederlanden sehr beliebt und an fast allen Universitäten bis ins späte 17. Jh. als das angesehenste Lehrbuch verwendet. Es erlebte mehr als 30 Ausgaben; bekannte spätere Herausgeber des Werkes waren R. Bachovius, P. C. Brederodius, A. →Vinnius, Brunnemann und →Stryk. Auch zu den Institutionen hat W. eine ausführliche Exegese geschrieben (1569). Eine summarische Übersicht des Corpus iuris civilis und des Corpus iuris canonici erschien 1564 erstmals unter dem Titel *Oeconomia juris*. Weiter schrieb er einen *Tractatus de feudis* (1584) und *Exempla jurisprudentiae* (1573). W. war mehr als sein Lehrer →Mudaeus imstande, eine synthetische Methode zu entwickeln, wobei er einerseits die Errungenschaften der französischen Juristen erkannte und anderseits die Praxis nicht aus dem Auge verlor.

WW: Dekkers, 188–189.
Lit.: Stintzing/Landsberg, 1, 351–366; H. Lück, Ein Niederländer in Wittenberg: Der Jurist M. W., in: Jahrbuch des Zentrums für Niederlande-Studien, 1991, 199–209; R. Dekkers, Het humanisme en de rechtswetenschap in de Nederlanden, 1938, 191–257.

M. Ahsmann

Weyr, František (1879–1951), Sohn eines Prager Mathematikprofessors, studierte Rechtswissenschaften in Prag, wurde 1904 promoviert und habilitierte sich 1909 für Verwaltungslehre und österreichisches Verwaltungsrecht. Er las dort auch Statistik und an der Prager Technischen Hochschule österreichisches Verfassungs- und Verwaltungsrecht. 1919 wurde er nach Brünn berufen, zuerst an die Technische Hochschule, dann an die neue (Masaryk-)Universität. 1918/19 war er auch Mitglied der ersten tschechoslowakischen Nationalversammlung und maßgeblich an der Verfassung von 1920 beteiligt.

Er schrieb zahlreiche Arbeiten zum tschechoslowakischen Verfassungsrecht (*Soustava československého práva státního*, System des tschechoslowakischen Staatsrechts, 1921); *Československé právo ústavní*, Tschechoslowakisches Verfassungsrecht, 1937) und zum Verwaltungsrecht *Československé právo správní* (Tschechoslowakisches Verwaltungsrecht, 1922) und war Begründer der in Brünn erscheinenden «Revue internationale de la théorie du droit». Weltruhm erlangte W. allerdings als Rechtsphilosoph und -theoretiker im Anschluß an →Kelsen (*Základy filosofie právní*, Grundlagen der Rechtsphilosophie, 1920). Seine Lehre, in der er die Einheit von Staat und normativer Ordnung sowie die Grundnormtheorie vertrat, entfaltete und präzisierte er in weiteren Werken: *Teorie práva* (Theorie des Rechts, 1936); *Úvod do studia právnického. Normativní teorie* (Einleitung in das juristische Studium. Die normative Theorie, 1946).

Lit.: V. Kubeš/O. Weinberger (Hg.), Die Brünner rechtstheoretische Schule, 1978; V. Kubeš, Hans Kelsen und F. W.s Leben und Werk (unveröff. Ms.).

P. Kreuz

Wielant, Filips (1441–1520). Der flämische Jurist studierte 1457 Artes in Paris und 1464 Zivilrecht in Löwen. Nachdem er kurz als Anwalt beim Rat von Flandern tätig war, machte er ab 1467 Karriere als Mitglied des herzoglich-burgundischen Hofrats und von 1474–77 des Parlaments von Mecheln. Obwohl W. während des Kampfes zwischen Maximilian I. von Österreich und den flämischen Provinzialstaaten zwischen die kontrahierenden Parteien geriet, blieb er Mitglied des Hofrats und wurde Mitglied des Rats von Flandern. Ab 1491 gehörte W. der erzherzoglichen Partei an. Dies führte zur Ernennung zum Vizepräsidenten des Rats von Flandern (1492–97) und zum Mitglied des Hofrats Philipps des Schönen (1495–1503).

Ab 1504, bis zu seinem Tod in Mecheln, war W. Vizepräsident des Großen Rats von Mecheln. Als fürstlicher Vertrauensmann nahm er ab 1505 an mehreren Verhandlungen zwischen Frankreich und den habsburgischen Niederlanden teil. In diesem Zusammenhang entstand sein *Recueil des antiquités de Flandre* (1511–19), eine historisch-staatsrechtliche Verteidigung der flämischen Rechte gegenüber dem französischen König.

In seinen Hauptwerken *Corte instructie in materie civile* (1508–19) und *Corte instructie in materie criminele* (1510–19) beschrieb W. für die jungen Anwälte den chronologischen Verlauf eines Prozesses vor den provinziellen Justizräten und lokalen Gerichtshöfen. Letztere Arbeit bot nicht nur eine Übersicht des Strafprozeßrechts, sondern enthielt auf der Grundlage der damals nördlich der Alpen noch unbekannten italienischen Strafrechtslehre auch eine Darlegung der meisten strafrechtlichen Prinzipien. Beide Werke wurden von J. de →Damhouder schamlos plagiiert und kamen unter dessen Namen zu europäischem Ruf.

Schließlich ist es das Verdienst W.s, daß er das flämische Gewohnheitsrecht unter Anwendung römisch-rechtlicher Mittel in der Volkssprache zu einer systematischen Einheit ausarbeitete und daß seine Werke auf diese Weise von einer großen Anzahl von Gerichtsbeamten und Anwälten benutzt wurden.

Lit.: NBW 5, 1009–1019; J. Monballyu, D. Van den Auweele/G. Tournoy, De bibliotheek van Mr F. W. 1483, in: Lias 1981, 8, 145–185.

R. Opsommer

Williston, Samuel (1861–1963), studierte Rechtswissenschaften an der Harvard Universität und wurde 1890 als Professor nach Harvard berufen (bis 1938). W. befaßte sich v. a. mit dem Handels- und Wirtschaftsrecht. Sein mehrbändiges Werk *The Law of Contracts* (1920–22 u. ö.) wurde zum Klassiker des amerikanischen Vertragsrechts und erst 1951 durch →Corbins Vertragsrecht als Autorität abgelöst. Zu seinen zahlreichen weiteren Werken gehört insbesondere *The Law Governing Sales of Goods* (1909). W. s. Werke sind, wie viele Arbeiten jener Zeit, geprägt durch ein begriffliches, pragmatisches Verständnis von Recht und Rechtswissenschaft.

W. hat viel zur Vereinheitlichung des amerikanischen Rechts beigetragen. 1910–29 gehörte er als Vertreter des Staates Massachusetts der National Conference of Commissioners on Uniform State Laws an. Diese Kommission erarbeitete Modellgesetze, die den einzelstaatlichen Gesetzgebern zur Übernahme in das einzelstaatliche Recht empfohlen wurden. W. war an der Ausarbeitung mehrerer wichtiger Modellgesetze beteiligt, z. B. des «Uniform Sales Act». Er hat außerdem im Rahmen des *Restatement of the Law*, einer systematischen Darstellung der Grundsätze des in den Einzelstaaten geltenden Richterrechts, das Vertragsrecht bearbeitet: *Restatement of the Law of Contracts* (1932).

Lit.: S. Williston, Life and Law, 1940.

M. J. Flessner

Windscheid, Bernhard (1817–1892), einer der bedeutendsten Vertreter der Pandektenwissenschaft des 19. Jh.s, war ein maßgeblicher Wegbereiter der modernen deutschen Privatrechtsordnung. Sein Werk fand Beachtung weit über Deutschland hinaus. Er promovierte und habilitierte sich in Bonn 1838 bzw. 1840. Dort erfolgte auch 1847 seine Ernennung zum ao. Professor; 1847 erhielt er eine o. Professur in Basel. 1852–74 lehrte er in Greifswald, München, Heidelberg und Leipzig. Wiederholte Berufungen nach Berlin lehnte er ab. Im Gegensatz zu seinem Freund →Jhering verzichtete er aufgrund seines bürgerlich-liberalen Selbstverständnisses auf die Führung des ihm 1868 verliehenen Adelstitels. 1880–83 gehörte er der ersten BGB-Kommission an. Sein Einfluß auf den ersten Entwurf von 1887, der das BGB von 1896 im Grundsätzlichen festlegte, ist nicht genau einzuschätzen, war aber allemal beträchtlich. Nicht ganz ohne Berechtigung wurde der erste Entwurf von herausragenden Kritikern wie dem Reichsgerichtsrat Otto Bähr (1817–95) und Otto von →Gierke als «kleiner Windscheid», als Pandektenlehrbuch in Gesetzesform, bezeichnet.

Sein Hauptwerk, das dreibändige *Lehrbuch des Pandektenrechts* (1861–70), erreichte zu seinen Lebzeiten sieben Auflagen und gewann in der Lehre und noch mehr in der Praxis fast beispiellose Autorität. Damit wurde W. zunehmend zum Sinnbild der ausgehenden Pandektenwissenschaft. Dies bildet den Hintergrund des zeitgenössischen Satzes: «Jurisprudenz, das heißt Pandekten, Pandekten, das heißt Windscheid.» Die Grundlinien und Besonderheiten seines eigenen Gesamtwerks gerieten im Jahrhundert des BGB immer mehr in Vergessenheit. Beachtung fand schließlich nur noch seine mißverständliche Äußerung über die begrenzten Aufgaben des «Juristen als solchem» von 1884. Losgelöst vom historischen Hintergrund und dem Sinnzusammenhang der Rede, wurde dieser Satz zum Standardzitat der Kritiker des rechtswissenschaftlichen Positivismus und der sog. Begriffsjurisprudenz. Damit geriet W. immer mehr in eine stellvertretende Haftung für alle tatsächlichen wie angeblichen Schwächen der Zivilistik seiner Epoche. Die Ursachen der vielfältigen Mißverständnisse und Fehldeutungen sind untrennbar mit der Entwicklung der Privatrechtstheorie im 20. Jh. verknüpft.

WW: Die Lehre von der Voraussetzung, 1850; Die Actio des römischen Civilrechts vom Standpunkte des heutigen Rechts, 1856; Gesammelte Reden und Abhandlungen, hrsg. v. P. Oertmann, 1904.
Lit.: U. Falk, Ein Gelehrter wie W., 1989; ders., Der wahre Jurist und der Jurist als solcher, in: RJ 12, 1993, 598–633; J. Rückert, B. W. und seine Jurisprudenz «als solche» im liberalen Rechtsstaat, in: JuS 1992, 902–908.

U. Falk

Wissenbach, Johannes Jacobus (1607–1665), geboren in Fronhausen (Nassau), Studium in Herborn, Franeker, Groningen, Promotion in Marburg. Um 1636 scheint er in Groningen privat über das Decretum Gratiani gelesen zu haben; er verfaßte und präsidierte dort 1636 eine Disputation über *Ingens contradictionum hamaxarius Gratianus*. Der Überlieferung nach soll er auch schon 1633 in Groningen die ursprüngliche Fassung seiner berühmten und oft zitierten Abhandlung *Emblemata Triboniani, sive leges Pandectarum et Codicis a Triboniano interpolatae* veröffentlicht haben, doch fehlt davon jede Spur. Die erste bekannte Ausgabe stammt von 1642. 1636 begleitete er als Hofmeister einen Adligen auf einer Frankreichreise; er besuchte auch Genf und England. 1639 tauchte er wieder in Franeker auf; 1640 wurde er dort zum ao. Professor, 1643 zum Ordinarius und 1647 zum Primarius ernannt. Trotz mehrerer Rufe aus dem In- und Ausland blieb er in Franeker; er war Lehrer von Ulrik →Huber.

Sein Hauptwerk besteht aus Disputationensammlungen zu Institutionen, Digesten und Codex. Erstere wurden zuerst 1648 unter dem Titel *Disputationes juris civilis* veröffentlicht; spätere Ausgaben erschienen als *Disputationes ad Instituta*; am Ende enthält die Sammlung auch Disputationen zum Feudalrecht, zum kanonischen Recht und zur ‹Praxis›. Die Disputationen zu den Digesten wurden als *Exercitationes* 1651–58 in einzelnen Teilen veröffentlicht. Eine Gesamtausgabe folgte zuerst 1661. Die Disputationen zum Codex

(I–VII) erschienen hauptsächlich als *Commentationes cathedrariae* (I–IV, 1660; V–VI, 1663; VII, 1665). Eine Gesamtausgabe erschien 1701.

WW: Feenstra (siehe Lit.); Dekkers, 195.
Lit.: NNBW 3, 1440–1441; Stintzing/Landsberg, 2, 258–260; R. Feenstra, Les juristes de l'ancienne Université de Franeker, in: Studi Senesi, Suppl. zu 100, 1988, 604–629, 613–621.

R. Feenstra

Wlodkowic, Pawel (Paulus Vladimiri; nach 1370–1435), studierte in Prag, wo er 1393 die Titel eines Magisters und 1396 eines Bakkalaureus für kanonisches Recht erhielt. 1408 erwarb er darin in Padua das Lizentiat. Der Doktortitel wurde ihm 1411 in Krakau verliehen, wo er später auch zweimal 1414/18 Rektor der Universität war.

W., Mitglied der polnischen Delegation beim Konzil in Konstanz (1414–18), nahm aktiv an der Konzilsarbeit teil, besonders im dort zwischen dem polnischen König und dem Deutschen Orden ausgetragenen Streit, der später durch den Kaiser entschieden wurde. Im Zusammenhang damit, aber auch unabhängig davon, schrieb er eine Reihe von juristischen Traktaten (u. a. *De potestatae papae et imperatoris*; *Saevientibus*; *Opinio Ostiensis*; *Ad Aperiendam*). Darin verurteilte er u. a. Kriege gegen «Heiden», da diese ein natürliches Recht auf einen eigenen Staat hätten, also der Krieg gegen sie nicht als gerechter Krieg in Namen des christlichen Glaubens – wie dies der Deutsche Orden beanspruchte – betrachtet werden könne. Gemeinsam mit Stanisław von Skarbimierz war W. Vater der sog. Polnischen Schule des Völkerrechts.

WW: Pisma wybrane P. W., hrsg. v. L. Ehrlich, 1968.
Lit.: L. Ehrlich, P. W. i Stanisław ze Skarbimierza, 1954.

W. Uruszczak

Wolff, Christian (1679–1754), studierte Theologie, Mathematik und Philosophie und habilitierte sich 1703 in Leipzig. Seit 1706 lehrte er in Halle Mathematik und Philosophie. Wegen der Anschuldigung, Irrlehren zu verbreiten, mußte W. 1723 Halle verlassen. Er übernahm in Marburg eine Professur. Zu Weltruhm gelangt, kehrte W. 1740 auf Wunsch Friedrichs II. von Preußen auf den Lehrstuhl für

Natur-, Völkerrecht und Mathematik in Halle zurück, wo er bis zu seinem Tode blieb.

Diese Lehrstuhlbezeichnung deutet bereits auf die als «demonstrativ» bezeichnete Methode seiner Naturrechtslehre hin. Im Unterschied zu →Thomasius, der die Naturrechtssätze aus der Empirie ableitet, entwickelt W. eine allgemeingültige «Pflichtenlehre von guten und schlechten Handlungen» im Wege strenger Deduktion aus obersten Prämissen als ein geschlossenes Begriffssystem, dessen Geltungsgrund letztlich in den Denkgesetzen liegt. W. wurde damit zum Vorläufer der Begriffsjurisprudenz des 19. Jh.s. Der Ausarbeitung des Naturrechts im *Ius naturae methodo scientifico pertractum* (1740–48) und *Ius gentium* (1749) gingen zahlreiche Schriften zur Logik, Ontologie sowie Mathematik voran. Eine Zusammenfassung beider Werke legte W. in den *Institutiones juris naturae et gentium* (lat. 1750, dt. 1754) vor. Mit der Aufklärung teilt W. den Vernunftglauben und die zentralen Begriffe Tugend, Glück und Fortschritt. Der scharfen Trennung von Recht und Moral bei Thomasius setzt W. ein moralisches Recht entgegen. Rechtliche Positionen müssen mit der Moral übereinstimmen, aber nicht alles, was die Moral gebietet, ist zugleich rechtlich durchsetzbar. Die Richtigkeit von Handlungen bemißt sich danach, ob sie dem Naturgesetz entsprechen, d. h. sie müssen der Vervollkommnung des einzelnen dienen. Im Hinblick darauf finden die angeborenen Rechte der Freiheit und Gleichheit durch den Staatsvertrag Einschränkungen, deren Ausmaß und Bedeutung bis heute stark umstritten sind. Das führt zu einer widersprüchlichen Bewertung W.s, die von absolutistisch bis liberal reicht.

Die Wirkung W.s war überragend. Sie beruht auf der demonstrativen Methode, die in den vernunftrechtlichen Gesetzbüchern und der Pandektenwissenschaft mit ihren geschlossenen Begriffssystemen und auch heute noch in modifizierter Weise Anwendung fand und findet. Die Nähe seiner Lehre zur abendländischen Schulphilosophie erklärt, wie es möglich war, daß W. gerade in der katholischen Moralphilosophie (insbesondere bei Luigi Taparelli d'Azeglio, 1793–1862) eine große Anhängerschaft hatte. Mehrere preußische Geheimbünde verschrieben sich W.s Philosophie, die auf diese Weise führenden Politikern nahegebracht wurde. Entwicklungslinien führen von dort zur Menschenrechtserklärung von 1789.

Lit.: W. Schneiders, (Hg.), Ch. W., 1983; M. Thomann, in: Staatsdenker, 257–283; K. Luig, Die Pflichtenlehre des Privatrechts in der Naturrechtsphilosophie von Ch. W., in: O. Behrends u. a. (Hg.), Wieacker Symposion, 1991, 209–261.

T. Repgen

Wolff, Martin (1872–1953), gilt als einer der besten Dogmatiker und Lehrer des deutschen Zivilrechts im 20. Jh. Er entstammte einer jüdischen Kaufmannsfamilie und studierte in Berlin. Dort erfolgten auch 1894 die Promotion und 1900 die Habilitation *Der Bau auf fremdem Boden* sowie 1903 eine Ernennung zum ao. Professor. Trotz erstklassiger Qualifikation erhielt er erst 1914 in Marburg eine o. Professur; eine derartige Benachteiligung jüdischer Dozenten war, wie am Beispiel von → Gans und → Kantorowicz zu sehen ist, keine Ausnahme. Danach war W. ab 1919 Professor in Bonn und ab 1921 in Berlin. Von den Nationalsozialisten 1934 aus dem Amt vertrieben, emigrierte er 1938 nach England, wo er insbesondere eine große Darstellung des englischen *International Private Law* (1945) verfaßte. Wegen dieser wissenschaftlichen Verdienste erfolgte 1953 die Verleihung eines Ehrendoktorgrades der Universität Oxford.

Von W. stammen zahlreiche wegweisende Abhandlungen zum Handels- und Aktienrecht, Sachen- und Versicherungsrecht sowie zum Internationalen Privatrecht. Einen besonderen Rang erwarben seine Lehrbücher *Das Familienrecht* (1912, gemeinsam mit Th. Kipp) und *Das Sachenrecht* (1910). Namentlich das Lehrbuch zum Sachenrecht galt als fast konkurrenzlos führendes Werk seiner Zeit. In der Fortführung der 10. Bearbeitung 1957 durch W.s Schüler Ludwig Raiser (1904–1980) erhielt es noch auf die Entwicklung der Zivilrechtsdogmatik in der Bundesrepublik bedeutenden Einfluß.

Lit.: D. Medicus, M. W. Ein Meister an Klarheit, in: H. Heinrichs u. a. (Hg.), Deutsche Juristen jüdischer Herkunft, 1993, 543–553. Eine vollständige Bibliographie befindet sich in FS für M. W., 1952, 401 ff.

U. Falk

Wood, Thomas (1661–1722), besuchte Winchester College und studierte in St. Alban Hall in Oxford. Er wurde 1679 Fellow des New College in Oxford, an dem er 1687 das Bakkalaureat erlangte und 1703 zum Doctor of Civil Law promovierte. Bereits 1692 war er auf Betreiben seines Verwandten, des Lord Chief Justice Sir John Holt, von Gray's Inn in London zum Anwaltsstand zugelassen worden, wenn auch nur als Ehrenmitglied und nicht als praktizierender Anwalt. Obwohl W. als Doctor of Civil Law die Möglichkeit gehabt hätte, vor einem der vom römischen Recht geprägten Gerichte für Handels-, Ehe- oder Erbrecht aufzutreten, war er offensichtlich kein Mitglied des in dieser Hinsicht zuständigen College of Advocates. Entsprechend seinem Desinteresse an der juristischen Praxis gab er 1704 die juristische Profession, wenn auch nicht die Beschäftigung mit dem Recht, auf und trat in den geistlichen Stand ein, um Rektor von Hardwick in Buckinghamshire zu werden.

W. war ein Rechtslehrer mit einem ausschließlich akademischen Interesse am Recht. Als Fellow von New College lehrte er das römische Recht und unterrichtete daneben privat Studenten im Common Law. Damit war er der erste, der das Common Law in den Rechtsunterricht an den Universitäten einbrachte, und wirkte so als unmittelbarer Vorreiter für →Blackstones Vorlesungen zum Common Law in Oxford.

W.s Bedeutung liegt aber v.a. in seinen juristischen Schriften. 1704 veröffentlichte er das *New Institute of the Imperial or Civil Law*, in dem er sich mit der Bedeutung des römischen Rechts für England und den Unterschieden zwischen dem englischen und dem römischen Recht befaßte. Die 1705 unter dem Titel *A Treatise of the First Principles of Laws in General* veröffentlichte Übersetzung von Teilen von →Domats *Les Lois civiles dans leur ordre naturel* war als Einleitung zu seinem *New Institute* gedacht und stellte den Beginn einer über das Jahrhundert andauernden Rezeption kontinentaler juristischer Literatur in England dar. 1708 verfaßte er *Some Thoughts concerning the Study of the Laws of England, particularly in the two Universities*, in dem er sich dafür aussprach, daß das englische Recht künftig auch an den Universitäten gelehrt werden müsse. Dieses Ziel verfolgte er auch mit der Veröffentlichung seines bedeutendsten Werks, *An Institute of the Laws of England; or the Laws of England in their Natural Order, according to Common Use* (1720), in dem er eine Ordnung und Systematisierung des Common Law nach den Methoden des römischen Rechts versuchte, um dem von ihm konstatierten Bedürfnis nach einem methodischen Buch über das englische Recht nachzukommen, welches den Studenten an den Inns of Court und den Universitäten gleichermaßen zur Verfügung gestellt werden könne. Sein Erfolg in dieser Hinsicht zeigte sich bereits daran, daß das *Institute* in den nächsten fünfzig Jahren zehnmal neu aufgelegt wurde und das führende Werk zum englischen Recht darstellte, bis es 1769 von Blackstones *Commentaries* abgelöst wurde. W. wirkte dergestalt als bedeutendstes Bindeglied zwischen den Traditionen des Common Law und Civil Law im englischen Recht.

Lit.: W. S. Holdsworth, History of English Law, 12, 1938, 418–428; D. Coquillette, The Civilian Writers of Doctors' Commons, 1988, 198–203; R. Robinson, The Two Institutes of Th. W.: A Study in Eighteenth Century Legal Scholarship, in: Am J Leg Hist 35, 1991, 432–458.

K. Lerch

Wrede, Rabbe Axel Freiherr von (1851–1938), in Anjala in Südostfinnland geboren, stammte aus einer schwedischsprachigen Juristenfamilie. Er studierte an der Universität Helsinki zuerst Philosophie, dann Rechtswissenschaft. 1883 hat er das juristische Lizentiat und im folgenden Jahr den Doktor erworben. In Helsinki wurde er 1885 Professor für Zivilrechtslehre und römisches Recht und nach der Teilung des Lehrstuhls Professor für Zivilprozeßrecht, römisches Recht und juristische Enzyklopädie.

V. a. ist W. als Prozeßrechtler bekannt. Seine Habilitationsschrift von 1884 *Procesinvändningarna enligt finsk allmän civilprocess* (Prozeßeinwendungen nach dem finnischen allgemeinen Zivilprozeß), in der er den Ideen der deutschen Rechtswissenschaftler Oskar Bülow und Adolf Wach folgte, war von grundlegender Bedeutung für die Zivilprozeßlehre in Finnland und Schweden. Sein Werk *Finlands gällande civilprocessrätt* (Das geltende Zivilprozeßrecht Finnlands), dessen erster Band im Jahre 1905 (2. Bd. 1910 und 3. Bd. 1929) herauskam, ist die erste moderne Darstellung zum finnischen Zivilprozeßrecht. Auf deutsch ist *Das Zivilprozeßrecht Schwedens und Finnlands* im Sammelband *Das Zivilprozeßrecht der Kulturstaaten* 1924 erschienen.

Den finnischen Juristen ist W. auch wegen seiner Vorlesungen zum Sach- und Obligationen- sowie Ehe- und Erbrecht bekannt. Auf seinen sachenrechtlichen Vorlesungen basiert das Buch *Grunddragen av sakrätt enligt Finlands lag* (Grundzüge des Sachenrechts nach den finnischen Gesetzen).

W. war auch ein bekannter Politiker und viele Jahre Mitglied des Reichstags. Daneben wurde er zum Rektor der Universität Helsinki und etwas später zum Vizevorsitzenden der Justizabteilung des finnischen Senats (der höchsten Gerichtsinstanz des Großfürstentums Finnland) gewählt, aus der er jedoch 1909 aus politischen Gründen ausschied.

Lit.: O. Hj. Granfelt, Friherre R. A. W. såsom processualist, in: JFT, 1921, 193–200; E. Estlander, Friherre R. A. W.s deltagande i det politiska lifvet, in: JFT 1921, 201–230.

P. Letto-Vanamo

Wróblewski, Stanisław (1868–1938), polnischer Romanist und Zivilist. Nach der Promotion in Krakau 1891 studierte er in Berlin bei →Goldschmidt, Eck und Pernice. 1894 habilitierte sich W. mit der Schrift *Zur Lehre von der Collision der Privatrechte* in Krakau, wo er 1901 Professor für römisches Recht wurde. Außer mit römischem Recht (*Zarys wykładu prawa rzymskiego*; I, 1916, II, 1919) beschäftigte er sich mit österreichischem Privatrecht (Kommentare zum Handelsgesetzbuch und zum Erbrecht; polnische Ausgabe des ABGB mit Rechtsprechung in 2 Bden., 1914/18) und mit polnischem Privatrecht. 1917 wurde W. Professor auch für Zivilrecht. W. war ein Zivilist pandektistischer Prägung, der zwischen römischem und geltendem Recht vermittelte. Nach dem I. Weltkrieg spielte W. eine bedeutende Rolle bei den Gesetzgebungsarbeiten zum polnischen Handels- und Zivilrecht, insbesondere verfaßte er das Wechselrecht von 1936. 1926–30 war er Vorsitzender der Polnischen Obersten Kontrollkammer (NIKP), seit 1934 Präsident der Polnischen Akademie der Wissenschaften (PAU) und seit 1935 Mitglied des Senats.

Lit.: K. Kolańczyk, St. W., le «Papinien polonais», in: Studi in onore di E. Volterra 6, 1971, 329–342; J. Fedynskyj, Prominent Polish Legal Scholars of the Last One Hundred Years, in: W. J. Wagner (Hg.), Polish Law Throughout the Ages, 1970, 439–443; W. Wolodkiewicz, St. W. codificatore, in: Index 16, 1988, 245–258.

T. Giaro

X

Xiphilinos, Johannes (geb. um 1010 in Trapezunt), erhielt seine Ausbildung in Konstantinopel, wo er Zugang zu einem Zirkel einflußreicher «Intellektueller» fand. Möglicherweise zunächst als Chartophylax (juristischer Sekretär) des Patriarchen tätig, wurde er um 1045 von Kaiser Konstantinos IX. Monomachos zum (einzigen) Lehrer einer neu gegründeten Rechtsschule berufen und mit dem ebenfalls neuen Titel «Nomophylax» (Gesetzeshüter) geehrt. In diesem Amt, zu dessen Voraussetzungen auch lateinische Sprachkenntnisse gehörten, lehrte und kommentierte er das im 10. Jh. in den «Basiliken» in griechischer Sprache rekodifizierte Corpus Iuris unter Einbeziehung der übrigen erhaltenen Schriften aus dem griechischen Rechtsunterricht des 6. Jh.s, verfaßte vermutlich einige anonym überlieferte juristische Abhandlungen und wurde zu einem der prominentesten Vertreter einer Blütezeit byzantinischer Rechtswissenschaft, welche auch in die hauptstädtische Rechtsprechung und in die kaiserliche Gesetzgebung ausstrahlte. Mit seinem Freundeskreis in Ungnade gefallen, zog er sich 1054 in ein Kloster auf dem bithynischen Olymp (in der Nähe des heutigen Bursa) zurück. Zehn Jahre später zurückberufen, wurde er 1065 zum Patriarchen von Konstantinopel geweiht. In seine Amtszeit, die bis 1075 dauerte, fällt u. a. die später auch vom Kaiser sanktionierte Aufwertung des Verlöbnisses, die in der obligatorischen Einsegnung und insbesondere in seiner die rigorosen Ehehindernisse begründenden Wirkung bestand.

Lit.: K. Mponēs, Iōannēs ho Xiphilinos, 1937; W. Wolska-Conus, L'école de droit et l'enseignement du droit à Byzance au XIe siècle: Xiphilin et Psellos, Travaux et mémoires 7, 1979, 1–107; A. Schminck, Studien zu mittelbyzantinischen Rechtsbüchern, 1986, 29–32, 40–45, 51.

L. Burgmann

Y

Yokota, Kisaburô (1896–1993), Völkerrechtler. 1924 ao., 1930 o. Professor in Tôkyô. 1926–28 Aufenthalt in Paris, Berlin und an der Harvard Law School. 1930 Teilnahme an der Londoner Abrüstungskonferenz. 1957–60 Mitglied der International Law Commission der Vereinten Nationen. 1960–66 Präsident des Obersten Gerichtshofes als Nachfolger →Tanakas.

Y. gilt als einer der Hauptvertreter der «Reinen Rechtslehre» in Japan (japanische Übersetzung von →Kelsens gleichnamigem Buch, 1935; *Junsui-hôgaku ronshû* [Schriften zur Reinen Rechtslehre, 1976]), wobei diese bei Y. einer gewissen Verflachung sowie einem Fortschrittsoptimismus unterliegt. Seine systematische Gliederung des Völkerrechts (Subjekte der Völkerrechtsgemeinschaft, internationale Gesetzgebung, Verwaltung, Justiz) lehnte sich an die Reine Rechtslehre an und weist einen Hang zum Logizismus sowie eine starke Analogisierung zur nationalen Rechtsordnung auf (*Kokusaihô*, Völkerrecht, 2 Bde., 1933–34; s. a. Y., in: FS Kelsen, 1931). In den dreißiger Jahren übte er als Liberaler am Expansionismus des Militärs in China Kritik und trat publizistisch für internationale Verständigung und für den Völkerbund ein. Im →Takikawa-Fall von 1933 kritisierte er das Erziehungsministerium wegen Verletzung der akademischen Selbstverwaltung. Nach dem II. Weltkrieg war er Apologet des Tôkyôer Kriegsverbrecherprozesses sowie des Kriegsverzichtsartikels der neuen Verfassung von 1946. Y. organisierte zugleich eine systematische Erfassung der legislativen Tätigkeit der Besatzungsmacht (*Nihon-kanri-hôrei kenkyû*, 1946–53). Aus seinem Schülerkreis stammt u. a. Shigeru Oda (geb. 1924), Richter am Haager Internationalen Gerichtshof seit 1976.

Lit.: K. Y. Watashi no isshô (Autobiographie), 1976; H. Owada u. a., Y. K.-sensei wo shinonde, in: Jurist 1041, 1994, 66–81.

A. Wani

Yorke, Philip, Earl of Hardwicke (1690–1764), wurde als Sohn eines Rechtsanwalts geboren und ging mit 16 Jahren zu einem Londoner Rechtsanwalt in die Ausbildung. 1708 begann er das Studium des Common Law, 1715 wurde er als Rechtsanwalt zugelassen, 1720 wurde Y. stellvertretender Kronanwalt (Solicitor-General), und schon 1724 übernahm er das Amt des Kronanwalts (Attorney-General). Auch in der Politik hatte Y. mit seiner Wahl ins Parlament 1719 früh auf sich aufmerksam gemacht. Zudem achtete Y. stets darauf, daß seine Ämter hoch bezahlt waren und machte dies teilweise auch zur Bedingung seiner Arbeit. 1733 wurde Y. Chief Justice of the King's Bench und erwarb sich hier umfassende Kenntnisse auch des römischen Rechts. 1737 wurde Y. Lord Chancellor und dadurch königlicher Minister und oberster Richter des Chancery Gerichts. Politisch vertrat er die Interessen der liberalen Whigs, trat für strengere Maßnahmen bei innenpolitischen Auseinandersetzungen ein und war ein treuer Anhänger des Premierministers Pitt. Als Newcastle 1756 zurücktrat, legte Y. sein Amt als Lord Chancellor nieder, blieb allerdings Kabinettsmitglied und königlicher Berater. 1762 folgte Y. Newcastle in die Opposition.

Als Richter am Court of Chancery änderte Y. nichts an dem ineffektiven, oft kritisierten Verfahren. Y. glaubte an das Common Law-System und sah keine Notwendigkeit für Reformen. Während seiner langen Amtszeit von beinahe 20 Jahren war sein Einfluß auf die Entwicklung des Systems der Equity dennoch nicht zu unterschätzen. Er arbeitete auf den Grundlagen →Finchs weiter, wie auf seiner Arbeit →John Scott, Earl of Eldon, aufbauen sollte. Besonders gelang es Y., Entscheidungen auf das Wesentliche zu reduzieren und bei der Lösung schwieriger Rechtsprobleme Grundgedanken anderer Rechtssysteme, zum Beispiel die des römischen Rechts, einzubringen.

Lit.: DNB 63, 346ff.; Simpson, 555ff.; W.S. Holdsworth, A History of English Law, 12, 80ff.

Ch. Köckler-Beuser

Z

Zabarella, Francesco (1360–1417), seine «Kombination geistiger Interessen mit politischer Aktivität, die Nüchternheit der wissenschaftlichen Argumentation» (D. Girgensohn) schätzten vermutlich bereits die Zeitgenossen.

Geboren in paduanischer Patrizierfamilie, begann er ein Studium der Kanonistik in Bologna bei Giovanni da Legnano und →Antonius de Butrio, das er 1385 in Florenz als Doctor utriusque iuris abschloß, um anschließend – v. a. in Padua – als Lehrer zu wirken.

Z. war ferner Bischof von Florenz und Kardinal. Seine Tätigkeit beim Konzil von Pisa (1409) und anschließend von Konstanz (1414–18) zeigen ihn in bedeutender Rolle in der geistigen Auseinandersetzung um das große abendländische Schisma.

Z.s Interesse am Rechtsunterricht belegt die *Lectura*, die er zu den Clementinen schreibt, ebenso sein *Commentum in quinque libros decretalium*, u. a. den *Tractatus de scismate* enthaltend. Etliche große Rechtsgutachten zu verschiedenen Themen haben sich erhalten. Bedeutender waren seine Versuche zur Überwindung des Schismas. Für ihn konnte eine Lösung nur aus einer im Konzil zusammengeschlossenen «congregatio fidelium» kommen: Notwendig war eine weitere Ausbildung der konziliaren Theorie, die die «plenitudo potestatis» des Papsttums einband und von Z. in mehreren Schritten entwickelt wurde. Die Abfassung von *Haec sancta* (1415), einem Dekret des Konzils von Konstanz, das das (Bischofs-)Konzil mit voller «potestas iurisdictionis» über die universale Kirche verkündete, war wohl entscheidend von Z. beeinflußt. Sein Verdienst lag v. a. darin, diese Form des Konziliarismus mit der der Kanonistik und Legistik entstammenden Methode und Argumenten zu untermauern und damit den Schritt aus der Sphäre des Politischen ins Juristische zu vollziehen. Z.s Einfluß und Achtung sind derart, daß Kaiser Sigismund angeblich Z.s Tod kommentierte: «hodie mortuus est papa».

Lit.: D. Girgensohn, F. Z. . . ., in: ZRG KA 79, 1993, 232–277; Lex MA 4, 685; S. Kuttner, F. Z.s Commentary . . ., in: BMCL 16, 1986, 97–101.

J. Müller

Zachariä, Carl Salomo (1765–1843), seit seiner Nobilitierung 1842 Z. von Lingenthal, gilt als eine der widersprüchlichsten Gestalten unter den deutschen Juristen seiner Zeit. Z. studierte in Leipzig zunächst Philosophie und Philologie, später auch Jurisprudenz. 1794 ging er nach Halle, wo er promovierte. 1802 wurde er Professor in Wittenberg. 1807 berief man ihn auf →Thibauts Vorschlag nach Heidelberg. Dort las er über das öffentliche Recht des Rheinbunds und über französisches Zivil- und Kriminalrecht. Seit 1820 war er Mitglied des badischen Landtags, bis 1824 der Ersten und 1824–28 der Zweiten Kammer. Während er literarisch einen liberalen Standpunkt vertrat, stand er im Landtag eher auf seiten der Konservativen.

Am Anfang seines umfangreichen Œuvre stehen Arbeiten zum System und zur Philosophie des Privat- und Kriminalrechts, die einen recht schematisch aufgefaßten Kantianismus mit Traditionen der Spätaufklärung verbinden. Thematisch noch ganz der Welt des 18. Jh.s verbunden ist sein *Handbuch des kursächsischen Lehnrechts* (1796, u. ö.). Mit seinem *Staatsrecht der Rheinischen Bundesstaaten* (1810) verließ Z. dann aber unvermittelt die traditionellen Themen juristischer Gelehrsamkeit und bot dem erst wenige Jahre zuvor entstandenen Rheinbund ein gediegenes staatsrechtliches Fundament, geschaffen aus dem Geist der Philosophie der Spätaufklärung. Zugleich legte er mit seinem seit 1808 erschienenen *Handbuch des französischen Civilrechts* die Grundlage für sein weit über seinen Tod hinaus dauerndes Ansehen nicht nur in Deutschland, sondern in allen Ländern, in denen der Code civil Verbreitung fand. Z.s *Handbuch* verdankt seinen Erfolg v. a. der Tatsache, daß der Verfasser entgegen der zeitgenössischen französischen Zivilrechtswissenschaft den Stoff in systematischer Weise behandelt. Dabei folgt er einem Darstellungsprinzip, das er schon in seinen 1804 veröffentlichten *Anfangsgründe*(n) *des philosophischen Privatrechts* entwickelt hatte. Für sein «eigentliches Lebenswerk» (Landsberg) hielt Z. aber seine *Vierzig Bücher vom Staat* (1820–34), eine enzyklopädisch angelegte Zusammenfassung der zeitgenössischen Lehren vom Staats- und Völkerrecht, von der Finanzwissenschaft und der Volkswirtschaft sowie von Teilbereichen anderer Wissenschaften, soweit sie sich auf den Staat beziehen.

Lit.: Stintzing-Landsberg, 3, 2, 100–110; M. Stolleis, Geschichte des öffentlichen Rechts in Deutschland, 2, 1992, 169–172.

Ch. Bergfeld

Zalaszowski, Mikołaj (1631–1703), studierte 1648–52 an der Artistenfakultät in Krakau, 1652–56 an der Sapienza in Rom und 1657–59 an deutschen Universitäten. 1659 wurde er Professor des kanonischen Rechts an der Universität Krakau und las römisches Recht am «Kollegium Lubrańskiego» in Posen. 1669 folgte er einem Ruf auf ein Kanonikat am Posener Dom und widmete sich dort wissenschaftlicher und karitativer Arbeit. 1685 wurde er Archidiakon in Posen.

Sein wichtigstes Werk *Ius Regni Poloniae* (1699–1702) ist ein Handbuch des vergleichenden Rechts, des Strafrechts und Kompendium alter polnischer Partikularrechte.

Lit.: I. Malinowska, M. Z.. Polski prawnik 17 stulecia na tle ówczesnej nauki prawa, 1960.

W. *Uruszczak*

Zasius, Ulrich (1461–1535), studierte zunächst in Tübingen, war danach als Schreiber am geistlichen Gericht in Konstanz tätig, übte ab 1494 das Stadtschreiberamt in Freiburg i. Br. aus, wo er dann 1499 sein Rechtsstudium fortsetzte, 1501 promovierte und schließlich 1506 Rechtsprofessor wurde.

Z. ist der entscheidende deutsche Jurist des Spätmittelalters, der das in breiter Rezeption in den deutschen Rechtsraum vordringende römisch-kanonische Recht italienischer Prägung modifizierte und damit die Grundlagen für eine neuzeitliche, eigenständige deutsche Rechtswissenschaft schuf. Auf legislativem Gebiet förderte er bei der von ihm gestalteten Reformation des Freiburger Stadtrechts 1520 wesentlich den Einfluß des römischen Rechts. Seine vielfältigen Beziehungen zum europäischen Humanismus, der v. a. im nahe gelegenen Basel eine Heimstatt gefunden hatte, lösten bei Z. eine tiefe Bewunderung der humanistisch geprägten Jurisprudenz aus. Er förderte intensiv die neue, stark philologisch ausgerichtete Rechtsmethode, schickte Schüler zum Rechtsstudium an die humanistisch geprägten Rechtsfakultäten Frankreichs (→ Alciat). Mit seiner Autorität öffnete Z. der humanistischen Jurisprudenz den Wirkungskreis in Deutschland. Wissenschaftlich gesehen kann Z. selbst nicht als humanistisch geprägter Jurist angesehen werden. Seine Schriften folgten nicht dem philologisch hohen Anspruch, was teilweise auf seine mangelnden Sprachkenntnisse zurückzuführen ist. Seine Werke, u. a. die *Lucubrationes* (1520) und die *Intellectus singulares* (1526), gingen aus seiner Lehrtätigkeit hervor und behandeln ausgesuchte Stellen aus dem Corpus iuris civilis. Sein enormer Lehrerfolg beruhte auf seinem Grundanliegen, die juristische Exegese müsse auch praktikabel sein und den Gesetzestext wieder in den Vordergrund rücken. Damit leitete er eine allmähliche Loslösung von den juristischen Autoritäten Italiens ein. Z. war auch ein gesuchter Rechtsgutachter, seine Konsilien sind in seinen *Opera omnia*, von J. →Mynsinger und J. U. Zasius 1550/51 und 1590 (ND 1964–66) herausgegeben, enthalten.

Lit.: Kleinheyer/Schröder, 323–326; S. Rowan, U. Zasius, 1987.

J. Otto

Zeiller, Franz von (1751–1828). In seiner Geburtsstadt Graz absolvierte Z. philosophische Studien, die er 1768 mit der Promotion beendete. Anschließend übersiedelte er nach Wien, wo er das Studium der Rechte aufnahm. Hier wurde Karl Anton von →Martini auf ihn aufmerksam und vertraute ihm als Hauslehrer die Erziehung seines Sohnes an. Daneben zog er ihn vorerst inoffiziell zu seiner Vertretung heran, bevor Z. 1774 zum Suppleanten an Martinis Lehrkanzel für Naturrecht (einschließlich der Kriminalistik), für Institutionen und für Geschichte des römischen Rechts ernannt wurde.

1778 promovierte er aufgrund seiner Dissertation *De suspectis tutoribus* (Inst. 1, 26).

1778 wurde er zum ao. Professor ernannt, 1782 trat er als Ordinarius die Nachfolge von Martini an, der in den Staatsrat berufen worden war. Neben den Fächern seiner Lehrkanzel las er später auch Straf- und Strafprozeßrecht. Mehreren jüngeren Brüdern des Kaisers Franz II. erteilte er Rechtsunterricht, darunter Erzherzog Joseph, dem späteren Palatin von Ungarn, und Erzherzog Johann, dem deutschen Reichsverweser der Jahre 1848/49.

Bald wurde Z. auch zu legistischen Aufgaben herangezogen: 1793 verfaßte er einen Entwurf zur Verbesserung des Josephinischen Strafgesetzbuches, 1797 – im gleichen Jahr erfolgte auch seine Nobilitierung – wurde er zum Beisitzer der Hofkommission in Gesetzgebungssachen ernannt. Z. blieb aber auch der Universität verbunden und konnte insbesondere auf das Rechtsstudium einen erheblichen Einfluß ausüben: Seit 1799 war er Beisitzer der Studienhofkommission, 1803 wurde er Direktor der Juristenfakultät. 1803 und 1807 hatte er das Amt des Rektors der Universität Wien inne.

Z.s Schaffen umfaßt weite Gebiete der Jurisprudenz. Aus seinen Vorlesungen gingen die Lehrbücher *Praelectiones academicae in Heineccii elementa iuris civilis secundum ordinem Institutionum* (1781) und *Das natürliche Privat-Recht* (1802) hervor. Letzteres erlangte rasch und dauerhaft Bedeutung.

Mit Z.s Tätigkeit in der Hofkommission für Gesetzgebungssachen in engem Zusammenhang steht das «Gesetzbuch über Verbrechen und schwere Polizeiübertretungen» vom 3. September 1803, dessen ersten Teil er redigierte – den zweiten Teil hatte →Sonnenfels bearbeitet. Das den Zeitgenossen als milde geltende Strafgesetzbuch verbot u. a. eine Bestrafung nach Analogie. Stärker spürbar ist Z.s Mitwirkung an der Privatrechtskodifikation, dem ABGB; mit ihm ging Z. in die Geschichte ein. Auf seine Initiative kam es zu den Durchberatungen in drei Lesungen (1801–10), bei denen ihm eine bedeutende Rolle zukam, insbesondere, da er oftmals mit der Ausformulierung andiskutierter Bestimmungen beauftragt wurde. Auf Z.s Einsatz gehen das Ausscheiden nichtprivatrechtlicher Normen (gegen Sonnenfels), die Einteilung, zahlreiche Detailbestimmungen und der allgemeingültige Charakter des Gesetzbuches zurück; allein erarbeitete er die Marginalrubriken und das Sachregister. Sie sollten als Hilfsmittel zum Verstehen des ABGB als Nachschlagewerk für den «gebildeten Bürger» dienen. Als weitere legistische Tätigkeit ist noch Z.s Entwurf zu einer Lehensordnung 1806 zu erwähnen, der aber nicht Gesetz wurde.

Z.s legistische Tätigkeiten beeinflußten besonders seine wissenschaftliche Produktion. Zum Strafrecht steuerte er Erörterungen von Kriminalrechtsfällen in Pratobeveras Zeitschrift «Materialien für Gesetzkunde und Rechtspflege» und in der «Zeitschrift für österreichische Rechtsgelehrsamkeit und politische Gesetzkunde» bei; 1823 und 1825 verfaßte er Abänderungsentwürfe zum Strafgesetz. Zu einer anderen Materie äußerte er sich 1808 mit *Grundsätzen über die Haupteigenschaften einer Civilgerichtsordnung*, erschienen in der von Z. selbst herausgegebenen Zeitschrift «Jährlicher Beytrag zur Gesetzkunde und Rechtswissenschaft in den Österreichischen Erbstaaten». Sie bildete übrigens die erste juristische Fachzeitschrift Österreichs, erschien erstmals 1806–09 und wurde ab 1810 unter dem geänderten Titel «Vorbereitung zur neuesten Oesterreichischen Gesetzkunde» weitergeführt. Fast alle Beiträge entstammen Z.s Feder.

Besondere zivilrechtliche Bedeutung erlangte Z. durch seinen *Commentar über das allgemeine bürgerliche Gesetzbuch für die ge-*

sammten Deutschen Erbländer der Oesterreichischen Monarchie (1811–13). Z. vertritt hier durchaus eigene Ansichten; er referiert nicht bloß aus der Entstehung des ABGB. Eine Art zweiten Kommentar in knapper Form stellt seine *Abhandlung über die Principien des allgemeinen bürgerlichen Gesetzbuches* (1816–20) dar. 1822 verteidigte Z. das ABGB im Kodifikationsstreit gegen →Savigny; zwischen Befürwortern und Gegnern der Kodifikation sah er keinen bedeutenden Unterschied.

Die Kodifikationen erforderten auch eine neue Juristenausbildung. Z. arbeitete 1808 eine juridisch-politische Studienordnung aus, die 1810 in Kraft trat und beinahe ein halbes Jahrhundert die Juristenausbildung in Österreich bestimmte. Zu ihren Hauptmerkmalen zählt organisatorisch ein Studienablauf in festen Jahrgängen, inhaltlich eine Konzentration auf die neuen Kodifikationen, aber doch auch ein Unterricht im römischen Recht wie auch in nichtjuristischen Gegenständen, etwa Ökonomie und Staatsrechnungswissenschaft.

Z. zählt zweifellos zu den hervorragendsten Juristen zu Ende des Ius Romano-Germanicum wie auch des Naturrechts und schließlich des neuen österreichischen Gesetzesrechts. Allen diesen Bereichen widmete er jeweils zahlreiche wissenschaftliche Werke. Mit ihnen und v. a. seinen legistischen Tätigkeiten beeinflußte er die österreichischen Kodifikationen des Strafrechts sowie besonders des Zivilrechts und weiter v. a. dieses, aber auch das Strafrecht, in ihren nachkodifikatorischen Weiterbildungen.

Lit.: W. Brauneder (Hg.), Juristen in Österreich, 1987, 97–102, 374 f.; Kleinheyer/Schröder, 327–330.

G. Kohl

Zepos, Panagiotes Ioannes (1908–1985), 1928–31 erstes juristisches Staatsexamen und Doctor iuris an der juristischen Fakultät Athen mit einer Dissertation über das Stockwerkseigentum. 1934 Dozent für bürgerliches Recht an der Universität Athen. 1940–53 o. Professor für bürgerliches Recht an der Universiät Thessaloniki, 1953–74 an der Universität Athen. 1970 o. Mitglied der Akademie Athen. 1975 Präsident der Akademie Athen. 1957 Doctor iuris h. c. der Universität Freiburg i. Br. 1935 Generalsekretär des Jusitzministeriums. 1945 Generalsekretär des Erziehungsministeriums. 1974 Minister für Inneres. 1974–76 Erziehungsminister. Er war Herausgeber mehrerer Zeitschriften: 1934–59 «Archeíon Idiōtikoú Dikaíou». 1954–70 Direktor der «Ephēmerís Ellénōn Nomikón». 1960–75 Direktor der «Revue Hellénique de Droit International». Seit 1955 Direktor der Zeitschrift «Peloponnēsiaká».

Sein Interesse galt sowohl dem bürgerlichen Recht wie der Rechtsgeschichte. 1931 edierte er zusammen mit seinem Vater →Zachariä von Lingenthals *Jus Graecoromanum* (1856ff.). In der Rechtsgeschichte hat er sich mit dem byzantinischen Recht in seiner Spätform sowie mit der Form, die es im 19. Jh. in Rumänien unter den Phanarioten erreicht hat, beschäftigt. Ebenfalls hat er sich mit dem Recht der Türkenzeit und dem Recht des 19. Jh.s befaßt. Im Bereich des bürgerlichen Rechts hat er u. a. *Die Unmöglichkeit von Doppelwirkungen im Recht* verfaßt, die eine kritische Auseinandersetzung mit der Lehre Th. Kipps beinhaltet. Er hat sich mit Fragen des griechischen Obligationenrechts, des Arbeitsvertrages, des Rechts der Adoption und der Rechtsvergleichung befaßt.

WW: Perí pollaplón energeión eis to astikón díkaion. Antíkrousis theōrías Theodor Kipp, 1934. Die wesentlichen Kapitel wurden unter dem Titel: Die Unmöglichkeit von Doppelwirkungen im Recht, in: Archiv für Rechts- und Sozialphilosophie 27, 1934, 480–498, veröffentlicht; Jus Graecoromanum, 1–8, 1931 (in Mitarbeit mit Io. Zepos); Syntagmátion Nomikón Alexándrou Yxēlántē Boebóda ēgemónos pásēs Ouggroblachías 1780 (ed. Akademie Athen, 4, 1936); Michaēl Phōteinopoúlou Nomikón Prócheiron (Boukourésti 1765) in: Archeíon Idiōtikoú Dikaíou, 17, 1954–59; Nomikón Prócheiron Michaēl Phōteinopoúlou, (Pan. Zepos, Val. Al. Georgescu, Anastasia Karapa) in: Epet. Kéntrou Ereúnēs Istorías Ellēnikoú Dikaíou Akad. Athēnón 24–26, 1982; Der Gedanke der Abstufung des Schadens nach dem Verschulden im altgriechischen Recht, in: ZRG RA 70, 1953, 372ff.; L'influence du droit byzantin sur la législation roumaine de la période des princes phanariotes, in: Studi in memoria de P. Koschaker, L' Europa e il Diritto Romano, 1, 1953, 429–437; Byzantine Law in Danubian Countries, in: Balkan Studies 7, 1966, 343–356; Jeremy Bentham and the Greek Independence, in: Proceedings of the British Academy, 1976, 293–307; Greek Law, 1949; Aktienrechtsreform in Griechenland, in: Zeitschr. f. ausl. u. intern. Privatrecht, Bd. 6, 1932, 871ff.
Lit.: Xénion, FS Pan. I. Zepos, 1–3, 1973, hrsg. v. E. von Caemmerer u. a.

Ch. Argyriadis

Zhang Fei (Zhang Pei; Mitte 3. Jh.), war Jurist am Hofe des Gründungsherrschers Wudi (265–290) der Jin-Dynastie. Wir wissen über ihn kaum mehr, als daß er der Verfasser eines Vorwortes zum Kodex der Jin war, das er zusammen mit einem Kommentar zu diesem Kodex dem Thron überreichte. Die Institutionalisierung des Zentralstaatsideals, dessen Funktionieren durch ein an Leistung und Weiterempfehlung orientiertes Beförderungssystem (jiupin) gesichert wurde, hatte bereits Cao Pi (187–226), der erste Herrscher der Wei-Dynastie, unter dem auch ein als «Neuer Kodex» (Xinlü) bezeichneter Strafrechtskodex erlassen wurde, vorangetrieben. Unter dem Gründungsherrscher der nachfolgenden Jin-Dynastie war dann ein neuer Rechtskodex erlassen worden, der nicht mehr erhalten ist. Dem «Vorwort» des Z. können wir jedoch nicht nur einige Hinweise auf den Kodex, sondern auch Gedanken zur Theorie des Rechts und zur Rechtspraxis entnehmen. Von zentraler Bedeutung sind seine Definitionen und Bestimmungen. So unterscheidet er u. a. zwischen vorsätzlichen und fahrlässigen Verfehlungen und differenziert zwischen unterschiedlichen Formen respektlosen Verhaltens oder von Planung und Anzettelung eines Aufstandes, definiert unterschiedliche Grade von Mittäterschaft etc.

Lit.: B.E. Wallacker, Chang Fei's Preface to the Chin Code of Law, in: T'oung Pao 72, 2, 1986, 229–268; R. Heuser, Das Rechtskapitel im Jin-Shu, 1987.

H. Schmidt-Glintzer

Zoll, Fryderyk jr. (1865–1948), polnischer Zivilist. Er promovierte 1887 in Krakau, studierte 1889–90 in Leipzig bei Regelsberger und in Göttingen bei →Jhering sowie in Paris, habilitierte sich 1895 in Wien und war seit 1897 fünfzig Jahre lang Professor für Zivilrecht in Krakau.

Z. beschäftigte sich mit Immaterialgüterrecht (*Privatrechtliche Studien aus dem Patentrechte*, 1895), mit Zivilrecht (*Prawo prywatne w zarysie przedstawione na podstawie ustaw austryackich*, 1910) und mit internationalem Privatrecht (*Międzynarodowe prawo prywatne w zarysie*, 1931). Er war Verfasser vieler polnischer privatrechtlicher Gesetze: des Aufwertungsrechts von 1924, des Urheberrechts von 1926, der Gesetze über die Bekämpfung des unlauteren Wettbewerbs von 1926, über internationales Privatrecht und interlokales Recht von 1926 sowie über den Schutz von Erfindungen, Gebrauchsmustern und Warenzeichen von 1928. Sein Entwurf des Sachenrechts wurde für die Vereinheitlichung des polnischen Rechts nach dem II. Weltkrieg verwertet.

Lit.: J. Gwiazdomorski, Szkola teleologiczna, in: M. Patkaniowski (Hg.), Studia z dziejów Wydziału Prawa Uniwersytetu Jagiellońskiego, 1964, 287–296; J. Fedynskyj, Prominent Polish Legal Scholars of the Last One Hundred Years, in: W. J. Wagner (Hg.), Polish Law Throughout the Ages, 1970, 431–436.

T. Giaro

Zoll, Fryderyk sr. (1834–1917), polnischer Romanist, Schüler von Esmarch, promovierte 1858 und habilitierte sich 1862 in Krakau. Seitdem war er dort bis 1906 Professor für römisches Recht. Wissenschaftlich beschäftigte sich Z. auch mit geltendem Recht, trat jedoch im Gegensatz zur Pandektistik für eine strenge Trennung beider Gebiete ein. Anfänglich verstand er unter «reinem römischen Recht» das justinianische Recht des Corpus iuris, wandte sich später aber zunehmend der Geschichte des römischen Rechts zu. Damit wurde er Pionier der Historisierung der polnischen Romanistik. Sein Hauptwerk sind die *Pandekta czyli nauka prawa prywatnego* (5 Bde., 1888).

Lit.: M. Patkaniowski, Il diritto romano nell'Università Jagellonica di Cracovia, in: Studi in onore di E. Volterra 4, 1971, 98–100; J. Kodrębski, Prawo rzymskie w Polsce XIX w., 1990, 250–256.

T. Giaro

Zypaeus, Franciscus (1580–1630), geboren in Mecheln, Studium in Löwen, zuerst Artes (magister artium 1599), dann Jura (baccalaureus 1603, licentiatus 1605). Z. hat in Antwerpen zunächst eine kirchliche Laufbahn gewählt: 1604 Privatsekretär des Bischofs, 1607 Kanoniker und Priester, 1614 Offizial, 1624 Erzdiakon und Protonotarius apostolicus.

Sein umfangreiches Gesamtwerk schließt sich größtenteils eng seinen Berufstätigkeiten an. Als Kanonist wurde er v. a. bekannt durch zwei Schriften: sein *Jus pontificium novum sive analytica postremi juris ecclesiastici enarratio* (1620 u. ö.), in dem er eine systematische Zusammenfassung des geltenden kanonischen Rechts mit Verweisungen auf ‹belgisches› kirchliches Gewohnheitsrecht gibt, und sein *De iurisdictione ecclesiastica et civili libri V* (1649), in dem er die Grenzen zwischen der weltlichen und der kirchlichen Rechtspflege aufzeigt. In seiner Eigenschaft als Offizial bekam er den Auftrag, die

Statuten der verschiedenen kirchlichen Gerichte zu uniformieren (1619 für das Bistum Antwerpen und 1625 für das ganze Erzbistum Mecheln), was zwei Publikationen zur Folge hatte. Weiter hat er die juristischen Probleme, die ihm vorgelegt wurden, in zwei umfangreichen Bänden herausgegeben: *Consultationes canonicae* (1640); *Responsa de jure canonico* (1645). Seine größte Bekanntheit verdankt Z. dem Buch *Notitia juris Belgici* (1635 u.ö.). Nach dem Vorbild von H. →Grotius' *Inleidinge* hat Z. eine systematische Übersicht über das in seinem Land geltende Recht geschrieben. In der Reihenfolge des Codex Justinians verweist er auf die zahllosen fürstlichen Verordnungen, auf römisches und kanonisches Recht sowie auf das Gewohnheitsrecht. Zwei andere Werke, die weniger Aufmerksamkeit auf sich gezogen haben, sind beide halb juristischer, halb politischer Natur und enthalten ein aktuelles Thema: *Judex, magistratus, senator* (1633), eine Pflichtenlehre für Richter, Magistrate, Politiker und Prinzen. In diesem Traktat spricht Z. seine Vorliebe für eine gemischte Monarchie aus.

Z.' Schriften sind auch in späterer Zeit von Bedeutung für die Kenntnis der Einrichtungen der südlichen Niederlande. Z. hat sich namentlich dadurch verdient gemacht, daß er es als erster gewagt hat, die ‹belgische› juristische Praxis zu systematisieren, sowohl auf dem Gebiet des kirchlichen Rechts als auch auf dem des Zivilrechts.

WW: L. Verbeek, Bibliotheca Belgica, F. Z., in: Archives et Bibliothèques de Belgique 47, 1976, 545–605.
Lit.: NBW 3, 989–995; B Nat Belg 27, 475–479; L. Verbeek, F. Z., in: TRG 36, 1968, 267–311; 550 jaar universiteit Leuven, 1976, 302.

M. Ahsmann

Anhang

Personenregister

Sachregister

Verzeichnis der Verfasser

Cand. phil. Ingmar Kurt **Ahl**, Frankfurt/Main
Dr. iur. Margreet **Ahsmann**, Leiden
Cand. iur. Ingrid **Andres**, Frankfurt/Main
Dr. iur. Charoula **Argyriadis-Kervégan**, Paris
Cand. iur. Felix **Arndt**, Frankfurt/Main
Cand. iur. Jon Peider **Arquint**, Zürich
Dr. phil. Jörg **Baberowski**, Tübingen
Prof. Dr. iur. Okko **Behrends**, Göttingen
Dipl. Soz. Gerd **Bender**, Frankfurt/Main
Dr. iur. Christoph **Bergfeld**, Frankfurt/Main
Cand. iur. Monica **Bhattacharyya**, New York
Univ. Prof. Dr. iur. Wilhelm **Brauneder**, Wien
Dr. iur. Ludwig **Burgmann**, Frankfurt/Main
Cand. iur. Pasquale **Calvino**, Neapel
Prof. Dr. iur. Giuliano **Crifó**, Rom
Prof. Dr. iur. Gerhard **Dilcher**, Frankfurt/Main
Rechtsreferendarin Michaela **Dlugosch**, Frankfurt/Main
Dr. iur. Barbara **Dölemeyer**, Frankfurt/Main
Cand. iur. Dirk **Eßer**, Köln
Dr. iur. Ulrich **Falk**, Frankfurt/Main
Prof. Dr. iur. Dr. hc. mult. Robert **Feenstra**, Leiden
Cand. iur. Melanie **Flessner**, Frankfurt/Main
Dr. iur. habil. Tomas **Giaro**, Frankfurt/Main
Dipl. iur. Sonja **Ginnow**, Berlin u. Frankfurt/Main
Dr. iur. Katalin **Gönczi**, Miscolc
Cand. iur. Lukas **Gschwend**, Zürich
Dr. iur. Regina **Harzer**, Frankfurt/Main
Cand iur. Florian **Herrmann**, München
Dr. iur. Sybille **Hofer**, Frankfurt/Main
Univ. Prof. Dr. iur. Herbert **Hofmeister** (†), Wien
Dr. iur. Ernst **Holthöfer**, Frankfurt/Main
Cand. iur. Andreas **Hubli**, Zürich
Dr. iur. C. M. T. **Jansen**, Groningen
Prof. Dr. iur. Dr. hc. Erik **Jayme**, Heidelberg
Prof. Dr. iur. Peeter **Järvelaid**, Tartu
Dr. iur. Marijon **Kayßer**, Frankfurt/Main
Rechtsreferendar Christian **Keller**, Berlin
Prof. Dr. iur. Rolf **Knütel**, Bonn
Dr. iur. Gerald **Kohl**, Wien
Dr. iur. Christiane **Köckler-Beuser**, Düsseldorf
Dr. iur. Petr **Kreuz**, Prag
Prof. Dr. iur. Berthold **Kupisch**, Münster
Cand. iur. Michael **Künzle**, Zürich
Prof. Dr. iur. Peter **Landau**, München
Rechtsreferendar Kent **Lerch**, Frankfurt/Main
Dr. iur. habil. Pia **Letto-Vanamo**, Helsinki
Rechtsreferendarin Felicitas **Linden**, Frankfurt/Main

Verzeichnis der Verfasser

Dr. iur. Karl-Heinz **Lingens**, Frankfurt/Main
Prof. Dr. iur. Klaus **Luig**, Köln
Juan **Marsal Guillamet**, Barcelona
Prof. Dr. iur. Aldo **Mazzacane**, Neapel
Prof. Dr. iur. Andrej **Meduschewskij**, Moskau
Dr. iur. Dag **Michalsen**, Oslo
Dr. Achim **Mittag**, Bielefeld
Prof. Dr. iur. Kjell Åke **Modéer**, Lund
Dr iur. Heinz **Mohnhaupt**, Frankfurt/Main
Prof. Dr. iur. Karl **Mollnau**, Eichwalde
Dr. iur. Laurence **Montazel**, Montpellier
Cand. iur. Andreas **von Moos**, Zürich
Prof. Dr. iur. Laura **Moscati**, Rom
Prof. Dr. iur. Olivier J. **Motte**, Montpellier
Prof. Dr. Hans-Georg **von Mutius**, München
Dr iur. Jörg **Müller**, München
Dr. iur. Petra **Nagel**, Frankfurt/Main
Dr. iur. Christian **Neschwara**, Wien
Dr. iur. Michael **Neumair**, Wien
Dr. iur. Rik **Opsommer**, Leuven-Kortrijk
Dr. iur. Jochen **Otto**, Frankfurt/Main
Prof. Dr. iur. Wolf **Paul**, Frankfurt/Main
Prof. Dr. iur. Walter **Pauly**, Halle/Saale
Dipl. Jur. Zoran **Pokrovac**, Split
Rechtsreferendarin Christiane **Pott**, Frankfurt/Main
Prof. Dr. iur. Norbert **Reich**, Bremen
Stud. iur. Nikola **Reichardt**, Frankfurt/Main
Dr. iur. Tilman **Repgen**, Köln
Stud. iur. Friso **Ross**, Frankfurt/Main
Prof. Dr. hc. mult. Rosario **Ruiz**, Salt Lake-City
Prof. Dr. iur. Joachim **Rückert**, Frankfurt/Main
Prof. Dr. iur. Gudmund **Sandvik**, Oslo
Stud. iur. Birgit **Schäfer**, Frankfurt/Main
Cand. iur. Silvia **Schilter-Gander**, Zürich
Rechtsreferendar Roland **Schimmel**, Frankfurt/Main
Prof. Dr. Helwig **Schmidt-Glintzer**, Wolfenbüttel
Dr. phil. Irene **Schneider**, Köln
Dr. iur. Johannes-Michael **Scholz**, Frankfurt/Main
Prof. Dr. iur. Wolfgang **Schöne**, Bonn
Cand. iur. Cornelia **Schuck**, Frankfurt/Main
Prof. Dr. iur. Kurt **Seelmann**, Hamburg
Dr. iur. Jeffrey **Seitzer**, Chicago
Prof. Dr. iur Dr. hc. Dieter **Simon**, Frankfurt/Main
Cand. iur. Ralf **Sossna**, Köln
Dr. phil. Ulrich **Speck**, Frankfurt/Main
Prof. Dr. iur. Michael **Stolleis**, Frankfurt/Main
Prof. Dr. iur. Béla **Szabó**, Miscolc, Ungarn
Prof. Dr. iur. Dr. phil. Ditlev **Tamm**, Kopenhagen
Andrew **Tauber** LL. M., Cambridge/Massachusetts
Univ. Prof. Dr. iur. Rudolf **Thienel**, Wien
Dr. iur. Stefania **Torre**, Neapel
Stud. iur. Nikolaus **Urban**, Frankfurt/Main
Prof. Dr. iur. Wacław **Uruszczak**, Krakau
Dr. iur. Cristina **Vano**, Neapel
Rechtsreferendar Miloš **Vec**, Frankfurt/Main
Assessor Wolfgang **Wagner**, Frankfurt/Main

Verzeichnis der Verfasser

Prof. Dr. iur. Akira **Wani**, Tokyo
Prof. Dr. iur. Peter **Weimar**, Zürich
Prof. Dr. phil. Eberhard **Weis**, München
Dr. iur. Daniela **Westphalen**, Frankfurt/Main
Prof. Dr. Walter O. **Weyrauch**, Gainesville/Florida
Prof. Dr. iur. **Zimmermann**, Regensburg